2018 中国粮食年鉴
CHINA GRAIN YEARBOOK 2018

国家粮食和物资储备局　主编

图书在版编目（CIP）数据

2018中国粮食年鉴／国家粮食和物资储备局主编.—北京：经济管理出版社，2018.10

ISBN 978-7-5096-6056-0

Ⅰ.①2… Ⅱ.①国… Ⅲ.①粮食—工作—中国—2018—年鉴 Ⅳ.① F326.11-54

中国版本图书馆 CIP 数据核字 (2018) 第 226426 号

组稿编辑：张　艳
责任编辑：丁慧敏　张广花　乔倩颖
责任印制：黄章平
责任校对：王纪慧

出版发行：经济管理出版社
　　　　　（北京市海淀区北蜂窝 8 号中雅大厦 A 座 11 层　100038）
网　　址：www. E-mp. com. cn
电　　话：（010）51915602
印　　刷：廊坊佰利得印刷有限公司
经　　销：新华书店
开　　本：889mm × 1194mm /16
印　　张：38.75
字　　数：927 千字
版　　次：2018 年 11 月第 1 版　2018 年 11 月第 1 次印刷
书　　号：ISBN 978-7-5096-6056-0
定　　价：380.00 元

2017 年 4 月 14 日，国家发展改革委党组成员，国家粮食局党组书记、局长张务锋在黑龙江省调研粮食流通改革发展重点工作。

2017 年 9 月 13 日，国家发展改革委党组成员，国家粮食局党组书记、局长张务锋出席全国加快推进粮食产业经济发展现场经验交流会并授牌。

2017 年 2 月，国家粮食局党组成员、副局长徐鸣在黑龙江省调研玉米收储制度改革工作。

2017 年 9 月 5 日，国家粮食局党组成员、副局长曾丽瑛出席第二届内蒙古粮食产销协作洽谈会并调研。

2017 年 4 月 13 日至 14 日，国家粮食局党组成员赵中权赴青海省西宁市、互助县，就粮食安全省长责任制考核工作进行调研。

2017年1月22日至23日，国家粮食局党组成员、副局长卢景波在国家粮食局定点扶贫县——安徽省阜南县调研并走访慰问。

2018
中国粮食年鉴编辑委员会

委 员

方　进	国家粮食和物资储备局办公室主任
秦玉云	国家粮食和物资储备局粮食储备司司长
徐高鹏	国家粮食和物资储备局物资储备司司长
裴建军	国家粮食和物资储备局能源储备司司长
韩继志	国家粮食和物资储备局法规体改司司长
钱　毅	国家粮食和物资储备局规划建设司司长
王耀鹏	国家粮食和物资储备局财务审计司司长
王　宏	国家粮食和物资储备局安全仓储与科技司司长
赵文先	国家粮食和物资储备局执法督查局局长
曹颖君	国家粮食和物资储备局外事司副司长
贾　骞	国家粮食和物资储备局人事司司长兼直属机关党委常务副书记
夏吉贤	国家粮食和物资储备局离退休干部办公室主任
何贤雄	国家粮食和物资储备局军粮供应服务中心主任
张树淼	国家粮食和物资储备局标准质量中心主任
颜　波	中国粮食研究培训中心主任
周冠华	国家粮油信息中心主任
陈军生	国家粮食和物资储备局粮食交易协调中心主任
翟江临	国家粮食和物资储备局科学研究院院长
李福君	中国粮食经济杂志社社长兼主编
乔忠合	国家粮食和物资储备局机关服务中心副主任
王莉蓉	中国粮油学会副理事长兼秘书长
吴　晓	国家发展和改革委员会农村经济司司长
刘小南	国家发展和改革委员会经济贸易司巡视员
程行云	国家发展和改革委员会价格司副巡视员

委　员

潘文博	农业农村部种植业管理司司长
姜雷光	国家统计局国民经济综合统计司副巡视员
李广禄	北京市粮食局局长
朱　军	天津市粮食局局长
李凤刚	河北省粮食局副局长
丁文禄	山西省粮食局局长
张天喜	内蒙古自治区粮食局局长
陈　健	辽宁省农村经济委员会（粮食局）主任（局长）
张卿槐	吉林省粮食局副局长
朱玉文	黑龙江省粮食局局长
殷　欧	上海市粮食局局长
夏春胜	江苏省粮食局局长
周维亮	浙江省粮食局局长
杨增权	安徽省粮食局副局长
林锡能	福建省粮食局局长
黄　河	江西省粮食局局长
王伟华	山东省粮食局局长
张聪智	河南省粮食局副巡视员
张依涛	湖北省粮食局局长
张亦贤	湖南省粮食局局长
谢　端	广东省粮食局局长
吴宇雄	广西壮族自治区粮食局局长
陈　宙	海南省粮食局局长
张智奎	重庆市商务委员会（粮食局）主任（局长）
张丽萍	四川省粮食局局长
章　萍	贵州省粮食局机关党委书记
海文达	云南省粮食局局长
徐　海	西藏自治区粮食局副局长
刘维东	陕西省粮食局局长
郭奇若	甘肃省粮食局局长
顾艳华	青海省粮食局局长
赵银祥	宁夏回族自治区粮食局副局长
唐阿塔尔·克里马洪	新疆维吾尔自治区粮食局局长

委 员

邓燕红	新疆生产建设兵团粮食局副局长
王丽英	大连市商务局局长
张 斌	青岛市粮食局局长
任学军	宁波市粮食局局长
卢晓东	厦门市粮食局局长
高 林	深圳市经济贸易和信息化委员会副主任

编审组

颜　波　方　进　周冠华　秦玉云　夏吉贤　唐柏飞

编写组
（按姓氏笔画为序）

丁　力　卜轶彪　万　珊　于立岩　马　源　马文静　马雯婧　井永胜　孔　晶　孔晶晶
方　进　王　旭　王　驰　王　涛　王　辉　王　锐　王　静　王　磊　王　镭　王小可
王双喜　王世海　王世祥　王业东　王东宏　王正友　王仲涛　王忠艳　王金云　王青年
王彦琼　王险峰　王骄阳　王晓辉　王莉蓉　王唯远　王绿野　王敬涵　王鹏昊　王德奇
王耀鹏　邓　峰　韦思华　付　丹　付长亮　付艳丽　冉　策　卢　静　史京华　叶一位
尼玛卓嘎　龙永嵩　伍松陵　刘　尧　刘　森　刘冬竹　刘华鹏　刘妍杉　刘秀明　刘青青
刘珊珊　刘莉华　匡广忠　向玉旭　吕昱晨　吕福平　孙　哲　孙　燕　孙丽娟　孙国峰
孙洪波　孙祖英　孙海平　成　军　成信磊　曲贵强　朱　震　祁潇哲　纪　展　许　策
许成波　邢文煦　闫文婕　余　龙　余宇炜　吴永顺　吴龙剑　吴丽华　吴君杨　吴征光
张　云　张　冉　张　弛　张　怡　张　勇　张　倩　张　强　张　雷　张　蕾　张　馨
张一娇　张丹丹　张文俊　张永福　张亚龙　张亚奇　张军杰　张如祖　张宇阳　张延华
张成志　张辰生　张明先　张朋飞　张瑞银　张嘉佩　张慧杰　李　可　李　伟　李　红
李　玥　李　洵　李　娟　李　涛　李　莉　李云峰　李永猛　李亚莉　李军岩　李建国
李昌荣　李金团　李金达　李海丹　李通刚　李寅铨　李鹏飞　杨　正　杨　林　杨　峰
杨万生　杨卫民　杨天辉　杨乔伟　杨忠山　杨焕成　杨雪丽　杨道兵　沈红然　肖　玲
肖　赟　肖礼兵　肖春阳　辛剑波　邱天朝　陆春涛　陈　玲　陈书玉　陈玉中　陈军生
陈志伟　陈昌炳　陈晓鹏　陈海韬　参知扎西　周　波　周竹君　尚　华　林凤刚　林明亮
罗小虎　罗永生　罗守全　郑力文　郑祖庭　郑淑蕾　金　贤　姚　顺　姚　磊　姚进房
姜来基　姜明伦　柳　易　洪　荣　皇甫志鹏　胡　兵　胡文国　胡水舟　胡瑶庆　胡耀芳
荣旭东　赵　璨　赵广美　赵泽林　赵滨敬　赵鹏举　钟金清　项　宇　唐　成　唐安娜
唐继发　夏　渊　夏丹萍　徐广超　徐杨玲　徐晓明　晁铭波　晏　然　格　桑　秦　健
秦玉云　秦兴国　耿志刚　耿晓顿　袁　辉　袁玉生　袁海波　贾　峰　郭　建　陶　英
高丹桂　寇　荣　常慧君　康　敏　曹　洋　梅　伟　隋晓刚　麻　婷　黄卫红　黄思思
龚娣群　强巴格桑　强馨元　彭　扬　智振华　董　祥　董琦琦　谢志刚　韩卫江　韩亚恒
韩克定　韩志春　韩继志　韩静涛　廖志松　管伟举　翟江临　蔡　飞　谭本刚　樊利楠
樊宗贤　滕庆磊　潘少阳　颜　波　薄传敏　魏　然

编辑部

主　　任：颜　波
副主任：唐柏飞
编　　辑：刘珊珊　唐安娜　张慧杰　胡耀芳　高丹桂

编写说明

　　为全面、准确地反映国家和地方粮食工作，原国家粮食局从 2006 年开始组织编撰《中国粮食年鉴》。《中国粮食年鉴》是经原国家新闻出版总署批准出版、由国家粮食和物资储备局主办并委托中国粮食研究培训中心组编的政府部门年鉴，是粮食行业实用性、资料性工具书。

　　《中国粮食年鉴》全面、系统地记述了上一年度中国粮食工作的主要情况，刊载有重要的粮食政策法规文件和统计资料，与国家粮食和物资储备局主办并委托中国粮食研究培训中心组编的《中国粮食发展报告》成为姊妹篇。本期年鉴由综述、专文、全国粮食工作、各地粮食工作、粮食政策与法规文件、附录等六部分组成。年鉴收集的数据和资料均未包括我国香港特别行政区、澳门特别行政区和台湾省。各省（自治区、直辖市）的排列顺序，按照全国行政区划的统一规定排列。年鉴涉及的单位名称、姓名和职务均以截稿日期为准。

　　本期年鉴在编辑出版过程中得到了国家粮食和物资储备局、国家发展和改革委员会、农业农村部、国家统计局以及各省（自治区、直辖市）、计划单列市及新疆生产建设兵团粮食行政管理部门的大力支持，在此，我们表示衷心的感谢！不足和疏漏之处，敬请读者批评指正。

《中国粮食年鉴》编辑部
中国粮食研究培训中心
2018 年 10 月 16 日

目 录

第三篇　全国粮食工作　　　　　51

第四篇　各地粮食工作　145

第五篇 粮食政策与法规文件 383

附　录　517

第一篇

综 述

2017 年全国粮食工作综述

2017 年，全国粮食部门紧密团结在以习近平同志为核心的党中央周围，高举习近平新时代中国特色社会主义思想伟大旗帜，全面贯彻党的十九大精神，深入贯彻中央经济工作会议、中央农村工作会议以及全国发展和改革工作会议精神，认真落实党中央、国务院决策部署，砥砺奋进、真抓实干，扎实推进粮食流通改革发展，全面提升国家粮食安全保障能力，为促进经济发展、社会稳定和民生改善发挥了积极作用。

一   认真履行抓收购、管库存、保供应重要职责，促进粮食市场平稳运行

在粮食收购方面，严格落实国家粮食收购政策，认真组织政策性收购和市场化收购，加强组织指导和执法督查，全年共收购粮食 41711.7 万吨，没有出现大面积"卖粮难"，有效保护了种粮农民的利益。内蒙古、辽宁、吉林、黑龙江、江苏、河南等省区创新思路，灵活运用粮食收购担保基金，着力解决收购资金问题。在库存管理方面，认真落实安全储粮和安全生产"一规定两守则"，物防技防人防并重，在粮食库存持续高企压力下，保持了库存粮情总体稳定，没有发生重大粮油储存和生产安全事故。在市场供应方面，加强粮食市场调控，积极推动产销合作，年度粮食跨省流通量超过 2 亿吨，保障了市场供应充足，对稳定物价总水平发挥了重要作用。"龙江好粮油中国行""中原粮食全国行"和荆楚粮油展交会等活动反响良好。同时，精心做好一系列国家重大活动粮油保障和抢险救灾维稳处突等军粮保障工作。

二   扎实推进粮食收储制度改革和库存消化，推动供求平衡向高水平跃升

围绕玉米"市场化收购加补贴"新机制，国家有关部门加强组织指导，强化调度督查，统筹协调运力保障、资金筹措、市场监测和产销衔接等工作；东北三省一区多措并举，着力提高多元主体入市收购积极性，有效拓宽玉米销售渠道，玉米市场化收购进展顺利，改革效果比预期的更好。继续调整完善稻谷和小麦最低收购价政策，进一步增强价格弹性。加快消化不合理库存，完善全国粮食统一竞价交易系统，积极开展政策性粮食竞价销售，全年消化政策性粮食 8450 万吨，为 2016 年的 1.37 倍；政策性玉米库存比历史最高点下降 28%，2013 年及以前年份的玉米已基本销售完毕。

三   深入开展"优质粮食工程"等重大工程建设，持续增强粮食安全保障能力

适应农业供给侧结构性改革深入推进和农业现代化加快发展的新形势，启动实施"优质粮食工程"，主要是建设粮食产后服务体系、粮食质量检验检测体系和开展"中国好粮油"行动。2017 年中央财政安排补助资金 50 亿元，首批重点支持 16 个省份，在一批产粮大县和人口大县集中开展项目建设。山东落实项目总投资 14 亿元，山西、吉林、黑龙江、广西、陕西等地制定产后服务、"好粮油"等管理规范，"山西小米""吉林大米""广西香米""宁夏大米"等区域品牌影响力和市场占有率持续提高。继续实施"粮安工程"，2017 年安排中央预算内投资 19.9 亿元，支持建设仓容 400 多万吨、物流项目 26 个，大批危仓老库经维修改造达到完好标准，现代化仓型比例大幅提高，粮食流通基础设施明显改善。加快推进粮食行业信息化建设，江苏、浙江、安徽、山东、河南、湖北、青海等 7 个省级粮食管理平台基本建成，与国家平台联网的省级粮食交易中心已达 29 个。启动军民融合军粮保障创新示范工程，加快推进军粮供应体系转型升级。

四 大力发展粮食产业经济，加快建设粮食产业强国

坚决贯彻习近平总书记关于"农头工尾""粮头食尾"的重要指示精神，认真落实李克强总理加快建设粮食产业强国的安排部署，按照国务院办公厅《关于加快推进农业供给侧结构性改革大力发展粮食产业经济的意见》具体要求，统筹推进产业发展、企业培育、品牌创建、园区建设、科技创新、循环经济等各项工作。9 月召开现场经验交流会，对加快粮食产业经济发展作出安排部署。各地结合实际，狠抓各项任务落实，取得明显成效。浙江省出台大米加工企业执行农业生产用电价格政策，企业用电成本下降 1/3；河南省连续五年贴息扶持主食产业化和粮油深加工，2017 年贴息 4500 万元；陕西省安排 1200 万元补助 17 个主食产业化项目。据统计，2017 年全国粮食产业经济产值同比增长4.2%，呈现良好发展势头。

五 全面加强粮食流通监管，坚决筑牢粮食安全防线

坚持问题导向和底线思维，加大监督检查力度，开展粮食安全隐患"大排查、快整治、严执法"集中行动。创新监管执法方式，全年开展了两轮涉及 10 个省份的跨省交叉执法检查，发现和整改了一批突出问题。积极拓宽社会监督渠道，12325 全国粮食流通监管热线正式开通试运行。严肃查处涉粮案件，严格督查督办，发挥了震慑警示作用。各地积极探索监管新机制和新模式，江苏省建设粮食流通监管和移动执法平台，安徽省、广东省对粮食经营违法违规行为实行联合惩戒和"黑名单"制度，京津冀开展联合执法检查，江苏、安徽、山东、河南四省搭建区域执法协作平台。

六 建立健全法律制度体系，切实提高依法治粮水平

加快推进粮食安全保障立法，健全粮食法律体系，运用法治思维和法治方式，推动粮食流通改革发展，保障国家粮食安全。《粮食流通管理条例》和《中央储备粮管理条例》修订稿已报国务院待审。广东、贵州、宁夏等省份先后颁布实施地方性粮食法规；浙江省将《粮食安全保障条例》列入 2018 年省人大立法计划。认真组织粮食安全省长责任制考核，圆满完成"首考"任务；制定 2017 年度考核方案，优化指标、突出重点，强化了导向性和实效性。国家粮食局分别与宁夏回族自治区、山东省政府签订了战略合作协议，共同加强粮食安全保障能力建设。

七	着力加强自身建设，充分激发粮食部门发展活力

认真学习贯彻习近平新时代中国特色社会主义思想和党的十九大精神，切实履行全面从严治党责任，着力推进"两学一做"学习教育常态化制度化，持之以恒落实中央八项规定精神，粮食行业党的建设和党风廉政建设不断加强。深入开展"深化改革转型发展"大讨论，加快推动粮食行业思想观念、部门职能、发展方式"三个转变"。大兴调查研究之风，形成了一批具有针对性、指导性和可操作性的重点课题成果。成功举办 2017 年世界粮食日和爱粮节粮宣传周、粮食科技活动周、粮食质量安全宣传日活动，粮食行业两个项目获得"国家科技进步奖"二等奖；选拔第二批全国粮食行业技能拔尖人才 50 名，培训基层粮食技工 2 万名。

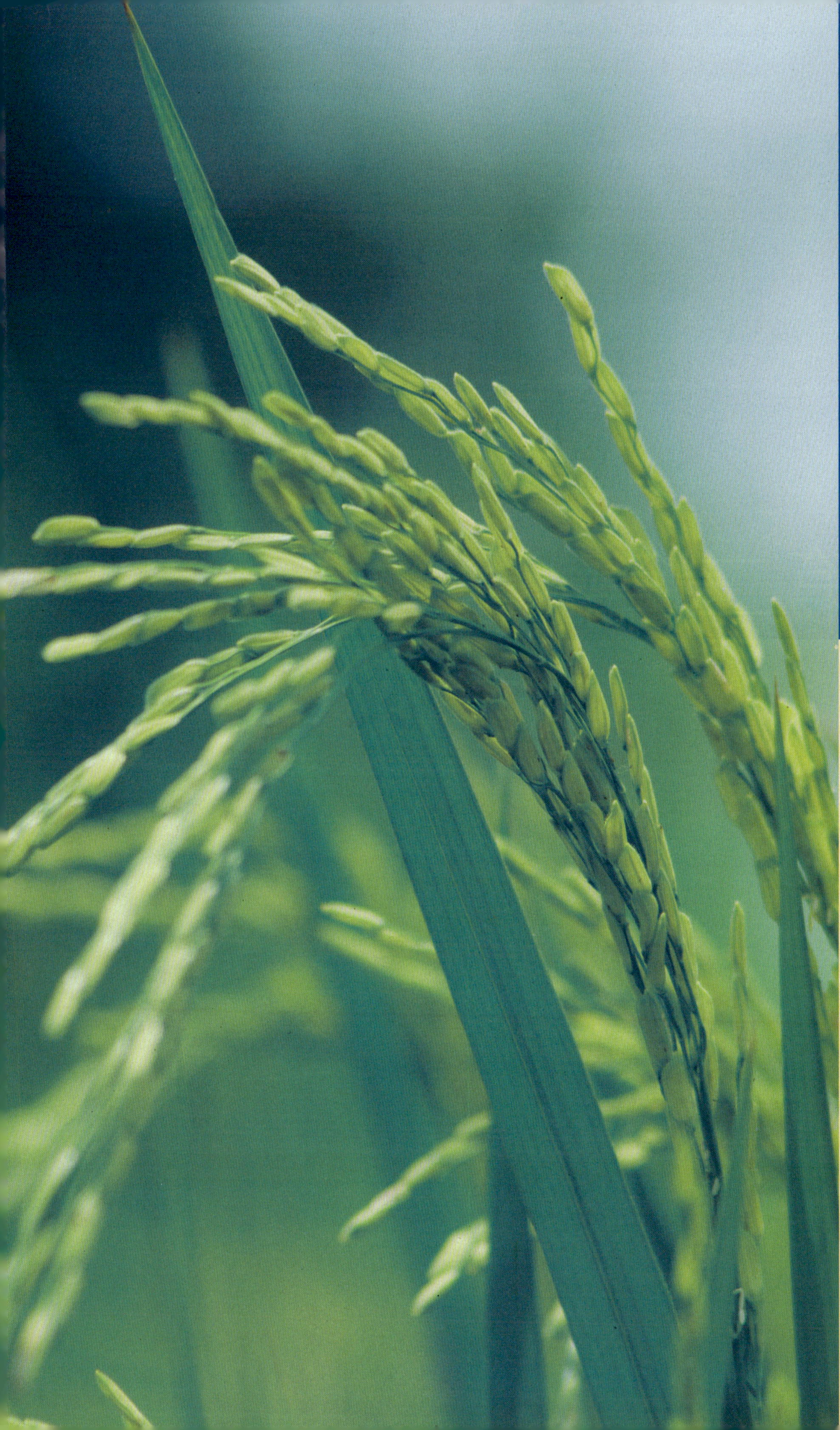

2

第二篇

专文

在全国粮食系统安全工作视频会议上的讲话

国家发展改革委党组成员，国家粮食局党组书记、局长 张务锋
（2017 年 6 月 6 日）

大家知道，中央高度重视粮食安全问题，把解决好吃饭问题作为治国理政的头等大事。今年 4 月，习近平总书记在广西考察期间对粮食安全作出重要指示，李克强总理在山东考察期间专门听取国家粮食局工作汇报并提出明确要求。近期，针对中储粮南阳直属库光武分库小麦变质问题，习近平总书记和李克强总理、张高丽副总理、王勇国务委员分别作出重要批示，要求彻查问责，并以此为戒，举一反三，完善体制机制，加强监督管理，消除安全隐患。党中央、国务院领导同志的重要指示，态度鲜明、内涵丰富，严肃深刻、催人警醒，为我们做好粮食工作指明了努力方向、提供了根本遵循，对全国粮食系统完善机制、补齐"短板"、强化安全具有重要的指导意义。为此，国家粮食局制定印发了具体落实意见，并在安徽召开全国粮食系统安全工作座谈会，进行了深入研究，凝聚了行动共识，各地正在抓紧推动相关工作。

今天的会议，主要是认真落实党中央、国务院决策部署，全面分析形势，明确目标任务，细化措施，压实责任，动员全国粮食系统以极端负责的态度，全力做好"查问题、治隐患，抓安全、守底线"各项工作，为保障国家粮食安全提供强力支撑。刚才，曾丽瑛同志认真传达了习近平总书记、李克强总理的重要指示精神，我们要深入学习领会，用心抓好落实。中储粮总公司和安徽、辽宁、江西三省粮食局作了很好的发言，北京、山东、浙江、四川、江苏、青海六省市粮食局进行了书面交流。可以看出，中储粮总公司等各家央企和各省市都做了大量工作，积累了不少经验，下一步打算也比较明确。各地各单位要相互借鉴，共同提高。下面，我就做好全国粮食系统安全工作，代表国家粮食局党组讲三点意见。

一 以习近平总书记关于总体国家安全观的重要指示精神为指引，深刻认识粮食系统安全工作的重要性

党的十八大以来，以习近平同志为核心的党中央提出了总体国家安全观，明确了国家安全战略方针，成为新形势下维护国家安全的强大思想武器，也为保障国家粮食安全提供了行动指南。在党中央、国务院的坚强领导和国家发改委党组的直接指导下，全国粮食系统认真落实国家粮食安全战略，深化改革、完善政策，健全制度、加强监管，各项安全工作取得了明显成效。安全形势总体平稳。粮食收购规范有序，市场供应充足，库存粮情稳定，没有出现大面积"卖粮难"和粮价剧烈波动，没有发生重特大粮油储存事故和生产安全事故。推进机制逐步完善。粮食安全省长责任制全面建立，各地保障区域粮食安全的主体责任进一步落实；《粮油储存安全责任暂行规定》和《粮油安全储存守则》《粮库安全生产守则》出台实施，粮食库存和粮油安全大检查扎实开展；全面从严治党举措有力，班子和队伍建设得到强化。安全基础持续加强。连续四年实施"粮安工程"，大批危仓老库经维修改造达到

完好标准，现代化仓型比例大幅提高，粮食流通基础设施明显改善；信息化建设稳步推进，粮食物流、应急供应、市场监测、质量检验检测能力不断增强；地方储备粮增储任务如期完成，粮食安全物质基础更加坚实。

在充分肯定成绩的同时，我们也要清醒看到，当前粮食系统安全工作面临许多新的情况和问题。习近平总书记多次强调，要善于运用底线思维，强化问题导向，凡事从坏处准备，努力争取最好的结果，这样才能有备无患、遇事不慌，牢牢把握主动权。这已经成为新的历史条件下我们党治国理政新理念新思想新战略的鲜明特点。在粮食流通改革发展中，应当用好这种思维方式和工作方法，居安思危、警钟长鸣，进一步增强做好各项安全工作的思想自觉和行动自觉。具体讲，我们要从如下三个方面来认识和把握：

（一）认真履行安全发展的重要使命，是粮食部门义不容辞的政治担当

习近平总书记强调，发展和安全是相辅相成的，发展是安全的基础，安全是发展的条件，要统筹好发展和安全两件大事。以习近平同志为核心的党中央提出的总体国家安全观，把人民安全作为根本目的，把科学统筹作为根本方法，构建了新形势下维护和塑造中国特色大国安全的整体布局。粮食安全是国家安全的重要组成部分，居"三大经济安全"之首。我们坚持粮食流通改革发展和粮食系统安全工作一起抓，统筹做好粮食收购、粮食储存、安全生产、粮食供应、粮食质量和党风廉政等工作，是粮食系统牢固树立安全发展理念、贯彻落实总体国家安全观的实际行动，是切实增强"四个意识"、同以习近平同志为核心的党中央保持高度一致的具体体现。我们一定要提高政治站位，担当尽责，坚守底线，更好履行保障国家粮食安全的行业使命。

（二）主动适应粮食形势的发展变化，是提高粮食安全保障能力的现实需要

我国经济发展进入新常态，粮食形势也呈现出新的阶段性特征，影响安全发展的深层次矛盾日益凸显，粮食流通改革发展面临诸多亟待解决的课题。一是粮食供求长期仍将保持紧平衡态势，但当前玉米、稻谷等品种阶段性过剩，粮食库存处于历史最高水平，给粮食收购、仓储保管、安全作业、质量安全、库存监管等带来了巨大压力，增添了风险因素。二是粮食生产进一步向核心主产区集中，近两年跨省流通量均保持在 3400 亿斤左右；国内外粮食市场深度融合，粮食进口量连续三年超过 2000 亿斤，大豆对外依存度高达 85%。这对保证供应、稳定市场，特别是应急保供提出了更高要求。三是粮食收储制度改革加快推进，市场化收购比重不断加大，多元主体共同收购的格局正在形成，从业单位和人员构成发生深刻变化，市场调控、流通监管、质量检验检测等复杂性明显增加。四是人民群众对食品安全和粮食安全的关注度高、容忍度低，舆论环境日趋复杂，涉粮舆情热度高、燃点低、传播快，迫切需要我们提高预期管理、宣传引导和舆情应对的能力。

（三）加快补齐安全管理的突出"短板"，是推动粮食行业转型发展的必然选择

随着宏观环境和粮食形势的变化，粮食流通安全管理方面暴露出一些薄弱环节，在一定程度上制约了行业转型发展。一是安全观念不牢固。有的地方和单位统筹粮食流通改革发展和各项安全工作的意识不强，制约安全发展的思维定式、路径依赖、工作习惯尚未根本改变，存在不愿管、管不住、管不好的现象；有的涉粮企业主体责任意识淡薄，存有侥幸心理和麻痹思想，重发展、轻安全，重经营、轻管理，重处置、轻预防，发展和安全"两张皮"。二是监管能力不适应。有的地方粮食部门监管职能弱化，人员队伍青黄不接，缺少懂安全、懂市场、懂法律的专业人才，"小马拉大车"，力不从心；监管职能分散，衔接配合不够，整体合力有待增强；新技术新手段应用较少，信息化智能化监管

水平不高，难以适应点多面广、日益繁复的监管任务要求。三是法规体系不完善。《粮食法》尚未出台，依法治粮的源头法律支撑不足；《粮食流通管理条例》和《中央储备粮管理条例》已颁布实施十多年，严重滞后于粮食流通改革发展和监督管理需要。粮食部门监管执法定位不够清晰，法定执法权限和处罚手段较少，很大程度上影响了粮食系统安全工作的力度和成效。

守住管好"天下粮仓"，"为耕者谋利、为食者造福"，既是经济工作和民生要事，更是重要的政治任务。粮食系统安全工作责任重大，无论哪个环节出了问题，影响了国家粮食安全大局，都无法向党中央、国务院交代，向全国人民交代！因此，全国粮食系统要进一步增强使命感和责任感，认真履行职责，积极主动作为，全力做好"查问题、治隐患，抓安全、守底线"各项工作。

二　以前所未有的决心和力度，精准施策发力，全面提高粮食系统安全工作水平

近期，围绕粮食系统安全工作"抓什么""谁来抓"和"怎么抓"，国家粮食局深入调查研究，集思广益、反复论证，制定印发了《关于加强全国粮食系统安全工作的意见》。总的考虑是：先保安全、再谋发展，强化系统治理、综合治理、源头治理、依法治理，突出"两个重点"、守住"四条底线"，夯实安全基础，为粮食流通改革发展创造良好环境。

突出"两个重点"，就是突出抓好安全储粮和安全生产两个重中之重。保障储粮安全是粮食部门的基本职责，生产安全是做好粮食工作的前提，可以说都是"底线中的底线""重点中的重点"，不容半点闪失。上年下半年，国家粮食局制定印发了"一规定两守则"，并专门召开会议，徐鸣同志代表国家粮食局对抓好"两个安全"作出部署；各地认真贯彻落实，取得了明显成效。下一步，要立足新形势新要求，把"两个安全"摆在更加重要的位置，采取断然措施，全面消除隐患，严防各类安全事故发生。

一要关口前移，源头管控。抓安全不能搞"马后炮"，必须坚持标本兼治、重在预防。要对本地本企业近年来发生的储粮安全和生产安全事故，进行数据分析，发现规律、找准症结，做到有的放矢。要组织涉粮企业广泛开展风险评估，全面辨识和确认安全风险点，逐一落实管控措施和监管责任。要实施好安全培训全覆盖计划，以"一规定两守则"为重点内容，对粮食部门管理人员和粮食企业负责人、相关岗位从业人员，全部进行一遍专项培训，做到应知应会、尽知尽会。要加强安全守则执行情况的监督检查，重点抓好收购现场、粮食熏蒸和浅圆仓、立筒仓、千吨囤进出粮等环节的安全作业，力促从业人员养成安全行为习惯。同时，继续开展向河北省柏乡粮库学习活动，大力弘扬"宁流千滴汗、不坏一粒粮"的优良传统。要积极采用绿色生态储粮技术，大力推广粮库自动化作业，做到"人防、技防、物防"紧密结合，努力提高本质安全水平。

二要全面排查，消除隐患。隐患不除，事故难消。近年来，有些类型的粮库生产安全事故重复发生，有的还造成较大影响；库存粮情虽然总体稳定，但也存在不容忽视的问题。要牢固树立"隐患就是事故"的危机意识，强化排查治理，健全长效机制，坚决把问题消灭在萌芽状态。一方面，集中消除隐患存量。山东省通过开展粮油安全普查、安全隐患大排查快整治严执法等集中行动，强化倒逼作用，实现了安全措施有落实、隐患治理有结果、粮食安全有保障。各地粮食部门和有关单位要借鉴这一做法，按照"全覆盖、零容忍、重实效"的要求，制定方案、精心组织，从6月开始集中开展安

全储粮和安全生产隐患大排查，不搞形式，不走过场，不留"盲区"和"死角"。对发现的问题要建立台账，边查边改、立查立改，限期整改到位。近期，中储粮系统就政策性粮食安全问题作了深入研究，正在开展查数量、查质量、查安全、查合同、补齐证据链"四查一补"大检查，很适时、很必要。要严格标准，持续抓好，确保"不放过任何一个漏洞、不丢掉任何一个盲点、不留下任何一个隐患"。另一方面，严格控制隐患增量。每年春秋两季，在全国范围内统一组织开展以储粮安全和生产安全为重点的安全大检查，并利用库存检查、汛期检查等时机，同步开展"两个安全"监督检查，持续保持高压态势，逐步形成长效机制。要在各类粮食企业中，广泛开展"查身边隐患、防坏粮风险、保职工安全"活动，鼓励广大职工将隐患排查整治融入日常生产经营，变成一种自觉行动。

三要突出重点，专项治理。各地粮食部门和有关单位要坚持因地制宜、分类指导，认真分析本地气候特点、设施状况、管理基础和事故发生规律，按照"有什么问题就解决什么问题、什么问题突出就重点解决什么问题"的要求，选定若干重点领域和关键环节，切实打好专项治理攻坚战。一个领域一个领域地治理，一个环节一个环节地攻克，力争经过两年努力，使全行业安全水平有质的提高。从全国看，要特别关注东北地区简易仓囤和南方地区老旧仓房、简易设施的储粮安全，扎实开展千吨囤出粮作业安全专项治理；要强化消防安全措施，严密防范火灾、粉尘爆炸等事故；要密切监测超期储存粮食的粮情变化，早发现、早报告、早处置。当前，各地陆续入汛，天气复杂多变，要加强灾情预警和防汛排涝，确保安全度汛。

四要压实责任，到岗到人。总的来看，要严格执行《粮油储存安全责任暂行规定》，压实安全储粮的在地监管责任、政策执行主体责任和企业主体责任，切实做到"谁储粮、谁负责，谁坏粮、谁担责"；强化安全生产属地管理，按照"管行业必须管安全、管业务必须管安全、管生产经营必须管安全"的要求，履行好部门监管责任，加强行业指导和监督检查，督促涉粮企业切实履行主体责任。具体来讲，各级粮食部门要切实履行行业监管督导责任，加强常态化指导和检查，发现问题决不能手软，务必督促企业及时处置隐患，切实防范系统性风险，决不能失之于"宽松软"。中储粮系统作为政策执行主体，对所管理的中央储备粮和政策性粮食的安全工作，不管是直属库、外租仓，还是代储、委托库点，都要全面负起主体责任。各类粮油仓储单位要对本单位的安全工作切实承担起主体责任，特别是严格落实企业负责人第一责任人的责任，真抓真管、逐级传导，将责任落实到每个岗位和人员，实行全员风险管理。

守住"四条底线"，就是坚决守住粮食收购、粮食供应、粮食质量和廉洁从政从业的底线。农民的粮食能不能卖得出，市民的"米袋子"能不能供得上，饭碗里的口粮能不能食得安，粮食系统干部职工能不能行得正，都关乎群众切身利益，关系经济社会发展。务必从严从实，紧抓不放，确保不破底线、不越红线。

一是，抓好粮食收购，严防发生农民"卖粮难"。这是粮食流通的第一环节，也是兴粮惠农政策落地的关键环节。在政策性收购方面，要严格执行国家粮食收购政策，认真落实小麦和稻谷最低收购价执行预案，指导企业严格遵守"五要五不准"收购守则，保护好种粮农民利益。加强统筹协调，依规合理布设库点，开通绿色通道，不断提高为农服务水平。在市场化收购方面，各地要全面落实粮食安全省长责任制，切实肩负起统筹组织本地区粮食市场化收购的主体责任。2016年以来，内蒙古、辽宁、吉林、黑龙江等省区积极适应玉米收储制度改革的新形势，及时发放生产者补贴，加强收购资金信贷支持，大力扶持加工转化，多方协调外调运力，引导多元主体入市，累计收购玉米超过2000

亿斤，圆满完成了收购任务。各地要借鉴东北地区经验，争取各方支持，健全完善机制，进一步激发市场活力。同时，加大监督检查力度，严厉打击压级压价、"打白条"等损害农民利益的行为，切实维护好粮食收购市场秩序。

二是，保障粮食供应，严防脱销断档和市场非正常波动。粮食储备是稳市场保供应的"压舱石"。要强化政府粮食储备监管体系建设，建立健全中央储备与地方储备协同运作机制，做到运行规范、责任明确、约束到位、调控有力，确保储备粮数量实、质量好、管得住、调得动、用得上。产销衔接是区域粮食供求平衡的有力抓手。要加强全国粮食平衡调度工作，鼓励和引导产销区发挥各自比较优势，建立多形式、深层次、长期稳定、互利互惠的粮食产销合作关系。多年来，粮食产销协作福建洽谈会、黑龙江金秋粮食交易合作洽谈会等活动，参与省份、与会企业、交易规模持续增加，成为产销衔接的重要平台。要总结经验，创新方式，继续办好。同时，支持主产区大力实施"中国好粮油行动计划"，加强产品推介和品牌创建，促进本地区粮食外销；鼓励主销区和产销平衡区结合地方储备轮换、充实商业库存等，引导企业多用主产区粮食。监测预警和应急保障是稳定供应的重要防线。要密切监测国内外粮食市场价格和供求信息，超前研判市场变化趋势，及早发现苗头性、倾向性、潜在性问题并采取应对措施。要健全完善粮食应急供应保障体系，增强网点服务功能，满足各类突发事件和市场异常波动情况下的粮食应急需要。要适应国防和军队改革新形势，主动做好政策对接，融入国防动员体系，探索建立平战结合、军民融合军粮供应新模式，确保完成各项军粮供应保障任务。

三是，加强质量管理，严防不符合食品安全标准的粮食流入口粮市场。标准是保障粮食质量安全的准绳，检验检测是守护粮食质量安全的"防火墙"。要严格执行国家标准和相关规定，加快修订完善粮食质量标准，完善执行仓储、物流、信息化建设、快检方法、产后服务中心等标准，建立起涵盖粮食流通领域的质量标准体系。要加强粮食质量安全检验检测体系建设，在人口大县、产粮大县建立检验检测机构，增加粮食质量安全监测网点，努力实现"机构成网络、监测全覆盖、监管无盲区"。要加强粮食质量检测机构管理，试点开展第三方检验检测服务。要认真执行《粮食质量安全监管办法》和质量管控"八项制度"，健全重金属、真菌毒素等超标粮食处置长效机制，严格把好政策性原粮收购和出库的质量关。

四是，狠抓正风肃纪，严查涉粮腐败问题。粮食系统各级党组织要牢固树立"不管党治党就是严重失职"的观念，扎实推进"两学一做"学习教育常态化制度化，把全面从严的要求融入党的建设各方面，贯穿粮食工作全过程，落实到粮食行业各单位。要聚焦关键环节和重点部位，针对重点工作和重大专项，明确廉政风险点和防控措施，进一步扎紧制度"笼子"。坚持把纪律挺在前面，积极践行监督执纪"四种形态"，咬耳扯袖、及时提醒，在抓早抓小抓经常上下功夫。要以"零容忍"态度严肃查处涉粮违纪违法行为，对"转圈粮"、以陈顶新、虚购虚销、转手倒卖、虚报库存套取粮油收购贷款和财政补贴，以及拖欠农民售粮款、人为设置障碍阻挠出库等现象，一经发现，严肃惩处、严厉问责，决不姑息。2017年，国家粮食局积极与国家发改委、财政部会商衔接，争取了粮食仓储物流设施建设、粮库智能化升级改造、产后服务体系、质量检验监测网建设、"中国好粮油行动计划"等专项资金。这些资金将陆续分解下拨到各地，要健全监督制度，严格使用管理，实行跟踪问效、全程监管，做到干成事、不出事。

三　以极端负责的态度和严明高效的机制，确保粮食系统安全工作落到实处

"两个重点、四条底线"涉及粮食流通工作各环节，相互关联，有机统一。要紧密结合业务工作，找准载体抓手，健全六项机制，落细落小落实。

第一，完善协同推进机制。国家粮食局将现有的安全储粮和安全生产工作领导小组，调整充实为全面推进粮食系统安全工作领导小组；领导小组办公室设在仓储与科技司，负责综合协调、定期调度、情况通报、编发简报、督导检查等工作；下设专业工作组，分别协调落实各项安全工作任务。各地粮食部门也要成立相应机构，认真制定方案，注重上下联动，下好粮食系统安全"一盘棋"；要积极向当地党委、政府汇报请示，加强与相关部门沟通衔接，争取最大支持，形成齐抓共管合力。

第二，完善责任落实机制。要层层分解任务，细化落实责任，构建"明责、履责、问责"的闭环式链条。将粮食系统各项安全工作纳入粮食安全省长责任制考核体系，提高权重、严格考核，树立鲜明导向，持续传导压力。对重点任务要实行专项督导制度，以严的标准和实的要求督任务、督进度、督成效。对工作责任不落实、监管措施不到位、失职渎职的，要依法依规严肃问责，该处罚的处罚，该处分的处分，该移交的移交，形成强有力震慑。对发生重特大事故或不良影响事件的，要从速调查处理，严肃追究责任，及时通报情况，引起警醒，引以为戒。

第三，完善依法监管机制。要深化粮食流通监管改革，优化中央储备粮代储资格认定、粮食收购资格许可等审批流程，建立以信用监管、智慧监管为核心的新型监管机制。要全面推行"双随机一公开"（随机抽取检查对象、随机选派执法检查人员、抽查情况及查处结果及时向社会公开）监管方式，加强"四不两直"（不发通知、不打招呼、不听汇报、不用陪同接待、直奔基层、直插现场）暗查暗访，抓好粮食收购、储存、供应等环节监管。在今年的库存粮食检查中，我们实行了异地交叉执法检查的办法，湖北等省也采取了"全省抽调、综合交叉、本地回避"的做法。实践证明，这种方式有效冲破了人情面子的束缚，有利于彻查问题、铁面执法，发挥"利剑"作用。今后，异地交叉执法检查要常态化。国家粮食局统一组织的库存检查、安全检查等重大行动，以及阶段性的专项监督检查，都将采取这种方式。各省（区、市）粮食部门也要积极采用这一做法，建立跨部门、跨层级、跨区域的执法联动机制，增强监管成效。同时，建立有奖举报制度，设立举报热线，畅通投诉渠道，鼓励社会公众提供问题线索。投诉事项限期查实办结，办理情况定期通报、纳入考核。

第四，完善基础支撑机制。"粮安工程"实施以来，全国新建仓容超过1500亿斤，危仓老库改造超过2400亿斤，安全保障能力大幅增强。上年，长江流域发生特大洪涝灾害，江苏、安徽、湖北等省仓储设施建设改造显现了成效，经受了考验，没有发生严重的淹粮坏粮事故。要进一步落实好"粮安工程"规划，在仓储设施建设方面更加注重质的提高，力争再用三年左右，基本实现政府粮食储备管理现代化。《粮食行业信息化"十三五"发展规划》提出，2018年建成1个国家粮食管理平台和20个省级平台，政策性粮食业务信息化覆盖率达到50%，2020年实现全覆盖。近年来，安徽省加快"智慧皖粮"建设，已有1个省级平台、16个市级平台、100个智能粮库联网运行，实现了自动化、数字化、智能化管理。各地在这方面都有一定基础，要进一步加大投入，按照"管用、实用、好用"的要求，高起点推进粮库智能化升级改造，加快构建粮食仓储管理"一张网"，早日实现全国联网、信息共享。要充分运用信息化手段，加强库存粮情、粮食质量、安全防护、市场运行等动态监测，大幅提高预警和处置效率。

第五，完善舆论引导机制。江苏省粮食局精心打造线上线下宣传平台，聚焦热点、积极发声，近三年召开新闻发布会等 35 次，在省级以上媒体发表报道 300 余篇，发布网站信息 9 万余条，凝聚了粮食流通改革发展正能量。各地粮食部门也都有一些行之有效的宣传手段，要立足舆论环境的新变化，完善新闻发言人制度，密切与党报党刊、广播电视、新闻网站等主流媒体的联系，通过新闻发布、开辟专栏、接受专访、专题报道等方式，解读政策、报道动态、发布信息，讲好粮食故事，做到主动发声、敢于发声、善于发声。要加大信息公开力度，精心办好官方网站、行业报刊和"两微一端"，搭建与社会公众互动交流平台。要加强社会舆情监测和分析研判，完善突发事件应对机制，及时恰当回应社会关切，权威解读，澄清事实，减少负面影响，努力营造良好舆论氛围。

第六，完善应急处置和信息报送机制。在风险识别评估的基础上，编制完善突发事件应急预案，确保切实可行、实战管用。针对储粮安全、生产安全和质量安全、应急保供、粮食收购等领域，加强应急救援队伍建设，组织开展应急演练，有效提高应急处置能力。一旦发生安全事故或者突发事件，要迅速启动相应等级预案，科学指挥、果断处置，努力把人员伤亡、财产损失、不良影响降到最低限度。要建立突发事件信息报送制度，明确报送事项范围、责任主体、时限要求，保证时效性和准确性，严禁迟报、谎报、瞒报、漏报等情况。

同志们，粮食系统安全工作责任重大，任务艰巨。让我们更加紧密地团结在以习近平同志为核心的党中央周围，认真贯彻总体国家安全观，坚持"讲政治、顾大局，抓重点、出亮点，争主动、真落实，高标准、严要求，多添彩、不添乱"，扎实做好粮食系统安全工作，以优异成绩迎接党的十九大胜利召开！

在全国加快推进粮食产业经济发展现场经验交流会上的讲话

国家发展改革委党组成员，国家粮食局党组书记、局长　张务锋
（2017 年 9 月 13 日）

同志们：

党的十八大以来，以习近平同志为核心的党中央高度重视粮食安全，确立了国家粮食安全战略，作出了一系列重大决策部署，我国粮食安全形势总体稳中向好。去年以来，习近平总书记多次就加快发展粮食精深加工作出重要指示，李克强总理和张高丽副总理、汪洋副总理对大力发展粮食产业经济提出明确要求。近日，国务院办公厅印发了《关于加快推进农业供给侧结构性改革大力发展粮食产业经济的意见》（以下简称《意见》），明确了思路目标和政策举措。这是国务院首次出台这方面的指导性文件。这为加快发展粮食产业经济指明了正确方向，提供了根本遵循，具有重要的现实意义。

在喜迎党的十九大胜利召开之际，我们在山东省滨州市召开这次现场经验交流会，主要任务是深入贯彻习近平总书记系列重要讲话精神和党中央治国理政新理念新思想新战略，认真落实党中央、国务院领导同志重要指示和批示精神，准确把握指导意见要求，交流经验、凝聚共识，明确任务、创新举措，全力推动粮食产业经济发展，为构建更高层次、更高质量、更有效率、更可持续的国家粮食安全保障体系提供强力支撑，加快推动我国从粮食生产大国向粮食产业强国迈进。

刚才，我们认真传达了习近平总书记的重要指示和李克强总理、张高丽副总理、汪洋副总理、何立峰主任的重要批示。各级粮食部门和广大粮食企业，要用心领会、抓好落实。这两天，国家粮食局与山东省政府签署了共同推进粮食产业经济发展保障国家粮食安全战略合作协议；向滨州市授予了"全国粮食产业经济发展示范市"称号；与会同志实地参观了西王集团、三星集团、香驰控股、中裕食品等龙头企业。大家普遍反映，看后听后很有启发、备受鼓舞。"政府推动、创新驱动、龙头企业带动、绿色循环互动、民生联动"的"滨州模式"，典型经验可信可学、可复制可借鉴。下面，根据国家粮食局党组研究的意见，我讲三个问题。

一　着眼战略全局，深刻认识加快粮食产业经济发展的重大意义

习近平总书记深刻指出：解决好十几亿人口的吃饭问题，始终是我们党治国理政的头等大事；保障国家粮食安全是一个永恒课题，任何时候这根弦都不能松。习总书记上年在黑龙江省考察时强调：深度开发"原字号"，以"粮头食尾""农头工尾"为抓手，推动粮食精深加工，做强绿色食品加工；今年在广西、山西考察时，对延伸农业产业链、发展现代特色农业、夯实粮食安全基础作出重要指示。李克强总理今年在山东考察期间听取国家粮食局工作汇报时指出：发展粮食循环经济，加快精深加工转化，这篇文章很大，一定要做好；会前，又专门作出重要批示，要求统筹粮食收储、库存吞吐、加工转化、物流配送、市场供应等环节，加快推动我国从粮食生产大国向粮食产业强国迈进。我

们要深刻领会和准确把握党中央、国务院领导同志重要指示批示的丰富内涵和精神实质，充分认识加快发展粮食产业经济的重要性和紧迫性。

（一）加快发展粮食产业经济，是落实总体国家安全观和粮食安全战略，进一步筑牢国家粮食安全基础的必然选择

粮食安全是国家安全的重要组成部分。确保国家粮食安全，把饭碗牢牢端在自己手上，既需要足够的粮食产量和库存，又离不开相应的加工流通能力和产业链掌控能力。只有经过加工转化和物流配送，把成品粮油及时供应给消费者，才能最终真正实现粮食安全。粮食产业经济涵盖原粮到成品、产区到销区、田间到餐桌的全过程，对粮食生产具有反哺激励和反馈引导作用，对粮食消费具有支撑培育和带动引领作用，是粮食供求的"蓄水池"和"调节器"。粮食产业经济越发达，产业链条越完善，粮食安全基础就越牢固，抵御风险能力就越强。从国内看，我国初步建立了门类齐全的粮食产业体系。2016 年，全国纳入粮食产业经济统计的企业达到 1.8 万家，加工转化粮食 4.8 亿吨，实现工业总产值 2.8 万亿元，保持了平稳发展态势。同时也要看到，经济社会的快速发展和粮食形势的深刻变化，对加快发展粮食产业经济、提高粮食资源配置效率提出了更高要求。从国际看，世界粮食强国往往也是加工流通强国。只有培育具有全球竞争力的粮食企业，打造国际先进水平的粮食产业链条，才能统筹利用好两个市场和两种资源，在国际粮食产业分工中争得主动。

（二）加快发展粮食产业经济，是深化农业供给侧结构性改革和促进一二三产业融合发展，推动粮食经济新旧动能转换的有力举措

中央反复强调，要牢固树立和贯彻落实新发展理念，以供给侧结构性改革为主线，扩大有效供给，满足有效需求，加快形成引领经济发展新常态的体制机制和发展方式。就粮食产业经济而言，当前最突出的矛盾是结构性矛盾，主要表现在四个方面：一是产业结构不合理、产能利用率低。粮食精深加工能力不足，低端产能过剩，平均产能利用率仅为 46%。二是产业链条短、关联度低。加工业向前后两端延伸不够，产业链各环节结合不紧密。三是产业布局分散、集中度低。有些地方缺少龙头企业带动，加工流通企业"小散弱"问题突出。四是创新投入少、能力弱，产品附加值低。工艺装备落后，新产品开发滞后，发展后劲不足。只有坚持问题导向，强化改革创新，加快粮食产业经济转型升级，才能实现结构优化、动能转化和可持续发展。

（三）加快发展粮食产业经济，是实现粮食生产发展和经济实力增强有机统一，保护和调动地方重农抓粮积极性的有效途径

习近平总书记强调，国家要加大对粮食主产区的支持，增强粮食主产区发展经济和增加财政收入能力，实现主产区粮食生产发展和经济实力增强有机统一。认真落实好习总书记重要指示精神，加快发展粮食产业经济，实现加工流通增值，把资源优势转化为产业优势、经济优势，有助于形成粮食兴、产业旺、经济强的良性循环。近年来，一些地方粮食产业持续较快发展，山东、湖北、安徽、江苏、广东五省粮食产业年工业总产值均超过 2000 亿元，其中山东省突破 3600 亿元。滨州市培育规模以上粮油加工企业 160 多家，年加工转化粮食 1400 多万吨，主营业务收入高达 1000 多亿元，有力支撑了当地经济发展。随着玉米收储制度改革的深化，加工企业开工率持续回升，主产区粮食产业经济活力明显增强。比如，黑龙江省上半年加工原粮 241 亿斤，实现产值 362 亿元，增幅分别达到 29% 和 19%。在新形势下，粮食产业经济发展越来越受到各级党委、政府的高度重视。山西、内蒙古、浙江、安徽、福建、江西、山东、河南、湖北、广东、云南等省区级政府，相继出台了指导意见；黑龙江、江苏、安徽、重庆等省市党委、政府领导同志作出指示和批示；河南、湖北、新疆等省区专门成立领导小组；湖北省省级财政每年安排粮油精深加工补助资金 7000 万元、粮食科技创新成果转化人才培养专项资金 3000 万元，河南省建立了粮油深加工发展基金，浙江、安徽、陕西等省着手设立相关基金。各级粮食部门要顺势而为、乘势而上，努力实现粮食产业经济新的突破，不断增加对经济社会发展的贡献。

（四）加快发展粮食产业经济，是落实以人民为中心的发展思想，促进农民持续增收、满足居民消费需求的现实需要

粮食产业转型升级，是经济问题，更是民生大计。一方面，有利于促进规模化、标准化生产，拓宽种粮农民增收渠道，更好地服务"三农"大局。目前，全国粮食产业化龙头企业已有 2558 家，建立原粮基地 6546 万亩，涉及 1385 万农户。中裕食品公司建立订单小麦基地，带动农民每年增收 5 亿多元。另一方面，有利于顺应城乡居民消费升级趋势，更好服务"健康中国"建设。安徽省大力实施"主食厨房"工程，建成经营服务网点 2400 多个；西安爱菊集团建立西北地区最大的专业粮油连锁网络，探索中央厨房运营模式，深受广大市民赞誉。我们大力发展粮食产业经济，就是要认真践行群众路线，为种粮农民提供更加完善的粮食产后服务，为城乡居民提供质量可靠、营养丰富、品种多样的食品，不断增强人民群众的获得感和满意度。

总之，加快推进农业供给侧结构性改革，大力发展粮食产业经济，是兴粮之策、惠农之道、利民之举，也是行业发展所需、部门责任所系。我们要凝聚共识、坚定信心，勇于担当、积极作为，切实把这篇大文章做好。

二　明确思路举措，全力推动粮食产业经济创新发展、转型升级、提质增效

认真落实好国务院办公厅《意见》，就要立足经济发展新常态，坚决贯彻新发展理念，以提高发展质量和效益为中心，以推进供给侧结构性改革为主线，紧紧围绕保障国家粮食安全战略大局，积极适应粮食收储制度改革和库存消化的现实需要，突出"创新发展、转型升级、提质增效"这个鲜明主题，加快发展粮食产业经济。具体来说，要努力做到"三个转变"。即：在发展动能上，由政策支持和要素支撑为主向创新驱动主导转变，激发粮食产业技术创新活力，促进新产品、新模式、新业态加速成长；在发展路径上，由各环节分散经营向"产购储加销"一体化转变，发挥粮食加工转化引擎作用，接一连三、协同联动、融合发展，形成"大粮食""大产业""大市场""大流通"格局；在发展目标上，由注重规模扩张向注重质量效益提高转变，进一步集约集聚、降本增效、改善服务，增加绿色优质安全粮食产品供给，加快推动产业迈向中高端水平，在更高层次上保障国家粮食安全。

在工作中，要突出重点、抓住关键，推动"三链协同"，建设"四大载体"，把握"五个关系"，不断开创粮食产业经济发展新局面。

（一）大力推动"三链协同"

当前，新一轮科技革命和产业变革蓄势待发，产业链、创新链、价值链对接融合成为大势所趋，给粮食产业经济带来了深刻影响。要强化系统思维和统筹联动，依托产业链布局创新链，依靠创新链提升价值链，在"三链协同"中增创粮食产业发展新优势。

第一，加速延伸产业链。粮食产业转型升级，是从粗放向集约演进的过程，也是由短链条向长链

条转变的过程。各地在实践中，探索形成了一些行之有效的发展方式。一是全产业链经营。比如，中粮集团在上游布局农业服务和物流贸易，中游发展精深加工，下游实施品牌引领，形成了规模效应和竞争优势。二是产后服务带动。比如，四川省实施"川粮产后服务工程"，省级财政下拨资金2.1亿元，建成覆盖10万多农户的产后服务体系。江苏省南通市建立产销联盟，向种粮农民提供社会化、专业化服务。三是精深加工主导。比如，山东省邹平县大力发展玉米油生产，年产玉米油60余万吨，被誉为"中国玉米油之乡"。四是商贸物流引领。比如，广东省东莞市建成珠三角最大的成品粮交易市场，发展粮油产业集聚区，园区年产值220亿元、贸易额100亿元。五是主食产业化。比如，河南省政府专门出台主食产业化发展规划，力推工业化主食产品供给，2016年主食产业化率达到35%。六是循环经济。比如，香驰集团建成"五大循环圈"，变废为宝、吃干榨尽，资源综合利用率达到99%。实践证明，以加工转化为核心环节，向前后两端延伸产业链条，是提高产出效益、增强发展后劲的有效路径。

各地要立足实际，合理选择发展模式，大力实施"建链、补链、强链"工程。粮源优势突出的地方，要积极培育和引进龙头企业，带动发展关联配套企业，高起点建立加工贸易产业链；产业链条短缺的地方，要有针对性地补齐粮食深加工、副产物综合利用和物流配送等环节，加快向产业中高端和链条终端延伸；产业初具规模而层次较低的地方，要通过注入技术、管理、资本、品牌、服务等要素，提高产品附加值和竞争力。应当看到，不同地区、企业和粮食品种，特点各异、差别较大。延伸拉长粮食产业链，不能搞"一刀切"，要因地、因企、因粮施策，宜全则全、宜专则专。

第二，突出优化创新链。要把增强技术实力作为粮食产业转型升级的战略支点，深入实施科技兴粮和人才兴粮工程，着力提高粮食行业创新发展能力。

要充分认识到，企业是技术创新的主体。滨州市粮油加工业的崛起，与企业创新能力增强是分不开的。该市各家龙头企业连续多年拿出销售收入的3%以上用于科研，现已拥有国家级研发平台8个，承担国家级科研项目17个，取得了丰硕成果。各地要用好国家和地方出台的支持科技创新优惠政策，引导企业加大研发投入，促进创新要素向企业集聚，加快培育一批创新型粮食领军企业。

要充分认识到，产学研合作是科技创新的有效方式。要支持骨干企业与科研院所，共同建设粮食技术创新联盟，不断提高合作广度深度。要发挥粮油科研机构的协调服务作用，构建开放、合作、互利、共享的创新生态，促进创新资源跨界流动。要聚焦行业重大科技需求，集中力量、联合攻关，尽快实现粮食营养健康与精深加工等领域基础性、关键性技术研发的突破。

要充分认识到，技术改造是成果应用的关键一环。依靠技术改造，走内涵式发展之路，实现"围墙内的增长"，前景广阔，大有可为。各地要完善扶持引导措施，紧密对接市场需求、先进技术、智能制造、绿色发展，大力推进高水平技术改造，实现产品升级、成本降低、质效同增。要搭建粮食产业科技成果转化信息平台，健全定期发布制度，为企业技改提供良好服务。

要充分认识到，创新驱动的丰富内涵，不仅涵盖科技创新，还包括制度、战略、管理、组织、市场等多个方面。特别是针对经营管理粗放问题，要加快推动管理创新，通过行业对标、专题培训，推广先进管理模式，努力提高企业管理的智能化、精细化水平。

第三，不断提升价值链。从价值链低端向中高端跃升，是产业链条延伸、科技创新驱动的必然结果。

要突出产品提档这个前提。引导企业以市场需求为导向，调优产品结构，开发绿色优质粮油新产品，大力发展全谷物等新型营养健康食品，增加多元化、定制化、个性化产品供给。要充分发挥品种、品质和区位、文化等比较优势，精心开发特色粮油产品，走差异化发展的路子。山西省集中开发小杂粮，在做优做特上下功夫，积极打造山西粮食名片。

要抓住品牌带动这个重点。吉林省财政连续三年每年拿出 5000 万元，集中打造"吉林大米"品牌，带动农民年增收 10 亿元以上。黑龙江、江苏、山东、湖北、广西、宁夏等省区，采取政府引导、部门联动、企业主体的方式，集中打造区域特色粮油品牌，都取得了良好效果。各地要相互学习借鉴，出台有力举措，提高本地品牌影响力。要加大资金、技术等支持力度，鼓励企业增品种、提品质、创品牌，培育一批质量好、美誉度高、消费者认可的粮油品牌。要完善粮食产品标准、检验检测、质量追溯体系，建立标准领跑者激励机制，鼓励企业推行更高质量标准，不断提高产品质量水平。

要强化业态升级这个关键。进一步完善城乡配送供应网络，促进大型超市、粮油专营店、大卖场、连锁店等多种业态发展。要大力开展"互联网＋粮食"行动，积极发展粮食网络经济，推广网上粮店、主食厨房、农商直供等零售业态，促进线上线下融合。要进一步完善国家粮食电子交易平台功能，探索开展质检、物流、融资等配套服务。同时，推动粮食产业与旅游休闲、农耕体验、文化传承、健康养生等深度融合，培育粮食产业经济新增长点。

（二）统筹建设"四大载体"

一要着力创建示范市县。国家粮食局会同财政等部门，将按照粮食产业实力强、转型升级效果好、发展质量效益高等标准，分期分批开展全国粮食产业经济发展示范市县遴选认定工作，并在相关政策、项目、资金安排上给予优先支持。各地也要根据情况，开展多种形式的试点示范工作，重点发展一批粮食产业经济特色区县、特色小镇，引导有条件的地方整体推进粮食产业发展。

二要加快建设特色园区。依托园区实现项目集中、资源集约、功能集成，有利于优化布局，促进产业集群发展。安徽省政府上年出台促进粮食产业园区转型升级的意见，着力打造 5 个年销售收入超50 亿元、20 个超 30 亿元的粮食产业示范园区，促进了园区建设与产业发展良性互动。国家粮食局将依托粮食主产区、特色粮油产区、粮食重点销区、关键粮食物流节点，支持建设一批国家现代粮食产业发展示范园区（基地）。各地要加快重点园区转型升级，整合仓储、加工、物流、贸易等功能，完善质检、研发、信息等服务平台，吸引粮油企业和科研机构入园发展，努力打造一批产业发展高地。正在建设的广西（中国—东盟）粮食物流园区、西安粮食物流枢纽、贵州西南粮食城等项目，要加快推进，尽快投入运营。要善于借势发展，采取"区中园"、共建园等方式，主动对接开发区、高新区、保税区、"双创"平台等，实现优势互补、联动发展。

三要培强壮大骨干企业。深化国有粮食企业改革，发展混合所有制经济，加快转换经营机制，做强做优做大一批国有粮食企业，有效发挥稳市场、保供应、促发展、保安全的重要载体作用。同时，大力支持多元市场主体协同发展，进一步增强产业经济发展活力。以资本为纽带推动粮食产业资源优化配置，加快培育一批具有核心竞争力和行业带动力的骨干企业，扶持一批成长性好、特色鲜明的中小企业，打造一批粮食产业经济发展的"排头兵"和细分市场的"单项冠军"。国家粮食局和中国农业发展银行正在开展重点支持粮油产业化龙头企业认定和扶持工作。各地要认真做好推荐等相关工作。

四要积极推进"优质粮食工程"。在"粮安工程"建设取得良好成效的基础上，国家粮食局、财政部适时启动了"优质粮食工程"。各地要按照国家粮食局和财政部下发的通知要求，细化实施方案，包括三年总体实施方案和2017年详细实施方案。要加大各类项目和各项措施落实力度，及时足额落实地方自筹资金，确保按时完成建设任务，保证项目质量。

（三）准确把握"五个关系"

第一，政府和市场的关系。充分发挥市场配置粮食资源的决定性作用，更好地发挥政府作用，尊重市场经济规律和企业主体地位，深入推进政企分开。要改进完善粮食宏观调控，全面强化粮食流通监管，保持市场平稳规范有序运行。要加强规划引领、标准规范、技术指导、信息引导等服务，进一步改善粮食行业营商环境，为粮食企业健康发展保驾护航。同时，支持相关协会发挥桥梁纽带作用，推动行业自律和互利合作。

第二，当前和长远的关系。立足粮食市场供求相对宽松的实际，顺应合理消化粮食库存的要求，加大加工转化力度，提高产能利用水平。同时，增强前瞻性和预见性，把握好投资项目的类型、节奏和力度，坚决避免出现低水平重复建设和中高端产业雷同，造成产能过剩、资源浪费、恶性竞争。要坚持"加减乘除"并举，改造传统产业调存量，培育新兴产业优增量，淘汰落后产能做减量，增强粮食产业持续发展能力。

第三，产区和销区的关系。就产区而言，要立足粮源优势，提高粮食就地加工转化比例，增加产出效益，加快实现由粮食大省向粮食强省转变。就销区而言，要适应消费需求升级趋势，健全加工配送供应体系，创新营销服务模式，确保优质产品及时投放市场。要加强粮食产销协作，支持产区企业到销区建立营销网络，销区企业到产区建立粮源基地、仓储物流设施和加工基地，加快构建政府引导、企业主体、市场运作、多方共赢的新型产销合作体系。要优化粮食物流节点布局，加强配套基础设施建设，鼓励产销区企业组成物流联合体，进一步提高粮食物流效率。

第四，国际和国内的关系。要树立全球视野，增强战略眼光，自觉在全球粮食大格局中谋划粮食产业经济发展，积极参与国际粮食合作交流和贸易规则制定，加快培育规模大、实力强、效益好的国际大粮商，提高全球粮食市场话语权。要有针对性地编制"一带一路"沿线粮食产业合作指南，引导粮食企业有序"走出去"，开展粮食生产、加工、仓储、物流、装备制造等跨国合作，逐步形成内外联动、产销衔接、优势互补、相互促进的良好局面。

第五，发展和安全的关系。发展粮食产业经济，出发点和落脚点是更加有力地保障粮食安全，必须服从服务于国家粮食安全战略。要把粮食安全意识贯穿粮食产业经济发展全过程，决不能以牺牲粮食安全为代价换取经济效益。广大粮食企业要把经济效益和社会效益统一起来，积极承担保障食品安全、生产安全、环境保护等法定责任。各级粮食部门要会同有关单位，深入开展"大快严"集中整治行动，突出"两个重点"、守住"四条底线"，营造有利于粮食产业经济发展的良好环境。

三　精心指导推动，为粮食产业经济发展提供坚强保障

（一）加强统筹指导

国务院办公厅《意见》明确提出，粮食部门负责协调推进粮食产业发展有关工作，推动产业园区建设，加强粮食产业经济运行监测；并要求各地因地制宜制定加快粮食产业经济发展规划和实施意见。各级粮食部门要加强汇报会商，积极争取党委、政府和有关部门支持。要将推动粮食产业经济发

展情况，纳入各级粮食安全首长责任制考核，并加大权重、加强督导和统计。要把项目建设摆在突出位置，搞好项目策划，实行梯次推进。近期，国家粮食局围绕粮食安全调控载体和应急保障体系建设，策划了粮食仓储设施、物流设施、应急供应体系建设等项目；围绕粮食产业新旧动能转换示范工程，策划了现代粮食产业示范园区与融合发展、主食产业化、粮油加工副产物综合利用循环经济等项目，正在与发展改革委等有关部门会商。各地要建立粮食产业发展重点项目库，做好项目储备和申报工作，完善项目前期手续，避免出现申报项目多、符合条件项目少，因而影响资金安排情况；特别是要避免出现中央补助资金安排后，因项目前期工作不到位，将资金退回的情况。

（二）强化政策扶持

《意见》明确了诸多优惠政策和扶持措施，具有很强的激励导向作用。在财税扶持方面，支持粮食仓储物流设施、粮食产业发展示范园区建设和粮食产业转型升级；统筹利用商品粮大省奖励资金、产粮产油大县奖励资金、粮食风险基金等支持粮食产业发展；新型农业经营主体购置仓储、烘干设备，可按规定享受农机购置补贴。在金融支持方面，要求政策性、商业性金融机构加大对粮食产业发展和农业产业化重点龙头企业的信贷支持；支持符合条件的粮食企业上市融资或在新三板挂牌。在用地用电优惠方面，对粮食产业发展重点项目用地予以统筹安排和重点支持；支持和加快国有粮食企业依法依规将划拨用地转变为出让用地；落实粮食初加工用电执行农业生产用电价格政策。在人才培养方面，发展粮食高等教育和职业教育，完善协同育人模式，举办职业技能竞赛活动，加快培养专业技术人才和技能人才。各地要认真研究，细化落实，让优惠政策落地生根、发挥效力。同时，要创新完善地方配套政策措施，加大扶持力度，充分调动各类市场主体发展粮食产业经济的积极性。

（三）优化发展环境

各级粮食部门要按照深化"放管服"改革的要求，深入开展"深化改革转型发展"大讨论，进一步更新理念、转变职能，履行好"为耕者谋利、为食者造福、为业者护航"的使命。对企业提出的诉求事项，属于粮食部门负责的，要主动提供优质高效服务；涉及其他部门的，也要积极出主意、想办法，帮助协调推动。要借鉴浙江省三级粮食部门领导干部联系重点粮食企业的做法，按照构建"亲""清"新型政商关系的要求，健全联系服务企业机制，积极帮助企业排忧解难。

（四）搞好宣传引领

要全面准确地解读政策，主动发布供求形势、市场价格等信息，及时回应社会关切，把握导向、引导预期，营造良好舆论氛围。要进一步抓好典型培树，精心总结先进经验，通过现场观摩、交流研讨等形式加以推广。要与新闻媒体密切配合，开展多渠道、多平台、多形式的宣传，大力推介粮食产业发展成效突出的市县、园区和企业，不断强化示范带动。要办好世界粮食日和全国爱粮节粮宣传周、粮食科技周等重要活动，广泛传播粮食文化和科学知识，积极倡导健康文明的粮油消费方式。

同志们，粮食产业经济发展，正处在新阶段新起点，涌现出新模式新经验，面对着新机遇新挑战，前景广阔、任务繁重。我们要认真落实党中央、国务院的决策部署，抢抓机遇、勇于担当、善谋实干、锐意进取，以更大的决心和力度，加快发展粮食产业经济，为保障国家粮食安全和建设粮食产业强国做出新的更大贡献，以实际行动和优异成绩迎接党的十九大胜利召开！

在全国粮食流通工作会议上的报告

国家粮食局党组成员、副局长　徐　鸣
（2017 年 1 月 7 日）

同志们：

　　这次会议是经国务院批准召开的。会议主要任务是，深入学习贯彻党的十八大，十八届三中、四中、五中、六中全会精神和习近平总书记系列重要讲话精神，认真贯彻中央经济工作会议、中央农村工作会议以及全国发展和改革工作会议精神，总结 2016 年粮食流通工作，深入分析粮食流通改革发展面临的新形势，安排部署 2017 年粮食流通重点工作。同时，套开全国粮食系统党建和党风廉政建设座谈会，共同研究进一步推进粮食系统全面从严治党工作。刚才，会议传达学习了国务院领导同志近期对粮食流通工作的重要批示，国家发展改革委主任徐绍史同志做了重要讲话，我们要认真学习领会，抓好贯彻落实。下面，我讲五点意见。

一　2016 年粮食流通工作成效明显

　　一年来，全国粮食系统紧密团结在以习近平同志为核心的党中央周围，认真落实党中央、国务院关于粮食工作的决策部署，着力推进粮食流通各项工作，为保障国家粮食安全作出了积极努力。

（一）面对严重自然灾害粮食流通运行平稳健康

　　2016 年，南方遭遇了 1998 年以来的特大洪涝；东北和华东的超强台风，局部地区的地震，都给粮食收购、储存、供应带来了严重困难。粮食系统的同志迎难而上，有效应对，各项工作取得明显成效。粮食收购方面，认真落实国务院确定的粮食收购政策，适时启动小麦和稻谷最低收购价执行预案，强化监督检查和市场监管，全年各类粮食企业共收购粮食 9198 亿斤。针对夏粮受灾较重情况，江苏、安徽、河南、湖北、新疆等地出台省级临储、专项收购、设备购置补贴、贷款贴息等政策措施，积极抓好超标小麦收购，有效防止了农民"卖粮难"。"去库存"方面，会同有关部门先后启动临储玉米划转轮换销售、超期和蓖芡囤储存粮食定向销售、2013 年"分贷分还"临储玉米和大豆销售等。2016 年累计销售政策性粮油 1236 亿斤，是上年成交量的 3.4 倍。江苏、安徽两省政府安排专项资金，对企业竞买国家政策性粮食给予补贴。储粮管理方面，面对超高库存的巨大压力，始终把储粮管理放在突出位置来抓。连续两年开展中央储备粮专项检查，储备粮日常管理和监管工作得到加强。制定《粮油储存安全责任暂行规定》，各地认真贯彻落实，层层压实安全储粮责任。编制《粮油安全储存守则》和《粮库安全生产守则》，各省区市下功夫培训，努力使两个"守则"成为一线职工的职业准则和作业规范。11 月中旬召开全国安全储粮和安全生产视频会议后，各地将秋冬安全大检查引向深入，及时发现和整治安全隐患。目前全国库存粮情总体安全稳定。保供稳市方面，加强市场调控和产销对接，市场供应数量充足、质量良好、价格总体稳定。受灾地区群众和救灾部队的粮食供应得到有力保

障。地方储备粮增储任务基本落实到位，特别是广东、浙江、福建、重庆等省市地方储备大幅增加，地方政府调控区域市场的能力显著提升。北京、天津、河北建立了京津冀一体化粮食局长联席会议制度，协同保供。

（二）"粮安工程"极大增强国家粮食安全保障能力

"粮安工程"上年投资 53.7 亿元，加上前 3 年中央投资累计达 300 多亿元，带动地方和企业配套投资近 1000 亿元，极大地改善了粮食流通基础设施条件。一是粮食现代仓储体系基本形成。近年来新建仓容 1582 亿斤，其中上年新建近 200 亿斤，现代化仓型比例大幅提高，"危仓老库"维修改造带动了功能提升。二是粮食物流设施得到加强。近年来安排中央预算内投资 30.3 亿元支持建设粮食物流设施，形成了一批多功能粮食物流园区。南宁（中国—东盟）粮食物流园区、西安粮食物流枢纽、贵州西南粮食城等项目积极推进。三是行业信息化建设取得积极进展。制定发布行业信息化建设指导意见，安排 17 个省区市开展省级粮食管理平台建设和粮库智能化改造。安徽、江苏、湖北已率先开发建设了省级综合信息平台。四是粮食质量监测体系进一步健全。近几年安排中央预算内投资 6.2 亿元，347 个国家粮食质量监测站的能力和水平得到明显提升。同时，节粮减损、放心粮油、应急网络、市场监测、农户科学储粮等工作扎实稳步推进。

（三）省长责任制强化了粮食安全的制度保障

如果说"粮安工程"极大地奠定了粮食安全的物质保障，粮食安全省长责任制则是保障国家粮食安全的一项重要制度安排。《国务院关于建立健全粮食安全省长责任制的若干意见》下发以来，各地高度重视，及时出台贯彻意见措施，切实承担保障区域粮食安全的主体责任。2016 年启动了考核工作，各省区市政府都出台了考核办法，成立了考核工作领导小组，天津、山西、吉林、上海、江苏、安徽、江西、湖南、广西、海南、四川、云南、甘肃等省区市将粮食安全责任落实情况纳入省政府绩效考核，绝大部分省级政府下达了 2016 年粮食安全责任书。考核相关工作的有力推进，为"首考"做了充分准备。

（四）发展粮食产业经济开拓了粮食工作的新空间

上年全国粮食流通工作会议提出发展粮食产业经济后，各地积极响应，努力推进。山东、湖北粮油加工业总产值均超过 3000 亿元，河北、黑龙江、江苏、安徽、河南、湖南、广东、四川等 8 省超过千亿元。各地积极推动品牌化、集约化发展，山东涉粮企业有中国名牌产品 40 个。湖北的"荆楚粮油"经过几年发展，品牌效应开始显现。黑龙江省政府明确粮油加工业由省粮食局负责管理。安徽、山东、河南、广西、四川、陕西、青海、宁夏等省区主食产业化快速推进。浙江、福建省政府出台了促进粮食产业经济发展的指导意见，陕西制定了粮食产业集群发展五年规划。西安爱菊、天津聚龙、上海良友等一批粮食企业集团"走出去"，积极拓展国际发展空间。

（五）深化改革为粮食流通工作增添了新的动力

近几年，各级粮食部门高度重视改革，上年取得了新成效。一是玉米收储制度改革取得突破。这是党中央、国务院的一项战略部署，是农业供给侧结构性改革的一场硬仗。改革的内容是取消玉米临储政策，改为"市场定价、价补分离"，实行"市场化收购"加"补贴"的新机制。国务院高度重视，成立了由国家发改委牵头、20 个部门参加的部际协调机制，明确由国家粮食局负责日常工作。内蒙古、辽宁、吉林、黑龙江粮食部门主动担当、积极作为，制定工作方案，协调落实鼓励加工转化、强化信贷支持、加强运力调度等政策措施，引导多元主体积极入市；三家央企坚持始终在市均衡收购；

销区粮食部门积极组织企业到产区采购，共同推动玉米收储制度改革顺利开展。目前市场运行总体平稳，改革取得积极成效。二是推进行业供给侧结构性改革。出台的指导意见，明确了改革目标和重点任务，各地认真贯彻落实，湖北、贵州、云南、安徽等省结合实际制定了实施意见。三是国有粮食企业改革取得新进展。上年全国国有粮食企业实现统算盈利 110 亿元。湖南已有 6 家粮油企业上市。此外，粮食流通统计直报系统上线运行，统计效率大幅提高。

与此同时，编制发布《粮食行业"十三五"发展规划纲要》以及信息化、物流、加工、科技 4 个子规划。推进《粮食法》立法进程，修订粮食收购资格审核管理办法，优化中央储备粮代储资格认定程序。加快职能转变、政社分开，中国粮食行业协会顺利脱钩。举办全国粮食科技活动周暨首届粮食科技成果转化对接活动、第四届行业职业技能竞赛，首次召开行业人才兴粮工作会议，成立国家粮食安全政策专家咨询委员会。认真做好世界粮食日和全国爱粮节粮宣传周活动，充分发挥《中国粮食经济》等行业媒体作用，营造良好舆论氛围。全国粮食系统与西藏、新疆、新疆生产建设兵团、江西、安徽等地粮食部门共同努力，扎实开展援藏援疆、对口支援革命老区和定点扶贫工作。

二　准确把握当前粮食流通新形势

中央经济工作会议、中央农村工作会议对当前国际国内经济、农业形势作了科学精辟的阐述。我们一定要认真学习领会，切实把思想统一到中央对形势的判断上来，深入分析研究粮食工作面临的新形势新特征，这是我们做好今年工作的前提。总的看，粮食形势出现了明显的阶段性变化，已经由总量不足转变为结构性矛盾。粮食生产连年丰收、流通能力显著提升，为我们做好今后的粮食工作提供了有利条件和宽松环境，但粮食高库存、供需结构的不匹配对粮食行业改革发展提出了新的要求。

从生产看，粮食生产连获丰收，但结构性矛盾十分突出。我国粮食产量由 2003 年的 8613 亿斤增加到 2016 年的 12325 亿斤，且连续四年保持在 12000 亿斤以上。这是非常了不起的成就，为我们整个粮食行业的改革发展奠定了坚实基础。但在产量大幅增长的同时，结构性矛盾越发凸显。品种上，玉米、稻谷阶段性过剩特征明显，小麦优质品种供给不足，大豆产需缺口巨大。布局上，粮食生产日益向东北等水热条件并不占优的北方核心产区集中，13 个粮食主产区占全国粮食产量的 75% 以上，粮食跨区域流通和平衡的压力越来越大。产量与产能的关系上，产量高是好事儿，但资源环境牺牲大，持续保障粮食安全的生产能力还相当薄弱。产量与效益的关系上，高产量与低效益并存，特别是上年种粮纯收益开始下降，有的经营主体已经处于微利甚至亏损状态。如何通过改革，发挥流通对生产的引导作用，促进粮食生产结构调整升级，保护农民利益，是我们粮食部门义不容辞的责任。

从流通看，粮食供应充足，但"高库存、高进口、高成本"的"三高"压力巨大。近年来，粮食流通基础设施建设不断加强，调控机制不断健全，在国际粮食市场数次大幅波动的背景下，国内粮食市场供应充足，价格总体保持稳定。但粮食价格形成机制尚不完善，资源要素配置扭曲，粮食流通环节"高库存、高进口、高成本"问题十分突出。当前粮食库存处于历史高位，而且库存大部分集中在政府手中，占到 85% 以上，其中中央事权的粮食又占 88%，财政负担重、资源浪费大。一方面是"高库存"，另一方面又"高进口"，特别是大豆和玉米替代品进口大幅增加，这既有生产结构不合理的问题，也有市场价格扭曲等流通体制机制改革不到位的问题。还有"高成本"，受流通现代化水平低等因素影响，我国粮食流通成本偏高，比发达国家平均水平要高 1 倍多。加快粮食流通改革发展，有效化解"三高"并存问题，是摆在我们粮食部门面前的一项紧迫任务。

从消费看，城乡居民粮食消费需求加快升级，但绿色优质粮油供给不足。随着收入水平和生活水平的不断提高，广大城乡居民的粮食消费观念和方式发生了深刻变化，不仅仅满足于"吃得饱"，而且要"吃得好"，吃得安全、吃得营养、吃得健康。突出表现为绿色优质粮油产品的消费需求旺盛，但当前这方面的缺口很大。粮食产品低端"大路货"多、高端精品少，难以满足城乡居民消费升级的要求。比如，面包、糕点、饼干等强筋粉、弱筋粉制品的消费增长迅猛，但强筋小麦、弱筋小麦国内供给明显不足。粮食的流通方式非常粗放，"千人一面""万人一米"，与"盯人定量"的柔性精准流通方式相去甚远。从田间到餐桌的粮食质量安全体系还很不健全，重金属超标、农药残留、霉烂变质等粮食质量安全问题时有发生。现在不单有人到国外抢购"马桶盖"，也有的购买价格昂贵的进口大米。这就说明老百姓对质量可靠的高端粮油需求是很强烈的。如何实现从解决"吃得饱"到满足"吃得好"的"华丽转身"，是我们粮食部门的新使命。

从改革看，粮食流通体制改革取得积极进展，但与保障国家粮食安全的要求相比依然任重道远。习近平总书记强调，"推动农业供给侧结构性改革，决不意味着可以忽视粮食生产了。国家粮食安全这根弦什么时候都要绷紧，一刻也不能放松"。这几年，随着粮食出现结构性、阶段性供过于求，国家粮食安全已经过关的思想苗头开始抬头，这是很危险的。从长远看，保障国家粮食安全仍然任重道远。在水土资源、生态环境双重约束趋紧的背景下，粮食稳产增产的难度不断加大，粮食产需将长期处于紧平衡态势。对于我们这个十几亿人口的大国来说，粮食安全始终是治国理政的头等大事，必须始终绷紧国家粮食安全这根弦。这几年，粮食流通改革取得了积极进展，同时也要清醒地认识到，与党的十八届三中全会的改革部署相比，与发展社会主义市场经济的要求相比，粮食流通改革的差距还相当大。粮食价格形成机制和收储制度的市场化改革刚刚起步，与之相适应的调控体系和监管体系尚不健全，去库存、降成本也需要通过改革的办法来实施。面对新形势、新变化，我们一定要牢固树立粮食安全意识，真心实意地深化粮食流通改革，以更高质量、更有效率、更可持续的方式保障国家粮食安全。

从开放看，国内外市场加速融合有利于我们利用国际资源，但外部压力和挑战也越来越大。经济全球化是大势所趋，粮食行业也要在确保国家粮食安全的前提下有序扩大开放。这有利于我们利用国外资金、技术和市场，提高流通效率，拓展发展空间。但开放带来的外部压力和挑战也显而易见。特别是近年来全球粮食生产连续丰收、供给充裕，粮食价格持续低位运行，2017年粮食供需仍将保持宽松局面。由于价格倒挂等因素，国外的粮食会通过各种方式、各种渠道进入国内市场，进口压力很大，势必要冲击我们的粮食生产和流通。同时，全球贸易持续低迷，反全球化倾向、贸易保护主义倾向有所抬头。近期美国已把我国对小麦、大米、玉米等主要农产品的相关支持政策诉诸WTO，美国新政府上台后，不确定性可能会进一步加大。还有一个问题必须重视，就是大豆对外依存度已经高达80%以上，也容易受制于人。面对外部压力和挑战，我们必须加快粮食流通改革，推进粮食流通现代化，不断提高竞争力。

三　2017 年工作基本思路和总体安排

2017年是实施"十三五"规划的重要一年，是供给侧结构性改革的深化之年，是粮食流通改革发展、转型升级的关键之年。做好粮食流通工作的总体要求是：紧密团结在以习近平同志为核心的党中央周围，全面贯彻落实党的十八大和十八届三中、四中、五中、六中全会精神，深入学习贯彻习近平总书记系列重要讲话精神，认真落实中央经济工作会议、中央农村工作会议决策部署，牢固树立和贯彻落实新发展理念，主动适应把握引领经济发展新常态，坚持稳中求进工作总基调，以粮食供给侧结构性改革为主线，完善粮食宏观调控体系，提升粮食流通现代化水平，加快粮食行业转型升级，增强国家粮食安全保障能力，以优异成绩迎接党的十九大胜利召开。

（一）切实把供给侧结构性改革作为粮食工作的主线

深入推进农业供给侧结构性改革，是党中央国务院确定的今年农业农村工作的主线，粮食系统必须认真贯彻落实，以确保口粮绝对安全、防止谷贱伤农为底线，全力推进粮食供给侧结构性改革。目前国内粮食流通存在的问题，虽然有周期性、总量性因素，但根源在于供求结构性失衡。由于粮食的需求弹性很小，简单地采取扩大需求的办法尤其行不通，必须坚持推进供给侧结构性改革，以改革的办法解决结构性矛盾、破解难题。今年，推进粮食供给侧结构性改革，要着重抓好四个方面的工作：

一是，扎实有效推进收储制度改革。这是使市场在粮食资源配置中起决定性作用的基础。价格机制和收储制度不改革，农民生产的粮食国家"照单全收"，就不会有动力优化种植结构、提高粮食品质，结构性矛盾也就缓解不了。党中央、国务院决定从改革玉米临储政策入手，下一步还要研究完善小麦、稻谷最低收购价政策。这是继1993年粮改、1998年粮改、2004年粮改之后，粮食行业的又一次重要改革，而且是更加市场化的改革。我们要充分认识改革的重要意义，主动用市场化的理念推进粮食改革，把保障粮食安全建立在更加牢靠的基础之上。东北三省一区要继续推进玉米收储制度改革，进一步激活购销主体，保障收购资金，做好防范风险的准备，防止出现大面积"卖粮难"和农民收入大幅度下降。实行稻谷、小麦最低收购价政策的地区，要深入研究如何完善政策，更好地发挥市场的引导调节作用，更好地保障口粮绝对安全，更好地满足人民群众日益增长的中高端需求。

二是，加快玉米"去库存"。李克强总理在中央经济工作会议上要求想方设法加快消化玉米库存。这是粮食行业贯彻"三去一降一补"最重要的任务。我们一定要有使命担当，认真落实总理指示，与有关部门一起综合施策，加快推进。配合做好扩大燃料乙醇产量和使用区域工作，并且要深入研究探索消化玉米库存的新门路。结合发展产业经济，加大力度支持玉米加工转化。要加快政策性粮食竞价交易，鼓励多元主体收粮，鼓励企业和农民多存粮，努力减少政策性库存增量。协助有关部门在鼓励加工产品出口的同时把握好进口，坚决打击粮食走私。尤其是沿海沿边省份的粮食部门，要引导企业多用主产区的粮食，短期内虽然成本可能高一些，但对保持和增强主产区粮食的可持续生产能力是非常重要的，这是大局。

三是，切实增加有效供给。习近平总书记指出："要把增加绿色优质农产品供给放在突出位置，狠抓农产品标准化生产、品牌创建、质量安全监管，推动优胜劣汰、质量兴农。"粮食部门要发挥职能优势，主动作为、高掌远跖，探索建立"优质优价"的粮食流通机制。优质，满足城乡居民日益提升的中高端粮油消费需求；优价，让种粮农民通过市场增加收入。我们粮食行业推进供给侧结构性改革的重要目标，就是引导农民调整粮食品种结构，推动粮食加工业改造升级，增加中高端产品和精深加工产品供应，由保障"种粮卖得出、吃粮买得到"，转到推动"种粮能赚钱、吃粮促健康"。

四是，深化国有粮食企业改革。要坚持政企分开、政资分开、所有权与经营权分离的原则，以产权制度改革为核心，加快改制步伐，积极稳妥有序发展混合所有制粮食经济。支持企业以资产为纽带，组建跨区域、跨所有制的粮食企业集团，开展全产业链经营，提升企业竞争力。

（二）以科技创新为动力推进粮食流通现代化

提升粮食流通现代化水平是一项具有基础性、战略性地位的工作，也是粮食供给侧结构性改革"补短板"的主要抓手。近年来，我们大力推进"粮安工程"建设，使国内粮食仓储设施建设迈了一大步，上了新台阶。针对粮食行业的"短板"，今后实施"粮安工程"，不再搞量的扩张，而是在质的提升上做文章。根据收储制度改革的新形势，集中力量再用 3 年左右的时间，基本完成中央和地方两级储备管理的现代化，大力发展绿色储粮、生态储粮。要着力提高行业信息化水平，积极实施"互联网＋粮食"，推进粮库智能化、管理数字化、调控信息化、交易网络化，尤其要加快构建国家粮食电子交易平台。要着力推行"四散化"运输，发展多式联运，建设物流园区，打通重要节点，加快完善现代粮食物流体系。要树立大流通观念，各地粮食部门应利用行业优势促进粮食产业经济发展，与有关部门一起研究出台相关支持政策，大力发展粮食加工转化，提高技术水平，优化产品结构，增强市场竞争力。

需要强调的是，提升流通现代化水平离不开科技和人才支撑。要牢固树立科技兴粮、人才兴粮意识，坚决克服粮食行业是传统产业、不需要科技的错误认识，从思想上真正重视科技和人才对行业发展的支撑作用。要切实加大科研攻关力度，既要充分利用行业自身科技资源，也要积极吸引积聚社会资源参与粮食科技创新。要认真落实国务院《促进科技成果转移转化行动方案》，把成果转化作为提高行业科技创新能力的"牛鼻子"，用好科技、吸引人才。要加快粮食行业科技体制改革步伐，实施以增加知识价值为导向的分配政策，充分调动广大科技人员创新创造积极性，提高行业科技贡献率，以创新驱动行业发展。

（三）在深化改革中完善粮食市场调控体系

李克强总理强调，"面对复杂局面和多难抉择，我们要统筹处理总量与结构、当前与长远、国内与国外的关系，加强区间调控、定向调控和相机调控，有针对性地出招发力"。随着粮食收储制度改革的不断深化，粮食市场主体日趋多元化，更多粮源将由政府的粮库转到社会主体手中、转到市场上，粮食宏观调控需要逐步由依靠直接调控，转向以政策引导为主的间接调控。要切实转变观念，创新方式方法，加快构建与改革相适应的粮食宏观调控体系。

一要完善粮情监测预警系统。这是市场化条件下粮食宏观调控体系的基石。要健全涵盖国家、省、市、县四级监测预警体系，利用大数据、云计算等技术，全面准确掌握市场行情，真正做到心中有数；同时建立预测预警数据模型和粮食安全决策支持系统，及时发现苗头性、倾向性、潜在性问题并提出相应的政策建议。

二要完善储备粮吞吐调节机制。这是粮食部门的看家本领。要发挥好储备粮的"调节器""蓄水池"功能，灵活运用收购、销售、轮换等方式，有效调节供求，合理引导预期，保持粮食市场稳定。要与财政、发展改革等部门积极配合，充分发挥财政资金和价格等手段的调控作用。

三要建立市场化收购资金保障机制。要在继续发挥好政策性银行主渠道作用的同时，鼓励引导商业性金融机构开展收购、加工等信贷业务。在这方面，江苏、河南先跨出了一步，设立了用于粮食收购的风险担保基金，已运行两年多，效果不错。按照国务院要求，东北三省一区在玉米收储制度改革中，分别设立了粮食收购贷款信用保证基金，对解决多元主体入市收购的融资发挥了作用。要认真总结经验，探索形成市场化收购资金保障的长效机制。还要高度重视"粮食银行"等粮食金融模式的发展，以及粮食保险业务。金融是市场经济条件下宏观调控最重要的手段之一，粮食部门的同志一定不能墨守成规，要主动学习掌握我们陌生的调控管理方式，在改革大潮中站稳脚跟、发挥作用。

四要加强产销衔接。按照"政府搭台、企业唱戏，互惠互利、共同发展"的原则，支持和鼓励产销区充分发挥各自优势，以经济利益为纽带、以市场需求为导向，建立形式多样、长期稳定的粮食产销合作关系，促进区域间粮食供求平衡。

五要建立粮食运输协调机制。在玉米收储制度改革中，国家粮食局与铁路总公司等单位建立了玉米运输协调机制，东北三省一区也与当地铁路局等建立了相应机制，共同制定运输需求与运力供给对接工作方案，统筹运力安排，起到了很好的作用。调运是粮食工作的一项老职能，只是实行托市政策之后淡化了，适应收储制度改革，这项工作还应抓起来。要总结推广玉米收储制度改革过程中与铁路等部门协调合作的经验，全面建立与铁路、交通、物流等相关部门长期稳定的统筹协调机制，确保粮食运输及时、快速、安全，满足粮食调控需要。

（四）强化粮食市场监管推进依法管粮

托市政策的一个重要作用，就是有效地保护了种粮农民利益。收储制度市场化改革后，成千上万的多元主体进入市场，必须要加大市场监管力度、创新市场监管方式。各地要充实监管力量，增加必要的经费，满足新形势下的粮食市场监管需要。按照"双随机、一公开"要求，运用多种手段加强事中事后监管，建立粮食经营者信用机制，维护公平竞争的市场环境，坚决防止出现压级压价、"打白条"等坑农害农现象，坚决打击囤积居奇、欺行霸市等扰乱市场秩序的行为，切实做到"为耕者谋利、为食者造福"，确保中央强农惠农富农政策落到实处。要推动《粮食法》立法进程，加快修订《粮食流通管理条例》，做到有法可依，任何监管都要依法进行，并自觉接受市场主体和社会公众的监督。这里，特别强调落实粮食安全省长责任制，这项制度对保障国家粮食安全具有十分重要的作用，必须认真贯彻落实。要做好考核工作，切实加强组织领导，扎实做好各环节考核，确保"首考"圆满。要强化考核结果运用，推动粮食安全省长责任制各项目标任务落到实处。

（五）牢牢守住粮食安全的风险底线

习近平总书记指出，稳中求进是我们治国理政的重要原则，也是做好经济工作的方法论。我们要始终坚持稳中求进工作总基调，强化底线思维，牢牢守住四条底线，及时有效化解行业风险。

一是，确保不发生大面积"卖粮难"。无论怎么改革，都不能影响粮食的生产能力，尤其不能出现大面积"卖粮难"，挫伤农民种粮积极性，这是保障国家粮食安全的重要底线之一。要按照完善小麦、稻谷最低收购价政策的要求，抓好政策落实。强化玉米等市场化收购的监督检查，积极引导多元主体入市收购，坚决打击任何形式的坑农、害农行为，确保粮食卖得出、卖得好，全力维护好农民种粮积极性。

二是，确保储粮安全。这是我们粮食行业的"看家"业务，如果储存的粮食都看不住、管不好，一切都无从谈起。现在粮食系统负责管护的粮食规模之大，前所未有。我们一定要树立红线意识，全面实施"一规定两守则"，继续深入贯彻全国安全储粮和安全生产视频会议精神，强化库存安全监督检查，层层压实安全储粮和安全生产责任，既要做到安全储粮，又要确保安全生产，坚决避免发生大的粮油储存事故和安全生产事故。

三是，确保质量安全。让老百姓吃得安全、吃得放心，不出现大的粮食质量安全风险，是我们粮食工作的一条重要底线。我们要全面贯彻《食品安全法》和《粮食质量安全监管办法》，按照从田间到餐桌全过程、可追溯管理要求，完善粮食质量安全检测体系，加强对粮食流通各环节的质量安全监管。推动建立污染粮食处置长效机制，做好不符合食品安全标准库存粮食的处置工作，严防流入口粮市场。

四是，确保不断档脱销。粮食供应形势再好，我们也不能掉以轻心。要加强市场监测和跨区域调运，坚决防止出现局部供应紧张和价格大幅上涨。要进一步健全应急供应机制，完善应急供应网络，落实成品粮油储备，充分做好粮油应急准备工作，确保关键时刻靠得住、调得动、用得好。这里，强调一下保障军粮供应问题，要按照军队体制改革的要求，进一步优化军供网点布局，扩展服务范围，提高服务质量。

四　认真抓好七个"突破口"

习近平总书记强调，"在任何工作中，我们既要讲两点论，又要讲重点论，没有主次，不加区别，眉毛胡子一把抓，是做不好工作的"。明确了2017年粮食流通工作的总体思路和主攻方向，还要找准着力点和突破口，在七个方面精准发力，带动各项工作整体推进，做到踏石留印、抓铁有痕。

（一）建设粮食产后服务体系

李克强总理指出，要"推进农业供给侧结构性改革，加快现代农业建设，着力提高农业综合效益和竞争力"。专业化水平低，是我国农业的一个短板。建立经营性的粮食产后服务体系，有利于增强市场化收储条件下农民售粮的议价能力，有利于粮食提质进档、增加农民收入，有利于减少粮食损失浪费，有利于专业化分工，有利于提高劳动生产率。产后服务体系以开展代清理、代干燥、代储存、代加工、代销售"五代"业务为重点，为新型农业经营主体和小农户提供专业化服务。粮食产后服务中心的建设以企业为主体，支持农业合作社、有实力的粮食经纪人、工商资本联合粮食企业共同建设或单独建设。建设方式上，以基层现有粮库为基础进行功能改造，配置清理、烘干等相应设备，提升粮食保鲜储存能力。原则上要盘活存量，不再新建库容。2017年将选择一批产粮大县开展试点，根据粮食产量、商品量、布局等情况和需要，每县建设3~5个产后服务中心，并给予必要支持。

（二）建设广覆盖的粮食质量检验检测网

习近平总书记明确指出，"当前，老百姓对农产品供给的最大关切是吃得安全、吃得放心"。为了解决市场化收购条件下的质量安全问题，按照"机构成网络、监测全覆盖、监管无盲区"的要求，将质量检测功能向市县延伸。从今年开始，在人口大县（市）、产粮大县建立粮食质量检验检测机构，完善检验检测功能，开展第三方检验检测。粮食行政管理部门要将粮食质量监管作为保障粮食安全的重要职责，加强粮油全产业链质量安全监测，及时排查粮食质量安全隐患，适时发布粮食质量安全信息。到2020年，新建1000个以上市县级粮食质量检验检测机构，基本实现全覆盖。

（三）建设智能粮库

粮库是实现粮食行业信息化的基础。前两年，中储粮在全系统推进信息化取得了很好的效果、积累了丰富经验。不少省级粮食部门上年下了不小的功夫，取得了积极进展。今年，要以地方储备粮库为重点大力推进粮库智能化升级改造，这是继"危仓老库"之后推动粮食仓储现代化的又一重要工程，我们一定要精心规划，务实推进。要明确智能粮库的几个主要功能并制定标准，重点建设。为了避免形成"信息孤岛"，降低建设成本，通用功能的软件尽可能统一开发，硬件也力求标配。建设智能粮库不能为信息化而信息化，一定要克服盲目性，坚持实用、管用、好用的原则，不搞大而全、花架子，更不搞形象工程。必须杜绝漏洞、严防腐败，真正把钱花在刀刃上。

（四）打通粮食物流节点

按照"十三五"全国粮食物流规划，在重要物流节点建设一批集仓储、加工、贸易、质检、信息服务等功能于一体的国家级粮食物流园区，发挥好中转枢纽和调控载体作用。在国家发展改革委支持下，2017年要在"北粮南运"、东北对接京津冀、长江经济带、"丝绸之路经济带"和"21世纪海上丝绸之路"等五大通道重要节点建设物流园区。鼓励企业和地方政府投资建设，国家有关部门给予一定的资金支持。达到标准的，将确定为"国家级粮食物流园区"并挂牌，直接成为全国粮食电子交易平台会员。

（五）构建全国粮食电子交易平台

收储制度改革，必然带来粮食大规模的市场化交易。把"全国粮食统一竞价交易系统"由政策性粮食拍卖平台，扩展为全国性粮食电子交易平台，是市场化改革的必然要求，也是粮食行业落实"互联网+"行动计划的具体举措。今年，一要切实保障政策性粮食交易顺畅安全，在粮食"去库存"中发挥主力军作用。二要实现31个省级交易中心全覆盖及平台联网，并积极向市县延伸，让基层粮食企业、种粮大户、专业合作社进入交易网络，市县两级粮食行政管理部门要发挥把关作用，按规定的条件选准选好进入主体，并且对资质、诚信负责。三要探索形成适合粮食流通特点的交易模式，特别是标的标准化、合约规范化，解决好交易诚信履约、支付结算、交割方式等方面存在的难题。四要采取有效措施引导产区、种粮农民、新型经营主体网上卖粮，引导销区、用粮企业网上买粮。引入质量检测、物流配送等第三方服务，探索为种粮农民、粮食企业定制金融产品服务，增强吸引力。总之，要经过1~2年的努力，打造全国最大、国际有影响的粮食电子交易平台，为构建新型粮食购销体系发挥主导作用。

（六）完善两级储备协同运作机制

政策性收储大量减少后，必须强化储备粮的管理和调控。实现中央储备与地方储备在数量、布局、结构等方面有机衔接，是增强储备粮调控精准性和有效性的重要一环。要强化国家对中央与地方两级储备的统筹调度。支持省会以上城市及城市人口规模较大的地级市，增强成品粮储备平抑市场、救灾应急等供应保障能力，支持对低温库进行改造。

（七）实施"中国好粮油行动计划"

一是抓紧制定优质米、面、油等质量品质分类标准，并建立覆盖范围广的测评体系，定期发布粮油质量信息。各级粮食部门要主动帮助农户、企业等粮食经营主体按标准分等定级，按质销售、按质论价。二是支持科研院所、大专院校开展提升粮油品质科学研究和重大课题攻关。建立科技成果转化长效机制，5月全国科技活动周期间组织科研单位与粮食企业开展成果对接。三是大力培育优质粮油品牌。近三年，吉林省政府每年安排资金由省粮食局专门用于"吉林大米"的品牌推介，仅上年就安排了5000万元，效果明显，大米价格提高了10%~20%。其他省区市可以借鉴这个做法。各级粮食部门要通过政策支持、科技服务、宣传推介等方式，鼓励引导企业培育一批名特优的粮油品牌。建立品牌发布机制，由各省区市粮食局按"谁推介、谁负责"的原则推介优质粮油品牌，国家粮食局于"世界粮食日"向社会发布，并实行动态调整。四是加强健康膳食宣传，开展粮油健康消费科普，充分利用世界粮食日、爱粮节粮宣传周、粮食科技活动周等重要时点，指导居民科学消费、健康消费。五是开展"优质优价"试点，各级粮食部门要选择有条件的粮食企业通过订单收购、合作入股等方式建设粮源基地,实行专收专储、定点加工、专营专供,培育从田间到餐桌的全产业链优质粮油经营模式。

五　深入贯彻六中全会精神推动粮食行业全面从严治党

过去一年,全国粮食系统始终高度重视党建工作,切实增强"四个意识",着力推动全面从严治党,做到"两手抓、两不误、两促进"。扎实开展"两学一做"学习教育,党的组织建设和思想建设进一步加强;认真落实政治巡视要求,主动配合中央和地方的专项巡视巡察;严格落实中央"八项规定"精神,切实转变工作作风,党风廉政建设和反腐败斗争取得新成果。今年,粮食系统要以党的十八届六中全会精神和中央纪委七次全会精神为指导,推动粮食行业全面从严治党不断向纵深发展。下午,还要召开粮食系统党的建设和党风廉政建设座谈会,专门总结和部署粮食系统全面从严治党工作。这里,我就粮食行业今年党建工作谈几点看法。

(一)把落实中央经济决策部署作为政治责任

习近平总书记要求,各级领导干部特别是高级干部要把落实党中央经济决策部署作为政治责任。粮食系统的各级领导干部一定要认真学习、深刻领会中央经济工作会议和中央农村工作会议精神,不折不扣地把中央关于推进供给侧结构性改革的要求贯彻到我们的工作当中。对中央决定的政策,必须坚定不移地执行;对中央通过的改革方案,必须坚定不移地落地。这就是核心意识和看齐意识。贯彻落实党中央的决策部署,必须要真心实意,决不能半心半意,搞"你有千条计,我有老主意";必须要领会吃透,决不能一知半解,把什么工作都贴上贯彻"中央决策"的标签。粮食行业有一定的特殊性,但在贯彻中央决策部署上决不能搞特殊,决不能搞本位主义。必须把思想认识统一到中央决策部署上来,以改革创新的精神状态和求真务实的工作作风不断开拓进取,全力做好新形势下的粮食工作。

(二)坚定不移推进粮食行业全面从严治党

习近平总书记指出,要把抓好党建作为最大的政绩,如果我们党弱了、散了、垮了,其他政绩又有什么意义呢?我们一定要认真学习领会习近平总书记重要讲话精神,真正从战略高度来认识党建工作的重要性,深入贯彻党的十八届六中全会精神,把党建工作抓实、抓好,引领粮食流通改革发展。要坚定不移推进全面从严治党,加强和完善党对粮食流通工作的领导,切实发挥党组织在把方向、管大局、保落实方面的领导核心作用和政治核心作用,推动党建工作和粮食流通业务工作实现深度融合。要认真落实思想从严、管党从严、执纪从严、治吏从严、作风从严、反腐从严"六个从严"要求,切实把严的要求贯彻到管党治党的全过程和粮食流通的各环节。

(三)把党风廉政建设和反腐败工作放在突出位置来抓

从《诗经》"硕鼠硕鼠,无食我黍"的千古名句,到近年连续查处的涉粮案件,都表明"粮耗子"危害不容小觑。我们必须清醒认识面临的严峻形势,深入推进粮食行业党风廉政建设和反腐败斗争。要着力健全和有效实施"一岗双责""一案双查",真正把党风廉政建设主体责任落到实处。要坚持把纪律挺在前面,严格践行监督执纪"四种形态",抓早抓小,把问题更多消灭解决在萌芽状态。要严格落实中央"八项规定"精神,坚决反对"四风",以铁的手腕严肃纠正侵害群众利益的行业不正之风,严厉查处各类涉粮违纪违法案件,持续形成惩治腐败的高压态势。要从粮食行业实际出发,建立反腐败长效机制,加强对重点项目的监督管理和风险防控,着力形成不敢腐、不能腐、不想腐的局面。

（四）建设想干事能干事的粮食行业干部职工队伍

粮食行业干部职工是一支特别能吃苦、特别能战斗、特别讲大局的队伍，拥有"四无粮仓"精神和"宁流千滴汗、不坏一粒粮"的优良传统，这是最宝贵的财富。新形势下要持续加强党性教育、宗旨教育和理想信念教育，不断提高党员干部思想政治素质，增强党性修养，从思想深处拧紧螺丝。上年，国家粮食局作出了开展向河北省柏乡粮库学习活动的决定，取得了很好效果，要继续深入。还应看到，目前，还有不少同志对新常态下的粮食流通规律不是很熟悉，工作尚不能驾轻就熟，存在知识恐慌和能力恐慌。粮食行业的各级干部和广大职工要紧密结合粮食流通市场化、现代化、信息化发展需求，全面系统学习业务知识和专业本领，不断提高新常态下推动粮食流通改革发展的能力和水平。

最后，要以优异成绩迎接党的十九大胜利召开。党的十九大在我们党的历史乃至中国发展史上都将具有里程碑意义，是全党全国各族人民政治生活中的一件大事。习近平总书记强调，保障国家粮食安全是治国理政的头等大事。对粮食行业来说，以优异成绩迎接党的十九大的胜利召开，决不能停留在口号上，我们一定要锐意进取、勤奋工作、守好底线，通过不断增强国家粮食安全保障能力为我们党增光添彩，向党的十九大交上一份优秀的成绩单。

在全国粮食流通工作会议上的总结讲话

国家粮食局党组成员、副局长   曾丽瑛
（2017 年 1 月 8 日）

同志们：

　　2017 年全国粮食流通工作会议今天就要结束了，经过全体与会代表的共同努力，圆满完成了既定的各项议程。下面，根据会议安排，结合昨天下午的分组讨论和刚才大会发言情况，我作个简要小结。

一   会议取得了积极成效

　　这次会议认真贯彻落实党的十八届六中全会精神和中央经济工作会议、中央农村工作会议精神，进一步认真学习贯彻习近平总书记系列重要讲话精神，传达学习国务院领导同志对粮食流通工作的重要批示，回顾总结 2016 年粮食流通工作，深刻分析当前粮食流通改革发展面临的新形势，全面部署 2017 年粮食流通各项工作，同时套开全国粮食系统党建和党风廉政建设座谈会，深入研究部署进一步推进粮食行业全面从严治党工作，对当前和今后一段时期的工作具有很强的指导意义。

　　大家一致认为，会议准备充分、主题突出，有新意、有亮点，做出了许多有突破、有开创性意义的部署安排，充分体现了国家粮食局推进改革、开创粮食流通工作新局面的勇气和决心。尤其是绍史主任的重要讲话和徐鸣同志的工作报告，站位高、立意新、谋划深、着眼实，完全符合中央精神和粮食流通工作实际，大家听了很受鼓舞，备受启发，效果非常好。

　　一是，统一了思想认识，坚定了加快推进改革、做好粮食流通工作的信心和决心。大会工作报告紧扣中央经济工作会议、中央农村工作会议精神，站在保障国家粮食安全的高度，围绕推进农业供给侧结构性改革，从粮食生产、流通和消费等各个环节深入分析了当前粮食流通工作面临的复杂形势和问题矛盾，明确指出了粮食部门必须承担的重要责任和历史使命。与会同志一致认为，报告既有对总体形势的分析判断，又有事实数据方面的论证说明，客观全面，脉络清晰，帮助大家在当前复杂多变的形势中准确把握粮食流通改革发展大势，进一步巩固了粮食安全意识，增强了深化粮食流通改革、保障国家粮食安全的信心和决心。

　　二是，明确了思路任务，找准了工作着力点和突破口。绍史主任对粮食行业加快推进供给侧结构性改革提出了具体要求。工作报告坚持稳中求进的工作总基调，紧紧围绕农业供给侧结构性改革这条主线，明确了今年粮食流通工作的基本思路、总体安排和重点措施。2017 年粮食流通工作要点对全年工作任务作了进一步细化安排。这些要求和工作部署既体现了鲜明的改革创新精神，又非常务实管用，很有针对性和操作性，而且在许多方面对粮食流通工作都有新的拓展。报告提出要加快建设粮食产后服务体系、健全粮食质量品质检验监测网络、建设智能粮库、打通粮食物流节点、打造国家粮

食电子交易平台、完善两级储备协同运作机制、实施"中国好粮油行动计划"等工作部署，顺应了改革和行业发展的需要，抓住了当前粮食流通工作的重点。同时又有具体措施跟进，便于操作和推进落实，为我们做好今年的粮食流通工作明确了方向和路径。

三是，深入开展了讨论交流，有利于相互借鉴学习。今年会议的一个明显变化就是取消了典型经验发言环节，改为书面交流材料印发大家，以便大家回去后学习参考；同时，今天上午各组召集同志结合昨天的讨论情况，把大家的好建议好想法好思路在第一时间向大会作了交流汇报。大会这么安排，就是要充分开启众智，集采众长，发动大家一起来为粮食流通改革发展工作想实招、谋良策。从刚才大家发言的情况看，收效不错，各地围绕推进粮食供给侧结构性改革、改革完善粮食收储制度、完善粮食宏观调控体系、完善利益补偿机制、加强储备粮管理、落实粮食安全省长责任制、加快粮食流通能力现代化建设、深化国有粮食企业改革、促进行业转型升级以及粮食行业人才培养等方面提出了很多真知灼见和有参考价值的具体意见建议，我们将认真整理归纳，逐项分析研究，比较成熟的，在下一步工作中加以吸收采纳；目前尚不具备操作条件的，我们将深化研究、创造条件，加强沟通协调，逐步推动实施。

四是，落实全面从严治党，同步部署党的建设和党风廉政建设。这次会议同时套开了全国粮食系统党的建设和党风廉政建设座谈会，认真学习贯彻落实党的十八届六中全会精神和习近平总书记关于全面从严治党的重要讲话精神，学习贯彻十八届中央纪委七次全会精神，各地深入交流了粮食系统2016年党的建设和党风廉洁建设工作，徐鸣同志和中权同志对下一步工作提出了明确要求。会议进一步统一了思想，提高了认识，理清了思路，明确了任务，做到"两手抓、两手硬，两不误、两促进"。

二　认真抓好会议精神的贯彻落实

一分部署，九分落实。会议已经对今年的粮食流通工作作出了全面安排，能否取得实效，关键在于抓好贯彻落实。

一要及时汇报沟通，认真传达学习。昨天分组讨论时，大家纷纷表示，将尽快向省委省政府汇报好本次会议的精神，这项工作非常必要。各位代表回去后，要及时将国务院领导同志关于粮食流通工作的重要批示精神，绍史主任的讲话和徐鸣同志的工作报告以及2017年粮食流通工作要点向本级党委、政府汇报，争取党委、政府对粮食流通工作给予更多的关注和重视。要进一步加强与发改、财政、农业、金融、交通运输、市场监管等部门的沟通衔接，争取更多的支持协助，为落实具体政策措施创造更为有利的条件和环境，形成推动粮食流通工作的强大合力。同时，要通过多种形式抓好会议精神的传达学习，尽快部署召开本地粮食流通工作会议，进一步统一思想、深化认识，激发全行业干部职工深化改革、谋事创业的积极性和主动性。

二要结合各自实际，明确工作重点。会议在强调继续履行好行业基本职责的同时，提出了许多新思路、新举措和新要求。粮食行业具有很强的特殊性，不同区域间的差别很大，工作侧重也各不相同。贯彻落实会议精神，不能眉毛胡子一把抓，不能搞全国齐步走，也不能搞"一刀切"，要结合本地实际、因地制宜，根据自身情况部署安排好全年的工作任务。比如，产区、销区、平衡区粮食生产流通情况明显不同，东部、中部、西部发展程度有差别，继续执行政策性收储的地区和已经实行市场化收购的地区粮食收购的形势完全不同，因此在落实会议工作部署时要考虑到这些实际情况做好衔接，找准各自的工作着力点和突破口，既要安排好面上的工作，又要集中发力，实现点上的突破。有条件、有基础的地方要解放思想，打破常规，敢于放开手脚，先行一步，为全国其他地方探出新路，做出榜样。

三要细化任务，明确责任。会议精神的贯彻落实不是简单的开个会、讲个话就了事，各地、各单位要根据会议部署，抓紧研究制定贯彻落实的工作方案，并及时下发抓好贯彻执行。对工作报告中明确的五个方面的总体安排和七项重点任务，在贯彻落实中都要有体现、有回应、有措施、有抓手。要制定好路线图和时间表，明确每项工作推动的责任领导、责任人员、完成时限和工作标准等，层层压实责任，确保各项工作任务都有人抓有人管、不走过场。要充分发挥考核的"指挥棒"作用，把各项工作落实情况纳入考核范围，扎实抓好工作任务的跟踪调度和监督考核，积极推动各项工作任务真正落地、取得实效。各地要认真梳理总结工作推进过程中遇到的新情况新问题和出现的好经验好做法，及时向当地政府和上级部门报告反馈，以便有关部门及时掌握情况，进一步完善政策措施。国家粮食局也将进一步加强跟踪调研，总结推广各地先进经验，及时协调解决实际问题，共同推进各项工作。

四要严格落实好全面从严治党和廉洁自律要求。党的十八届六中全会专题研究部署了全面从严治党工作，在刚刚召开的十八届中央纪委七次全会上，习近平总书记发表重要讲话，王岐山同志作了工作报告，对进一步推动全面从严治党做出安排部署。我们一定要认真学习习近平总书记重要讲话精神，认真落实王岐山同志在工作报告中提出的各项工作任务。徐鸣同志在工作报告中对粮食行业深入贯彻党的十八届六中全会精神、推动全面从严治党提出了四点明确要求，在昨天下午的党建和党风廉政建设座谈会上又对党建工作提出了具体要求，中权同志也作了五个方面的具体安排。各地、各单位要认真贯彻落实会议精神，切实增强"四个意识"，特别是核心意识和看齐意识，始终在思想上政治上行动上与以习近平同志为核心的党中央保持高度一致。要层层落实好管党治党责任，把全面从严治党持续推向深入，继续深入开展"两学一做"学习教育，做到党建与业务"两手抓、两手硬，两不误、两促进"。要坚决把纪律规矩挺在前面，始终坚持正风肃纪不止步，反腐惩贪不停手，坚持抓早、抓小、抓经常，持之以恒落实中央"八项规定"精神和国务院"约法三章"，严肃查处各种违纪违法行为。要狠抓改进工作作风，大力传承弘扬粮食行业优良传统，推动行风政风持续好转，努力营造粮食行业风清气正、心齐劲足的良好局面。

三 扎实做好近期重点工作

目前，正值年终岁末，春节、"两会"这两个重要节点也即将到来，各方面工作任务十分艰巨、非常繁重，各地要切实做到统筹兼顾、协调推进。近期的几项重点工作我在此特别强调一下。

一要切实抓好秋粮收购工作。上年是东北三省一区实施玉米收储制度改革的第一年。过去多年一直实行玉米临储政策，有一定的操作惯性和路径依赖，具体收购工作相对容易一些。今年实行市场化收购，国家和地方政府高度重视，出台了一系列政策措施，但收购中的组织协调、具体操作、市场监测、交通运输以及资金保障等都需要在实际工作中逐步磨合和探索，相对于前些年，工作难度确实不小。但办法总比困难多，只要我们坚定信心，真抓实干，就一定能完成既定的改革任务。

在各方的共同努力下，东北地区玉米市场化收购工作进展比较顺利，成绩有目共睹。目前还处于秋粮收购的高峰期，农民手中余粮还比较多，收购压力仍然较大。特别是春节前农民变现意愿较强，售粮可能比较踊跃。各地一定要再接再厉，认真抓好各项政策措施的落实，确保不发生大面积农民"卖粮难"。要强化市场监测跟踪，及时掌握了解新情况新问题并妥善处置应对。要细化工作方案和应急预案，切实做到心中托底，有备无患。要切实加强指导协调和监督检查，督促粮食企业严格落实好国家粮食收购政策，严格落实"五要五不准"收购守则，切实保护好售粮农民利益。要组织精干力量，及时派出技术指导小组，加强对农户"地趴粮"和庭院储粮的技术指导，最大程度防止出现农户储存坏粮、霉粮，尽力帮助农民减少产后损失。有关央企和地方国有粮食企业要认真落实好国家和地方政府召开的有关玉米收购工作的会议精神，切实履行社会责任，积极带头入市进行市场化收购，做到始终在市均衡收购，为推进玉米收储制度改革发挥积极作用。

二要扎实做好重要时段的粮油市场供应工作。不久将迎来新春佳节，随后"两会"也将召开，确保这个重要时期的粮油市场供应和价格总体稳定责任重大。各地要切实增强大局意识、责任意识，着力把保障"两节""两会"期间粮油市场供应各项工作措施落到实处。要按照国家发改委、国家粮食局《关于做好2017年"两节""两会"期间粮油市场供应有关工作的通知》要求，强化市场监测预警，切实加强粮油资源调度，搞好产销供需衔接，强化质量监督管理，落实好成品粮油储备和应急加工配送，并根据市场变化，适时做好粮油产品投放。要根据群众喜好增加粮油产品的花色品种，确保粮油市场供应和价格基本稳定，满足人民群众的消费需求。

各地、各单位要在做好日常工作的同时，积极开展"送温暖、献爱心"等春节走访慰问活动。要深入基层，深入群众，积极走访慰问部队官兵、离退休老同志、困难党员、生活困难的职工和家属以及结对帮扶的贫困户，尽力帮助他们解决实际困难，及时把党和政府的温暖送到他们手上。要妥善安排好节日期间的工作和生活，让广大干部职工心情舒畅、平平安安地过节。

三要认真抓好"两个安全"工作。在全国粮食行业的共同努力下，2016年全国粮食安全储粮和安全生产工作总体较好，没有发生重特大粮油储存事故和安全生产事故，在库存高企、部分粮油储存时间较长、粮食企业点多面广、收购现场人多车多的背景下，取得这样的成绩，实属不易。当前，东北地区和南方稻谷产区正值收购时节，加之冬季天干物燥，消防安全等风险加大，我们绝对不能掉以轻心。必须充分认识做好"两个安全"工作的极端重要性，按照全国粮食行业安全储粮和安全生产视频会议的安排部署和国家粮食局《关于做好2017年"两节"期间粮食行业安全储粮和安全生产工作的通知》要求，严格落实"一规定两守则"，进一步健全安全生产责任体系，层层压实责任，着重加强对简易仓囤储粮、超期储存粮食、进出仓作业、防火用电等方面的排查检查，彻底消除安全隐患，推动粮食行业"两个安全"形势持续向好。

在粮食安全隐患大排查快整治严执法集中行动部署动员会议上的讲话

国家粮食局党组成员　赵中权
（2017 年 8 月 4 日）

同志们：

7 月 28 日，国家粮食局会同国家发展改革委、财政部、中国农业发展银行联合印发了《关于开展"粮食安全隐患大排查快整治严执法"集中行动的通知》（发改粮食〔2017〕1431 号），决定于今年 8~12 月，在全国范围内开展政策性粮食安全隐患大排查快整治严执法集中行动。这次会议的主要任务是，认真学习贯彻党中央、国务院领导同志近期对加强粮食监管的重要批示精神，对开展粮食安全隐患大排查快整治严执法集中行动进行动员部署。国家粮食局党组和张务锋局长对开好这次会议非常重视，党组会议专门研究，作出安排部署，提出明确要求。今天的会议虽然只有半天，但主题鲜明，任务明确，责任重大，非常重要。刚才，赵文先同志传达学习了党中央、国务院领导同志近期关于加强粮食流通监管的重要批示精神和国家四部门开展"大快严"集中行动的通知要求，以及这次集中行动的重点工作安排；黑龙江、湖北、河南、安徽、广东 5 省粮食局的负责同志和中储粮总公司有关部门的负责同志作了表态发言，结合本地区本单位实际，表明了态度，明确了措施，表示要全力推进"大快严"集中行动各项任务的落实，并以此为契机，强化粮食监管，确保粮食安全，都讲得很好。下面我讲三点意见，供大家参考。

一　提高政治站位，把思想统一到党中央、国务院领导同志重要批示精神和开展"大快严"集中行动的部署上来

（一）开展集中行动，是认真落实党中央、国务院领导同志关于健全粮食监管重要批示精神的有力举措

党中央、国务院历来高度重视粮食安全问题，始终把解决好吃饭问题作为治国理政的头等大事来抓。今年以来，习近平总书记在广西、山西考察期间对粮食安全问题作出重要指示，李克强总理在山东考察期间专门听取国家粮食局工作汇报，对做好粮食流通工作，保障国家粮食安全提出明确要求。近期，针对中储粮南阳直属库光武分库小麦变质问题，习近平总书记、李克强总理、张高丽副总理和杨晶、王勇国务委员分别作出重要批示，要求彻查问责，并以此为戒，举一反三，完善体制机制，消除安全隐患。党中央、国务院领导同志的重要批示，态度鲜明、内涵深刻，要求严厉、令人深省，为我们加强粮食监管，做好粮食流通工作提供了根本遵循。开展"大快严"集中行动，是认真落实党中央、国务院领导同志重要批示精神的有力举措，对解决当前粮食流通领域存在的突出问题具有十分重大的意义。

（二）开展集中行动，是进一步加强粮食库存管理、消除安全隐患的现实需要

当前，我国粮食库存高企，各地政府、有关部门和收储企业不断强化粮食库存管理，对保障国家粮食安全发挥了重要作用。但也要清醒地看到，有些粮食收储企业经营管理主体责任不落实，违反有关粮食政策，内部管控不严，存在粮食安全管理风险隐患和违规违纪问题，有的还比较严重；有的地方政府相关监管责任不到位，对涉粮群体事件和群众信访处置不及时，引发舆论关注，造成不良社会影响；有的地方粮食管理等部门监管执法力量不适应，行业监管存在"死角"和"盲区"，粮食库存管理、执行收储政策等问题频发。随着粮食库存消化工作的加快推进，这类问题在其他地区和企业还会逐渐暴露。开展"大快严"集中行动，是清理粮食安全隐患、整顿粮食行业作风的现实要求，是确保国家库存粮食数量和质量安全，深入推进粮食供给侧结构性改革的有效手段，是推动粮食行业转型发展的重要抓手。对此，必须有清醒的认识，必须坚持问题导向、底线思维，增强粮食安全意识，强化责任担当，以前所未有的决心和工作力度，突出安全储粮和安全生产两个重点，守住粮食收购、粮食质量、粮食供应和廉洁从政从业四条底线，切实维护粮食安全大局，为迎接党的十九大胜利召开，真正做到多添彩、不添乱。

（三）开展集中行动，是有效防范粮食流通领域违法违规行为的迫切要求

今年以来，一些地区和企业涉粮案件频发多发，陆续发生了中储粮郑州代储库发红小麦销往面粉厂、中储粮南阳直属库光武分库小麦变质、中储粮襄阳直属库租赁库点万宝粮油公司拖欠农民粮款等系列重大案件。这些案件影响面大，中央领导同志高度重视，社会媒体普遍关注。上半年，在开展粮食库存跨省交叉执法检查中，也发现一些粮食收储企业，在粮食库存数量、质量、储存安全、储备粮管理、执行粮食购销政策等方面的突出问题。主要表现：一是违反《中央储备粮管理条例》，中央储备粮轮换计划执行不规范，擅自置换中央储备粮，将不在当年轮换计划仓号内的中央储备粮销售出库，从事与中央储备粮轮换业务无关的商业经营活动。二是违反《粮食流通管理条例》和粮食收储政策，盗卖政策性粮食，政策性粮食先收后转、以陈顶新，违规设置政策性粮食收储库点，仓储设施租赁合同签订不规范，责任界定不清晰，存在储粮安全隐患。三是违反地方储备粮管理有关规定，地方储备粮规模未落实，擅自销售，未轮报轮，超轮空期。今年，国家粮食局将对上述问题在行业内进行通报。粮食安全问题，也是媒体的聚焦点，处理不好就会演变为诸多社会矛盾激化的触发点，即便是个别问题、局部问题，也可能迅速发酵蔓延，酿成难以收拾的全局事件。开展"大快严"集中行动，就是要通过切实摸清企业储粮安全中存在的问题隐患及其整改情况，结合企业自查台账反映的突出问题和信访举报案件进行重点督办，将违规问题消灭在萌芽状态之中，防止小问题拖成大问题，防范和遏制违法违规行为的发生。

二　明确任务，全面落实"大快严"集中行动的各项部署要求

这次"大快严"集中行动的通知强调，要按照"全覆盖、零容忍、快整治、严执法、重实效"的原则，全面压实各方责任。各地各单位要明确任务，细化分工，把各项部署要求落到实处。

（一）实现"三个全覆盖"

开展粮食安全隐患"大快严"集中行动，就是要摸清政策性粮食安全"家底"，排查隐患、整治问题、严格管理、确保安全。这次集中行动，要实现"范围、对象、内容"三个全覆盖。一是范围全

覆盖。要对所有政策性粮食，包括中央和地方储备粮、最低收购价粮、国家临时存储粮、一次性储备粮的安全隐患进行排查，做到不漏一粮。二是对象全覆盖。要将收储政策性粮食的各类性质企业，包括中央企业、地方国有企业、民营企业和社会企业纳入排查范围，做到不漏一企。三是内容全覆盖。包括政策性粮食数量、质量、储存安全、政策执行情况，确保不留死角，不留盲区，做到不漏一项。

（二）突出"四个重点"

国家有关部门印发的"大快严"集中行动的通知，对这次集中行动的主要任务提出了明确要求，各地各单位要认真学习领会、全面抓好落实。要坚持问题导向，结合当前政策性粮食管理实际，突出以下四个方面的重点任务：一是在排查整治安全储粮和安全生产问题隐患上下功夫。排查安全储粮和安全生产"一规定、两守则"全面贯彻实施情况，发现问题隐患要监督企业及时处置隐患，做到抓早抓小。二是在排查整治执行国家粮食收储政策问题隐患上下功夫。排查是否严格落实国家粮食收购政策，遵守"五要五不准"守则，特别是中储粮直属库租赁的民营企业库点在收储政策性粮食中存在的政策、法律、经济风险等，督促企业严格执行国家粮食收储政策，绝不允许搞变通、打折扣，绝不允许算计国家、坑害农民。三是在排查整治中央和地方储备粮管理问题隐患上下功夫。排查是否严格执行储备粮购销和管理政策，摸清是否存在擅自销售、未经批准随意置换、未轮报轮、超轮空期、储备粮业务层层转包管理失控等违规行为。四是在排查整治国家政策性粮食销售出库问题隐患上下功夫。排查买卖双方企业执行国家政策性粮食销售出库管理规定情况，是否设置出库障碍或恶意违约导致"出库难"问题，加大整治力度。

（三）抓好"三个环节"

国家有关部门对开展"大快严"集中行动的方法步骤，作了明确的规定，提出了具体要求。对各地各单位来说，要着力抓好以下环节：一是抓好企业自查自纠环节。企业自查自纠是基础，要动员督促各类粮食收储企业全员参与，全面彻底开展自查自纠，做到不打折扣、不留死角、不走过场。建立企业风险隐患排查整治的责任制度，"谁排查、谁签字、谁负责"，企业对自查自纠情况要逐一填报"工作底稿"，由企业主要负责人签字背书。二是抓好地方部门抽查环节。部门抽查和督导检查是关键，地方有关部门要组成联合抽查组，由部门领导带队，采取"双随机一公开"和"四不两直"方式，加强集中行动的督促抽查，彻底摸清企业储粮安全中存在的问题隐患及其整改情况，切实增强检查的针对性和实效性。同时，国家发展改革委、国家粮食局、财政部和中国农业发展银行，将组织专门力量，适时开展联合督导检查。三是抓好"回头看"环节。排查整治"回头看"是根本，重点督促有关部门和单位将问题整改到位，做到"四个不放过"，原因未查清不放过、责任人员未处理不放过、责任人和企业未受教育不放过、整改措施未落实不放过。通过"回头看"深入分析问题原因，加强源头治理，完善管理制度，强化监管措施，形成政策性粮食安全管理的长效机制。国家粮食局初步考虑，结合"回头看"开展第二轮跨省交叉执法检查，对重点省份"大快严"集中行动整改落实情况进行督导检查。

（四）落实"三个责任"

这次"大快严"集中行动，不是简单地看看粮、查查库、对对账，也不是一般的常规库存检查，而是要通过集中行动建立政策性粮食安全管理的责任体系和长效机制。一是要全面落实粮食企业的经营管理主体责任。粮食企业要针对发现的问题，完善管理制度，健全业务流程，建立内部监督体系，自觉承担好维护国家粮食安全的责任。二是全面落实地方政府属地监管责任。地方各级政府对辖区中央和地方企业收购、储存、销售包括中央储备粮在内的政策性粮食，依法履行属地监管职责。这次集中行动，是报经国务院领导同志同意，由国家四部门联合组织的，文件同时抄送了各省（区、市）人民政府。地方有关部门要争取同级政府的重视，统筹协调各部门各方面的力量，推动各项部署要求的贯彻落实。本次集中行动将作为落实粮食安全省长责任制的重点事项进行考核。工作成绩突出的，要进行表扬；对工作不力、隐患问题整改不到位的，予以通报批评，并由上级部门约谈；对问题未能得到有效解决，发生严重群体性事件，造成不良社会影响的，实行考核优秀等次"一票否决"。三是要全面落实粮食等部门的行业监管责任。建立各部门责任明确、分工具体、配合密切、执行顺畅的工作机制，加强政策性粮食库存的日常监管。坚持问题导向、需求导向和目标导向，全面分析和研判辖区内库存管理违法违规问题的苗头倾向，突出对重点地区、重点企业和重点环节的监督检查，切实履行部门监管责任。总之，要通过集中行动发现一批重大隐患问题，查处一批违规行为，通报一批典型事例，移送一批违纪违法案件。要举行业和各部门之力，打好这场硬仗，坚决防止一些重大涉粮事件的发生。

> **三**　精心组织，确保"大快严"集中行动取得实效

（一）以改革创新的精神全力组织好集中行动

此次集中行动不同于例行库存检查、跨省交叉执法检查，参与部门多、涉及内容广、持续时间长、工作难度大。要适应粮食安全新常态、新形势、新情况，打破惯性思维和工作方式，以创新的精神、改革的思维推进集中行动。要主动争取当地政府重视支持，建立工作机制，统筹协调各方力量，加强工作调度，确保各项部署要求的落实。要紧盯影响粮食安全的重点领域、重点企业、关键环节、要害部位，做到心中有数，实现精准研判，精准整治。要落实各方责任，实行责任追究，防止屡查屡犯，屡禁不止的现象发生。

（二）以求真务实的态度全力开展好集中行动

要善于发现问题，如实反映问题，不打折扣，严格按照集中行动要求的内容和步骤开展。要敢于较真、敢于碰硬，切实发现粮食安全存在的问题隐患，不隐瞒、不回避、不护短，不放过任何一个漏洞、不丢掉任何一个盲点、不留下任何一个纠纷隐患。要多措并举，综合施策，建立领导牵头、逐项分解、定期汇报、督导检查、公开通报等一整套制度，综合运用多种手段，推动各项措施落实。

（三）以优良廉洁的作风全力推动好集中行动

这次集中行动，是对粮食行业践行"三严三实"和"两学一做"学习教育成果的一次现实检验，也是"深化改革转型发展"大讨论的一次具体实践。要把"两学一做"学习教育成果运用到集中行动中，作为推动集中行动的强大动力。各地各单位特别是部门和单位的负责同志，要统筹谋划，靠前指挥，督促落实，扑下身子，身体力行，深入到一线，深入到基层，当好粮食安全的"检查员"，摸清粮食安全实情；当好问题隐患整改的"监督员"，推动各类风险隐患得到妥善解决；当好粮食库存安全的"守门员"，以实际行动，守住管好天下粮仓，保障国家粮食安全。

（四）以严而又实的责任全力保障好集中行动

要层层分解任务，细化落实责任，构建"明责、履责、问责"的责任体系。对集中行动中发现的各类问题，省级粮食部门要统一上报国家粮食局，如实反映集中行动的情况，按照职责分工，抓好落

实。坚持立查立改，边查边改，对集中行动中发现的重大隐患问题，要建立整改清单和台账，实行专项督导和销号制度，落实整改责任，以严的标准和实的要求督任务、督进度、督成效。对工作责任不落实、措施不到位的，要严肃追查问责；违法违规的，要依法依规严肃处理。

同志们，再有几个月，我们就将迎来党的十九大的胜利召开。在这个重要的时期，开展粮食安全隐患"大快严"集中行动意义重大，任务艰巨。我们要认真落实党中央、国务院领导同志关于加强粮食监管的重要批示精神，按照"讲政治、顾大局，抓重点、出亮点，争主动、真落实，高标准、严要求，多添彩、不添乱"的要求，锐意进取，认真履职，扎实工作，确保"大快严"集中行动取得实效，以优异工作成绩迎接党的十九大胜利召开！

在全国粮食调控与统计工作会议上的讲话

国家粮食局党组成员、副局长 卢景波
（2017年3月22日）

同志们：

这次会议的主要任务是，贯彻落实全国粮食流通工作会议精神，总结2016年粮食调控与统计工作，研究当前粮食流通形势，部署2017年重点任务。国家粮食局高度重视粮食调控与统计工作，新任党组书记、局长张务锋同志近日专门听取了调控司的工作汇报，对进一步做好全系统粮食调控和统计工作提出了明确要求，我们要认真抓好落实。下面，我讲三点意见。

一　2016年粮食调控与统计工作取得新成绩

2016年是"十三五"开局之年，粮食形势错综复杂，调控工作任务艰巨。一年来，全国粮食调控战线认真贯彻落实党中央、国务院关于粮食工作的重大决策部署和国家粮食局的工作安排，紧紧围绕"促改革、稳市场、保供应、强能力"，不断健全调控机制，丰富调控手段，扎实推进粮食调控与统计各项工作，为粮食流通改革发展、保障国家粮食安全做出了新贡献。

（一）玉米收储制度改革取得明显成效

玉米收储制度改革是推进农业供给侧结构性改革的一场硬仗。按照国务院要求，国家粮食局负责部际协调机制的日常工作，牵头抓好政策宣传、市场监测和运输协调等重点工作。内蒙古、辽宁、吉林、黑龙江等地粮食部门主动担当、积极作为，协调落实信贷支持、运力保障等措施，引导多元主体积极入市收购。在各有关方面的共同努力下，玉米收储制度改革取得突破性进展。一是理顺了价格形成机制。随着玉米收储制度改革的有序推进，玉米价格逐步由市场形成并回归到合理水平，地区间、品种间、品质间的合理价差日益显现，实现了农产品价格形成机制的重大转变。二是形成了正常的市场流通秩序。过去政策性收储后储存难、销售难、流通不畅，改革后玉米从东北产区向南方销区的流通顺畅起来，流通难题得以破解。三是激活了市场。深加工、饲料和贸易企业积极入市收购，收购比重高达80%，彻底改变了以往由国家政策性收购主导收购市场的局面。产业上下游链条逐步理顺，加工企业效益明显改善，开工率大幅回升，产业活力充分激发。与此同时，农民的市场意识明显增强，调整优化种植结构的主动性显著提高。

（二）粮食收购和应急保供工作扎实开展

粮食收购是粮食流通服务"三农"的关键环节，国家有关部门对此高度重视，上年夏粮和秋粮收购工作会议都较往年提前召开，小麦和稻谷最低收购价执行预案也提前一个多月下发。各地粮食部门及早谋划、因地制宜、多措并举，克服仓容紧张、阴雨洪涝等困难，切实抓好粮食收购工作，没有出现大范围"卖粮难"，有效保护了农民利益。河北等6省、安徽等4省、湖北等9省分别及时启动了

小麦、早籼稻、中晚稻最低收购价执行预案，新疆启动小麦临时收储。安徽、湖北、河南、江苏等地认真贯彻落实粮食安全省长责任制，针对夏粮受灾较重情况，通过省级临储、购置设备、贷款贴息等措施，积极抓好超标小麦收购，最大限度减少了农民因灾损失。各地和有关中央企业认真执行国家粮食收购政策，全年粮食收购量达到 9198 亿斤，约占当年产量的 75%，再创历史新高。河北、江苏、新疆等省区面对特大洪涝、超强台风、局部地震等严重自然灾害，积极有效应对，切实做好应急保供工作，维护了粮食市场稳定。

（三）粮食库存消化工作有序推进

粮食"去库存"是粮食供给侧结构性改革的重要内容，也是粮食调控工作的难点热点。按照"统筹兼顾、分品种施策"的原则，国家粮食局积极参与研究制定了粮食"去库存"总体方案，细化分品种实施方案，并按照职责分工抓好贯彻落实。依托全国粮食统一竞价交易平台，组织开展超期和蓉萎囤储存粮食定向销售、2013 年"分贷分还"粮食竞价销售，并安排部分临储玉米划转为国家一次性储备轮换销售和包干销售等。各地切实强化企业购买资格审核和市场监管，维护好交易秩序，加快成交粮食出库消化，江苏、安徽两省还出台了相关政策，共同推动"去库存"工作顺利开展，取得了阶段性成效。在粮食连续丰收、消费相对低迷和进口替代数量依然较大等复杂背景下，全年共销售成交各类政策性粮油 1236 亿斤，相当于 2015 年销售成交总量的 3.4 倍；其中玉米 875 亿斤，相当于 2015 年全年成交量的 7.5 倍。在实际操作中，注意把握好"去库存"的节奏和力度，合理安排投放品种和数量，适时增加新粮投放，优先安排核心主产区粮食销售，既积极稳妥消化了库存陈粮，又满足了市场需求，保持了市场平稳，还为重点产区新粮收购腾出了仓容，有效缓解了收储压力。

（四）地方储备增储规模如期落实

增加地方粮食储备规模对于增强地方政府区域市场调控能力至关重要，国务院对此有明确要求，各地高度重视，切实增强大局意识，积极抓好贯彻落实。在前期工作基础上，进一步加强组织领导，不断优化落实方案，创新方式方法，着力破解难题，推动增储任务如期完成。到 2016 年末，地方储备实际到位，比国家下达计划多 13 亿斤，其中河北、山西、内蒙古、浙江、安徽、山东、广东、重庆、四川、云南、甘肃、宁夏等 12 个省区超额完成增储任务。增储规模大、比例高的广东、海南等省通过异地代储等方式较好地解决了本省仓容不足问题。浙江、重庆等增储任务较重的省市通过开展订单生产、建立粮源基地等方式与产区强化产销合作，有效保障了储备粮源。福建等省倒排时间表，加强督查督办，确保任务按期完成。一些地方积极探索创新地方储备粮运行模式和操作方式，在动态储备、多元主体承储等方面做了有益的尝试。各地坚持一手抓增储，一手抓管理，不断健全制度完善机制，地方储备粮管理的规范化、法治化、科学化水平有了新的提高。与此同时，中央储备粮行政管理工作进一步加强，轮换计划完成率、储备粮宜存率等继续保持先进水平。

（五）粮食产销协作成果丰硕

粮食产销合作是促进区域供求平衡的重要手段。随着玉米收储制度改革的深入推进，粮食流通环境发生了深刻变化，为促进粮食产销合作提供了更为广阔的空间。与往年相比，2016 年粮食产销协作有一些新特点、新亮点。一是层次高、范围广。地方政府主动作为，亲自操办；国家有关部门积极参与，大力支持，一方面督促销区积极到产区采购粮源充实地方储备和库存，另一方面在资金、运输等方面进行协调保障。吉林、内蒙古、黑龙江、浙江、福建等地均由省级政府举办产销衔接洽谈会，其他不少地方也由当地政府或粮食部门举办了区域性粮食产销合作活动，参与企业更加广泛，影响力不断扩大。二是形式灵活多样。不仅有传统的产销见面洽谈签约活动，而且涌现出长期订单、异地储备、粮源基地等新的合作方式；不仅线下合作非常活跃，而且开始运用国家粮食电子交易平台、"粮达网"等线上方式进行产销合作。三是合作效果明显。黑龙江、吉林、内蒙古三省区与销区签订玉米等销售协议分别达 500 亿斤、190 亿斤、120 亿斤，福建省与产区签订粮食采购协议 126 亿斤，均创历史新高。粮食产销合作的不断深化和拓展，为玉米收储制度改革的顺利推进提供了有力支撑。

（六）粮食统计水平显著提升

粮食统计是粮食宏观调控的重要依据和支撑，各级粮食部门积极推动统计改革和创新发展，不断提高统计工作效率和水平。一是统计归口管理增强了数据的准确性和权威性。国家粮食局从 2015 年开始将统计数据归口到调控司管理，大部分省区市粮食统计也陆续实现归口管理或明确牵头单位，不仅成功解决了过去数出多门、难以协同的问题，而且为实现大数据管理奠定了扎实基础。二是统计指标体系进一步优化。在对《国家粮食流通统计制度》进行全面修订时，着重建立起了粮食产业经济统计指标体系，为推动粮食产业经济健康发展提供数据支撑。该制度印发后，国家粮食局和各地都开展了专项培训，参训人员在 1 万人以上，有效保证了统计制度的顺利实施。组织开展《国家粮食流通统计制度》执行情况专项检查，企业依法履行报送统计报表义务的意识明显提高。三是统计信息直报大幅提升了工作效率。覆盖各级粮食部门和企业的"国家粮油统计信息系统"上线平稳运行，统计方式实现了由过去层层汇总、逐级上报，到企业网上直报、统计报表自动超级汇总的重大变革。目前，直报系统入统对象近 6 万家，城乡居民固定调查点 15 万余户，国家粮油市场监测点 1072 个，已收集各类信息上亿条，统计数据的代表性、权威性进一步增强。四是统计服务水平又上新台阶。各级粮食部门强化统计分析，积极为政府和相关部门决策提供重要数据支持，主动发布相关数据，正确引导市场预期。特别是在推进玉米收储制度改革中，克服困难，建立了收购进度和价格监测日报，及时向政府和相关部门报送信息，为企业和农民提供信息服务，对改革的顺利推进发挥了积极作用，受到国务院领导同志的肯定。

过去一年，粮食调控与统计战线的同志们兢兢业业、任劳任怨、勇于担当、攻坚克难，付出了大量心血和汗水，成绩的取得来之不易。在此，我代表国家粮食局向大家表示衷心的感谢和诚挚的问候！

二　充分认识粮食调控与统计工作面临的新形势

中央经济工作会议和中央农村工作会议，对我国经济形势和农业农村发展形势作出了科学分析和判断，明确了目标任务，为我们做好粮食流通工作指明了方向，提供了遵循。全国粮食流通工作会议从粮食生产、流通、消费、改革、开放等 5 个方面，系统阐述了当前粮食流通面临的新形势和新问题，明确了工作重点和任务。我们要深入学习、深刻领会，特别是要将粮食流通工作放在"三农"工作的全局中来考量，准确把握粮食调控面临的新任务和新挑战，牢牢把握粮食调控工作的主动权。

（一）农业供给侧结构性改革的深入推进，迫切要求增强粮食调控工作的精准性和针对性

中央明确把深入推进农业供给侧结构性改革作为 2017 年农业农村工作的主线，这为我们加强和改善粮食宏观调控、推动粮食流通改革发展指明了方向，提出了更高要求。当前，粮食市场形势依然错综复杂，特别是供求结构性矛盾比较突出，矛盾的主要方面在供给侧。一是品种结构不合理，玉

米、稻谷供过于求特征明显、库存过高，大豆产需缺口巨大，需要大量进口。二是产品与需求不匹配，低端"大路货"多，高端优质产品偏少。比如小麦产需基本平衡，但强筋小麦、弱筋小麦供给不足。三是数量与质量关系不协调，存在着重粮食数量、轻粮食质量的问题，绿色有机等个性化粮油产品不多，难以满足生活水平日益提高的需要。面对供给侧结构性改革的迫切要求，我们研究谋划粮食调控工作，需要统筹兼顾、综合施策，坚持问题导向，加快破解粮食收购、去库存、产销衔接等方面的重点难点问题；要充分发挥粮食流通对生产的引导作用，积极向生产领域反馈市场信号，有效引导种植结构调整优化，减少无效供给，增加有效供给；要坚持既立足国内，又放眼全球，统筹利用好两个市场两种资源，努力实现更高层次、更高水平、更高效率的粮食供求平衡。同时，要认真贯彻稳中求进的工作总基调，密切跟踪国内外粮食供求形势和发展趋势，把握好调控的时机、节奏和力度，及时化解风险，切实保障粮食市场供应充足、价格总体平稳和社会预期稳定。

（二）粮食流通市场环境的深刻变化，迫切要求加快完善粮食调控机制

近年来，农业现代化发展进程不断加快，适度规模经营发展迅猛，新型经营主体不断涌现。随着农村土地三权分置政策的深入落实，将给粮食生产体系、产业体系和经营体系带来更加深刻的变革。目前，全国耕地流转面积比重已超过30%，预计今后每年新增流转耕地在4000万亩左右，到2020年比重将达到40%以上，这将对粮食流通方式和市场环境带来重大影响。同时，随着粮食收储制度改革的稳步推进，政策性收购的规模和比重将会大幅降低，粮食收购的性质、主体、操作方式及定价机制等都将发生根本性变化，多元主体市场化收购将成为主流和常态。在这个背景下，我们必须顺应改革发展趋势，不断丰富调控手段、完善调控机制，切实提高调控效率，增强调控效果。要更加尊重市场规律，更多运用经济和法律等手段，实现间接调控、柔性调控，减少直接调控、刚性调控。要统筹运用好"有形之手"和"无形之手"，充分发挥好市场配置粮食资源的决定性作用和更好发挥政府作用。比如，在玉米收储制度改革中，价格由市场供求形成，政府不再直接定价，而是采取综合措施推动多元主体积极入市收购，保障种粮基本收益，取得了不错的效果。下一步，我们要继续总结经验，完善政策，使宏观调控措施更加符合粮食收储制度改革的需要。要切实增强服务意识，在实现国家调控意图的同时，更加注重粮食生产、流通等环节各类要素积极性的迸发。比如，在拟订收购政策措施时，要充分考虑新型经营主体对于集中便捷售粮的需要；在推动产销合作时，要充分考虑运力协调和物流保障等问题。总之，要大胆探索，勇于实践，努力构建与新形势新特征相适应的粮食宏观调控长效机制。

（三）粮食安全省长责任制的全面落实，迫切要求进一步强化区域粮食调控能力建设

随着粮食安全省长责任制的建立健全，中央和地方共同负责的新型粮食安全保障体系已经初步形成，保障国家粮食安全的工作重心逐步下移，地方政府保障区域粮食安全的主体责任进一步强化，地方粮食部门调控区域市场的责任不断加大。特别是随着粮食价格形成机制和收储制度改革的深入推进，国家对收购市场的直接干预将逐步减少，抓好粮食收购、确保不出现农民"卖粮难"的工作责任也将主要由地方政府承担。也就是说，今后，地方政府抓收购、保供应、稳市场的担子会越来越重。这一点，东北三省一区在今年的玉米市场化收购中，应该是深有体会，地方政府统筹组织、协调推动收购工作的责任更大了、任务更重了，而且权责也更加一致了。因此，各地要加快适应新形势，切实转变思想观念，把加强区域粮食市场调控能力建设摆在更加突出的位置，着眼粮食生产、流通和消费各环节，统筹抓好粮食收购、市场供应、储备吞吐、应急保障、产销合作等各项调控工作，更好地促进中央和地方在粮食市场调控中各负其责、协同运作、形成合力，共同保障好国家粮食安全。

（四）粮食流通市场化对信息需求的日益增加，迫切要求进一步提升粮食统计服务水平

中央关于深化统计管理体制改革提高统计数据真实性的意见明确提出，"加快构建与国家治理体系和治理能力现代化要求相适应的统计管理体制机制，着力增强统计工作科学性、权威性，着力提高统计数据真实性、准确性"。这既体现了中央对统计工作的高度重视，也对统计工作提出了新的更高要求，为我们做好粮食统计工作提供了基本遵循。当前，随着粮食流通市场化进程不断加快，粮食市场形势更加复杂多变，无论是政府、企业还是种粮农民，都迫切需要提供真实、准确、及时、全面的粮食统计信息服务。同时，大数据、云计算等信息技术的运用，也是加快粮食行业信息化建设、推动粮食流通转型升级跨越发展的必然要求。虽然这几年粮食统计工作取得了很大进步，但与中央要求、行业发展、社会期盼相比仍有一定差距，比如重数据汇总、轻统计分析，重事后统计、轻预测预警，重内部使用、轻社会服务等。因此，各级粮食部门要进一步加强粮食统计工作，切实规范统计行为，在丰富统计内容、完善调查方式、提高数据质量、强化数据分析、做好市场预警、加强统计服务等方面需要下更大力气，不断提高粮食统计工作水平，更好地满足粮食宏观调控需要。

三　扎实做好 2017 年粮食调控与统计工作

2017 年是供给侧结构性改革的深化之年，是粮食流通改革发展、转型升级的关键之年，粮食调控工作任务艰巨繁重。我们要牢固树立和贯彻落实新发展理念，坚持稳中求进工作总基调，按照全国粮食流通工作会议的工作部署和总体要求，扎实做好粮食调控与统计各项工作。

（一）以推进农业供给侧结构性改革为主线，不断深化粮食收储制度改革

一是，坚定推进玉米"市场定价、价补分离"改革。2016 年玉米收储制度改革取得重大突破，收购工作进展总体顺利，但必须看到，改革是一个长期过程，妥善处理好各方面利益关系，确保改革继续深入推进，还有大量工作要做。当前，东北玉米收购工作尚未结束，要再接再厉，切实落实好国家和地方已出台的各项政策措施，做好收尾工作，坚决打赢这场硬仗。同时，要及时总结改革经验，在 2017 年玉米收购中继续围绕"有人收粮、有钱收粮、有仓收粮、有车运粮"，不断改进和创新收储方式，进一步巩固和扩大改革成果。

二是，坚持并完善稻谷、小麦最低收购价政策。2017 年国家继续实行稻谷和小麦最低收购价政策。与上年相比，小麦最低收购价格保持稳定，稻谷价格作了适当下调，在确保口粮绝对安全的前提下，增加了价格调节弹性，体现了坚持市场化改革取向和保护农民利益并重。最低收购价水平合理下调，有利于促进种植结构调整，引导农民扩大优质粮食生产，增加有效供给，提高国内粮食竞争力。各地一定要做好政策解读和舆论引导，向农民做好宣传解释工作。同时，要深入研究如何更好地发挥市场的引导调节作用，通过优质优价提高农民种粮收益。

三是，调整大豆目标价格政策。中央一号文件明确提出，2017 年要对大豆目标价格政策进行调整。国家有关部门研究提出了政策调整初步方案，基本思路是将目标价格政策调整为大豆补贴政策，对东北地区大豆、玉米统一实行市场化收购加生产者补贴的机制。东北地区粮食部门要积极指导各类主体搞好大豆市场化收购，通过促进大豆加工产业发展，增强国产大豆竞争力。同时，要配合做好补贴测算等工作，引导农民调减非优势产区玉米种植，增加大豆种植，促进两个品种供求关系改善和生产流通协调发展。

（二）以落实粮食安全省长责任制为抓手，保持粮食收储供应平稳有序运行

一是，认真抓好粮食收购。要提早谋划，突出解决好仓容紧张、市场化收购资金筹措等方面的问题。有关省份和中央企业要准确理解并严格执行小麦和稻谷最低收购价政策，合理布设收购网点，及时启动执行预案，确保落实中央惠农政策不打折扣。要按照粮食安全省长责任制的要求，抓好超标粮食的收购处置工作。要督促企业严守"五要五不准"收购守则，指导企业开展订单收购、预约收购等多元化收购方式，同时加快粮食产后服务体系建设，主动提供代烘代储等专业化服务，为农民售粮提供更多方便，保护好农民种粮积极性。

二是，加快消化玉米等库存。今年中央一号文件明确提出，"采取综合措施促进过腹转化、加工转化，多渠道拓展消费需求，加快消化玉米等库存"。国家有关部门将按照粮食"去库存"总体方案，合理确定销售计划、销售价格和销售方式，适时启动销售工作。各地要督促和指导承储企业、买方企业、批发市场严格执行政策性粮食销售政策，严厉打击"出库难"等违规行为。

三是，加强粮食产销衔接。按照"十三五"全国粮食物流规划，今年将重点加强粮食现代物流体系建设，打通重要物流节点，促进多方式联运，为粮食产销协作高效流通创造条件。主产区要结合实施"中国好粮油行动计划"，搞好订单生产、订单收购，加强品牌建设，加大对绿色优质粮食的推介力度，促进本地区粮食外销；主销区和产销平衡区要结合地方储备轮换、充实商业库存等，组织企业多到主产区采购粮食。要引导各类市场主体主动适应粮食收储制度改革的新形势，积极参与产销协作，建立形式多样、长期稳定的粮食产销合作关系。同时，要加快培育一批跨区域、多元化、规模化的粮食产业化经营企业，作为落实产销协作的重要载体，强化对粮食产销协作落实情况的考核，提高协议履约率和合同兑现率，确保产销合作取得实效。

（三）以增强国家粮食安全保障能力为核心，着力完善粮食市场调控体系

一是，完善粮食储备体系。2017年国家将继续推进中央储备粮管理体制改革，充分发挥政策性职能作用，强化监督管理，确保中央储备粮绝对安全。地方储备粮的工作重点要从前两年以抓增储为主转到加强管理上来，因地制宜探索创新运行机制，在确保储备粮安全的前提下，让储备粮真正动起来、用起来，充分发挥地方储备调控区域粮食市场的作用。要认真落实国务院关于进一步健全国家储备制度的有关要求，在储备数量、品种、布局、轮换、动用和信息共享等方面，积极探索中央和地方两级储备的协同运作，形成两级储备合力，降低运营成本，提高调控效率，更好地保障国家粮食安全。

二是，加强粮食应急体系建设。近年来，我国洪涝、台风、地震等自然灾害频发，粮食应急保供工作压力不小。各地要不断完善粮食应急预案，强化应急保供意识，提高应急反应速度，提升应急处置和组织协调能力。要落实成品粮油储备，加强粮食应急加工、配送、供应能力建设，加强应急培训和演练，进一步提升应对突发事件的应急保障能力。要积极争取当地政府、财政部门支持，建立财政投入保障长效机制。

三是，完善粮情监测预警系统。统计直报系统的稳定运行，大数据技术的日益成熟，各部门间数据共享平台的不断完善，为我们进一步提升粮情监测预警水平提供了有利条件。要根据粮食形势、市场走势和调控需要，进一步充实监测点数量、优化监测点布局，不断提高监测数据的代表性和灵敏性。要积极运用移动网络技术，增强数据收集、整理的及时性和便捷性。要认真整理历史数据，积极利用国外数据，建立粮食统计数据中心，增强监测预警的系统性和权威性。要积极探索建立粮情监测预警指标体系，对粮食收购、加工、库存、价格等指标科学设置警级警限，及早发现粮食市场潜在风险，完善政策工具箱，为决策提供有力支持。国家粮食局将健全专家会商机制，积极运用"外脑"，强化供求形势和市场走势的分析研判，各地也要积极建立健全相关机制。

四是，建立粮食运输协调机制。2016年国家粮食局与铁路总公司、交通运输部建立了东北玉米运输协调机制，有关省区与当地铁路、公路部门都建立了相应机制，对促进东北玉米外销外运、推进玉米收储制度改革发挥了重要作用。各地要借鉴上述做法，主动与铁路、交通等部门衔接，全面建立长期稳定的粮食运输协调机制，满足粮食调控需要。粮食部门要通过开展社会粮食供需平衡调查，准确掌握本地区粮食跨区域流通的规模、品种和流向，与运输部门共同制定年度运输计划。配合铁路、交通等部门优化运输方案，提高运输效率。要畅通沟通渠道，及时摸清企业运力需求，协调解决企业粮食运输中遇到的困难和问题。

（四）以深化统计管理体制改革为契机，持续提升粮食统计数据质量

一是，扎实做好粮食产业经济统计。大力发展粮食产业经济是推进粮食流通转型升级的重要内容，新修订的国家粮食流通统计制度大幅增加了产业经济统计指标。自2017年1月开始，有关企业需按月报送产业经济统计报表，这是一项新的统计工作，各级粮食部门要切实加强对企业的指导和督促，并建立与购销存统计数据的会审机制，确保数据真实准确、报送及时。

二是，强化粮食统计分析。统计分析是统计工作的一项重要内容，在粮食市场化进程中发挥着越来越重要的作用。各级粮食部门要在确保统计数据真实可靠的基础上，围绕粮食收储制度改革、政策性收购、粮食"去库存"等重点工作，有针对性地做好统计分析，更好地发挥服务型统计的作用。

三是，加强粮食统计人员业务培训。粮食流通统计是一项专业性较强的工作，强化对统计人员的业务培训是做好统计工作的基础。当前，粮食形势深刻变化，粮食政策不断调整完善，再加上近年来基层粮食部门和企业的统计人员变动比较频繁，因此，加强统计人员业务培训、提高统计队伍整体素质显得更为重要。2017年，国家粮食局将继续举办统计培训班，各地也要把统计培训纳入年度培训计划，将统计培训延伸到每个市地、每个县、每家涉粮企业。此外，2017年还将适时开展粮食统计制度执行情况专项检查，着手完善粮油供需平衡调查方案，各地要按照要求做好检查、调查工作。

（五）以贯彻落实党的十八届六中全会精神为指引，坚定不移推进全面从严治党

做好粮食宏观调控工作，必须认真贯彻落实党的十八届六中全会精神，进一步强化"四个意识"特别是核心意识和看齐意识，坚决同以习近平同志为核心的党中央保持高度一致。要按照全面从严治党要求，把落实党中央经济决策部署作为政治责任，坚决执行中央确定的各项粮食政策，坚决贯彻中央粮食调控意图。要推动党建工作和粮食调控业务工作深度融合，做到"两手抓、两促进"。要进一步转变作风，深入基层、深入实际，大兴调查研究之风，不断加强政治理论和业务学习，打造忠诚干净担当的干部职工队伍，为更好完成艰巨繁重的工作任务提供有力保障。

同志们，2017年粮食调控与统计工作任务已经明确，关键是要抓好落实。让我们紧密团结在以习近平同志为核心的党中央周围，振奋精神，砥砺前行，开拓进取，攻坚克难，扎扎实实做好各项工作，以优异成绩迎接党的十九大胜利召开！

3

第三篇

全国粮食工作

粮油生产

2017 年，各级农业部门坚决贯彻新发展理念和党中央、国务院的决策部署，坚持稳中求进总基调，围绕农业供给侧结构性改革主线，扎实推进结构调整和绿色发展，稳定和优化粮食生产，粮食产量实现"十四连丰"，为经济社会大局提供了有力支撑。

一　粮食生产

（一）粮食生产概述

1. 面积总体稳定。2017 年粮食播种面积 11798.9 万公顷，比上年减少 124.1 万公顷，减幅 1.0%。

2. 单产稳中略增。2017 年粮食平均单产每公顷 5607.4 公斤，比上年增加 68.2 公斤，增幅 1.2%。

3. 总产连续第十四年丰产。2017 年粮食总产 66160.7 万吨，比上年增加 117.2 万吨，增幅 0.2%，粮食产量连续 6 年稳定在 60000 万吨以上。

（二）粮食生产品种结构

1. 三季粮食稳中略增

夏粮面积略减、产量略增：2017 年夏粮播种面积 2686.1 万公顷，比上年减少 21.6 万公顷，减幅 0.80%；总产 14174.5 万吨，比上年增加 118.1 万吨，增幅 0.84%；单产每公顷 5277.0 公斤，比上年增加 85.6 公斤，增幅 1.65%。

早稻面积、产量均略减：2017 年早稻播种面积 514.2 万公顷，比上年减少 16.8 万公顷，减幅 3.2%；总产 2987.7 万吨，比上年减少 115.5 万吨，减幅 3.7%；单产每公顷 5810.8 公斤，比上年减少 34 公斤，减幅 0.6%。

秋粮面积减少、产量略增：2017 年秋粮播种面积 8598.7 万公顷，比上年减少 85.7 万公顷，减幅 1.0%；总产 48998.6 万吨，比上年增加 114.7 万吨，增幅 0.23%；单产每公顷 5698.4 公斤，比上年增加 69.5 公斤，增幅 1.23%。

2. 主要粮食品种"三增一减"

稻谷面积持平，产量略增：2017 年稻谷播种面积 3074.7 万公顷，比上年增加 0.1 万公顷，基本持平；总产 21267.6 万吨，比上年增加 158.2 万吨，增幅 0.7%；单产每公顷 6916.9 公斤，比上年增加 51.2 公斤，增幅 0.7%。

小麦面积减少、产量略增：2017 年小麦播种面积 2450.8 万公顷，比上年减少 18.6 万公顷，减幅 0.8%；总产 13433.4 万吨，比上年增加 106.3 万吨，增幅 0.8%；单产每公顷 5481.2 公斤，比上年增加 84.3 公斤，增幅 1.6%。

玉米继续调减：2017 年结构调整的重点品种是玉米，玉米播种面积 4239.9 万公顷，比上年减少 177.9 万公顷，减幅 4.0%；总产 25907.1 万吨，比上年减少 454.2 万吨，减幅 1.7%；单产每公顷 6110.3 公斤，比上年提高 143.2 公斤，增幅 2.4%。

大豆稳定增产：2017 年大豆播种面积 723.6 万公顷，比上年增加 64 万公顷，增幅 9.7%；总产 1331.6 万吨，比上年增加 169.6 万吨，增幅 14.6%；单产每公顷 1840.4 公斤，比上年增加 78.8 公斤，增幅 4.5%。

二 绿色高产高效创建

绿色高产高效创建是推进集成创新、引领种植业绿色发展的重要措施。2017 年以来，按照中央的部署和要求，农业部紧紧围绕农业供给侧结构性改革主线，坚持绿色引领，强化创新驱动，深入推进绿色高产高效创建，着力打造 3.0 升级版，促进种植业生产方式转变，助力种植业供给体系质量提升，取得了新的进展。

（一）绿色高产高效创建加快提档升级，正成为引领农业供给侧结构性改革的重要引擎

绿色高产高效创建已开展 3 年，每年都着力提升创建层次。2017 年，在总结经验的基础上，组织开展"绿色高产高效创建年"活动，坚持问题导向和目标导向，聚焦重点发力，选择 377 个生产基础好、优势突出、产业带动能力强的县（市），高起点谋划、高标准实施、高质量推进，着力打造升级版，取得了明显成效。

一是，技术模式更加完善。根据不同区域资源条件、种植度和生产基础，以标准化、机械化、信息化为方向，集成推广高产高效、资源节约、生态环保的技术模式。模式数量"多"。全国 377 个创建县共集成组装 646 套成熟技术模式，平均每省 20 套，其中江苏、安徽、辽宁、山西等省都在 40 套以上，水稻、小麦、玉米三大主粮平均每种作物 100 套以上。作物种类"全"。覆盖大宗粮油、棉花、糖料、蔬菜、水果、茶叶、特色杂粮杂豆等，共 20 多种作物；涉及耕种管收、茬口衔接、间作套种、综合种养等不同环节。机艺融合"深"。技术集成更加聚焦轻简便捷和智能操控，如激光平地、点位施肥、遥控飞防、机器换人、水分养分动态监测等一批先进技术得到广泛应用，项目区耕种收主要环节农机作业率达到 90% 以上。

二是，绿色高效更加显现。围绕提高产量、改善品质、降低成本、增加效益，大力推广优质高产多抗、节水节肥节药、立体复合种养等绿色高效技术，显著提高资源利用率和土地产出率。投入量"降"了。377 个创建县平均节水 14.6%、节药 12.9%、节肥 12.1%。其中，京津冀缺水区创建县平均节水 42.7%，13 个主产省创建县药肥用量比全国创建县平均水平低 0.6 个百分点。产出量"增"了。创建县单产水平得到显著提升，小麦平均亩产比所在省平均高 76 公斤、水稻高 35.3 公斤、玉米高 116 公斤、油菜高 27.9 公斤、花生高 27.5 公斤、马铃薯高 166 公斤。产品质量"优"了。在绿色高产高效创建带动下，今年全国优质强筋弱筋小麦比例达到 27.5%、比上年提高 2.8 个百分点，优质稻和加工专用稻比例 80% 以上、提高 1.5 个百分点。创建县果菜茶优质率分别达到 80%、92.5%、90.2%，比所在省平均水平高 7.7 个、7.3 个、4 个百分点。

三是，示范引领更加有力。以绿色高产高效创建为平台，示范推广新品种、新技术、新装备，成为农民的田间课堂。先进典型树标杆。各地整合力量、集约资源，涌现出一批高产高效并重、生产生态兼顾的先进典型，在绿色模式示范、关键技术攻关、作物品质提升、农业功能拓展等方面表现突出、各具特色。培训观摩带着干。各级农业部门共发布技术指导意见 158 个，组织各类指导服务和技术培训 621 次，培训种粮大户、农民合作社等新型经营主体 68.9 万人（次），将绿色高效技术模式

送进千家万户、落到田间地头。辐射带动点到面。在中央财政安排 15 亿元资金的带动下，地方财政配套 12.7 亿元，自主创建了 353 个省级绿色高产高效示范县。全国创建面积总计达到 560.67 万公顷，示范带动面积超过 1666.67 万公顷，发挥了很好的辐射带动作用。

四是，主体参与更加深入。发挥新型经营主体的主力军作用，推动组织方式创新和服务机制创新，提升创建层次和水平。服务主体多元。农机合作社、植保服务队、农资配送站等各类社会化服务组织，为项目区提供全方位、全过程的周到服务，逐渐成为创建的主体。在项目带动下，共扶持培育了 87379 个新型经营主体。服务形式多样。针对农村缺劳力、缺技术、缺机械的实际，依托新型经营主体，开展代耕代种、代管代收、代烘代储、统配统施、统防统治等专业化服务，有效破解了产前、产中、产后等环节的制约瓶颈。服务规模扩大。项目区建在哪里，社会化服务就跟进到哪里，做到有效衔接、无缝对接。各类主体提供社会化服务面积 639.33 万公顷，基本实现项目区全覆盖，组织化程度和集约化水平明显提高。

五是，产业融合更加紧密。各地在绿色高产高效创建中，坚持龙头企业带动，大力发展订单生产，促进一二三产业融合发展。企业参与度增强。全国共有 2985 家企业参与绿色高产高效创建，订单种植面积达到 282.67 万公顷，占创建总面积的 50%。通过订单生产，促进了优质优价，产得出、销得畅、价格好。品牌影响力增大。创建县树立品牌意识，打好特色牌、优质牌，在一些优势产区实现了你无我有、你有我优，错季上市、错位发展的格局。涌现出 2000 多个区域公共品牌、地方知名品牌和地理标志农产品等。农田附加值增加。各地积极拓展农业多种功能，发展综合种养、复合种植、休闲观光、农事体验、文化传承等新产业、新业态，提升附加值，打造新价值。长江流域"水稻+"模式亩纯收益 1500 元以上；一些城市郊区打造油菜景观田和农事体验田，实现收入翻两番。

（二）深入贯彻新发展理念，努力为种植业转型升级蹚出路子

绿色高产高效创建实施几年来，各级农业部门持之以恒地推进，务实创新地落实，加快发展方式转变，引领种植业绿色发展，为促进种植业转型升级积累了经验、蹚出了路子。

一是，坚持质量第一，加快推进由追求数量向量质并重转变。针对当前粮食等重要农产品供求关系出现的新变化，各地在推进绿色高产高效创建中，主攻质量效益，增强农业发展的导向性和引领性。品种上求"优"。针对玉米出现阶段性供过于求的情况，东北、黄淮海主产区主动调减玉米创建比例，减少无效供给。黑龙江 24 个创建县仅安排玉米 3 个，河南、安徽 45 个创建县没有安排玉米。其余省份也根据市场需求，因地制宜确定创建作物，增加有效供给。山西 12 个创建县安排特色粮油 8 个，云南 14 个创建县安排特色粮油 4 个、糖菜茶 4 个。品质上求"高"。各地牢固树立质量意识，将创建县建成绿色优质农产品的生产基地。江苏以优质稻米、专用小麦为重点，大力推广"南粳""苏香粳"等优质食味稻米，创建面积占全省水稻的 20% 以上。上海积极发展绿色有机农产品，指导蔬菜创建县 27 个核心示范基地通过绿色食品认证，加强农产品质量安全监测，确保创建区农残抽检合格率 100%，让城市居民吃上"放心菜"。

二是，坚持绿色引领，加快推进由粗放经营向集约高效循环发展转变。推进农业绿色发展，重在培育绿色思维方式、形成绿色生产方式，自觉把绿色发展的要求贯穿于生产的全过程。突出生态环保，减少化肥农药投入。结合开展化肥农药使用量零增长行动，改变大水大肥猛药的粗放生产方式，减少不合理投入，减轻面源污染。黑龙江实施减肥、减化学农药、减除草剂"三减"行动，要求每个创建县建立示范点，做给农民看，带着农民干。宁夏集成推广水肥一体为代表的高效肥水技术，覆膜

保墒为主体的旱作节水技术，生物、物理防治为重点的绿色防控技术，切实把农业投入品的使用量降下来。突出利用率提升，减少生产环节损耗。在减少投入量的同时，还在减损、降耗、提效上下功夫。重庆将提高投入品利用率列入创建考核指标，要求化肥农药利用率提高3个百分点以上。云南在创建县示范推广甘蔗"深沟双行一次性施肥施药全膜覆盖"技术，提高肥药施用精准性，控草、保肥、保水。突出轻简高效，减轻劳动强度。为减少人工投入、减轻劳动强度，着力推行以机械化为核心的轻简化生产技术。陕西建立农机农艺融合联席会议制度，采取专家领军、专业融合方式，开展农机作业瓶颈攻关，创建作物核心区基本实现全程机械化。四川组织研发套作玉米收获机械，着力解决丘陵地区机收难题，缓解农村劳动力不足的压力。

三是，坚持创新驱动，加快推进由单项技术推广向集成组装配套转变。各地以绿色高产高效创建为平台，改变土地就是产粮的旧思维，积极拓展衍生功能，挖掘增产增收潜力。推广"一田多用"模式。重点发展稻田综合种养，推广"水稻+鱼、虾、蟹、鸭"等，提高土地产出效益。湖北、湖南、江苏、安徽、四川等省都专门安排稻田综合种养创建县，将农田打造成"水稻+水产"的综合种养基地。推广"一季多收"模式。充分发挥不同作物的时空搭配和边际效应，科学安排作物茬口，用空间换时间，将一季变多季。西南地区推广玉米—大豆、黄淮海地区推广玉米—花生带状复合种植模式，在保持玉米产量基本稳定的同时，多收一季油料或其他经济作物。推广"一主多辅"模式。一些水稻创建县，推广稻—油、稻—麦、稻—菜等轮作模式，既保证主粮生产，又增加辅产品供应；一些玉米创建县，将籽粒玉米改为鲜食玉米、青贮玉米、高油玉米，助推种植结构调整；一些油菜创建县，在推广高产优质"双低"油菜的同时，兼顾菜用、花用、饲用、肥用，实现多用途开发。

四是，坚持利益联结，加快推进由一产为主向三产融合转变。创建县推行规模化种植、标准化生产，积极发展订单农业，促进一二三产业融合，让农民分享增值收益。推进企业带动。引进有实力、有影响力的产业化龙头企业，发展精深加工，增加农产品附加值。用工业的理念经营农业，开发农田休闲观光、农事体验、文化传承等多种功能，把农场打造成工厂、把田园建设成公园，充分挖掘农业内部增收潜力。推进品牌创建。指导创建县生产经营主体申报无公害、绿色、有机农产品及地理标识产品，提升产品竞争力。四川连续4年在北京、上海、深圳等大城市举办展销会，推介"不知火橘橙""三台优质大米"等品牌，提升品牌的影响力和市场知名度。推进产销衔接。运用"互联网+"技术，大力发展农村电子商务，推动产销衔接，促进农民增收。黑龙江"大米网"组织创建县进行10多次农产品网上拍卖活动，各类农业经营主体通过互联网共同推出绿色食品营销项目253个，成交额近14亿元。内蒙古依托"中国薯网"，将马铃薯卖出内蒙古，卖向全国。

五是，坚持方式创新，加快推进由行政推动向市场引导转变。在绿色高产高效创建中，各地注重以市场为导向，完善公共服务、优化要素组合，充分发挥市场配置资源的决定性作用。变行政推动为信息引导。在创建作物安排上，坚持因地制宜，减轻行政色彩，不搞强迫命令、不搞"一刀切"。安徽按照县级申报、市级初审、省级评审的程序，组织各地自主、自愿申报，重点创建有市场需求的作物品种，重点发展有区域特色的优势作物，把创建的话语权交给市场。变主抓管理为主推服务。将绿色高产高效创建作为"转作风、树行风"的舞台，探索多种形式的为农服务。运用网络平台、手机APP等现代信息手段，开展"指尖服务"，将绿色高效技术发送到农民手机上。组织专家指导组与创建县对接，分县包片、蹲点指导，搞好"结对服务"，将关键技术信息落实到户到田。变外源输血为自身造血。发挥财政资金的撬动作用，引导社会资本参与绿色高产高效创建，整合多种资源，集聚各方力量，形成利益共享、合作共赢的开放式创建格局。江西要求每个创建县对接一个企业、依托一批主体，增强创建的内生动力和发展活力，确保建一个、成一个、发挥作用一个。

（三）打造绿色高产高效创建升级版，助力乡村振兴和现代农业发展

党的十九大从全局和战略的高度，明确提出实施乡村振兴战略，勾画了新时代农业农村发展的宏伟蓝图。种植业作为最基础、最传统的产业，在乡村振兴战略中必须敢为人先、奋勇争先，筑牢美丽乡村建设的基石。我们将认真贯彻习近平新时代中国特色社会主义思想和党的十九大精神，以近几年绿色高产高效创建的成功实践为突破口，拓展创建内涵、完善运行机制、放大示范效应，全力打造绿色高产高效创建升级版，为加快乡村振兴战略实施作出新贡献。重点在"一个聚焦、四个突出"上下功夫。

一是，聚焦优势产区，注重质量效益，在推进产业融合中助力产业兴旺。绿色高产高效创建的区域多是粮食主产区和园艺作物优势产区，要把质量效益的提升作为重点，将产品优势升级为产业优势，将一产为主升级为三产融合，带动乡村经济发展。延伸产业链。发挥创建资金的"杠杆"作用，撬动社会资本、引入龙头企业，推进适度规模种植，发展优质强筋弱筋小麦、优质食味稻米、加工专用水稻、高蛋白食用大豆、双低油菜、高油酸花生等，把农户的小块农田变成企业的原料基地，把分散的小户农民变成有序的产业工人。提升价值链。紧紧围绕质量兴农和品牌强农，以创建区的绿色优质农产品为原料，大力发展初加工和精深加工，引导和促进农产品及加工副产物资源化利用。开发一批地域特色鲜明、营养价值丰富的新产品，提高产品附加值，把地头的初级产品变成超市的增值商品。打通供应链。依托绿色高产高效创建，培育农业电子商务市场主体，发展线上线下融合、覆盖全程、综合配套、高效便捷的现代商品流通和服务网络，重点推进农产品物流、冷链仓储等设施建设，把创建县的绿色优质农产品销往全国。

二是，突出绿色引领，注重资源养护，在促进持续发展中助力生态宜居。从生态文明建设的高度，实施好绿色高产高效创建，通过推广资源节约、利用高效、环境友好的绿色技术，把农业资源过高的利用强度缓下来，把面源污染加重的趋势降下来，保护好山清水秀的田园风光。使绿色理念深入人心。通过持续多年实施，以优质高产高效为导向的绿色生产理念被广为接受，以节水节肥节药为特征的绿色生产方式成为自觉，把绿色高产高效创建打造成农业高效生产、资源高效利用的响亮品牌。将绿色模式全面推开。对生产中的前瞻性、创新性、实用性技术进行总结提炼，由点到片辐射、由片到面推广，将创建平台打造成新型技术的实验室、技术集成的孵化器、成熟模式的示范场，为不同区域不同作物提供可复制可推广的绿色高效技术模式。让绿色方式广泛运用。改变过去唯产量论英雄的片面认识，更加注重地力培肥、节本降耗、生态环保，不仅产量要高、品质还要好，不仅当前高产、还要持续稳产，促进资源永续利用和农业可持续发展。

三是，突出效益优先，注重节本降耗，在拓宽增收渠道中助力生活富裕。将增加农民收入作为绿色高产高效创建的重要任务，多措并举、多管齐下，提高农业生产效益，让农民的钱袋子"鼓起来"。推进增产增效。立足资源禀赋和市场需求，积极发展综合种养、立体农业，把绿色高产高效创建田建成集作物生产、水产养殖、畜禽放养于一体的综合体，提高农业全要素生产率。推进节本增效。创建县要大力推广节水、节肥、节药技术，在化肥农药使用量零增长行动中走在前面、作出表率。力争项目区实现节水 10% 以上、节肥 5% 以上、节药 5% 以上。推进提质增效。优化品种结构，改善品质结构，推行标准化生产，实行农产品质量追溯，严把农产品质量安全关。力争每个创建县打造 3 个特色

农产品品牌，农产品优质率比所在省平均水平高5个百分点。

四是，突出机制完善，注重利益联结，在培育新生力量中助力有效治理。创新绿色高产高效创建的组织方式，将优质资源调动起来，将各方力量联合起来，打造利益共同体，在乡村治理中发挥"凝聚核"的作用。激发村组织活力集体干。充分发挥中国特色社会主义的制度优势，以党建促发展，探索推广"党支部+合作社+农户"的集体创建模式，发挥基层党组织的战斗堡垒作用，增强创建工作的凝聚力和战斗力。挖掘能人潜力带头干。把科技示范户、农村带头人、家庭明白人吸引到创建工作中，灌输新理念、传授新知识、培训新技术，培养一批留得住、用得上、干得好的农村带头人，带动提升创建的层次和水平。培育新型主体示范干。依托种植大户、家庭农场、社会化服务组织等新型经营主体，率先运用新品种、新技术、新装备，带动周边农户积极参与绿色高产高效创建，提升农业生产的组织化程度和社会化服务水平。

五是，突出功能拓展，注重文化传承，在发展新产业新业态中助力乡风文明。将绿色高产高效创建作为弘扬传统文化、传承农耕文明的重要载体，让文明之风拂沐乡村大地、让创建成果遍布田间地头。建设美丽的田园。把绿色高产高效创建与美丽乡村建设相结合，加强农田基础条件建设，配套水、电、路、气、房、讯设施，把创建区建成田成方、林成网、渠相通、路相连的美丽田园，让农民生产更顺利，生活更便利，环境更美丽。打造休闲的乐园。将现代农业生产与农耕文化底蕴相结合，积极开发绿色高产高效创建区文化元素，打造农耕文化品牌，吸引更多的城市居民到农村来，吃农家饭、住农家院，干农家活、买农家货，真正让农村成为休闲放松、农事体验的好去处。守护心灵的家园。通过绿色高产高效创建，宣传粮安天下，延承耕读传家，讲好五千年农业渊源，讲好四十年农村变迁，讲好七八亿农民故事，让人们望得见山、看得见水、记得住乡愁，让农村成为欣欣向荣、心向往之的精神家园。

| 三 | 基层农技推广体系改革与建设 |

2017年，农业部会同各地农业部门立足农业农村发展新形势和农技推广工作新任务，深化基层农技推广体系改革，激发农技人员活力，提升推广服务效能。

（一）健全"一主多元"推广体系，形成农技推广合力

完善以国家农技推广机构为主导，农业科研院校、社会化服务组织等广泛参与、分工协作的"一主多元"农技推广体系。一是开展体系改革创新试点。在安徽、浙江、江西等13个省份的36个县开展基层农技推广体系改革创新试点，在公益性推广与经营性服务融合发展、农技人员增值服务合理取酬、农技人员创新创业等方面探索实践，取得了积极进展。二是推进基层农技推广机构规范化建设。完善基层农技推广机构体制机制，增强人员业务能力，提升服务效能。支持181个县开展以改善服务条件、规范管理机制、创新方式方法、提升服务能力为主要目标的推广机构星级服务创建工作。三是支持农业科研院校开展推广服务。引导农业科研院校成果、人才、学科、平台等优势，培养农技推广人才，投身"三农"主战场开展技术集成示范和指导服务。四是支持社会化服务组织开展推广服务。通过购买服务等方式，支持社会化服务组织开展产前、产中、产后技术服务，支持有资质有能力的市场化主体从事可量化、易监管的农技推广服务。

（二）加强农技推广队伍建设，提高服务"三农"能力

壮大基层农技推广队伍，加大后备人才引进培养力度，加强农技推广队伍业务培训，提升农技推广人员的业务能力和综合素质。一是开展农技推广服务特聘计划试点。在河北、四川、陕西等7个省份的61个县，通过购买服务等方式，从乡土专家、种养大户、新型农业经营主体技术骨干、一线农业科研人员中遴选了一批特聘农技员，从事农技推广公共服务，助力产业脱贫攻坚，已有200多名特聘农技员上岗开展指导服务。二是提升基层农技推广队伍业务能力。采取异地研修、集中办班、现场实训、网络培训等方式，提升基层农技推广队伍知识技能。全国1/3以上的基层农技人员接受了连续不少于5天的脱产业务培训，接受培训的基层农技人员对培训活动满意率达95%以上。三是提升基层农技人员的学历层次。支持基层农技推广队伍中非专业人员、低学历人员等，通过脱产进修、在职研修等方式进行学历提升教育，补齐专业知识短板。四是实施"三定向"人才补充计划。探索"定向招生、定向培养、定向就业"的农技人员培养方式，吸引本地户籍具有较高素质和专业水平的青年人才进入基层农技推广队伍。

（三）加强信息化建设，提高农技推广服务效率

基于大数据、云计算和移动互联技术等，构建便捷高效的农技推广服务信息化平台，促进专家、农技人员和农民的互联互通，为广大农业生产经营者提供了高效便捷、双向互动的农技推广服务。一是全国服务平台建设实现新突破。农业部开发运行了全国农技推广服务平台，已上线专家和农技人员20余万人，有效解答农业科技问题33万条，发布农业信息30多万条，上报农情信息190多万条。二是地方平台建设迈出新步伐。各地结合本地工作实际，建设了一批农技推广信息化平台。如山东省研发了山东农业科技服务云平台和农技推广信息化业务应用系统APP。各地通过手机短信、微信、QQ群等信息交流平台开展农技推广服务。三是农技推广信息化市场化建设取得新进展。农技宝、农管家、农医生等一批市场化运行的农技服务信息化产品得到了广泛应用。

（四）建设运行高效的示范服务载体，加快技术推广应用

构建高标准的农业科技示范平台和服务网络，让广大农户看有示范、学有样板，实现农技人员与服务对象面对面、科技与田间零距离。一是建设长期稳定试验示范基地。围绕优势农产品和特色产业发展需求，建设了一批长期稳定的农业科技试验示范基地，将基地打造成农业科技成果展示的窗口和技术推广的辐射源，把增产增效科技成果直接做给农民看、带着农民干。二是大力培育农业科技示范主体。遴选能力较强、乐于助人的新型农业经营主体带头人、种养大户等作为农业科技示范主体，通过精准指导服务、组织交流观摩等措施，提高其自我发展能力和辐射带动能力。三是加大农业主推技术推介力度。遴选推介了一批符合绿色增产、资源节约、生态环保、质量安全等要求的先进适用技术。通过开展示范展示，加强技术培训，组织报纸、电视传统媒体和互联网、APP等新兴媒体广泛宣传等举措，让广大农户和新型农业经营主体了解技术要求、掌握使用要领，促进农业科技快速进村入户到田。

（五）增强农技服务供给，助力农业农村现代化建设

基层农技推广体系示范推广了一大批优质绿色高效技术，认真做好动植物疫病防控、农产品质量安全、农业生态环保等公共服务，为推进农业供给侧结构性改革、促进农业绿色发展提供了有力支撑。一是强化技术供给和指导服务，为保障国家粮食安全和重要农产品有效供给提供了有力支撑。发挥7000多个农业科技试验示范基地的示范引领作用、140余万名农业科技示范主体的辐射带动作

用，借助信息化、农民田间学校等高效指导服务方式，大范围推广应用了水稻大棚育秧、杂粮杂豆规范化生产等先进适用技术，全国农业主推技术到位率达到 95% 以上，为我国粮食生产取得历史上第二高产年提供了有力支撑。二是增强技术供给和服务保障，为落实绿色发展理念、促进农业可持续发展提供了有力支撑。大力推广节水、节肥、节药等资源节约型、环境友好型的清洁生产技术，开展秸秆处理、农膜回收、土壤污染防治等行动，取得了积极成效。如推广应用稻田综合种养技术 133 余万公顷，有效减少了化肥农药使用，改善了生态环境。三是助力精准脱贫攻坚，为推进脱贫致富奔小康提供了有力支撑。将农技推广工作与扶贫工作紧密衔接，组建专家团队开展科技扶贫，培育发展特色产业实现产业扶贫，对口帮扶实现精准扶贫。四川省实施"万名农业科技人员进万村开展技术扶贫行动"，在带动产业脱贫方面发挥了重大作用。

四　农机购置补贴

2017 年，中央财政投入农机购置补贴资金 186 亿元，在优先保障粮食和重要农产品生产全程机械化需求基础上，着力强化绿色生态导向，积极引导科技创新，加快推进普惠共享，切实提高服务管理水平，扶持 170 万农户购置机具 190 万台（套），进一步提升了农业物质技术装备水平，促进了全国农作物耕种收综合机械化率达 66% 以上，规模以上农机工业企业主营业务收入达 4499 亿元，政策实施有序有力有效。

（一）加强制度建设，优化顶层设计

农业部、财政部紧紧围绕"放管服"改革的要求，坚持问题导向，进一步优化顶层设计。资金管理上，废止了 2005 年印发的《农业机械购置补贴专项资金使用管理暂行办法》，取消了若干与基层实践不符的规定；将农机购置补贴纳入新制定的《农业生产发展资金管理办法》管理范畴，明确农机购置补贴按约束性任务资金管理不纳入资金统筹整合范围；健全各省资金使用进度定期调度办法，采取约谈、通报、核减资金等手段，督促加快资金执行；指导各省开展省域内资金余缺动态调剂，推进资金供需区域平衡。违规查处上，印发《农业机械购置补贴产品违规经营行为处理办法（试行）》，进一步强化了农机、财政联合查处违规农机产销企业的工作机制，维护诚实守信农机企业和购机者合法权益的制度保障更加有力，社会反响良好。

（二）坚持绿色生态，促进普惠共享

围绕农业供给侧结构性改革和"一控两减三基本"等农业绿色发展要求，指导各地强化绿色生态导向，加快补贴范围内全部机具敞开补贴步伐，着力提升政策普惠共享程度，着力稳定购机者补贴预期。对粮棉油糖饲等大宗作物生产，以及烘干仓储、深松整地、免耕播种、高效植保、节水灌溉、高效施肥机具和秸秆还田离田、残膜回收、畜禽粪污资源化利用、病死畜禽无害化处理等支持农业绿色发展的机具率先全面敞开补贴。目前，28 个省份已经实现补贴范围内全部机具敞开补贴，其他省份也均选择部分重点品目实行敞开补贴。继续支持老旧农机报废更新补贴试点，推进农机装备节能环保。继续支持开展农机深松整地补助，超计划完成全年 1000 万公顷的深松整地任务。

（三）注重创新试点，推动技术创新

强化补贴政策支撑农机科技成果转化应用的能力，将农机新产品补贴试点省份由 2016 年的 3 个增加至 10 个，探索建立新产品纳入全国补贴机具种类范围的机制，促进创新产品的推广应用。会同

中国民用航空局在浙江等 6 个省份部署开展农机购置补贴引导植保无人飞机规范应用试点，助力农机化科技创新。支持各省在通用类补贴机具范围内选取若干重点产品开展档次优化试点，探索解决多功能、复式、智能新型农机产品分档档次过于笼统、补贴标准偏低等问题。在西藏和新疆南疆地区开展差别化农机购置补贴试点，适当扩大补贴范围，按当地农机市场均价的 30% 足额测算补贴标准，助力脱贫攻坚。继续支持福建开展补贴产品市场化改革试点。

（四）优化实施操作，提高服务水平

推动 38 个省级管理部门全部使用农机购置补贴辅助管理系统，进一步提高补贴办理服务效率。围绕企业自主投档和农户申领补贴，进一步增强信息化支撑能力，让"数据多跑路，群众少跑腿"。指导重庆等 15 个省开发使用农机购置补贴自主投档系统，组织农业部农机试验鉴定总站升级农机试验鉴定管理服务信息化平台功能，全面公开试验鉴定信息，方便各省和企业自动提取补贴机具投档信息；指导湖北、青岛等省市积极探索通过手机 APP 申领补贴，"手机一点，补贴到卡"已成为现实。大力推进信息公开，38 个省级农机部门全部开通补贴信息公开专栏，2766 个县建立了县级公开专栏，县级专栏建设率达 91.8%，较上年提高 5.8 个百分点，省级单位资金登记进度实时公开由上年的个别省扩大到 34 个。

（五）强化监督管理，加大违规查处

针对重大决策规范化，指导和推动各省份建立健全农机购置补贴重大决策内部控制规程。针对敞开补贴、信息公开、补贴额一览表制定、补贴资金需求测算等重点工作，组织 24 名专家按"双随机"原则开展督导检查，针对所发现的问题，组织有关省及时整改。针对补贴资金申领等高风险环节管控，继续推进补贴申领具体操作与经销商分离，指导各省重点加强对大中型机具的核验和单人多台套、短期内大批量等异常申请补贴情形的监管，推进补贴机具县级核验规范化、制度化。针对违规处理，加强违规处理通报及黑名单数据库应用，促进违规行为省与省之间联动联查。已登记违规处理信息 505 条，黑名单信息 59 条，违规企业"一处失信，处处受限"的氛围已经形成。针对绩效提升，对 2016 年 13 个绩效管理考核优秀省份进行表彰，并在资金分配过程中予以适当倾斜。

总的看，2017 年农机购置补贴政策实施进展顺利，改革创新成效显现，管理服务和操作水平持续提升，社会公众满意度不断提高。随着工业化和城镇化进程的不断加快，农业"用工难""用工贵"问题日益突出，农业各领域对机械化的需求越来越迫切，广大农民对农机装备的依赖越来越明显。农机购置补贴是党中央国务院重要的强农惠农富农政策，也是目前促进农业机械化发展的最直接、最主要手段。引导推动新时期农业机械化转型升级，充分满足农业及农民群众对农业机械日益增长的需求，是当前和今后一个时期农机购置补贴工作的方向和重要任务。

五　化肥减量增效

推进化肥减量增效是促进节本增效、环境友好的重要措施。2015 年以来，按照中央的部署，农业部紧紧围绕农业供给侧结构性改革这一主线，强化绿色引领，坚持"一控两减三基本"目标，加大力度，强化措施，扎实开展化肥使用量零增长行动，取得了较好成效。

（一）化肥使用量零增长行动取得积极进展

化肥使用量零增长行动实施 3 年来，取得了明显成效。主要表现为："一减一提"。一减，就是化

肥使用量减少。国家统计局统计，2016 年我国农用化肥用量减少 38 万吨（折纯），2017 年化肥用量将继续减少。一提，就是化肥利用率提高。据严格测算，2017 年我国水稻、玉米、小麦 3 大粮食作物化肥利用率 37.8%，比 2015 年提高 2.6 个百分点。

一是，探索建立有效的工作机制。化肥减量增效是一项技术措施，更是一项需要聚力推进的重点工作。压实责任推进。农业部印发《〈到 2020 年化肥使用量零增长行动〉推进落实方案》，明确目标任务和工作要求。各省（区、市）都制定具体实施方案，分解任务，细化措施，逐项抓好落实。上下联动推进。突出玉米、蔬菜、苹果等重点作物，建立化肥使用量零增长行动协调推进机制，在粮食主产县和园艺作物优势产区都建立了推进化肥减量协调机制，发挥各部门职能作用，调动各方面积极性。项目聚焦推进。整合测土配方施肥、耕地保护与质量提升资金，支持化肥减量增效技术推广。对新型经营主体施用配方肥、缓释肥予以补助。强化考核推进。中办、国办将化肥使用强度指标纳入对省级政府生态文明建设目标考核，使之成为推进生态文明建设的重要导向和约束。

二是，集成组装一批绿色高效技术模式。各地坚持问题导向，加快应用化肥减量增效的绿色高效技术模式。精准施肥减量。各级农业部门制定发布了 2 万多个肥料配方，发放施肥建议卡 9 亿多张，推动企业照"方"生产配方肥，引导农民按"卡"合理施肥。全国测土配方施肥技术应用面积超过 17 亿亩次，技术覆盖率达到 84%，配方肥已占到 3 大粮食作物施肥总量的 60% 以上。机械深施减量。完善农机购置补贴政策，将种肥同播、化肥深施等机具纳入补贴目录，加快推进机械深施、种肥同播、机械追肥。水肥一体减量。以玉米、小麦、马铃薯、棉花、蔬菜、果树等作物为重点，推广膜下滴灌、集雨补灌、微喷灌水肥一体化技术，促进水肥耦合，2017 年全国水肥一体化推广面积超过 1 亿亩。有机肥替代减量。通过实施果菜茶有机肥替代化肥行动，大力推广"配方肥 + 有机肥""果（菜、茶）—沼—畜""自然生草 + 绿肥"等技术模式，以有机替无机，促进畜禽粪污资源化利用，减少化肥用量。据统计，2017 年全国有机肥施用面积超过 5 亿亩次，比 2015 年增加 1.1 亿亩次。

三是，探索形成一套高效服务模式。注重发挥市场作用，运用市场手段、创新服务方式，助力化肥使用量零增长。创新服务推进减量增效。采取政府购买服务的方式，大力发展专业化服务组织，开展统测、统配、统供、统施"四统一"服务。信息引导推进减量增效。各地充分利用测土配方施肥项目积累的海量数据，应用互联网、物联网、手机等开展土壤养分、施肥方案、肥料价格等信息查询。金融服务推进减量增效。各地积极创新金融支农方式，撬动政策性金融资本投入，引导商业性经营资本进入，共同推进化肥使用量零增长行动。农企合作推进减量增效。各地选择 200 多家企业开展农企合作推广配方肥服务活动。农业部与中化集团现代农业事业部合作，在全国建立 17 个化肥减量技术服务示范基地。

（二）开展化肥使用量零增长行动的主要做法

2017 年，中央财政统筹安排 8.775 亿元资金，地方财政整合相关资金 20 多亿元支持化肥使用量零增长行动。各级农业部门以坚韧的毅力、有力的措施，有力有序推进化肥使用量零增长行动。

一是，聚合力量推进化肥减量。注重调动各级地方政府、科研单位、社会组织及企业的积极性，合力推进化肥减量增效。政府主导推进。各省（区、市）农业部门建立健全化肥使用量零增长行动的协调机构，将化肥减量增效纳入重点工作内容。科研创新推进。重点开展环境友好型包膜材料筛选、低成本氮素抑制剂研发、功能载体与水溶肥料复配技术集成等技术联合攻关，集成组装高效新型肥料产品及配套技术模式。农企合作推进。引导农资企业在粮食主产区和园艺作物优势产区建立化肥减量增效示范区，展示新产品、新机械、新技术，加快推广应用。

二是，统筹项目推进化肥减量。各地在开展化肥使用量零增长行动中，注重项目的统筹协同，发挥集合效应，提高实施效果。加强耕地质量建设助力化肥减量。农业部印发《关于做好2017年耕地保护与质量提升工作促进化肥减量增效的通知》，统筹开展化肥减量增效、耕地质量建设。加强黑土地保护助力减量增效。黑龙江省委省政府出台《关于深入推进农业"三减"的实施意见》，将化肥使用量零增长行动与黑土地保护利用试点相结合，做到黑土地保护利用试点县测土配方施肥技术全覆盖。加快有机肥替代化肥助力减量增效。江西省结合6个果菜茶有机肥替代化肥示范县创建，大力推广"有机肥＋配方肥""果（菜）—沼—畜"等模式，带动畜禽粪便、农作物秸秆、沼渣沼液等资源化利用，全省增施有机肥超过600万亩次。

三是，示范引领推进减量增效。各地强化示范引领，促进化肥减量。创建示范区引领减量增效。突出重点区域、重点作物，在东北和黄淮海玉米产区、北方设施蔬菜集中产区和南菜北运基地、黄土高原和渤海湾苹果优势产区创建300个化肥减量增效示范区。培育新型主体带动减量增效。各地鼓励和支持种植大户、家庭农场等新型经营主体，带动农户参与化肥使用量零增长行动。宣传典型经验引导减量增效。各地充分利用广播、电视、报刊、互联网等媒体，开展"化肥农药减量在行动"主题宣传，专题报道一批化肥减量增效好典型，营造良好氛围。

四是，精准指导推进减量增效。加强技术指导。组织专家制定分区域、分作物化肥减量技术方案，指导农民和新型经营主体掌握化肥减量的关键技术。加强技术培训。以新技术、新产品推广为主要内容，重点面向新型经营主体，开展形式多样的技术培训。2017年共举办各类技术培训班7万多期次，组织现场培训观摩9000多场次。加强监测评价。统筹耕地质量保护与提升、测土配方施肥等工作，分区域、分作物布设1000多个化肥利用率田间验证试验，精准监测化肥减量成效。

六　病虫害绿色防控

实施农药零增长行动，突出技术集成、示范引领、机制创新三个重点，大力推进绿色防控替代化学防治，稳步提高绿色防控覆盖率，实现农药减量增效，助力质量兴农、绿色兴农。据统计，2017年全国主要农作物绿色防控实施面积超过3666.7万公顷，绿色防控覆盖率达到27.2%，比上年提高2个百分点，为稳定粮食生产、促进种植业转型升级和农业绿色发展作出了积极贡献。

一是，开展病虫害绿色防控技术集成示范。印发《关于做好2017年农作物病虫害绿色防控技术示范推广工作的通知》，推广生态调控、理化诱控、生物防治等绿色高效技术模式，在全国28个省（区、市）建立了110个绿色防控示范区，包括粮食作物43个（小麦11个、水稻15个、玉米7个、青稞2个、马铃薯8个），油料作物5个（油菜4个、花生1个），经济作物57个（水果15个、蔬菜21个、茶叶21个），中药材4个，蝗虫1个。7月，在四川省绵阳市召开了全国绿色防控现场会，部署绿色防控示范推广工作。据调查，累计示范面积超过20万公顷，推动地方建立各类绿色防控示范区6900多个，辐射带动推广面积超过133.3万公顷。粮食作物示范区平均减少化学农药使用量30%以上，经济作物示范区平均减少化学农药使用量40%以上，取得显著经济、社会和生态效益。

二是，开展蜜蜂授粉与病虫害绿色防控技术集成示范。制定《2017年蜜蜂授粉与病虫害绿色防控技术集成示范方案》，在13个省（区、市）设立6个万亩以上连片整建制示范区和25个百亩以上试验示范片，累计示范面积达 34.2 万公顷，在增产增收、提质增收和节本增收方面取得明显效果。邀请新华社、《人民日报》、中央电视台、《农民日报》等媒体赴河北省秦皇岛市实地深度调研，先后编发《小蜜蜂助力农业增"绿"大变革》《小小蜜蜂让樱桃没农残更有味》的专题报道，扩大宣传效果。11 月，在四川省成都市举办了蜜蜂授粉与绿色防控现场会，总结交流工作经验。

三是，开展统防统治与绿色防控融合示范。按照《农作物病虫专业化统防统治与绿色防控融合示范方案》安排，以全国 600 个统防统治与绿色防控融合示范基地为平台，扶持专业化植保服务组织，促进"农技部门+农药（械）企业+合作社+专业化服务组织+新型经营主体"多种合作共建模式，推广全程承包统防统治服务。在农业部门备案的植保专业服务组织达到 4.05 万个，大中型植保机械保有量达到 32.1 万台(套)，带动建立农药减量增效示范基地 13000 多个，核心示范面积 300 多万公顷、农药减量 7000 多吨。

四是，加强绿色防控技术培训与宣传。3 月，在广西灵川县启动"百县万名农民骨干科学用药培训行动"，对假农药识别、农药使用防护和农药中毒抢救知识为重点开展培训。结合农药零增长行动，举办绿色防控与减药控害技术培训班、南方片区和北方片区绿色防控技术培训班等，提高各级植保技术人员及示范基地、农民专业合作社技术骨干绿色防控水平。据统计，全国植保系统全年培训各类人员 400 多万人次。此外，开设"化肥农药减量在行动"宣传专栏，利用农业信息网、《农民日报》和相关媒体，及时总结宣传各地的好做法、好经验。

七　农业防灾减灾

2017 年，农业部认真贯彻落实习近平总书记考察河北省唐山市重要讲话及指示精神和党中央、国务院关于防灾减灾救灾决策部署，牢固树立和落实新发展理念，坚持以防为主、防抗救相结合，坚持常态减灾和非常态救灾相统一，努力实现注重灾后救助向注重灾前预防转变，从应对单一灾种向综合减灾转变，从减少灾害损失向减轻灾害风险转变，统筹避灾防灾救灾，完善应急机制，加大力度，强化措施，加强指导，努力减轻灾害影响和损失，为农业生产稳定发展赢得主动。

（一）2017 年农业灾害发生情况及影响分析

2017 年农业气象灾害总体偏轻，但局部旱涝较重，给农业生产造成一定影响。全国农作物受灾 1846.7 万公顷，比 2016 年减少 773.3 万公顷，其中成灾 920 万公顷，绝收 182.7 万公顷，分别减少 440 多万公顷和 107 万公顷。受灾、成灾和绝收面积均是近十年最低值。

一是，旱情总体轻于常年，北方局部重于常年。4 月至 6 月中旬，东北、华北北部和山东半岛等地降水持续偏少，气温偏高、大风天气多，土壤失墒快，造成黑龙江西部、吉林西部、辽宁西部、内蒙古东南部、河北北部、山东东部等地出现春旱。6~8 月，西北地区大部、内蒙古东北部和中部以及长江中下游地区持续高温少雨、气温偏高，造成部分省农作物因旱受灾。全国农作物因旱受灾 986.7 万公顷，与 2016 年持平。其中，成灾 444 万公顷，绝收 75.3 万公顷，分别减少 168.7 万公顷和 26.6 万公顷。受灾、成灾和绝收面积轻于近十年平均值。

二是，洪涝灾害总体轻于常年，华西秋雨影响历史罕见。6 月下旬至 7 月上旬，江南、华南地区出现暴雨，局地大暴雨，部分地区发生不同程度洪涝灾害。9 月中旬至 10 月中旬，西北、黄淮、江淮等地出现大范围持续连阴雨天气，累计阴雨日数 16~20 天，部分地区达 21~25 天，降雨量较常年同期偏多 1~4 倍，日照时数较常年同期偏少 3~8 成，持续阴雨寡照天气造成部分地区农作物倒伏和成熟农作物穗发芽，已收农作物霉变。全国农作物因洪涝受灾 541.3 万公顷，比 2016 年减少 311.3 万公顷，其中，成灾 302 万公顷、绝收 74 万公顷，分别减少 131.3 万公顷和 55.3 万公顷。受灾、成灾和绝收面积轻于近十年平均值。

三是，台风登陆偏早、时间集中，影响总体偏轻。2017 年 8 个台风在我国登陆，较常年偏多 1 个，首个台风登陆时间较常年偏早 15 天，且登陆时间较为集中，影响区域重叠。全国农作物因台风受灾约 39.3 万公顷，比 2016 年减少约 162.7 万公顷。其中，成灾约 18 万公顷，绝收约 2.1 万公顷，分别减少约 41.3 万公顷和约 12.3 万公顷。农作物因台风受灾、成灾和绝收面积均为近十年次低值（仅重于 2010 年）。

四是，风雹灾害分布范围广、多发、频发，影响总体偏轻。5 月 22~23 日、6 月 2~3 日两次短时大风等强对流天气过程，造成河北、山东、河南、陕西等省小麦大面积倒伏受灾。全国农作物因风雹受灾 226.6 万公顷，比 2016 年减少 64 万公顷。其中，成灾 123.3 万公顷、绝收 22 万公顷，分别减少 18.7 万公顷和 4.3 万公顷。受灾、成灾和绝收面积均轻于近十年平均值。

五是，低温冻害较常年明显偏轻。全国农作物因低温冻害受灾 52 万公顷，比 2016 年减少 236 万公顷。其中，成灾 30.7 万公顷、绝收 8 万公顷，分别减少 86.7 万公顷和 9 万公顷。受灾、成灾面积均为近十年最低值，绝收面积居近十年同期第 9 位。

（二）开展的防灾减灾工作

灾情发生后，各级农业部门迅速行动，科学应对，抓好农业防灾减灾和灾后生产恢复各项措施落实，取得了显著成效，全年粮食产量达到 66160.7 万吨，增产 117.2 万吨，为历史最高产年。

一是，及早安排部署。韩长赋部长主持召开部常务会议和专题会议，研究部署农业防汛抗旱工作。先后召开防汛抗旱领导小组全体会议和畜牧、渔业等行业防灾减灾会议，安排落实农业防灾减灾工作。年初制定了农业防灾减灾预案，多次下发通知，指导各地落实防汛抗旱准备。汛前，派出 11 个工作组开展农业防汛抗旱检查。先后派出 7 个工作组，深入重旱区指导抗旱保春播工作。

二是，强化指导服务。农业部下发应对低温雨雪、干旱、洪涝、台风等灾害防御紧急通知 16 个，灾害预警信息 80 多期，安排部署农业防灾减灾工作。组织专家根据受灾情况和作物生长发育进程，制定下发 38 个分区域、分作物技术指导意见。针对北方严重春旱和西北、黄淮、江淮等地持续连阴雨等灾害，先后派出 20 多个工作督导组和技术指导组，赶赴受灾省区指导农业救灾和恢复生产。各级农业部门组织 4.7 万人次专家和农技人员，深入重灾区，了解灾情、分析影响，指导受灾农户因时因地因苗落实抗灾措施。

三是，推进科学抗旱。推进农艺措施抗旱。指导东北地区大力推广抗旱"坐水种" 500 万年公顷、比常年增加 166.7 万公顷。推进调整结构避灾。指导旱情严重地区，顺应天时，调整作物结构，改种耐旱、生育期短的杂粮杂豆、青贮玉米等作物。预计东北受旱地区调减籽粒玉米改种杂粮杂豆约 33.3 万公顷。推进节水农业发展。大力推广节水品种和地膜覆盖、滴灌喷灌、水肥一体化等旱作节水技术。2017 年全国小麦节水品种面积扩大到约 266.7 万公顷。

四是，狠抓生产恢复。结合灾区实际，多措并举、精准发力，千方百计落实抗灾自救恢复生产措施。适时改种补种，全年完成改补种面积 140 多万公顷，占绝收面积的 87%，其中改补种粮食面积约 83.3 万公顷，挽回粮食损失 400 多万吨。强化病虫防控，派出 11 个督导组，深入 23 个重点省（区）

督查指导秋粮重大病虫防控。发挥植保专业化服务组织作用，开展统防统治，遏制病虫扩散蔓延。

五是，加大救灾支持。积极商财政部紧急安排 29.55 亿元农业生产救灾资金，支持重灾省区搞好灾后生产恢复和病虫害防控。根据改种补种需要，紧急调拨国储种子 200 万公斤，支持灾后改补种。各受灾地区通过安排救灾资金、物资、保险理赔等多种方式支持尽快恢复生产。

粮食生产扶持政策

2017 年，按照党中央、国务院关于推进农业供给侧结构性改革的总体部署和"以我为主、立足国内、确保产能、适度进口、科技支撑"国家粮食安全战略的总体要求，国家有关部门继续加大对粮食生产的扶持力度，加强生产能力建设，深化收储制度改革，完善价格形成机制和财政补贴政策，保护和调动农民的种粮积极性，促进粮食生产稳步发展。在各方面的共同努力下，全年粮食种植面积11798.9 万公顷，比上年略减 124.1 万公顷；粮食总产量 66160.7 万吨，比上年增加 117.2 万吨，增产0.2%，粮食产量连续 6 年稳定在 60000 万吨以上，粮食市场供给充裕，品种结构逐步优化，国家粮食安全得到有效保障，为巩固国民经济稳中向好的势头提供了有力支撑。

一　粮食产能建设扶持政策

为落实藏粮于地、藏粮于技战略，国务院印发了《关于建立粮食生产功能区和重要农产品生产保护区的指导意见》（以下简称《意见》）（国发〔2017〕24 号）。在严守耕地保护红线、划定永久基本农田的基础上，将资源条件较好的优势产区划为粮食生产功能区和重要农产品生产保护区，并明确到具体地块，进一步加大保护和建设力度，确保最基本的核心生产能力，构筑保障国家粮食安全和重要农产品有效供给的底线。《意见》提出，力争用 3 年时间完成 6000 万公顷粮食生产功能区、1487 万公顷重要农产品生产保护区划定任务，力争用 5 年时间基本完成"两区"建设任务，使国家粮食安全的基础更加稳固，重要农产品自给水平保持稳定，农业产业安全的基础显著增强。

结合"两区"划定工作，国家安排中央预算内投资 310 亿元左右，用于全国新增千亿斤粮食生产能力规划田间工程建设、大型灌区续建配套和节水改造、新建大型灌区建设、大型灌排泵站更新改造、农作物良种工程、植物保护能力提升工程等项目建设，着力改善农田水利、良种繁育和病虫害防控等农业基础设施条件，增强粮食生产抗灾减灾能力，提升粮食生产水平。其中，新增千亿斤粮食产能规划田间工程中央投资 151 亿元，在 800 个产粮大县建设高产稳产粮田 84 万公顷左右，大型灌区续建配套和节水改造、新建大型灌区和大型灌排泵站更新改造投资约 160 亿元，良种工程和植物保护工程投资约 9 亿元。此外，财政、国土部门安排财政资金 500 多亿元，用于重点地区高标准基本农田、小型农田水利建设和土地整治等。全国共计新建高标准农田约 513 万公顷，形成一批高产稳产粮田，进一步提高了粮食综合生产能力，促进了粮食生产稳步发展。

二　粮食生产补贴政策

2017 年，国家进一步加大农业补贴力度，完善补贴政策，提高补贴政策效能、指向性和精准性。一是农业支持保护补贴。支持耕地地力保护提升，补贴对象为拥有耕地承包权的种地农民，享受补贴的农民须保证耕地不撂荒、地力不下降。支持粮食适度规模经营，重点支持建立完善的农业信贷担保体系，补贴资金重点向种粮大户、家庭农场、农民合作社、农业社会化服务组织等新型经营主体倾斜，体现谁多种粮食、就优先支持谁的政策导向。中央财政安排上述补贴资金约 1400 亿元。二是农机购置补贴。补贴对象为直接从事农业生产的个人和农业生产经营组织，补贴机具为 11 大类 40 多个小类 130 多个品目，各省可结合实际确定具体补贴机具种类。一般机具单机补贴额不超过 5 万元，挤奶机械、烘干机械单机补贴额不超过 12 万元，大型联合收割机、拖拉机、甘蔗收获机、棉花采摘机等单机补贴额 15 万 ~60 万元。同时，继续在江苏等部分省区开展农机报废更新补贴试点，加快淘汰老旧农机。中央财政共计安排补贴资金约 230 亿元。三是产粮大县奖励政策。安排财政奖励资金 320 亿元左右，改善和增强产粮大县财力状况。对粮食产量或商品量位于全国前 100 名的产粮大县，作为超级产粮大县给予重点奖励。常规产粮大县奖励资金为 700 万 ~9000 万元，由县级人民政府统筹用于扶持粮食生产和产业发展，调动地方政府重农抓粮的积极性。四是高产创建和绿色增产模式攻关支持政策。中央财政安排资金 15 亿元左右，选择生产基础好、优势突出、特色鲜明、产业带动能力强的 100 多个县整建制创建，重点开展技术瓶颈攻关和集成推广高产高效、资源节约、生态环保的技术模式。此外，中央财政还安排资金实施制种大县奖励、耕地轮作休耕试点、种植业结构调整、农技推广体系改革和建设、农机深松整地作业、测土配方施肥、化肥农药减量增效试点、耕地保护和质量提升、东北地区黑土地保护利用试点等工作。

三　粮食价格和收购政策

（一）小麦最低收购价政策

为保护农民种粮积极性，稳定小麦生产，2017 年，国家继续在小麦主产区实行最低收购价政策。综合考虑小麦生产成本、市场供求、比较效益、国际市场价格和粮食产业发展等各方面因素，2016 年 10 月，国家发展改革委会同有关部门公布了 2017 年小麦最低收购价格政策，即当年生产的小麦（国标三等）最低收购价为每斤 1.18 元，继续保持上年水平不变，最低收购价执行时间为 2017 年 5 月 21 日至 9 月 30 日。政策适用范围为，河北、江苏、安徽、山东、河南、湖北等 6 个小麦主产省。

（二）稻谷最低收购价政策

2017 年，国家继续在稻谷主产区实行最低收购价政策。同时，根据稻谷市场面临的阶段性供大于求、收储压力较大、仓容矛盾突出、库存高企等问题，进一步完善了稻谷最低收购价政策。在 2016 年的基础上，适当下调稻谷最低收购价格水平，即当年生产的早籼稻（三等，下同）、中晚籼稻和粳稻最低收购价分别为每斤 1.30 元、1.36 元和 1.50 元，分别比上年下调 3 分、2 分和 5 分。早籼稻最低收购价政策适用范围为安徽、江西、湖北、湖南、广西 5 个主产区，中晚稻最低收购价政策适用范围为辽宁、吉林、黑龙江、江苏、安徽、江西、湖北、河南、湖南、广西、四川 11 省（区）。

（三）玉米收储制度改革

2017 年，国家继续在东北三省、内蒙古按照"市场定价、价补分离"的原则实行"市场化收购"加"补贴"的新机制。玉米价格由市场形成，生产者随行就市出售，各类市场主体自主入市收购，供求关系靠市场调节。同时，为保护农民种植玉米的基本收益，国家继续完善玉米生产者补贴制度，保护农民生产积极性，促进玉米产业健康发展。

（四）大豆目标价格政策

2014 年开始，国家在东北三省和内蒙古开展了大豆目标价格改革试点，促进大豆生产恢复发展。综合考虑供求状况、国际市场价格等因素，大豆目标价格为每吨 4800 元，稳定大豆种植收益，引导大豆与玉米正常轮作。在总结前几年大豆目标价格改革试点的基础上，为充分发挥市场机制的作用，保护和调动豆农的生产积极性，2017 年起，国家不再实施大豆目标价格政策，对东北三省和内蒙古大豆实行"市场化收购"加"补贴"的新机制，同时，统筹对大豆种植实行生产者补贴制度，实现与玉米补贴政策相一致。

粮食流通

一　粮食收购与销售

（一）粮食收购进展总体顺利

2017 年各类粮食企业共收购粮食 41711.7 万吨（原粮，下同），同比减少 4278.7 万吨，为历史次高水平。其中，小麦 11016 万吨，同比减少 620.8 万吨；稻谷 11976.7 万吨，同比减少 1138.2 万吨；玉米 17690 万吨，同比减少 2652.7 万吨；大豆 711.3 万吨，同比增加 125 万吨。收购量下降的原因：一是各地积极调整优化种植结构，东北三省一区调减非优势产区玉米种植面积，增加大豆种植面积，玉米、稻谷、小麦等谷物总产量较上年有所减少，但优质粮食供给增加。二是随着粮食收储制度改革的深入推进，市场进一步激活，各类主体积极入市，市场化收购比重提高，同时农户市场意识增强，售粮更加均衡。

（二）国有粮食企业销售量再创新高

2017 年，国有粮食企业销售粮食 33269.6 万吨，比上年增加 6363.3 万吨。分品种看，小麦销售 6769.3 万吨，同比增加 811.6 万吨；稻谷 7375 万吨，同比增加 507.1 万吨；玉米 14271 万吨，同比增加 3747.8 万吨；大豆 4210.6 万吨，同比增加 1260 万吨。销售量增加的主要原因是国家加大粮食库存消化工作力度，2017 年国家政策性粮食实际出库 7937 万吨，同比增加 4457 万吨。玉米库存消化成效明显，2013 年及以前年份玉米基本消化完毕；稻谷销售多措并举，满足企业搭配加工需要；小麦库存消化总体顺利，把握销售节奏，适时投放，满足企业用粮需求。

（三）各类企业粮食库存居历史高位

2017 年末粮食库存继续呈上升趋势，库存结构有所改善。分性质看，中央和地方储备粮基本持平，国家政策性粮食库存自 2012 年以来首度下降，企业自营商品库存增加。分品种看，小麦、稻谷库存增加，玉米库存下降幅度较大。分储存年限看，2013 年及以前年度库存显著减少，粮食品质结构明显改善。简易设施储粮减少，储粮安全保障程度提高。从地区分布看，主产区库存下降，其中东北三省一区库存下降 6%，主销区、平衡区库存均有所增加。

二　粮油竞价交易

（一）组织开展政策性粮食竞价交易，发挥粮食"去库存"主渠道作用

2017 年，国家粮食局会同有关部门在常年常时竞价销售国家政策性粮食的同时，积极采取定向、邀标、委托、包干等多种销售方式，进一步加大库存粮食消化力度。全年通过交易平台共组织国家政策性粮油竞价及挂牌交易会 395 场，成交国家政策性粮油 7817 万吨，比上年增加 3995 万吨，增幅 105%。分品种看，成交小麦 1021 万吨，同比增加 562 万吨；稻谷 1031 万吨（早稻 120 万吨、中晚

籼稻 387 万吨、粳稻 524 万吨 ），同比增加 330 万吨；玉米 5654 万吨，同比增加 3496 万吨；大豆 22 万吨、菜籽油 89 万吨。同时，地方各级政府和有关部门努力创新农民余粮市场化销售方式，确保区域市场粮食供应和价格稳定，积极引导和推进地方储备粮和贸易粮网上公开交易，全年共组织交易会 1274 场，成交粮食 557 万吨，较上年增长 8%。

2017 年国家政策性粮食成交量同比翻番，并再创历史新高，一是国家有关部门密切关注粮食市场行情变化，有效施策，精准调控，将稻谷和玉米作为粮食消化的重点品种，适时调整交易底价，促进了市场拍卖成交。二是随着玉米收储制度改革的推进，产业经济的发展，市场需求的增加，国内玉米原料成本下跌，有效抵挡了部分进口替代粮源。三是粮食等有关部门进一步加大政策性粮食出库监管力度，确保库存粮食顺利出库，维护正常的市场交易秩序。

（二）强化国家粮食交易中心体系建设，推动系统建设向纵深发展

2017 年，国家粮食局粮食交易协调中心作为中心市场，与各地省级交易中心凝心聚力谋发展，不断强化国家粮食交易中心体系建设。一是进一步完善省级交易中心体系。新组建的广西、贵州、云南、青海 4 省区级粮食交易中心，并入国家粮食电子交易平台，至此共有 29 个省级交易中心实现全国统一联网交易。同时，一些省级交易中心主动作为，积极推动市县交易中心建设，平台服务触角下移，黑龙江、江西、江苏和山东 4 省共建立分中心 33 个。二是以优质服务吸引和发展交易会员。交易中心改进工作方式，提升服务水平，加强与用粮企业沟通，不断扩大入市交易主体范围。截至 2017 年底，交易会员已突破 3 万家，新增会员 3000 多家，会员涵盖各类涉粮主体。三是推进地方储备粮和贸易粮进入平台联网交易。为落实粮食安全省长责任制，在地方各级政府和粮食部门共同努力下，全国已有 23 个省份地方储备粮购销轮换通过国家交易平台公开联网交易。黑龙江贸易粮常时挂牌交易，湖北商品油也成功交易。

（三）构建国家粮食电子交易平台，提升服务能力

2017 年，为适应粮食收储制度改革，更好服务粮食宏观调控，搭建为农为企服务平台，粮食交易中心不断强化国家粮食交易平台功能建设，努力增强服务能力。一是研究制定《国家粮食电子交易平台建设方案》。充分利用"互联网＋粮食交易"，发挥国家交易平台引领作用。二是升级打造国家粮食电子交易平台。年初即将全国粮食统一竞价交易系统升级改版为国家粮食电子交易平台，旨在改变过去单一的政策性粮食竞价交易，全面打造交易品类多样、交易方式灵活，集粮油交易、资金结算、物流运输、质量检测、融资服务、信息引导为一体的公共服务平台。三是开展平台融资服务。引入光大银行研发设计了政策性粮食合同履约融资产品。同时与多家金融机构共同研发粮食仓单质押贷款、粮食货权质押贷款等多种融资产品。四是整合优化平台数据库。对过去分散存储在安徽、河南两地市场 10 年的政策性粮油交易数据进行了迁移、归集和整理，初步完成大数据信息平台的建设，为信息服务奠定基础。五是完成异地灾备中心系统建设。为确保交易数据安全，与安徽粮食交易中心通力合作，顺利完成了合肥异地灾备中心系统建设，为应对突发事件提供应急保障。六是开展物流运输服务。组建国粮集运供应链管理有限责任公司，公司 2017 年底正式在北京注册，挂牌经营，并在营口鲅鱼圈港设立了分公司。

粮食调控

一　认真抓好粮食收购，农民利益得到有效保护

（一）严格执行国家粮食收购政策

由于粮食收购量逐年增加，而库存粮食消化空间有限，部分主产区收储矛盾突出。地方政府和各级粮食部门提前谋划、周密部署，指导督促收粮企业严格执行粮食收购政策，切实加强收购市场监督检查，严厉打击压级压价、"打白条"等坑农害农行为，维护种粮农民利益。认真组织市场化收购，充分发挥国有粮食企业的示范作用和各类市场主体的积极作用，特别是主动探索玉米市场化收购的新思路、新方法，成效明显，收购工作进展顺利，没有出现大范围农民"卖粮难"。

（二）政策性粮食收购成效显著

面对严峻复杂的市场形势，国家有关部门提前谋划，及早研究下发收购文件，及时召开夏粮和秋粮收购工作会议安排部署，指导各地做好资金、仓容、培训等准备工作，引导多元主体积极入市，扩大市场化收购。指导各地和有关企业提前做好预案启动相关准备，合理布设收购网点。适时启动小麦和稻谷最低收购价执行预案，河北、江苏、安徽、山东、河南、湖北6省，江西、湖南2省，安徽、湖北、四川、河南、江苏、黑龙江、江西、湖南、吉林9省分别启动了小麦、早籼稻、中晚稻最低收购价执行预案，新疆还启动了小麦临时收储。针对部分地区连续阴雨，中晚稻倒伏、发芽，玉米生霉等情况，国家有关部门联合下发紧急通知，指导各地抓好受灾地区粮食收购处置工作。

二　综合施策保障供给，粮油市场保持总体稳定

（一）国家政策性粮食"去库存"成效显著

2017年，国家粮食局会同有关部门创新方式、多措并举，严格控制库存增量，加快消化库存存量，粮食"去库存"工作取得了积极成效。全年累计销售成交各类政策性粮油8448万吨，较2016年增长37%，其中通过国家粮食电子交易平台竞价销售成交7817万吨，占全年粮食库存消化总量的93%；分品种看，玉米5740万吨、稻谷1576万吨、小麦1021万吨。政策性粮食库存从历史高点逐步回落，库存粮食品质和安全储粮状况有所改善。

（二）国内主要粮食品种市场价格走势分化

从全年价格走势看，小麦和稻谷价格总体平稳，玉米价格两次上涨，大豆价格在四季度明显下跌。据监测，2017年12月末，全国主产区小麦、早籼稻、中晚籼稻、粳稻、玉米、大豆每百斤平均收购价格分别为126元、132元、136元、150元、83元、176元，其中小麦、玉米同比分别上涨0.3%、19.8%，早籼稻、中晚籼稻、粳稻、大豆同比分别下跌0.4%、0.8%、2.6%、7.8%。

三   强化储备和应急管理，综合保障能力不断增强

国家有关部门继续加强中央储备粮管理，进一步调整优化中央储备粮区域布局，强化 2017 年中央储备粮油轮换的指导和督促，及时下达 2018 年度中央储备粮油轮换计划，确保中央储备粮油数量真实、质量良好。随着地方储备增储任务顺利完成，各地着力强化储备粮管理，认真抓好地方储备粮油轮换，有效应对市场变化对储备轮换带来的不利影响，减少轮换亏损，较好地发挥了储备粮油吞吐调节作用，保障了储备粮油质量安全。同时，不断完善创新管理模式和运行机制，地方储备粮管理的规范化、法治化、科学化水平得到进一步提升。

粮食流通体制改革

一   改革进展总体情况

2017年，全国各级粮食部门围绕中心、服务大局，积极作为、锐意进取，推动粮食流通改革发展开创了新的局面。

（一）全面部署粮食流通改革工作

2017年1月，国家粮食局召开全国粮食流通工作会议，强调要牢固树立和贯彻落实新发展理念，主动适应把握引领经济发展新常态，坚持稳中求进工作总基调，以粮食供给侧结构性改革为主线，完善粮食宏观调控体系，提升粮食流通现代化水平，加快粮食行业转型升级，增强国家粮食安全保障能力，以优异成绩迎接党的十九大胜利召开。会议对做好2017年粮食流通各项改革工作提出明确要求。

2017年粮食流通改革的重点任务是：在上年工作基础上，根据新形势新要求，推进三项重点改革，即：扎实有效推进粮食收储制度改革，深化粮食流通监管改革，深化国有粮食企业改革。

（二）扎实推进粮食流通各项改革

1. 推进粮食收储制度改革

按照国务院统一部署要求，在有关部门的大力支持下，立足东北地区玉米"市场化收购"加"补贴"新机制，加强组织指导，强化调度督查，统筹协调运力保障、资金筹措和市场监测、产销衔接等工作，推动了各项政策措施的有效落地。东北三省一区粮食部门在当地党委、政府的领导下，积极引导多元市场主体入市收购，做了大量扎实细致、富有成效的工作。玉米市场形成价格机制现已建立，种植结构调整优化，加工企业全面激活，改革效果比预期得更好，得到了国务院领导同志的充分肯定。调整完善稻谷和小麦最低收购价政策，认真组织政策性收购和市场化收购，全年共收购粮食41711.7万吨。内蒙古、辽宁、吉林、黑龙江、江苏、河南等省份用好粮食收购担保基金，着力解决收购资金问题。

2. 深化粮食流通监管改革

认真落实党中央、国务院领导同志重要批示精神，坚持问题导向和底线思维，切实加强粮食流通监管。加大监督检查力度，与发展改革、财政、农发行等有关部门和单位一起，全面开展粮食安全隐患"大排查、快整治、严执法"集中行动，中储粮系统按照国务院国资委"九严查"要求，也开展了"四查一补"，均发现和整改了一批突出问题。创新监管执法方式，分两次对10个省份开展跨省交叉执法检查，拓宽社会监督渠道，12325全国粮食流通监管热线已开通试运行。江苏省建设粮食流通监管和移动执法平台，安徽省、广东省对粮食经营违法违规行为实行联合惩戒和"黑名单"制度。完善执法监督体制机制，经中央编办批准，国家粮食局监督检查司更名为执法督查局，强化监管职责和力量。会同有关部门严肃查处涉粮案件，严格督查督办，发挥了震慑警示作用。京津冀开展联合执法检查，江苏、安徽、山东、河南四省搭建区域执法协作平台。

3. 深化国有粮食企业改革

认真落实党中央、国务院关于深化国有企业改革的决策部署，适应农业供给侧结构性改革和粮食收储制度改革的形势要求，坚持政企分开、政资分开、所有权与经营权分离的原则，以产权制度改革为核心，大力推进国有粮食企业改革。培育骨干国有粮食企业，继续推进"一县一企、一企多点"改革，以优势骨干粮库为主体，对分散的库点资产进行整合，推进县级企业兼并重组。以资本为组带，打破地域和企业层级限制，着力打造跨区域骨干粮食企业集团。稳妥发展混合所有制粮食经济，鼓励多元市场主体参与国企改革，完善公司法人治理结构，建立健全现代企业制度，提高企业活力和市场竞争力，放大国有资本功能。大力发展粮食产业经济，支持基层国有粮食企业积极参与"优质粮食工程"建设，发挥仓储和市场渠道优势，组建粮食产后服务中心，开展"五代"服务。鼓励骨干企业向产业链上下游延伸，与各类市场主体构建多种形式的粮食产业联盟，实现优势互补。加强党的领导，把党的领导融入公司治理各环节，充分发挥党组织的领导核心和政治核心作用。国有粮食企业在抓收购促增收、保供应稳市场、强产业促发展等方面继续发挥着重要作用。

二　粮食安全省长责任制实施与考核

（一）圆满完成 2016 年度"首考"

2017 年，粮食安全省长责任制国家考核工作组各成员单位按照第二次联席会议部署，切实加强组织领导，密切沟通配合，认真做好 2016 年度"首考"工作，指导各地开展自评，组织开展部门评审和部门抽查，进行综合评价。考核结果经国务院审定后，考核工作组向各省级人民政府发出通报，对落实粮食安全省长责任制工作成绩突出的省（区）给予表扬。各省（区、市）按照通报要求，牢固树立"四个意识"，提高政治站位，强化责任担当，认真抓好问题整改。

（二）扎实开展 2017 年度考核工作

2017 年 7 月，国家考核工作组成员单位联合向各省级人民政府印发了《关于认真开展 2017 年度粮食安全省长责任制考核工作的通知》（发改粮食〔2017〕1416 号），在总结借鉴"首考"经验的基础上，2017 年度考核结合粮食安全形势和任务，把农业供给侧结构性改革、粮食收储制度改革、优质绿色农产品供应、去库存"出库难"治理等纳入考核范围；对部分重点和难点任务的考核实行倒扣分；对不同区域考核也各有侧重，体现区域特点，增强考核的针对性和有效性。同时，加强过程管理，将年度考核和日常监督考核结合起来，促进关键节点任务完成，确保粮食安全省长责任制更好地贯彻落实。

各地按照考核工作组的部署要求，扎实开展相关工作。一是切实加强组织领导。有 26 个省份考核工作组组长由省级人民政府领导同志担任，13 个省（区、市）将粮食安全省长责任制落实情况纳入省级政府或党政领导班子绩效考核。二是强化日常监督考核。各地按照国家考核工作组的部署，建立了粮食安全省长责任制落实情况台账制度，及时调度年度考核目标任务完成情况。对于工作进度慢、工作质量不高、重点任务落实不力的，立即进行督导。国家考核办及时掌握各地动态，对考核工作的典型经验做法，以及落实省长责任制的成效，编印工作简报供各地学习借鉴，通过以点促面，进一步强化日常监督考核工作。三是认真开展考核自评，及时制定考核工作方案，梳理和分解考核事项，明确责任部门和具体要求，确保考核工作扎实有序推进。

（三）考核"指挥棒"作用初显

通过考核，各地粮食安全责任意识进一步增强，大多数省份将粮食安全工作写入政府工作报告或列入政府年度重点工作，省级政府主要领导同志和分管负责同志专题研究部署、督导落实力度明显加大，补齐了一些长期影响粮食安全工作的"短板"，粮食综合生产能力、储备能力、流通能力建设全面推进。实践证明，加强粮食安全省长责任制考核，是压实地方政府责任，推动工作落实的有效手段，必须持续开展、久久为功。

三   粮食收储制度改革

国家有关部门采取积极举措，积极稳妥推进粮食收储制度改革。一方面，玉米收储制度改革成效好于预期。2017 年在东北三省一区统筹实施"市场化收购"加"补贴"机制，进一步完善各项政策措施，强化形势研判和市场监测，加强运力对接和政策宣传，巩固拓展玉米收储制度改革成果，改革红利持续释放，市场活力激发，加工企业产能利用率提高，收购进展总体顺利，市场运行平稳。另一方面，小麦稻谷收储制度改革稳步推进。在深入调研、研判小麦稻谷供求形势、统筹库存消化的基础上，国家有关部门及早研究修订小麦和稻谷最低收购价执行预案，不断完善最低收购价政策相关机制。

四   国有粮食企业改革

2017 年，各级粮食部门深入学习贯彻习近平新时代中国特色社会主义思想和党的十九大精神，认真落实新时期国家粮食安全战略和党中央国务院关于深化国有企业改革的决策部署，按照全国粮食流通工作会议要求，坚持政企分开、政资分开、所有权与经营权分离的原则，以产权制度改革为核心，稳妥有序发展混合所有制粮食经济，结合本地实际积极推进国有粮食企业改革。国有粮食企业在抓收购促增收、保供应稳市场、强产业促发展等方面继续发挥着重要作用。

（一）培育骨干国有粮食企业

在粮食主产区，因地制宜推进国有粮食企业改制重组；在边远地区，保留必要国有粮食企业。大中城市以国有控股和国有参股形式，重点保留一批粮食加工和批发零售骨干企业。大力推进"一县一企、一企多点"改革，以优势骨干粮库为主体，对粮食收储资产资源进行整合，组建公司制、股份制国有粮食企业，主要承担粮食储备、政府调控和市场化收购任务。以资本为纽带，打破地域和企业层级限制，促进各地国有粮食企业跨区域重组，打造骨干粮食企业集团，整合优势资产资源，做强做优做大国有粮食企业，使之成为促进粮食产销合作衔接、实施市场化调控的载体和抓手。

（二）稳妥发展混合所有制粮食经济

支持基层国有粮食企业依托现有收储网点，发挥仓储设施和技术人才优势，主动与粮食专业合作社、种粮大户、家庭农场等新型农业经营主体合作，成立粮食产后服务经营体，实行优粮优价和互利共赢。鼓励粮食产业化龙头企业、新型粮食生产经营主体等多元市场主体参与国有粮食企业改革。稳妥发展混合所有制粮食经济，完善公司法人治理结构，提高了企业活力和市场竞争力，放大了国有资本功能。

（三）建立健全现代企业制度

把加强党对国有企业的领导和完善公司治理统一起来，指导企业完善公司章程，充分发挥党组织的领导核心和政治核心作用，加强董事会建设，明确企业"三会一层"职责权限和运行制度，改革企业人事、劳动、分配制度，初步建立起激励和制衡并重的法人治理机制，在粮食库存处于最高时期的情况下，促进了安全储粮和安全生产，确保了国有资产保值增值。自 2007 年起，国有粮食企业连续11 年统算盈利。

（四）大力发展粮食产业经济

支持基层国有粮食企业积极参与"优质粮食工程"建设，鼓励企业充分发挥仓储和市场渠道优势，组建粮食产后服务中心，为新型粮食生产经营主体和种粮农民提供粮食代清理、代干燥、代储存、代加工、代销售等服务，有利于解决粮食产后储存难题，同时也增加了经营收益。鼓励骨干国有粮食企业向产业链上下游延伸，与各类市场主体构建多种形式的粮食产业联盟，实现优势互补。

粮食流通监管

一   粮食流通监督检查

2017 年，各级粮食行政管理部门认真贯彻党的十九大精神，积极履行粮食流通监管职责，扎实做好监督检查各项工作。

（一）彻查严处重大涉粮案件

随着粮食去库存力度加大，过去积累的问题频发多发，引起社会高度关注。遵照党中央、国务院领导同志系列重要批示要求，国家粮食局会同有关方面查处督办了中储粮南阳直属库光武分库小麦变质案、中储粮襄阳库租赁库点万宝公司拖欠粮款案等重大涉粮案件。各地粮食部门结合本地实际，积极开展监督检查，依法惩处涉粮违法违规行为。据统计，全国粮食系统依法查处涉粮违法违规案件3342 例，其中责令改正 2453 例，警告 1501 例，暂停或取消粮食收购资格 274 户，案件查办效果显著，有力发挥了震慑和警示作用，进一步规范了粮食流通市场秩序。

（二）创新执法督查方式

按照"严格政策性粮食监督管理，严防跑冒滴漏，确保储存安全"要求，加大检查力度，创新检查方式，组织开展两轮跨省交叉执法检查。一是国家有关部门组织抽调检查人员，按照"双随机一公开"和"四不两直"方式，对辽宁、吉林、黑龙江、江苏、安徽、江西、河南、湖北、广东、四川10 省进行两轮重点检查，坚持问题检查到位、隐患整改到位、责任追究到位并重。二是对检查发现的中央储备粮管理不规范、执行国家粮食收储和销售政策不严格、地方储备粮管理不到位、政策性粮食存在质量安全问题隐患、安全储粮和安全生产存在问题隐患等 161 个重点问题，向中储粮总公司和有关省级粮食部门下发整改通知书，要求限期整改到位。同时，对重大问题在全国进行了通报，压实企业主体责任、地方政府属地管理责任、粮食等部门行政监管责任，坚决守住粮食库存管理的底线，确保国家粮食安全。三是结合跨省交叉执法检查，对当前国有粮食企业库存粮食数量、质量、结构、仓容设施情况进行摸查分析；同时，对粮食流通中可能面临的重大风险进行分析研判，加强源头治理，完善管理制度，强化监管措施，推动国家政策性粮食收购、储存、销售风险隐患排查治理的制度化、常态化，建立政策性粮食安全管理的长效机制。

（三）开展粮食安全隐患"大排查、快整治、严执法"集中行动

为认真落实党中央、国务院领导同志关于全面加强粮食流通监管的重要批示精神，8 月，国家粮食局会同国家发展改革委、财政部、中国农业发展银行联合部署，在全国范围内开展政策性粮食安全隐患大排查、快整治、严执法集中行动（以下简称"大快严"集中行动）。国家四部门成立了"大快严"集中行动联席工作组，并召开全国"大快严"集中行动动员会议，全面部署推进排查工作。国家有关部门由部级领导同志带队先后到 9 个省区督导检查。

各地坚持问题导向和底线思维，按照"大排查、快整治、严执法"和"全覆盖、零容忍、重实效"

的要求，认真组织实施。各省（区、市）政府和有关部门高度重视"大快严"集中行动，建立有关部门共同参与的联席工作机制和协调机构，加强组织领导。联合制定并细化工作方案，增强集中行动的可操作性和实效性。天津等16个省级人民政府领导同志专门作出批示提出明确要求。湖北省政府成立了粮食安全领导小组，主动担起"大快严"集中行动的责任。安徽省成立以省政府秘书长为组长的领导小组，将本省"查治守保促"专项治理行动和"大快严"集中行动有机融合。总体看，"大快严"集中行动影响大、行动快、措施实、效果好，及时排查、有效整治了一大批粮食安全问题隐患。通过企业自查自纠、各级部门抽查以及排查整治"回头看"，进一步压实各方责任，督促企业全面查摆问题，建立完善粮食安全隐患排查整治长效机制。

（四）加大粮食购销市场监管力度

各地把严防出现区域性"卖粮难"、政策性粮食"出库难"问题作为"稳市场、保供给"的关键举措。国家粮食局及时印发《关于认真做好2017年粮食收购监督检查工作的通知》，加强对各地工作的指导，督促各地根据收购市场形势变化，突出问题导向，聚焦风险隐患，调整监管重心。各地粮食行政管理部门认真落实属地监管责任，扎实开展夏秋粮收购监督检查工作，全年共开展检查2.81万次，出动检查人员1.93万人次，检查收购主体4.96万个，对收购中出现的拖欠农民售粮款、设置障碍造成农民售粮不畅等坑农害农和破坏市场秩序的违法违规行为进行严厉打击，切实有效保护了种粮农民利益。

为政策性粮食销售出库营造良好市场环境，8月，国家粮食局印发《关于做好政策性粮食销售出库监管工作的紧急通知》，提出了一系列有针对性的对策措施，化解政策性粮食销售出库过程中的矛盾和问题，并派出工作组赴吉林、辽宁等地进行督导，促进问题解决。各地粮食行政管理部门按照国家粮食局的安排部署，密切关注政策性粮食销售出库动态，严格监管措施，落实监管责任，强化现场调解，力争把粮食销售出库矛盾化解在基层和现场。安徽等省制定了定向销售监管办法，做到责任明确、制度规范、流程清晰、处罚严厉。吉林等省严查定向销售稻谷转手倒卖的违法违规行为。湖南等省强化重金属超标最低收购价稻谷处置的监督管理。

（五）体系建设取得新进展

在国家层面，中央事权粮食行政监管体制取得重大突破。为贯彻落实党中央、国务院关于加强粮食流通监管的重要指示精神，强化中央事权粮食行政监管。10月，中央编办印发《关于国家粮食局有关机构编制调整的批复》（中央编办复字〔2017〕279号），同意监督检查司更名为执法督查局，强化中央事权粮食行政监管职能，增强执法督查力量。11月，国家粮食局党组审议通过了执法督查局组建方案。中央事权粮食监管体制取得的重大突破，执法督查机构的显著增强，为今后履职尽责奠定了坚实的组织保障。同时，国家粮食局赴北京、广西等地深入调研，积极推动建立完善与中央储备粮垂直管理相适应的监管体制。

在地方层面，执法督查创新示范工作取得新进展。自2017年起，国家粮食局在原监督检查示范单位创建的基础上，开展全国粮食流通执法督查创新示范单位创建活动，实行总量控制、动态管理，以创促建、分类指导。制定印发了创新示范单位创建方案，认定第一批基层示范单位88家。通过典型示范引领，带动基层粮食部门提高监管效能，促进执法监管重心向基层倾斜，执法机构、执法人员、执法保障得到进一步加强。

（六）12325 全国粮食流通监管热线开通试运行

认真落实党中央、国务院领导同志关于加强粮食流通监管的重要批示指示精神，设立开通了 12325 全国粮食流通监管热线，受理粮食流通违法违规问题举报，利用电话和网络平台，拓宽社会监督渠道，进一步完善监管方式。目前，全国 31 个省（区、市）安排近 6000 名管理员负责处理举报投诉线索，案件的受理、办理、反馈等工作做到公开透明、全程留痕，实现了各主体的责任可追溯。

二　粮食质量安全监管与粮油标准化

（一）粮食质量安全监管

2017 年，各级粮食部门按照党中央、国务院关于粮食工作和食品安全工作的决策部署，紧密围绕粮食流通工作大局和重点任务，齐心协力，攻坚克难，推动质量安全各项工作取得新成效，为保障我国粮食安全作出了积极贡献，为经济社会发展全局提供了有力支撑。

1. 粮食质量安全监管建章立制迈出新步伐

积极开展粮食质量安全立法修规工作并取得重大进展，新修订的《粮食流通管理条例》突出了粮食质量安全要求，强化了粮食质量安全工作的法律基础。进一步修订完善《超标粮食收购处置管理办法（会签稿）》，做好政策储备工作。多个省份以政府文件或有联合有关部门发布本地区超标粮食处置管理办法和本地区《粮食质量安全监管办法》实施细则，为依法开展粮食质量安全监管、提升粮食质量安全保障能力奠定了制度基础。北京、海南制定了粮食质量安全保障机制实施方案。黑龙江制定出台《黑龙江省粮食质量监督管理办法》《黑龙江省粮食出入库检验制度》等"一办法四制度"。广东与省食药局、农业厅联合印发了《关于严格落实粮食重金属强制检测制度的实施意见》，明确将粮食质量安全纳入重点监督管理范围，将进入口粮市场粮食的重金属列为必检项目。另外，江苏南京、湖北荆州、安徽阜阳等多个地市也出台了所在地超标粮食收购处置管理办法或实施细则，层层落实监管责任。

2. 粮食质量安全检验监测体系建设开创新局面

一是，监测能力建设实现新突破。继"十二五"推进全国粮食质量安全检验监测能力建设工作之后，国家粮食局大力实施"优质粮食工程"。2017 年，国家粮食局利用中央财政资金，推进建设广覆盖的粮食质量安全监测网，着力解决基层粮食质检机构严重缺失、粮食质量安全监测预警检验把关能力不足的问题。第一批 15 个省份重点在产粮大县或人口大县及重点地市，拟建设粮食质检机构 412 个。各地积极争取地方政府和相关部门支持，在机构编制非常紧张的情况下，全国累计新建或恢复市县级粮食质检机构 100 多家。其中四川 22 家，湖南 15 家，江西 8 家，内蒙古和河南分别 7 家，安徽和山东分别 6 家；四川 20 个县级新建机构争取到了事业单位编制。福建漳州、重庆万州等地市出台相关建设意见和措施，粮食质检机构办公条件及实验室面积大幅改善。广东、浙江、海南、河南、山西等省地方财政对多个地市级粮食质检机构给予资金支持，有效提升了检验监测能力。目前，质检机构建设已成为展示粮食质量安全监管工作的重要窗口，中央电视台专程拍摄湖北省粮油食品质量监督检测中心，展示"优质粮食工程"的实施成果，宣传粮食质量安全工作。

二是，基层粮食质量安全管控能力取得新发展。一些地区着力强化基层粮食质量安全管控，提升基层粮食收储企业和质检机构粮食质量安全风险快速筛查能力。云南省安排专项资金 3625 万元，用于支持基层配备快检设备。四川省投入 2800 万元，为 19 个质检机构和 101 个重点粮库配置粮食重金属快检仪器。湖北省专门拨付专项经费 1500 万元，为 120 个中心粮库和 30 个粮食质检机构配置粮食真菌毒素快检设备。山西省为基层粮库配备 227 台套仪器，改善检验条件。广东省加大投入，为质检机构购置检验设备和行政执法装备。重庆开展粮食仓储企业实验室检验检测能力建设达标创建活动，安排专项资金为企业实验室配备重金属快速检测仪。宁夏筹集资金，为 11 个储备库及 5 家粮食产业化龙头加工企业配置快速检测设备。大连利用专项经费，为 16 家市级储备粮承储企业配置快检设备。许多地方增加快检投入，行业快检装备和快检能力得到大幅提升。

三是，质检机构运行机制开展新试点。为充分发挥国家粮食质量安全检验监测体系作用，主动适应粮食收储制度改革对粮食质量安全监管的新要求，在强化体系建设的基础上，主动探索第三方检验运行机制。通过实施第三方检验，有利于政府加强事中监管，主动发现粮食质量安全问题；有利于企业强化自身粮食质量安全管理能力，提升产品质量安全水平；对抓好"粮头食尾""农头工尾"全过程质量安全监测监管，切实维护国家粮食质量安全具有重要意义。经过前期周密准备，目前已在武汉、福州开展了试点工作。同时，各地也在推动质检机构开展第三方检验服务。2017 年，北京市站共接受粮油食品日常委托样品 1760 份，还接受国家食药局委托，完成了 3645 份样品的检验工作。广西区站积极参加各级政府购买服务的招标，承接食药部门监督抽检样品、第三方检验检测机构分包检验样品和各类社会委托检验任务。广东省 8 家粮食质检机构全年共接受各类粮食经营主体以及粮食系统外其他政府部门委托检验样品 17056 份，占全部样品总数比例 60% 以上。重庆市站接受企业或个人委托开展检验近 900 批次。山西省站接受社会委托检验样品同比增加近 50%。昆明市站接受社会各类委托任务占全部检验业务数量一半以上。河南省站依托省粮食科学研究所有限公司，建立第三方省级粮食检验机构，在开展第三方检验方面进行尝试。第三方检测服务整体呈现良好的发展势头。

四是，质检机构管理开创新方式。①开展机构督查考核。采取听取汇报、查阅资料、现场查看、盲样考核、实操评价等形式，对有关省份的 16 个国家粮食局挂牌机构的机构管理、基础设施及仪器设备，实验室质量控制，开展工作及发挥作用等情况进行了检查，推动检验机构进一步提升管理和技术水平。②强化质量安全政策法规培训。举办了首次全国粮食质量安全管理研修班，邀请相关领域专家就国家食品安全战略规划、粮食质量安全控制与监管、粮食质量安全快速检验技术等开展培训，提升行业粮食质量安全管理能力。③推进信息化管理和技术应用。国家粮食质量安全监测监管系统建设取得初步成效，依靠信息化手段，进一步优化监测流程，提升工作效率和水平。

3.粮食质量安全监测监管工作取得新成绩

一是，收获粮食质量安全监测得到新加强。各地粮食部门扩大监测范围、增加监测费用，2017 年各地累计采集检验监测上报样品 1.64 万份，获得检验数据逾 19 万个，同比增加约 11%，基本掌握了新收获粮食的质量安全状况，为制定国家粮食安全政策提供了有力支撑。江苏全省监测样品数量达到 9300 余份，浙江针对省级小麦最低收购价收购，增加监测小麦品种，通过主动监测，及时发现并掌控粮食质量安全风险。

二是，库存粮食质量安全监测实现新提高。在完成库存粮食质量检查"规定动作"的基础上，2017 年国家粮食局组织开展"大排查快整治严执法"等专项行动，进一步强化库存粮食质量安全检查。同时，各级粮食部门通过取样过程视频全程录像、检验结果随机复核等创新手段，加强对库存粮食的监管，实现库存粮食质量达标率、品质宜存率、食品安全合格率稳定在较高水平。各地粮食部门也强化了对辖区内库存粮食质量检查。吉林省春秋两季国家临储粮库存检查扦取样品超过 4 万份，代表数量 8000 万吨以上；黑龙江省完成近 2000 万吨最低收购价稻谷逐仓验收；江苏全年检测最低收购价粮食样品 1.9 万份。

三是，粮食质量安全风险防控获得新改善。相关省份加强对最低收购价稻谷收购、检测和处置工作，发现问题及时按照国家有关规定采取妥当措施处置。华东华北地区粮食部门对 2017 年玉米及时组织开展专项检验，第一时间掌握粮食质量安全状况，加强对超标玉米监控。各地加强放心粮油质量监管，按照"谁认定谁负责"的原则，全面推进"放心粮油"质量安全跟踪抽检，不断强化全产业链质量安全监测。辽宁创新管理机制，与省粮食行业协会联合考核认定了首批 27 家省级"放心粮油"质检专业机构。安徽检验监测"放心粮油"企业 1456 家，实现省内全覆盖。湖北、四川检测"放心粮油"样品分别达到 1680 份、1380 份，云南、陕西分别为 870 份、565 份。

四是，粮食质量安全监测监管信息化开拓新应用。各级粮食部门积极探索推进质量监管信息化技术应用，依靠信息化手段，进一步优化监管流程，提升粮食质量安全工作效率和水平，为今后实时管理、超前预警、及时预防和有效利用粮食质量大数据等工作奠定了技术基础。江苏开发了专为农民售粮服务的"满意苏粮"手机 APP，包括政策信息、库点分布、质价标准、价格测算、在线预约、咨询投诉等模块。重庆市投资建设粮食质量监管信息平台。宁夏建设粮食质量安全溯源监测平台，通过扦样实时地理定位管理、样品采集与实验室检验自动链接、检验监测数据实时直报，通过二维码与粮食建立起一一对应关系，实现粮食质量安全检测结果无缝上报。

4. 粮食质量安全宣传取得新成效

精心组织"2017 年全国食品安全宣传周·粮食质量安全宣传日"活动，全行业联合呼吁社会各界携起手来，共同维护食品安全、主食安全、口粮安全，切实守护广大消费者"舌尖上的安全"。各地粮食部门通过发放宣传资料、布置宣传展板、悬挂宣传横幅、循环播放公益广告等方式，向群众宣讲食品安全和粮油营养健康知识，介绍粮食质量安全工作情况。宣传注重贴近生活、贴近群众，主动采取进社区、进学校、进超市、进企业、进农村、进军营、进家庭等方式，提高宣传活动群众参与度，让广大消费者切实感受到"粮食质量安全在身边"。云南、山西发放宣传材料均超过 10 万份，内蒙古、宁夏也超过 5 万份。辽宁将宣传周放在县级城市举办，提升基层影响力。

（二）粮油标准化工作

2017 年粮油标准化工作紧紧围绕国家标准化改革和行业重点工作，奋发有为，机制有创新，标准有重点，宣贯有亮点，会检有特点。全行业标准化意识和自觉性不断加强，标准对行业发展和重点工作的支撑引领作用充分体现，成为粮食供给侧结构性改革，实现 7 个突破的重要抓手。

1. 认真执行政策性粮食收购质价政策，确保粮食收购工作顺利进行

2017 年 4 月，国家粮食局会同有关部门印发《关于做好 2017 年小麦稻谷和油菜籽收购工作的通知》，文件要求有关省份和中储粮公司要严格执行小麦、稻谷国家标准、食品安全标准和《关于执行粮油质量国家标准有关问题的规定》（国粮发〔2010〕178 号），做到价格上榜、标准上墙、样品上柜，切实增强为农服务意识，积极开展便民服务。按照文件要求，组织完成了 2017 年粮食质量会检以及相关的质量调查和品质测报工作，覆盖全国 19 个省 150 个市 700 多个县（区），建立以各级粮食检验机构为依托的质量会检、调查和品质测报工作，要求各省级粮食行政管理部门密切关注、跟踪本地区可能出现的异常气候和严重病虫害等情况，尤其是在粮食收获后、收购前的质量变化情况。对于范

围较广、影响粮食正常收购的情况，要及时组织开展针对性采样检验专项研究工作，迅速摸清发生原因，并提出应对措施和处置建议。

2. 积极开展标准制修订工作，不断完善粮油标准体系

一是，做好标准制修订工作。2017年，国家粮食局下达行业标准制修订计划82项；组织审定国家和行业标准82项；发布行业标准111项，涉及粮食产品质量、信息化、检验方法等多个方面。其中，《碎米》和《大米粒型分类判定》标准对规范大米进口发挥了积极作用；优质粮食工程建设配套标准和"中国好粮油"系列标准推进了优质粮油基地建设，促进了粮油产品提质升级，提升了优质粮油产地和企业品牌的影响力，引导了粮油健康消费；信息化系列标准规范了粮食行业信息化建设，为实现全行业互联互通奠定基础。

二是，做好粮油标准贯彻实施工作。2017年，完成了《稻谷》《小麦》《玉米》《大豆》《油菜籽》等5项国家标准视频宣传片制作，在国家粮食局和各省级粮食行政管理部门网站上发布，帮助社会公众、粮食企业和粮食从业人员正确理解、使用标准。此项工作被列为2017年世界标准日、国务院标准化协调推进部际联席会议成员单位活动之一。

三是，推进地方粮食标准体系建设。近年来，各省高度关注粮油标准对地方经济的促进作用。2017年，国家粮食局多次选派专家，赴吉林、黑龙江、湖北、云南等省，全力支持地方粮食标准体系建设，为打造吉林大米、黑龙江绿色生态产区、湖北优质品牌、云南特色粮油等出谋划策，提供技术指导。其中"吉林大米""黑龙江好粮油"等系列标准都得到了广泛的应用。

3. 贯彻落实国务院《深化标准化工作改革方案》，推进粮油标准化工作改革

2017年是标准化改革的关键一年，粮食行业按照国务院标准化改革要求，以改革促完善、促发展，不断强化标准化工作基础性、战略性地位，强化标准对行业发展的引领和支撑作用。一是推进行业标准向社会免费公开。按照国家标准委《推进国家标准公开工作实施方案》的总体要求，10月14日世界标准日，国家粮食局免费公开第一批现行粮食行业标准，公众可通过国家粮食局政府网在线查询、浏览标准文本全文。截至目前，公开粮食行业标准215项。据统计，自行业标准公开后，要求获得标准文本的政府信息公开申请减少了30%。二是启动团体标准试点。为充分释放市场活力，满足粮食产业转型发展的需要，推荐中国粮油学会申报国家标准委组织的第二批团体标准试点，围绕粮食科技进步、技术创新、产业发展制定团体标准。三是改革标准化专业委员会运行机制。充分发挥分技术委员会的作用，实行标准审定粮标委（TC）和分委会（SC）相结合模式，由粮标委审定急需和重点标准，由分委会审定其他标准，提高工作效率。优化标准立项和审批流程，建立特殊标准的"绿色"通道，对行业急需的标准，启动快速程序，加快立项审批速度。

4. 进一步开展标准研究验证和后评估工作，为粮食质量安全把关提供技术手段

近几年，受厄尔尼诺现象影响，夏收小麦省份在小麦灌浆期和收获期普遍遭受降雨天气，小麦整体质量下降，小麦不完善粒超标较为严重，主要是生芽粒较多。在《小麦》标准实施过程中，发现检验人员、检验机构对生芽粒的检验尺度存在明显争议。为统一检验尺度，正确执行小麦质量标准，确保检验结果准确公平，防止损害农民利益，2017年，国家粮食局组织对《小麦》标准进行研究评估，修订了国家标准《小麦》中生芽粒的定义，并以修改单的方式报国家标准委审批。

同时，还组织了一批科研、大学和质检机构开展粮食农药、真菌毒素、重金属和化学污染物快检技术研究，弥补农药残留快检技术缺失问题，加强快检仪器设备和方法的标准适用性验证，提高标准

技术水平，更好服务于粮食质量安全监管。

5. 粮油标准国际化水平实现新提高

2017 年，国家粮食局围绕加快推动粮食行业深化改革转型发展，积极谋划、认真履责，成功举办 ISO 谷物与豆类分委员会第 39 次年会，稳步推进谷物和豆类国际标准制修订工作，积极参与国际标准化活动，粮油国际标准化工作水平得到进一步提升。

一是，成功举办 ISO 谷物与豆类分委员会第 39 次年会。10 月，国家粮食局在杭州举办国际标准化组织谷物与豆类分委员会（ISO/TC34/SC4）第 39 次年会，我国提出的大豆规格、水浸悬浮法测定玉米水分、谷物中 16 种真菌毒素的测定、谷物中重金属镉的快速测定、转基因粮食扦样等 5 项新提案和《高粱中单宁的测定》国际标准修改建议获得高度认可，将为完善谷物与豆类国际标准体系作出新贡献。

二是，稳步推进谷物与豆类国际标准制修订工作。作为 ISO/TC34/SC4 秘书处承担单位，国家粮食局按照 ISO 技术工作导则要求，积极与各成员国和联络组织开展合作，稳步推进标准制修订工作，2017 年共发布工作文件 62 项，发布国际标准 2 项，管理标准制修订项目 17 项，复审标准 19 项，成立谷物水分测定工作组。我国牵头制定的《玉米 规格》和《谷物及制品中赭曲霉毒素 A 的测定》国际标准项目顺利通过询问阶段投票，准备提交最终国际标准草案。

三是，认真履行 ISO 动植物油脂分委员会积极成员职责。作为动植物油脂分委员会（ISO/TC34/SC11）的国内技术对口单位，积极组织国内粮食行业和质检行业专家跟踪研究标准制修订技术文件，跟踪国际标准化发展趋势和工作动态，及时对有关技术内容进行调研和验证，提出相关意见，全年共完成 27 项投票和评议。首次派员参加 SC11 第 26 次年会。

（三）主要粮食品种收获质量与品质状况分析

2017 年继续在全国 19 个省份开展国家级新收获粮食质量调查工作，采集检测样品 8544 份（小麦 2014 份、早籼稻 602 份、中晚籼稻 1872 份、粳稻 965 份、玉米 2629 份、大豆 257 份、油菜籽 205 份）。按照粮食的收获季节，完成油菜籽、小麦、早籼稻、中晚籼稻、粳稻、大豆、玉米主产区的质量集中会检工作，基本掌握了新收获粮食质量总体情况，并及时反馈和发布粮食质量和品质信息，为完善粮食收购政策，做好粮食收购工作提供了重要依据。

2017 年，14 个省（区、市）粮食行政管理部门组织开展了品质测报工作，共采集样品 8000 余份，扦样范围累计覆盖 150 个市 700 多个县（区），获得检验数据 13.5 万个。各级粮食行政管理部门丰富品质信息发布形式和渠道，指导当地粮食种植结构的调整，社会效益显著提高。

1. 早籼稻

收获质量。安徽、江西、湖北、湖南、广东、广西等 6 省（区）共采集检验早籼稻样品 602 份，样品覆盖 61 市 192 县，全部为农户样品。

全部样品检测结果为：出糙率平均值 78.5%，与上年持平，一等至五等的比例分别为 51.6%、33.6%、11.4%、2.1%、1.0%，等外品为 0.3%，中等以上（含）占 96.6%，出糙率整体情况与上年基本一致；整精米率平均值为 54.5%，较上年下降 2.3 个百分点，其中达到中等以上（含）要求（44%）的占 89.5%，达到一等要求（50%）的占 69.7%，较上年下降 9.2 个百分点；不完善粒含量平均值 3.1%，为近年最好水平。

调查结果表明：2017 年 6 省（区）早籼稻整体质量平稳。江西、湖南 2 省中等以上（含）比例为近年来最好水平，安徽一等比例较上年有所下降，广东中等以上（含）比例较上年有所下降。

品种品质。2017 年，调查优质早籼稻品种总体达标率仍偏低。湖北省早籼稻调查优质早籼稻样品 110 份，仅有 8 份样品符合国家优质籼稻的样品；广东省早籼稻调查优质早籼稻样品 316 份，优质达标率为 11.7%，较上年同期提高 7.5 个百分点。食味品质、胶稠度、直链淀粉含量、垩白粒率、垩白度均有所下降。

2. 中晚籼稻

收获质量。安徽、江西、河南、湖北、湖南、广东、广西、四川等 8 省（区）共采集样品 1872 份，样品覆盖 8 省 95 市的 381 个县（区）。

会检结果表明：8 省（区）中晚籼稻整体质量不如上年，出糙率平均值 77.2%，较上年下降 0.7 个百分点；一等至五等的比例分别为 16.7%、43.9%、27.4%、7.5%、3.0%，等外品为 1.5%，一等品比例较上年下降 11.7 个百分点，中等以上的(出糙率在 75% 以上）占 88.5%，较上年下降 4.7 个百分点。整精米率平均值 57.3%，较上年下降 1.0 个百分点；其中不低于 50%（一等）的比例为 82.0%，较上年增加 1.4 个百分点；不低于 44%（三等）的比例为 89.3%，较上年下降 1.2 个百分点。谷外糙米含量平均值 0.4%，超标（大于 2.0%）比例 0.8%，较上年下降 1.0 个百分点。

品种品质。福建、湖北、贵州调查了优质（优良）中晚籼稻品种，全项目符合国家优质籼稻标准的比例为：福建全项符合优质稻谷国家标准的比例为 7.8%，其中达到优质稻谷一等标准为 0.0%，二等为 2.9%，三等为 4.9%；湖北达到优质稻谷二等标准为 2.2%，三等为 11.6%，由于优质稻粒型较长、病虫害抗性略差，造成优质稻整精米率偏低、不完善粒偏高，从而影响优质稻达标率；贵州符合国家优质籼稻品与上年相比，品种类型有所变化，类型数量也有所增加。

3. 粳稻

收获质量。辽宁、吉林、黑龙江、江苏、安徽 5 省共采集检验样品 965 份，覆盖 5 省 49 市的 135 个县和黑龙江农垦总局的 6 个分局。

会检结果表明：5 省粳稻整体质量好于上年，出糙率平均值 80.3%，较上年增加 0.4 个百分点；一等至四等的比例分别为 57.7%、29.1%、10.8%、2.4%，无五等及等外品。一等品比例较上年增加 12.7 个百分点，中等以上占 97.6%，较上年增加 10.3 个百分点。整精米率平均值 69.1%，较上年降低 0.7 个百分点，不低于 55%（三等）的比例为 98.6%，保持在上年水平。谷外糙米平均值为 1.0%，超标比例 11.6%，与上年持平。

品种品质。辽宁、吉林、黑龙江等省优质粳稻品种，全项目符合国家优质粳稻标准的比例。辽宁 56%，比上年提高 10 个百分点。其中，出糙率、整精米率、直链淀粉、不完善粒达标率低于上年，食味品质、胶稠度达标率与上年持平，垩白粒率达标率均高于上年；吉林 90.1%，出糙率、整精米率低于上年，直链淀粉率高于上年，食味品质与上年持平；黑龙江大部分指标达到了国家优质粳稻标准。

4. 小麦

收获质量。河北、山西、江苏、安徽、河南、山东、湖北、四川、陕西 9 个夏收小麦主产省共采集小麦样品 2014 份，样品覆盖 9 省 94 市 411 个主产县（区）。

从检验结果看，2017 年新收获小麦质量良好，符合国家标准中等（三等）以上要求的比例为 91.8%。

9省全部样品检验结果为：容重平均值777g/L（克/升），变幅607g/L~838g/L，一等至五等的比例分别为43.7%、31.5%、16.5%、5.6%、1.9%，等外品为0.8%，中等（三等）以上的占91.8%，较上年有所增加；不完善粒率平均值3.7%，较上年明显下降，变幅0.1%~19.0%，其中，符合国标要求（≤10%）的比例为95.1%，较上年明显增加；千粒重平均值41.2g，较上年下降，变幅25.4g~55.6g，硬度指数平均值64.7，与上年相当，变幅32.8~82.1；降落数值（降落数值越小，表示发芽越严重；国家标准要求不低于300秒）平均值319秒，较上年增加8秒，变幅62~498秒。

品种品质。各省调查的优质（优良）小麦品种，山西省优质专用品种少，由于小麦主产区在收获前期遭受连续降雨和冰雹天气，导致一定程度的麦株倒伏、麦粒生芽等现象，其总体质量较上年下降一个等级。湖北省襄阳、随州传统小麦产区，较适宜种植强筋类型小麦，湖北省中东部地区种植，强筋性状有所弱化，适宜种植中筋、弱筋小麦品种；陕西关中中部小麦容重和降落数值较高，筋力适中，粗蛋白含量、湿面筋含量和面筋指数较低；关中东部小麦容重较高，筋力适中，降落数值和沉淀值低；关中西部小麦降落数值、沉淀值、粗蛋白含量和湿面筋含量较高；新疆小麦粗蛋白、湿面筋、降落数值、面筋指数、沉淀值略好于上年，面团流变学特性指标较上年有所下降。

5. 玉米

收获质量。河北、山西、内蒙古、辽宁、吉林、黑龙江、山东、河南、陕西9省（区），共采集检验样品2629份，样品覆盖9省112个市（州、盟）429主产县（市、区、旗）和黑龙江农垦总局的7个分局。

9省（区）新收获玉米总体质量不如上年，一等品比例较上年有所降低，不完善粒含量平均值、生霉粒含量平均值较上年有所升高。河北、山西、内蒙古、辽宁、黑龙江5省（区）玉米容重均高于上年；河北、内蒙古、辽宁、吉林、山东5省（区）一等品比例均低于上年；山东、河南2省生霉粒含量较上年大幅增加。

9省（区）全部样品检测结果为：容重平均值734g/L，与上年相当；一等至五等的比例分别为71.1%、21.9%、5.7%、1.0%、0.3%，无等外品，一等品较上年降低了5.1个百分点；不完善粒含量平均值为4.4%，较上年提高1.5个百分点，生霉粒平均值为3.0%，较上年提高1.0个百分点，合格率为71.4%，比上年降低了22.2个百分点。

品种品质。河北、山西、内蒙古、辽宁、吉林、黑龙江、山东、河南、陕西9省（区）淀粉含量平均值71.8%，与上年相同，变幅69.7%~74.5%，符合淀粉发酵工业用玉米国家标准（GB/T 8613-1999）中等（不低于72%）以上要求的比例为40.9%，较上年降低1.0个百分点；粗蛋白质含量平均值9.4%，较上年降低0.4个百分点，变幅7.1%~11.6%；粗脂肪含量平均值3.9%，与上年基本一致，变幅2.4%~5.7%。

6. 大豆

收获质量。内蒙古、吉林、黑龙江3省（区）共采集大豆样品257份，涉及3省17个市（州、盟）的59个主产县（市、区、旗）和黑龙江农垦总局的7个分局，均为村级混合样品。各地样品数量按产量权重分配，检测指标为国家标准规定的主要质量指标和部分内在品质指标。

总的来看，2017年3省（区）大豆整体质量较好。完整粒率、中等以上比例、粗蛋白质（干基）平均值和达标高蛋白大豆比例（符合三等标准）均为近年最高；粗脂肪（干基）平均值、达标高油大豆比例（符合三等标准）较上年有所降低。质量方面，3省（区）大豆完整粒率平均值91.1%，为近年最高，变幅 73.6%~98.0%；一等至五等的比例分别为 16.0%、54.9%、21.8%、4.3%、1.9%，等外为 1.1%，中等以上比例 92.6%。损伤粒率平均值 6.0%，略好于上年，变幅 0.4%~27.7%，符合等内品要求的比例为 80.9%，较上年提高 20.4 个百分点。

品种品质。3 省（区）大豆粗脂肪含量平均值 20.1%，变幅 19.0%~23.4%，达标高油大豆比例为 50.6%，较上年降低 27 个百分点；粗蛋白质含量平均值 40.1%，较上年增加 1.6 个百分点，变幅 35.4%~43.1%，达标高蛋白大豆比例为 58.0%，较上年增加 39.6 个百分点。

经了解，今年高蛋白大豆比例大幅上升，可能与油脂加工企业收购大豆以蛋白质含量定价有关。因市场导向，农民倾向选用蛋白质含量高的大豆品种种植。

7. 油菜籽

江苏、安徽、江西、河南、湖北、湖南、四川等 7 个油菜籽主产省份，在油菜籽收获后的第一时间采集油菜籽样品 205 份，样品覆盖 7 省 42 市的 84 个主产县。从会检数据看，2017 年全国新收获的油菜籽质量整体情况比上年好，含油量平均值与上年持平，中等（三等）以上比例由上年的 46.1% 增加到 55.1%。不完善粒情况较上年略有好转，生霉粒和生芽粒超标比例与上年基本一致，但超标程度明显减轻。

7 省全部样品检测结果为：含油量平均值 38.7%，与前两年持平，变幅 32.7%~46.2%。一等至五等的比例分别为 10.7%、16.1%、28.3%、33.2%、9.8%，等外为 1.9%，中等以上的占 55.1%，较上年增加了 8.9%。未熟粒平均值 0.8%，最大值为 12.9%，全部符合标准要求（≤ 15.0%）；生芽粒平均值 0.2%，最大值为 2.1%，符合标准要求（≤ 2.0%）比例为 99.5%；生霉粒平均值 0.7%，最大值为 6.1%，符合标准要求（≤ 2.0%）比例为 93.7%；热损伤粒平均值 0.1%，最大值为 4.7%，符合标准要求（≤ 2.0%）比例为 98.5%；水分平均值 7.6%，变幅 3.4%~17.3%。脂肪酸组成检测结果表明，全部样品中芥酸含量不超过 3.0%（低芥酸油菜籽标准，下同）比例为 28.8%，比上年下降了 7.6%。除安徽省和河南省有超过 10% 的样品生霉粒含量超标外，其他 5 省样品生霉粒含量超标不明显。

三　粮食法治建设

2017 年，全国粮食行业认真贯彻落实党的十八大、十九大精神，坚持依法行政，加快推进粮食行业法治建设，为国家粮食安全提供法治保障。

（一）加快推进粮食安全保障立法修规

为认真落实总体国家安全观和国家粮食安全战略，巩固粮食流通改革发展成果，为实现更高层次的国家粮食安全提供法制保障，国家粮食局加快推进粮食安全保障立法和《粮食流通管理条例》《中央储备粮管理条例》修订工作。扎实推进粮食安全保障立法工作。在《粮食法》立法工作的基础上，主动加强与有关部门的会商汇报，争取支持；加大立法调研论证力度，9 月、11 月，分别在江苏、天津召开座谈会，邀请部分省粮食行政管理部门主要负责同志参加，研究粮食立法修规思路，推动形成粮食安全保障立法共识。印发《关于加快推进地方粮食立法工作的意见》，指导地方加快推进粮食立法工作，浙江省已将粮食安全保障条例列入 2018 年省人大立法计划，江苏、安徽等省正积极推动粮食安全保障立法工作，为推动粮食安全保障立法提供了良好的实践经验。认真开展两部条例修订工作。经过前期认真研究论证，4 月，形成了两部条例修订初稿，6 月、8 月，两次征求中央有关部门、省级人民政府和有关中央企业对两部条例修订稿的意见，并在国家发展改革委、国家粮食局政府网站公开征求社会意见。经局长办公会议和委主任办公会议审议通过，于 12 月报送国务院。

（二）深入推进粮食安全省长责任制考核

在 2016 年工作基础上，按照粮食安全省长责任制考核工作组联席会议的部署，顺利完成粮食安全省长责任制"首考"，有力地增强了各地抓好粮食安全工作的责任感、主动性；制定 2017 年粮食安全省长责任制考核方案，根据"首考"经验，优化指标、突出重点，强化考核工作的导向性和实效性，进一步发挥粮食安全省长责任制"指挥棒"作用，压实地方人民政府粮食安全责任。

（三）探索建立粮食流通监管新机制

坚持问题导向和底线思维，切实加强粮食流通监管。加大监督检查力度，与发展改革、财政、农发行等有关部门和单位一起，全面开展粮食安全隐患"大排查、快整治、严执法"集中行动，发现和整改了一批突出问题。创新监管执法方式，两次对 10 个省份开展跨省交叉执法检查，拓宽社会监督渠道，开通试运行 12325 全国粮食流通监管热线。会同有关部门严肃查处涉粮案件，严格督查督办，发挥了震慑警示作用。

（四）扎实推进粮食行政许可标准化工作

按照行政许可标准化有关要求，对保留的"中央储备粮油轮换计划批准""中央储备粮代储资格认定""粮食收购资格认定"等 3 项行政许可事项，进一步规范和明确。进一步规范行政许可流程管理，编制流程图、实行行政许可一次性告知制度、制定审批事项受理单和行政许可事项审查工作细则等，完善行政许可服务指南，规范行政审批受理场所建设与管理，规范监督检查和评价机制，强化标准化、制度化建设，进一步规范国家粮食局行政审批行为，提高了行政审批效率，提升了行政审批服务水平。

（五）持续推进粮食法治宣传教育工作

按照"谁执法谁普法"普法责任制要求，粮食行业认真开展普法宣传教育工作。深入学习宣传习近平总书记关于全面依法治国的重要论述，组织干部职工认真学习《中华人民共和国宪法》《中华人民共和国国家安全法》《中华人民共和国民法总则》《中华人民共和国保密法》《中华人民共和国网络安全法》《中华人民共和国预算法》《中华人民共和国政府采购法》《信访条例》等法律法规，增强依法行政的能力和水平。组织党员干部学习《党章》《纪律处分条例》《党内监督条例》《中国共产党巡视工作条例》等党内法规。突出警示教育作用，组织收看警示录，教育引导广大党员干部严格遵守党章和党内法规，守好底线。举办粮食流通执法督查、粮食统计、粮食质量安全管理等培训班，强化全行业执法能力建设。各地粮食部门充分利用"12·4"国家宪法日暨全国法制宣传日、条例颁布纪念日、夏秋粮食收购期间等重要时间节点，扎实开展多种形式的粮食法治宣传活动。天津、福建、湖北、广西、四川、陕西、宁夏等省（区、市）粮食局在"12·4"国家宪法日当天集中开展了形式多样的宪法、法律宣传活动；辽宁、江苏、安徽、江西、河南、四川、云南、陕西、青海等省粮食局采取专题培训、专题讲座、座谈会、在线学习等形式，丰富学习宣传途径；河南省粮食局在夏粮收购期间，邀请资深法律专家为粮食企业开展法治专题讲座，发放《劳动合同法》《粮食流通管理条例》等宣传资料。内蒙古自治区粮食局以粮食产销协作洽谈会为契机，通过播放宣传片、举办发展论坛等形式，宣传涉粮法律法规。

粮油统计与信息化建设

一　粮油统计信息

2017年，各级粮食行政管理部门认真履行行业统计职责，继续深入推进粮食流通统计制度改革，完善统计制度，创新统计方法，加强市场监测，统计工作效率和水平显著提升。

（一）用信息化手段提高统计效率和分析能力，稳步推进"国家粮油统计信息系统"二期开发

认真落实张务锋局长"使用现代化手段提高统计效率和数据真实性"的指示要求，在"国家粮油统计信息系统"一期的基础上，启动了二期开发，进一步拓展系统功能，充分挖掘数据价值，强化统计分析和服务能力，初步完成了报表数据质量监控、定制模板查询、手机APP等部分功能，减轻了各级统计人员的工作负担，提高了统计报送查询的便捷度和统计信息的时效性。

（二）突出服务粮食收储制度改革和产业经济发展，认真完成年度和日常统计调查任务

落实国务院办公厅要求，认真做好2016~2017年度东北三省一区玉米收购进度日报和价格监测周报工作，扎实做好粮食收购进度五日报统计工作，密切跟踪旺季粮油收购形势，加强市场分析研判。启动粮食产业经济统计月报，重点监测米面油加工、饲料加工、粮食深加工等行业用粮企业生产运行情况，准确掌握粮食产业经济发展状况，为制定粮食收购、加工、库存消化等政策提供了重要的决策依据。着力做好粮食流转、产业经济、仓储设施、基础建设投资、科技、机构从业人员年报统计工作，邀请重点行业的专家进行评估论证，数据质量显著提升。完成2016年度全国粮食食用植物油供需平衡调查报告，组织开展了2017年农户存粮专项调查，分析2017年度粮食消费情况，预测2018年度粮食消费数量，为做好宏观调控提供了有力的信息支撑。

（三）以提升监测体系灵敏性准确性为目标导向，完善粮食市场监测方法和工作机制

密切跟踪监测粮食市场价格，加强信息审核评估，积极探索建立粮情监测预警指标体系，研究编制粮食收购价格指数，就重点粮食统计指标建立预测预警模型。加强信息共享和市场形势综合研判，对可能出现的苗头性、倾向性、潜在性问题，适时召开会商会，提出有针对性的建议，更好地服务决策和指导工作。利用国际组织网络平台，收集整理重点国家农产品生产、消费、库存、贸易、价格等信息，及时掌握国际粮食市场供求变化趋势。

二　粮食信息化建设

2017年，行业信息化建设强化了统一领导和统筹协调，加强了顶层设计和整体推动，突出"补短板，强弱项"，围绕"抓重点、出亮点，争主动、真落实"，在总结前期信息化建设工作的基础上，全面发力。国家粮食管理平台建设，行业信息化建设指导，以及政务信息系统整合共享互联互通等重点任务取得阶段性成效，粮库智能化升级改造项目加速推进，行业信息化建设取得新成果新亮点。

（一）加强对行业信息化建设的统一领导和统筹协调

2017 年 8 月，经局长办公会议研究，决定成立局信息化工作领导小组，张务锋局长任组长，卢景波副局长、何毅总工程师任副组长。领导小组下设信息化推进办公室，何毅总工程师兼任主任，具体负责粮食行业信息化建设工作指导、国家粮食管理平台建设以及与有关部门和地方、企业互联互通等信息化工作，抽调相关单位人员集中办公，全力推进行业信息化建设。

2017 年，国家粮食局进一步加强行业信息化的顶层设计和对行业信息化建设的指导。9 月印发了《国家粮食局关于加快推进粮食行业信息化建设的意见》及《地方粮库信息化建设技术指引（试行）》《地方粮库信息化建设验收规范（试行）》《粮食行业省级平台建设技术指引（试行）》《粮食行业省级平台建设验收规范（试行）》四个指引和规范，进一步明确行业信息化建设要求。11 月组织召开了相关省份座谈会并赴部分省份深入调研，分类施策，针对指导。

（二）各省粮食信息化建设速度明显加快，取得一定成效

2017 年，在财政部的大力支持下，中央财政补助资金，地方财政配套、企业自筹补充，安排北京、天津、山西、内蒙古、辽宁、吉林、黑龙江、上海、福建、广东、云南、西藏、新疆 13 个省区市"粮安工程"粮库智能化升级改造项目。28 个省级平台项目已开工建设，江苏、浙江、安徽、山东、河南、湖北、青海等 7 个省份已率先完成一期平台建设，粮库智能化升级改造项目已完成和开工建设的 1546 个。

2017 年，各省粮食局均成立以省局主要领导为组长的领导小组，加强对本省信息化建设的统一领导，统筹推进各项工作。大部分省均制定了行业信息化的整体规划和推进方案，强化顶层设计。辽宁、江苏、安徽、山东、湖北、湖南、广东、广西、四川、云南、陕西、甘肃、青海、宁夏 14 省区采取"五统一"（统一规划、统一设计、统一软件开发、统一标准、统一财政评审）的整体建设方式，山西、内蒙古、辽宁、江苏、浙江、安徽、山东、湖北、上海、江西、河南、广东、四川、贵州、陕西、青海、宁夏 17 个省区市采用云架构进行省级平台建设，黑龙江、江苏、安徽、山东、上海、江西、四川、西藏、青海 9 省区市正在建设省内视频会议系统，实现从省到市县的全覆盖。安徽开展中储粮"一卡通"政策性粮食收购数据共享交换对接扩大试点取得成功。山西省创新建设方式，采用"以租代建"的方式进行项目建设。

（三）行业信息化建设重点突破，迈出实质性步伐

2017 年，国家粮食管理平台（一期）建设全面启动。9 月《国家粮食管理平台优化方案》通过局长办公会审议；12 月通过公开招标，一期项目 28 个标段全面启动；执法督查局的粮食安全省长责任制考核系统、粮食行业"双随机"抽查名录库和 12325 全国粮食流通监管热线，杂志社的宣传平台等信息系统也顺利实施；局平台二期项目纳入"智慧发改"规划。

2017 年，按照国务院统一要求，局政务信息系统整合共享进展顺利。9 月，摸清了全局信息资源底数，编制国家粮食局政务信息资源目录。对全局 34 个政务信息系统、203 台硬件设备提出整合共享方案，并在国家粮食管理平台优化方案中予以落实，编制了《局政务信息共享目录（1.3 版）》。10 月，制定了《国家粮食局政务信息系统整合共享工作方案》，召开了全局政务信息系统整合共享工作推进会并签订任务书。11 月，整合现有政务信息系统。撤销 1 个僵尸系统，其他 33 个分散、独立的信息系统整合，初步实现局内信息系统"网络通、数据通、业务通"。

三　粮油市场信息体系建设

2017年粮油市场信息体系建设工作按照国家粮食局党组"讲政治、顾大局，抓重点、出亮点，争主动、真落实，高标准、严要求，多添彩、不添乱"的总体要求，真抓实干，锐意进取，服务国家粮食流通中心工作能力明显提高，多样化信息服务能力和信息引导能力进一步增强，"两库"建设取得进展，各地粮食信息体系建设取得成效。

（一）服务国家宏观调控能力明显提高

根据国家粮食局领导的指示精神，国家粮油信息中心进一步强化职能定位，服务国家粮食局中心工作能力明显提高。一是密切监测研判国内外粮食形势，针对苗头性、倾向性、潜在性问题（简称"三性"问题）提出意见和建议，为领导决策做好服务。二是积极落实《国家粮食局关于大兴调研之风健全完善长效机制强力推动粮食流通重点工作的意见》，深入基层，掌握第一手情况，先后提交了东北春播情况调研报告、夏粮生产与收购形势调研报告、东北秋粮生产形势专题报告和广东大豆市场情况报告等。重点调研成果为上级部门决策提供信息参考，部分政策建议得到采纳。三是以"做信息精品，出精品信息"为目标，在现有《世界粮油市场月报》基础上对国际粮食市场供需形势精练分析，把"死数字"变成"活情况"，重新编写《粮油市场动态》，突出"短平快"。编写《中国粮油市场月度形势》报告，对当前及未来的粮油市场供需形势进行评估。

（二）多样化信息服务能力和信息引导能力进一步增强

国家与各级信息机构着眼于市场热点和重点问题专题研究，及时报送《粮食市场专报》，全年报送83期。以粮食种植旱改水、替代谷物进口反弹、玉米收储制度改革、玉米稻谷去库存、玉米市场预期引导等为重点。积极落实全国粮食流通发展座谈会"更加注重信息引领"精神，围绕信息引领做好信息发布工作。一是通过中国粮食信息网和地方信息网站、微信公众号等方式，及时发布涉粮政策、国内外供需形势与价格趋势等信息。二是用好会议论坛等平台，搭建信息交流平台，进一步扩展玉米市场年会和油菜籽产业大会影响力，有效传播了政策信息，充分发挥了信息在引导种植结构调整、企业生产经营等方面的积极作用，引导市场理性预期。三是围绕落实发展粮食产业经济的要求，举办粮油加工龙头企业市场形势分析研讨活动。四是改版《中国粮食信息网》，并入国家粮食局门户网站，优化微信发布平台，回应社会关切。

（三）"两库"建设取得进展

围绕"两库建设、五位一体"的发展思路，国家粮油信息中心在"产业研究智库和行业数据仓库"建设方面逐步取得进展。一是进一步完善信息中心数据库，不断加入新数据，拓展数据容量，提高信息分析效率。二是进一步夯实企业专家会商，完善外部专家系统，引入行业龙头单位和行业智库，发挥第三方力量，召开市场形势分析座谈会，吸纳外部意见和建议。三是根据市场形势，继续增加玉米、稻谷、小麦、油脂油料信息监测点，提高监测效率和监测效果。四是加大与各省级信息中心的交流力度，努力实现信息互联互通共享。五是加大了产业链分析，深入监测国内外粮油市场生产、消费，并对中长期趋势进行深入研究。六是继续完善粮油信息监测体系，信息采集手段与渠道进一步拓展。企业直报、网络抓取得到广泛的应用，市场研究人员积极调研，深入产业一线，获取一手信息。

（四）各地粮食信息体系建设取得成效

一是积极探索科技在维护粮食安全方面的新应用，打造"智慧粮食"应用平台。江苏省粮食局完成了省级智慧云项目并进行了试运行，积极研究粮食大数据的挖掘应用，与南京财经大学信息工程学院共同申报的江苏省粮食大数据挖掘与应用重点实验室顺利通过立项评审，标志着全国粮食行业首个省级大数据应用实验室正式投入运行。二是积极完善省级粮食信息化体系，湖北省粮食局优化了粮油市场监测网络布局，实现了区域和主导品种"两个全覆盖"，在横向方面实现了与中华粮网、武汉国家粮食交易中心等机构的互通信息资源，在纵向方面实现了省级管理平台与全省 21 家信息化粮库的互联互通，构建了省级粮油市场价格监测和管理平台。三是大数据发展迈出新步伐。贵州省粮食局在构筑"1+5"总体框架的基础上，设计完成"1930"平台；建立健全了制度标准，研究出台行业信息化建设和"贵州粮食云"建设专项资金、项目管理、廉政风险防控和项目验收办法等一系列文件，粮库智能化升级改造进入验收阶段，贵州省粮食行业信息化省级管理平台正在建设。四是粮油价格监测体系进一步完善。安徽省粮食局在全省设立了 140 个粮油价格监测点，通过中国粮食网和新媒体公开发布《中外粮油信息（安徽版）》，为粮食安全、宏观调控、市场稳定提供优质信息服务，"智慧皖粮"建设加快推进，基本建成了省级分布式云计算中心，一、二期项目实现了互联互通。

四　粮食政务信息公开

2017 年，国家粮食局认真贯彻落实《中华人民共和国政府信息公开条例》，深入推进决策、执行、管理、服务、结果公开，不断完善规章制度、规范工作机制，在全局各单位共同努力和配合下，持续推动政府信息和政务公开工作深入持久开展，取得了明显成效。

在主动公开政府信息方面，2017 年国家粮食局主动公开政府信息 824 条，其中通过政府网站公开政府信息 801 条，其他方式公开 23 条。同时，积极通过政府网站、新闻发布、出版物以及微信、微博等途径，加强对中共中央、国务院关于粮食安全和粮食流通工作重要决策的信息发布，围绕粮油保供稳价、粮食宏观调控、粮食法治建设、粮食流通基础设施建设、粮食督查检查、粮油质量安全以及粮食科技周等重点工作，积极开展新闻宣传，主动回应社会关切，进一步提高政府信息公开工作的透明度。

在依申请公开政府信息方面，2017 年，国家粮食局共收到依申请公开事项 44 件，全部在规定的时限范围内通过电子邮件、邮寄信件等申请人要求的方式回复申请人，无延期回复等问题发生。2017 年，国家粮食局主动公开、依申请公开政府信息均未收取任何检索、复制、邮寄等费用，没有发生因政府信息公开申请引起的行政复议或提起行政诉讼的情况。

粮食流通体系建设

一　"粮安工程"建设

"粮安工程"全面实施以来，在各级发展改革和财政等部门的大力支持下，粮食部门和中央企业全面落实粮食安全省长责任制，统筹推进"粮安工程"建设，不断提高粮食收储和供应水平，有力服务了粮食收储制度改革，切实提升了国家粮食安全保障能力。

（一）粮食收储能力不断优化

2013~2017年，累计安排中央预算内投资170多亿元，安排1600多亿斤新仓建设任务，粮食收储能力大幅提升，布局不断优化，为粮食收储奠定了坚实的物质基础。同时，2013~2017年，中央财政累计补助100多亿元用于"危仓老库"粮库维修改造和粮库智能化升级改造，极大改善了粮食仓储设施条件，提高了粮食行业信息化管理水平，有效保障了粮食收储安全。

（二）粮食现代物流体系持续完善

2013~2017年，累计安排中央预算内投资40多亿元，建设和配置了一大批散粮设施，"北粮南运"八大跨省粮食物流通道更加完善，建设了南宁（中国—东盟）粮食物流园区、贵州西南粮食城、舟山国际粮油产业园、东莞市虎门港麻涌港区码头和散粮物流项目等一大批集粮食仓储、物流、加工、交易等功能于一体的粮食物流园区，散粮运输比例稳步提升，粮食物流效率明显提升。

（三）粮食应急供应体系建设持续推进

截至2017年底，全国共确定应急供应网点4.5万个、应急加工企业近6000个、应急配送中心近3000个。2017年国家发展改革委、国家粮食局联合印发了《粮食安全保障调控和应急设施中央预算内投资专项管理办法》，将粮食应急体系建设项目纳入中央预算内投资支持范围，各地按要求积极做好项目储备和申报工作，进一步提高粮食应急供应体系建设水平。

（四）粮油质量安全检验监测能力不断提高

2013~2016年，累计安排中央预算内投资6亿多元用于粮食质量安全检验监测能力建设；2017年起，中央财政开始对国家粮食质量安全检验监测体系建设予以支持。通过财政支持，到2020年末，将形成由6个国家级、32个省级、305个市级、960个县级粮食质检机构构成的粮食质量安全检验监测体系。粮食质量安全检验监测体系建设，为在更高水平上保障国家粮食安全发挥了重要的作用。

（五）粮食节约减损效果明显

2013年以来，粮食储存、物流、加工、消费等各环节的节约减损工作不断推进。2013~2016年，累计安排中央预算内投资约9亿元为400多万农户配置科学储粮装具，使农户存粮环节损失浪费有效减少。2017年开始实施粮食产后服务体系建设，为种粮农民提供"代清理、代干燥、代储存、代加工、代销售""五代"服务，并同步实施农户科学储粮建设。同时，随着现代粮食仓储物流体系的不断完善，粮食储存、运输环节的损耗明显降低，品质保障能力不断提高。另外，积极引导粮油加工企业节粮减损，持续推进爱粮节粮宣传活动，对促进全社会节粮减损、反对浪费发挥了重要作用。

二 启动实施"优质粮食工程"

为深入贯彻近平总书记"要把增加绿色优质农产品供给放在突出位置，狠抓农产品标准化生产、品牌创建、质量安全监管，推动优胜劣汰、质量兴农"的重要指示，落实党的十九大报告中"满足人民日益增长的美好生活需要"的决策，解决粮食供给结构性矛盾，在"粮安工程"建设取得良好成效的基础上，通过总结部分省份试点经验，国家粮食局、财政部自2017年起，在粮食流通领域适时启动了以粮食产后服务体系建设、质量检验监测体系建设和"中国好粮油"行动为重点的"优质粮食工程"，财政部在2017年度安排50亿元中央财政资金予以支持。

（一）重要意义

"优质粮食工程"顺利实施，可以更好地发挥粮食流通对生产和消费的引导作用，有利于服务"乡村振兴战略"，促进粮食由增产转向提质，拓宽种粮农民增收渠道，提升农业农村现代化水平，推动美丽乡村和生态建设，促进健康中国战略实施。同时，对于深化农业供给侧结构性改革，服务粮食收储制度改革，进一步推动粮食"去库存"，加快粮食产业经济发展等具有重要意义。特别是有助于提高绿色优质粮食产品的供给水平，推动粮食消费转型升级，满足消费者从"吃得饱"到"吃得好"转变，从而在更高水平上保障国家粮食安全。

（二）主要内容和目标

一是，建立专业化社会化的粮食产后服务体系。优先支持符合条件的农民合作社独立建设粮食产后服务中心，同时兼顾粮油加工企业等其他主体。为种粮农民提供"代清理、代干燥、代储存、代加工、代销售""五代"服务；向农民宣传国家粮食收储和优质优价等政策；推广适用技术；指导农民科学储粮以及对粮食分档升值；引导农民调整生产结构，实现优质优价。有条件的地方还可将服务范围扩展到提供市场信息、种子、化肥等和融资、担保服务；积极稳妥发展"粮食银行"；推广订单农业等业务。另外，还为主产区农户配置或自建科学储粮新装具、新粮仓等，推动农户节粮减损。

二是，完善粮食质量安全检验监测体系。建立与完善由6个国家级、32个省级、305个市级和960个县级粮食质检机构构成的粮食质量安全检验监测体系；建立粮食质量安全统计制度；全面核准核定粮食质检工作任务；建成全国粮食质量安全管理电子信息平台，实现信息共享。同时，适应粮食收储制度改革的要求，健全强化粮食质检体系运行机制，确保粮食质检体系健康良性运行、履行职责、发挥作用。

三是，开展"中国好粮油"行动。联合有关部门和科研院所的科技力量，加强粮油与健康方面的研究；建立"好粮油"质量标准体系和生产流通全流程的技术评价体系；制定《绿色优质粮油产品生产指南》，加快开发优质粮油产品；对不同区域条件和主要粮油品种，有针对性地开展粮食产后科技服务；建设国家级"好粮油"网上销售平台和"好粮油"线下销售渠道；提供有公信力的产品信息推介和销售服务；全方位做好主题宣传，形成良好的社会氛围。2017年纳入重点支持的省份，可根据实际情况选择示范县，每个示范县再确定示范企业，实施"中国好粮油"示范工程。

通过实施"优质粮食工程"，力争到 2020 年实现以下目标：一是在全国产粮大县实现社会化粮食产后服务体系全覆盖，促进粮食提质升级和农民增收；二是构建国家、省、市、县四级联动国家粮食质量安全检验监测体系，监测覆盖面提升 60% 以上、粮食产品综合合格率提升 5% 以上；三是推动形成"种粮农民种好粮、收储企业收好粮、加工企业用好粮、人民群众吃好粮"的新粮食流通体系，把全国产粮大县的粮食优质品率提高 30% 左右。

（三）进展情况

国家粮食局和财政部高度重视"优质粮食工程"实施工作，通过督导调研、现场座谈、观摩培训、典型示范、项目调度、媒体宣传等多种方式指导各地推进"优质粮食工程"实施。同时。结合 2017 年世界粮食日和全国爱粮节粮宣传周活动，通过多种渠道宣传报道"优质粮食工程"，在全国范围内开展了"优粮优价促增收"系列活动。

国家粮食局、财政部加强顶层设计，在联合印发《关于在流通领域实施"优质粮食工程"的通知》和《关于印发"优质粮食工程"实施方案的通知》的基础上，先后印发了《粮食产后服务中心建设技术指南（试行）》《粮食产后服务中心服务要点（试行）》，并陆续发布了 12 项优于现行国家及行业标准的"中国好粮油"系列标准。作为国家级"中国好粮油"线上展销平台的"中国好粮油网"上线运行，首批"中国好粮油"产品评选公布，引导粮油健康消费的《中国粮油营养大典》正在组织编写。

2017 年重点支持的 16 个省份（含 12 个主产省份）制定了本省的具体落实方案，加快了 3 个子项落地速度和实施进度。16 个省份拟建设省、市、县三级粮食检验机构共 1000 个左右。支持 90 多个具有优质粮油生产潜力的产粮、产油大县以及具有示范带动效应的 20 个省级和中央粮油加工企业，开展示范县和示范企业建设，引导带动农民优化种植结构，提高绿色优质粮油供给水平。

总体上看，"优质粮食工程"受到了地方和企业的高度重视和普遍欢迎，很多省都把"优质粮食工程"作为加快推进农业供给侧结构性改革的重要抓手和大力发展粮食产业经济的有力载体。还有一些省份探索出了好的经验和做法，如：湖北加强资金整合，加大财政对"优质粮食工程"的支持力度；山东调动各级政府积极性，在中央 3 亿元补助资金基础上，带动省、市、县安排资金投入 12 亿元；安徽省政府按期督查督办"优质粮食工程"实施进展；湖南制定了"优质粮食工程"项目管理办法；吉林制定了产后服务体系项目和质检体系项目建设管理办法等。"龙江好粮油中国行""中原粮食全国行"和荆楚粮油展交会等活动接连开展，反响良好；"山西小米""吉林大米""广西香米""宁夏大米"等区域品牌影响力和市场占有率持续提高。

三　粮食仓储管理

2017 年，粮食库存高企与去库存相互叠加，仓储保管面临空前严峻形势和深刻复杂变革，国家粮食局以习近平总书记关于总体国家安全观的重要指示精神为指引，认真落实国家粮食安全战略，全面落实全国粮食系统安全工作视频会议精神，按照张务锋局长"突出抓好'安全储粮和安全生产两个重中之重'"的工作要求，坚持督导、检查、治理、培训多管齐下，狠抓粮食安全储存和行业安全生产工作，着力提升全员安全意识，相继部署了全国春秋两季粮油安全大检查、"简易仓囤出粮作业安全隐患专项治理行动"、安全储粮和安全生产隐患大排查、"两个安全"跨省交叉随机抽查和简易设施、租仓库点及外包作业专项治理，组织开展粮食行业"一规定两守则"在线督查测评，拍摄2017年安全生产警示片，多次下发通知要求做好储粮和作业重要时点"两个安全"工作并赴重点省份督查，各地粮食行政管理部门结合实际深入开展隐患排查治理，多措并举力保粮食安全。全国库情、粮情稳中向好，有效确保了"粮安、库安、人安"。贯彻落实党中央国务院"放管服"改革系列精神和要求，坚持依法行政，修订《中央储粮代储资格管理办法》及其实施细则，优化程序机制、精简申报材料；优化申报方式，建成"中央储备粮代储资格网上直报和评审系统"，首度实现该项行政许可全过程、全环节网上办理，大大提高了行政审批效率；创新认定方式，首次按照"匹配中央储备粮代储需求"的方式仅对有代储需求的地区开展认定工作，更加贴合中央储备粮承储实际；加强行政许可服务和指导，依法依规高效完成了2017年中央储备粮代储资格认定工作。

1月，赴吉林、江西开展安全储粮和安全生产督查检查，开展简易仓囤出粮作业安全生产专项调研。

2月，印发《国家粮食局办公室关于印发〈关于安全储粮和安全生产检查与培训情况的报告〉的通知》（国粮办储〔2017〕39号），督促各地区、各单位进一步加大力度，做好"两个安全"工作；国家粮食局召开安全储粮与安全生产技术指导专家组年度研讨会，针对东北地区千吨囤、钢结构散装房式简易仓及罩棚等简易仓囤的出粮作业安全风险，分析和预警隐患，提出安全作业要点。

3月，印发《国家粮食局办公室关于加强千吨囤等出粮作业安全生产的通知》（国粮办储〔2017〕59号），在东北三省一区和相关中央粮食企业开展"简易仓囤出粮作业安全隐患专项治理行动"，压实责任，把隐患苗头遏止在萌芽状态，坚决防范区域性、系统性危害发生。

5月，开展仓储管理与绿色储粮技术应用专题调研。

6月，派工作组赴内蒙古、黑龙江等地开展千吨囤出粮作业安全隐患治理专项督查。制作完成"一规定两守则"在线测试题库和教学片，向粮食行业提供在线学习、测试及观看教学视频等服务。

7月，在四川眉山召开"'两个安全'暨仓储工作会议"，分析"两个安全"形势问题，对"两个安全"和粮食仓储工作进行再部署、再督促。在会议讨论、座谈的基础上，提出"安全、绿色、智能、精细仓储"发展理念；在落实"一规定两守则"等制度、守好安全底线的基础上，加快推进仓储工作创新发展、转型升级。

8月，《中央储备粮代储资格管理办法》（国家发展和改革委员会　财政部令　第5号）修订完成并正式印发，于9月29日正式实施。

9月，建成"中央储备粮代储资格网上直报和评审系统"，配套修订《中央储备粮代储资格管理办法实施细则》（国家粮食局公告2017年第3号），下发工作通知，对当年代储资格认定工作进行全面部署。

在安徽和吉林分南北片区举办两期"全国粮食行业安全储粮和安全生产培训班"，将设施设备管理、简易仓囤进出仓作业、通风和熏蒸等作为重点培训内容，邀请技术指导专家组专家授课。

10月，开展"两个安全"跨省交叉随机抽查，抽调专业人员和业务骨干，派出7个工作组分赴河北、内蒙古、辽宁、吉林、江苏、江西、湖北等粮食主产省份开展安全储粮和安全生产检查，及时向被检查省份和有关央企下达问题隐患整改通知，落实整改责任，督促各地区、各单位做好秋季粮油安全大检查。

依法如期开展 2017 年中央储备粮代储资格认定工作。首度利用"直报系统"在线申请、受理、评审、结果反馈等，实现了许可事项的全过程、全环节网上办理。

11 月，印发《国家粮食局办公室关于进一步加强粮食行业"两个安全"工作的通知》（国粮办储〔2017〕287 号），通报安全生产事故情况，部署下一步"两个安全"工作，分析预警重点隐患；深入开展粮食仓储设施资源利用问题专项研究，形成调研报告，强化政策储备；创新开展"一规定两守则"全员培训在线督查测评，全国参与测评人数超过 12 万人，有力地促进了全员培训工作的落实。

对 2017 年中央储备粮代储资格认定部分企业开展现场核查，发布《国家粮食局公告》（2017 年第 4 号），向社会公布行政许可决定。本次认定共接收 565 件申请，受理 483 件。受理的申请中，新申请和补充申请、延续申请 441 件，经评审，106 件通过，涉及 103 户企业。其中，粮食类企业 100 户，仓容 530.31 万吨；食用植物油类企业 3 户，罐容 15.42 万吨其中，粮食类企业 100 户，仓容 530.31 万吨；食用植物油类企业 3 户，罐容 15.42 万吨；变更申请 42 件，39 件通过评审，涉及 36 户企业。

12 月，印发《国家粮食局办公室关于开展 2018 年"两节"和"两会"期间安全储粮和安全生产专项治理行动的通知》（国粮办储〔2017〕328 号），保持"两个安全"工作高压态势，在"两节"临近的关键节点，针对近年来隐患较多的简易设施、租仓库点和外包作业"三难"问题，组织开展专项治理；制作"2017 年国家粮食局安全生产警示教育片"，以实际案例教育、警示从业人员。

粮食产业经济发展

2017 年 9 月 1 日，国务院办公厅印发《关于加快推进农业供给侧结构性改革大力发展粮食产业经济的意见》（国办发〔2017〕78 号）（以下简称《意见》）。《意见》是第一个以国务院名义印发的发展粮食产业经济的纲领性文件，涉及 32 个相关部门分工，提出了新形势下发展粮食产业经济的指导思想、基本原则和总体目标，从培育壮大粮食产业主体、创新粮食产业发展方式、加快粮食产业转型升级、强化粮食科技创新和人才支撑、夯实粮食产业发展基础和完善保障措施六个方面，提出了 23 条具体措施。《意见》旨在贯彻落实党中央、国务院领导同志的系列重要指示，深入推进农业供给侧结构性改革和粮食收储制度改革，着力增强粮食产业经济发展的活力和竞争力。《意见》的印发将有助于统一思想认识、明确发展重点、形成支持合力，推动粮食产业经济新旧动能转换，为构建更高质量、更有效率、更可持续的粮食安全保障体系提供强力产业支撑。

2017 年 9 月 12~13 日，国家粮食局在山东省滨州市成功举办首届"全国加快推进粮食产业经济发展现场经验交流会"。国务院领导先后两次对国家粮食局上报的信件和专报作出重要批示。会议传达学习党中央国务院领导重要指示和批示精神，在认真分析粮食产业发展面临的新形势的基础上，对下一步贯彻落实《意见》，发展粮食产业经济的思路、任务、举措进行全面部署；总结宣传粮食产业经济发展典型经验和新模式，发挥典型经验的引领示范作用；组织参会代表赴滨州市滨州、阳信、邹平的小麦、大豆、玉米三大产业集群现场观摩 4 家企业，编印了《全国粮食产业经济发展典型经验汇编》等。

2017 年 12 月，国家粮食局编辑出版了《建设粮食产业强国实践与探索》。该书全面梳理新时期党中央、国务院领导同志对推进农业供给侧结构性改革、发展粮食产业经济的决策部署，系统总结近年来粮食部门、粮食行业推进粮食产业经济发展的做法、成绩、成果、经验。全书由高层指示、顶层设计、部署贯彻、政府推动、企业巡礼、战略研究、媒体关注七个部分组成。该书出版后，发放各级粮食行政管理部门参阅，受到广泛关注。

粮食科研发展

一　粮食科技进步与创新

　　为全面贯彻党的十九大精神，落实创新驱动发展战略，深入实施"科技兴粮工程"，按照中央科技计划管理体制改革要求，不断推进科技成果转化创新机制，努力提高粮食科技自主创新能力，不断增强服务意识，完成了预期的重点工作，特别是在粮食科技活动周宣传和创新体系建设上，做到了抓重点、出亮点，工作取得明显成效，并获得各级领导认可。

（一）以科技活动周为平台，推动产学研高效结合

　　2017年5月，联合中国科协、食药监总局、全国妇联等部门成功举办"粮食科技活动周"，重点围绕科技助推粮食供给侧结构性改革，聚焦"中国好粮油行动"，在粮食主产区安徽、加工业集中区河南、主销区广东三地同时启动宣传活动，并在南京、长沙设立企业会场，开展科技推广、成果对接、知识普及等专场活动。刘延东副总理对国家粮食局科技活动周活动给予肯定，并请科技部支持粮食科技工作。向科技部提出进一步加大对粮食科技政策和工作支持力度的建议，并获科技部业务司局回应。2017年科普宣传活动受到了地方政府、粮食企业、科研机构和广大消费者的欢迎和好评，累计举办粮农专题讲座10余次，授赠储粮保粮新设备250多台套；组织粮食科技创新重要成果展，集中推介了60余家科研机构和企业的300多项粮食科技创新成果；组织粮食科研人才、机构、成果与企业进行科技"三对接"，100多家企业、1500多人次参加，现场签订42项技术合作协议，意向转化效益3.2亿元；组织地方名特优粮油产品展，宣传介绍品质高、营养好的粮油产品，展出知名粮油品牌近300个。编印了大米、面粉、植物油、杂粮、豆制品等8类科普手册，内容通俗易懂、喜闻乐见，各地活动现场累计发放约10万册。

（二）以粮食科技创新联盟建设为抓手，推进粮食科技创新体系建设

　　2017年9月，由国家粮食局科学研究院、西王集团、香驰控股、山东渤海实业、山东三星集团、滨州中裕食品有限公司等单位共同发起的"国家粮食产业科技创新（滨州）联盟"成立，该联盟致力于粮食产业科技创新和发展，聚焦粮食产业核心技术和装备，通过粮食科技创新成果转化，推动粮食产业转型升级。目前，粮食产业科技创新联盟已经开始运行，开展了科技合作高端对接签约活动，科研机构主动与企业对接，形成科技创新合作项目15项，产学研融合进一步深化。完成了3个由国家粮食局科学研究院承建的国家粮食局重点实验室的评估工作，各重点实验室发挥了聚集创新资源、促进学科交叉的优势，通过以评促建，进一步发挥了粮食创新平台在技术研发、人才培养、成果转化的重要作用。粮食储运国家工程实验室基本完成建设任务，承担了多项国家科技计划和行业科技创新任务，有效发挥了创新服务产业发展的作用，争取尽早完成验收工作。

（三）创新粮食科技成果推广形式，科技成果应用取得实效

　　2017年1月，推荐2项科技成果均获得国家科技进步二等奖。由国家粮食局推荐的"大型智能

化饲料加工装备的创制与产业化""两百种重要危害因子单克隆抗体制备及食品安全快速检测技术与应用"项目，聚焦国计民生，突出粮食行业专业特色，技术经济效益显著，经国家科学技术奖励工作办公室组织专家评审，均获得国家科技进步二等奖。2017年2月，促进储粮APP应用。促成粮食公益性行业科研专项信息技术成果为仓储管理提供支持，制作的仓储管理APP在储粮技术服务，为成果应用提供有效支持。2017年8月，归集粮食科技创新成果。汇总了2013年粮食公益性行业科研专项成果60余项，并在局网站科技栏目向社会推荐；粮食科技活动周期间，向社会公布140余项科技成果，并在国家粮食局政府网站设置科技成果专栏予以展示，为行业科技创新发展提供有效支撑。2017年12月，筹备科普专题讲座。组织国家科技计划和粮食公益性行业科研专项项目牵头人专题开展粮食应急信息技术成果。

（四）推进粮食科研院所体制改革，促进赋予创新领军人才更大决定权

2017年3月，根据科技部、教育部等7部门《关于确定"扩大高校和科研院所自主权，赋予创新领军人才更大人财物支配权、技术路线决定权"试点单位名单并组织编写试点实施方案的通知》（国科办政〔2017〕75号）要求，国家粮食局科学研究院编制形成了试点实施方案，并按要求报送科技部办公厅。该方案按照党中央、国务院关于深化科技体制改革的总体部署和具体要求，以充分调动科研人员积极性、创造性，激发创新创业活力，建设世界一流科研院所为目标，聚焦机构治理结构和运行机制、机构和领导人员的目标责任、干部管理方式、收入分配方式、科研管理方式、领军人才自主权六个方面，通过健全制度体系、实施目标管理机制、创新人才管理模式、探索灵活分配方式、完善监督措施等试点方案，深入推进落实国家科技政策措施，以实现院所高效管理，科技创新动力增强，更好发挥服务国家粮食安全、支撑粮食产业经济发展的作用。

（五）落实国家科研体制改革任务，强化科技做好粮食科技项目管理

2017年7月，推荐粮食科技创新团队，回应粮食产业创新需求。按照2017年国家重点研发计划重点专项项目申报指南要求，向科技部推荐了"现代食品加工及粮食收储运技术与装备"专项承担粮食领域项目研究的创新团队。经专业机构组织竞争性答辩，由国家粮食局科学研究院牵头的"粮情监测监管云平台关键技术研究及装备开发"项目，中粮工程科技（郑州）有限公司牵头承担的"粮食产后'全程不落地'技术模式示范工程"项目，以及中粮营养健康研究院有限公司牵头的"特殊保障食品制造关键技术研究及新产品创制"和"传统杂粮加工关键新技术装备研究及示范"4个申报团队，获得项目承担资格，研究工作已全面启动。

2017年9月，按照"食品安全关键技术研发"重点专项2018年项目申报指南要求，推荐3个粮油食品相关项目预申报书，分别为：中粮营养健康研究院有限公司牵头申报"粮油食品供应链危害物识别与防控技术研究"项目，国家粮食局科学研究院牵头申报的"食品中生物源危害物阻控技术及其安全性评价"和"食品腐败变质以及霉变环境影响因素的智能化实时监测预警技术研究"项目。

2017年11月，按照"现代食品加工及粮食收储运技术与装备"2017年指南要求，向科技部推荐了拟承担此专项2018年项目的2个项目的预申报书，其中中粮佳悦（天津）有限公司牵头申报"特色油料适度加工与综合利用技术及智能装备研发与示范"项目，郑州中粮科研设计院有限公司牵头申报"'北粮南运'散粮集装箱高效保质运输及物流信息追溯技术示范工程"项目；

西安中粮工程研究设计院有限公司牵头申报"智能农机装备"专项的"农特产品低损清洁技术装备研发"项目。

（六）强化科技项目管理，务求成果服务产业发展

2017年7月，开展项目督导评估，先后组织30余位专家，召开7次会议，完成了7个粮食领域国家科技计划项目督导检查，包括1个国家科技支撑计划项目和6项公益性行业科研专项项目，各项目均取得阶段性成果。科技支撑计划项目已具备验收条件。粮食公益性行业科研专项已获得知识产权类成果130余件，基地及生产线等70余个（条）等。"我国储粮虫螨区系调查与虫情监测预报技术研究"已对我国目前储粮害虫发生情况进行全面摸排，并对云南等地发生的输入性储粮害虫提出预警建议。2017年12月，完成2013年粮食公益性行业科研专项任务验收工作，组织2013年粮食公益性行业科研专项40余项任务完成验收工作，并启动12个项目的整体验收工作。

2017年8月，组织专家完成国家软科学研究计划项目验收工作，"中国粮食立法疑难问题研究"等5个国家软科学研究计划项目均达到了《任务书》规定考核指标的要求，专家组建议通过验收，研究成果为粮食法、粮食规划纲要编制提供了支持。

2017年8月，启动"国家粮食储运监管物联网应用示范工程"项目验收工作，按照审计署要求，配合规划财务司完成510万元退款和项目建设调整任务；目前江苏省粮食局、中储粮、深粮集团、北大荒集团及庆安东禾公司等建设单位已结束建设任务。按材料显示，目前已完成80余座示范库建设，形成了不同类型物联网技术应用模式，特别是在区域示范单位间实现了信息的互联互通。该项目有效地带动了粮食物联网产业发展，为数字粮库和粮库智能化升级改造和流通高效监管提供了有利条件。"基于物联网的国家粮食仓储数量检测系统研发及产业化项目"等2项物联网技术研发及产业化专项项目已经完成验收工作。

2017年12月，梳理粮食行业技术需求，凝练提出2018年重点攻关技术建议，围绕"中国好粮油"技术需要，突出粮油副产物高效利用增值技术和粮食高效烘干技术需求，形成了安全储运、危害控制技术、节粮减损、延伸产业链等四个领域共13个研究项目指南，作为非财政支持项目拟向行业公布，指导行业科技创新。

◆ 国家粮食局科学研究院

2017年，国家粮食局科学研究院（以下简称粮科院）围绕粮食中心工作和产业发展，积极发挥科技支撑作用，粮食科技进步与创新取得一系列丰硕成果。

（一）围绕行业需求展开攻关，科技创新取得可喜成绩

全年承担国家和省部级科技计划课题24项（研究任务69项）。其中2017年申报立项重点研发计划项目1项，课题4项（任务11项），国家自然科学基金课题2项，其他各类课题9项。实施自选课题32项。

获得国家科技进步二等奖1项，获得省部级一等奖1项、二等奖1项、三等奖1项。在研及发布各类标准106项，其中，在研国际标准2项、国家标准28项、行业标准38项；发布国家标准7项、行业标准31项。申请专利15项，授权专利10项，其中发明专利6项。发表学术论文112篇，其中SCI为23篇，EI为4篇。与企业联合建立科技创新联盟，签署科技合作战略协议20余项。签订技术合同79项，累计合同额1300余万元，比上年增长近一倍。培养在校研究生28人，其中博士研究生

3 人。

1. 储粮新技术研究领域

储粮新技术应用基础理论研究获得新进展。粮堆多场耦合理论研究，从传统的有限元粮堆多场理论研究，发展到基于离散元和多维度的粮堆多场耦合模型理论研究，为粮情分析和储粮通风技术智能控制了奠定理论基础。

储粮新技术和设施装备研制取得新成果。储粮益螨生物治理技术取得突破，在清苑国家粮食储备库建设了马六甲肉食螨和普通肉食螨的捕食螨培养室，年产益螨成螨约 200 万头，应用中试试验取得明显效果。成功研制出旋转通风干燥储存仓，获得专利 1 项，该干燥储存仓具有自然通风干燥，收粮质量好，无污染霉变，节能环保等特点。粮情监管云平台示范系统实现了与省级平台和仓储企业两种模式的数据对接，并提供储粮安全预测预警服务。

成果应用示范基地建设逐步规模化。建设储粮虫霉监测、储粮横向通风、粮堆多参数粮情远程监测等技术示范库 40 余个，其中 8 个获得"国家粮食局科技示范库"称号。举办了 5 期绿色生态储粮技术成果推广培训，培训人员 800 余人，横向通风技术成果累计应用仓容达 400 万吨，食品级惰性粉防治储粮害虫技术在 23 个省份近 200 个库点推广示范，保护储粮 2000 万吨，该成果获得 2017 年度中国粮油学会科学技术二等奖。

2. 粮食质量安全研究领域

进一步开展检验检测、监测预警、质量控制以及溯源防控等技术研发和应用推广。制定发布了 LS/T 6126–2017《粮油检验　粮食中赭曲霉毒素 A 的测定　超高效液相色谱法》、LS/T 6127–2017《粮油检验　粮食中脱氧雪腐镰刀菌烯醇的测定　超高效液相色谱法》、LS/T 6128–2017《粮油检验　粮食中黄曲霉毒素 B1、B2、G1、G2 的测定　超高效液相色谱法》等粮油质量安全快速、多组分、高通量检测技术行业标准 6 项，与旧标准相比，新标准方法节约了检测成本、缩短了检测时间、减少了环境污染。制定了"粮油污染物快速检测产品实用性评价方法"，研制了相应的污染参考样品，为国内外粮油污染物快检产品提供服务。负责制定的《赭曲霉毒素检测》国际 ISO 标准已进入发布前最终草案阶段，该标准的发布将彻底改变我国在粮食安全国际标准领域无话语权的历史。

3. 谷物加工技术研究领域

全谷物标准体系建设取得新突破。《全麦粉》行业标准宣贯工作成绩显著，市场上全麦粉产品已普遍执行该标准；《燕麦片》行业标准完成了前期调研和研究方案设计；《发芽糙米》国家标准广泛征求社会意见后完成征求意见稿。

多项全谷物健康主食加工技术成果进入产业化实施阶段。"活性杂粮挂面加工技术"已建成年产 10000 吨挂面专用预拌粉生产线和年产 7000 吨活性杂粮挂面生产线，企业销售利润显著提升；"全麦挂面加工技术""同熟化全谷物加工技术"在合作企业生产全面展开，并开拓全国市场；"速食粥米加工技术"成果转化完成安装调试，产品即将上市。

全谷物健康主食加工应用基础研究不断深入。在前期全谷物主食加工技术研究基础上，逐步加深对产品品质调控与机理的研究，其中加工方式对产品色泽风味及营养品质的影响及机理研究、植物活性组分与产品品质的构效关系研究等都获得了不同进展。

4. 粮食品质研究领域

为完善大米标准体系建设，编制发布了 LS/T 1354-2017《粳米品尝评分参考样品》、LS/T 1355-2017《籼米品尝评分参考样品》、LS/T 3246-2017《碎米》等国家行业标准。作为 ISO 玉米工作组的召集人，牵头承担了 ISO 19942《玉米 规格》标准的编制，进入最终草案阶段的投票。

完善了我国小麦和稻谷品质数据库，累计检验小麦样品 425 份，稻谷样品 620 份，大米样品 326 份，小麦粉样品 155 份，为数据库积累品质数据 10 万余条，成为研究我国小麦和稻谷优质品率的重要依据。

探索粮食品质影响机理研究取得进展。根据 2016 重点研发计划食品专项"生鲜食用农产品物流环境适应性及品质控制机制研究"课题四——"稻谷玉米淀粉代谢及黄变机制"的任务安排，研究了脂类物质的分析技术，为系统开展稻米中脂质组学及其与糊化特性和食味值的关系研究奠定了基础。开展了小麦籽粒灌浆过程中 DON 和赤霉病菌对蛋白质分子聚合影响的研究，运用了小麦蛋白质分子量分布的液相色谱方法。

5. 粮油营养健康研究领域

进一步完善粮油营养成分数据库，采集稻谷、小麦、大豆、杂粮等粮食及制品样品 60 余份，完成 100 多个指标成分分析，数据库累计样品 600 多个，数据量 2 万余条，为粮油营养成分与健康关系研究、谷物与油脂不同构成与能量配比对机体健康影响研究等奠定了基础。启动了《中国粮油营养大典》的组织编写，内容涵盖我国主要粮油营养特点及其与健康的关系、细分人群的粮油消费指南等内容。为粮食科技活动周编写了 2 万余字的《中国居民粮油健康消费指南》手册，分别就小麦粉、稻米、杂粮、杂豆、薯类、植物油、大豆、花生等介绍了其主要营养特点，给出了消费指导建议，受到消费者普遍欢迎。

发酵酶解饲料资源高效开发利用技术实现了成果转化，促进了优质安全环保型饲料品质的提升。粮食内源毒素检测技术研究内容获国家科技进步二等奖，发酵饲料产业化开发利用关键技术研究及应用获中国粮油学会科学技术一等奖。

6. 发酵生物技术研究领域

在储粮虫霉生物防治方面，加快推进多杀菌素储粮药剂的应用示范。在全国不同储粮生态区开展了多杀菌素及复配制剂的实仓应用试验，结果表明，多杀菌素对储粮害虫有效防护时间可达 2 年，防护期内无需使用磷化氢熏蒸。配合企业完善了 10 吨发酵罐发酵工艺优化，正在进行 160 吨生产规模发酵试验及后提取工艺优化。

在粮油及副产物生物转化方面，建立了提取米糠多糖、米糠蛋白和膳食纤维的工艺流程，开展了米糠多糖结构和乳化稳定性研究及食用真菌对米糠多糖的生物转化研究，通过基因工程技术实现玉米皮半纤维素降解酶的克隆，已成功获得酶表达菌株，为利用半纤维素酶对玉米皮处理实现增值转化奠定了基础。基于乳酸菌生长特性，开发了大豆乳清废水生物转化技术。利用"老面"样品，筛选获得影响馒头气味的菌株，开发出了主食发酵菌剂。

7. 粮食生物脱毒技术研究领域

真菌毒素污染玉米深加工副产物脱毒技术研发和产业化不断向前推进。在成功开展 DDGS 大规模脱毒实验基础上，在东北及山东等地玉米深加工企业相继开展了 DDGS 多种毒素同步发酵脱毒技术规模化实验，连续多次 50 吨规模发酵脱毒试验结果表明，产品玉米赤霉烯酮、呕吐毒素和黄曲霉毒素等均大幅低于相关限量要求，ZEN/DON 残留低于 100μg/kg，粗蛋白含量增加 3%，益生菌含量达到 1×108CFU/g。脱毒制品饲喂结果表明，生物脱毒技术具有脱毒高效、成本适中、制品安全、营养改善等特点。

开展了降解酶在玉米油生产过程中脱毒技术研究，利用研发的降解酶经过 0.5~5 小时即可将真菌毒素降解至国家限量标准以下，处理工艺简便易行，基本不改变原有制油工艺，无需额外引入设备。研发的降解酶降解产物无毒，且不会残留在油脂等产品中，具有安全、高效、成本低、不破坏产品营养成分等优点，为降解酶的应用开辟了新途径。

8. 油脂加工技术研究领域

对黄曲霉和寄生曲霉污染花生的外貌形态进行了研究，完成了多种加工工艺下黄曲霉毒素的迁移规律研究。研究了油茶籽焙炒参数对油茶籽油中多环芳烃含量的影响，建立了吸附法脱除油茶籽油中多环芳烃的工艺。进行了紫苏、长柄扁桃、亚麻籽、火麻籽和油茶籽等生物解离技术研究，形成具有自主知识产权的油料预处理、生物破壁与脂蛋白 / 脂多糖酶降解、破乳技术。完成了 LS/T 3219-2017《大豆磷脂》、LS/T 3255-2017《长柄扁桃油》、LS/T 3311-2017《花生酱》等 15 项油脂油料标准的制修订。

9. 粮食安全战略研究领域

在多年数据积累和模型构建基础上，采用计量经济学建模、系统规划方法、决策树方法、GIS、GTAP 等多项技术，研究开发了全国粮食安全评价决策支持系统，该成果已在青海省得到应用推广。开展了 2017 年度口粮产量、需求及价格走势监测技术与应用项目研究。开发上线了"国家爱粮节粮网""国家爱粮节粮科普资源库""爱粮节粮微信公众号"和手机 APP，申报专利 1 项，软件著作权 2 项。对粮食全程不落地技术的利益分配机制进行了研究，开展了政策性粮食质价关系研究，采集政策性粮食价格数据，建立政策性粮食价格指标数据库。调研了农垦粮食优质优价和社会化服务体系等典型做法，完成了粮食收购价格指数编制、京津冀粮食行业协同发展战略、粮食主销省支持粮食主产省发展粮食产业经济等研究项目，为国家粮食宏观调控、支持区域经济发展提供了直接决策参考。

10. 为"中国好粮油"做好科技支撑

"中国好粮油"标准制定工作。制定发布了"中国好粮油"小麦、稻谷、大米、玉米、大豆、小麦粉、挂面、杂粮、杂豆、食用植物油以及生产质量控制规范等国家行业标准 12 项。赴黑龙江、辽宁、河南、江苏、山东、江西和内蒙古等地对主要粮食品种品质资源状况及存在问题开展调研，实地考察企业需求及加工生产现状，根据调研成果对"中国好粮油"系列标准进行修改完善。

开展优质粮食产品摸底测评工作。原粮方面：根据多年积累的研究数据和调研成果，及本年度小麦和稻谷品质数据库，提出了我国当前小麦和稻谷优质品率的数据，成为实施"中国好粮油"行动计划的重要依据。成品粮方面：扦取了 28 个省份 326 份大米和 22 个省份 155 份小麦粉产品样本，分别按照"中国好粮油"标准要求进行了测试，掌握了市场流通产品的优质品状况，为产品遴选评审提供了数据支持。

质检机构检验能力的比对工作。组织相关检验机构开展了"中国好粮油"产品检验能力比对，比对项目包括品质和安全等指标，报名参与比对的检验机构近80家，为提高"中国好粮油"产品检测的准确性和一致性起到了重要作用。

"中国好粮油"产品遴选相关工作。开发了"中国好粮油"产品遴选系统软件并正式上线运行，做好遴选把关工作，第一批共有17个省份64家企业的98个"中国好粮油"产品通过审核。完成了"中国好粮油网"的开发并上线运行，公众通过中国好粮油网，不仅可直接查询"中国好粮油"产品，而且还可查询到每个产品的品质、安全指数、营养成分及过程控制等信息，为消费者购买优质粮油产品提供安全可靠指导。

（二）服务行业现代化建设，科技产业取得重要发展

1.粮食工程咨询与设计服务

一是积极服务国家粮食局中心工作。主持或参与编写《粮食工程建设标准体系》《粮食筒仓设计规范》《粮食产后服务中心建设技术规范》等标准规范，为完善粮食工程标准体系作出贡献。作为安全生产咨询专家组成员单位，认真做好"两个安全"的咨询服务，协助制作《粮库安全生产守则》教学视频，提出了《千吨囤出粮作业安全生产指导意见》，派专家赴地方粮食仓储企业进行安全生产检查及培训。主持完成了《国内外粮食物流技术发展现状及趋势调研报告》，参与完成了《粮食仓储设施的合理利用研究报告》和《多措并举消化玉米库存报告》，为推进行业供给侧结构性改革提供依据参考。二是积极服务军民融合。为国家粮食局军粮中心的军民融合示范工程项目提供咨询、指南编制、培训等技术支持，有效推进了军民融合示范工程的进展。三是开展粮食收储流程优化研究。以长沙市为整体研究对象，进行全市粮食收储流程的优化研究，提出了区域性粮食收储的发展方向。四是工程设计重应用、抓落实，有效提升了新建仓储物流设施的技术水平。仓储物流设施设计注重项目总体设计方案的灵活性；注重仓储物流功能并重；注重工艺设计兼顾满足散粮集装箱多种运输、铁公水多式联运需要；注重不同生态区域的仓房在气调、内环流、低温和准低温等绿色储粮技术的综合应用；注重仓储智能化和物流管控一体化等新技术应用。五是粮库信息化及粮食质量追溯平台建设取得进展。积极参与各省市智能粮库及放心粮油等信息化项目建设，有效推进了粮食信息化应用的落地。

2.粮油仪器和装备研发

继续做好粮油质量检测仪器和配套技术的研发、推广及服务工作，为优质粮油工程提供技术支撑。全年推广粮油质量检测仪器及设备456台套，其中，小麦和面粉品质检测仪器合同额较上年增长9%，大米检测仪器合同额较上年增长78%。面粉品质检测仪器累计推广使用用户超过1000家，达1079家，市场占有率近80%，大米品质检测仪器填补了国内空白，用户达436家，得到了用户的普遍认可。

稻谷新鲜度检测技术成果转化取得突破。针对稻谷流通过程中"转圈粮"问题，积极开展稻谷新鲜度测定仪的成果转化工作，在连续4年对全国稻谷新鲜度普查的基础上，制定发布了LS/T 6118–2017《粮油检验　稻谷新鲜度测定与判别》国家行业标准，建设完成了年产200台套稻谷新鲜度测定仪生产线，开始在行业内大规模推广应用。

大米加工精度检测仪研发取得进展。针对行业依靠人工目测大米加工精度，存在检测准确性差、客观性不易保证的问题，在对全国大米的外观质量、加工精度等质量指标进行了大量图像分析及建模

研究的基础上，编制了《粮油检验　大米加工精度检验》国家标准。研发的大米加工精度检测仪可快速准确检测大米加工精度，对充分利用大米营养成分，减少加工损耗，提高加工质量等都具有重要意义。

检测仪器设备的信息化升级改造取得成效。针对行业信息化管理需求，借助计算机网络通信技术，对现有粉质仪、拉伸仪、大米外观检测仪等仪器设备进行网络信息化升级改造，升级改制后，操作人员可以通过网络与多台设备进行远程通信，使老仪器设备具有了运行状态监测、数据传输、参数控制等新功能。

（三）加强交流合作，促进产学研结合

1. 对外交流合作

2017 年共开展国际学术交流活动 21 项（不含引智项目），其中出访交流项目 16 项 21 人次，出访目的地涉及美国、英国、加拿大等 15 个国家；来访交流项目 5 项，外国专家分别来自澳大利亚、奥地利、加拿大、以色列等国家。

2017 年外专局批复粮科院引智项目 1 项，项目资金 25 万元，全年共引进外籍专家 12 位，分别来自美国谷物化学师协会、加拿大谷物委员会、澳大利亚默多克大学等著名机构。在引智项目的带动下，举办了 2017 年国际粮食储藏与质量安全培训交流会、2017 年中加生态储粮研究中心理事会和工作会、2017 年中澳粮食产后生物安全和质量安全中心工作会等多项学术交流研讨活动。同时，与日本佐竹公司在黑龙江省绥化市共同组织召开了"2017 中日稻米科技研讨会"。

通过"走出去"和"请进来"，在粮食安全、粮食储藏、粮食品质、粮油营养等领域，粮科院结合在研项目与澳大利亚谷物出口与创新中心、英国皇家医学学会与母亲儿童基金会等诸多国外机构进行了深入交流与合作，促进了粮食科研水平的提高。

2. 科技人才引进与培养

2017 年共接收应届高校毕业生 21 人，多数来自于 985、211 院校，其中，博士 8 人，硕士 11 人。2017 年社会招聘 11 人，其中硕士 5 人。注重新职工入职培训，通过规章制度讲解、职场心理健康讲座、拓展训练、老员工分享等形式，帮助新入职人员快速融入团队。2017 年粮科院自然科学研究系列和工程系列高级职称申报人数 52 人，通过院内专家评审推荐、局专业技术职务资格评审委员会评审，共有 35 人取得了高级职称，创历年新高。

3. 科技期刊出版

《粮油食品科技》杂志全年 6 期收录和处理科技论文 240 余篇，终审 200 余篇，刊登 114 篇。其中，国家及省部级等各类基金论文 80 篇，占全年刊发论文的 70%，刊登的粮食加工、油脂加工、营养与品质、质量安全、仓储物流等领域的科技论文都收到了良好反响，对促进粮食科技进步起到了积极作用。被国家新闻出版广电总局认定为 A 类学术期刊。经过多项学术指标综合评定，成功入编中国科技核心期刊。

4. 科技扶贫及援疆援藏工作

与安徽省阜南县签署科技合作战略协议，达成 10 个产后服务意向，积极指导其完善"中国好粮油"示范县实施方案，协助其引进上市公司及大型面粉加工企业，带动优质弱筋小麦产业发展。将江西省于都县列为粮科院国家重点研发计划项目科技示范点，提出了综合开发当地木本油料的建

议，无偿提供特种油料检验测试服务。粮科院援疆、援藏干部出色的工作表现分别受到挂职单位好评。其中援藏干部带领西藏自治区质量监测中心首次参加全国真菌毒素、重金属盲样比对考核，成绩名列前茅。派技术人员赴西藏调研并完成了《西藏自治区"十三五"粮食援藏规划》的编制及修改工作。

5.科研能力及条件建设

"粮食储运国家工程实验室"和国家粮食局粮油质量安全、粮食储藏、粮油生物技术3个重点实验室项目顺利通过评估。昌平中试基地储运楼和大兴中试基地1号科研楼完成项目工程竣工验收。全年实验室仪器设备购置及修缮项目投入资金3000余万元。

◆中国粮油学会

（一）打造科技链条，服务行业科技发展

2017年中国粮油学会继续深入推进以科技奖励为重心、上引科技评价、下推科技成果产业化的粮油科技创新工作链，促进粮油科技创新发展。一是规范开展科技成果评价工作，学会共组织专家200余人次，为32项成果进行了成果评价。二是开展2017年度中国粮油学会科学技术奖评审工作，最终产生获奖项目共26项，其中一等奖6项，二等奖9项，三等奖11项。三是积极参与"2017年粮食科技活动周"组织开展的"三对接"活动，组织征集、评选、编印了粮食科技成果、创新团队、科研机构、企业技术难题和需求等多册汇编，并在油脂、储藏、食品等分会的学术年会上对重点成果进行推介，设置交流专场、展览展示等。

（二）搭建学术交流平台，推进国际深度合作

2017年学会及下属分会共举办国内学术交流会议65次、国际会议2次，涉及粮食储藏、物流、食品、油脂等多个领域，参会代表7400余人次，提交论文606篇。其中，我会与国际谷物科技协会（ICC）共同组织召开"第一届ICC亚太区粮食科技大会"。大会主题为"粮食科技与创新：从亚太走向世界"，来自18个国家和地区的近600名代表就积极促进国内外粮油科技交流合作、推动国际粮油科技资源整合进行学术交流，报告内容丰富、专业性强，与会代表反响热烈。会议在线直播关注人数16万，会议新闻点击率近100万次。我会与加拿大杂豆协会开展合作，签署中加杂豆合作框架协议并实施。

（三）提升《中国粮油学报》质量，着力打造行业精品期刊

中国粮油学会采取多项措施，大力提升《中国粮油学报》的质量和影响力，努力打造精品科技期刊，取得明显效果。一是严格执行审稿和编辑出版制度，所有稿件一律采用双盲审。2017年全年组织60位审稿专家审稿763篇次。共出版12期学报，刊登稿件312篇，共1992页，约358.5万字符，有基金项目资助的约占总量的79.9%。二是评选出30篇优秀论文和30位优秀审稿专家，更好服务广大粮油科技工作者。三是积极推进期刊的数字化信息化建设，主要开展期刊的移动端免费在线浏览、过刊上网和优先数字出版。四是在中国科协"第二届优秀科技论文遴选计划"中，《中国粮油学报》的"牡丹籽油超临界CO_2萃取工艺优化及抗氧化活性的研究"入选。

（四）发挥智库作用，服务粮食产业经济

1.大兴调研之风

2017年初至9月底，学会积极组织11个所属分会及业内200多位专家学者，就国内外粮油科技

发展现状进行深入调研、收集资料和论证研讨，并撰写完成了《国内外粮油科学技术发展现状与趋势》的调研报告。报告正文约 13000 字，从粮油储藏、粮食加工、油脂加工等 9 个专业领域，进一步明晰了国内外粮油科技的发展现状，比较分析了我国粮油科技与国外先进水平存在的差距及原因，并就如何在新形势下推进我国现代粮油科技发展提出意见和建议。

2017 年初至 6 月底，中国粮油学会联合国家粮食局仓储与科技司、天津市粮油学会、中国天津粮油批发交易市场等单位，针对环渤海油脂产业概况及环渤海油脂加工副产物综合利用状况进行了深入的调研，总结了环渤海油脂产业开展综合利用的优势，分析了副产物综合利用存在的主要问题，并撰写完成《我国环渤海油脂产业综合利用调研报告》。

2. 助力产业经济发展

一是与四川省粮食局、湖北省粮食局、四川遂宁市人民政府、湖北潜江市人民政府等开展深度合作，共同举办"第二届西部金穗粮展会""首届中国（潜江）国际龙虾·虾稻产业博览会"等活动，助力地方粮食产业经济转型发展。中国粮油学会在四川遂宁主办了"第二届西部金穗粮展会"，共有534 家企业（单位），1232 名市外嘉宾、客商参展参会，现场签约及交易金额达 9.66 亿元，供需双方现场对接金额达 88.4 亿元。营销技术分会在江苏省徐州市组织召开了"第十二届全国粮油产销企业订货会暨全国粮油经销商联谊会"，参会、参展的粮油产销企业代表近 15000 人，参展企业达 190 余家。订货会成交量超过 400 万吨。二是组织专家到湖北潜江、麻城、监利、随县，吉林临江，云南楚雄，河南汤阴、鹤壁等地，与当地政府、企业座谈，开展技术咨询活动，并深入企业解决实际技术难题。三是发挥专业分会优势，组织专家参加了多项国家与行业标准的制修订工作。

（五）整合资源供给，提高公众粮油知识

认真落实全民科学素质纲要工作要求，开展科普传播渠道建设，助推全民科学素质提升。中国粮油学会组织营养分会举办 7 期营养健康大讲堂，网络直播人数高达 12.8 万人次，网络回看达 177.4 万人次，出版科普刊物《食营养》；组织发酵面食分会成立发酵面食科普宣讲团，在全国范围开展系列专题活动；组织油脂分会专家学者接受中央和地方电视台及其他媒体的采访，及时公正解读社会热点问题，正面引导行业健康发展，给予消费者正确消费理念。中国粮油学会被中国科协科普部评为"2017 年度全国学会科普工作优秀单位"。

二　专家咨询工作

2017 年，国家粮食安全政策专家咨询委员会（以下简称"专家咨询委员会"）深入贯彻习近平新时代中国特色社会主义思想和党的十九大精神，认真落实中央经济工作会议、中央农村工作会议精神和全国粮食流通工作会议部署要求，紧紧围绕国家粮食安全主题，积极推进粮食行业"深化改革转型发展"。

（一）组织开展专题咨询，为粮食行业改革发展积极建言献策

2017 年，专家咨询委员会在深化粮食行业改革、发展粮食产业经济、优化粮食储备规模、深化国有粮食企业改革等方面，开展了全局性、战略性的决策咨询和政策评估工作，提出了具有重要参考价值的咨询意见，为国家粮食局科学决策、推动粮食行业"深化改革转型发展"和有关文件的出台发挥了积极作用。

1. 开展了深化粮食收储制度改革的专题咨询。2月21日，在召开专家咨询委员会全体委员会议之时，围绕深化粮食收储制度改革进行了专题咨询。王春正顾问、陈锡文顾问和徐鸣副局长到会做了重要讲话，张晓强主任委员作了专家咨询委员会工作报告，与会专家委员就粮食去库存、完善稻谷最低收购价政策等粮食行业的重点问题发表了咨询意见。专家建议，通过发展燃料乙醇、糖类（饴糖）生产、扩大对外援助等途径消化玉米库存；要加大玉米去库存力度，抓紧出台玉米去库存的有效措施；要完善东北地区玉米生产补贴办法，提高补贴的精准性；要调整东北地区生产结构，发展青贮饲料；还要抓紧研究农民补贴、粮食统计口径、最优储备规模、粮食流通体制改革等重要问题；采取"稳定政策构架、增强政策弹性"的思路，保持粮食最低收购价政策构架的基本稳定，从调整政策目标入手，稳步完善政策实施机制，增强政策的针对性、有效性和系统性。与会专家还就发展全谷物健康食品、完善稻谷最低收购价政策、藏粮于外等方面提出了很有针对性的咨询建议。

2. 开展了深化供给侧结构性改革与粮食行业转型发展的专题咨询。5月26日，在国家粮食安全政策专家咨询委员会成立一周年之际，以"深化供给侧结构性改革与粮食行业转型发展"为主题召开专题咨询会议，委员们围绕创新粮食调控方式、全面依法治粮、完善粮食储备制度、深化国有粮食企业改革等议题，提出了重要的咨询意见。专家指出，"价补分离"是粮食收储制度改革的大方向，由政策性收储为主转为多元市场主体收储是粮食收储制度改革的总目标；要创新粮食调控方式和农民利益保障方式、要深化粮食储备制度改革、要推动粮食企业进行战略性重组、要全面依法管粮等。专家建议，尽快研究出台托市临储粮收储和出库规范管理办法，成立出库工作领导小组；进一步明晰和压实地方政府在托市临储粮管理和出库中的监管责任，加强对竞拍和定向销售粮食的流向监管。专家提出，今后农民增收主要不是靠粮食增产增收，这是大的格局，是客观趋势，因此粮食安全政策的目标应该简明、单一，并建议从国情出发，将我国粮食储备量确定为大体相当于一年消费量的50%。与会专家提出了许多很好的咨询意见。这些咨询建议，为粮食行业"深化改革转型发展"提供了思路和指引，为加快构建粮食流通改革发展的"四梁八柱"提供了重要参考。

3. 完成了对《关于加快推进农业供给侧结构性改革大力发展粮食产业经济的意见》上报国务院审议前的政策评估工作。受国家粮食局委托，7月14日，专家咨询委员会组织专家对《意见（代拟送审稿）》进行政策出台前的评估，同时听取专家对《粮食产业经济发展战略研究》课题报告的意见。为开好政策评估会议，专家咨询委员会不仅请了部分委员参加，还邀请了中国人民大学、南京财经大学、武汉轻工大学等单位的学者参与评估工作。专家组认为，《意见（代拟送审稿）》编制依据充分，任务明确，政策具体，指导性强，具有可操作性，符合深化农业供给侧结构性改革的需要，将会产生积极的社会影响；在深入推进农业供给侧结构性改革、粮食收储制度改革和库存消化的关键时期，出台这个意见是适时之策、战略之举。2017年9月1日国务院办公厅印发《关于加快推进农业供给侧结构性改革大力发展粮食产业经济的意见》，明确了大力发展粮食产业经济的总体要求、重点任务和保障措施，为加快推进全国粮食产业经济发展进入新的发展阶段将发挥重要作用。

4. 开展了合理确定粮食储备规模的专题咨询活动。为深入贯彻党中央、国务院关于粮食工作的重要决策部署，全面落实国家粮食安全战略，筑牢国家粮食安全防线，9月22日，以"粮食储备规模"为主题召开专题咨询会议。邀请了部分委员和中国储备粮管理总公司、国务院研究室等单位的专家参加咨询会议。专家指出，科学确定粮食储备规模不仅要考虑储备功能目标、粮食供求、技术发展、仓储物流、自然灾害、国际贸易和财政负担等因素，也要考虑历史上对储备粮的动用情况，还要进行横向的国际比较。科学确定粮食储备规模首先要考虑储备的功能目标，政府储备粮的功能定位不宜过宽，目标不宜多元化，保障对象要清晰；政府储备粮主要是应对自然灾害和突发事件，最多加上宏观调控。粮食储备布局要根据交通条件、物流水平、加工转化能力等因素进行优化，要与产业链和供应链相契合，要注重提高储备粮的运行效率。专家委员还就中央储备和地方储备粮协同运作、多元主体参与储备粮、探索建立"一带一路"或"金砖五国"公共粮食储备等方面提出了许多富有建设性的意见建议，对完善研究报告具有重要的指导作用，对制定粮食储备相关政策具有重要参考价值。

5. 完成了对《关于深化国有粮食企业改革的指导意见（送审稿）》报审前的政策评估工作。受国家粮食局委托，12月18日，专家咨询委员会组织专家对《指导意见（送审稿）》进行政策出台前的评估。为开好这次政策评估会议，请了部分委员和中国社会科学院、国务院发展研究中心等单位的专家参加政策评估工作。专家建议，不同层级、地区的国有粮食企业职能定位、经营方式、管理模式差别很大，应当分层分类指导改革，不宜实行"一刀切"；粮食部门应当履行行业管理职能，不宜直接管理企业，企业的资产和重大投资决策由国资委管；对国有粮食企业的管理应当责权利相统一、资产负债一起管，地方企业归属应交由省级人民政府确定；国务院办公厅已经专门就大力发展粮食产业经济印发文件，建议不在企业改革文件中表述等。这些针对性很强的咨询意见有助于进一步修改完善《指导意见（送审稿）》。

（二）组织召开学术会议，为粮食行业改革发展拓宽工作思路

为深入贯彻习近平总书记系列重要讲话精神和党中央、国务院关于粮食工作的重大决策部署，全面落实国家粮食安全战略，深入推进农业供给侧结构性改革，加快推进粮食行业深化改革转型发展，9月19日，国家粮食局在京举办全国粮食行业"深化改革转型发展"大讨论首场报告会，国家粮食安全政策专家咨询委员会副主任委员韩俊应邀作首场专题辅导报告。韩俊同志围绕深入推进农业供给侧结构性改革和粮食收储制度改革、深化农村产权制度改革、推动粮食产业持续健康发展、立足国际国内确保国家粮食安全等重大问题，运用大量鲜活生动的事例和翔实权威的数据，对我国粮食流通改革发展的历史经验和现实实践，作了全面系统的概括凝练，为粮食系统干部职工作了一场精彩生动的专题辅导报告，对推动粮食行业深化改革转型发展具有重要指导作用。

10月27日，国家粮食局举办"学习贯彻党的十九大精神、推进粮食行业深化改革转型发展"专题报告会，这也是专家咨询委员会的一场学术报告会，由陈锡文顾问、张晓强主任委员、岳国君委员和叶兴庆研究员围绕"形势与转型发展、改革与转型发展、开放与转型发展、增长与转型发展"四个方面分别作了专题学术报告。四位报告人以开阔的视野和思路，对粮食行业如何主动适应新时代中国特色社会主义新要求和社会主要矛盾转化新挑战，加快农业供给侧结构性改革和粮食行业转型发展，加快构建更高层次、更高质量、更有效率、更可持续的粮食安全保障体系，提出了许多具有前瞻性、战略性、全局性、针对性的政策建议。这不仅有助于贯彻落实党的十九大精神和国家粮食安全战略，也有助于深化和拓展粮食行业大讨论内容，推动粮食行业"深化改革转型发展"，还有助于提高站位、把握方向、拓宽思路、推进工作。学术报告会实现了凝聚共识、营造氛围、推动讨论的既定目标。

（三）认真开展课题研究，为粮食行业改革发展增强政策储备

为推进粮食行业改革发展，专家咨询委员会围绕"深化粮食价格形成机制与收储制度改革、政策性粮食去库存、粮食安全战略、'中国好粮油'"四个方面，组织开展了《完善稻谷最低收购价政策研究》《玉米收储制度改革成效研究》《玉米去库存路径研究》《稻谷去库存路径研究》《低质粮食高值化利用研究》《2018~2030年国内外粮食供求关系及前瞻性政策研究》《粮食储备制度改革研究》《粮食优质优价流通机制研究》《全谷物健康食品发展政策研究》《全面建成小康社会与食物消费结构变化趋势研究》10项课题研究，专家咨询委员会秘书处对课题研究成果进行整理摘编，将成果摘要报送国家粮食局领导，根据批示，其中2篇作为参阅材料，印发2018年全国粮食流通工作会议，2篇以专报形式上报国务院，1篇为报送国务院的专报提供了参考。将2016年专家咨询委员会研究课题总报告整理编辑成册，印发国家粮食局各司室、单位，为其决策提供参考。

此外，专家咨询委员会秘书处翻译整理了由英国《经济学人》杂志社发布的2017年《全球粮食安全指数》，有助于了解和掌握全球粮食安全情况，查找我国粮食安全方面的短板。《全球粮食安全指数》摘要报送国家粮食局领导，作为2018年全国粮食流通工作会议的参阅材料印发。

（四）增补6位专家委员，成立专家咨询委员会办公室

根据工作需要，专家咨询委员会先后增补了6位委员，这些新聘委员既有制定农业政策的领导专家、法学家，又有地方粮食局局长和央企领导。新委员的加入，不仅壮大了专家咨询委员会的阵容，也有利于拓宽咨询服务的工作范围。

国家粮食局党组高度重视专家咨询委员会工作和秘书处机构建设，张务锋局长在2017年第一次专题咨询会议上明确提出，要尽快成立专职的专家咨询委员会秘书处，充实人员力量，强化日常工作，加强与专家委员的沟通联系，更好地为专家委员服务。6月7日，专家咨询委员会办公室成立，秘书处服务能力和研究功能得到加强。2017年，专家咨询委员会秘书处围绕专题咨询、学术报告会、课题研究报告等方面工作，编发了15期《国家粮食安全政策参考》和4期《专家咨询动态》。

三 战略性课题研究

2017年3月，根据中央关于粮食流通工作的决策部署和全国粮食流通工作会议精神，国家粮食局确定把"改革开放以来我国粮食市场波动的原因、对策及启示研究"和"加快推进粮食行业转型发展几个重点问题研究"2个题目作为2017年粮食战略性课题研究题目，委托中国粮食研究培训中心承担课题研究工作。

课题研究过程中，中国粮食研究培训中心与国家粮食局保持沟通联系，按国家粮食局的要求，按时完成研究任务。在完成初步研究成果后，立即组织专家研讨评审，专家一致认为，研究成果符合立项要求，所提政策建议针对性、指导性、可操作性都较强，对于推动粮食流通事业持续健康发展具有较高的参考价值。

课题一：改革开放以来我国粮食市场波动的原因、对策及启示研究。该课题以价格波动为主线，以三大谷物品种（小麦、稻谷和玉米）为研究对象，根据粮食价格波动情况，将改革开放40年划分

为多个阶段，逐个分析各个阶段波动特征、波动原因及调控措施，从中获得粮食市场调控的启示。通过分析当前和今后一段时期粮食市场调控面临的新形势，提出了创新完善我国粮食市场调控措施的建议，包括探索粮食价格区间调控模式，以及完善粮食生产能力提升体系、调优政府粮食储备体系、建设粮食产业支撑体系、构建新型粮食产销合作体系、健全粮食市场体系以及夯实粮食市场调控的"六大"保障体系。这对更充分发挥政府在开放市场中的作用，平衡推进粮食市场化改革与维护粮食市场稳定、保障粮食安全具有重要意义。

课题二：加快推进粮食行业转型发展几个重点问题研究。为进一步深化对粮食行业转型发展"往哪转""转什么""怎么转"等问题的认识，该课题基于"转变观念是行动先导，转变职能是关键之举，转变方式是主攻方向"的基本理念，着重围绕粮食部门如何转变管理方式、粮食产业如何转变发展方式、粮食企业如何转变经营方式等几个重点问题进行了深化研究，提出要进一步深化对粮食工作新形势、新要求、新任务的认识，要不断增强法治意识、强化市场化观念、提高服务意识以推进思想观念转变；要创新完善粮食宏观调控、健全强化粮食流通监管、强化行业指导服务以推进粮食部门管理方式转变；要着力优化产业发展方式、发展新模式新业态、推动新旧动能转换、创新有利于增加绿色优质粮食供给的政策体系以推进粮食产业发展方式转变；要加快国有粮食企业改革、培育壮大粮食产业化龙头企业、发展具有国际竞争力的大型粮食集团、支持多元主体协同发展以推进粮食企业经营方式转变等加快推进粮食行业深化改革转型发展的措施建议。

四　软科学课题研究

2017年，为认真落实中央关于大兴调查研究之风的重要精神，按照国家粮食局党组关于统筹开展粮食课题研究的部署要求，国家粮食局软科学评审专家委员会组织各省级粮食行政管理部门、中央粮食企业、涉粮高校和局内各司局单位等粮食系统研究力量，按照张务锋局长提出的"加快构建粮食流通改革发展的'四梁八柱'"的要求，以"服务大局谋思路、解决难题求突破、推动改革促发展"为目标，紧紧围绕贯彻实施国家粮食安全战略，针对粮食流通改革发展面临的深层次、体制性、结构性矛盾，结合全国及各地粮食工作实际，精准选题，扎实深入开展调查研究，提出切实可行的政策措施建议，形成了一批针对性、创新性、操作性强的优秀研究成果。

经评审，共有21个课题成果荣获2017年度国家粮食局软科学课题研究一、二、三等奖和优秀奖。其中，武汉轻工大学"新形势下我国主粮价格和收储制度改革与突破——基于粮食目标价格制度试点分析"和西藏自治区粮食局"西藏青稞产业经济研究"2项课题荣获一等奖；中国粮食研究培训中心"粮食行业深化改革转型发展形势下加强技能人才培养研究"、黑龙江省粮食局"关于黑龙江省粮食加工工业发展的对策研究"、北京市粮食局"基于特大粮食销区城市特点的粮食行业诚信评价体系建设问题研究"、安徽省粮食局"新时代主产区省级政府在粮食收储中作用研究"和青海省粮食局"深化粮食流通改革发展　切实保障青海粮食安全"5项课题荣获二等奖；江苏省粮食局"江苏省粮食安全保障立法的探索研究"、新疆维吾尔自治区粮食局"基于粮食安全视角下的新疆粮食流通体制改革研究"、河南工业大学"粮食安全新战略视阈下我国粮食供给侧结构性失衡的矫正机制与政策优化研究"、贵州省粮食局"立足山地公园省优势　实施贵州好粮油行动"、湖南省粮食局"湖南省粮食质量安全监测体系检测能力与从业人员情况分析研究"、海南省粮食局"海南粮食流通监督检查存在问题及对策研究"、广东省粮食局"进一步运用市场机制提升省级储备粮运作水平研究"和河南省粮食局"优质小麦质量监管模式探究"8项课题荣获三等奖；四川省粮食局"关于构建四川现代粮食流通产业体系研究"、河北省粮食局"河北军粮军民融合式发展研究"、国家粮食局科学研究院"我国口粮供需状况的多源数据信息分析"、国家粮食局粮食交易协调中心"重要粮食品种交易价格指数编制研究"、陕西省粮食局"陕西健康粮油食品产业发展研究"和云南省粮食局"新形势下加强和改进云南粮食宏观调控"6项课题荣获优秀奖。

粮食行业人才队伍建设

一　高层次人才队伍建设

（一）选拔产生第二批全国粮食行业技能拔尖人才

为贯彻落实《国务院办公厅关于加快推进农业供给侧结构性改革大力发展粮食产业经济的意见》（国办发〔2017〕78 号）有关部署要求，按照《全国粮食行业技能拔尖人才选拔使用管理实施办法》每两年组织一次选拔的工作安排，在总结首批技能拔尖人才选拔培养工作的基础上，组织各省级粮食行政管理部门和有关中央企业分职业领域，推荐技能拔尖人才候选人，经组织专家评审，选拔确定了第二批全国粮食行业技能拔尖人才 48 人，为粮食行业基层一线职工树立了学习的标杆和榜样。采取购买服务的方式，支持建立 20 个技能拔尖人才工作室，进一步发挥粮油仓储、粮油质检、粮食产业等领域优秀高技能人才在技术攻关、技能创新和传技带徒等方面的重要作用。

（二）继续实施高层次专业技术人才知识更新工程

按照国家专业技术人才知识更新工程 2017 年高级研修项目安排，集中研讨粮食产业转型发展前沿课题。2017 年 10 月 22~28 日在河南省郑州市举办一期全国粮油加工产业升级高级研修班，组织各省级粮食行政管理部门、有关中央企业和高校推荐的 70 名学员，结合粮食行业深化改革转型发展大讨论活动，就国家创新驱动发展战略、《粮食加工业"十三五"发展规划》、粮食产业经济发展新模式新业态、粮食质量安全保障、健康粮油产品生产、粮油适度加工技术、大型智能粮油加工技术装备等内容进行专题讲座与研修。

根据国家粮食局 2017 年面向行业举办培训班计划，2017 年 11 月 19~25 日在湖北省武汉市举办了一期全国粮油质量安全风险防控高级研修班，组织各省级粮食行政管理部门、有关中央企业和高校推荐的 70 名学员，重点研修了我国粮油质量安全风险防控技术的现状与发展趋势，粮油质量安全风险监测评估、应急管理，国内外粮食质量安全管理机制等内容。

截至 2017 年底，相关高层次专业技术人才培养项目为粮食行业累计培训了 692 名科技创新领军人才培养对象。

二　粮食行业青年人才托举工程

为深入贯彻落实人才强国战略，激发广大青年粮油科技工作者的创新创造热情，鼓励支持他们在创造力黄金期脱颖而出，结合国家粮食局及中国科协青年人才工作相关要求，中国粮油学会组织实施了"青年人才托举工程"。旨在探索创新粮油行业青年科技人才接续培养机制，鼓励具有较大创新能力和发展潜力的 32 岁以下青年科技工作者开展原创性研究，扶持培养有望成为未来科技领军人物的优秀青年人才健康成长，打造国家高层次科技创新人才后备队伍，为建设世界科技强国提供人才保障。

2017 年首次启动的"青年人才托举工程"，由中国科协提供科研经费支持，学会搭建平台，扶持培养粮油储藏、粮食加工、油脂加工 3 个专业领域，具有较大创新能力和发展潜力的 32 岁以下青年科技人才，最终评选出 2 人。

三　粮食行业技能鉴定与职业教育发展

（一）粮食行业技能鉴定

1. 行业特有工种职业技能培训鉴定规模创新高

2017 年全年累计完成行业特有工种职业技能培训鉴定 16792 人次，涵盖粮油保管员、粮油质量检验员、制米工、制粉工、制油工共 5 个职业的 5 个不同等级，培训鉴定规模创历年新高，进一步提升了粮食行业人才队伍整体素质。

2. 行业职业技能鉴定质量督导员和考务管理人员培训取得明显成效

一是举办全国粮食行业职业技能鉴定质量督导员和考务管理人员培训班，共有 120 人参加培训和考核，进一步提升了全行业职业技能鉴定质量督导员和考务管理人员的政策理论水平和业务工作能力。二是首批鉴定质量督导员通过考核取得了人社部统一颁发的督导员证，结束了粮食行业职业技能鉴定工作长期以来"无证"监督的历史。三是进一步确立了职业技能鉴定工作在国家粮食安全战略和人才兴粮战略中的基础性地位，明确了鉴定质量督导员和考务管理人员的职责与使命，以及今后工作方向。

3. 赴藏皖两地开展定点扶贫和援藏培训鉴定

落实国家粮食局党组援藏工作要求和《国家粮食局定点帮扶安徽省阜南县实施方案》，组织专家赴藏调研，专人对接阜南县有关部门，制定和落实帮扶工作方案，通过聘请行业专家、赠送培训教材、送培训服务、送鉴定上门等形式，向藏皖两地赠送培训教材 1709 册，培训鉴定粮油保管员、粮油质量检验员 166 人，顺利完成了国家粮食局扶贫攻坚任务，提高了贫困地区和藏区粮食职工的专业素质。

4. 组织行业高级技师研修和评审

落实《国家粮食局关于深化粮食行业人才体制改革的实施意见》，在山东烟台和湖北武汉分别举办了一期粮油保管员高级技师和一期高级粮油质量检验师研修班共 87 人，进一步加强了粮食行业高技能人才队伍建设。

5. 组织修订培训教程和更新国家题库粮食分库

顺应粮食行业发展新动态，组织粮食行业专家对《粮油质量检验员》教程以及粮油保管员、粮油质量检验员国家题库进行了集中修订、更新，完成了教程修订、统稿、审定、印刷等工作，更新理论知识试题 18000 道、操作技能试题 108 道，新教程和题库均于 9 月全国统考前投入使用，满足了行业职业技能鉴定和技能人才培养工作的需要，推进了职业技能鉴定考试的公正性、科学性和实效性。

6. 有序推进行业鉴定站质量管理评估

按照《粮食行业特有工种职业技能鉴定实施办法（试行）》《粮食行业特有工种职业技能鉴定站管理办法》，组织开展粮食行业特有工种职业技能鉴定站质量管理评估工作，通过综合评估，共有 8 个鉴定站被评为全国粮食行业优秀鉴定站。

7. 课题成果获国家粮食局软科学课题评选二等奖

积极参加国家粮食局软科学课题，深入开展调查研究，撰写了《粮食行业深化改革转型发展形势下加强技能人才培养研究》课题报告，提出建设两个平台、打造两艘旗舰、完善两个体系、发挥两个作用等行业技能人才培养体系建设意见和建议，该成果获得 2017 年度国家粮食局软科学课题二等奖。

（二）粮食行业职业教育发展

1. 组织修订粮食专业目录和编制教学方案

一是组织粮食职业院校修订教育部《中等职业学校专业目录》粮食专业设置和专业内容，巩固和加强粮食专业的基础性地位。二是组织专家编制《职业院校粮食专业教学指导方案》，满足当前粮食院校的专业教学需要和粮食行业发展对人才知识技能等素质方面的需求。

2. 加强粮食院校教科研项目研究

一是组织粮食院校开展《人才需求预测与教学专业设置指导方案报告》项目研究，加快推进《高等职业教育创新发展行动计划（2016–2018 年）》项目落地。二是组织申报教育部《职业学校专业实训教学设施建设标准》项目，进一步规范和改善粮食院校办学条件，夯实和提升粮食院校教学、培训的基础能力。

3. 开展教师实践锻炼活动

组织 2017 年粮食职业院校教师实践锻炼活动，整理印制《教师实践锻炼总结汇编》，召开专题会议交流教师实践锻炼经验，建立粮食职业院校教师实践锻炼的长效机制，加强粮食职业院校师资队伍建设，进一步深化产教融合、校企合作，完善产学研用相结合的协同育人模式。

粮食行业深化改革转型发展大讨论

全国粮食行业"深化改革转型发展"大讨论活动自 2017 年 7 月开展以来，各级粮食部门自上而下，紧扣活动主题，强化组织领导，狠抓落实落地，广泛发动宣传，深入调查研究，大讨论活动开局良好、进展顺利，至 2017 年底取得了阶段性成效。

一 大讨论活动工作开展基本情况

国家粮食局成立以局长张务锋为组长，其他局领导为副组长的大讨论活动领导小组，下设领导小组办公室，制定活动实施方案，指导各地开展大讨论活动。活动开展半年来，张务锋局长先后 15 次专门对大讨论活动作出批示，要求把学习贯彻党的十九大精神作为大讨论活动的根本出发点和落脚点，加强领导，强化调度，在粮食行业组织大学习、开展大调研、深化大讨论。

（一）在学懂弄通上下功夫，组织全国粮食行业开展大学习

一是，组织辅导讲座。先后举办四期"全国粮食流通改革发展论坛"：邀请中央宣讲团成员、国务院发展研究中心副主任王一鸣同志以"学习宣传贯彻党的十九大精神"为主题作专题报告会；邀请中央农村工作领导小组办公室主任、中央财经领导小组办公室副主任韩俊，围绕"新形势下全面落实国家粮食安全战略、加快推进粮食供给侧结构性改革"主题，作专题辅导报告；邀请陈锡文、张晓强、岳应君、叶兴庆 4 位专家围绕"深入学习贯彻党的十九大精神和全面落实国家粮食安全战略"主题做学术报告辅导会；邀请柏乡粮库尚金锁主任和浙江储备粮管理有限公司黄志军董事长，围绕"加快国有粮食企业改革转型"主题作专题报告。全国粮食行业干部职工近 8000 人次参加报告会，每场报告会都座无虚席。

二是，印发学习材料。组织编辑印发《习近平总书记重要讲话、批示摘编》《党的十九大精神学习材料摘编》等五册学习资料共 2.5 万册，组织全行业干部职工进行深入学习，切实做到学中央精神、明方向大势，真正把思想和行动高度统一到党中央决策部署上来。通过多种学习方式，促使大家更好地解放思想、更新观念，打破思维惯性和路径依赖，为进一步加快粮食行业深化改革转型发展指明了方向。

（二）在督导督查上下功夫，确保大讨论活动扎实深入开展

一是，召开调度督导会。2017 年 9 月，张务锋局长在山东滨州主持召开由各省（区、市）粮食部门主要负责同志参加的大讨论活动调度督导会，听取工作汇报，对推动大讨论向纵深发展提出要求。

二是，局领导带头督导。张务锋局长专门到北京调研大讨论活动开展情况，徐鸣、曾丽瑛、赵中权、卢景波 4 位局领导结合开展"大快严"行动，分别对广东、黑龙江、陕西、河南等地开展大讨论的情况进行督导，加强对活动的指导。

三是，扎实开展专项督导。活动办成立 5 个督导组，对上海等 8 个省（市）和局机关 7 个司局单位进行专项督导，实地调研督导 34 个市县粮食管理部门和 32 家企业，召开 31 场专题座谈会，及时

发现并纠正存在的问题。

四是，各地认真组织自查。湖北省检查收储库点 1624 个，发现安全隐患 773 个，已整改完成 588 个，追责问责 147 人；新疆完成 691 万吨库存粮食自查，举报投诉案件同比下降了 43%。通过层层建立督导机制，加强上下联动，有效发挥了督导促进作用。

（三）在宣传引领上下功夫，放大大讨论活动阶段性成果

一是，及时编发简报。积极宣传大讨论阶段性成果，将各地、各单位大讨论活动信息整理编辑，编发了 61 期《粮食工作简报》大讨论活动专刊，并同步上网进行宣传，充分发挥先进典型的示范带动作用，进一步扩大活动的影响力。

二是，加强宣传报道。组织《人民日报》、新华社等多家中央主流媒体发布"深化改革转型发展"大讨论活动新闻报道；通过在局政府网站开设大讨论专栏，局政务微博、微信等多种渠道，实时更新、登载各类信息上百条；组织《中国粮食经济》《粮油市场报》开设大讨论活动专栏，进行专题深度报道等，强化了"网、刊、报"融合宣传报道。

三是，做好主题征文和合理化建议征集工作。搭建广开言路交流经验的平台，组织广大干部职工积极撰写主题征文和研提政策措施建议，截至目前，共收到征文 1493 篇，合理化建议 1214 条。活动办已把第一批征文建议整理汇总送局政策研究室，作为全国粮食流通工作会议参考内容使用。

二 活动中期取得的阶段性成效

各地粮食部门在开展大讨论活动期间，坚持把开展大讨论活动同实际工作紧密结合起来，同落实全国粮食流通工作会议和粮食流通改革发展座谈会部署紧密结合起来，坚持问题导向，认真查找影响粮食行业深化改革转型发展的突出问题，通过系统学习、座谈交流、深入调研，初步取得了解决实际问题的思路、方法、措施和政策建议。

（一）大讨论活动在全行业引起思想共鸣，得到广大干部职工积极响应

一是，各地政府积极响应。大讨论活动动员会召开后，江苏、广西、云南、上海、西藏、江西、福建、广东、广西等省（区、市）政府分管省领导专门作出批示，要求所属粮食部门充分发挥主动性和创造性，结合实际制定方案，迅速掀起大讨论活动热潮。

二是，粮食部门动作迅速。各地粮食部门认真组织广大干部职工学习张务锋局长在大讨论动员会上的讲话精神，结合工作实际迅速展开大讨论活动各项工作，做到了全员发动，不漏一人。

三是，领导带头取得实效。各省、区、市粮食局一把手和领导班子成员带头学习、带头研讨、带头调研，起到了很好的带动示范作用，推动大讨论活动向市、县粮食部门和涉粮企事业单位拓展，进一步增强了广大干部职工做好粮食工作的责任感和使命感。通过此次活动，全国粮食行业切实转变了思想观念，强化了责任担当，提升了工作水平，推动了粮食流通工作转型发展。

（二）自觉把十九大精神贯穿于大讨论活动全过程，"两结合、两促进"取得实效

一是，学中央精神、明方向大势。甘肃省召开"学习贯彻十九大精神，推动全省粮食行业深化改革转型发展"研讨会，同时收录各级领导干部 86 篇研讨材料编制文件汇编；仓储与科技司采取同样方式组织全体干部职工开展征文工作并将大讨论成果汇编成册；吉林省亦将习近平总书记视察吉林时的重要指示等内容编印《吉林省粮食行业"深化改革转型发展"大讨论活动学习材料汇编》，延伸学

习内容；河北省组织 5 次十九大精神学习会；四川省开展"喜迎党的十九大"演讲比赛活动；浙江省邀请研究中心主任颜波作"学习宣传贯彻党的十九大精神"专题辅导报告会；人事司组织开展了粮食流通改革发展青年论坛，宣贯十九大精神，激励干部职工干事创业、担当有为。

二是，转思想观念、谋改革发展。江苏省开办"金谷大讲堂"，邀请国务院发展研究中心程国强研究员作"粮食制度变革与产业重塑"专题报告会；河南省邀请郑州大学郑建华教授围绕"互联网＋科技创新"主题作专题讨论；粮科院召开"改革发展战略规划"专题研讨会，围绕推进粮科院体制机制改革重大问题进行座谈交流；湖南省分别邀请国粮局科学研究院院长杜政、研究中心主任颜波作"实施'中国好粮油'""发展粮食产业经济"专题辅导报告会；福建省利用"良友讲坛"平台，开展"转思想观念""强业务能力""树忧患意识"系列研讨；黑龙江省组织开展四次处长大讲堂活动。中航粮贸将今年定为企业的改革转型年，借大讨论活动以"三个转变"为主题开展宣讲培训。

三是，强责任担当、提工作水平。中粮集团党组书记、董事长赵双连带头深入河南、重庆、新疆等基层企业宣讲督学；西藏挖掘了林芝市工布粮油公司通过职工洛桑村学习日志探寻转型发展道路；山西省开展职工技能大赛和岗位建功劳动竞赛活动，推动职工素质能力提升；还与省委组织部联合组织开展粮食系统领导干部培训；广东省请法律专家为干部职工作专题讲座，讲解行政不作为的具体表现及其后果，增强干部职工法治观念和主动作为意识；规划财务司组织规划解读培训班，落实张务锋局长关于放大规划效应、加强项目建设的指示要求。各地各单位通过举办系列活动，统一了思想认识，实现了有效作为，确保了粮食流通改革转型和大讨论活动正确方向。

（三）以问题导向为抓手深入调研，收获了深化改革转型发展的好点子

一是，领导带队走基层，挖掘干事创业的好点子。国家粮食局领导同志带队到天津等 10 个省、区、市开展专题调研；河北省局围绕 5 个专题赴吉林等四省区开展对标活动；安徽省局领导以"深化改革、转型发展、闯出新路"为题深入基层开展大调研；山西省灵活运用大数据分析、专家咨询等手段提高调研质量和效率；陕西省邀请省政府研究室先后 5 次进行粮食产业发展调研，形成陕西粮食产业发展调研报告。

二是，聚焦矛盾问题，聚力突破发展瓶颈约束。湖南省较早地启动了水稻价格形成机制和收储制度改革的研究，实行动静态储备结合的储备模式，彻底改革顺价销售僵硬政策，得到中农办原主任陈锡文同志肯定；规划财务司"多渠道筹集粮食市场化收购资金"调研成果以局专报形式上报，得到国务院领导同志圈阅同意；研究中心在落实国家粮食安全战略、完善宏观调控方面，积极推进《粮食行业转型发展战略研究》《改革开放以来粮食市场波动原因、对策及启示研究》战略性课题研究；在加强政府储备管理、强化粮食流通监管方面，开展了《关于我国合理的粮食库存水平和政府储备规模的建议》《关于国内外粮食转基因现状、政策和我国的对策建议》课题研究；湖北省省政府办公厅专门印发了粮食供给侧结构性改革行动方案，从六个方面提出了深化粮食供给侧结构性改革的 18 项具体措施。

三是，强化合作共赢，推动粮食行业转型发展。交易中心与光大银行组成联合调研组，研发符合平台交易需求的新型融资产品，探索帮助中小粮食企业解决"融资难""融资贵"等问题的措施办法；新疆与研究中心合作开展"丝绸之路经济带建设背景下提升新疆粮食安全保障能力的政策研究"研究成果已转化为提交自治区党委、政府的改革建议；中粮集团按照"市场化、专业化、一体化"要求，围绕加速构建大销售、大采购、大物流的农粮购销平台进行了广泛而深入的研究讨论。通过多渠道、多层面、多角度了解基层情况，挖掘了一批好经验好做法，充分发挥基层粮食部门、企事业和广大干

部职工在大讨论中的主体作用。

（四）粮食行业转型发展模式不断丰富，推动粮食产业加快转型升级

一是，优化发展模式。江苏省"多措并举推动粮食去库存""发展粮食共同担保基金""履行对国有粮食企业出资人职责"进入国家粮食局亮点工作清单。陕西省实施大集团、大品牌战略，设立百亿元粮农产业发展基金；山西省探索依托储备库和基层粮站建立"产购储加销"全产业链新模式。

二是，整合行业资源。宁夏优化产业发展方式，组建宁夏大米产业联盟，实现企业增效、农民增收。西藏整合西藏金谷集团、西藏西农集团等 18 家国有企业，组建西藏农牧产业投资集团有限公司；广西加快推进国有粮食企业改革和"僵尸企业"出清重组；安徽省国有粮食购销企业户数从 2016 年初的 466 户整合到 287 户。

三是，加强协同合作。贵州省深入推进"引粮入黔"，与河北、黑龙江等粮食主产省签订的战略合作协议，解决输入性平衡保障问题。通过围绕产业抓经济、突出改革抓创新、服务企业抓环境，全面提升我国粮食流通现代化水平。

（五）加快实施"中国好粮油"行动计划，建设一批新型粮食物流产业园区，培育一批优质特色的粮食品牌

一是，"中国好粮油"行动计划顺利实施。粮科院完成 12 项"中国好粮油"标准修订工作；黑龙江省组织开展了"黑龙江好粮油中国行"专项营销行动；辽宁省争取财政资金 9320 万元保障"中国好粮油行动"实施；新疆安排专项资金 1000 万元择优支持了优质粮食工程等 17 个项目。

二是，地方粮食物流园建设取得新的进展。北京市按照国家级粮食物流园区的标准，推进黄骅港、天津港等物流节点建设；广西投资 70 亿元推进广西（中国—东盟）粮食物流园区建设；云南省争取基础设施建设资金 4 亿元实施 10 个粮食物流和仓储建设；甘肃省规划投资 30 多亿元，建造 10 个板块功能的现代化粮食产业园区；中粮粮谷建设粮食服务综合产业园。

三是，各地涌现出一批叫得响的粮食品牌。陕西省大力培育陕北杂粮、陕南富硒大米和黑米等特色农产品；北京市积极打造"古船""绿宝"品牌；江苏省创建"苏米"品牌，新增 57 家粮油企业进入评审程序；贵州省与科技公司合作研发特色粮油创新产品；湖北省培育打造"湖北粮、荆楚味"品牌；山西省实施"山西小米"品牌建设，省长办公会专题研究"2017 山西好粮油"行动；广西积极打造"广西香米"区域公用品牌。通过大力实施优质粮食工程，促进企业增效，带动农民增收，推动大讨论活动深入开展。

（六）推动粮食信息资源共享、数据互通，粮食信息化建设取得初步成效

一是，粮食信息化平台初成规模。北京市建立"政府—企业—网点"三级联动的信息监测网络，全面准确掌握市场行情；江苏省组织开发了国内首款农户售粮服务 APP —"满意苏粮"，实现了数据在线共享、实时传送，极大提高了执法效率。

二是，粮食信息化平台初见成效。国家粮食局交易协调中心通过平台累计成交国家政策性粮油 5644 万吨，成交金额 991 亿元；辽宁省粮食发展集团打造东北粮食现货电商交易及物流服务平台；中储粮在新疆南疆地区完成"一卡通"建设，收购国家临储小麦 143 万吨，远程支付收购资金累计 33.5 亿元。

三是，粮食信息化平台实现互通。浙江省省级粮食管理平台、省级储备粮业务管理系统开发完成并投入运行，实现了省、市、县互联互通。辽宁省编制了《2017 年粮安工程粮库智能化升级改造

建设方案》，计划在 2018 年底前初步建成 1 个省级粮食管理平台、126 家储备粮承储企业智能化升级改造、1 个东北粮网电商平台、1 个智能化仓储物流中心等，项目总投资累计 2.5 亿元；新疆借助国家粮食局统计信息直报系统实现全区 521 家入统企业全部网上直报。通过建设集交易、物流、金融、服务于一体的信息化智能化平台，拓宽粮食营销渠道，提高供给效率，更好地服务国家粮食宏观调控。

节粮减损

一   节粮减损行动

2017 年 5 月，财政部和国家粮食局印发《关于在流通领域实施"优质粮食工程"的通知》（财建〔2017〕290 号），全面启动实施包括粮食产后服务体系建设在内的"优质粮食工程"。2017 年 8 月，在《国家粮食局 财政部关于印发"优质粮食工程"实施方案的通知》（国粮财〔2017〕180 号）中，正式印发《粮食产后服务体系建设实施方案》。2017 年 9 月，国务院办公厅印发《关于加快推进农业供给侧结构性改革大力发展粮食产业经济的意见》（国办发〔2017〕78 号），提出"建设一批专业化、市场化的粮食产后服务中心，为农户提供粮食'五代'服务"。2017 年 10 月，国家粮食局办公室印发《粮食产后服务中心建设技术指南（试行）》和《粮食产后服务中心服务要点（试行）》〔国粮办储〔2017〕266 号），指导和规范各地粮食产后服务中心建设和服务等工作。

在 2017 年世界粮食日和全国爱粮节粮宣传周期间，以"爱粮节粮保安全、优粮优价促增收"活动主题，国家粮食局等主办单位在全国范围内组织开展了"优粮优价促增收"系列活动。一是粮食增收进农户。组织专家与农业院校师生等，走村入户、深入田间地头，为农户宣传国家粮食质价政策，讲解粮食种植、收获、干燥、储藏等专业知识，提高农户粮食种植和收储技术水平。依托粮食产后服务体系，向农户宣传推广"代清理、代干燥、代储存、代加工、代销售""五代"服务，提高粮食产后专业化服务水平，减少产后损失。二是优质粮油进家庭。开展社区主题科普讲座、互动交流、主题倡议等活动，组织公众走进优质粮油加工企业和示范基地，宣传讲解膳食营养健康知识，普及"中国好粮油"系列标准和质量控制导则，引导老百姓科学消费，保障身体健康，促进粮食消费升级。三是爱粮节粮进学校。面向学生举办爱粮节粮科普知识讲座，宣传讲解我国粮食安全形势、粮食供给状况，以及健康消费、合理膳食等科普知识；组织"光盘行动"、节约标兵评选、爱粮节粮随手拍等活动，倡导珍惜节粮、反对浪费的良好风尚。全国有 2000 多个行动工作组，走进 20 万家农户、2 万个城镇家庭和 2000 所学校，宣讲兴粮惠农政策和爱粮节粮知识。

二   爱粮节粮宣传教育

2017 年，国家粮食局认真贯彻落实中办、国办有关文件要求，创新形式、注重实效，持续开展各类爱粮节粮主题宣传教育活动，营造爱粮节粮社会新风尚。

（一）组织开展首届全国"爱粮节粮之星"评选发布活动

会同农业部、教育部、科技部、全国妇联，以及联合国粮农组织驻华代表处，在全国范围内组织开展首届"爱粮节粮之星"评选发布活动。面向全社会广泛发掘评选"在工作岗位上长期坚持爱粮节粮，能够带动身边人共同营造爱粮节粮风尚的；在业务工作中潜心钻研，利用科技手段支撑节粮，改革创新节粮，取得明显社会效益和经济效益的；在日常生活中具有爱粮节粮方面突出表现和行为，或有重大贡献"的组织或个人。活动分为国家级和省级两级开展。省级由各省级粮食、农业、教育、科技、妇联等部门组织在本地区评选发布；国家级由国家粮食局、农业部、教育部、科技部、全国妇联从省级"爱粮节粮之星"中择优评选。通过倡树"爱粮节粮之星"先进典型，营造学习先进、赶超先进的浓厚氛围，进一步发挥"爱粮节粮之星"引领带动作用，在全社会营造爱惜粮食、节约粮食的良好氛围。

2017年10月16日，世界粮食日和全国爱粮节粮宣传周主会场活动在中国农业大学举办，活动表彰了10名国家级"爱粮节粮之星"，包括湖南省祁阳县新农科种养专业合作社邓根智、农业部市场与经济司陈萍、湖南省农业科学院赵正洪、河南省农业科学院张新友、华中农业大学刘颖、黑龙江双城市粮农谷物专业合作社刘彩华、江西省余干县菽金生态农业合作社吴淑金、四川崇州市白头镇五星土地股份合作社赵水伏、辽宁鞍山国家粮食质量检测站涂勇，以及陕西师范大学；10位主题人物从种粮大户种好粮、科技支撑好种粮、五代服务保好粮、健康消费吃好粮四个层面，畅谈爱粮节粮、助力国家粮食安全的经验体会；活动现场播放了主题人物公益视频，向全社会发出"爱粮节粮保安全，优粮优价促增收"主题倡议。各地区评选发布了200余名省级"爱粮节粮之星"，并组织了形式多样的宣传倡树活动。

（二）组织开展"优粮优价促增收"系列活动

会同农业部、教育部、科技部、全国妇联，以及联合国粮农组织驻华代表处，在全国范围内组织开展"优粮优价促增收"系列活动。组织农业专家、科技专家、农业院校师生等，面向"种粮农户、社区家庭、在校学生"三个层面，在粮食收购一线、普通居民家庭、各类教育院校开展了各具特色的技术知识宣讲、主题倡议、标兵评选等活动，受到了种粮农民、普通消费者和广大学生的欢迎和好评。

（三）组织开展系列主题宣教活动

紧扣粮食流通中心工作，围绕优质粮食工程、粮食产业经济、粮食收购、粮食质量安全等主题，精心策划选题，持续推出粮食安全、爱粮节粮系列主题宣传报道，推动构建爱粮节粮宣传教育长效机制。全年共摄制爱粮节粮主题公益视频10个，发布整版公益广告1次，开展网络直播1次，开设专栏1个。各地粮食部门结合本地实际，组织开展形式多样的爱粮节粮主题宣教活动，在全国范围内形成了很好的联动效应。宁夏组织"爱粮说""天下粮心"主题征文活动；安徽组织开展淮南小记者走进主食工厂，零距离接触食品加工生产；福建组织开展"小手拉大手"节粮宣传活动；广西组织开展爱粮节粮随手拍活动，号召广大师生践行"光盘行动"，营造爱惜粮食、反对浪费的良好氛围，受到广大师生一致好评。

粮食财务管理

2017年，各级粮食财会部门认真学习贯彻习近平新时代中国特色社会主义思想和党的十九大精神，坚决贯彻党中央、国务院关于保障国家粮食安全的战略决策，按照"讲政治、顾大局，抓重点、出亮点，争主动、真落实，高标准、严要求，多添彩、不添乱"的总体要求和"敢于担当、善谋实干、锐意进取"的工作要求，积极发挥粮食财会职能作用，在协调粮食收购资金和项目建设资金、争取落实财税优惠政策、加强对国有粮食企业经营管理指导、加强预算管理保障经费支出、加强内部审计和行业财会队伍建设等方面围绕中心、服务大局，主动作为、成效显著，有力推动了粮食行业深化供给侧结构性改革、推进粮食收储制度改革、促进粮食产业经济发展、保障行业重大工程和重点项目实施的资金需求。

一　多渠道筹集粮食收购资金，不断巩固和扩大粮食收储制度改革成果

一是，积极协调落实政策性粮食收购资金。研究完善小麦、稻谷最低收购价粮食信贷政策，协调农发行及早印发夏秋两季粮食信贷文件，保障政策性粮食收购资金及时足额供应，促进了地方粮食储备增储到位和最低收购价等政策性粮食收购顺利进行。

二是，进一步完善粮食收购贷款信用保证基金政策。落实国务院领导批示精神，赴6省区深入调研后，向国务院专题汇报了《关于完善东北地区玉米市场化收购基金的建议》，经李克强总理等国务院领导同意后，有关精神在2017年秋粮收购政策中体现。同时，协调农发行专门印发关于加快推进基金工作的通知，指导东北4省（区）修订实施办法，允许商业银行和各类企业参与，并将范围从玉米扩大到稻谷、大豆、小麦等品种，增强了基金灵活性和有效性。截至2018年4月30日，通过信用保证基金累计向198户企业发放贷款61.34亿元，同比增加一倍。

三是，不断拓宽粮食市场化收购资金融资渠道。指导粮食企业顺应改革形势，通过信用保证基金融资、商业银行贷款、与下游企业合作经营等方式，多渠道筹集收购资金。

四是，做好融资政策储备。围绕多渠道筹集粮食市场化收购资金开展专题调研，同时委托中国农业大学开展课题研究，形成了近10万字的研究报告，提出了拓宽粮食企业融资渠道的措施建议。

五是，完善"粮食银行"政策。为落实国务院领导批示，深入探讨研究，广泛征求相关部门意见建议，呈报了《关于"粮食银行"有关情况的报告》，提出了完善政策的意见建议。

二　优化财税金融政策环境，推动粮食去库存和产业经济提质增效

一是，配合有关单位争取国务院办公厅印发了《关于加快推进农业供给侧结构性改革　大力发展粮食产业经济的意见》，并明确了对粮食流通行业加大财税扶持力度，健全金融保险等支持政策，落实用地用电优惠政策等一系列政策规定。

二是，与农发行联合开展重点支持粮油产业化龙头企业审核认定和扶持发展工作，认定并公布了507家重点支持粮油产业化龙头企业。争取农发行将其列入了《2018年中国农业发展银行信贷政策指引》《扶贫信贷政策指引》，给予优先、重点信贷支持。

三是，指导地方落实好《关于部分国家储备商品有关税收政策的通知》，免征储备企业印花税、房产税和城镇土地使用税等，切实减轻了企业负担。同时，经过反复沟通，协调税务总局印发了《关于纳税人销售国家临时储存粮食发票开具有关问题的批复》，解决了长期以来困扰"分贷分还"企业增值税发票开具问题，保障了政策性粮食竞价交易顺利进行，有力促进了粮食去库存。

四是，认真调研并向财政部报送了《关于进一步完善粮食风险基金政策的建议》，提出增加基金规模、调整使用范围、完善管理体制等建议，全力为行业发展争取资金支持。

三　加强粮食财会队伍建设，切实增强企业经营管理指导能力

一是，委托商业会计杂志社等单位组织开展了"贯彻执行会计准则　加强内控管理"全国粮食财会知识网络竞赛，以赛代训、以赛促学。各地粮食部门精心组织、广泛宣传，11319名粮食财会人员参赛，答题20000余次，在全国粮食系统掀起了学习粮食财会知识的热潮，进一步提高了粮食财会人员的专业素质和履职能力，有力推动了实际工作，各地反响较大。

二是，积极组织开展培训。在陕西省西安市举办了全国粮食财会人员培训班，请专家学者就企业融资、粮食信贷、"优质粮食工程"等内容授课讲解，成效明显，大家反映良好。各省也结合实际举办了财会业务培训，累计培训超过1400人次。有效提高了粮食财会人员做好财务报表编报、分析企业经营情况、指导企业经营管理的能力。得益于此，全国国有粮食企业经营形势持续向好，经营效益逐年提高。

四　积极筹集建设资金，促进行业重大项目建设

2017年，积极争取国家发展改革委、财政部安排中央财政性资金，支持粮食行业基础设施建设。争取国家发展改革委安排中央预算内投资约20亿元支持粮食仓储、物流设施建设；争取财政部安排中央财政补助资金约14亿元支持危仓老库维修改造和粮库智能化升级改造，安排中央财政补助资金50亿元支持包含粮食产后服务体系、粮食质量安全检验监测体系、"中国好粮油"行动3个子项的"优质粮食工程"实施。地方各级粮食部门和有关中央企业认真按照《粮食行业"十三五"发展规划纲要》《粮食物流业"十三五"发展规划》《粮食收储供应安全保障工程建设规划（2015~2020年）》的安排，多渠道筹集资金，促进粮食行业重大工程、重点项目建设，完善粮食流通基础设施体系建设，提升粮食流通信息化水平，促进粮食由增产导向转向提质导向，为服务乡村振兴战略和健康中国战略实施、保障国家粮食安全奠定了坚实的基础。

五　加强预算财务管理和审计监督，切实发挥服务保障作用

深入推进预算管理制度改革，强化预算绩效管理，提高预算执行效率，严控"三公经费"、会议

费、培训费等一般性开支，落实预算公开。紧紧围绕粮食流通改革发展大局，加大预算项目统筹协调力度，提高资金配置效率，积极发挥服务保障作用，为粮食行业重点工作提供了有力的经费保障。不断强化财务管理制度建设，加大审计监督力度，发挥内部审计的督促落实和监督保障作用，进一步强化部门预算财务管理，加强行业项目资金监管，有效发挥财务服务大局的作用，提高了财政资金使用效益，更好地推动了粮食流通事业发展。

新闻宣传

一　聚焦中心、科学策划，粮食流通宣传报道效果良好

围绕粮食行业学习贯彻党的十九大精神和贯彻落实党中央、国务院关于粮食工作的决策部署，以及推进"深化改革转型发展"大讨论等中心工作，周密策划、精心组织，动员中央主流媒体精锐力量，广泛运用各类媒体渠道，采取融媒体宣传方式向社会进行发布报道，粮食流通宣传报道质量再上新台阶。制定出台粮食流通突发事件新闻发布应急预案、国家粮食局政府网站管理暂行办法等规章制度，规定突发事件舆情监测应对工作程序及网站等信息发布平台管理程序，新闻宣传工作进一步规范化、制度化、系统化。

2017 年，各大中央主流媒体发布粮食流通宣传报道数量大幅提升，深度报道、专题报道占比，版面、档期重要性有所提高。全年国家粮食局共刊发粮食流通宣传报道 509 篇（条），较上年增长70%。全年共组织开展宣传报道 47 次，组织记者到基层采访报道 10 次，涉及 110 余人次；组织《人民日报》《经济日报》《光明日报》等中央级纸质媒体发布粮食流通报道 120 余篇，其中《经济日报》发布 3 个整版报道，1 个整版公益广告；组织新华网、人民网、中国网等中央级网络媒体发布相关报道 230 余条，其中人民网制作发布专题 1 个；组织中央级电视媒体发布相关报道 30 余条，制作发布专题节目 1 期；组织中央级电台发布报道 30 余条。

二　密切监测、及时应对，粮食流通舆情态势总体平稳

（一）及时妥当开展舆情应对处置

进一步规范突发事件新闻发布工作流程，灵活运用部门回应、专家发声、媒体报道等多种方式，及时妥当开展应对，正面引导公众舆论，多措并举提升舆情应对处置能力。重大涉粮舆情发生后，第一时间启动应急处置，成立应急工作小组，组织相关专家定期进行舆情会商，研判舆情走势，提出舆情应对措施建议。结合事件调查处置进程，适时采取通气会、网站通告等方式向社会公布有关情况，及时回应公众关切。

（二）抓好抓实舆情监测，力争重大舆情不漏报不迟报

结合粮食流通形势发展变化，动态调整监测关键词、时段、媒体，在重要政策出台、行业突发事件或媒体曝光负面新闻等重要节点，实行人工 7×24 小时不间断监测，着力加大舆情分析研判力度，注重定量统计和定性分析，以专报等形式有针对性地提出舆情措施建议。重大负面报道第一时间监测上报，有效争取舆情应对的主动权和时间。全年共搜集监测热点涉粮舆情 3500 余条，筛选报送《粮食舆情摘编》53 期、涉粮舆情信息 56 条、《粮食突发舆情快报》36 期（含专报 8 期）、《粮食舆情专题分析报告》11 期。

三　创新形式、精心组织，成功举办世界粮食日和全国爱粮节粮宣传周活动

2017 年世界粮食日和全国爱粮节粮宣传周期间，会同农业部、教育部、科技部、全国妇联和联合国粮农组织等部门组织，以"爱粮节粮保安全，优粮优价促增收"为主题，在全国范围内组织开展"首届爱粮节粮之星"评选发布活动和"优粮优价促增收"系列活动。活动周期间，各级粮食、农业、教育、科技、妇联等部门组织 2000 多个行动工作组，走进 20 万家农户、2 万个城镇家庭和 2000 所学校。通过专题讲座、技术指导、互动交流、作品征集等形式，宣传讲解兴粮惠农政策和爱粮节粮知识，发放主题宣传册、宣传品。10 月 16 日，国家粮食局、农业部、教育部、科技部、全国妇联和联合国粮农组织，在北京联合主办 2017 年世界粮食日和全国爱粮节粮宣传周主会场活动，活动现场表彰了首届"全国爱粮节粮之星"，举行了优质粮食工程启动仪式。

四　严格审核、开拓平台，局政府信息发布平台建设进一步加强

组织开展政府网站升级改版，开通政务微博微信，多措并举提高信息质量数量，实现信息共享、实时联动、分层发布。

（一）进一步丰富信息发布平台

开通局政务微博微信，与局政府网站开展融媒体信息发布，及时发布粮食流通政务信息，开通 7 个月点击量近 100 万，有效拓宽了粮食流通政务信息发布渠道和平台，增强影响力。探索建立"网刊报"融合发展工作机制。引入新华网、人民网等外部发布平台，形成互补、互联、互通、互动的多层次发布平台体系。

（二）组织开展局政府网站升级改版

按照建设法治政府、创新政府、廉洁政府和服务型政府有关要求，以"将政府网站打造成更加全面的政务公开平台、更加权威的政策发布解读和舆论引导平台、更加及时的回应关切和便民服务平台"为目标，组织开展局政府网站改版。以"更加突出粮食流通中心工作""更加增强互动性、服务性"为重点，调整页面设计与布局（涉及 5 个板块）、优化栏目结构（涉及 9 个板块）、升级应用系统和应用程序（涉及 10 个板块），以及重新设计制作网站英文版。

（三）进一步强化信息发布内容管理建设

坚持定期通报信息发布情况，严格执行拟发布信息审核制度，加强抓取行业重要工作动态的时效性，科学规划设计专题专栏，多措并举提高局政务信息发布的质量和效果。

全年局政府网站共发布各类信息 1669 条，中国政府网抓取转载 74 条；其中业务信息 788 条，较上年增长 37%。围绕粮食流通中心工作，及时开设专题专栏，科学设计版面，提升可读性和传播力。设置深入学习贯彻落实党的十九大精神、2017 年世界粮食日和全国爱粮节粮宣传周活动、加快发展粮食产业经济建设粮食产业强国、全国粮食行业"深化改革转型发展"大讨论活动、全国粮食系统安全工作会议、2017 年粮食科技活动周、2017 年全国粮食流通工作会议等 7 个专栏。

◆中国粮食经济杂志社

 《中国粮食经济》牢牢坚持正确的政治方向和舆论导向，深入宣传党的十九大精神和粮食流通重大主题

2017年，《中国粮食经济》牢牢坚持正确的政治方向和舆论导向，牢牢坚持党性原则，牢牢坚持正面宣传为主，深入学习宣传贯彻党的十九大精神，大力宣传粮食流通中心工作，展示粮食行业深化改革转型发展的生动实践，展现粮食行业干部职工的精神风貌，为凝聚行业共识、推动粮食流通工作营造了良好舆论氛围，全年编辑出版杂志正刊 12 期，增刊 2 期、专刊 1 期，编发稿件 400 多篇，共计 140 多万字。

（一）及时深入宣传党的十九大精神

根据国家粮食局党组学习宣传贯彻党的十九大精神的部署，中国粮食经济杂志社把宣传党的十九大精神作为一项重要政治任务，制定了《关于学习宣传贯彻党的十九大精神工作方案》，从 2017 年第 11 期起开设"在十九大精神指引下"栏目，刊发题为《在党的十九大精神指引下创造粮食流通事业新辉煌》的社评，推出《砥砺奋进谱写新时代的新华章》专题，宣传各级粮食部门学习贯彻党的十九大精神重要会议、活动及干部职工学习体会。截至 2017 年底，共刊发稿件 12 篇。

（二）为粮食行业深化改革转型发展营造有利氛围

针对粮食行业开展的"深化改革转型发展"大讨论活动，开设专栏，刊发活动动员会议精神及各地活动开展情况报道，撰写《同心协力共谋未来》《大讨论活动显成效》等文章，为大讨论活动营造有利氛围。承办"深化改革转型发展主题征文"活动并选登整理征集到的部分征文和建议。截至 2017 年底，共刊发稿件 30 余篇。

（三）突出粮食流通重大主题，宣传重点亮点

2017年，充分发挥"卷首语"和"专题"两个栏目在重大主题宣传上的作用，努力做到粮食流通工作的重点是什么，栏目就关注什么。主要围绕全国粮食流通工作会议、粮食供给侧结构性改革、玉米收储制度改革、全国粮食系统安全工作会议、全国粮食流通改革发展座谈会、"深化改革转型发展"大讨论活动、粮食产业经济发展、"优质粮食工程"等粮食行业大事要事，推出了《收获 2016 奋进 2017》《改革奏强音》《2017 年各地粮食工作怎么干》《粮稳天下安》《乘势而上谱新篇》《同心协力共谋未来》《向粮食产业强国迈进》《实施优质粮食工程增加优质粮油供给》等专题报道，同期在"卷首语"配发与当期专题宣传相关的评论文章，发挥其引导舆论、凝聚共识的作用。

在做好两个核心栏目建设的同时，加强栏目建设，开设多个新的专栏对重点工作进行持续关注。在"粮食论坛""视点"等栏目，突出内容的"含金量"，特邀陈锡文、张晓强、李国祥等知名专家撰写文章，增强刊物的权威性；开设"中国好粮油"栏目对中国好粮油行动开展情况进行宣传；在"粮食产业"栏目进行粮食产业发展典型企业巡礼系列报道；开设"特别报道"栏目刊发三期国家粮食局办理人大建议和政协提案情况；开设"融资观察"栏目对粮食行业融资进行关注探讨；在"区域粮食""调查""交流"等栏目刊发各地粮食部门探索实践；在"粮食文化"栏目加大粮食文化宣传的力度；在"信息公开"栏目，新增政策性粮食交易月度统计及粮食收购统计月度分析；深入基层、深入一线，采编人员先后赴 12 个省区市就粮食收购、产业发展等主题开展调研采访，刊发了一批接地气、

可读性强的文章。

（四）出版主题增刊、专刊

结合粮食流通重点宣传工作需要，在确保出版全年 12 期杂志的基础上，加大编辑力度，出版 3 期增刊、专刊。一是策划编辑"粮食产业经济"专刊；二是编辑出版粮食行业"十三五"规划发展纲要增刊；三是以"优质粮食工程"为重点内容，推出"世界粮食日"增刊。

（五）加强美术设计，提升刊物视觉效果

2017 年，继续提升杂志美术设计水平，使用图解等形式对重要会议和规划进行解读，丰富小标题的样式和小块文章的版式，活跃粮食文化栏目设计，既提高了阅读效果，又丰富了版面。在封面和内文设计上，增加扁平化图片运用，版式更加灵活、美观，受到读者好评。

二　各地粮食期刊发挥期刊优势，深入宣传粮食行业重点工作

2017 年，各地粮食经济类期刊适应粮食形势发展需要，深入学习宣传贯彻党的十九大精神，紧跟时代发展步伐，大力弘扬粮食行业主旋律，紧贴粮食流通中心工作和各地重点工作开展宣传报道、理论研究和经验交流，服务地方粮食流通工作大局。

一是，大力宣传党的十九大精神。《贵州粮食》《吉林粮食》等期刊设立专题栏目，宣传党的十九大精神，号召粮食人把握时代特点，担当历史使命。

二是，以评论引领导向，以专题关注热点。如《安徽粮食》《贵州粮食》《冀粮经济》《陕西粮食经济》等每期均刊登了由编辑部撰写的卷首语，主动引领导向，强化宣传效果。部分期刊还开设了专题栏目，对 2017 年的粮食重点、热点工作进行专题报道。如《黑龙江粮食》开设专栏"热点直击"报道黑龙江大豆产业振兴。《广西粮食》设立了"对外交流"专栏，报道广西粮食行业向泰国等地企业的学习经验。

三是，深入宣传"深化改革转型发展"大讨论活动。大部分粮食经济期刊如《吉林粮食》《齐鲁粮食》《安徽粮食》等认真组织、广泛动员，充分调动广大干部职工的积极性，专门开设了栏目，刊登了学习讨论和深入调研类文章。

四是，利用出版专刊的形式，深入报道重点事件。如《吉林粮食》针对吉林省粮食行业"十三五"发展规划出版了专刊，强化宣传效果。

五是，进一步美化刊物。各地粮食期刊封面设计、版式设计、印刷装帧水平等均上了一个新台阶。

粮食文化建设

习近平总书记指出，没有高度的文化自信，没有文化的繁荣兴盛，就没有中华民族伟大复兴。2017 年，全局各级党组织认真学习宣传贯彻习近平新时代中国特色社会主义思想，积极践行社会主义核心价值观，认真落实意识形态工作责任制，大力弘扬粮食行业优良传统，积极丰富干部职工文化生活，做了大量工作，取得了明显成绩。

一　努力建设积极健康的党内政治文化

一是，把严格遵守党的政治纪律和政治规矩摆在首要位置，教育引导党员干部牢固树立"四个意识"，坚定"四个自信"，自觉维护习近平总书记在党中央和全党的核心地位，自觉维护党中央权威和集中统一领导，始终在政治立场、政治方向、政治原则、政治道路上同以习近平同志为核心的党中央保持高度一致。

二是，扎实推动"两学一做"学习教育常态化制度化，深入学习贯彻习近平新时代中国特色社会主义思想这一当代中国的马克思主义、21 世纪的马克思主义，认真学习《习近平谈治国理政》《习近平总书记重要讲话文章选编》等重要文献，学思践悟、知行合一，引导党员干部自觉做共产主义远大理想和中国特色社会主义共同理想的坚定信仰者和忠实实践者。

三是，严格落实"三会一课"等党内基本制度，高质量开好民主生活会和组织生活会，严肃认真开展批评和自我批评，推动实现局党组专项巡视全覆盖，深入查摆认真整改党的领导、党的建设、全面从严治党存在的突出问题，着力增强党内政治生活的政治性、时代性、原则性、战斗性。

二　大力倡导共产党人价值观

一是，坚持以马克思主义为指导，切实加强思想道德教育，不断融通党的优良传统、中华优秀传统文化、革命文化、社会主义先进文化，积极倡导忠诚老实、公道正派、实事求是、清正廉洁的共产党人价值观，正确对待公和私、义和利、是和非、正和邪、苦和乐，不断提高思想境界，始终坚守共产党人精神高地。

二是，全面加强党的纪律建设，组织开展"以案释纪明纪、严守纪律规矩"主题警示教育月活动，严格落实廉政风险防控机制，利用短信平台、专题会议等方式，强化日常提醒，抓早抓小、防微杜渐，使恪守纪律规矩成为党员干部普遍自觉。

三是，认真学习贯彻习近平总书记关于学哲学用哲学的重要批示精神，通过中心组集体学习、支部学习研讨等方式，重温《实践论》《矛盾论》两篇经典著作，认真学习马克思主义哲学基本原理，不断提高战略思维能力、综合决策能力和驾驭全局能力。

三　牢牢掌握意识形态工作领导权

一是，认真落实中央关于党委（党组）意识形态工作责任制的实施办法和网络意识形态工作责任制实施细则，结合国家粮食局实际，细化工作举措、明确工作分工、压实工作责任。把贯彻落实党中央关于意识形态工作的决策部署纳入全年机关党建工作要点，作为年度述职评议考核的重要内容，加强检查、严格考核，确保责任层层落到实处。

二是，深入开展中国特色社会主义宣传教育，组织党员干部参观"砥砺奋进的五年"大型成就展，深刻感受党的十八大以来，以习近平同志为核心的党中央团结带领全党全军全国各族人民取得的辉煌成就。结合粮食流通改革发展工作实际，认真做好新闻宣传特别是网络新闻宣传工作，积极宣传落实国家粮食安全战略、保障国家粮食安全和发展粮食产业经济、建设粮食产业强国等方面的重点工作，切实增强党员干部行业自豪感。

三是，积极改进思想政治工作方法，科学设计调查问卷，开展党员干部思想状况专题调研，利用局党组专项巡视契机，与全局所有党员干部进行逐一谈心谈话，及时研究处置各类苗头性倾向性问题，有针对性地帮助解决思想困惑。

四　大力弘扬粮食行业优良传统

一是，深入贯彻中央办公厅、国务院办公厅《关于实施中华优秀传统文化传承发展工程的意见》，结合举办国际档案日宣传活动，开展"粮票——我们共同的记忆"专题展览活动和"不忘凭票吃粮岁月，爱粮节粮从我做起"签名承诺活动。

二是，支持河北玉田粮库建设"宁流千滴汗、不坏一粒粮"库史展览馆，支持江西瑞金粮食部门，利用中央粮食人民委员部旧址等资源，开展各种形式的理想信念主题教育和行业优良传统教育。指导河北省柏乡粮库拍摄专题片，宣传粮库"以艰苦奋斗起家、以改革创新兴业"的奋斗历程，并参加中组部组织的"第十四届全国党员教育电视片观摩交流优秀作品展评"活动，获三等奖。

三是，在贵州遵义召开全国粮食文化建设现场经验交流会，组织与会代表参观遵义会议会址、苟坝会议遗址，实地考察学习湄潭县基层粮食企业加强粮食文化建设的经验做法，推动粮食文化建设各项举措进一步向基层延伸。

五　丰富干部职工文化生活

一是，深入学习贯彻习近平总书记关于注重家庭、注重家教、注重家风的重要讲话精神，组织承办中央国家机关"喜迎十九大、传承好家风"巡回展览活动，学习各部门加强家庭家教家风建设的好经验好做法。开展妇女保健知识讲座、专家品读优秀戏曲、六一亲子联欢、高考志愿填报辅导、离退休干部运动会等丰富多彩的活动，把以人为本要求体现落实到日常工作的各方面各环节。

二是，发挥正面典型激励作用，在全局各单位和广大女干部职工中开展"三八红旗手"和"三八红旗集体"评选活动。6 名同志和 3 家单位获国家粮食局表彰，1 家单位获全国"三八红旗集体"荣誉称号。

　　三是，继续组织开展"天天万步走"、队列广播操、游泳、乒乓球等文体活动，组织书画协会开展"迎春送福"写春联活动、唱歌协会参加"喜迎十九大文艺展演"系列活动，进一步活跃干部职工业余文化生活。

国际交流与合作

2017年，国家粮食局积极推进粮食行业对外交流与合作，有效推动多双边合作，开创粮食领域国际合作新局面；多措并举，帮助粮油企业实施"走出去"战略；根据中心工作需要，务实引进国外智力，培养国际化人才；提升我国粮食行业国际化水平，助力粮食流通行业发展，积极服务我国外交大局。

一　锐意进取，开创粮食领域国际合作新局面

2017年，粮食领域多边国际合作取得显著成效。国家粮食局首次派出代表团访问世贸组织（WTO）、联合国粮农组织（FAO）、联合国世界粮食计划署（WFP）总部，首次与WFP中国办公室共同举办南南合作培训班，进一步推进亚太经合组织粮食安全政策伙伴关系机制（APEC/PPFS）工作，承担亚洲合作对话（ACD）粮食领域牵头工作，提升我国在世界粮食舞台上的影响力和话语权。

（一）首次与WFP开展合作，成效显著

2017年，国家粮食局开启了与WFP合作的历史新篇章。9月下旬，国家粮食局代表团首次访问WFP罗马总部。张务锋局长与WFP副执行干事阿米尔·阿卜杜拉先生进行了富有成效的会谈，双方就在南南合作框架下开展合作达成了共识，并商定适时签署合作谅解备忘录，以便更多地开展粮食领域实质性合作。

10月下旬，为切实落实张务锋局长访问WFP总部会谈成果，国家粮食局首次与WFP中国办公室在华共同举办了"小农户粮食产后处理及仓储管理"培训项目。来自喀麦隆、尼日尔、乌干达、斯里兰卡、坦桑尼亚、津巴布韦6个亚非发展中国家的16名粮农管理、技术官员和WFP国别办公室官员，通过专家授课、实地调研、参观展会等形式，学习了我国小农户粮食储藏及产后减损的措施和技术，以及促进小农户与市场衔接的做法。培训项目的实施，有效地支持了国家粮食局与WFP在南南合作框架下，帮助其他发展中国家学习借鉴我国粮食储藏和产后减损方面的技术及经验。

2017年，国家粮食局与WFP中国办公室保持了紧密的合作关系，不仅就合作事宜进行了多次磋商交流，还接待了多个WFP代表团，并派员参加由WFP中国办公室举办的多边会议。双方的密切合作为下一步合作谅解备忘录的签署，以及具体合作项目的实施奠定了坚实基础。

（二）履行义务，坚决维护我国在亚太地区粮食安全领域话语权

国家粮食局作为APEC/PPFS中国政府代表单位，积极履行义务，努力维护亚太地区粮食安全。积极落实2014年APEC北京会议成果，深度参与2017年APEC粮食安全周相关活动，推进节粮减损和APEC区域粮食标准互联互通相关工作，取得良好成效，并为我前方代表团参与领导人会议成果文件磋商提供了有力支持。特别是在2017年8月APEC粮食安全周这一APEC粮农领域最重要的会议和活动中，国家粮食局代表团与外交部、农业部、海洋局等部委同志通力配合，坚决维护我国在亚太地区粮食安全领域话语权，共同做好新时代中国特色大国外交工作。

（三）积极参与国际粮食领域合作事务

作为 ACD "粮食、水与能源安全相互关系" 领域中国政府牵头单位，国家粮食局积极配合外交部，与水利部、国家能源局等相关单位密切协作，努力推动该领域工作。为此，国家粮食局组织粮食科学研究院申请了 2017 年和 2018 年度亚洲区域合作专项资金项目，并有 2 个项目获得外交部和财政部的批准。

国家粮食局还积极推动与 FAO 的合作，发挥亚太农业与粮食市场联合会成员单位的作用，通过人员互访及派员参加会议等方式，进一步深化交往，共同为消除全球饥饿，维护亚太地区及世界粮食安全不懈奋斗。

二　稳步推进，开展粮食领域双边交流与合作

国家粮食局持续推动落实已签订的合作谅解备忘录和合作意向书，进一步拓展与外国政府粮农机构的合作交往，促进双方在粮食储藏、加工、物流、标准质量和粮油科技等领域取得更深更广的合作成效。

（一）落实与加拿大谷物委员会的合作谅解备忘录

2017 年 8 月，国家粮食局组织粮食购销和宏观调控培训团赴加拿大培训，学习加拿大粮食流通和调控体制方面的先进经验。11 月，加拿大谷物委员会新任主任派蒂·米勒女士率团来访国家粮食局，双方探讨了下一步项目合作计划，并表示将进一步加强各领域项目合作。

（二）落实与阿根廷农业产业部的合作谅解备忘录

2017 年 8 月，阿根廷农业产业部国务秘书率团来访国家粮食局，商谈粮食标准、贸易等问题。10 月，国家粮食局代表团赴阿根廷访问，与阿根廷农业产业部制定了 2018 年合作计划，并努力帮助解决我国粮食企业在阿根廷罗萨里奥港口运营相关问题。

（三）落实与乌拉圭牧农渔业部的合作谅解备忘录

2017 年 10 月，通过出访乌拉圭，国家粮食局实现了对乌拉圭合作出访零的突破，奠定了双方合作基础。代表团与乌拉圭牧农渔业部进行了座谈交流，并实地调研了乌拉圭粮农产业发展情况。南美粮食资源丰富，生产条件好，国家政局、社会、经济总体发展较为稳定，国际大粮商在南美的掌控和布局密度低于北美和澳洲，可作为我国粮食企业"走出去"，开展粮食行业合作的重要区域。

（四）落实与澳大利亚农业与水利部的合作意向书

2017 年，中澳粮食行业在双方合作意向书框架下开展交流合作。澳大利亚农业与水利部代表团、粮食行业代表团、南澳洲政府初级产业及地区部部长相继来访国家粮食局，双方就深化粮食流通、信息交流及粮油科技等领域的合作达成共识。国家粮食局科学研究院和澳大利亚农业资源经济科学局共同推进开展研究项目。

（五）拓展与各国政府粮农部门的交流与合作

在同已建立合作关系的相关国家政府机构加强交往的同时，通过代表团出访，国家粮食局与瑞士联邦经济事务教育与研究部农业局、意大利农业食品与林业政策部、肯尼亚农牧渔业部、克罗地亚农业部等单位陆续建立了关系。国家粮食局代表团一方面宣传了我国农业供给侧结构性改革和粮食收储制度改革、国家粮食安全战略实施等政策举措和进展成效，另一方面也了解了这些国家在粮食生产、

消费、贸易、对外合作交流等方面的情况，并就下一步加强粮食流通领域合作事项达成共识。

三　多点发力，提升粮食行业国际化水平

国家粮食局积极开展课题调研，派员参加国际会议、开展交流合作，做好粮食行业出国培训和引智工作，推动提升我国粮食行业国际化水平，更好地服务行业发展大局。

（一）对接"一带一路"倡议，服务粮食企业"走出去"

为助力粮食行业转型升级，加快粮食行业发展新旧动能转换，深入对接"一带一路"倡议，了解我国粮油企业在"一带一路"沿线国家对外合作基本情况，加快粮食行业"走出去"步伐，国家粮食局开展了"一带一路"沿线国家和地区粮食企业"走出去"情况调研。国家粮食局广泛收集了全国25个省区市（包括计划单列市）"一带一路"对外合作情况报告及粮油企业调研问卷，赴江苏、湖南、广西等地进行了实地调研，并通过出访了解部分企业在海外的发展情况，梳理了我国粮油企业在"一带一路"沿线国家和地区"走出去"的基本情况，形成了调研报告并提出了相关建议。

（二）培养国际化人才，促进科技人员对外学术交流

为培养粮食行业国际化人才，2017年，国家粮食局组织调控司赴加拿大执行粮食购销和宏观调控培训任务，规划财务司赴美国执行粮食流通信息化发展培训任务。通过这些培训项目，全国粮食行业人才到国外学习先进技术及经验，有助于提高我国粮食流通宏观调控能力，推进粮食行业信息化建设，推动粮食行业改革发展。

为促进粮食行业科研技术人员对外学术交流合作，2017年，国家粮食局派出科研人员及专业技术人员执行参加国际学术研讨及交流大会、开展交流合作任务。比如派员参加第四届国际食品安全与营养大会、国际食品法典第11届食品污染物法典委员会会议、2017年马来西亚棕榈油大会、第六届国际全谷物峰会，与英国帝国理工大学及英国母亲儿童基金会脑化学和人类营养研究所开展合作交流、与日本佐竹公司开展合作交流等，进一步提高了粮食行业科研技术人员的国际交流与合作能力。

（三）做好引智工作，推动粮食行业科技创新进步

2017年，国家粮食局共获国家外国专家局批准引进国外技术、管理人才项目2项，资助经费70万元，分别是国家粮食局科学研究院的"粮食储藏与质量安全"项目和中粮营养健康研究院的"食品安全与营养健康技术与创新方法研究"项目。在项目实施过程中，项目单位严格执行国家外专局的有关规定和要求，缜密策划，精心组织。项目执行情况顺利，并取得了较好的成效，为提高我国粮食储藏和食品安全技术水平，加强营养健康技术与创新方法研究等发挥了积极作用。

机关党建

2017 年，国家粮食局机关党的建设自觉以习近平新时代中国特色社会主义思想为指导遵循，以迎接党的十九大胜利召开、学习十九大精神、贯彻十九大部署为工作主线，在局党组的坚强领导下，在中央国家机关工委和国家发展改革委机关党委的领导指导下，在全局各基层党组织的共同努力下，认真贯彻"讲政治、顾大局，抓重点、出亮点，争主动、真落实，高标准、严要求，多添彩、不添乱"总体要求和"敢于担当、善谋实干、锐意进取"作风要求，持之以恒加强党的各项建设，坚定不移深化全面从严治党，为全面落实国家粮食安全战略、保障国家粮食安全提供了坚强保证。

一 突出强化思想引领，自觉以习近平新时代中国特色社会主义思想和党的十九大精神统领机关党建各项工作

党的十九大作出了中国特色社会主义进入新时代的重大论断，确立了习近平新时代中国特色社会主义思想指导地位。局党组把认真贯彻落实习近平新时代中国特色社会主义思想和党的十九大精神作为首要政治任务，第一时间召开党组会议和全局党员干部大会，原原本本传达学习党的十九大报告、十八届中央纪委工作报告和新修改的党章，自觉把思想和行动高度统一到中央精神上来。按照习近平总书记学懂弄通做实要求，研究制定《关于认真学习宣传贯彻党的十九大精神的实施意见》，结合实际提出 6 方面要求和 13 项任务；认真落实局党组中心组集体学习制度，局党组主要负责同志带头撰写刊发学习贯彻党的十九大精神的署名文章，邀请陈锡文、韩俊、王一鸣等有关领导同志和专家学者作专题辅导报告；编辑《习近平总书记关于粮食安全的重要讲话、指示摘编》等学习资料，组织党员干部深入学习《习近平谈治国理政》等重要文献；扎实开展支部学习研讨，结合青年干部、离退休干部不同特点，组织开展知识竞赛、读书研讨、基层调研等学习宣传活动，切实把握大会精神实质。

二 突出提高政治站位，坚决维护以习近平同志为核心的党中央权威和集中统一领导

始终把加强政治建设摆在首位，深刻学习领会中央政治局关于加强和维护党中央集中统一领导的若干规定精神，研究制定国家粮食局贯彻落实意见，以实际行动增强"四个意识"、强化"四个自信"、做到"三个一以贯之"。严格执行"四个服从"要求，不折不扣落实党中央、国务院决策部署。建立健全专报制度，积极向中办、国办报送信息。

三　突出政治巡视震慑，实现局党组专项巡视全覆盖

利用一年时间，分四轮对所有司局、单位党组织进行专项巡视，巩固中央专项巡视整改成果，着力解决基层党组织管党治党存在的突出问题。

一是，深化政治巡视要求。把旗帜鲜明讲政治作为首要要求，全面了解被巡视单位贯彻落实党中央、国务院重大决策部署，基层党组织政治功能定位和党员干部对党忠诚、严格遵守政治纪律政治规矩等方面情况，始终确保巡视工作正确方向。

二是，加强制度建设。根据中央新修订的巡视工作条例要求，及时修改完善国家粮食局巡视工作实施办法。制定巡视全覆盖工作方案，督促各司局单位党组织对照方案要求，主动自查、立查立改，及早发现解决问题。

三是，强化问题导向。紧盯"三大问题"，紧扣"六项纪律"，紧抓"三个重点"，发现党的领导弱化、党的建设缺失、全面从严治党不力，党的观念淡薄、组织涣散、纪律松弛，管党治党宽松软等方面问题 467 个。

四是，狠抓问题整改。督促被巡视单位党组织认真制定整改方案，建立问题清单、任务清单、责任清单，狠抓工作落实。每周向巡视办报告整改进展，反馈意见后一个月内提交整改报告，并在局内网进行公示。局党组书记对问题较多的司局单位党组织主要负责同志进行约谈，压实整改落实主体责任。

四　突出抓在经常严在日常，扎实推进"两学一做"学习教育常态化制度化

结合国家粮食局实际，制定实施方案，明确学习教育总体原则、基本要求和具体任务。

一是，坚持落细落实。开展党员干部思想状况专题调查，摸清党员干部思想状况底数。用好基层党组织会议记录本和"两学一做"学习教育台账，严格落实"三会一课"制度，全程留痕记录。认真组织开好年度民主生活会、组织生活会，以支部为单位，对所有党员进行民主评议，确定评议等次。利用支部工作 APP 组织在线学习，全年累计学习时长 2000 多个学时。

二是，认真解决实际问题。以突出领导干部"关键少数"作用和克服党建业务"两张皮"作为重点，持续开展"灯下黑"问题专项整治，确保学习教育实效。

三是，发挥群团组织作用。机关团委组织"根在基层"主题调研、学习贯彻党的十九大知识竞赛等活动；机关党委、工会利用 20 余万元党费、工会会费对困难党员群众进行帮扶慰问。

四是，深化学习交流和经验总结。在贵州遵义召开全国粮食系统党建和粮食文化建设现场会，学习先进经验，交流有益做法。组织开展主题党课月活动，一位基层党组织书记党课稿获中央国家机关工委表彰，一位书记党课稿在紫光阁《党课》增刊登载。国家粮食局推荐的"四有支部工作法"获中央国家机关工委表彰。《紫光阁》杂志以"创新载体抓手、提高党建质量"为题，介绍国家粮食局抓党建经验做法。

五　突出锻造过硬作风，深入开展大调研大讨论大落实

认真学习贯彻习近平总书记关于进一步纠正"四风"、加强党的作风建设的重要批示精神，采取有力措施推动工作作风转变。

一是，认真落实中央"八项规定"精神。深入学习贯彻中央政治局关于落实"八项规定"的实施细则精神，结合实际修订国家粮食局实施办法。认真执行《党政机关厉行节约反对浪费条例》，加强预算支出管理，进一步从严控制"三公"经费开支。

二是，大兴调查研究之风。认真学习贯彻习近平总书记关于加强调查研究的重要批示精神，制定印发加强调查研究工作的指导意见，确定3批共60多个重点调研课题，扑下身子、沉到一线，察实情、出实招、办实事、求实效。突出领导干部带头，局党组成员累计调研250多天。

三是，深入开展"深化改革转型发展"大讨论。利用一年时间开展大讨论活动，加快推动转观念、转职能和转方式，得到干部职工热烈响应，凝聚各方共识行动。截至年底，共收到主题征文1000余篇、合理化建议1100余条。

四是，切实做到两结合、两促进。制定各单位抓重点出亮点任务清单，细化任务、明责加压。印发《关于加强新形势下督促检查工作的实施意见》，强化督查督办，每月通报重点任务进展情况。深化党建扶贫，划拨10万元党费支持安徽省阜南县盛郢村加强基层党建和扶贫开发；支持离退办党委在职党支部、交易协调中心党支部、机关服务中心党支部等与贫困村党支部开展党建共建活动。

六　突出从严监督执纪，推动全面从严治党向纵深发展

始终坚持问题导向，保持战略定力，压实"两个责任"，推动全面从严治党不断向纵深发展。

一是，完善明责履责问责闭环链条。制定局党组贯彻《中国共产党问责条例》的实施办法，细化问责情形、问责方式和问责程序。年初制定党建工作要点、党风廉政建设和反腐败工作要点，明确44项具体工作任务。局党组书记与各司局单位党组织书记签订党风廉政建设责任书，细化10项责任内容，加强日常督促检查。年底，开展党建述职评议考核，对抓党建情况进行量化考核和定性评价，对党风廉政负面问题实行倒扣分。

二是，全面加强党的纪律建设。认真开展"以案释纪明纪、严守纪律规矩"主题警示教育月活动，组织观看警示教育片，参观警示教育基地，提高纪律规矩意识。

三是，强化廉政风险防控。在局规划财务司新增设审计监督处，加强内部审计。组织各司局单位全面梳理排查廉政风险点，排查风险点224项，其中高风险点41项。召开专题会议，分析研判廉政风险形势，发函对各单位重点风险予以提醒，制定风险分析研判机制，明确防控责任、细化防控措施。

四是，积极践行"四种形态"特别是第一种形态。通过短信平台发送廉政提醒短信18次，累计提醒8100余人次；重要节假日通过印发通知、召开会议、发送短信等方式进行重点提醒。加大违纪违规行为查办力度，对违纪党员干部给予严肃处理。

五是，加强机关党委、机关纪委自身建设。在上年增设机关纪委办事机构的基础上，明确机关纪委书记为局正司级干部，增设一名局副司级干部担任机关纪委副书记，进一步配强机关纪委力量。按照局党组专项巡视全覆盖要求，对机关党委在党的领导、党的建设和全面从严治党方面存在的问题进行认真自查并强化问题整改。

老干部工作

一   总体情况

2017 年，国家粮食局党组深入学习贯彻党的十八大以来的路线方针政策和习近平总书记系列重要讲话精神，按照中办发〔2016〕3 号文件精神和全国老干部局长会议部署，围绕为党和人民的事业持续发挥正能量，加强离退休干部政治建设、思想建设和党组织建设，认真落实了老干部政策待遇。

截至 2017 年底，国家粮食局有离退休人员 282 人。其中，离休 64 人，退休 218 人；在离休干部中，抗战时期参加革命 14 人，解放时期参加革命 50 人；离退休人员中，80 岁以上 146 人，90 岁以上 36 人，最高年龄 102 岁。建立党支部 6 个，其中在职人员党支部 1 个，离退休人员党支部 5 个，离退休中共党员 212 人。为离退休老同志服务的在职人员 28 人。

二   贯彻落实中央重大决策以及局党组工作部署，全面加强老干部工作的组织领导

认真贯彻落实中办发〔2016〕3 号文件。国家粮食局党组对贯彻落实中共中央办公厅、国务院办公厅《关于进一步加强和改进离退休干部工作的意见》（中办发〔2016〕3 号）高度重视，2017 年 3 月召开党组会议，通过并印发了国家粮食局《关于进一步加强和改进离退休干部工作的实施意见》。该《实施意见》全面贯彻落实中央关于离退休干部工作部署，明确了工作指导思想、目标要求和具体任务，为全面做好新形势下离退休干部工作，推进离退休干部工作转型发展，激励广大离退休干部为粮食流通事业改革发展贡献智慧和力量提供了遵循。

完善离退休干部工作制度机制。进一步健全了局党组统一领导、离退休干部工作领导小组牵头抓总、有关职能部门密切配合、离退休干部办公室组织实施的工作机制。局党组更加重视离退休干部工作，国家粮食局党组书记、局长张务锋同志亲自担任离退休干部工作领导小组组长。离退休干部工作领导小组充分发挥统筹协调、指导监督作用，各成员单位各司其职，做好服务保障工作。离退休干部办公室进一步加强与相关司室和单位的沟通协调，认真履行服务管理职责，指导局直属联系单位做好离退休干部工作。

全面加强离退办党委和领导班子建设。国家粮食局党组于 2017 年 5 月健全了离退休干部办公室领导班子。新一届领导班子成立后，突出抓班子带队伍，狠抓作风建设，强化纪律意识，明确班子成员职责分工，健全议事决策程序，强化民主集中制原则，形成了一把手负总责，班子成员分工负责、分工协作的领导机制。提高政治站位，把离退休干部工作作为承载局党组关心爱护老干部的光荣使命，内化于心，外化于行，全心全意做好离退休干部工作。增补了党委委员，换届选举了新一届在职党支部，理顺了在职党建和老干部党建的工作关系，为圆满完成离退休干部服务保障任务奠定了基础。

三　着力为党和人民事业增添正能量，离退休干部党支部"三项建设"取得新突破

加强思想政治教育。积极推进"两学一做"学习教育常态化制度化，完善了"党支部工作"APP，工作处处长担任离退休党支部副书记。采取集中学、办班学、主题联学和自学等形式，深入学习习近平总书记系列重要讲话精神和党的路线方针政策，组织参观了"砥砺奋进的五年"大型成就展，广大离退休干部"学创新理论坚定信念、学讲话精神提升境界、学先进典型振奋精神"，强化"四个意识"，同与习近平同志为核心的党中央保持高度一致，积极为实现中华民族伟大复兴的中国梦贡献智慧和力量。

开展"畅谈"和"建言"活动。引导鼓励老同志增添正能量，唱响主旋律，发出好声音。组织了3场报告会，4场宣讲会，26名老同志进行了主题发言；收到征文43篇、十九大建言献策7篇，以《咏叹新时代》为题汇编成册。老同志参与正能量活动的热情、参与度逐年上升，2017年参与率达到了60%以上，对正能量活动越来越认可，作用发挥也越来越明显。

积极探索组织生活新形式。按照有利于教育管理、有利于发挥作用、有利于参加活动的原则，灵活设置离退休干部党组织。除了送学上门、微信交流学习外，加强在外党员学习和管理，探索在候鸟式异地养老人员中成立临时党支部。充分发挥党组织的凝聚力，老同志集中居住地、活动学习场所、兴趣爱好团体等活动中吸收非党群众参加，使群众向组织靠拢。

四　加强思想政治工作，认真落实老干部政治待遇

认真抓好经常性政治学习。在办党委统一领导下，各支部采取理论学习日、"三会一课""半月谈""读书会"等形式，深入学习习近平总书记讲话精神和中央方针政策。结合老干部实际，不断加大政治理论学习和教育活动的经费投入，及时购买和订阅学习材料、报刊和理论书籍；按密级要求及阅读范围，组织离退休干部及时学习党中央、国务院及局党组相关文件；对行动不便、卧病在床的定期邮寄学习资料到老同志家里。

及时学习宣传党的十九大精神。党的十九大召开当天，组织离退休老同志收看了习近平总书记代表党中央作的报告，工作人员到百岁老人刘清霜家里和老人一同收看，十九大闭幕后各离退休党支部迅速组织老干部集中学习、讨论。组织了粮食工作情况通报会，党的十九大代表、国家粮食局党组书记、局长张务锋向170余位离退休老同志认真传达党的十九大精神，通报粮食流通改革发展情况。组织离退休党务人员及部分新退休党员举办了学习宣传贯彻党的十九大精神培训班。

纪念庆祝建军90周年活动。组织收看了庆祝建军90周年大会，认真学习讨论了习近平总书记在大会上的重要讲话，走访慰问了77名转业复员老军人。开展了"军歌嘹亮"活动，组织了以"铭记光辉历史、凝聚奋进力量、坚定维护核心、推进强国强军"为主题的《我的军旅生活》征文活动，收到征文40余篇。

开展丰富多彩的文娱活动。以开展正能量活动搭建主要平台和特色载体，成立老同志兴趣小组和文体协会，定期开展多种文体活动。组织了春秋游，举办了喜迎十九大书画展，收到近50幅参赛作品，其中3幅作品推荐给国家机关工委老龄办参展参赛，1幅获得三等奖，1幅入选"桑榆金辉"书

画摄影展。国家粮食局工会以老干部合唱队为基础组队，代表国家粮食局参加了国家机关工委的合唱活动并获奖。棋牌协会老干部代表赴杭州参加了国家老龄委组织的棋牌比赛，展示了国家粮食局离退休干部的竞技水平和精神风貌。组织了首届以"健康伴您行、迎接十九大"为主题的离退休干部运动会，共有135名老同志参加，受到老同志们的一致好评。

五　坚持精准服务理念，认真落实老干部生活待遇

开展经常性的走访慰问工作。深入开展元旦、春节走访和日常走访工作，国家粮食局党组成员分头走访了老部长、老红军、老干部遗孀及部分生活困难离退休干部，离退办班子成员和各支部、各工作处，在"两节"期间走访慰问共计150余人次，送上了慰问金、慰问品。老同志生病住院、卧病在床时，都能及时上门看望，送去组织的关怀和温暖。组织了2017年国家粮食局离退休干部迎新春茶话会，局党组成员及中储粮总公司有关领导、局各司室单位30余人，与150多名离退休干部欢聚一堂，共话粮食流通改革发展大计。

坚持为老同志办实事办好事。倡导"增加工作人员辛苦度，提升离退休干部满意度"的服务理念，在政策允许的前提下，努力为老同志办实事办好事解难题。参照离休干部管理的有关规定，用"夕阳红"困难救助配套资金，对15位退休人员中生活完全不能自理的老同志，给予了一次性补助；为80岁以上离退休人员发放了健康长寿慰问金。从2017年开始，为离退休老同志增加订阅一份报纸；提供生日蛋糕券，同时对80岁、85岁、90岁及以上的老干部上门祝贺生日；为老干部活动场所配备了空气净化器。

进一步加强医疗保健工作。完善健康体检流程，优先安排患有糖尿病及其他重症疾患的老同志进行抽血、彩色超声等，避免发生参检过程中出现低糖性晕厥或其他并发疾病；依托宣武医院的志愿者服务，为部分老同志免费作了认知功能筛查。全年日常门诊5000人次、书写处方3500余张，审核门诊医药费1800人次。

做精做细服务保障工作。不断完善服务管理措施，推进分类精准精细服务，对重病、失能、独居、高龄等有特殊困难的离退休干部，建立健全经常性的联系制度，经常联系、加强关怀，适时走访慰问，出现重大情况及时派人处理。重大节日对老干部发放慰问品，在做精做细上下功夫，精心挑选，安排配送，将温暖送到老同志们家里。

六　注重带队伍打基础，提升老干部工作水平

积极组织工作人员参加学习教育活动，深入学习党章党规和习近平总书记系列重要讲话。特别是党的十九大召开后，迅速掀起了学习宣传党的十九大精神和习近平总书记重要讲话热潮，以实际行动贯彻落实党的十九大精神。

自觉用局党组"讲政治、顾大局，抓重点、出亮点，争主动、真落实，高标准、严要求，多添彩、不添乱"要求统一思想，指导工作。加强政治学习，开展警示教育，推进"两学一做"学习教育制度化常态化。完善规章制度，以国家粮食局党组专项巡视为契机，进一步推动离退休干部工作全面发展。

　　高度重视离退休干部工作队伍建设，严把入口，疏通出口，选好配强工作力量。按照安于本职、专于本行、精于本业的要求，结合"深化粮食流通改革转型发展"大讨论活动，采取请专家作专题辅导、派人参加党校、老干部工作培训和内部交流等形式，提高工作人员业务工作水平，努力锻造一支敢于担当、善谋实干、锐意进取的离退休干部工作队伍。

4

第四篇

各地粮食工作

北京市粮食工作　　基本情况

　　北京市位于华北平原西北边缘，东南距渤海约 150 公里，西、北和东北群山环绕，东南是缓缓向渤海倾斜的大平原，地势西北高、东南低。全市土地面积 16410 平方公里，其中平原面积占 38.6%，山区面积占 61.4%。2017 年末，全市常住人口 2170.7 万人，比上年末减少 2.2 万人。其中，常住外来人口 794.3 万人，占常住人口的比重为 36.6%。常住人口中，城镇人口 1876.6 万人，占常住人口的比重为 86.5%。全市户籍人口 1359.2 万人，比上年末减少 3.7 万人。2017 年，北京市继续推进农业调结构转方式，传统农业持续收缩，粮食播种面积 6.68 万公顷，较上年缩减 21.9%；总产量 41.1 万吨，较上年减少 22%。全年重点涉粮企业在郊区收购粮食 31.2 万吨，占总产量的 75.9%。其中，收购小麦 5 万吨，占小麦产量的 80.6%；收购玉米 25.8 万吨，占玉米产量的 77.7%。国有粮食企业发挥粮食流通主渠道作用，收购粮食 24.4 万吨，占总收购量的 78.2%。

　　2017 年度，北京市粮油消费量连续第三年呈现下降态势。其中，城乡居民口粮、口油稳中趋减，饲料用粮大幅缩减，工业用粮基本持平。粮油供需总量基本平衡，粮油市场繁荣稳定，产销合作不断深化，粮油库存保持充裕。2017 年，粮食消费 513.7 万吨，比上年减少 22.1 万吨，减幅 4.1%。城乡居民口粮消费 359.9 万吨，比上年减少 1.4 万吨，减幅 0.4%。饲料用粮 119.1 万吨，比上年减少 20.6 万吨，降幅 14.7%。工业用粮 33.5 万吨，比上年增加 0.1 万吨，增幅 0.3%。食用油消费量 56.7 万吨，比上年减少 0.1 万吨，下降 0.2%。2017 年，北京市粮食供给 678.6 万吨，较上年增长 13.1%。其中：自产 39.9 万吨，市外购进 631.2 万吨，进口 7.5 万吨。

2017 年粮食工作

　　2017 年，北京市粮食行业紧紧围绕习近平总书记两次视察北京重要讲话精神，全面落实市委市政府的各项工作部署，树立新发展理念，自觉服务中央和全市大局，进一步"抓粮源、稳市场、保供应、转方式、强监管、提服务"，全市粮食流通各项工作有序推进，首都粮食安全保障工作取得重大进展。

一　粮食市场运行

积极组织货源，党的十九大、重大节日、重要活动期间首都粮油市场货源充足、品种丰富、价格平稳。推进产销合作，外埠粮源基地达 240 个，一手粮源年收购量超过 300 万吨，入京粮源 100 多万吨，接近全市年粮食消费量的 20%。利用市储备粮轮换机制调节市场粮食供求和价格，全年共举办 13 次交易会，市储备原粮累计轮出 60.1 万吨，轮入 57.2 万吨，粮食供应充足。完善粮情监测预警系统，全面准确掌握市场行情。严格地方储备粮管理，建立市与区各司其职、协同互补的运行机制。开展市储备粮质量抽查工作，抽查市储备粮 23 万吨，市储备粮储存品质宜存率 100%。强化绿色、生态储粮技术研究和应用，年免用化学药剂储粮比例达到 70% 以上。完善粮食应急供应保障机制，开展应急演练和培训，全市共认定供应网点 810 个，储运企业 48 家，配送中心 28 家，应急加工企业 25 家，日处理水稻、小麦、精炼油脂能力 1.5 万吨。全市粮油供应网点达到 1 万多家，实现便民服务社区全覆盖，粮食应急供应保障体系稳步发展。军粮供应保障有力，军民融合发展取得新进展。

二　供给侧结构性改革

深入开展"深化改革转型发展"大讨论活动，推动粮食行业转职能、转观念、转方式。全力落实"放管服"各项要求，简化市储备粮轮换流程，方便企业群众办事。推动五环内粮食仓储业有序退出，研究副中心粮食流通产业发展方向，有效推动副中心、城郊区粮食流通工作的协调互通。积极与电商零售企业开展座谈，加强涉粮企业、城郊区调查研究工作，有效落实粮食流通管理职责。加快推动"中国好粮油"工程，引导优质粮油产品进京，构建符合首都城市发展的新型粮油便民服务体系步伐加快。国有粮食企业改革稳步推进，多元市场主体积极发展，粮油仓储、加工业陆续向粮食优质产区转移。北京市与中储粮、中粮等中央企业的区域战略合作进一步深化。全市粮食行业抓住机遇、发挥优势，国有粮食企业连续 16 年保持盈利，盈利水平居全国粮食系统前列。2017 年，京粮集团实现销售收入 335.9 亿元。

三　京津冀协同发展

京津冀协调发展，京津冀粮食行业协同发展局长联席会议制度进一步完善，粮食应急、信息共享、联合执法等相关机制逐步建立，三地粮食企业深度合作，京冀粮油食品产业一体化发展形成新格局。继续巩固在粮食批发交易市场、粮食市场信息、粮食应急及军粮供应保障、执法检查及案件查处等方面的合作。"京粮集团""冀粮集团"油脂合作取得实质性进展。"京粮集团"按照国家级粮食物流园区的水准，推进黄骅港、天津港等物流节点建设，其中，新拟建的黄骅港粮食仓储物流基地占地 41.9 公顷，仓容 33.3 万吨，建筑面积 7.8 万平方米，投资估算 3.5 亿元，预计 2018 年建成投入使用。

四　基础设施建设

落实"粮安工程"建设规划，有效衔接国家规划，沿"一环两港三线"优化物流节点布局，构建粮源采购、储备物流、加工生产、市场网络四大体系，环京4小时粮食物流圈建设取得实效。粮食城市保供产业集聚加快，重点建设集成品粮储备、加工、物流、研发、检验、应急保障于一体的粮油应急保障中心，保障首都城市运行的粮食流通重要物流节点和通道逐步建成。按照"国家发改委、国家粮食局2014~2015年粮食仓储设施第一批（400亿斤）建设计划"要求，全年新建高大平房仓、糙米仓、低温成品仓24栋，建设总规模31.3万吨，累计完成投资2.48亿元，占项目总投资的81%，粮食仓储现代化实力显著增强。拨付粮食仓储设施维修资金1040.4万元，拨补中央资金2517万元，切实提高储备实力，促进粮库智能化升级改造，充分发挥财政资金的杠杆作用。

五　粮食流通服务保障

结合社区商业零售体系建设规划，粮食便民服务体系取得新发展。实施"互联网＋粮食"行动计划，粮库智能化、管理数字化、调控信息化、交易网络化持续推进，粮食电子商务稳步发展。营商环境建设工程加快推进，粮油消费市场逐步规范，有效保障各类粮食经营者公平交易。质量安全管理责任强化，按照"属地管理，谁出库谁负责"的原则，严把出库粮食质量关。开展重金属元素、真菌毒素和农药残留等卫生指标检测，粮食质量安全检验监测体系建设继续推进，及时准确掌握北京地区粮食卫生状况，粮食质量安全风险进一步降低。积极开展世界粮食日、爱粮节粮宣传周、"放心粮油宣传日"、科技周等主题活动，评选北京市首届"爱粮节粮之星"。积极开展粮食行业专业技能人才培训和鉴定工作。退耕还林累计供应补助粮1.9万吨，惠及1437个村，13.3万户退耕农户，郊区转储玉米5.9万吨，切实保障首都农民根本利益。

六　依法管粮工作

全面推进依法治粮工作，完善行政权力清单动态调整机制，权力清单和责任清单制度严格落实。强化市场监管，严格"一规定两守则"各项要求，安全储粮和安全生产责任落到实处。积极开展粮食库存检查，深化事中事后监管，增加中央储备粮、国家临时存储粮和国家一次性储备粮等中央事权粮的检查，2017年全市共开展粮食流通检查1053次，出动检查人员3053人次，检查企业1250个。开展"双随机"检查216次，同比增幅60%，社会化涉粮企业检查覆盖面持续扩大。全面开展"粮食安全隐患大排查快整治严执法"集中行动。推进粮食安全市区长责任制考核工作，市区两级粮食安全主体责任全面落实。合并军粮供应站资格和军粮代供点资格审批，优化粮食收购资格审批流程，简化市储备粮轮换手续，丰富粮食交易报名和结算方式，营造良好营商环境。

七　党建工作

2017年，北京市粮食行业深入学习贯彻落实党的十八届三中、四中、五中、六中全会及十九大会议精神，以习近平新时代中国特色社会主义思想为指引，着力增强党建工作活力和服务能力，充分发挥基层党组织的战斗堡垒作用和党员的先锋模范作用。一是深入学习贯彻党的十九大精神，认真抓好"两贯彻一落实"，组织开展"学习贯彻党的十八届六中全会精神"处级干部脱产培训班，创新党组织理论学习中心组学习内容方式，持续推进"两学一做"学习教育常态化制度化，扎实推进意识形态领域工作。二是继续推进基层党组织建设，及时掌握基层党组织和党员发展情况，完成基层组织换届选举工作，严肃党内政治生活，强化支部规范化建设。三是持续加强作风建设，各级党组织领导带头讲党课，开展庆祝中国共产党成立 96 周年系列活动，开展亮明党员身份活动，对党员干部及时提醒，驰而不息纠正"四风"。四是坚定不移地推进党风廉政建设，落实党风廉政建设"主体责任"，推动党风廉政建设向基层单位延伸，完成市委党风廉政建设责任制检查考核工作。五是推动精神文明建设工作和工会共青团工作，开展精神文明创建活动，推动工会共青团工作落实。

◆北京市粮食局领导班子成员

李广禄	党组书记、局长
张　强	党组副书记、副局长
阎维洪	党组成员、副局长
任昌坤	党组成员、副局长
王德奇	党组成员、副局长（2017 年 6 月 16 日任职）

2017年8月24日，国家发展改革委党组成员，国家粮食局党组书记、局长张务锋（左二）在北京调研，北京市政府副秘书长徐志军（右一）陪同。

2017年10月16日，国家发展改革委党组成员，国家粮食局党组书记、局长张务锋（右二）参加世界粮食日北京主会场活动，北京市粮食局局长李广禄（左一）陪同。

2017 年 10 月 16 日，北京市粮食局组织史家胡同小学师生进行"爱粮节粮，从我做起"主题宣传。

2017 年 12 月 14 日，北京市政府相关部门联合检查长安商场超市成品粮油市场供应。

天津市粮食工作　　基本情况

　　天津市土地总面积约 1.19 万平方公里。现辖滨海新区、和平区、河东区、河西区、南开区、河北区、红桥区、东丽区、西青区、津南区、北辰区、武清区、宝坻区、宁河区、静海区、蓟州等 16 个区。

　　2017 年，全市生产总值 18595.38 亿元，按可比价格计算，比上年增长 3.6%。据抽样调查，全年全市居民人均可支配收入 37022 元，增长 8.7%；全市居民人均消费支出 27841 元，增长 6.6%。京冀企业来津投资到位资金 1089.14 亿元，占全市实际利用内资的 43.6%；天津企业到河北投资 435 亿元。

　　截至 2017 年末，全市常住人口 1556.87 万人，比上年末减少 5.25 万人；其中，外来人口 498.23 万人，占全市常住人口的 32.0%。常住人口中，城镇人口 1291.11 万人，城镇化率为 82.93%，与上年持平。年末全市户籍人口 1049.99 万人。

　　天津市是粮食主销区。2017 年，全市粮食作物面积 35.1 万公顷，其中玉米播种面积 20.1 万公顷、小麦播种面积 10.9 万公顷、稻谷播种面积 3.1 万公顷、大豆播种面积 0.34 万公顷。粮食总产量 212.3 万吨，其中玉米 119.3 万吨、小麦 62.4 万吨、稻谷 26.3 万吨、大豆 0.8 万吨。

2017 年粮食工作

　　2017 年，天津市粮食流通工作全面贯彻习近平新时代中国特色社会主义思想和党的十八大、十九大精神，认真落实市第十次、第十一次党代会各项决策部署，牢固树立和贯彻落实新发展理念，坚持稳中求进工作总基调，以保障全市粮食安全为中心，抓住有效供给这个关键，创新实践、积极作为，有力推动粮食流通工作创新发展。

一　粮食流通安全保障政策得到进一步完善

　　注重加强顶层设计，充分发挥制度机制的指导性、稳定性、长期性作用，持续推动粮食流通工作创新发展。

（一）明确了粮食流通安全保障措施

提出了保障供给、储备粮管理等 5 个方面 14 项举措，并经市政府审定同意，印发了《天津市认真贯彻落实习近平总书记、李克强总理重要讲话和重要指示精神做好粮食安全工作的意见》，为保障粮食安全提供了有力抓手。

（二）提高了粮食流通安全保障能力

参与制定了《天津市人民政府关于进一步加强重要战略物资和重要生活必需品储备的实施意见》《天津市人民政府关于进一步完善粮食等重要农产品收储制度的实施意见》《天津市人民政府办公厅关于落实国家粮食主产区利益补偿机制实施方案》3 个文件，明确了天津市地方粮食储备规模，制定了增储实施方案；提出了增强国有粮食企业市场化经营能力、加强与中央储备粮协同运作等 8 个方面措施；制定了加强基础设施建设、深化产销合作机制等 5 个方面政策。

（三）强化了粮食流通安全保障责任

推动建立了天津市粮食安全责任制考核工作体系，有序推进考核工作，圆满完成了粮食安全责任制"首考"，压实了各区和相关部门保障粮食安全的主体责任。

二　粮食市场宏观调控基础得到进一步夯实

坚持问题导向，不断增强调控的前瞻性、精准性和实效性，为应急保供提供了有力支撑。

（一）扎实抓好粮食市场稳定措施落实

完善了市、区两级粮油储备体系，完成了 2017 年市级储备粮增储任务，出台了市级成品储备大米运行管理办法，轮换了 82.6 万吨市级储备粮油。严格执行粮食收购资格许可，核查了全市 376 家粮食收购企业资质，共收购地产新粮 47.8 万吨，未出现"卖粮难"问题。规范粮食应急供应网点管理，全市网点数达到 550 家。认真开展社会粮油统计和供需平衡调查工作，为精准调控提供决策依据。军粮供应保障及时、质量良好。

（二）持续推进京津冀粮食行业协同发展

对京津冀三省市粮食局长联席会议签订的应急协同、场际交易、信息共享、联合执法 4 个协议，制定了落实方案。根据《京津冀地区粮食流通监督检查联合执法协作协议书》，组织开展了三地联合检查。积极推进三地粮食应急协同，建立了三地粮食应急联动机制。实现了三地粮油信息、交易资源共享。

（三）深入探索粮食产销合作新路径

出台了《天津市 2017 年粮食产销合作项目申报指南》，为深化产销合作提供了政策支持。与五得利面粉集团有限公司签订了异地储备框架协议，为落实增储任务进行了有益探索。支持天津利达粮油有限公司与"黑龙江大米网"合作，引进优质粮食。

三　优质粮油供给能力得到进一步提高

积极适应新时代城乡居民消费升级的需求，着力增加绿色优质、营养健康粮食及粮油产品供应。

（一）加快实施"优质粮食工程"

会同市财政局制定了实施方案，推荐了"中国好粮油"示范企业，遴选出天津市 10 个"中国好粮油"产品。投资1180万元为市粮油质检中心购置检验仪器和改扩建化验室，提高了粮食质量安全检验监测能力。

（二）大力发展粮食产业经济

代市政府草拟了《天津市关于加快推进农业供给侧结构性改革　大力发展粮食产业经济的实施方案》，积极推进各项政策措施落实，协调金融机构为粮食流通企业提供多元化金融服务，确立天津市利金粮油股份有限公司为农发行重点信贷优先支持企业。

（三）强化粮食质量安全监管

制定了《2017年粮食质量安全监管工作实施方案》。开展了新收获粮食和库存粮食质量安全风险监测，各项指标全都合格。开展市级储备粮强检工作，经过检测，宜存率100%。开展了粮食质量安全清理清查专项行动，粮食质量安全状况良好。

（四）加强"好粮油"基础工作探索

撰写了《我国环渤海油脂产业综合利用》调研报告，得到了国家粮食局的充分肯定。参与的课题《基于太赫兹光谱的转基因大豆及大豆油检测机理研究》被列为国家自然科学基金项目。举办了绿色储粮技术交流论坛，提升了天津市粮油储存技术水平。推荐天津市2所高校和1家国家级研究中心的科技成果加入国家好粮油成果转化项目库。

四　粮食流通管理水平进一步提升

坚决守住管好"天下粮仓"，确保全市粮食流通有序运行。

（一）加强依法行政和粮食流通市场监管

针对天津市主销区特点，研究制定依法行政工作方案。坚持问题导向和底线思维，出台了"双随机一公开"监管工作细则，为强化粮食流通监管工作提供了遵循。开展了事中事后监管，建立了与各区行政审批部门工作协同机制。加大监督检查执法力度，共开展执法检查802次，有力维护了市场秩序。规范各区粮食行政管理部门监管工作，新区、宁河被列为"全国粮食流通执法督查创新示范单位"候选单位，起到良好的示范带头作用。

（二）高标准抓好粮食安全生产管理

与各区粮食行政管理部门和有关单位签订了安全生产责任书，压实了安全责任。高度重视抓好"大快严"集中行动，各级共排查出隐患问题128个，114个已整改完毕，14个正在整改。制定了深入开展安全生产大检查工作实施方案，出台了危险化学品和有限空间作业管理规定，先后组织979人次开展检查，狠抓责任落实，夯实了安全生产基础，规范了工作流程。开展了安全生产培训和演练，先后组织对915名保管、化验、安全生产操作和管理人员进行了培训考核，开展了3次消防安全演练。

（三）着力提升储备粮管理水平

指导各区制定了储备粮管理办法，粮油安全储存责任意识得到加强，安全储粮行为得到规范。认真开展了年度"三查"和防雨防汛检查，全年共出动460人次，对承储企业和储备粮油检查全覆盖，全市储备粮做到了管理规范、储存安全。

（四）持续推进"粮安工程"建设实施

东丽、蓟州新建库项目已完工，临港、军粮城等物流节点培育正在有序进行。会同市有关部门制定了储备粮油仓储设施维修改造项目申报指南，投入 5010 万元，提升改造仓容 26.9 万吨。积极推进粮库智能化升级改造工作，落实中央和地方专项资金，完成了调研论证及方案制定。

五　全市粮食行业自身建设进一步加强

全市粮食行业各级党组织始终注重加强自身建设，营造了干事创业的浓厚氛围。

（一）不断加强思想政治建设

深入学习领会习近平新时代中国特色社会主义思想和党的十九大精神，贯彻落实市第十一次党代会和十一届二次、三次全会精神。扎实开展"维护核心、铸就忠诚、担当作为、抓实支部"主题教育实践活动，推进"两学一做"学习教育常态化制度化，引导党员尊崇党章、遵守党规，全体干部职工"四个意识"进一步增强，"四个自信"更加坚定。

（二）认真履行全面从严治党主体责任

严格落实"准则""条例"，坚决彻底肃清黄兴国恶劣影响，持续净化党内政治生态，坚决维护党中央权威和集中统一领导、坚决捍卫习近平总书记在全党的核心地位。深入推进不作为不担当问题专项治理和作风纪律专项整治活动，全体干部职工保持了积极向上的精神面貌和苦干实干的工作状态。

（三）扎实开展"深化改革转型发展"大讨论活动

及时召开动员部署会，统一思想，凝聚共识。周密制定实施方案，广泛深入开展调查研究，扎实抓好"深化改革转型发展"主题征文和"我为粮食行业改革发展献一策"活动，进一步凝聚起粮食行业解放思想、改革创新、攻坚克难、转型发展的强大合力。

◆天津市粮食局领导班子成员

朱　军　　党组书记、局长
李久彦　　党组成员、副巡视员（2017 年 8 月退休）
周　海　　党组成员、副巡视员
吴维吉　　党组成员、中国天津粮油批发交易市场总裁
马宝瑛　　党组成员、副局长（2017 年 6 月任局党组成员）

2017年1月19日，天津市粮食局组织召开2017年度全市粮食流通工作会议，市发展改革委副主任马超英（主席台中），局党组书记、局长朱军（主席台左三），市财政局副局长吴丽祥（主席台右三），以及局党组成员在主席台就座。

2017年3月20日，天津市粮食局召开作风纪律专项整治动员部署会，市粮食局党组书记、局长朱军（主席台中）作动员讲话。

2017 年 5 月 19 日，天津市粮食局召开局系统开展"维护核心、铸就忠诚、担当作为、抓实支部"主题教育实践活动，推动"两学一做"学习教育常态化制度化工作动员部署会，局党组书记、局长朱军（主席台中）作动员讲话。

2017 年 8 月 25 日，天津市粮食局组织召开 2017 年度重点工作中期推动会，局党组书记、局长朱军（主席台中）总结上半年工作完成情况，部署下半年任务。

河北省粮食工作　基本情况

河北省环抱首都北京，东与天津市毗邻并紧傍渤海，东南部、南部衔山东、河南两省，西倚太行山与山西省为邻，西北部、北部与内蒙古自治区交界，东北部与辽宁省接壤。全省总面积 18.8 万平方公里，占全国土地总面积的 2%。河北省的地势有三大地貌单元，其中坝上高原平均海拔 1200~1500 米，占全省总面积的 8.5%；燕山和太行山地，其中包括丘陵和盆地，海拔多在 2000 米以下，占全省总面积的 48.1%；河北平原是华北大平原的一部分，海拔多在 50 米以下，占全省总面积的 43.4%。河北省属温带大陆性季风气候，大部分地区四季分明。

初步核算，2017 年，全省生产总值实现 35964.0 亿元，比上年增长 6.7%。河北省是全国 13 个粮食主产省之一。全省粮食播种面积 665.9 万公顷，比上年下降 2.0%；粮食总产量 3829.2 万吨，增长 1.2%。其中，夏粮产量 1520.8 万吨，秋粮产量 2308.4 万吨。主要生产小麦、玉米。正常年景粮食产需总量平衡有余，油脂油料缺口较大，主要靠省外购入和进口弥补。

2017 年粮食工作

2017 年，河北省粮食部门在省委、省政府的领导和国家粮食局大力支持下，深入学习贯彻党的十九大精神，以习近平新时代中国特色社会主义思想为指导，狠抓任务落实，粮食流通改革发展取得明显成效。

一　粮食安全责任制考核步入正轨

一是圆满完成 2016 年度考核任务。作为考核工作组办公室单位，河北省粮食局对粮食安全省长责任制首次考核高度重视，统筹谋划、精心组织，会同省发改委、省农业厅等部门，对照国家考核目标任务和评分标准认真开展工作，3 月完成省级自评，4 月向国务院有关部门报送了自评报告和佐证材料。国家对河北省 2016 年度落实粮食安全省长责任制工作给予表扬（共表扬 17 个省，河北省位列第 10）。至 6 月底，顺利完成省对市、市对县考核。从实际效果看，通过层层考核，传导压力，落实责任，各级政府粮食安全责任意识进一步提高，支持粮食生产、流通的工作举措更加务实，全省粮食生产综合能力得到巩固，粮食流通能力明显增强，粮食应急保障水平切实提升，"宏观调控、监测预警、质量监管、市场监管"四大体系不断完善。二是有序推进 2017 年度考核工作。国家 2017 年度考核通知下发后，河北省进一步完善考核方案，精简内容、突出重点、调整权重、严格标准，切实发挥考核导向作用。将省考核工作组组长升格为主管副省长担任，考核通知由 17 个部门联合印发调整为以省政府办公厅文件印发，务求形成以上率下示范效应，切实压实粮食安全责任。12 月，召开全省粮食安全责任制考核工作组办公室主任会议，对做好 2017 年度考核工作进行全面部署，提出明确要求。

二　粮食宏观调控能力显著增强

（一）启动全省最大范围小麦托市收购预案

除张承两个非主产市外，其余 11 市（含定州、辛集市）全部纳入托市范围，委托收储库点共 202 个，比上年增加 27 个。截至 2017 年 9 月 30 日托市期结束，全省共收购托市小麦 127.5 万吨，占收购总量的 24%，有效稳定了市场价格，直接带动农民增收 6 亿元以上。

（二）储备粮管理持续加强

认真组织省级储备粮油年度轮换，确保省储粮常储常新；加强出入库粮油质量检验，严禁不合格粮油流入口粮市场；规范承储企业日常管理，确保安全储粮管理规定落到实处。到 2017 年年底，全省地方储备粮实际到位 273 万吨，食用植物油储备 6 万吨。市级储备实现全覆盖，101 个县建立县级储备。

（三）健全完善粮食应急体系

修订《河北省粮食应急预案》，以省政府办公厅文件印发，加强了对粮食应急工作的顶层规划和指导。全省粮食应急网点达 3007 个，落实成品粮储备 6.5 万吨，粮食应急基础进一步夯实。

（四）推进粮食产销合作

组织召开第三次京津冀粮食行业协同发展局长联席会议，签订《京津冀地区粮食流通监督检查联合执法协作协议书》。2017 年 12 月，三省市组成联合抽查组，对北京市储存在河北省、天津市辖区内的储备粮油进行执法检查，推动粮食行政执法协作常态化。北京市 5 万多吨市级储备落户河北，标志协同发展进入新阶段。河北省与山西、宁夏、吉林、黑龙江、贵州等多个省区签订粮食产销协作协议，搭建合作平台，调剂品种余缺，促进供需平衡。

（五）加强粮食电子交易平台建设

省粮食交易中心积极推动政策性粮食进场交易，全年成交量达 95 万吨，有效服务了粮食宏观调控。

三　粮食系统安全监管持续发力

一是安全生产监管方面，按照国家层面统一要求，上半年部署了风险隐患排查治理专项行动，下半年开展了粮食安全隐患大排查快整治严执法集中行动。各级粮食部门突出"两个重点"、守住"四条底线"，全面排查六个方面的安全风险隐患，通过严格落实主体责任和监管责任，补齐管理短板，扎牢制度笼子，全面提高了粮食安全保障水平。其中，"大快严"集中行动共检查地方和中央直属企业 323 家，排查问题隐患 378 个，已全部整改到位。二是粮食质量监管方面，制定了《河北省粮食质量安全监管实施细则》，为加强监管工作提供政策依据。认真抓好收获和库存环节粮食质量安全监测，全年共采集农户新收获粮食样品 1134 组；粮食库存检查时，省级抽检样品 298 组。2017 年 11 月底，检测工作全部完成，及时向国家粮食局和省食安办报送了监测结果。为准确确定粮食等级，保证收购活动正常开展，全年共为各类粮食市场主体检定容重器 861 台。省局加大雄安新区新收获粮食和库存粮食监测密度，检测样本由原来的 13 个增加到 64 个，为新区粮食质量安全监管提供了科学依据。三是粮食库存检查方面，按照国家发展改革委、国家粮食局等四部门部署，对省内地方粮食企业存储的政策性粮食和商品粮进行全面检查。检查结果显示，各类政策性粮食数量真实、质量良好、储存安全，库贷一致，粮食补贴费用基本落实到位，承储企业执行国家粮食购销政策比较规范。对发现的问题隐患，及时督促各地落实整改措施。同时，结合行业特点和业务工作需要，还开展了省级储备粮轮换、夏秋粮收购、政策性粮食出库、统计制度执行等各类专项检查，均取得预期成效。经过持续加强监管，密集督导检查，跟踪整改问效，2017 年全系统没有发生毁粮坏粮事件，没有发生重大安全生产责任事故。

四　粮食产业经济稳步推进

一是加强对全省工作的宏观指导。为贯彻落实《国务院办公厅关于加快推进农业供给侧结构性改革大力发展粮食产业经济的意见》，按照省领导要求，河北省粮食局开展了促进粮食产业经济发展专题调研，牵头拟定河北省《实施意见》，先后征求 27 家省直厅局修改意见。2018 年 1 月，正式印发《河北省人民政府关于加快推进农业供给侧结构性改革大力发展粮食产业经济的实施意见》。二是启动优质粮食工程前期工作。派出考察组赴外省学习先进经验，分"产后服务体系、粮食质检体系、好粮油行动计划" 3 个板块在全系统进行摸底调研，掌握建设需求和建设规模，编制了实施方案（初稿）。三是积极探索国有企业改革发展新模式新路径。秦皇岛市抚宁区粮食局所属骊骅粮油公司新上一条日处理稻谷 240 吨生产线，承担"河北军粮" 60% 优质大米生产任务，企业延伸了产业链条，提升了服务保障能力。张家口市以冀北粮油园区建设为平台，推动 3 家市直企业搬迁整合，组建张粮集团。到 2017 年底，二期主体项目已经竣工，新公司筹备工作有序开展。省粮食产业集团成功收购吉林公主岭禾丰玉米收储公司 51% 股权，并借此正式获得大连商品交易所集团交割客户资质，为实现跨越发展创造了条件；同时，积极推进与京粮集团深度合作，组建京粮（河北）油脂实业有限公司。

五　粮食行业信息化建设扎实开展

（一）继续完善省级粮食信息化管理平台建设

积极推进平台各项功能的使用，实现了粮情监测及时准确、数据资源充分共享、工作效率显著提升；努力做好运维与技术支持工作，根据实际需要，对相关功能进行优化，对部分表样进行更新，及时解决使用中的各种问题，保证省级平台安全、稳定、可靠运行。

（二）省级储备粮信息化管理系统二期项目进展顺利

省储备粮管理中心和 56 个省级储备库远程监控系统安装调试完毕，组织了项目验收和操作人员培训，系统于 2017 年 12 月 1 日上线试运行，省储粮库监管水平有效提升。

（三）粮库智能化升级改造项目加快实施

按照"省级平台+储备粮承储企业"总体构架和"一企一案"设计思路，突出储备粮数量、质量远程监管两个重点，全力抓好综合调研、方案设计和技术咨询等各项工作。2017年10月下旬，省局与省财政厅联合下发《关于河北省粮库智能化升级改造项目集中采购有关事项的通知》。

六　军粮供应工作提档升级

一是通过规范军供小麦粉集采渠道，加强军粮质量管理，强化保障服务举措，全力做好军改期间政策性供应，确保不断供、不漏供、不误供。河北省制定高于国家质量标准的军粮内控标准，得到国家粮食局充分肯定。京津冀三地军粮部门在河北省围场县召开第一次联席会议，建立应急保障协同联动新机制。石家庄市军供企业继续深化部队饮食集约化保障试点工作，通过拓展业务、完善制度、改进服务，保障水平不断提高。二是加快推进以"河北军粮"为主脉的应急网络建设，争取省财政专项补助资金495万元，用于市级配送中心检化验设备购置和军供企业基础设施维修改造。三是认真组织项目实施，列入年度建设计划的49个"粮安工程"危仓老库维修改造（军粮专项）已有45个开工建设，总投资额1.5亿元。四是"河北军粮"各加盟店积极利用互联网平台开展营销活动，实现线上线下销售相结合，经营业绩稳步增长。

七　法制建设实践和制度不断创新

一是全面推进"双随机一公开"工作，修改完善"一单两库一细则"，省局本级市场监管事项按照要求全部列入随机抽查事项清单。在省级储备粮轮换专项检查、库存检查省级复查和抽查过程中采用"双随机"方式开展抽查，成效明显。二是以"三项制度"改革为契机，推动执法实践升级，省局按照省政府要求，修订了行政执法公示办法、行政执法全过程记录办法、重大执法决定法制审核办法，梳理编制了行政执法事项服务指南等四类文本和行政执法事项等五个清单，进一步规范执法行为。三是深化"放管服"改革，按照省委、省政府《关于深化地方国有企业改革的实施意见》和省国资委《关于河北省国有企业功能界定与分类实施意见》，指导省局直属库、直属军供库整体并入省粮食产业集团有限公司。完善粮食收购市场准入制度，取消个体工商户粮食收购资格审批，进一步激发小微粮食收购主体活力；进一步完善许可条件，明确许可有效期。

◆河北省粮食局领导班子成员

张　宇　　　　党组书记、局长（2018年1月退休）

李凤刚　　　　党组副书记、副局长

杨洲群　　　　党组成员、副局长

刘荷香　　　　副局长

李秀梅　　　　副巡视员

2017年3月，国家发展改革委党组成员、国家粮食局党组书记、局长张务锋（左二）到河北省就粮食流通重点工作进行调研。调研组首先到西柏坡进行了参观，随后到河北省粮食局直属机械化粮油储备库、柏粮集团、军粮供应基地等进行实地考察。

2017年6月，河北省粮食局局长张宇带领有关同志到石家庄、邢台、邯郸三市调研夏粮收购等有关情况。张宇局长深入到田间地头和粮食企业，走访了小麦收割现场，检查了夏粮收购准备情况，与农民、粮食经营者、国有粮食企业负责人交流了小麦产量、质量、价格行情等有关情况，掌握了夏粮收购第一手资料。

2017 年 9 月 26 日，第二十一届中国（廊坊）农产品交易会在廊坊国际会展中心隆重开幕，河北省粮食局局长张宇（右一）参观展区。农交会由国家农业部、中华全国供销合作总社、河北省人民政府主办，省粮食局作为承办单位之一，参加了特装展并被组委会授予优秀组织奖和优秀设计奖。

为扎实推进全局干部职工对党的十九大精神的学习领会，河北省粮食局开展多种形式的学习活动，张宇局长领学十九大报告。

山西省粮食工作　基本情况

山西省位于黄河中游，黄土高原东部，因位于太行山之西而得名。全省总面积为15.66 万平方公里，地形多为山地丘陵，辖 11 个设区市，119 个县（市、区）。山西属于典型的温带大陆性气候，干旱少雨，晋南和晋中盆地是重要的商品粮基地。

习近平总书记视察山西时强调，要坚持把解决好农业、农村、农民问题作为全党工作重中之重。山西的现代农业发展，要打好特色优势牌。要立足优势，扬长避短，突出"特"字，发展现代特色农业。山西是著名的"小杂粮王国"，是我国重要的杂粮生产基地，特殊的地理环境孕育出众多的特色农产品，品种有 120 多种，谷子、杂豆、莜麦等产量在全国名列前茅。山西省委、省政府高度重视粮食深加工、小杂粮开发，把发展特色农业确定为山西经济发展的重要战略。

2017 年，山西农作物种植面积有 372.14 万公顷，比上年增加 0.06 万公顷。其中，粮食种植面积 318.1 万公顷，减少 4.6 万公顷；油料种植面积 11.4 万公顷。在粮食种植面积中，玉米种植面积 180.7 万公顷，小麦种植面积 56.1 万公顷。2017 年全省粮食总产量1355.1 万吨，比上年减少 25.2 万吨，减产 1.8%。其中，夏粮总产 233.7 万吨，秋粮总产1121.3 万吨。其中玉米产量 977.9 万吨，小麦产量 232.4 万吨，稻谷产量 0.5 万吨，大豆总产量 17.1 万吨。全省年消费粮食 1365 万吨左右，小麦缺口 277 万吨左右，稻谷缺口115 万吨左右，全部靠调入，玉米需销往省外 433 万吨左右。总体上看，总量不足，结构不平衡，产粗吃细，小麦稻谷不足，玉米有余。2017 年，全省各类粮食企业收购粮食708 万吨，比上年增加 19 万吨，增加 2.7%。其中，国有粮食经营企业收购 138 万吨，占总收购量的 19.5%。全年销售粮食 826 万吨，比上年减少 12.8%。其中，国有粮食经营企业销售 172 万吨，占总销售量的 20.8%。截至 2017 年末，全省共有国有粮食企业 460 户，年末从业人员总数 20764 人。山西国有粮食企业完好仓容 540 万吨。

2017 年粮食工作

2017 年，山西省各级粮食部门以深入学习贯彻习近平总书记视察山西重要讲话精神为首要政治任务，推动粮食流通改革发展取得了新成效。党的十八大以来，在省委省政府坚强领导和国家粮食局正确指导下，山西省各级粮食部门以习近平新时代中国特色社会主义思想为指引，按照省委"一个指引，两手硬"工作思路和要求，凝心聚力、开拓进取，为保障粮食安全作出了积极贡献：兴粮惠农成效明显，储备体系日趋完善，产销合作不断深化，产业发展步伐加快，粮食监管得到强化，法治建设稳步推进，党的建设更加深入，自身建设和职能作用进一步加强。

一　粮食调控适应新要求

严格执行收购政策，统筹国有粮食企业与多元市场主体入市收购，探索建立粮食收购担保基金，累计收购粮食708万吨。开展粮食购销市场化电子交易试点，交易量达13万吨，带动农民和各类主体增收1000余万元。运城、临汾等市创新收购服务，积累了有益经验。开展公开竞价交易试点，全面完成年度省级储备粮轮换任务。将44.5万吨县级调控粮纳入地方储备粮体系，争取粮食风险补助资金2亿元。积极主动对接，确保了军改期间军粮供应工作。建立粮食应急供应网点1522个、加工企业170个、配送中心114个，开展应急演练32次。实施"放心粮油"示范工程，建成11个市级和30个县级"放心粮油"配送中心、240个示范销售店。提升统计服务，完善各级粮食价格监测点，定期发布价格走势。举办山西粮食产销衔接会、中国粮企山西行、粮油精品展系列活动，签约粮油购销总量633万吨，与北京、天津、贵州等8省市粮食部门签订战略合作协议，粮食协作范围不断扩大。

二　粮食产业取得新发展

制定《"山西好粮油"行动计划》《"山西小米"品牌建设实施方案》，省财政追加预算5460万元对14个示范县给予支持。评选首批10个"山西好粮油"产品品牌，其中沁州黄、汾州香和石鼓3个小米品牌入选"中国好粮油"产品名录。组建"山西小米"产业联盟，推进商标注册、标准制定、产品营销等工作，争取1700万元资金用于广告宣传，全力打响"山西小米"品牌。长治、朔州等市加快杂粮产业发展，太原启动粮食园区建设。风陵渡储备库通过土地流转、订单生产发展优质小麦400公顷，新绛县珍粮种植合作社通过土地托管发展优质小麦1330余公顷。山西粮油集团与益海嘉里合作成立全省首家混合所有制粮油企业，投资10.5亿元在山西转型综改示范区建设粮油加工项目。山西省粮食局在2017年全国加快推进粮食产业经济发展现场经验交流会上作了交流发言。

三　安全工作有了新提升

入围国家粮库智能化升级改造重点支持省份，争取中央财政资金8946万元。新建仓容4.14万吨，对省市县三级储备库进行维修和提升改造。健全省市两级质监体系，举行粮食质量安全应急培训演练，开展库存粮油质量安全和新收获粮食品质监测。认真学习落实"一规定两守则"，与有关储备库签订"两个安全"责任状和承诺书，安全工作责任得到落实。晋中、阳泉、大同等市在加强储粮管理、加大仓储设施建设方面成效明显。

四　流通监管得到新加强

全面落实"双随机一公开"和"四不两直"要求，开展安全储粮检查和"大快严"集中行动，组织跨市交叉检查，实现了中央与地方储备粮、政策粮与商品粮、原粮与成品粮抽查全覆盖。忻州、晋城、吕梁等市在依法履职、强化市场监管方面取得了积极成效。全省组织粮食市场检查 3284 次，检查经营主体 10894 个次，查处违法违规行为 183 例，确保了粮食市场有序运行。

五　依法治粮迈出新步伐

深化"放管服"改革，清理规范粮食行政许可事项，下放省级粮食收购资格许可。实行"减证便民"和网上审批，建立粮食经营者信用档案，完善了信用评价办法。创新载体和形式，深入开展"七五"普法宣传。建立法律顾问制度，严格规范性文件制定，依法办事水平进一步提高。有关单位通力合作，圆满完成粮食安全省长责任制"首考"任务，受到国务院通报表扬。

六　深化国有粮食企业改革取得新进展

深化国有粮食企业改革，制定改革方案。建立了改革进度定期报告制度，实行民营企业、粮食经纪人参与政策性粮食经营月报和社会资本参与粮食流通基础设施建设季报制度，完成了 13 个国有粮食企业混合所有制改革，比 2016 年增加 7 户，比省委、省政府确定的 5 户目标多完成 8 户，吸引外商和民间投资 4.18 亿元。重点帮助指导山西省粮油集团出资成立了益海嘉里（太原）粮油食品工业有限公司，注册资本 3 亿元，三方投资分别占比 80%、15%、5%，是山西省粮食行业首家建立的跨国、跨所有制混合所有制企业。同时，签订投资协议和补充协议，明确了土地等优惠政策，完成了土地摘牌。全年引导 108 户民营企业和粮食经纪人参与政策性粮食经营，经营量 30.78 万吨，吸引资金64766 万元。

七　人才兴粮取得新成效

坚持"人才兴粮"，举办"粮食产业经济学习研讨班"，组织山西省各市、重点县、粮食产业龙头企业对"中国好粮油"行动、粮食产后服务体系建设、"互联网+"等国家有关政策和粮食产业发展新趋势学习交流，培养粮食产业发展人才。坚持"科技兴粮"。组织干部赴安徽、河南、深圳参加科技活动周活动，并组织各市和涉粮企业参加了粮食科技成果展览展示和名特优粮油产品展。根据国家粮食局文件精神，围绕"发展粮油科技、增加优质产品、保障主食安全"的主题，各市组织开展2017 年粮食科技活动周。根据《关于开展第一届山西省专利奖申报推荐工作的通知》要求，广泛宣传，组织申报，并向社会公示推荐名单，推荐"一种 α-亚麻酸补充剂及其制备方法"和专利"苦荞麦脱壳方法"参加第一届省专利奖评选。发挥行业社会服务职能，申报 2017 年政府购买公共科技服务项目，争取资金 40 万元，开展"山西省小杂粮质量与主要营养成分的调查测试与分析"等。

八   粮食流通统计工作踏上新台阶

　　严格执行《国家粮食流通统计制度》，认真做好2017年度粮食流通统计工作，确保统计数据质量。组织相关人员积极参加国家粮食局举办的粮食产业经济统计培训班、粮食市场监测及供需平衡调查培训班和粮油统计信息系统操作培训班，进一步提升统计人员的业务素质。组织召开2017年全省粮食流通统计工作会议，总结全省粮食统计工作，并对2018年粮食调控工作进行安排部署；举办粮食统计业务培训班，对山西省各市、县、区负责粮食统计工作的人员共161人进行了培训，提升山西省粮食流通统计水平。做好粮食流通统计分析工作，向国粮局报送年度统计报告6篇、社会粮油供需平衡调查报告1篇、其他统计分析报告17篇，并按月上报地方储备粮油平衡月报表、商品粮油平衡月报表和加工转化企业产品产量及库存月报表。

九   自身建设呈现新气象

　　深入学习贯彻党的十九大精神，强化"四个意识"，推进"两学一做"学习教育常态化制度化。坚持全面从严治党不松劲，深入推进党风廉政建设和反腐败斗争，强化对党员干部落实中央八项规定精神、遵守"六大纪律"监督，扎紧织密制度的"笼子"。制定97项整改措施，建立"三个清单"和整改台账，持续推进巡视整改工作。深入开展"深化改革转型发展"大讨论，在全国粮食行业大讨论调度督导会上作了经验交流。扎实推进"三基建设"。认真编制"三手册一目录"，积极组织职工培训和职业技能竞赛。广泛开展党员先锋行主题实践活动，建设粮食文化主题展厅，举办爱粮节粮宣传等系列文化活动，全面加强粮食文化建设。扶贫工作取得新进展，省粮食局荣获山西省干部驻村帮扶工作模范单位。

◆山西省粮食局领导班子成员

丁文禄　　党组书记（2017年12月离职）、局长（2018年1月离职）

王云龙　　党组书记（2017年12月任职）、局长（2018年1月任职）

马　珩　　党组成员、副局长

薛愿兵　　党组成员、副局长（2017年2月退休）

宋林根　　党组成员、副局长

韩华雄　　党组成员、副局长（2017年8月任职）

武京运　　副巡视员

2017年7月17日，山西省政府副省长郭迎光赴京，就贯彻落实习总书记视察山西重要讲话精神、发展杂粮特色优势产业等粮食流通工作，与国家发展改革委党组成员、国家粮食局党组书记、局长张务锋进行了座谈会商。

2017年11月15~17日，国家粮食局副局长徐鸣（右三）一行来山西就"中国好粮油"行动开展调研。

2017 年 3 月 7 日，山西省粮食局局长丁文禄一行深入昔阳县调研玉米收购工作。

2017 年 3 月 16 日，山西省粮食局在局机关召开全省粮食系统全面从严治党工作推进会。

内蒙古自治区粮食工作

基本情况

2017 年末，全区常住人口 2528.6 万人，比上年增加 8.5 万人。其中，城镇人口 1568.2 万人，乡村人口 960.4 万人。城镇化率 62.0%，比上年提高 0.8 个百分点。

全区实现生产总值 16103.2 亿元，按可比价格计算，比上年增长 4.0%。其中，第一产业增加值 1647.2 亿元，比上年增长 3.7%；第二产业增加值 6408.6 亿元，比上年增长 1.5%；第三产业增加值 8047.4 亿元，比上年增长 6.1%。公共财政预算收入 1703.4 亿元，公共财政预算支出 4523.1 亿元，分别比上年增长 14.6% 和 0.2%。

全年农作物播种面积 798.3 万公顷，比上年增长 0.8%。其中，粮食作物 678.1 万公顷，比上年下降 0.3%。粮食总产量 3254.5 万吨，比上年下降 0.3%；油料产量 240.7 万吨。

2017 年粮食工作

2017 年，内蒙古自治区粮食系统贯彻落实党的十九大精神，围绕国家粮食安全战略部署，着重推进玉米收储制度改革，完善粮食供应保障体系，提升应急保供能力，强化粮食安全盟市长责任制考核，加强粮食流通监管，启动"优质粮食工程"，加强党风政风行风建设。完成了各项工作任务，粮食收购平稳有序，市场供应充足丰富，价格基本稳定，库存安全，促进了自治区经济发展、社会稳定。

一　粮食生产

2017 年，全区粮食总产量 3254.5 万吨，同比下降 0.3%。其中玉米 2497.4 万吨；小麦 189.1 万吨；大豆 162.6 万吨；稻谷 85.2 万吨；油料 240.7 万吨。

二　粮食购销存情况

2017 年，全区入统企业商品粮收购 1562 万吨。其中玉米 1390 万吨，同比增长 22.8%；小麦 100 万吨，同比增长 19%；大豆 17 万吨，同比增长 30.7%；稻谷 31 万吨，同比增长 47.6%；油料 2 万吨（从生产者购入），同比减少 97%。区外调入小麦 1 万吨，同比减少 75%；稻谷 8 万吨 (2016 年调入 0.04 万吨)。

2017 年，全区入统企业商品粮销售 1114 万吨。其中玉米 902 万吨，同比增长 74.1%；小麦 128 万吨，同比减少 7.9%；大豆 22 万吨，同比增长 4.7%；稻谷 40 万吨，同比增长 5.2%；油料 13 万吨，同比减少 51.8%。调出区外玉米 28 万吨，同比增长 1.5%。出口 1 万吨，同比增长 150%。2017 年底，全区入统企业商品粮库存 487 万吨。其中玉米 382 万吨，同比增长 66%；小麦 62 万吨，同比增长 34.7%；大豆 10 万吨，同比增长 66.7%；稻谷 24 万吨，同比增长 84.6%；油料 7 万吨，与上年基本持平。

三　推进玉米收储制度改革

按照国家实行"市场化收购＋补贴"新机制要求，引导多元主体入市收购，腾仓并库扩容，做到有人收粮、有仓存粮；建立玉米收购贷款信用保证基金，做到有钱收粮；会同自治区经信委与哈尔滨、沈阳、呼和浩特铁路局建立对接机制，做到有车运粮。落实玉米饲料加工企业和深加工企业收购奖补政策，加工企业基本满负荷生产。2016/2017 年度玉米收购总量 1790 万吨，满足了农民售粮需求；2017/2018 年度（截至 2018 年 2 月）收购玉米 1250 万吨，完成预计收购量的 75%。收储制度改革搞活了玉米市场，推动了种植结构调整优化，促进了地方贸易企业转型和玉米加工产业发展，提高了种粮农民收入，玉米市场价格形成机制基本确立。稻谷、大豆、油菜籽、青贮玉米等优势品种种植明显增加；地方贸易企业和加工企业玉米收购占收购总量的 80%；玉米收购价格较上年平均每斤增长 0.15 元左右，按 1700 万吨预计收购量匡算，农民增收 51 亿元。

四　完善粮食供应保障体系

修订完善自治区级储备粮轮换管理办法，调整优化 1.2 万吨自治区级储备稻谷存储库点，对盟市落实储备规模监督检查。成功举办内蒙古（第二届）粮洽会，与 5 省区市签订粮食产销合作战略协议。推进"放心粮油"体系建设，截至 2017 年底，全区放心粮油示范企业达到 396 个，同比增长 5.6%。出台了粮食质量安全事故应急处置预案，举办全区粮食应急培训和演练观摩，完成 1401 个应急保障网点建设任务和统一挂牌。多元主体搞粮食流通，多方组织粮源，市场供应数量充足，品种丰富，质量安全。军供粮源统筹采购，适应部队调整改革新要求，主动精准对接，确保了部队改革期间军粮供应平稳有序。圆满完成建军 90 周年朱日和沙场大阅兵全体官兵粮油及各类主副食应急供应任务，阅兵指挥部授予"情系沙场、爱国拥军，服务阅兵、保障有力"的锦旗。

五　强化粮食安全责任制考核

落实牵头部门和责任制领导小组办公室职责，先后召开 7 次联席会议，研究考核工作。会同各有关部门完成自查评分，按时上报国家考核办。根据自治区自查及国家考核结果通报情况，对存在的突出问题，督促有关部门和盟市整改。改进粮食安全盟市长责任制考核工作，将实地考核由抽查调整为全覆盖，强化主要指标赋分，压减一般性指标，并实行倒扣分制度。经过争取，粮食安全列入 2017 年度盟市党政领导班子考核指标体系，压实了粮食安全属地责任，提高了各级政府重视程度。

六　　加强粮食流通监管

制定了安全生产工作指导意见，先后两次召开由所有粮食收储企业参加的全区安全储粮和安全生产视频会议，安全储粮和安全生产"一规定两守则"培训全员覆盖。开展拉网式、全覆盖"粮食安全隐患大排查快整治严执法"集中行动和整改"回头看"，推广"双随机一公开"监管模式。自治区先后 3 次派出 6 个工作组深入基层库站督导检查，全区累计发现各类问题 2302 个，截至 2018 年 1 月底，完成整改 2265 个，整改完成 98.4%，消除了一批安全储粮安全生产事故隐患。加强粮食质量安全监管，制定印发粮食质量安全监管办法，1051 家企业纳入粮食质量安全监管范围。开展粮食质量安全事故应急演练，完成原粮和政策性粮食抽检样品 7139 份、自治区级粮食质量安全监测样品 1088 份，主要安全指标全部达到国家标准。完成国家库存粮食质量安全抽样送检，检测结果显示，全区库存粮食质量达标率、储存品质宜存率和主要食品安全指标合格率全部高于国家平均水平，其中宜存率和主要食品安全指标合格率达到 100%。加强国家政策性粮食库存数量、质量和销售出库监管，全年销售出库临储粮 1112 万吨，完成了"去库存"任务。

七　　启动"优质粮食工程"项目建设

会同自治区财政厅申报争取"优质粮食工程"国家重点支持省份，获得中央预算内补助资金 3 亿元，并出台《内蒙古自治区"优质粮食工程"实施方案》。组织召开"内蒙古好粮油"标准制定研讨会，完成首批"中国好粮油"内蒙古产品的遴选推荐，3 家企业 8 个产品获得国家命名。协调解决严重制约自治区质检中心功能发挥的实验室用房 2920 平方米，配备快检车一辆。推动新增 7 个旗县级粮油质检机构。启动粮食产后服务中心试点工作。成功列入国家"粮安工程"粮库智能化升级改造重点支持省份，完成全部建设企业实地摸底调研和项目建设前期准备工作。基本完成"危仓老库"军粮专项、"粮安工程"危仓老库维修改造项目建设。

八　　将粮食产业经济作为转型发展的内生动力

调整内设机构，成立产业发展处，召开全区粮食产业经济发展座谈会，以自治区政府办公厅名义转发了《自治区粮食局促进粮食流通产业发展意见》，与国家粮食科学研究院联合在恒丰集团建立了河套小麦产业化研究院。完成国家重点支持粮油产业化龙头企业遴选，恒丰粮油工业集团等 5 户企业纳入国家支持范围。拿出 2.3 万吨自治区级储备稻谷，开展储备与加工企业结合试点。会同金融办批准中粮贸易内蒙古分公司和呼伦贝尔市开展"粮食银行"试点。各地从实际出发，推动粮食产业经济发展：通辽市扶持玉米深加工产业，出台了减免税收、划归原料储备库等优惠政策及促进企业降本增效的实施意见；兴安盟出台促进电子商务发展的意见，推动"互联网＋粮食"融合发展；呼伦贝尔市以农村土地有序流转为契机，把长期与上海市重点企业建立购销合作关系，同培育"公司＋联合社＋

基地＋农户"的产业化发展模式结合起来，大力发展绿色有机"订单稻谷"，使"新发米业"打入了上海市场；巴彦淖尔市挖掘河套小麦品质优势，实施以面粉加工为主体，上游基地建设、下游面粉制品精深加工的"一体两翼"发展战略，使恒丰集团化经营和产业化发展取得了新进展；满洲里市主动融入"一带一路"建设，发挥口岸优势，粮食进口就地加工产业园区建设初现规模。

九　加强粮食行业党风政风行风机关作风建设

认真学习宣传贯彻习近平新时代中国特色社会主义思想和党的十九大精神，努力做到学懂弄通做实。切实履行全面从严治党责任，认真落实巡视整改任务，落实意识形态责任，着力推进"两学一做"学习教育常态化制度化。在直属机关率先开展增强"四个意识"活动，加强党支部标准化建设，推动党建和业务工作融合发展，努力增强基层党组织战斗堡垒作用和党员先锋模范作用。持之以恒落实中央八项规定精神，层层签订党风廉政建设责任书，严格执行廉政谈话制度，实行干部轮岗，聘请第三方对局属单位财务进行审计，完善廉政风险防控机制，全区粮食行业党风廉政建设不断加强。积极开展"深化改革转型发展"大学习大讨论大调研大实践活动，促进全区粮食行业观念、职能、发展方式转变，党风政风行风和机关作风发生根本性好转。

◆内蒙古自治区粮食局领导班子成员

张天喜	党组书记、局长
赵国忠	党组成员、副局长（2017 年 9 月 25 日任职）
王国峰	党组成员、副局长（2017 年 9 月 25 日任职）

2017年9月5日，内蒙古自治区人民政府常务副主席张建民（右三）在内蒙古第二届粮洽会上，向国家粮食局副局长曾丽瑛（左二）介绍内蒙古粮油产品。

2017年8月15日，内蒙古自治区粮食局局长张天喜（左三）在呼和浩特市小杂粮企业调研。

2017 年 10 月 14 日，内蒙古自治区粮食局副局长赵国忠（右一）深入兴安盟农户，调研玉米出售情况。

2017 年 11 月 11 日，内蒙古自治区粮食局副局长王国峰（左一）深入赤峰市粮食企业调研"大讨论"开展情况。

辽宁省粮食工作　基本情况

　　2017年，全省粮食部门以习近平总书记系列重要讲话精神和李克强总理对粮食工作的重要部署要求为政治统领，认真贯彻落实中央和省委省政府有关粮食流通工作重要部署，务实拼搏、开拓进取，推动粮食流通改革发展取得明显成效。一是粮食生产再获丰收。在辽西北地区遭遇严重干旱的情况下，粮食产量达到2330.7万吨，是辽宁省农业发展史上第二个高产年，成为辽宁省经济社会发展的突出亮点。二是抓好秋粮收购效果显著。认真落实玉米市场化收购加补贴新机制，积极引导多元市场主体入市收购，玉米市场价格形成机制取得预期效果。三是加强制度建设管好地方储备粮。从地方储备粮管理、储备粮承储企业管理、粮食仓储设施管理和粮食安全生产管理等方面入手，强化制度管理，新增省级储备粮30万吨，全省地方储备粮达到205万吨规模。四是着重做好项目建设提升保供能力。组织开展"优质粮食工程"项目建设，安排资金13.6亿元，粮食装备和库存管理信息化、智能化水平不断提升。五是加强粮食流通监督检查规范市场行为。坚持问题导向和底线思维，切实加强粮食流通监管，以管粮、管企、管人为监管主线，着力强基础、补短板、上台阶，认真履行监管职责。六是加大国有企业改革力度提高管理水平。组建了省粮食发展集团有限责任公司，实现规范化运转，竞争能力不断提升。

2017 年粮食工作

一　粮食调控取得新成效

　　2017年是国家粮食收储制度改革第二年。为切实抓好粮食收购工作，一是积极协调央企、省直企业等国有粮食企业入市，切实发挥国有粮食企业收购市场主导作用，鼓励和引导其他粮食购销企业入市收购，活跃市场，玉米收购工作平稳有序。二是努力落实新产玉米收购加工补贴政策，解决好2016粮食年度农民余粮出售问题，全省玉米深加工和饲料加工企业获得财政补贴资金1.17亿元。三是落实好玉米收购贷款信用保证基金政策，27家企业纳入政策范围，累计发放信用贷款8.32亿元。加强玉米产销衔接和运输对接工作，为全省玉米外销外运做好保障工作。四是不断加强应急体系建设，应急储运、加工、配送供应网络不断健全，成品粮油应急储备达 8.5 万吨，基本满足国家规定供应量的要求。五是军供粮源筹措数量充足，质量管理严格规范，服务水平不断提高，军供网点建设成效显著，保障能力不断增强，军供粮油质量合格率 100%，部队满意率 100%。

二　粮食流通监管建立新机制

坚持问题导向和底线思维，着力强基础、补短板、上台阶，切实加强粮食流通监管。一是扎实开展粮食安全省长责任制考核工作，压实地方政府保障区域粮食安全的主体责任。考核效果逐渐显现，地方政府粮食安全意识进一步增强，对粮食工作的支持力度不断加大，考核目标任务中的短板正在补齐，考核的"指挥棒、风向标"作用越来越明显。在 2016 年度全省粮食安全省长责任制考核中，沈阳、大连、朝阳、本溪和营口市为优秀等次，省政府给予通报表扬。二是坚持常规检查和专项检查相结合，保障国家粮食安全。按照"双随机一公开"原则，认真组织开展了秋粮收购市场检查、粮食库存常规检查、政策性粮食销售出库检查、粮食安全隐患"大快严"集中行动以及粮食统计制度执行情况等检查工作，坚决守住"数量真实、质量良好、储存安全"的粮食监管底线。三是加大涉粮案件查处力度，提高办案质量和效率，对重要案件实行现场督办。

三　储备粮管理与粮食仓储工作取得新进展

为贯彻落实国家粮食局"两个安全"会议精神，辽宁省采取积极有效措施，全面提高粮食仓储管理工作水平。一是制度化建设进一步加强。各市积极贯彻落实《辽宁省地方储备粮管理办法》，制定出台市级储备粮管理办法，辽宁省地方储备粮管理制度化、规模化建设取得长足进步。二是储备粮监管责任进一步夯实。各市均以政府名义向省政府报送《市级储备粮责任承诺书》，省农委与各市粮食行政管理部门签订《辽宁省地方储备粮油安全目标责任书》，使辽宁省地方储备粮安全监管责任进一步落实。三是省级储备粮轮换常态化机制逐步建立，效果显著。省级储备粮轮换采取省里提早下达年度计划，由承储企业根据市场行情自主把握轮换时机，有效规避市场风险。从省级储备粮轮换的实际效果看，现行的轮换机制取得较好的经济效益，储备粮安全得到保障。四是低温、准低温储存技术在地方储备粮管理上得到进一步推广。据统计，2017 年，辽宁省有 38% 的地方储备粮储存在低温或准低温环境中，其中，稻谷比例高达 59%。实施温控储粮技术既保障地方粮食储存安全，也为企业在市场竞争中赢得主动，取得较好的经济效益。五是粮食行业安全生产工作有序开展。全年印发 17 个粮食行业安全生产文件，认真落实属地监管责任和企业主体责任，根据不同时间节点和行业特点先后组织了 3 次全省粮食行业安全生产大检查，建立了粮食安全生产工作约谈机制，进一步促进了各地粮食安全生产工作的开展。

四　粮食行业发展产业经济实现新突破

一是深入实施"优质粮食工程"建设。争取国家"优质粮食工程"资金 3 亿元，省级财政资金9320 万元。积极开展粮食安全质量检验监测体系建设、粮食产后服务体系建设和"中国好粮油"行动计划建设。盘锦鼎翔米业有限公司、龙人米业、省粮食发展集团的 3 个产品荣获全国第一批"中国好粮油"称号。二是粮食产业发展水平进一步提升。以省政府办公厅名义下发《辽宁省人民政府办公厅关于加快推进农业供给侧结构性改革大力发展粮食产业经济的实施意见》，积极促进辽宁省粮食产业经济发展；全年粮食加工企业产品产量 2091 万吨，同比增长 35.9%，工业总产值 750.7 亿元，同比增长 11%，销售收入 772.6 亿元，同比增长 14.4%，利润总额 29.9 亿元，同比增长 83.7%。三是国有粮食企业改革不断深化。推进一县一企，一企多点的国有企业改革，以经营性国有资产统一监管，积极发展粮食行业混合所有制经济，大力培育多元化市场主体，推进股权多元化改革。省粮食发展集团以降本增效为抓手，不断延伸产业链条，挖掘效益增长点，营业收入实现 45.55 亿元，比上年同期增长 16.1%，利税 2780 万元，省级储备粮轮换实现三个 100%。营口大石桥市积极推进县级国有粮食企业改革，整合国有粮食产业资源，企业发展态势良好。

五　粮油质量检测不断提升新水平

一是多措并举，助推辽宁省玉米收储制度顺利改革。二是按质分类，按类出库，助力玉米去库存工作顺利实施。三是全面完成辽宁省各类政策性粮食质量安全检验监测管理工作。四是全力做好"两节""两会"等重大节日和重要时间节点辽宁省粮油质量安全监管工作。五是开拓服务监管新模式，助推放心粮油工程不断上档进位。六是积极推进质检体系建设。扶持 34 个县级粮食质检机构和 10 个市级粮食质检机构及辽宁省级储备粮质量检测中心等 45 个质检机构的质检体系建设，在全国率先实现了"机构成网络、监测全覆盖、监管无盲区"的总体目标。

六　党的建设和党风廉政建设抓好抓实

一是全面压实党建责任，强化政治建设和纪律建设，自觉服从核心、坚决维护核心、精准对标核心，坚持党的基本理论、基本路线、基本方略，不折不扣把党的十九大精神落实到实处。二是有计划地深入学习宣传贯彻习近平新时代中国特色社会主义思想，坚持真学真懂真信真用，内化于心、外化于行。三是在扎实开展好"两学一做"学习教育常态化制度化的同时，扎实组织开展好"不忘初心、牢记使命"教育，进一步增强为中国人民谋幸福，为中华民族谋复兴的信心和定力。四是全面提高党支部规范化建设水平，切实强化支部的政治功能和组织功能，提高党内政治生活的质量和成效。五是全面加强党风廉政建设，注重预防、强化监督，坚持纪严于法、纪在法前，打造农业系统良发的政治生态和营商环境。六是切实改进作风，密切与群众的血肉联系，坚持大下乡大调研大服务活动，以作风建设的新成效，为实施乡村振兴战略作出积极的贡献。

◆辽宁省粮食局领导班子成员

陈　健　　农村经济委员会党组书记、主任，粮食局局长
周尊安　　党组成员、纪检组长
刘国际　　总经济师

2017 年 2 月 28 日，辽宁省粮食局局长陈健在全省粮食流通工作会议上讲话。

2017 年 2 月 28 日，辽宁省粮食局总经济师刘国际在全省粮食流通工作会议上讲话。

2017 年 2 月 28 日，辽宁省粮食流通工作会议现场。

2017 年 2 月 28 日，辽宁省召开全省粮食流通工作会议。

吉林省粮食工作　基本情况

吉林省位于中国东北地区中部，东界俄罗斯，东南隔图们江、鸭绿江与朝鲜民主主义人民共和国相望，南连辽宁省，西接内蒙古自治区，北邻黑龙江省。总面积 187400 平方公里，约占全国总土地面积的 2%，居全国第 13 位，省会长春市。现辖 1 个副省级市、7 个地级市、1 个自治州、60 个县（市、区）和长白山保护开发区管理委员会。21 个县级市、16 个县、3 个少数民族自治县、20 个市辖区，433 个镇、5 个少数民族镇、185 个乡、28 个少数民族乡。全省粮食种植面积 554.4 万公顷。截至 2017 年末，全省常住人口为 2717.43 万人，其中，城镇人口 1539.42 万人。2017 年，全省实现地区生产总值 15288.94 亿元，增长 5.3%。全省城镇居民人均可支配收入达到 28319 元，同比增长 6.7%；农村居民人均可支配收入达到 12950 元，增长 6.8%。

2017 年粮食工作

吉林省是国家重要的商品粮基地。主要粮食作物有玉米、水稻和大豆三大品种，玉米种植面积 416.4 万公顷，稻谷面积 82.1 万公顷，大豆面积 22.0 万公顷。2017 年，全省粮食系统紧紧围绕"富农强企，惠民兴业"主题，认真抓收购、保增收，打基础、活流通，强产业、促发展，保供给、惠民生，粮食事业不断取得新进展，为全省经济社会发展提供了有力支撑。全省仓容 7410 万吨，粮食产量为 4154.0 万吨，其中水稻产量 684.4 万吨、玉米产量 3250.8 万吨、大豆产量 50.2 万吨。全省粮食收购量为 3996 万吨、销售量（含加工）2985 万吨。全年粮食消费总量为 2045 万吨，其中，口粮消费 545 万吨（城镇口粮 255 万吨，农村口粮 290 万吨），饲料用粮 360 万吨；加工用粮 1105 万吨，种子用粮 30 万吨。分品种消费情况是：小麦 145 万吨，稻谷 335 万吨，玉米 13.5 万吨，大豆 140 万吨，其他 115 万吨。

一　玉米收储制度改革成效显著

各地认真落实国务院和省委省政府部署，紧紧围绕"有人收粮、有钱收粮、有仓收粮、有人买粮、有人卖粮、有车运粮"等关键环节，建立协调联动机制，协调多元主体入市，抓住关键环节出台组合政策，集中整治"地趴粮"防坏粮，针对关键节点、落实精准调控措施，玉米收储制度改革成效超出预期。

玉米价格市场形成机制基本建立，多元主体活力充分释放，加工产业有效激活，农民种粮收益得到保证。全年累计收购粮食 3575 万吨，没有发生卖粮难、大面积坏粮和社会敏感事件。特别是 2017/2018 收购期，玉米平均收购价格加上补贴收入每市斤接近 1.00 元，比上年提高 0.13 元。

二　吉林大米品牌建设扎实推进

各地立足自身优势和特色，积极研究探索品牌运作的模式。重点实施"五个一"工程。通过集中打造"吉林大米"品牌，以大品牌整合小品牌，解决品牌多、杂、乱的问题；依托联盟核心企业，通过大联盟带动区域小联盟，解决企业小、散、弱的问题；拓宽网络销售平台，与阿里巴巴签署战略合作协议，推进线上线下深度融合；落实高于国家标准的主打品种质量标准，为吉林大米品牌市场准入、产品追溯和质量管理提供规范依据；盯住主销区和中高端市场，推动设立吉林大米品牌直营店、商超专柜、社区体验店，开展点对点精准营销，提高品牌知名度和市场占有率。一年来，全省中高端大米销量达到 90 万吨，同比增长 20%，平均价格达到 12 元 / 公斤。优质品种稻谷覆盖率达到 80% 以上。稻谷加工业产值达到 280 亿元，比上年增长 10%。水稻平均收购价格 3.20 元 / 公斤，每市斤高出最低收购价格 0.10 元，带动农民增收 10 亿元以上。

三　粮食销售实现历史性突破

各地主动运用市场机制，"走出去""请进来"，成功举办产销协作洽谈会，与 18 个省份建立长期稳定的产销合作关系。积极推动异地代储、联购联销、合作经营等多种形式的产销协作，为销区代储地方储备粮比上年增加 110%，拓宽粮食销售渠道。积极消化政策性粮食库存，完善协调机制，确保出库顺畅，政策性粮食销售相当于过去 7 年的总和。落实加工奖补政策，玉米深加工、饲料企业抓住机遇多购多加多建库存，加工转化能力得到极大释放，企业效益实现恢复性增长。一年来，全省累计外销和加工转化粮食 5420 万吨，比上年增加 150%。

四　安全管理水平全面提升

突出安全储粮、安全生产两个重点，"一规定两守则"得到有效落实。依托省级储备粮和地方国有粮食企业，推行 6S 管理，建成 57 个示范库，仓储规范化管理水平进一步提高。深入开展"安全生产责任深化年"活动，层层压实责任。精心组织"大快严"专项行动，实施安全生产、安全储粮专项整治。盯紧关键节点、关键区域和关键环节，强化常态督查督导，确保"两个安全"。一年来，通过了全国粮食库存检查验收，全省安全生产形势持续好转，确保了库存粮食质量稳定、口粮绝对安全。

五　保障能力进一步加强

省级储备粮全部实储到位，8 个市州建立起成品粮动态储备，夯实调控基础。认证全省放心粮油企业 297 户，完善配送、加工、储运于一体的应急供应网络。修订预案，开展演练，健全应急保障机制。启动吉林、永吉洪涝灾害的应急供应，保障转移群众口粮需求。推动军民融合深度发展，军粮供应保障有力。

建立联合执法工作机制，严肃查处涉粮违法案件，全省粮食市场秩序稳定。扎实开展"深化改革转型发展"大讨论活动，为新时期全省粮食流通发展夯实思想基础。

六　粮食安全省长责任制有效落实

建立联席会议机制，细化目标任务，发挥考核的激励约束作用，全面落实粮食生产、储备、流通责任。各地认真落实国家和省相关部署，积极主导推动，强化统筹协调，各市州均被评为优秀档次，顺利通过首考。国家对省政府落实粮食安全省长责任制取得突出成绩给予了表扬，有关部门将在相关项目资金安排和粮食专项扶持政策上优先予以考虑。

七　盐业体制改革有序实施

认真落实国家部署，完善政府食盐储备管理办法，调整优化储备规模和网点布局。建立涉盐违法犯罪联合执法工作机制，成功破获以公主岭市贩卖假冒小包装食盐为代表的多起涉盐违法案件，多名犯罪分子被依法判刑。进一步明确各级粮食部门的盐业行政监管职能，初步形成以吉林市为代表的监管体制改革模式。全省盐业企业主动应对改革带来的冲击，创新营销模式，加强渠道建设，稳定市场份额，在全国同行业批发企业中市场占有率居全国领先地位。全省盐业市场秩序稳定，碘盐合格率稳定在90%以上。

2017年，国家粮食局张务锋局长到吉林省考察调研，对吉林省认真落实国家粮食安全战略、推进玉米收储制度改革、加强粮食品牌建设和发展产业经济等方面，给予了充分肯定，要求将吉林经验在全国推广。省人大常委会专题听取了粮食流通情况报告，组织人大代表赴公主岭、榆树、松原等地视察，对吉林省推进玉米收储制度改革等方面的成功做法给予了高度评价。过去一年，成绩来之不易，经验弥足珍贵，应该给予充分肯定。这些成绩的取得，得益于各级党委政府的坚强领导，得益于相关部门的大力支持，得益于全省粮食系统广大干部职工的辛勤工作。

八　准确把握新时代粮食流通的新形势新要求

习近平总书记在党的十九大报告中指出，中国特色社会主义已经进入新时代，我国社会主要矛盾已经转化为人民日益增长的美好生活需要和不平衡不充分的发展之间的矛盾，我国经济已由高速增长阶段转向高质量发展阶段。这些重大论断，标注了我国发展的新的历史方位，明确了新时代经济社会发展的重要特征。面对新形势、适应新变化、把握新要求，必须深入学习领会习近平新时代中国特色社会主义思想和党的十九大精神，按照省委省政府部署要求，认清形势，明确任务，提高站位，找准定位，创造性地推进新时代粮食流通改革发展。

（一）要牢牢把握党中央国务院和中共吉林省委吉林省人民政府对粮食流通工作的总要求

党中央国务院高度重视粮食改革发展。习近平总书记在党的十九大报告中强调，确保国家粮食安全，把中国人的饭碗牢牢端在自己手中。在中央经济工作会议、中央农村工作会议上，总书记又对粮食工作提出要求，作出部署；在谈到吉林粮食工作时，总书记强调"吉林大米是品牌""粮食也要打品牌"，要念好"山海经"，唱好"林草戏"，打好"豆米牌"，体现了对吉林粮食工作的殷切期盼。李克强总理和张高丽副总理也分别作出重要批示，充分肯定粮食流通改革发展的成效。中共吉林省委吉林省人民政府高度重视粮食工作，在"两会"上，新一届政府强调，要进一步抓好粮食收购、深化粮食收储制度改革、推进吉林大米品牌建设。这些为吉林省粮食局做好工作指明了方向，提供了根本遵循。吉林省粮食局要切实增强责任感和使命感，深刻认识到从事的粮食工作，事关国家安全、社会稳定、民生福祉，自古以来都是天下大事。不要低估了这项工作，把它只看作一门单纯的业务工作，更不要有职能弱化、部门边缘化的模糊认识，有为才有位。不论什么时候、什么背景，它首先都是一项重要的政治工作。各级粮食部门要提高政治站位，保持政治定力，切实增强大局意识，立足吉林看全国，跳出粮食抓粮食，把粮食工作放到落实党的十九大精神、实现党的历史使命、保障国家粮食安全的大局中去思考，放到全省经济社会发展的背景中去谋划，放到促进"三农"发展、保护农民利益的实践中去推进，自觉把思想和行动统一到党中央国务院和省委省政府的总体部署要求上来。

（二）要牢牢把握服务乡村振兴战略这个主攻方向

党的十九大和最近发布的中央一号文件，对实施乡村振兴战略作出了重要部署，要求坚持农业农村优先发展，努力做到"产业兴旺、生态宜居、乡风文明、治理有效、生活富裕"。这五句话、二十个字，是社会主义新农村建设的升级版，内涵更广，标准更高，目标更加清晰明确。粮食流通作为服务"三农"的关键环节，连接乡村和城市，覆盖一二三产业，要在实施乡村振兴战略中找准位置并发挥重要作用。对此，工作目标的确立、工作思路的谋划、推进措施的制定，都要着眼于服务乡村振兴战略这个主攻方向，在保护农民利益和种粮积极性中找准切入点，在服务新型经营主体中抓住突破口，在推进一二三产业深度融合中把握着力点。只有这样，才能找准坐标、把握方向。

（三）要牢牢把握农业供给侧结构性改革这条主线

从现阶段粮食消费看，居民对粮食产品多样化、优质化的要求越来越高。习近平总书记指出，人民对美好生活的向往就是我们的奋斗目标，要推进农业供给侧结构性改革，坚持质量兴农、绿色兴农，实现农产品从数量增长向质量提升转变。吉林省是国家重要的商品粮基地，自然环境、资源优势得天独厚。近年来，各地以"吉林大米"品牌建设为先导，培育壮大稻米产业，稻谷的市场化程度不断深化，优质品率不断攀升。同时，也应该看到，全省低端稻谷还占近20%的比重，这个收购期内最低收购价稻谷仍有55万吨。优质玉米、特用玉米、精品杂粮杂豆产品数量少，仍然停留在原字头的初级产品阶段，资源优势尚未转化为经济优势和效益优势。必须树立绿色发展理念，充分运用好"吉林大米"这个吉林省农业第一品牌的带动作用，进一步发挥粮食流通对生产的反哺激励和反馈引导作用，推动优质优价，在强弱项、补短板中缩小差距，赢得发展空间。

（四）要牢牢把握行业转型这一严峻挑战

中央经济工作会议要求，深化粮食收储制度改革，让收储价格更好反映市场供求。随着改革的持续推进，粮食流通领域正在发生深刻变化，正处于体制改革的攻坚期、机制完善的关键期、业态创新的机遇期。市场机制在粮食资源配置中的决定性作用进一步增强，粮食部门职能定位、履职方式也面临重大调整。以往依靠行政命令调控市场的手段行不通了，"靠国家政策吃饭、靠政府投入发展"的依赖路径也彻底消除了。对此，必须打破思维定势，理清政府调控、市场机制关系，真正认识市场、了解市场，以市场为导向，真正把监管服务作为主业主责，在落实监管责任、创新监管方式、强化精准服务上想办法、下功夫，尽快从转型的过渡期中走出来。总之，要正确把握新时代赋予的历史使命，主动适应新形势新变化，凝聚共识行动，敢于担当，善谋实干，锐意进取，在改革中寻求新突破，在转型中实现新发展，坚决把党中央国务院和中共吉林省委吉林省人民政府的部署落到实处。

◆吉林省粮食局领导班子成员

李国强　　　　党组书记、局长（2017 年 10 月任职）

张宏明　　　　党组成员、副局长

张卿槐　　　　党组成员

苑景临　　　　党组成员、纪检组长

2017年8月14日，吉林省委书记巴音朝鲁（中）视察农博会吉林大米馆，吉林省粮食局副局长张宏明（后中）陪同。

2017年10月13日，吉林省粮食局党组书记、局长李国强（中）赴吉林省储备粮收储公司万来储备库检查安全生产工作。

2017 年 11 月 28~30 日，吉林省粮食局党组书记、局长李国强（前排右一）与阿里巴巴集团大农业发展部总经理黄爱珠（前排左一）在长春国际会展中心大饭店签署吉林大米线上营销战略合作协议。

2017 年 8 月 12 日，吉林省粮食产销协作（洽谈）会在长春举行。

黑龙江省粮食工作　　基本情况

2017 年，黑龙江省坚持以习近平新时代中国特色社会主义思想为指导，全面深入贯彻党的十九大精神和习近平总书记对黑龙江省重要讲话精神，贯彻落实党中央、国务院对东北振兴的重大决策部署，坚持稳中求进工作总基调，树立新发展理念，以供给侧结构性改革为主线，在省委省政府正确领导下，转变思想观念，激发内生动力，转换发展动能，培育新增长点，经济实力不断增强，民生持续改善。全省地区生产总值首次突破 16000 亿元大关，实现 16199.9 亿元，增速 6.4%。农业综合生产能力显著提升，两年来调减玉米种植面积 200 多万公顷，增加大豆、杂粮杂豆种植面积，稳定水稻种植面积。粮食产量、商品量及净调出量稳居全国首位，守住了确保农民粮食顺畅销售、不发生卖粮难和坏粮问题、卖好价、有收益、得实惠的底线，得到党中央、国务院领导多次批示肯定，成为名副其实的保障国家粮食安全的"压舱石"。

2017 年粮食工作

一　粮食生产

全省粮食总产量 7410.3 万吨，其中：水稻 2819.3 万吨、玉米 3703.1 万吨、大豆 689.4 万吨、小麦 38.1 万吨。

二　粮食流通

坚持以深化粮食收储制度改革为引领，全面推进稻谷、玉米、大豆等主要粮食品种市场化购销，推动政策性收储为主向政府引导下的市场化购销转变。全省入统企业累计收购粮食 4092 万吨，同比增加 50 万吨。一是强营销、打品牌。实施"黑龙江好粮油中国行"专项营销行动，组建成立"黑龙江好粮油"营销联盟，先后走进上海、广东、福建、四川等重点销区开展集中推介，新建销售渠道 10343 个，签署协议 150 万吨，宣传、打造了"黑龙江大米"整体品牌形象。组建运营黑龙江大米网电子商务有限公司，开辟了"互联网+"营销新模式，全年销售大米 34.8 万吨，总交易额 16 亿元。二是建平台、强对接。成功举办了"冰城对话"玉米商务洽谈会、"论稻龙江"品牌峰会和金秋粮食交易暨产业合作洽谈会等系列活动，搭建产销合作新平台，助力龙江农产品营销。成功举办了国内首场农民玉米、大豆网上交易会，把市场办到农民家门口，打通农民卖粮"最后一公里"。三是促合作、谋共赢。借助国家实施广东和黑龙江对口合作战略，积极谋划落实两省间粮食对口合作。在两省政府间签署《关于建立粮食安全战略合作关系的框架协议》基础上，建立了粮食对口合作协调机制，制定了实施方案，重点落实了广东（黑龙江）粮食储备基地、粮源基地、加工基地建设以及黑龙江（广东）"好粮油"销售中心（基地）等重大项目。通过两省政府和粮食部门间的 4 次互访，确立了粮食领域深度合作关系，推动广东在黑龙江省建立了 32 万吨省级异地储备规模。四是抓主体、稳市场。引导收购主体履行社会责任，积极入市购粮。组织中粮集团、象屿集团、北大荒集团等大型骨干企业把握收购节奏，稳定粮食市场、引导价格预期。督促地方国有粮食企业转变发展方式，开展"代清理、代干燥、代储存、代加工、代销售"等综合服务，有效推进市场化自主购销。引导粮食加工企业坚持保本微利，多购、多加、多销。共有 1789 户省内外粮食企业开展玉米市场化收购，较上年增加 269 户，市场预期基本稳定。五是兴产业、建项目。积极推动全省粮食加工业做大做强，山东阜丰、四川鸿展、京粮集团、宁夏伊品等大企业先后在黑龙江省新建扩建 9 个玉米深加工项目，年内新增玉米深加工能力 535 万吨，全省总产能突破 1625 万吨。

三　粮食调控

一是认真执行国家最低价稻谷收储政策。按照国家最低收购价稻谷收储工作部署和政策要求，会同相关部门严格把关，规范认定收储库点 579 个，准备仓容 3000 多万吨，切实满足收储和农民卖粮需要，确保政策落实不缩水、不走样。二是调整完善地方粮食储备。黑龙江省实行省市两级储备，省级 110 万吨、市级 50 万吨；地方储备油规模 1.8 万吨。鉴于黑龙江省粮食产量大、库存量大、水稻加工能力强的实际，省政府出台了《关于健全黑龙江省储备制度的实施意见》（黑政发〔2017〕10 号），进一步规范黑龙江省地方粮油储备。截至 2017 年 12 月末，黑龙江省地方储备粮油 41.5 万吨。三是积极推进政策性粮食"去库存"。建立健全部门联席协调机制，通过下发文件、专项检查、个别约谈等措施，强化企业出库管理。建立省级粮食部门和交易中心联合监督的商务履约协调机制，及时受理并解决实际问题。2017 年，妥善处理商务纠纷 607 起，合同履约率达 98%，圆满完成了 2135 万吨（玉米 1655 万吨、水稻 480 万吨）政策性粮食"去库存"任务。

四　粮食流通体制改革

一是全面落实粮食安全省长责任制。省委、省政府高度重视，将严肃认真贯彻落实国家对建立健全粮食安全省长责任制的重要部署作为贯彻落实习近平总书记重要讲话精神，承担好争当农业现代化建设排头兵和维护国家粮食安全"压舱石"重大责任的实际举措，省政府主要领导和主管领导多次听取工作汇报，提出明确要求。省粮食局认真履行牵头部门职责，不断强化沟通协调和推进落实，推动粮食安全省长责任制落到实处。经省级政府自评、国家部门评审及国家联合抽查，综合评定后报请国务院审定，对黑龙江省 2016 年粮食安全省长责任制落实工作给予通报表扬，评定为优秀等次。二是深入推进粮食收储制度改革。省委、省政府把深入推进粮食收储制度改革、破解突出难题、抓好粮食购销，作为重大责任和重要政治任务，省委书记张庆伟先后主持召开专题办公会议、全省"粮头食尾""农头工尾"工作推进会议，作出了把农产品加工业作为落实习近平总书记做好"三篇大文章"重要指示、助推黑龙江全面振兴发展的第一大支柱产业来抓的重要决策部署；陆昊省长先后主持召开农产品营销会议和水稻销售会议，确定了服务保障国家粮食安全，抓好农产品营销"十六条"和组织农民多加工销售大米、少卖水稻的"四项"重点措施等，两位主要领导还多次深入重点市县调研督导。省政府完善了主要领导负总责、主管领导牵头抓、中省直部门协同推进的工作机制。通过层层传导压力，强力推动粮食收储制度改革取得显著成效。2017 年 6 月国务院副总理汪洋在黑龙江省关于玉米收储制度改革报告上作出了"玉米收储制度改革收到明显成效，黑龙江省的贡献功不可没。巩固拓展成果，推动农业供给侧结构性改革再上新台阶"的重要批示，对黑龙江省玉米收储制度改革给予充分肯定。三是积极推进国有企业改革。持续跟踪落实国家东北地区国有企业改革和省委省政府国企改革等重要部署，强化谋定后动和宣传指导，推动企业改革取得实质性进展。深化资源整合重组和培育骨干企业（集团），全省重点培育打造了大庆市粮食集团、海伦市海翔粮食有限公司等 83 户骨干企业（集团），实现了每个主产县培育 1 户骨干企业的目标。积极推进了农垦北大荒粮食集团有限公司和哈尔滨江山粮库等以多种形式进行混合所有制改革。

五　粮食加工

　　认真贯彻落实省委、省政府关于举全省之力抓好"粮头食尾""农头工尾"的重大决策部署，坚持把发展粮食加工业作为转方式调结构的关键举措，积极推进玉米深加工大项目建设，深入实施水稻加工企业产权整合，认真落实国家和省产业扶持政策，取得较好成效，全省现代粮食加工产业体系不断健全，粮食加工业运行良好，步入良性发展轨道。2017 年，全省粮食企业实际加工量、产值、销售收入和利润、税金等各项指标同比均大幅增加，玉米、水稻、大豆三大主粮品种及饲料加工业全面实现盈利。全省粮食加工企业实际加工原粮 2770 万吨，同比增加 575 万吨，增幅 26%；加工转化率 46%，同比提高 10 个百分点；工业产值 855 亿元，同比增加 137 亿元，增幅 19%；实现利润 26 亿元，同比增加 16 亿元，增加 1.6 倍；纳税 9.6 亿元，同比增加 0.7 亿元，增幅 8%。

六　经营管理

　　一是地方国有粮食购销企业经营管理工作取得实效。全省地方国有粮食购销企业坚持市场化方向，统筹抓好市场化粮食经营和政策性粮食收储管理工作，全年累计实现利润总额 16.36 亿元，同比下降 21.5%；累计上缴税金 3.84 亿元，同比增加 7.2%。年末资产总额 489 亿元，净资产 155 亿元，资产负债率 68.3%。企业在政策性粮食收购量减少、补贴等收入下降的情况下，加大市场化经营工作力度，市场化经营量同比实现大幅增长。同时，合理控制费用支出，费用水平不断下降，经济效益继续保持高位运行，目标考核的引导作用和审计监督的保障作用逐步显现。二是粮食收购贷款信用保证基金启动运行。在"玉米收购贷款信用保证基金"基础上完善建立了"粮食收购贷款信用保证基金"。

截至 2017 年底，基金规模达到 5 亿元，参与企业达到 113 户，累计为 71 户企业发放贷款 14.7 亿元，超过上年全年总额，覆盖到玉米、水稻和大豆三大粮食品种，运行平稳有序，在服务粮食收储制度改革、引导多元主体入市收购、促进农民余粮顺畅销售方面发挥了积极作用。

七　粮食流通监管

加强依法治粮，统筹开展了法治宣传教育，推进了法治机关建设，完善和落实了行政执法责任制。加强粮食和食盐流通事中事后监管，核查处理涉粮案件 124 起、涉盐案件 99 起，维护了粮食和食盐市场秩序。开展粮食安全隐患"大排查快整治严执法"集中行动和粮食库存、统计制度执行情况等多项检查活动，排查整改各类问题隐患 6000 多个。地方国有粮食购销企业仓储规范化管理达标率 96%，全年未发生重大安全生产责任事故和安全储粮事故。地方国有粮食购销企业、军供企业、专项资金等专项审计扎实推进。组织开展多种形式的安全储粮和安全生产教育培训和演练，全省粮食行业安全储粮、安全生产等总体形势持续稳定，发展环境不断优化。

八　党群工作

认真学习贯彻习近平新时代中国特色社会主义思想和党的十九大精神，严格落实全面从严治党、党风廉政建设主体责任和监督责任，把党的思想政治建设和党风廉政建设摆在首位，抓在日常、严在经常，切实强化粮食工作政治保障。扎实推进"两学一做"常态化制度化，切实增强"四个意识""四个自信"。严守党的政治纪律和政治规矩，严格遵守中央"八项规定"精神和省委"九项规定"。认真开展机关作风整顿，坚持问题导向，聚焦"五个坏作风""三个坏把式"，认真查摆和整改问题，积极开展"四零承诺"服务创建，优化再造工作流程，强化公共服务。积极践行勤于学习、严谨细致、勤勉高效、务实担当、严格自律"五个好作风"，争做追求卓越、雷厉风行、埋头苦干"三个好把式"，在全省粮食系统营造了解放思想、转变作风，敢于担当、务实开拓的良好行业氛围。

◆黑龙江省粮食局领导班子成员

朱玉文	党组书记、局长
王乃巨	党组成员、副局长
吴久英	党组成员、副局长
孟凡领	党组成员、省纪委监委驻省粮食局纪检监察组组长
陈立祥	副巡视员

2017 年 3 月，黑龙江省粮食局局长朱玉文到勃利县调研粮食工作。

2017 年 3 月，黑龙江省粮食局局长朱玉文到七台河粮库调研。

2017 年 4 月 18 日，黑龙江省粮食局局长朱玉文到五常稻米文化馆调研。

2017 年 10 月，黑龙江省粮食局组织爱粮节粮宣传周活动。

上海市粮食工作 基本情况

上海市 2017 年粮食播种面积 13.3 万公顷，比上年减少 2.5 万公顷，减幅 16%；粮食总产量 99.8 万吨，比上年减少 12 万吨，降幅 10.7%；单产为每公顷 7494.5 公斤，比上年增加 6.3%。夏粮播种面积 2.5 万公顷，总产 11.6 万吨。小麦播种面积 2.1 万公顷，产量 10.2 万吨。秋粮播种面积 10.9 万公顷，总产 88.1 万吨。水稻播种面积 10.4 万公顷，产量 85.6 万吨。

上海市 6 家大中型粮食批发市场 2017 年粮食交易总量 31.6 万吨，其中粳米 22.8 万吨、食用油 1.9 万吨，上海粮食交易中心批发市场网上交易粮食 112.8 万吨，发挥了吸纳粮源、活跃流通、保障供应的重要作用。

2017 年粮食工作

2017 年，上海各级粮食部门认真落实市委、市政府工作要求和国家粮食局工作部署，贯彻落实国家粮食安全战略，切实承担主销区粮食安全责任，扎实推进粮食流通各项工作，全力保障了上海粮食流通平稳有序。

一 粮食供给侧结构性改革不断深入

贯彻中央深化农业供给侧结构性改革部署和国办发〔2017〕78 号文件精神，结合主销区实际，会同市有关部门调研制定了"上海粮食行业供给侧结构性改革实施意见""粮食产业经济发展实施意见"，推进上海粮食供给提质增效、产业转型升级。联合市农委主办"供给侧结构性改革推动粮油消费升级"经济研讨会，助推本市粮油品牌经济发展。组织实施"优质粮食工程"，开展"中国好粮油"上海行动，结合爱粮节粮宣传，推广本市优质粮油品牌进学校、进家庭、进农户、进军营。积极支持江苏、吉林、宁夏等省区来上海开展优质粮油推介，并与黑龙江省签订好粮油走进上海合作协议，满足市民对绿色优质粮油的消费需求。

二   粮源掌控能力不断提升

适时启动本市粳稻和小麦最低收购价执行预案，发挥国有粮食购销企业市场主导作用，鼓励企业与种粮大户、粮食合作社等发展粮食订单农业，逐步建立产加销一体化经营模式，确保本市粮食收购市场平稳有序。全年本市各类粮食企业收购粮食约 64.2 万吨。充分利用产区优质粮食资源，巩固和拓展粮源基地建设，良友集团等骨干粮食企业在东北、苏北、安徽等地 9 个粮源基地稳步发展，涉及当地粮源 200 多万吨。

三   粮食市场供应保障不断完善

拓展粮食零售网络建设，形成多层次、多渠道、多元化的粮油供应体系发展格局，满足居民日常消费需求，确保市场供应充足、价格稳定。中心批发市场进一步拓展交易和功能服务，全年交易量达 112.8 万吨，成交金额超过 32 亿元。各类现货粮食批发市场全年交易量 31.6 万吨，为保障供应发挥了积极作用。军粮供应保障得到进一步优化，良友军粮站及各区军供站积极推行主副保障并进、"一站式"供应模式，试点军供粮源公开竞价采购，推进军民深度融合。

四   粮食流通监管不断强化

客观公正开展粮食安全责任制考核，逐级压实粮食安全主体责任，提高本市粮食安全保障能力。组织开展粮食库存检查，守住数量真实、质量良好和储存安全的底线，特别是与市有关部门联合复查长三角和东北地区等 6 省市 25 家承储企业，首次实现异地市级储备粮检查全覆盖。扎实开展"大快严"集中行动，消除粮食安全隐患，健全粮食安全管理长效机制。全年共投入粮食质量监管经费 310.8 万元，同比增加 19.6%；共开展各类粮食质量安全监测和抽查 14 次，采集各类粮食样品约 1100 份，检测指标近 300 项次，实现从粮食收购、储存、加工到销售的全过程监管。

五   粮食储备管理和仓储建设不断深化

有序组织地方储备粮油轮换，保持常储常新，确保地方储备粮质量良好。推进储备粮网上竞价交易，提升地方储备粮轮换规范化水平，2017 年度完成市级储备粮公开竞价交易 17 批次，交易量同比提高 25%。加快推进本市粮库项目建设和"危仓老库"维修改造，35 万吨增储建库项目一季度完成建设和验收；全年投资 4529.9 万元，完成维修改造仓容 8.8 万吨。与市财政局协调推进良友集团市级储备粮库智能化升级改造项目，总投资 9048 万元，获得中央财政补助资金 2452 万元，促进提升本市粮食流通现代化水平。

六   粮食统计监测和应急保障基础不断夯实

坚持依法统计，2017 年底全市纳统企业（含集团）共计 345 家，较上年末增加 24 家，统计覆盖面进一步扩大。加强粮食市场信息分析研判，全市粮食市场监测网络已覆盖200多个粮油零售监测点、5家批发市场、4家超市总部、6家粮油供应商，监测预警灵敏性进一步提高。调整完善粮食应急保障体系，全市共有粮油应急库点38家，应急加工企业16家，应急配送中心16家，应急运输企业3家，应急供应网点882家，并启动预案评估和修订工作，开展应急预案演练和培训，粮食应急保障能力进一步提升。

七　粮食法制建设不断加强

积极开展《上海市粮食安全保障条例》《上海市粮食储备管理办法》立项申报，会同有关部门调研拟订市级储备粮异地储备、藏粮于企2个"管理办法"，推动本市粮食立法修规。组织修订并由市政府发布《上海市粮食收购资格管理规定》，保持粮食收购政策规定的延续性。推进粮食行政审批制度改革，总结浦东新区粮食收购资格认定"证照分离"改革试点经验，在全市进行复制推广。开展普法宣传和专业法培训，粮食法治意识和依法治粮能力进一步提高。

八　全面从严治党向纵深推进

认真组织学习贯彻习近平新时代中国特色社会主义思想和党的十九大精神，着力推进"两学一做"学习教育常态化制度化。贯彻落实中央八项规定精神，不断深化党风廉政建设，围绕粮食流通重点领域和关键环节，梳理查找各种廉政风险，健全完善防控制度体系。积极开展"大讨论""大调研"活动，问计基层，深入调研，查短板找问题，取得阶段性调研成果。

一年来，在优化副补帮困、切实保障民生，加强信息化建设、推进业务应用，加强内控建设、推进精细化管理，加强队伍建设、提高履职能力等方面，上海市也取得了新的成绩，为做好粮食流通工作提供了坚强保障。

◆ 上海市粮食局领导班子成员

殷　欧　　商务委副主任，粮食局党组书记、局长（2017年6月任职）

盖国平　　商务委副主任，粮食局党组书记、局长（2017年6月离任）

沈红然　　党组成员、副局长

诸　旖　　党组成员、副局长

洪文明　　党组成员、副巡视员（2017年11月退休）

2017 年 9 月 28 日，上海市召开 2017 年度粮食安全工作联席扩大会议，部署落实粮食安全省长责任制和考核相关工作，市委常委、常务副市长周波（左）出席会议并作重要讲话，市政府副秘书长金兴明（右）主持会议。

2017 年 11 月 23 日，上海市商务委副主任、市粮食局局长殷欧（右二）率队赴奉贤区调研秋粮收购及粮食产后服务体系建设。

2017 年 6 月 23 日，上海市粮食局、市农委联合举办上海市粮油品牌经济研讨会，副局长沈红然（居中）主持。

2017 年 10 月 16 日，上海市粮食局副局长诸旖（居中）与杨浦区副区长谈兵（右一）等共同启动上海市 2017 年世界粮食日和爱粮节粮宣传周活动。

江苏省粮食工作   基本情况

　　江苏位于我国东部沿海，长江下游，东濒黄海，东南与浙江和上海毗邻，西接安徽，北接山东，面积 10.72 万平方公里，占全国的 1.12%。全省耕地面积 458 万公顷，人均占有耕地 0.06 公顷。因地处南北气候过渡地带，生态类型多样，农业生产条件得天独厚，素有"鱼米之乡"的美誉。作为全国 13 个粮食主产省之一，是南方最大的粳稻生产省份，也是全国优质弱筋小麦生产优势区，玉米、花生、油菜及多种杂粮杂豆等特色粮经作物遍布全省。

　　2017 年，江苏粮食再获丰收。全省粮食种植面积 552.7 万公顷，粮食单位面积产量 6532.7 公斤 / 公顷，粮食总产量 3610.8 万吨。粮食消费总量 3520 万吨，产需盈余 20 万吨，其中小麦、稻谷产需平衡有余，玉米、大豆缺口较大，需要省外调入和进口弥补。全省净调出稻麦 781 万吨；省外调入玉米、稻谷等品种 1170 万吨，进口大豆等品种 1300 万吨。

2017 年粮食工作

　　2017 年，江苏认真贯彻实施国家粮食安全战略，牢记"保障粮食安全、促进农民增收"的重要使命，凝心聚力抓落实，全省粮食流通活跃有序，粮油保供能力提升，仓储设施日趋完善，监管体系基本健全，粮食流通改革发展成效显著，全面推进粮油供给向优向绿转变。

一　调控能力有了新提高

（一）加大力度去库存

　　地方储备粮轮出力度加大，协调增量安排最低收购价粮食拍卖，处理 2013 年最低收购价稻谷 45 万吨，跨省移库调出最低收购价粮食 60 万吨。支持企业让利销售，组织开展苏宿、宁淮等市际结对协作和省外交易合作，签订产销协议 394 万吨，共促进 580 万吨粮食销售出库。淮安、盐城强化大米品牌粮食和市场营销，南通市政府与上海建立粮食产销战略合作伙伴关系，有力地助推了粮食销售。

（二）创新服务抓收购

　　严格执行国家收购政策，及时启动小麦和稻谷最低收购价预案。2017 年，全省国有企业收购、销售粮食分别为 1625 万吨、2430 万吨，促进农民增收 36 亿元。其中最低价收购 657 万吨，优质优价收购 530 万吨，超额完成省政府下达的 500 万吨收购任务。推广粮食收购共同担保基金达 8.4 亿元，有效解决企业市场化收购"贷款难"。研发国内首款在全省域推广使用的"满意苏粮"APP，优化售粮服务，对接 1673 家企业、2204 个库点、2.46 万种粮大户，使全省农民售粮迈入"指尖"时代，被评为全省政务服务改革创新成果。

（三）健全网络保供应

储足管好地方粮食储备。强化地方储备粮管理，完善地方储备粮管理办法及相关配套制度，建立地方储备粮承储企业考核机制；加强地方储备管理风险防控，印发《江苏省地方储备粮管理廉政防控工作的实施意见》；优化储备布局和品种结构，提高储备轮换效率，充分发挥调控作用。推进省级储备粮远程监管系统应用，逐步实施对省级储备粮的品种、数量、质量、出入库时间远程监管。无锡把优质优价机制贯穿于地方储备粮轮换全过程，提高了运作效益。进一步完善应急供应体系建设，继续推进应急供应、军粮供应、放心粮油、成品粮油储备、主食产业化"五位一体"融合发展。全省落实应急供应网点 2119 家、应急加工企业 426 家，全面实现城乡全覆盖。2017 年南京、苏州、常州等地分别组织开展应急预案演练，应急保障能力得到进一步提升。

二　粮食流通体制改革实现新突破

（一）粮食安全责任制首考顺利完成

充分发挥考核"指挥棒"作用，层层落实国家粮食安全保障措施，省市县都明确了政府粮食安全责任。落实联席会议、联络员、日常监督、部门评审、抽查考核、考核结果运用六大工作机制。制定考核方案，明确考核流程、评分细则和任务分解等，通过宣传培训、指标解读、模拟打分等周密部署首考。较好地完成了国家对省粮食安全责任制考核，取得优秀成绩，受到国家发改委等 13 部委联合通报表扬。省对市考核中，全省总体优良，8 个市为优秀等次，特别是苏州、无锡、泰州责任到位，措施得力，成效显著。省市县政府首长落实粮食安全的主体责任得到明显增强。

（二）国有粮食企业改革稳步推进

全省 67 个县（市、区）全部出台了国有粮食购销企业改革实施方案或意见，县级改革方案出台率达 100%，67% 的国有粮食购销企业实施兼并重组，60% 的县（市、区）基本形成购销总公司或集团总公司＋分公司（子公司）发展模式，资产、资源实现了保值增值，企业融资能力和发展能力明显增强。全省地方国有粮食企业土地由划拨地变更为出让地占改革前全省地方国有粮食企业划拨地的 25%，在实现土地增值的同时，有力地改善了企业的融资状况，促进了国有粮食购销企业的改革和发展。截至 2017 年底，江苏共有国有粮食购销企业 653 家，比上年减少 135 家。国有粮食企业职工人数 16959 人，其中在岗职工 15444 人，在岗职工人均年收入 4.97 万元。购销总公司净资产 122 亿元，利润 3.44 亿元。

（三）粮油产业经济发展稳中向好

全省入统粮油加工企业 1515 家，同比增长 20%，入统企业范围继续扩大。全年实现工业总产值 2662.25 亿元、销售收入 2651.61 亿元、利润 141.28 亿元，分别同比增长 4.01%、6.04% 和 6.61%。国家级研发中心 6 家。国家级产业化龙头企业 24 家，省级龙头企业 138 家，省级以上龙头企业用仅占全省 10% 的企业数量完成了占全省 1/3 的工业总产值。与上年相比，全省粮油加工业呈现出大米加工业生产增效、小麦粉加工业量利齐跌、食用植物油加工业走势上行利润大增等三大特点。

三　粮食流通体系建设跨上新台阶

（一）抓顶层设计

2017 年，江苏省政府办公厅出台《关于大力发展粮食产业经济　加快建设粮食产业强省的实施意见》，明确产业经济目标任务和相关支持政策。编制《江苏粮食产业发展报告》，加强行业指导。强化对粮油产业化龙头企业扶持，33 家企业被国家认定为重点支持企业，优先给予信贷支持。

（二）抓品牌培育

组织"中国好粮油"产品遴选，江苏省粮食集团和江苏省农垦米业公司共 4 个产品成功入选首批"中国好粮油"产品。开展江苏省域粮油"苏米"品牌创建工作。积极打造江苏粮油名牌，全省共有31 个粮油产品入选。出台品牌创建财政奖补政策，促进粮油品牌建设。淮安市强力推进大米品牌建设，荣获全国首个"中国稻米产业融合发展示范市"称号。

（三）抓科技创新

整合行业科技创新资源，创建江苏省品牌稻米产业技术创新战略联盟，助推江苏大米产业升级。正式投入运行全国粮食行业首个省级大数据应用实验室，科技创新能力不断增强。举办 2017 年粮食科技活动周和江苏粮油科技成果展活动，推广应用绿色生态、节能环保等储粮新技术、新工艺。

（四）抓产品推介

2017 年度，先后举办"江苏好粮油"上海、南京推介会，组织企业参加中国好粮油产品展、西安粮油展、深圳粮油精品展以及第十三届粮食产销协作福建洽谈会等展销活动，努力提升江苏好粮油产品的市场占有率。

四　粮食流通监管取得新进展

（一）加大监管力度

切实抓好粮食收购监督检查，顺利完成全省粮食库存检查和国家重点抽查任务，扎实开展"粮食安全隐患大排查快整治严执法"集中行动，发现和整改存在的突出问题 1679 个，有效防范了违法违规行为，消除了粮食安全隐患。安全储粮和安全生产形势总体平稳，标准化创建成效明显。淮安着力打造粮食监管平台，拓宽了监督渠道。盐城通过与企业签订承诺书和责任状，夯实企业主体责任。

（二）创新监管方式

推广"双随机"检查机制，确保粮食流通监督检查行为规范、公正。南通积极探索售粮农民、农民经纪人和粮食收购企业"三方联体监督检查"新方式，对粮食收购政策纪律执行情况实行有效监督。实施品牌粮食质量溯源系统试点建设，苏州举办粮食质量事故应急处置演练，提升粮食质量监管能力。

（三）完善监管平台

以构建粮食经营者诚信体系为重点，加强信用管理信息化建设，完善粮食流通监管信息化平台，健全粮食企业信用信息系统，规范信用信息归集管理，改进守法诚信评价机制，徐州、无锡、淮安、连云港开展跨部门评价信息共享，加大信用监管力度，增强粮食经营者守法诚信意识。

五　重点工程建设迈出新步伐

（一）有序推进优质粮食工程

成功入选首批国际优质粮食工程重点支持省份，项目总投资 5.7 亿元。制定"江苏省优质粮食工程"实施方案，明确目标任务、建设内容、具体政策等。支持建设中国好粮油行动示范县 7 个、省级示范企业 2 个、中央在苏示范企业 2 个，支持建设县级粮食质检机构 49 个，支持 9 市 18 县建设粮食产后服务中心 58 个。

（二）加速推进仓储物流建设

出台《江苏省粮食仓储物流设施建设规划》，分解落实新一轮建仓任务。全年共建成有效仓容 260 万吨、烘干设备 52 台 / 套，新增烘干能力 12000 吨 / 日。争取中央资金支持 4 个物流项目和 8 个建仓项目。着力推进产业集聚发展，苏州、盐城、镇江、泰州产业集聚度和园区综合效能成效显著。

（三）全面推进军粮设施改造

全年投入资金 1.94 亿元，改造仓容 33 万吨，营业室面积 10213 平方米，43 个建设网点全部开工建设，其中 36 个网点当年实现竣工验收。

六　粮油统计与信息体系建设获得新成果

（一）加强统计监测

进一步推进统计信息化建设，全面启用国家统计直报系统和满意苏粮日报平台，扩大统计覆盖范围，规范粮食企业统计台账，强化统计规范化管理。按时编发粮食收购进度五日报、日报表，统计月、年报表，价格监测周报表，认真完成库存检查统计数据分解整合工作，及时发布价格等信息，引导生产和流通，促进粮食流通业发展。积极开展全社会粮油供需平衡调查、农户余粮调查，掌握全省粮油供需等状况，并结合实际认真开展分析，提出确保粮食供需平衡的建议，为粮食宏观调控提供可靠的依据。围绕粮食流通的重点，积极开展统计分析，定期分析粮食收购进度，编发粮食收购信息、价格指数报告、粮油购销存分析报告，及时反映粮食流通状况的变化，为做好粮食收购、加强储备管理等重点工作，发挥了重要作用。

（二）加强信息体系建设

江苏省粮油信息中心和南京财经大学信息工程学院共同创建全国粮食行业首个大数据应用实验室，于 2017 年 2 月正式投入运行。该实验室重点面向粮食和信息交叉学科的国际前沿，立足提高粮食大数据利用效率，开展粮食大数据挖掘与应用涉及的关键技术研究，助推粮食流通产业"转方式、调结构"。此外，省内 13 个地市的国家粮食储备库、地方粮食储备库、粮食物流中心等近 50 家单位全面完成粮食收储物联网技术示范应用建设。截至 2017 年底，运用物联网技术建成不同层次的数字化粮库近 800 家，智能化升级项目覆盖 146 家储备粮库，创新了物联网环境下粮食流通数据直采方式，有效提升了行业管理效能，取得了良好的经济与社会效益。

| 七 | 打造阳光高效和谐型机关取得新成效 |

（一）作风建设

采取集中学习、宣讲报告、专题培训等多种形式，深入学习贯彻党的十九大精神，持续推进"两学一做"学习教育常态化制度化，认真贯彻落实中央和省委关于全面从严治党的部署和要求，加强廉政风险防控建设。深入开展大走访大调研大讨论活动，推出先进典型 16 个，形成亮点工作 25 份、征文 89 篇、"献一策" 72 个，其中 3 项工作入选全国粮食行业亮点。

（二）队伍建设

会同江苏省人才办共同印发《江苏省粮食行业人才发展规划（2017~2020 年）》，指导行业人才建设。加大职工职业技能鉴定培训力度，全省有 18 名和 553 名同志分别通过了首批技师和职工技能鉴定，4 名和 3 名同志分别入选全国粮食行业青年拔尖人才和技能拔尖人才。全年组织 15 批次 1600 多人粮食局长、企业家和职工开展战略思维和粮食专业培训，组织 4 批 37 名干部赴国外进行学习交流，不断开阔干部眼界。

（三）政务服务

根据"放管服"改革要求，修订完善了《江苏省粮食收购资格审核管理办法》，调整了粮食收购资格审核管理方式，更好地服务粮食企业。通过努力，《江苏省粮食流通安全保障条例》已经列入 2018 年立法计划。大力推进电子政务建设，推进互联网＋政务服务，开通 12345 政务热线，规范办理流程和工作要求，形成"一条线、一张网"，建立"统一受理、归口办理、限时办结、过错问责"制度，打造便民利民和网络问政的综合平台。

（四）行业宣传

加强与主流媒体沟通，夏秋两季粮食收购、江苏农业科技大会和"世界粮食日""爱粮节粮宣传周"纪念等重大会议和活动期间，主动发声，广泛宣传，把握新闻宣传主动权，提高了粮食行业的知名度和美誉度，为粮食流通改革发展营造了良好的外部环境。

◆江苏省粮食局领导班子成员

夏春胜	党组书记、局长（2017 年 5 月任职）
季俊秋	党组成员、副局长
张生彬	党组成员、副局长
陈一兵	党组成员、副局长
董淑广	党组成员、副局长（2018 年 2 月任职）兼人事处长
韩　峰	副巡视员
张国钧	副巡视员
陈　杰	党组书记、局长（2017 年 4 月调离）
朱新华	党组成员、副局长（2017 年 5 月调离）

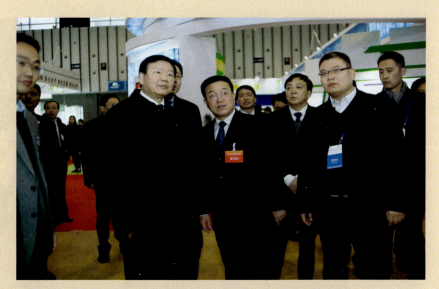

2017 年 12 月 1~2 日，江苏现代农业科技大会在江苏南京举行。会议期间，江苏省粮食局举办了"江苏好粮油专场推介会"。图为江苏省委书记娄勤俭在省粮食局局长夏春胜的陪同下视察江苏好粮油展示馆。

2017 年 8 月，具有人机对话、粮情分析、监测预警等功能的粮库智能巡检机器人率先在苏州国储库进行试运行。图为 2017 年 12 月，江苏省省长吴政隆在江苏好粮油展示馆观看巡仓机器人现场演示。

2017 年 9 月 14 日，国家发展改革委党组成员，国家粮食局党组书记、局长张务锋在苏州督查"大快严"活动开展情况。

一卡一册一点通，农民卖粮更轻松。2017 年 11 月，江苏粮食部门创新服务举措，推出"满意苏粮"手机应用软件，带领农民卖粮进入"指尖"时代。

浙江省粮食工作　基本情况

　　2017 年，浙江粮食系统认真学习贯彻党的十九大精神，以及省第十四次党代会精神，深入贯彻落实国家粮食局和省委、省政府的有关决策部署，牢固树立大粮食安全观，以深化改革转型发展为总方向，以建设高水平粮食安全保障体系为总目标，以落实粮食安全责任制为总抓手，下好转变发展理念的"先手棋"，练好保障粮食安全的"基本功"，打好转型发展的"组合拳"。"深化改革转型发展"大讨论活动深入推进，全省粮食系统思想共识进一步凝聚，粮食改革发展的危机感、紧迫感和责任感进一步增强。粮食安全责任制有效落实，把"全面落实粮食安全市县长责任制和大粮食安全观，建设高水平粮食安全保障体系"写入省政府报告，袁家军省长主持常务会议研究全面落实粮食安全责任制工作，并与各市市长签订责任书。

　　各项目标任务如期完成，全省国有粮食企业预计收购省内粮食 150 万吨，其中订单粮食 105 万吨；全省储备粮轮出、轮入正常，库存粮食数量真实、质量良好、储存安全、管理规范；全省粮食批发市场现货交易量达到 700 万吨，网上粮食市场交易量达到 270 万吨；全省粮食仓储物流项目完成投资额 11.15 亿元，新建成项目 22 个、建成仓容 80.75 万吨，储粮仓容已达 623 万吨，其中生态储粮仓容已达 143 万吨。坚决突出"两个重点"、守住"四条底线"，粮食调控水平、粮食物流仓储能力、粮食流通监管能力不断提升，粮食流通改革创新、粮食行业转型升级初见成效，粮食工作实现"全年红"，浙江省粮食工作走在全国前列。

2017 年粮食工作

一　转观念促发展

　　按照国家粮食局的要求，开展了"深化改革转型发展"大讨论活动，与浙江实际紧密结合起来，同解决具体问题紧密结合起来，一心一意求发展，凝心聚力促转型。党的十九大召开后，浙江省粮食局以习近平新时代中国特色社会主义思想为指导，认真分析新时代浙江粮食工作主要矛盾的转化，根据新任务、新要求，提出要勇于担当、勇于创新，以永不懈怠的精神状态和一往无前的奋斗姿态，构建新时代浙江高水平粮食安全保障体系，谱写新时代浙江粮食流通发展新篇章。科学谋划未来一个时期浙江粮食流通工作的思路和举措，按照高质量发展的要求，做到理念领先、标准领先、手段领先、能力领先，建设新时代更高层次、更高质量、更有效率、更可持续的粮食安全保障体系，形成新时代浙江特色的粮食安全保障和改革发展之路。

二　强改革添动力

一是深入推进"最多跑一次"改革。根据省委、省政府的部署，全省粮食系统以"最多跑一次"理念深入推进"放管服"改革，提出了"不跑路是原则，跑一次是例外"的更高要求。做好行政权力的"减法"和政务服务的"加法"，及时制订了《浙江省粮食局加快推进"最多跑一次"改革工作方案》《浙江省粮食系统"最多跑一次"事项办事指南》和"八统一"标准及办事流程图，浙江省粮食局4项、全省系统8项权力和公共服务事项全面落实到位。二是着力推进地方储备粮轮换机制改革。在坚守粮权归属、统一调配、库存安全三条底线的前提下，拿出部分地方储备粮鼓励符合条件的粮食企业参与委托代储动态轮换，省级通过公开招标落实了3万吨动态轮换储备粮，取得了明显效果，既节约了地方储备粮的保管、轮换费用，又降低了粮食企业的经营库存成本。

三　补短板增动能

一是补制度短板。主动汇报，加强沟通协调，得到省人大的重视和支持，《浙江省粮食安全保障条例》（以下简称《条例》）被省人大纳入了"十三五"立法项目库。省人大常委会领导亲自带队开展粮食安全保障立法考察调研活动，对《条例》起草工作提出了指导意见。浙江省粮食局组织力量，全力以赴，完成了《条例（草案）》起草工作，共列九章五十八条。在省人大农委的有力支持下，《条例》已列入省人大2018年一类立法计划。二是补产业经济短板。部署开展了"粮食产业经济发展推进年"活动，加强引导服务，全面促进粮食产业经济转型发展。建立省市县三级重点粮油企业联系制度，由各级粮食局领导联系重点粮食企业115家，送政策、送信息、送服务，掌握动态、总结经验、解决问题，帮助企业降本减负；召开全省重点粮食企业座谈对接会，搭建了科企、银企对接平台；在物价部门的支持下，落实了粮食加工企业执行农业生产用电价格政策；在财政部门的支持下，筹备设立"浙江省粮食产业发展基金"；与省担保集团充分衔接，为企业融资提供政策性担保，解决企业融资难、融资贵的问题。同时，出台了《关于开展"放心粮油"示范县试点工作的通知》，以"放心粮油"示范县建设为载体，以"放心粮油"示范加工企业、配送企业和供应店为抓手，逐步建立放心粮油供应体系，20个示范县创建工作扎实推进，有力地推动粮食工作从满足"吃得饱"向"吃得好"转变。在粮食部门的有力推动和粮食企业的积极努力下，2017年浙江省粮食产业经济持续向好，粮食产业总产值比上年增长19%。三是补社会化储粮短板。开展了社会化储粮试点，温州市、海宁市、东阳市和黄岩区4个试点市县摸清社会化储粮底数、探索合理储粮标准和粮食安全共担机制，积极探索具有浙江特色的官储与民储有机结合的新路子。

四　抓标准树品牌

一是创新"四化粮库"品牌。浙江省粮食局省属粮食库大力传承弘扬"四无粮仓"精神，积极推动仓储能力建设和科技水平的升级，在此基础上研究制定了"仓廪现代化、储粮绿色化、信息智慧化、管理精细化"的粮库评定规则，该规则包括四个方面、100项评价指标。经包括国家粮食局有关专家在内的专家组评审，一致认为该规则对引导"四无粮仓"向"四化粮库"新跨越，提升仓储管理和科学保粮水平具有重要意义，理念先进、方向正确；定位较清晰、指向较明确；具有可操作、可复制、可推广的特点，属国内首创。"四化粮库"标准的确立，为规范粮食仓库的建设和管理，提供了基本依据，国家粮食局已在全国推广浙江省的经验。二是创立党建品牌。提出"两强四好"（支委班子强、创新能力强，组织规范好、服务群众好、党风廉政好、担当奉献好）支部建设工作目标，开展党建品牌创建，大胆探索建强支部的新模式，积极开展机关"规范化+X"、事业单位"标准化+X"、省属粮库"四型支部"（忠诚型、规范型、创新型、阳光型）建设试点。省局直属粮库"四型支部"、省粮油质检中心"标准化+X"品牌创建取得阶段性成效，真正把支部建设成为团结群众的核心、教育党员的学校、攻坚克难的堡垒，并为省内甚至全国粮食部门提供可复制的样板。"四型支部"入选中央国家机关工委《紫光阁》党建创新成果展示百优案例，荣获省级机关党建理论研究成果一等奖。

◆浙江省粮食局领导班子成员

姚少平	党组书记、局长
韩鹤忠	党组成员、副局长
李立民	党组成员、副局长
李益敏	党组成员、副局长
叶晓云	党组成员、总工程师
龚震源	副巡视员
陈群华	副巡视员、管理监督处处长
何　震	党组成员、人事处处长

2017年12月16日，浙江省委副书记、省长袁家军在海盐县检查调研粮食工作，强调要管好"米袋子"，确保粮食安全。

2017年9月6日，浙江省粮食局局长姚少平到杭州调研"放心粮油示范县"创建工作。

2017年2月21日，浙江省粮食工作会议在杭州召开，强调拉高标杆，强化责任，推动浙江粮食工作高水平发展。

2017年10月30日，浙江省粮食局党组召开全体党员干部大会，传达学习党的十九大精神并作出全面部署。

安徽省粮食工作　基本情况

安徽省地处长江、淮河中下游，长江三角洲腹地，土地面积 13.94 万平方公里，占全国的 1.45%，居第 22 位。2017 年末，全省户籍人口 7059.2 万人，比上年增加 32.2 万人；常住人口 6254.8 万人，增加 59.3 万人。全年生产总值 27518.7 亿元，按可比价格计算，比上年增长 8.5%。

2017 年，全省粮食种植面积 732.2 万公顷，比上年减少 3.7 万公顷。油料种植面积 51.8 万公顷。全年粮食产量 4019.7 万吨，比上年增产 57.9 万吨，增长 1.5%。其中，夏粮 1644.7 万吨，秋粮 2248.7 万吨。油料产量 154.7 万吨。

2017 年，全省粮食安全责任制贯彻有力，促农增收效应充分彰显，粮食流通现代化日益加快，粮食安全基础更加巩固，产业经济发展持续向好，"美好皖粮"愿景初步呈现。全年共收购粮食 1847 万吨，其中托市收购粮食 794 万吨。粮油加工总产值逆势上扬，全年超 2700 亿元。

2017 年粮食工作

2017 年，在省委、省政府坚强领导和国家粮食局有力指导下，安徽省粮食局坚持以习近平新时代中国特色社会主义思想为指导，全面贯彻落实党的十九大精神和习近平总书记视察安徽重要讲话精神，紧紧围绕"保粮安、惠民生、强基础、促发展"目标，锐意进取、奋发有为，攻坚克难，开拓进取，有力推动全省粮食工作迈上新台阶，各项工作持续位居全国前列。

一　提升政治站位，落实粮食安全战略坚强有力

安徽省以习近平新时代中国特色社会主义思想为指引，全面落实粮食安全责任制，加快推进农业供给侧结构性改革，全力保障粮食安全。

（一）高度重视，顶层推动

安徽省委、省政府把粮食工作摆上战略高度，主要领导多次批示指示抓好粮食工作，省政府常务

会议、专题会议多次听取和研究部署粮食工作，要求全省粮食部门提高政治站位，主动担当，创新发展，推动粮食产业经济高质量发展。

（二）履职履责，严格考核

安徽省粮食局着力履行牵头责任，公平公正完成"省考"，充分发挥考核"指挥棒"作用，市、县政府更加重视粮食工作，政策支持和财政投入明显加大。精心组织"国考"，在粮食安全省长责任制国家"首考"中取得优异成绩，经国务院审定，给予省政府通报表扬，明确将在资金和扶持政策上优先予以考虑。

（三）加强协调，积极立法

积极落实党的十九大"深化依法治国实践"重大部署，加快推进粮食安全保障立法，积极和省人大法制工委、省政府法制办等单位对接协调，积极做好《安徽省粮食安全保障条例（草案）》立法立项准备工作，着力强化粮食安全战略落实保障。

二　坚持以民为本，服务粮农增收卓有成效

积极落实国家惠农政策，牢固树立以人民为中心的发展理念，提升服务群众水平，切实保障群众利益。国家粮食局组织中央电视台等11家中央主流媒体专程来皖采访报道，社会反响强烈。

（一）国家收购政策执行严格

在全国率先启动小麦、稻谷最低收购价执行预案，切实保障农民种粮收益。全年共收购粮食1847万吨，其中托市收购小麦510万吨、稻谷284万吨，分别居全国第三位、第二位。全省通过政策性收购促农增收超40亿元。

（二）仓容和资金准备充分

千方百计腾出仓库用于夏粮和秋粮托市收购，2017年有效落实仓容1018万吨、收购资金340亿元。每周调度重点县区仓容，提前落实收购资金，全力保障"有仓收粮"，做到"钱等粮"，让售粮群众卖"放心粮"。

（三）收购服务精准有力

出台专项补贴政策解决六安、淮南部分受灾地区不达标粮食销售难题。挂牌设立96个精准扶贫示范库点，建立新型农业经营主体数据库，开展预约收购，提供市场信息，助力扶贫攻坚。

三　追求靶向精准，粮食调控体系日臻完善

2017年，安徽省粮食局认真落实创新宏观调控思路举措，立足保障服务民生，全力提升精准调控和应急保供水平，确保国家粮食安全战略落实到位。

（一）"去库存"效率高

积极落实国家"去库存"相关政策，督促各地出台激励政策和措施。充分发挥省粮食批发交易市场电子交易平台作用，提高交易效率，推动成交粮食及时顺畅出库。全力做好国家超期储存粮食消化试点工作，强化全程监管。强化粮食储备管理，确保数量真实、质量良好、储存安全。2017年，累计销售政策性粮油435万吨，顺利完成省级储备粮油轮换任务。

（二）应急能力提升快

完善粮食应急体系，加强应急能力建设。合肥、蚌埠、黄山等9个市相继开展了粮食突发事件应急演练和培训，其中安庆市突出实战演练。牵头建立军地粮食供应联席会议机制，合力推进军民融合"五位一体"发展建设，提升保障军需民食能力。建立激励和约束机制，明确应急企业的权利和义务，确保关键时刻起到关键作用。

（三）产销对接效果好

加强与长三角、珠三角及西南省份产销对接，参与承办中国合肥农交会、安徽名优农产品（上海）推介会，组织企业参加福建、黑龙江等地粮油产销会，淮南、六安、宣城等市与主销区建立购销战略合作协议，全省成品粮油外销占比不断加大。

四　打造行业新标，粮食流通设施旧貌换新颜

紧扣粮食流通现代化要求，狠抓仓储设施建设质量和技术水平提升，大力推动粮食流通设施现代化建设，实现粮食流通大发展。2017年，争取中央和省财政资金新建仓容47万吨。

（一）"智慧皖粮"建设成效初显

"智慧皖粮"一、二期项目实现互联互通、数据共享并投入运行，三期1500多个项目建设进入全面实施阶段，六安、铜陵等地进展较快，9个省级粮食部门专程来皖参观考察。

（二）"优质粮食工程"稳步推进

成功入围首批"优质粮食工程"重点支持省份，获批中央支持资金3亿元，着手构建统一规范、统一标识、统一服务内容的区域性粮食产后服务网络和省市县三级工作联动的质检体系。滁州市产后服务体系提前布局，建设初具规模。

（三）"星级粮库"建设成果丰硕

积极开展"星级粮库"创建，涌现出泗县省级粮食储备库等一大批典型库点。另外，成功举办全省首届粮食行业消防安全演练竞赛，全省储粮安全、生产安全进一步强化。

五　加速转型升级，粮食产业经济发展掀开新篇章

全省粮油加工业总产值超2700亿元，同比增长10%，其中合肥达470亿元，滁州突破300亿元。

（一）顶层部署推进有力

省政府批准成立粮油产业发展基金，出台《关于大力发展粮食产业经济的实施意见》，擘画了粮食产业发展蓝图。8个市出台相关政策，其中合肥、马鞍山、池州等市安排财政资金支持粮食产业经济发展。

（二）品牌宣传影响力大

各地全面打响产业化攻坚之战，强化品牌宣传，"芜湖大米""安庆大米""白湖大米"等品牌效应逐渐放大，燕庄麻油销量全国第一。扩大"放心粮油""主食厨房"影响力，加快经营网点布局，已建成网点近2000个。

（三）产业园区凝聚力增强

发挥产业园区集聚功能，促进粮食就地转化，已形成淮北、滁州食品加工，宿州、亳州小麦加

工，淮南、六安、滁州稻谷加工，蚌埠玉米、糯米加工等产业集群。蒙城、阜南、望江等10县获"中国好粮油"示范县称号。

六　合力推进改革，促进国有粮食企业提质增效

顺应粮食收储制度改革，出台《关于全面推进改革进程的实施意见》，召开推进"一县一企"改革现场会，推广来安经验。滁州、阜阳、淮北、马鞍山、宣城等市政府先后制定了全市国有粮食购销企业改革指导意见，国有粮企改革路径更加清晰、改革成效日益凸显。金寨、全椒等34个县实现"一县一企、一企多点"目标。全省国有粮食购销企业户数同比减少67户，土地变性确权率达63%。粮食购销企业实现利润3.69亿元，增幅28.6%，濉溪、凤阳等8县企业利润额超1000万元，国有粮食购销企业经济运行质量和效益创历史最好水平。黟县国有粮食企业参与"农村三变"改革试点取得良好成效。

七　从严依法治粮，不断探索粮食流通监管良方

坚持问题导向和底线思维，从完善体制机制入手，进一步加强粮食流通监管。出台安徽省《粮食质量安全监管实施细则》等制度，动态调整权力、责任和服务清单，确保流通监管有章可循。积极落实省委对市县巡视整改意见，举一反三组织开展全省粮食系统"查问题、治隐患、守底线、保安全、促党建"专项治理行动和粮食安全隐患"大排查、快整治、严执法"集中行动，及时排查整改隐患问题，建立完善制度908项，粮食安全规范管理长效机制逐步形成，得到省委省政府和国家粮食局的充分肯定。淮南、蚌埠、马鞍山、芜湖等地不断创新方式深化治理成效。强化"双随机一公开"监管方式和跨地区、跨部门协同联动机制，推行粮食经营主体守信联合激励和失信联合惩戒制度，对全国粮食行业监管体系建设进行了有益探索。

八　优化政治生态，全面激活行业发展内生动力

持续推进党的建设，加大人才培养，强化作风建设，优化粮食行业干事创业环境，促进粮食行业发展。

（一）党的建设效果明显

切实落实党要管党、从严治党要求，深入推进党的十九大精神大学习、大培训、大宣讲、大调研、大落实，扎实开展"深化改革、转型发展、闯出新路"大讨论，加强意识形态阵地建设，着力凝聚共识、明确方向。加强行业文明、工青妇、统战和老干部工作，服务粮食流通发展合力进一步增强。

（二）"人才兴粮"全面推进

严格干部选拔使用管理规定，加大"走出去、请进来"培训研修力度。与河南工大、安徽科技学院等高校建立战略合作关系，筹建挂牌安徽米、面制品研发基地，培育选拔全国行业技能拔尖人才并建设工作室。省局两所直属院校社会认知度和办学质量显著提升。

（三）作风建设效率提升

持续强化作风建设，强化监督执纪问责，系统党风、政风、行风持续优化。联合多部门开展爱粮节粮等系列活动，社会效应巨大。加大定点扶贫开发力度，精准帮扶、精准脱贫成效明显。

◆安徽省粮食局领导班子成员

牛向阳	党组书记、局长
刘　惠	巡视员（2017年6月退休）
杨增权	副局长
马三九	党组成员、副局长
许维彬	党组成员、副局长

2017 年 9 月 5 日，安徽省政府召开粮食安全领导小组全体会议，省粮食安全领导小组组长、副省长方春明（第三排中）主持会议并讲话。

2017 年 10 月 13 日，安徽省纪念第 37 个世界粮食日暨第 27 个全国爱粮节粮宣传周活动启动仪式隆重举行。时任国家粮食局党组成员赵中权讲话，省人大常委会副主任宋卫平宣布活动启动仪式开幕并巡展。

2017 年 8 月 10 日，安徽省粮食行业"深化改革、转型发展、闯出新路"大讨论活动动员部署暨全省国有粮食企业改革发展现场会在来安县召开。

2017 年 9 月 26 日，安徽省首届粮食行业消防安全演练竞赛成功举办（图为演练现场）。

福建省粮食工作 基本情况

　　福建地处东南沿海，全省海域面积 13.6 万平方公里，陆地面积 12.4 万平方公里，山海资源丰富，森林覆盖率 65.9%，山地、丘陵占全省陆地总面积的 80% 以上，素有"八山一水一分田"之称。2017 年末常住人口 3911 万人，同比增加 37 万人，实现地区生产总值 3.23 万亿元，增长 8.1%。一般公共预算总收入 4603.8 亿元、增长 7.2%，其中地方一般公共预算收入 2808.7 亿元、同口径增长 8.7%；固定资产投资 26226.6 亿元，增长 13.5%；外贸进出口 11590.8 亿元，增长 12%；实际使用外资 573.2 亿元，增长 8.2%；社会消费品零售总额 13013 亿元，增长 11.5%；居民消费价格总水平上涨 1.2%；城镇登记失业率 3.87%；城镇居民人均可支配收入 39001 元，增长 8.3%；农村居民人均可支配收入 16335 元，增长 8.9%。

　　福建是粮食主销区，2017 年粮食种植面积 83.3 万公顷，与上年基本持平，其中稻谷面积 62.9 万公顷。粮食产量 487.2 万吨，同比增加 9.9 万吨，其中稻谷 393.2 万吨、小麦 0.1 万吨、玉米 11.4 万吨、大豆 7.8 万吨。粮食收购量 55.58 万吨，其中国有粮食企业收购 39.57 万吨，非国有粮食企业收购 16.01 万吨；粮食销售量 2677 万吨，其中国有企业销售 700 万吨；粮食进口量 834 万吨；粮食商品量 331 万吨；粮食流通量 5226 万吨。

2017 年粮食工作

　　一年来，福建省粮食局认真贯彻落实全国粮食流通工作会议、全省经济工作会议、全省农村工作会议精神，开拓进取，攻坚克难，以守住管好"八闽粮仓"为己任，扎实推进粮食安全省长责任制贯彻落实，有效确保了全省粮食安全。

一　抓考核，粮食安全责任层层落实

　　作为粮食安全省长责任制考核牵头部门，主动做好组织协调和督促落实等工作，切实发挥考核的"指挥棒"作用，推动粮食安全各项工作落到实处。一是认真做好 2016 年度考核工作。主动协调省直 16 个部门和各设区市政府，认真组织开展预评预估，查找差距，分析问题，补齐短板，顺利完成各项考核工作。

福建省 2016 年度考核成绩优秀，获得国家考核工作组的通报表扬。同时，牵头抓好了对各设区市的考核，2017 年 12 月考核结果以省政府办公厅名义通报。二是扎实做好 2017 年度考核工作。一方面，以考核工作组办公室名义印发《关于开展粮食安全省长责任制考核预评预估工作的通知》，积极做好牵头组织，努力推动国家对福建省考核各项准备工作的落实。另一方面，切实加强对设区市考核工作的部署。组织起草了对各设区市考核的目标任务和评分标准，已经省政府常务会议审议印发。并组织召开考核工作推进会，通报年度预评预估情况，提出整改要求，进一步细化实化省市县粮食安全省长责任制考核任务。

二　抓储备，粮食数量真实质量良好

2016 年底中央下达的福建省储备任务落实到位后，省内粮食库存达到历史高位，全省各级粮食部门坚持制度管粮、技术管粮，将储备粮管理作为重中之重抓好抓实。一是加强储备管理。严格执行国家粮食局"一规定两守则"库存管理要求，规范储备管理，加强库存、轮换、质量管控，加大专项检查、突击抽查、随机抽查的力度。2017 年 4 月，省政府组织 10 个厅局组成联合检查组，对全省粮食库存情况进行突击检查。共检查全省 93 个库点的 546 个仓廒，存粮 100 多万吨。2017 年 9 月，联合检察院、法院、工商、质检、物价等 10 个部门建立"大快严"集中行动工作协调机制，按照"四不两直"原则抽查了全省 41 个库点的 158 个仓廒，存粮 45.67 万吨。从检查情况看，全省地方储备粮数量真实、质量良好、储存安全、管理比较规范。二是创新轮换机制。省政府批复的省级储备粮油轮换计划进展顺利，2017 年度 56.83 万吨轮换计划已全部完成。继续探索完善储备轮换新机制，安排 7.36 万吨省级储备粮食在省内试行"储加结合、包干轮换"模式、安排 18.5 万吨省级储备粮食在东北、江苏等产粮区试行"异地储备、就地轮换"模式。三是推广科学储粮。在省级粮库全面推广惰性粉防虫、低温储粮技术；结合新一轮粮库建设，在市县粮库推广充氮气调储粮技术和信息化管理技术。2017 年 6 月 30 日，全省首座利用粮库屋顶建成的光伏电站（漳州草坂光伏电站）正式并网发电，总装机容量 2000 千瓦，年发电量约 247 万千瓦时。在发电的同时，还能降低仓温 2~3 摄氏度，有利于保持储粮品质，减少粮食损耗。

三　抓供应，粮食市场流通平稳有序

全省各级粮食部门积极履行粮食流通宏观调控的职责，积极采取产销对接、引粮入闽奖励和粮食订单直补等有效措施，省内粮食市场供应数量充足、质量良好、价格总体稳定。一是创新产销协作机制。2017 年 6 月 18~21 日，由福建省和 10 个粮食主产省以及中粮集团共同主办的第十三届粮食产销协作福建洽谈会顺利举办，国家粮食局张务锋局长专程莅会指导并多次在全国粮食系统会议上给予充分肯定。本届福建粮洽会吸引了 1000 余家粮食企业和科研院校，4200 多人参会，共签订粮食购销合同 636 万吨，征集粮食科技项目成果 246 项。二是完善订单收购政策。按照省政府"三项补贴"政策改革要求，2017 年将省级粮食储备订单收购计划由 26 万吨调减为 20 万吨，全部按计划收购完成，发放订单补贴 4800 万元；继续实行早、中晚籼稻最低收购价政策，根据省内局部地区市场价格低于最低收购价的情况，从 2017 年 12 月 1 日起在三明市启动最低收购价执行预案，有效保护了种粮农民收益。三是推动粮食产业发展。安排粮食产业发展专项补助资金 2000 万元，认定了 34 家省级粮食应急加工企业；安排 2000 万元引粮入闽补贴资金补助 44 家企业，有效调动了省内企业引粮入闽积极性。积极开展"中国好粮油"示范企业和产品评选，全省有 6 家企业被认定为国家粮食局、中国农业发展银行重点支持的粮油产业化龙头企业，3 家企业产品被推荐参加好粮油产品评选。

四　抓建库，粮食仓储条件不断改善

围绕 2018 年底省市县三级建成与本级储备粮规模相匹配储备仓容的目标，2017 年联合省政府督查室、省重点办开展专项督查，有效推进了全省粮库建设进度。截至 2017 年底，省级建库方面：本轮省级粮库建设 11 个项目 55.5 万吨仓容，累计完成投资 7.43 亿元（2017 年完成 2.97 亿元），建成投入使用 5 个项目 27.5 万吨仓容；通过建筑安装工程验收 5 个项目 23 万吨仓容。市县建库方面：全省标准化仓容不足的 53 个市县粮库建设项目中，累计完成投资 26.08 亿元（2017 年完成 9.75 亿元），已建成 29 个项目 98.17 万吨仓容，剩余 24 个项目 104.4 万吨仓容已全部开工。

五　抓监管，粮食质量安全有效保障

全省各级粮食部门坚持"不出现系统性粮食质量安全风险"的底线意识，加强粮食质量安全监测，着力健全完善粮食质量安全保障机制和超标粮食处置长效机制，有效确保了广大人民群众吃得安全、吃得放心。一是加强粮食质量抽查。认真组织开展了治理"餐桌污染"专项检查和军粮、储备粮库存、粮食收购、社会原粮等粮食质量安全的抽查。2017 年全省共安排抽查 13000 批次，合格率超过 95%。二是妥善处置超标粮食。妥善做好河南南阳流入的超标小麦和晋江、石狮等地超标粮食处置工作，有效防止流入口粮市场。同时，以问题为导向，进一步健全完善超标粮食制度规范，加强常态化监督检查，严把粮食入库质量关。三是提升监管技术手段。按照"源头可溯、全程可控、风险可防、责任追究、公众可查"的要求，积极开展粮食质量安全追溯体系建设相关工作。目前已完成第一期建设任务，进入试运行阶段，可实现主要粮食品种（稻谷、小麦）从收购入库（或从省外进入福建省境内）到粮食加工各个流通环节的全过程追溯。

◆福建省粮食局领导班子成员

林锡能	党组书记、局长
冯利辉	党组成员、副局长（2018 年 1 月任巡视员）
赖应辉	副局长
黄敬和	党组成员、副局长
赵端榕	副巡视员（2017 年 7 月退休）

2017 年 12 月 23 日，福建省委书记、省长于伟国（前排中）赴省属粮食企业调研粮食安全工作。

2017 年 6 月 18 日，第十三届粮食产销协作福建洽谈会在福州举办。国家发展改革委党组成员，国家粮食局党组书记、局长张务锋（前排左八），福建省副省长黄琪玉（前排左九）出席并致辞。

2017 年 3 月 7 日，福建省粮食流通工作会议在福州召开，副省长黄琪玉出席并讲话。

福建省粮食局组织召开"深化改革转型发展"大讨论活动动员大会。

江西省粮食工作　基本情况

　　江西简称"赣"，因公元733年唐玄宗设江南西道而得省名，又因为江西最大河流为赣江而得简称，是中国内陆省份之一。江西位于中国东南部，在长江中下游南岸，以山地、丘陵为主，地处中亚热带，季风气候显著，四季变化分明。境内水热条件差异较大，多年平均气温自北向南依次增高，南北温差约3摄氏度。全省面积16.69万平方公里，辖11个设区市、100个县（市、区）。2017年末，全省常住人口4622.1万人。

　　2017年，江西实现地区生产总值20818.5亿元，比上年增长8.9%，经济增速保持全国"第一方阵"，人均生产总值45187元。全年财政总收入3447.4亿元，比上年增长9.7%，其中，一般公共预算收入2246.9亿元，增长4.4%；税收收入2715.4亿元，增长10.3%。全年城镇居民人均可支配收入31198元，增长8.8%；农村居民人均可支配收入13242元，增长9.1%。

　　2017年，全年粮食种植面积378.6万公顷，比上年下降0.5%。其中，稻谷种植面积350.5万公顷，油料种植面积69.9万公顷。全年粮食总产量2221.7万吨，实现"十四连丰"，为历史第四高产年份。稻谷产量2126.1万吨，油料产量120.6万吨。

2017 年粮食工作

　　2017年，江西省粮食部门坚持以习近平新时代中国特色社会主义思想为指导，全面落实粮食安全省长责任制，深入推进粮食供给侧结构性改革，抓收购、保供给、强产业、严执法，全省粮食流通改革发展稳步推进。

一　粮食安全责任制有效落实

　　2017年国务院对2016年度各省级政府落实粮食安全责任制情况进行了首次考核，江西位列"第一方阵"。刘奇省长、毛伟明常务副省长、吴晓军副省长多次就粮食安全省长责任制相关工作作出批示，提出明确要求。省政府先后印发《落实粮食安全省长责任制的意见》《粮食安全省长责任制考核办法》，作出总体部署。粮食安全责任机制更加完善。省、市两级政府分别下达《粮食安全责任书》，层层落实责任。建立粮食安全责任制联席会议制度，不定期召开联席会议和省考核办工作会议，加强调度，推动各项工作有序开展。建立粮食安全责任制工作联络和信息报送机制，设立网上工作专栏，编发《工作简报》。省委省政府将粮食安全责任制考核纳入 2017 年度对各设区市科学发展综合考核评价体系，考核"指挥棒"作用充分彰显。通过组织迎接国家考核和开展对设区市考核，各级政府对粮食安全工作更加重视，农田水利、粮食生产、粮食流通等支持政策相继出台，粮食生产能力、流通能力、质量安全和种粮积极性进一步提升，江西粮食主产区地位更加巩固。

二　粮食收购市场总体平稳

2017 年，全省粮食收购总量 1120 万吨，其中，早稻托市收购量占全国的 74%。针对仓容不足问题，千方百计筹措托市仓容 35.5 万吨。及时启动最低收购价预案，合理布置委托收购库点 712 个，有效满足农民售粮需要。积极引导多元主体入市收购，社会企业累计收购新粮 310 万吨，同比增长 29%，市场化、多元化收购格局更加明显。协调省农发行发放贷款 62.31 亿元，其中最低收购价贷款 46.57 亿元，有效地保证企业粮食收购需求，全省未出现"卖粮难"和"打白条"现象。切实维护收购市场秩序，制定全省粮食收购专项检查方案，全面部署检查工作，明确检查重点。会同工商、质监、食药监、物价部门印发《江西省 2017 年粮食收购市场联合执法工作方案》，省粮食局、中储粮江西分公司、农发行江西省分行建立粮食收购检查省级联席会议制度，通过联合开展检查，加大监督检查力度。依托库点、网站、微信平台，畅通受理投诉举报，调查核实反映问题，从严查处损害国家利益及"坑农""害农"行为。

三　供给侧结构性改革深入推进

积极实施"优质粮食工程"，江西被国家列入实施"优质粮食工程"第一批中央财政重点支持省份。2017 年确定 24 个县（市、区）新建或功能提升粮食产后服务中心 105 个；完善县级粮食质检机构 30 个；重点支持 2 个"中国好粮油"行动示范县和 2 家省级示范企业。积极做好供给侧结构性改革顶层设计，制定了《江西省人民政府关于加快推进农业供给侧结构性改革大力发展粮食产业经济的实施意见》，明确粮食产业经济发展目标、工作思路和实施举措，引领全省粮食产业创新发展、转型升级、提质增效。加快"去库存""去产能"，竞拍和定向销售国家政策性粮和地方临储粮 185 万吨、争取国家跨省移库计划 10 万吨、储备粮轮换销售 200 万吨。江西被国家确定为四个大米竞价销售试点省份之一，全省 247 家大米加工企业取得国家拍卖资质。加强产销合作，为外省代购代销粮食 150 万吨，外销稻谷 380 万吨。推动粮食加工"去产能"，逐步淘汰规模过小、设备老旧、综合利用率低下企业，实现粮食产业"去粗存精"。2017 年全省国有粮食企业盈利 2500 万元，同比增加 2000 万元。

四　粮食行业安全更加稳固

坚持底线思维，牢固树立安全发展理念，突出抓好安全储粮和安全生产工作。持续推进仓储设施建设，2017 年中央新安排江西建仓资金 3465 万元，新建仓容 23 万吨；争取省财政新建粮油仓储设施项目资金 7645 万元，仓储设施维修资金 5000 万元。积极提升仓库收储服务功能，总投资 3.6 亿元的"粮安工程"粮库智能化升级改造项目稳步推进，粮食企业仓储设施现代化水平和服务功能进一步提升。严格推行"谁储粮、谁负责""谁坏粮、谁担责"的责任制度，明确仓储企业安全储粮主体责任和粮食行政部门监管责任。强化教育培训，坚持把强化安全意识作为首要任务，举办全省粮食行业安全储粮和安全生产培训，促进"两个安全"理念落地生根。强化"两个安全"科技保障，探索绿色储粮技术运用，降低储粮化学药剂使用和储粮能耗，将绿色储粮新技术与新建粮库同设计、同施工，强化科技创新对储粮技术进步的引领作用，全面提升科学保粮水平。加强"两个安全"监管，成立省粮食安全咨询巡查工作组，聘任退休的行家里手和业务骨干，对全省"两个安全"工作进行全员培训和督导巡查。成立安全储粮和安全生产技术指导组，抽调科研院所、大专院校专家学者及基层粮库技术能手等，充实监管力量。深入开展"粮食安全隐患大排查快整治严执法"集中行动，共检查政策性粮食承储企业 284 个，库点 1301 个，对发现的问题实行销号整改，确保了政策性粮储存安全。

五　保供稳价体系更加完善

强化地方储备粮管理。全面落实储备规模，将市县储备落实情况纳入粮食安全责任制考核，定期调查落实进度，全省落实静态储备 145 万吨，动态储备 25 万吨。加快省级静态储备轮换节奏，积极采取措施，做好资金、市场价格信息等服务工作，争取省财政轮换补贴 6785 万元，减轻承储企业轮换亏损压力，省级储备轮换计划全面完成。调整优化省级动态储备，对经营不好、违规操作的动态承储企业调减计划或使其退出承储序列，确保省级动态储备粮安全。完善粮食应急保障体系。新建 13 个应急保障项目，全省已建成粮食应急配送中心 104 个，粮食应急加工点 245 个，粮食应急供应网点 1525 个，基本实现了各市、县（区）全覆盖，形成了较为完备的粮食应急网络体系。调整充实粮食价格监测点数量，共设省级价格监测点 234 个，覆盖所有市（县、区）的价格监测体系全面建立，粮食预警能力进一步提升。推进军粮供应军民融合发展，加快建立集军粮供应、应急供应、成品粮储备、放心粮油、主食产业化"五位一体"的供应格局。全省三个军粮储备加工基地建设稳步推进，其中樟树国家储备库军粮储备加工基地已建成并揭牌。制定《江西省军粮统筹管理暂行办法》，规范军粮采购管理工作，降低军粮筹措成本，确保军粮质量安全。

六　粮食流通发展环境更加优化

推进粮食行业"放管服"改革。建立江西省粮食局行政许可标准体系，对"军粮供应站资格、军粮供应委托代理资格认定"行政许可事项进行规范。推动粮食收购许可管理改革，修订《江西省粮食收购资格许可管理办法》（第 227 号省政府令），放宽了粮食收购市场准入。推进粮食流通监管创新。全面推行"双随机一公开"工作机制，加强库存检查和地方储备粮专项检查。持续开展粮食企业经营活动守法诚信评价工作，在"信用江西"平台上新公布 2253 家粮食企业诚信等级评定情况，并按诚信等级推行日常分类监管。强化"互联网 +"思维，建立运行"赣粮执法"微信公众平台，扩大粮食执法社会影响，提升监管工作效率。依法开展粮食流通监管。修订完善《江西省粮食行政管理部门行政处罚自由裁量权适用规则》《江西省粮食行政管理部门行政处罚自由裁量权参照执行标准》，保证执法依据的及时性和连续性。加强对粮食收购市场和政策性粮食库存、出库、处置及全社会粮食流通监管，确保国家粮食政策落实，维护种粮农民利益。

◆**江西省粮食局领导班子成员**

黄　河	党组书记、局长
罗　洪	党组成员、副局长
刘福元	党组成员、副局长
廖小平	党组成员、总工程师
杜晓林	副巡视员（2017 年 12 月退休）
徐国华	副巡视员（2017 年 12 月退休）

2017 年 6 月 10~13 日，国家发展改革委党组成员，国家粮食局党组书记、局长张务锋（前排左三）在江西调研粮食工作。

2017 年 8 月 23 日，江西省副省长吴晓军（前排右三）调研早稻收购工作。

2017年7月24日，江西省政府召开2017年全省早稻收购工作电视电话会议，副省长吴晓军（主席台左三）出席并讲话。

江西省粮食局党组书记、局长黄河走访慰问基层粮食企业困难职工。

山东省粮食工作   基本情况

2017 年，全省实现生产总值 72678.2 亿元，比上年增长 7.4%。人均生产总值 72851 元，增长 6.5%。地方一般公共预算收入 6098.5 亿元，同口径增长 6.6%。城镇登记失业率为 3.4%，低于 4% 的全年控制目标。居民消费价格比上年上涨 1.5%，涨幅较上年回落 0.6 个百分点。常住人口城镇化率达到 60.6%，比上年末提高 1.6 个百分点。

2017 年，全省粮食播种面积 845.6 万公顷，比上年减少 0.7%，其中小麦播种面积 408.4 万公顷，玉米播种面积 400 万公顷。全年粮食总产量 5374.3 万吨，是历史第一高产年，其中小麦 2495.1 万吨，玉米 2662.2 万吨，稻谷 90.1 万吨，大豆 32.1 万吨。

2017 年，全省各类粮食企业收购粮食 8615 万吨，同比增加 1295 万吨，增幅 17.7%。从生产者购进粮食 3542 万吨，其中小麦 1831 万吨，玉米 1620 万吨。全省各类粮食企业销售粮食 6165 万吨，同比增加 1703 万吨，增幅 38.1%，其中小麦 3049 万吨，玉米 809 万吨，大豆（豆粕）2132 万吨。

2017 年粮食工作

2017 年，山东各级粮食部门认真贯彻落实党中央、国务院决策部署和省委、省政府工作要求，牢牢把握走在前列目标定位，紧紧围绕保障粮食安全中心任务，履职尽责、积极作为，圆满完成各项目标任务。

一   粮食调控体系健全完善

截至 2017 年末，全省地方储备粮、储备食用油库存分别超出国家下达计划 66 万吨、1275 吨。全省轮换储备粮油 127 万吨，地方储备粮数量真实、质量良好、管理规范、储存安全。枣庄、济宁、聊城、菏泽等 9 市启动小麦最低收购价执行预案，收购最低收购价小麦 103 万吨，全年粮食购销总量达到 14780 万吨。扶持粮食应急体系建设，全省认定应急供应网点 2880 个，基本实现城乡全覆盖。认真做好粮食"去库存"工作，用粮企业竞拍成交国家政策性粮食 112.2 万吨。积极组织企业参加粮食产销协作，签订购销合同 374 万吨。不断加强军粮供应管理，圆满完成军粮供应保障任务。

二 粮食流通监管明显加强

积极转变行政职能、加强制度建设、严格依法行政、强化依法管粮，全省逐步形成权责明确、行为规范、监督有效、保障有力的粮食行政执法体系。切实履行全社会粮食流通管理职责，积极探索粮食流通监管新模式，粮食流通市场平稳有序。加强粮食库存检查，检查库点646个，粮食860万吨。扎实开展粮食安全隐患"大快严"集中行动，排查整改问题隐患700多个，建立完善相关制度1500余条。加大夏秋粮收购、统计制度执行情况和社会粮食流通监管力度，全省共出动检查人员2万多人次，检查收购主体近1.4万个次。创新监管方式，推进粮食执法监管信息化，建立随机抽查工作机制，公布随机抽查事项清单，建立政策性粮食承储企业和执法人员名录库。累计落实中央补助资金4818万元，加强粮食质量安全监测体系建设。

三 粮食产业发展成效突出

扎实推进粮食供给侧结构性改革，推动粮食产业转型升级，全省粮油加工转化综合能力和主要经济指标保持全国首位。全省纳入粮食部门统计范围的粮油加工企业1568家，完成工业总产值3958亿元，实现产品销售收入4162亿元。省政府与国家粮食局签署《共同推进粮食产业经济发展保障国家粮食安全战略合作协议》，为全省粮食产业经济发展注入新动力；国家粮食局在滨州召开全国现场经验交流会，推广山东发展粮食产业经济做法及"滨州模式"。落实项目资金14亿元，启动优质粮食工程建设，全省6家企业13个品种入选国家首批"中国好粮油"，居面粉类首位。落实中央补助资金1.3亿元，济南、枣庄、济宁、滨州等地粮食现代物流园区建设稳步推进。大力实施品牌战略，全省共有粮油加工业国家级和省级名牌、著名商标近300个。大力扶持粮油产业化龙头企业发展壮大，推荐41家企业纳入国家粮食局和中国农业发展银行信贷支持范围。

四 粮油仓储管理更加规范

仓储物流设施建设和"危仓老库"维修改造成效显著，全省地方粮食企业完好仓容达到4049万吨，为历史最好水平。全省412处粮食收储库点实施智能化升级改造，地方储备粮基本实现信息化管理。《山东省国有粮食仓储物流设施保护实施细则》《山东省粮油仓储单位备案管理办法》全面实施，仓储管理规范化、科学化水平不断提升。认真开展安全生产百日攻坚治理等专项行动，着力抓好隐患排查整治，安全储粮保持稳定态势。加强"一规定两守则"培训，全省各级粮食部门共组织培训9000余人次。推动储粮技术创新，节粮减损、仓顶阳光工程等成效明显。

五 粮食安全责任有效落实

全省粮食部门认真履行考核办公室职责，扎实做好2016年度考核工作，全省17市"首考"均为优秀等次，山东在国家考核中位居前列。国家下发2017年度考核通知后，省级层面研究制定年度考核方案，进一步优化指标、突出重点，增强导向性和实效性。新"三定"规定为省粮食局增加了会同有关部门组织粮食安全省长责任制考核职责。粮食安全纳入 2017 年度省市经济社会发展综合考核，强化了落实粮食安全责任制的制度基础。各地建立完善信息公开、工作协调等制度，加大督查考核力度，逐项落实工作目标，形成一级抓一级、环环相扣的责任体系。

六　粮食行业自身建设扎实推进

　　全省粮食部门认真学习贯彻党的十九大精神，坚持用习近平新时代中国特色社会主义思想武装头脑、指导实践、推动工作。认真落实全面从严治党要求，扎实推进"两学一做"学习教育常态化制度化，巩固拓展落实中央八项规定精神成果。强化廉政教育，加大廉政风险防控，组织对全省 631 个项目、5 亿多元专项资金实施绩效评价。推进技能人才建设，4 名同志入选全国行业拔尖人才，建立 3 个拔尖人才工作室。山东商务职业学院获批粮食工程专业现代学徒制省级试点，生源质量和就业率平稳上升，为行业发展输送大量专业人才。扎实开展"深化改革、转型发展、走在前列"大讨论活动，为推动粮食流通改革发展注入强大动力，取得积极成效。

◆山东省粮食局领导班子成员

杨丽丽	发展改革委党组成员，粮食局党组书记、局长
乔延亭	巡视员（2017 年 4 月退休）
丁兆石	党组成员、副局长（2017 年 12 月退休）
崔秀顺	党组成员、纪检组长、监察专员（2017 年 1 月调离）
李　伟	党组成员、副局长
刘开田	副巡视员（2017 年 4 月任职）

山东省委书记刘家义调研滨州市粮油加工企业。

山东省政府与国家粮食局签署战略合作协议。

山东省政府召开全省夏粮收购工作电视会议安排部署夏粮收购工作。

山东省粮食安全责任考核工作组会议召开。

河南省粮食工作   基本情况

河南省位于我国中东部、黄河中下游。周边与山东、安徽、湖北、陕西、山西和河北6省毗邻。界于北纬31°23′~36°22′、东经110°21′~116°39′，南北纵跨550余公里，东西横亘580余公里。全省处于暖温带和亚热带气候交错的边缘地区，年均气温为12.8~15.5摄氏度。年降水量从北到南大致在600~1200毫米，全省无霜期在190~230天，一般可满足农作物一年两熟，盛产小麦、玉米、稻谷、大豆、红薯和棉花、芝麻、花生、油菜籽等农产品。河南省古代辖区位于黄河之南，故称河南；因居九州之中，又称中州、中原、豫州，简称为"豫"。1949年后，设立河南省；1952年平原省撤销后部分市县划归河南省。现辖17个省辖市，1个省直管市，20个县级市，85个县，52个市辖区，总面积16.7万平方公里，居全国省区市第17位，占全国面积的1.73%。其中耕地面积820万公顷。2017年全省生产总值44988.16亿元，比上年增长7.8%，增速高于全国平均水平0.9个百分点。全年全省粮食总产量6524.2万吨，比上年增产26.2万吨。全省经审核取得粮食收购许可证的经营者4948家，入统单位粮食从业人员14.9万。

2017年粮食工作

一 粮食生产

河南省始终牢记习近平总书记嘱托，把维护国家粮食安全的政治责任扛在肩上，认真贯彻落实党中央国务院强农惠农政策，以高标准粮田建设为基础，以农业科技创新为支撑，狠抓抗灾应变管理，粮食生产能力持续稳定发展。省政府出台《河南省高效种养业转型升级行动方案（2017~2020）》，2017年全省粮食播种面积1091.5万公顷，在遭遇灾害天气和优化种植结构的情况下，粮食总产量6524.2万吨，是历史上第二个高产年。印发了《中共河南省委　河南省人民政府关于进一步加强耕地保护的实施意见》，全面完成永久基本农田划定，严格落实耕地占补平衡制度，全省永久基本农田、耕地保有量和基本农田保护面积均稳定在国家下达目标任务之上。年内整合资金113.46亿元，建成高标准农田 42.4 万公顷，高于国家下达年度任务 4.1 万公顷。各项工程建设质量达标，管理规范，实行统一上图入库。以"红旗渠"精神杯竞赛活动为载体，持续推进农田水利基本建设；创新农田水利设施管护机制，加大资金投入，年内投资 24 亿元用于农田水利项目建设；出台《河南省"十三五"高效节水灌溉总体实施方案（2016~2020）》，新增有效灌溉面积 5.3 万公顷，新发展高效节水灌溉面积 8.8 万公顷，大型灌区续建配套与节水改造项目完成总投资的 91.1%；农业水价综合改革稳步推进。抓好 26.7 万公顷小麦繁育种基地和海南南繁基地建设，小麦、玉米育种和推广应用水平名列全国前茅；全省农业领域获得国家科技奖励 34 项，居全国前列；持续开展"万名科技人员包万村"活动，河南省主要农作物良种覆盖率达 97%，农业科技进步贡献率达 59.1%；主要粮食作物耕种收综合机械化率达 80.8%，提高 1.7 个百分点。农村承包地确权登记颁证工作基本完成，农村土地流转 256.9 万公顷，占家庭承包面积的 38.6%；全省新型农业经营主体发展到 24.7 万个，完成 21.7 万名新型职业农民培训任务。

二　粮食流通

据统计调查,2017 年全省粮食商品量 4565 万吨左右，商品率 76.3%。其中小麦商品量 2665 万吨，商品率 75%；玉米商品量 1350 万吨，商品率 79%；稻谷商品量 380 万吨，商品率 73%；豆类、薯类等其他杂粮商品量近 175 万吨，商品率 85%。全年全省全社会粮食经营企业完成粮食收购 3800 万吨，全年全省全社会粮食经营企业共净调销省外粮食 1225 万吨。由于粮食收购量大于销售量，致使河南省粮食企业粮食库存量继续增加。

三　粮食调控

（一）粮食收购

河南省委省政府高度重视粮食收购工作，陈润儿省长先后到延津、浚县进行专题调研，要求保持好的势头，切实搞好服务。各级粮食部门认真履职尽责，夏粮收购呈现质量好、进度好、秩序好"三好"局面。针对秋粮因雨受灾局面，广泛征求各方意见，积极向政府建议，采取有效措施引导多元主体入市收购，确保秋粮收购形势平稳有序。全省全社会粮食收购量达到 3800 万吨，超过省定目标 1050 万吨，其中收购最低收购价小麦 1042.6 万吨、稻谷 51.7 万吨，夏粮收购期间收购小麦数量占到全国的 32% 以上，有力地保护了种粮农民积极性。

（二）粮食储备和应急

全省各级地方粮食储备任务落实到位，郑州、济源等地成品粮油储备全面建成。落实省政府粮食应急预案，全省确定应急供应企业 2180 个，应急加工企业 310 个，应急配送中心 269 个，应急运输企业 148 个，粮食应急供应网络基本形成，有效保障节日和重要时段粮油供应。粮食流通统计直报范围不断拓展，信息预警机制基本建立，粮食市场供应充足，价格总体平稳。扎实做好军粮供应和保障服务工作，驻豫部队对河南省军供工作满意率保持在 98% 以上。

| 四 | 粮食流通改革 |

（一）粮食安全责任制考核

省委十届四次全会将全面落实粮食安全责任列入《中共河南省委关于深入学习贯彻十九大精神决胜全面建成小康社会开启新时代河南全面建设社会主义现代化新征程的意见》，明确粮食部门牵头负责。省政府召开政府常务会议和部门联席会议专题研究落实粮食安全责任。省粮食局切实履行省考核办职责，牵头协调15家省直成员单位圆满完成粮食安全省长责任制和市长县长责任制考核任务。

（二）供给侧结构性改革

围绕省政府"四优四化"发展战略，省粮食局联合相关部门开展田间监测和品质鉴定，出台文件对8个试点县（市）种植户销售优质小麦补贴每斤0.1元。召开延津优质小麦产业观摩暨产销协作大会，组织大型企业开展订单收购，拓宽优质粮食销售渠道。全省收购优质小麦81.3万吨，其中省财政拨付4762.3万元补助8个试点县收购23.8万吨，平均收购价每公斤2.54元。开展"中原粮食全国行"系列活动，在重庆、福建、内蒙古等省（区、市）粮食交易会上搭建河南优质粮油产品展示平台，宣传和推介河南好粮油。成功举办2017郑州（中国）·好粮油产销对接及设备技术博览会，北京、浙江、重庆等16个省区市粮食系统和河南省18个省辖市、10个直管县（市）粮食以及农业系统代表团共计636个部门、企业和科研院校组团参展参会，累计粮食交易数量836万吨，金额超过224亿元。全年举办政策性粮油交易130次，成交306万吨，比上年增加72万吨。扎实推进稻谷去库存工作，消化库存稻谷12.5万吨。加大融资支持和金融创新，省粮食局与兴业银行、禾中集团签订了战略合作协议，共同推进"粮食银行"发展，河南粮食产业投资担保有限公司累计新增担保9.13亿元。降低企业运营税费杠杆率，为271家粮食流通企业申请办理免税。全省粮食加工行业拥有企业品牌306个，产品品牌483个，注册商标443个。焦作市被中国粮食行业协会命名为"中国优质小麦之都"，"延津强筋小麦"区域品牌价值评估达17.55亿元。三全、思念、白象等一批粮油加工品牌享誉全国，想念挂面品牌广告登陆美国纽约时代广场，梦想食品有限公司开发的五谷饼干成为航天员指定食品。

（三）国有粮食企业改革

按照"一地一策""一县一企"和"整县推进"原则，强化政策引导和项目带动，培育一批规模优势突出、带动能力强的国有粮食购销企业，实现多种形式合作融合，促使其不断发展壮大。中原粮食集团、豫粮集团、郑州粮食集团、开封粮食产业集团运营良好，洛阳粮食产业集团筹建进展顺利。河南省粮食企业不断拓宽增收渠道，加强内部管理，全行业持续盈利。

| 五 | 粮食流通监管 |

（一）依法管粮

大力推进服务型行政执法建设，粮食系统依法行政水平全面提升，顺利通过省法治政府领导小组办公室依法行政考核。加强粮食收购资格审核管理，依法取消、注销收购资格518家，全省经审核取得粮食收购许可证的经营者共有4948家。规范依法行政行为，管城区等5个县（市、区）被确定为全省粮食系统服务型行政执法示范点，登封市等3个县（市、区）被确定为全省粮食系统行政执法责任制示范点。

（二）执法督查

健全监督检查制度，规范执法程序，全面推行"双随机一公开"，加强政策性粮食购销活动和全社会粮食流通监督检查，全省共查处纠正涉粮案件 141 例，罚款金额 15 万元。扎实推进库存检查和"粮食安全隐患大排查快整治严执法"集中行动，排查中央和地方企业隐患 8079 个，并切实抓好整改。加强区域执法协作，构建苏鲁豫皖毗邻地区粮食市场秩序管理对接平台。加快推进粮食诚信体系建设，制定了《河南省粮食企业守信激励和失信惩戒暂行办法（试行）》，形成守信激励、失信惩戒机制，促进粮食企业诚信经营、守法经营。

六　粮食流通体系建设

（一）"粮安工程"建设

"粮安工程"危仓老库维修改造圆满完成。总投资 5.6 亿元的仓储智能化升级项目完工率达到 80% 以上。省粮食局"粮安工程"智能化管理平台顺利通过专家验收，郑州兴隆库等多个仓储单位已实现与省局平台互联互通。

（二）实施"优质粮食工程"

成功申报 2017 年全国"优质粮食工程"重点支持省份，获得国家和省级配套资金 6.2 亿元。首批将建设粮食产后服务体系项目 370 个、粮食质量监测项目 35 个，打造"中国好粮油"示范县 9 个和省级示范企业 2 个。

（三）仓储管理和安全生产

强化安全生产责任制，全省粮食系统无重大安全事故。组织开展安全储粮隐患大排查和全省秋季粮油安全大检查，全省"一符四无"粮油率达 95% 以上，储备粮实现"一符、三专、四落实"100% 的目标。

（四）粮食物流体系建设

落实国家和河南省《粮食物流设施建设"十三五"规划》，加快建设集仓储、加工、质检、信息服务等功能于一体的粮食物流园区。省粮食局与周口市政府签署协议，共同建设周口临港粮食产业园。

七　行业发展

（一）产业经济发展

落实国务院办公厅《关于加快推进农业供给侧结构性改革大力发展粮食产业经济的意见》，研究提出河南省具体实施意见。组织各省辖市、省直管县（市）粮食局长和部分大型粮食企业负责人，实地考察山东滨州粮食产业经济发展，开展"比先进、找差距、定措施、促发展"活动，凝聚发展共识。成立河南粮食产业发展联盟，引领发展方向，培树河南省典型，推广先进经验。规模 5 亿元的主食产业化和粮油深加工企业扶持基金开始运营，123 家企业入围首批项目库。联合省财政厅继续实施主食产业化和粮油深加工贴息政策，拨付财政资金 4500 万元对 48 家企业进行了扶持。全省已累计对 225 家主食产业化和粮油深加工企业给予 4.33 亿元财政贴息，带动总投资近 340 亿元产业项目建设。由此推动河南省粮油加工产值达到 2000 亿元，主食产业化率达到 42%，粮油加工转化率达到 84%。

（二）科研和人才队伍建设

围绕"人才兴粮"战略，完善干部职工管理、培训、考核等制度，粮食行业干部职工推动粮食事业改革发展的能力不断提高。强化职业教育，开展技能竞赛，粮食职工业务水平和实践能力持续提升。坚持科技引领，"低温储粮""氮气储粮"等绿色储粮技术应用更加广泛，保粮工作逐步从"人防"为主向"技防"为主转变。坚持创新驱动，申报省级软科学研究项目 10 个，科技攻关项目 2 个。

（三）机关管理

扎实推进机关规范化管理，多项工作受到表彰。会计报表和财务分析工作连续 22 年获得国家粮食局表彰；粮食流通统计工作在 2017 年度全国粮食系统评比中位居全国第一；综治和平安建设工作获得省委综治和平安建设综合考核"优秀"等次；信息工作荣获全省党委系统和政府系统政务信息工作先进单位；档案管理工作连续 6 年被评定为全省优秀单位；机要密码工作被评为全省机要密码工作先进单位；老干部工作被省委老干部局评为先进单位。

（四）行业扶贫

局领导班子成员到鹿邑县定点帮扶村指导调研扶贫工作 17 人次，协调局直企业出资 21 万元，引进资金 48 万元，帮助对口联系村 26 户 89 人脱贫。

八　党建和党风廉政建设

（一）学习贯彻党的十九大精神

各级粮食部门党组织把学习宣传贯彻习近平新时代中国特色社会主义思想和党的十九大精神作为首要政治任务，采取中心组学习、邀请专家讲座、集中宣讲辅导、专题研讨交流等多种形式深入学习，努力做到学懂弄通做实。把"深化改革转型发展"大讨论活动、"两学一做"学习教育与学习贯彻党的十九大精神相结合，转变观念，转变作风，加强调研，形成 30 多篇调研报告。全省粮食行业维护党中央权威的思想更加统一，拥护习近平总书记核心和领袖地位的信念更加坚定，落实中央和省委省政府重大决策部署的行动更加有力。

（二）党建工作

牢固树立抓好党建是最大政绩理念，切实加强和完善党对粮食工作的领导，推动党建工作和粮食流通业务工作深度融合。切实担负起全面从严治党的主体责任，召开全省粮食工作会议和党的工作会议，安排部署行业和机关党建工作，签订党建目标责任书，各级党组织把握方向、引领发展作用不断增强。认真落实"三会一课"制度，深入推进党建工作"五项机制"，健全局直基层党的组织，夯实基层党建基础。

（三）党风廉政建设

局党组切实扛起党风廉政建设主体责任，制定《2017 年全省粮食系统党风廉政建设和反腐败工作实施意见》，把党风廉政建设工作目标任务逐项分解到每一名班子成员和局直各单位。组织开展基层党组织书记述责述廉工作。积极开展巡察整改工作，认真组织"以案促改"专项活动，聚焦突出问题，明确工作责任，切实加以整改，取得了明显成效，受到省纪委的充分肯定。

◆河南省粮食局领导班子成员

赵启林	党组书记、局长
张宇松	党组副书记、副局长（2018 年 1 月任职）
杨天义	党组成员、巡视员
刘大贵	党组成员、副局长
李国范	党组成员、副局长
乔心冰	党组成员、副局长
李志强	党组成员、副局长
刘国卯	党组成员、省纪委驻粮食局纪检组长（2017 年 3 月调离）
张聪智	副巡视员（2017 年 6 月任职）
赵连辉	副巡视员（2018 年 1 月任职）

河南省粮食系统认真贯彻落实国家粮食和物资储备局决策部署，扎实开展"深化改革转型发展"大讨论活动。

河南省粮食局举办河南省夏粮收购政策新闻发布会，全力以赴做好夏粮收购工作。

河南省粮食局举办 2017 年河南省收获小麦质量品质信息发布会。

河南省粮食局召开基层党组织书记述职评议会议，不断加强基层党建和党风廉政建设。

湖北省粮食工作 基本情况

　　2017 年全省完成生产总值 36553.0 亿元，比上年增长 7.8%，其中第一产业完成增加值 3759.7 亿元，增长 3.6%。全省农林牧渔业增加值 3921.0 亿元，按可比价格计算，比上年增长 4.3%。全省农村常住居民人均可支配收入 13812 元，增长 8.5%。全年粮食种植面积 485.3 万公顷，比上年增加 3.69 万公顷；稻谷播种面积 236.8 万公顷，油料种植面积 129.1 万公顷。

2017 年粮食工作

一　粮食生产

　　2017 年全省粮食总产量 2846.1 万吨，比上年增加 49.8 万吨，增长 1.8%；稻谷产量 1927.2 万吨，油料产量 307.7 万吨。

二　粮食流通

　　全省各类粮食企业共收购粮食 1613.2 万吨，其中，最低收购价粮食 106.5 万吨，销售粮食 2706.8 万吨。省外购进粮食 569.7 万吨，主要为玉米、小麦；销往省外 598.3 万吨，主要为中晚籼稻。进口粮食 119.2 万吨，主要为大豆；出口粮食 0.7 万吨。

三　粮食调控

　　一是保障收购工作平稳有序。分别于 6 月 7 日和 9 月 28 日启动小麦和中晚稻最低收购价预案。在收购的 1613.2 万吨粮食中，非国有企业收购 1245 万吨，占 77.2%，同比增加 108 万吨，市场化收购活跃。及时下发《关于切实做好灾后中晚稻收购工作的紧急通知》，为农民提供储粮技术指导和服务，助农减损。协调督促解决重点地区收储矛盾，联合相关部门开展巡回检查，及时解决收购中出现的新情况和新问题。下发了《关于防范和查处粮食经纪人向种粮农民"打白条"的通知》，对粮食经纪人支付农民粮款情况进行抽查，防止粮食经纪人拖欠农民售粮款。二是加大粮食去库存力度。建立联席会议制度，加强组织协调，销售 2013 年稻谷近 70 万吨。组织定向销售 2015 年临储稻谷 3.55 万吨。全年累计销售各类政策性粮食 450.5 万吨，通过国家粮食电子交易平台累计拍卖成交政策性粮油 276.6 万吨。截至 2017 年底，最低收购价粮食库存同比减少 53.5 万吨。三是强化地方储备粮管理。印发了《关于规范和统一地方政策性粮食收购与出库凭证的通知》《省级战略储备粮轮换轮空期计算方法》《湖北省地方储备粮食竞价交易细则（试行）》等文件。开展省级成品储备粮入库验收抽查和审计核查，对 4 家企业的承储计划进行调整，开展省级成品粮油动态储备管理业务培训，切实强化省级成品储备粮管理。建立风险防范机制，督促企业筹建风险准备金。四是完善粮食应急供应体系。对应急供应主体实施动态管理，截至 2017 年底，全省有应急供应主体 2490 家，其中应急供应网点 1926 家，应急配送中心 134 家，应急加工企业 265 家，应急储运企业 165 家，达到每 3 万人 1 个应急网点的布局要求。

四   粮食流通体制改革

提请省政府出台了《全省粮食供给侧结构性改革行动方案》，持续推动地方储备粮经营管理创新，完善 50 万吨省级成品粮油动态储备管理，健全配套管理制度。强力推进国有粮食企业产权制度改革，支持有条件的地方探索混合所有制改革。82 个有改革任务的县市资产确权和土地变性任务全部完成。全省共变性出让用地面积 613.6 公顷，其中 82 个有改革任务县市变性出让用地面积 442.3 公顷。稳妥推进军供体制机制改革，制定《省粮食局关于推进军粮供应体制改革的意见》，促进供管分离。积极组织开展"深化改革转型发展"大讨论活动，一批活动成果得到转化运用。

五   粮食流通监管

一是认真组织开展粮食安全行政首长责任制考核。召开粮食安全工作领导小组全体会议，审定 2016 年考核结果，通报考核情况，安排部署 2017 年粮食安全重点工作和监督考核工作。抓好考核反馈问题整改，推动地方政府、有关单位解决重大粮食安全问题。二是积极开展"四个专项治理"。集中开展政策性粮食购销管理、储粮安全、粮食流通产业发展项目资金管理、国有粮食收储企业财务管理等"四个专项治理"，对 236 个隐患问题进行整改督查。三是扎实开展"大快严"集中行动。开展粮食安全隐患"大排查快整治严执法"集中行动，对 1624 个粮食收储库点、1454 万吨库存粮食实行全覆盖检查，发现各类粮食安全隐患问题 1031 个。对 49 个较大粮食安全隐患问题，实行省局领导包案督查整改。截至 2017 年底，已整改到位 1017 个，追责问责 147 人。四是开展夏秋粮食收购监督检查。全省出动检查人员 3164 人次，对小麦和中晚稻收购政策执行情况进行了检查，累计检查粮食收购主体 2133 个，纠正违法违规行为 122 例，其中责令整改 84 例，警告 12 例，暂停收购资格 12 例，移交其他部门处理 8 例。五是健全完善粮食流通监管制度。建立健全了最低收购价粮食联合巡查、重大粮食安全隐患领导包案督查整改、"打白条"行为防范查处、重要信访事项交办督办等制度，建立粮食流通监管长效机制。

| 六 | 粮油统计与信息体系建设 |

　　进一步深化粮食流通统计制度改革,粮食流通统计考核全国综合排名第二。完成第一期粮食流通信息化省级综合管理平台和骨干中心粮库信息化建设任务,有序推进第二期重点库信息化建设项目。湖北作为7个建成省级信息化综合管理平台的省份之一,粮食行业信息化建设走在全国前列,参与制定的《粮食信息安全技术规范》等多个标准成为国家粮食局推荐性行业标准。省粮食局网站被评为湖北省政府网站绩效评估优秀等次和全省政府网站优秀创新单位。

| 七 | 粮食流通体系建设 |

　　一是继续推进实施"粮安工程"建设。全面完成367万吨"危仓老库"维修改造和2016年新增55万吨维修仓容改造任务。完成110万吨新仓建设和2016年172.3万吨仓容建设任务。全省总仓容达到3154.9万吨,其中完好仓容2969.3万吨。二是强化粮食仓储先进典型和规章制度的学习培训。开展外学"柏乡粮库"、内学"十堰粮库"活动,"十堰粮库"经验被国家粮食局以工作简报形式向全国粮食系统刊发推广。认真组织全省粮食部门学习贯彻国家粮食局"一规定两守则",大力开展培训活动,实现培训全覆盖,不断提升全省粮食仓储规范化管理水平。三是完善地方粮食仓储管理制度。出台了《湖北省国有粮食企业仓储管理规范》,将仓储管理、安全生产、粮库信息化等各层级、各环节业务流程和操作规程一一进行集成和规范,推动全省粮食仓储管理规范化。四是加强粮食物流体系建设。围绕提高粮食流通效率,依托长江水道,京广、焦柳、汉渝等铁路通道和省内公路网,按照"1个中心、3条通道、14个节点、30个粮食物流产业园区"的总体布局,重点推进重要物流节点建设。

| 八 | 行业发展 |

　　一是启动实施"优质粮食工程"。成功争取国家粮食局、财政部将湖北纳入全国首批"优质粮食工程"重点支持省份,并在武汉召开了现场经验交流会。会同省财政厅制定"优质粮食工程"实施意见和示范县创建方案及"中国好粮油"行动计划、粮食产后服务体系、粮食质检体系3个子方案,选择枣阳、监利、江陵、京山、沙洋、黄梅、安陆、随县、天门、潜江共10个县市开展示范创建工作。开展了2017年度"中国好粮油"的遴选申报和首届"荆楚好粮油"产品的遴选评审工作。随县和潜江市分别荣获国家"稻米油之乡"和"虾稻之乡"称号。国宝桥米、福娃好福米、楚娃富有机硒大米、洪森虾香稻米、洪森荆香玉米入选第一批"中国好粮油"企业产品名录,优选大米、小麦粉、挂面、食用植物油等28种产品进入第一批"荆楚好粮油"产品名单。二是推进粮食科技创新和成果转化。发布了《2017年粮食科技创新成果转化及软科学研究引导目录》,统筹安排粮油精深加工项目40个、科技创新及成果转化项目82个、企业领军人才工作室项目1个。组织开展粮食科技周活动,51家重点粮油加工企业、涉粮高校、科研院所参加了全国粮食科技周"三对接"活动。三是继续实施荆楚粮油"走出去"行动计划。在央视1套、8套、13套栏目以及湖北卫视、机场、高铁等媒体,播放"荆楚大地"公益广告。启动"荆楚大地"公共品牌与京东合作,推动线上线下融合发展。先后在云南、重庆、福建等地开展产销洽谈和推介活动,现场签约粮油近100万吨,成交额突破50亿元。成功举

办 2017 第十九届湖北粮油精品展，242 家重点粮油加工企业的 2178 个粮油精品参与展示，现场交易额 3027 万元，达成销售意向 33 亿元。四是完善提升"放心粮油"工程。全面开展放心粮油示范配送中心、示范门店创建活动。初步评选出示范配送中心 10 家，示范连锁店 72 家。安排 3500 万元专项资金，维护全省放心粮油市场体系的正常运营，鼓励支持示范创建。

九   党群工作

一是突出政治建设。制定出台推进"两学一做"学习教育常态化制度化实施方案，组织开展"两学一做"学习教育知识竞赛。认真落实政治理论学习制度，把党的十九大精神和省第十一次党代会精神作为重要内容，制定实施方案，认真抓好落实。坚持党组带头学习，局党组中心组全年集中学习 11 次。二是夯实基层基础。制定年度工作要点，出台五级责任清单，分解落实党风廉政建设工作任务，推动责任压力传导。结合局机关和直属单位实际制定出台《支部主题党日活动规范指导书》。扎实开展民主评议党员活动，引导党员认真开展批评和自我批评。组织基层支部赴干部教育基地过开放式组织生活，白天"看听讲"，晚上"读写想"。开展"红旗党支部创建"活动，省粮油食品质量监督检测中心党支部被评为省直机关"红旗党支部"。完善党员领导干部基层党建工作联系点制度和机关党委委员联系服务支部工作，局领导以普通党员身份参加双重组织生活。三是开展专项治理。扎实开展"不担当、不作为""工作不实、弄虚作假""文山会海、照抄照搬""财务管理"等作风建设突出问题专项治理，推动机关作风建设进一步加强。开展季度巡查和集中巡查，紧盯重要时间节点，采取多种形式提醒预防，坚决防止违纪违规问题发生。四是强化执纪问责。局领导带队对机关处室和直属单位落实党风廉政建设责任制情况开展考核，对排名末位的处室主要负责人进行诚勉谈话。2017 年局机关和直属单位共执纪问责 80 人次，其中：谈话提醒 41 人次，批评教育 9 人，责令检查 14 人，通报批评 3 人，诚勉谈话 11 人，行政警告 2 人。

◆湖北省粮食局领导班子成员

张爱国   党组书记、局长（任职至 2017 年 11 月）

张依涛   党组书记、局长（2017 年 11 月任职）

邹海森   党组成员、副局长（任职至 2017 年 7 月）

         巡视员（2017 年 7 月任职，11 月退休）

费仁平   党组成员、副局长

胡新明   党组成员、副局长

熊贵斌   党组成员、副局长

刘海涛   党组成员、副局长（2017 年 12 月任职）

湖北省粮食局局长张依涛（中）带队调研储备粮食安全。

2017 第十九届湖北荆楚粮油精品展示交易会于 12 月 1~3 日举办。

支持新型粮食经营主体建设粮食产后服务中心。

湖北省粮食局举办"两学一做"学习教育知识竞赛。

湖南省粮食工作　基本情况

　　湖南省位于长江中下游，省境绝大部分在洞庭湖以南，故称湖南；湘江贯穿省境南北，故简称湘。全省土地总面积 211829 平方公里，共辖 13 个市、1 个自治州，下辖 122 个县（市、区），年末全省常住人口 6860.2 万人。2017 年全省地区生产总值 34590.6 亿元，比上年增长 8.0%。全省一般公共预算收入 4565.7 亿元，比上年增长 7.4%，其中，地方收入 2756.7 亿元，同口径增长 4.9%。地方收入中，税收收入 1758.8 亿元，增长 18.7%；非税收入 997.9 亿元，下降 13.0%。上划中央"两税"1366.3 亿元，增长 12.8%；上划中央所得税 437.8 亿元，增长 18.0%。一般公共预算支出 6857.7 亿元，增长 8.2%。其中，社会保障和就业支出 1022.7 亿元，增长 17.0%；城乡社区事务支出 733.7 亿元，增长 14.5%；科学技术支出 90.2 亿元，增长 26.3%；住房保障支出 252.1 亿元，下降 17.4%。

　　全年粮食种植面积 497.9 万公顷，比上年减少 3.2 万公顷。稻谷种植面积 423.9 万公顷，玉米播种面积 36.6 万公顷，油料种植面积 131.2 万公顷。

　　2017 年，在国家粮食局和省委、省政府的正确领导下，全省粮食系统本着对粮食事业高度负责的精神，以舍我其谁的担当、解难还需破胆的勇气，攻难克艰、真抓实干，为保障国家粮食安全、维护种粮农民利益、促进全省经济发展、稳定社会大局发挥了积极作用。

2017 年粮食工作

一　粮食生产与流通

　　2017 年全省粮食总产量为 3073.6 万吨，比上年度增加 21.3 万吨，同比增长 0.7%。分品种看：稻谷产量 2740.4 万吨，小麦产量 9.6 万吨，玉米产量 199.2 万吨，大豆产量 23.2 万吨，油料产量 226.1 万吨。本年粮食商品量 1427 万吨，比上年增加 124 万吨。粮食商品率 48%，较上年增加 4 个百分点。其中稻谷商品率 51%，较上年增加 5 个百分点。

　　2017 年全省粮食收购量为 861 万吨（原粮，含中储粮收购），同比减少 96 万吨。分性质看，地方企业收购 696 万吨，同比增加 10 万吨（其中国有企业收购 178 万吨，同比增加 80 万吨），中储粮企业收购 165 万吨，同比减少 106 万吨（其中早稻最低价收购 32 万吨，同比减少 87 万吨；中晚稻最低价收购 55 万吨，同比减少 33 万吨）。分品种看，早稻收购 279 万吨，中晚稻收购 569 万吨，其他品种收购 13 万吨。

根据全省粮油流通统计年报数据，2017 年全省共购进粮食 2746 万吨（原粮，不含中储粮系统，下同），同比增加 24 万吨。总购进中从生产者购进 696 万吨，同比增加 10 万吨；从企业购进 2037 万吨，同比增加 7 万吨（其中从省外企业购进 1336 万吨，与上年基本持平）；进口 13 万吨，同比增加 7 万吨。

全省销售粮食 2703 万吨，同比减少 2 万吨。分性质看，纯销售 1428 万吨，同比减少 97 万吨（其中销往省外 196 万吨，同比减少 60 万吨）；转化用粮 1276 万吨，同比增加 95 万吨。

二　粮食调控

（一）精准弹性启动托市收购，对粮食收储制度改革进行有益尝试

认真分析粮食供求形势，创新做好粮食收购工作，在执行好国家粮食收购政策的前提下，优先全面启动轮换收购这个不是"托市"的"托市"，再依据情况弹性精准启动托市收购，既确保了大规模储备轮换任务完成，相应减少了托市收购量，减轻了财政负担，又进一步激活了市场活力，为农业供给侧结构性改革和粮食收储制度改革奠定了基础。全省全年共托市收购粮食 87 万吨。

（二）按照"谁储粮、谁负责""谁坏粮、谁担责"的原则，实行在地监管

压实各级粮食部门责任，以落实粮食安全省长责任制为抓手，省政府与市州政府签订了目标责任书，将储备粮任务落实，储粮安全及监管纳入了目标责任内容。要求市州按监管责任书要求，履职尽责，加强检查，认认真真抓好储备粮日常管理，确保储备粮数量真实、质量良好、储存安全。

（三）坚持不懈地抓好"四无"粮仓和仓储规范化管理

认真开展"四无粮库"创建活动，以典型和标杆大力弘扬和倡导"宁流千滴汗、不坏一粒粮"的爱岗敬业精神；完善和全面执行库存管理、安全管理等各项制度，并加强经常性的巡查和督导；开展创先争优活动，在各存储企业开展仓储管理、节能降耗、质量安全管理竞赛，组织星级示范库与示范仓评比活动，网格化地确保了安全储粮和零事故的发生。

（四）大力抓好储备粮轮换

跟踪督促储备粮轮换进度，开展储备粮轮换工作调研，向省政府提出完善省储备粮轮换机制的建议，全年完成省级储备粮轮换 81.4 万吨。

三　粮食流通监管

（一）加强监管，切实维护粮食流通秩序

一是全力实施"监管创新年"行动。突出问题导向，逐步建立起省、市、县分级负责，全面检查与随机抽查、专项检查、突击检查相结合等更加灵活有效的粮食库存检查方式。认真落实"双随机一公开"抽查制度，建立了检查人员名录库和市场主体名录库。加强全省粮食流通监督检查体系建设，争取了编制，建立健全了机构，落实了工作经费，稳定了执法队伍。12 月在湘潭组织了全省 170 余人参加的监督检查人员培训班。二是坚持常规检查和专项检查相结合。以 3 月末统计结报日为检查时点，自 4 月 1 日开始对全省所有中央储备粮、国家临时存储粮、地方储备粮以及国有粮食企业的商品

粮库存，通过企业自查、市县局督查，选择长沙、湘潭、娄底、衡阳、郴州、岳阳、益阳7个市州进行复查，全省粮食库存数量较真实，做到了账账、账表、账实三账基本相符，粮食质量感官较好。全力开展粮食安全隐患"大排查快整治严执法"集中行动，在企业自查、市县督查基础上，省局共组成了5个督查组，对全省11个市州进行"大快严"抽查督导。总体情况较好，未发现重大隐患问题。三是强化对政策性粮食购销活动的监督检查。制定了《湖南省加强国家政策性粮食出库管理工作实施细则》，建立了联席会议制度、完善管理制度、规范业务流程、统一手续凭证、强化监管措施。郴州、湘潭、衡阳认真审核，严肃查处掺杂使假、拖延阻挠出库、索要不合理费用等违规行为。全力做好中央划转湖南省2014年最低收购价稻谷的销售处置监管工作，召开"全省超标粮食处置监管紧急工作会议"。采取"双随机"和"四不两直"的方式，组建了一支共42人的超标粮处置交叉检查队伍，于8月中下旬对全省14个市州辖区内的邀标定向竞价销售稻谷的处置出库及转化企业加工情况进行了全面检查。

（二）加强执法督查，严肃查处涉粮案件

一是对举报案件按程序执法秉公办案。深入调查永安粮库举报事件，约谈法人代表并实地核查，进行谈话询问、现场指认、做调查笔录。调查工作程序完备，记录翔实，案情清楚，来龙去脉清晰，结果实事求是。对湖南华港饲料科技有限公司及益阳双羊科技饲料有限公司在2014年国家政策性粮食处置过程中涉嫌违法盗买国家政策性粮食一案，要求益阳市粮食局按程序从严从快处理，并督促其将违法情况移交司法部门处理。二是对遗留问题积极协调妥善处理。盈成油脂一案秉着对历史负责、对企业负责、对组织负责的态度，多次与常德市粮食局沟通协调，最后达成了由省局委托常德市粮食局进行行政处罚的意见，并与常德市粮食局形成了从严处理、依法依规处理、尽快处理的一致意见。三是深入推进雁过拔毛专项整治。开展了全省粮食系统"雁过拔毛"专项整治工作，通过上下联动、合力推进、多管齐下，加大了整治和查处损害群众利益的不正之风和腐败问题的力度，特别是对粮食收购过程中的索拿卡要等不正之风进行了坚决打击，确保了专项整治工作取得实效。

（三）加强法治建设，严格做到依法管粮

一是及时有效回复立法修改意见。2017年，湖南省粮食局无地方性法规、规章起草工作任务，无列入论证计划的项目，但一直积极配合其他部门的工作，对其他部门的征求意见稿及时回复并提出有效修改建议。二是完成"放管服"改革涉及的文件清理工作。随着先照后证改革，粮食收购资格许可变成后置审批，2017年上半年湖南省粮食局按照国家粮食局的部署进行了修改，并报省法制办"三统一"。对湖南省粮食局起草的2部涉粮规章和制定的14个规范性文件全面进行了清理。按照"放管服"改革精神，结合《粮食流通管理条例》、职业资格改革以及国家粮食局规范性文件修改的实际，于9月形成2部规章修正稿，同时对需要修改的2个规范性文件组织业务处室修订完毕。11月，2个规范性文件已报省法制办"三统一"，并公布完毕。三是严格执行行政执法人员持证上岗和资格管理制度。湖南省粮食局相关业务处室执法人员均持证上岗，未通过执法资格考试的不安排执法活动。办公室（政策法规处）严格审核把关，非业务处室执法人员一律不安排执法考试。

四　粮食安全省长责任制考核

（一）以强烈的政治担当压实责任，形成齐抓共管的良好局面

省委、省政府领导多次调研调度或主持召开粮食工作专题会议，要求全面落实粮食安全省长责任

制，在 2017 年度考核中，湖南省获得了全国第 5 的好成绩。一是明确各级责任目标。2017 年初，省人民政府与各市州人民政府签订了《湖南省落实粮食安全省长责任制 2017 年度目标责任书》，明晰各市州在落实粮食安全责任制上的任务和责任。各市州人民政府也与县市区人民政府签订了目标责任书，形成层层传导压力、层层压实任务、层层落实责任的工作格局。二是上下联动形成工作合力。省、市、县各级均建立考核成员单位联席会议制度，定期或不定期召开成员单位联络员会议。2017年，省级层面召开 4 次联席会议，安排部署各个阶段的考核工作任务，严格按国家部署的时间节点推进各项工作。三是建立信息报送机制。省粮安考核办建立了《落实粮食安全省长责任制专报》报送制度，专报信息报送省长许达哲、省委副书记乌兰和副省长隋忠诚。省粮安考核领导小组各成员单位和各市州考核领导小组均明确了专人负责信息撰写与报送，确保信息沟通顺畅。

（二）以高度负责的态度细致开展工作，确保国家部署在湖南落地生根

一是结合湖南实际制定考核评价体系。根据国家考核指标制定下发《关于做好 2017 年度粮食安全省长责任制考核工作的通知》（湘粮安考核办〔2017〕19 号），结合湖南省实际将考核内容细化为 43 项考核指标，并对考核工作进行了全面部署安排。各市州也制定了实施方案和指标评分表，对相关工作和考核指标进行明确细化，并迅速下达至各县市区。二是严格省市县三级自评。各市州强化督查督办，抽调各成员单位相关人员成立督查工作组，对县市区人民政府落实情况进行随机督查。三是组织力量搞好抽查。按照覆盖 50% 的市州、兼顾产区与销区的工作思路，由省粮食局、省国土资源厅、省农委分管负责人带队，从有关厅局抽调精干力量成立 3 个组，对湘潭市、益阳市等 7 个市州开展抽查。从抽查情况来看，各市州均高度重视粮食安全省长责任制的落实，全面完成了各项工作任务，与自评情况基本相符。

五　行业发展

（一）着力打造现代粮油产业发展体系，推动全省粮油产业转型升级

全力打造具有湖南特色的现代粮油产业发展体系。全年实现粮油工业总产值 1362.9 亿元，同比增加 89 亿元，增长 6.9%。全省实现粮油产品销售收入 1317.8 亿元，同比增加 107.3 亿元，增长 8.7%。2017年全省稻谷年处理能力 2910 万吨；油料年处理能力 475 万吨；油脂年精炼能力 176.9 万吨；饲料年处理能力 2103.7 万吨。全省加工大米 768 万吨，食用植物油 131.5 万吨，主食产品 631.9 万吨，饲料 1268.7 万吨，粮食深加工产品 62 万吨。

贯彻落实国办发〔2017〕78 号文件，助推粮油产业转型升级。10 月 16 日，在常德市召开了市州粮食局长会议，切实提高全省粮食系统的认识，充分调动积极性，推动工作的落实。起草了向省政府专题汇报材料，代拟了《湖南省人民政府办公厅关于加快推进粮食产业经济发展的实施意见》，进一步优化顶层设计，强化保障措施。

加速产业集聚，推动协同发展。积极推进粮油产业园区建设，探索组建产业发展联盟，鼓励企业兼并重组，推动企业混改。湖南粮食集团打造的宁乡食品产业园、益阳兰溪粮食产业园快速发展；常德精为天、湘潭聚宝、岳阳铭泰米业等一批企业混改后焕发新的生机和活力；粮油产购储加销融合发展、全产业链经营模式逐渐成为行业发展共识。全年按程序分两批组织粮油千亿产业专项资金申报，重点支持了 181 个项目，下达资金 10963 万元，有力地促进了粮油产业的转型升级、提质增效。

（二）积极争取国家"优质粮食工程"项目支持，力促行业提质增效、优质发展

2017年，国家粮食局、财政部决定在粮食流通领域实施"优质粮食工程"。全省粮食行业发展战线积极响应，按照省局的统一部署，精心组织项目申报工作。经过激烈地竞争性评审，在参评的全国26个省份中，湖南省取得排名靠前的良好成绩，成功入围"优质粮食工程"重点支持省份，获得中央财政补助资金3亿元。

项目获批后，省局迅即制定全省实施方案及有关项目管理办法，联合省财政厅下发了《关于在全省实施"优质粮油工程"的决定》，按程序组织对"优质粮油工程"三个子项的项目申报，配合省财政厅及时下达资金，并分别在郴州安仁和长沙召开全省推进会，使项目得以顺利落地。

全省确定了10个以县级人民政府为实施主体的"中国好粮油"行动计划示范县、2个省级重点示范企业、3个构建现代粮油产业发展体系重点支持县。各地按照全面提高粮油优质品率、加快粮油产业发展、促进种粮农民增收的目标，启动了项目实施工作。

（三）大力实施粮食智能化升级改造，迈出全省粮食信息化建设坚实步伐

2015年，通过公开评审，湖南省被确定为国家首批粮食智能化升级改造重点支持省份，安排中央财政专项补助资金27902万元（其中政策性应急供应粮食仓储设施智能化升级补助资金2135万元）。成立了智能粮食管理系统项目建设领导小组，下设工程管理组、综合协调组、工程技术组、财务保障组，全面推进项目建设工作。在前期综合调研的基础上，完成了省经信委的备案批复、省发改委的立项、省政府办公厅的审核、省电子政务中心的技术衔接和省财政投资预算评审等前置审批手续。聘请专业机构编制了项目可行性研究报告和设计方案。制定下发了《湖南省智能粮食管理系统项目建设管理制度》《湖南省智能粮食管理系统项目建设财务管理办法》《湖南省智能粮食管理系统项目建设廉政风险防控制度》及《湖南省智能粮食管理系统建设项目施工现场管理办法》等。

该项目规划总投资39849.8万元，在湖南粮食集团试点先行的基础上，按照省粮食局统一规划、统一建设、统一标准、统一技术、分级管理的建设原则，省局管控投资（中央补助资金和省级财政配套资金），由省公共资源交易管理中心统一组织招投标，建设全省省市县三级粮食监管信息平台，并对全省345个地方国有粮库进行智能化升级改造（不含变更）。建设内容包括两大部分。一是对全省345个地方国有粮库按示范库、储备库、收纳库三个层次进行智能化升级改造。具体建设智能粮食出入库系统板块、智能仓储管理系统板块、智能安防系统板块、粮库综合业务管理系统板块、粮库决策管理系统板块等5大板块、26个子系统。二是建设省市县三级粮食监管信息平台。主要建设一个中心、四大平台和20个子系统。具体包括粮食流通管理数据中心、粮政综合业务平台、决策指挥平台、粮食公共服务平台、粮食流通专家云服务平台等。通过粮库和省市县三级监管信息平台，形成全省互联互通的粮食管理系统。

全省项目建设共涉及承建单位14家，其中集中软件开发及综合集成公司1家，硬件集成公司9家，监理公司2家，智能终端设备硬件及集成公司1家，网络运营商1家。

（四）积极推进粮食产后服务体系建设

结合全省粮食流通工作的实际，根据国家专项建设标准要求，积极推进粮食产后服务体系建设工作。按照"市县申报、省局统筹、先建后补、分级建设"方式，由省粮食局统筹，市州粮食行政管理部门督导协调，以县为单位组织建设。县级粮食行政主管部门具体负责本辖区产后服务中心的建设管理和规划布局。通过省局组织申报，经市州推荐、专家评审，2017年，共统筹安排24个专项建设热情高、基础好的县市区进行建设，共安排中央财政专项建设资金 9060 万元。项目总投资 4.7 亿元，建设项目 153 个。

建设县市区包括宁乡市、浏阳市、株洲县、攸县、湘潭县、衡阳县、祁东县、邵阳县、湘阴县、华容县、临湘市、慈利县、桃源县、鼎城区、临澧县、南县、赫山区、双峰县、安仁县、桂阳县、祁阳县、宁远县、芷江县、永顺县。

（五）切实加强粮食质量安全监管

一是强化全省检验机构建设。2017 年全省已建省市县三级粮食质量安全检验监测机构 40 个。其中，省级质监中心 1 个，市级质监站 14 个，县级质监站 25 个，具有计量认证的质检机构 24 个，2017 年度新增及恢复质检机构数 15 个，各级质检机构获得本级政府财政投入 2546.23 万元，其中：省级 635 万元，市县级 1911.23 万元；通过公开招考和机构培训使从业人员素质不断提升，粮食检验机构人员 292 人，从事检验技术人员 157 人，其中省级 66 人，市级 140 人，县级 86 人；专业技术人员中高级 21 人，中级 98 人；博士 2 人，硕士 35 人，本科 126 人，大专 79 人；2017 年接受培训及考核的粮食质检人员数 334 人。全省质检机构实验室办公总面积 43579 平方米，其中：省级 9624 平方米，市级 28447 平方米，县级 5508 平方米。仪器设备（2000 元以上）总计 1394 台（套），其中：省级 462 台套，市级 825 台套，县级 107 台套。中央投资与地方配套资金采购的仪器设备极大地提高了检验能力，实现对市州区域监测全覆盖。二是加大县级机构建设力度。在 2017 年"优质粮食工程"的子项目——粮食质量安全检验监测体系建设项目中，将 5 个市州、21 个县的质检机构纳入建设项目，安排中央财政补助资金 5700 万元，其中县级质检机构安排 4200 万元项目建设资金。粮食质量安全检验监测功能开始向县级延伸。三是严格检验机构能力考核。组织了全省检验机构检验技术比对考核，考核检验员全程独立上机操作，测定食品中总砷和无机砷含量的水平。参加考试的 14 个市级质监站全部获得优、良成绩；选派 3 个质检机构 4 人参加国家局年度检验技术比对考核，都取得满意成绩。全省粮油质量检验员职业技能培训班与鉴定，共培训鉴定学员 95 人，创近年来的新高。四是全面完成粮食质量安全检验与监测监管任务。2017 年湖南省完成粮食质量安全检验监测品种有稻谷、小麦、玉米、油菜籽、大米、面粉、食用油、大豆、饲料及其他粮食。省市县质检机构检测样品 12797 份，其中省级站检测 6857 份，市级站检测 5142 份，县级站检测 798 份。监测范围包括收获粮食、库存粮食、最低价收购早中晚稻、储备粮、"放心粮油示范企业"产品、超标处置稻谷等。

（六）着力提升能力素质，全面加强人才队伍建设

2017 年，全省粮食行业人才工作坚持围绕粮食行业发展战略的实施，促进人才资源和行业发展相协调，坚持高端引领和整体开发相统一，以高层次、创新型人才为先导，以应用型人才为主体，分类指导、统筹推进党政人才、企业经营管理人才、专业技术人才和高技能人才队伍建设。年内，根据《全国粮食行业技能拔尖人才选拔使用管理实施办法》，在各省（区、市）粮食局和有关中央企业自下而上、逐级推荐的基础上，经过专家组评审，并公示无异议后，来自全国各省及中央粮食企业的郭健等 20 名同志被评为第二批全国粮食行业技能拔尖人才，并支持其建设技能拔尖人才工作室，湖南省湖南粮食集团刘曙光同志的《秸秆综合利用研究》成功入选；同时，湖南省湖南粮食集团鲁进兵、宋立新、朱凤霞、闫冬阁四人因在第四届全国粮食行业职业技能竞赛获得二等奖，经推荐获批成为第二批全国粮食行业技能拔尖人才。

（七）坚守安全生产监管责任，确保行业不发生重大安全事故

认真贯彻落实习近平同志关于安全生产的系列重要讲话精神，牢固树立安全生产"红线意识"和"底线思维"，强化责任落实，狠抓教育宣传，突出事故预防，开展专项整治，全省粮食行业安全生产形势稳定，全年全系统没有发生一起亡人的安全事故，再次被省委省政府评为安全生产先进单位。

六　粮食新闻宣传

（一）抓住重点工作集中宣传

抓住全省粮食工作会议、早中晚稻托市收购、第十五届中国粮油展、世界粮食日等重要活动契机，邀请湖南日报、湖南卫视等主流媒体集中宣传。全年共发布主流新闻稿件 260 余条。

（二）党的十九大召开当天在《湖南日报》进行专题宣传

10 月 18 日，正值党的十九大隆重开幕，《湖南日报》以半个版的篇幅、图文并茂刊发《湖南粮食产业发展纪实》专文，以实际行动献礼党的十九大。

（三）8 天内湖南粮食 2 次上央视新闻

2017 年 10 月 28 日晚，中央电视台经济频道《经济信息联播》播出了湖南有关粮油消费升级变化的消息；11 月 6 日晚，该台再次报道了湖南中晚稻收购相关情况，张亦贤局长两次接受央视记者采访。这也是 8 天内湖南粮食 2 次上央视新闻，报道频次和时长近年来未有。

（四）与红网继续开展战略合作

全年共在红网时刻新闻发布稿件 73 条，制作了 5 个专题。

七　党群工作

（一）严格落实全面从严治党要求，狠抓党建工作

一是推进"两学一做"学习教育常态化制度化。制定了省粮食局推进"两学一做"学习教育常态化制度化实施方案，局直系统各党支部都制定了翔实的学习计划，4 次组织召开"两学一做"学习教育推进会。采取多种形式扎实开展党章党规和党的十九大精神的学习。组织中心组集中学习研讨会 8 次共 17 天，各党支部通过学原文原著、写心得体会、微党课、党工微信群、知识测试、参观红色革命圣地等开展学习教育活动。二是深入开展党支部标准化建设。对标省直工委下发的《党支部标准化建设标准》制定了工作方案。先后有针对性地出台《"三会一课"制度实施细则（试行）》等一系列制度，推动了党支部工作和活动的经常化、规范化、标准化。分别于 2017 年 6 月和 12 月组织支部书记在湘潭经贸技校和浏阳百宜粮库召开支部标准化建设现场会，研讨交流党支部标准化建设的好经验和好做法。认真组织支部标准化建设达标验收。制定了《粮食局党支部标准化建设考评验收工作方案》，结合省局年度综合考核，对照标准对各支部进行了考评验收，基本全部达标。三是坚持问题导向，狠抓巡视问题整改落实。2016 年和 2017 年省委巡视组对湖南省粮食局进行了巡视和巡视"回头看"，指出了党建方面存在的 5 类 10 项具体问题，按照"即知即改、立行立改、全面整改"的要求，认真研究整改措施，层层压实整改责任，一件一件抓落实，整改工作见底到位。四是丰富群团活动有内涵。省局工会立足现有政策千方百计为干部职工送温暖、办实事、解难题，全年"三上门"慰问

达 71 次，让广大干部职工特别是困难家庭切身感受到了组织的温暖关怀；局机关工会积极组织干部职工参加省直机关书法、气排球、健身长跑等文体比赛，均取得了优异成绩；分别成立了健步走、登山、骑行等 7 类兴趣小组，广泛开展了文艺交流、体育比赛、户外运动等丰富多彩、寓教于乐的兴趣活动，陶冶了干部思想情操，调剂了职工的业余生活，党群活动凝神聚力作用明显。

（二）扎实推进局直属机关党风廉政建设和反腐败工作，为省局建设发展提供了坚强的政治保障和纪律保证

一是党组领导坚强有力。坚持把党风廉政建设和反腐败工作纳入全省粮食工作总体布局，做到与全省粮食宏观调控、粮食流通管理、粮食经济发展等同规划、同部署、同实施、同检查、同考核；明确任务要求。局党组班子、各处室（单位）主要负责人及局直单位班子成员层层签订了《党风廉政建设责任书》，全体党员干部签订了《廉洁从政承诺书》，进一步压紧了责任、形成了合力；领导带头示范。局党组书记、局长张亦贤认真履行"第一责任"，以行动做无声的命令、以身教做执行的榜样，示范践行"四个亲自"要求，全年对党建和党风廉政建设作出批示 46 次，与班子成员等开展廉政谈话 23 次，开展党风廉政建设调查 2 次。二是纠风治弊持续深入。采取"研、提、谈、警、督"五项措施对"四风"问题保持高压态势，不断巩固和深化作风建设成果，进一步推动中央八项规定和省委九项规定精神落地生根；深入开展专项整治。先后部署开展了"治陋习、树新风"专项整治、"雁过拔毛"式腐败问题专项治理、涉矿专项整治等 8 个专项治理活动，对可能出现的苗头性和倾向性问题及时纠偏整改；强化正确用人导向。严格落实"凡提四必"制度，及时对干部群众反映突出的个别干部予以岗位调整，对拟选拔任用的干部，事前征求省农委纪检组、机关纪委意见，实行纪检部门全程监督。新提拔的 2 名正处职干部、6 名副处职干部，招录的 2 名公务员，均严格执行干部工作政策法规，机关干部反响良好。三是防控建设持续加强。紧扣两轮巡视反馈意见，部署开展了"讲纪律、守底线、知敬畏"主题警示教育活动；全年中心组开展党风廉政建设学习 6 次，全局范围开展党性党风党纪专题辅导 3 次；抓强机制、筑牢防线。从重点领域、重点环节、重点部门着手，正规权力运行流程，明确权力行使边界，修订和制定各类规章制度 32 件，确保工作有人抓、问题有人管、责任有人担；抓常提醒、强化约束。以"六项纪律""一岗双责"为重点，针对一些苗头性、倾向性问题主要以"咬耳扯袖""红脸出汗"为谈话形式，及时预警、诫勉。

◆ 湖南省粮食局领导班子成员

张亦贤　　党组书记、局长

熊小兰　　党组成员、副局长（2018 年 1 月任职）

周　辉　　党组成员、副局长

刘初荣　　党组成员、副局长（2017 年 9 月任职）

向才昂　　党组副书记、副局长（任职至 2017 年 7 月）
　　　　　巡视员（2017 年 7 月任职）

石少龙　　党组成员、副局长（任职至 2018 年 2 月）
　　　　　巡视员（2018 年 2 月任职）

田力民　　副巡视员（2017 年 11 月退休）

2017 年 10 月 27~29 日，第十五届中国国际粮油产品及设备技术展示交易会暨湖南名优特新粮油产品及设备技术展示展销会在长沙国际会展中心举行，省委副书记乌兰（前排中）参观。

2017 年 10 月 27~29 日，第十五届中国国际粮油产品及设备技术展示交易会暨湖南名优特新粮油产品及设备技术展示展销会在长沙国际会展中心举行，省人民政府副省长隋忠诚（前排右二）参观。

2017 年 10 月 25 日，湖南省粮食局党组书记、局长张亦贤（左二）调研浏阳粮食工作。

2017 年 3 月 2 日，湖南省粮食工作会议在长沙召开。

广东省粮食工作　　基本情况

广东是我国大陆最南端省份，北枕南岭，南临南海，全境共辖 2 个副省级市、19 个地级市、20 个县级市、34 个县、3 个自治县、64 个市辖区、4 个乡、7 个民族乡、1128 个镇、461 个街道办事处。全省土地面积 18 万平方公里，其中岛屿面积 1448 平方公里，占全省土地面积的 0.8%。2017 年末广东常住人口 11169 万人，其中城镇人口 7801.6 万人，占常住人口的比重（常住人口城镇化率）为 69.9%。2017 年，全省实现地区生产总值 89879.2 亿元，比上年增长 7.5%；全年全省居民人均可支配收入 33003.3 元，比上年增长 8.9%，扣除物价因素，实际增长 7.3%；城镇常住居民人均可支配收入 40975.1 元，比上年增长 8.7%，扣除价格因素，实际增长 6.9%；农村常住居民人均可支配收入 15779.7 元，比上年增长 8.7%，扣除价格因素，实际增长 7.8%。

广东是全国第一常住人口大省、最大粮食销区。2017 年，广东粮食作物播种面积 217.0 万公顷，粮食产量 1208.6 万吨，比上年增长 0.4%，其中：稻谷 1046.3 万吨、大豆 8.5 万吨、小麦 0.1 万吨、玉米 54.6 万吨、油料 101.3 万吨；全省粮食消费量约 4690 万吨；粮食自给率 29.1%。2017 年，广东净外购粮食 3325 万吨，实现了粮食供需平衡；全年全省粮食消费价格指数累计涨幅 1.4%，比居民消费价格指数涨幅低 0.1 个百分点，比全国粮食消费价格指数平均涨幅低 0.1 个百分点。年末与年初相比，全省稻谷收购价下跌 0.8%，大米零售价上涨 4.3%；玉米批发价上涨 3.9%；小麦批发价下跌 1.8%，小麦粉零售价上涨 8.2%；食用植物油零售均价上涨 5.0%，其中：花生油价格上涨 5.7%，豆油价格上涨 2.0%。

2017 年粮食工作

2017 年，面对粮食安全复杂形势带来的各种压力和挑战，广东省粮食系统围绕保障国家粮食安全大局和服务全省经济社会发展中心任务，扎实开展粮食安全保障工作。粮食安全省长责任制"首考"取得全国第三、销区第一的优异成绩，粮食对口合作取得重大突破性进展，粮食流通基础设施建设快速推进，粮食安全监管水平扎实提升，党建工作全面强化，"南粤粮安工程"建设取得新成效，全省继续呈现粮食供需平衡、价格稳定、质量安全、应急有效、流通有序的良好态势，持续确保了超过 1

亿人口的粮食安全，为保障国家粮食安全作出了积极贡献。

一　粮食安全各级政府责任制进一步落实

　　扎实落实国家粮食安全省长责任制考核和广东省粮食安全政府责任制考核，"国考"与"省考"同部署、同落实，各项粮食工作得到有力推动，各项薄弱环节得到切实整改，各级政府责任得到有力夯实。经国务院审定，广东省在 2016 年度国家粮食安全省长责任制首次全面考核中取得全国第三、销区第一的优异成绩，获得国家通报表扬。省政府年初即召开 2017 年度粮食安全责任考核协调推进会，提早谋划部署"国考"年度考核工作；5 月，省政府召开全省粮食工作会议，与各市政府签订《粮食安全责任书》，各市政府也与各县（市、区）政府签订《粮食安全责任书》，层层落实责任。马兴瑞省长、林少春常务副省长多次对粮食工作作出重要指示批示，并带队调研考察粮食工作情况，强调粮食安全省长责任制考核是一项重要的制度安排，全省各级政府和相关部门必须充分发挥考核"指挥棒"作用，进一步将粮食安全保障工作抓出实效、抓出成绩。经省政府审定，江门、韶关、茂名、惠州、中山、佛山（含顺德）、广州、深圳 8 市政府被评为 2016 年度"省考"优秀等次，给予通报表扬。

二　与黑龙江省粮食对口合作取得重大突破性进展

　　广东省人民政府与黑龙江省人民政府签署了《关于建立粮食安全战略合作关系的框架协议》。经省政府同意，两省粮食局印发《黑龙江省与广东省粮食对口合作实施方案》，签署《黑龙江省粮食局广东省粮食局关于建立粮食安全战略合作关系的协议》。两省省级层面组织 6 次粮食产销对接活动，进入广东的黑龙江优质粮食超过 500 万吨，对接力度为历年之最。马兴瑞省长、林少春常务副省长率广东省政府代表团赴黑龙江省考察调研，召开座谈会和见证粮食合作项目签约，黑龙江党政代表团来粤调研，进一步推动粮食对口合作深化。两省在广州举办"黑龙江好粮油中国行——走进广东"营销活动；双方省粮食局签订《关于共同推进"黑龙江好粮油"走进广东的合作协议》；联合主办"黑龙江好粮油中国行——走进深圳"营销活动。建立对口合作机制，成立两省粮食对口合作协调机构，省内大部分地市与黑龙江有关市确立粮食对口合作关系。省级储备粮（黑龙江）异地储备 32 万吨计划全面实施。深圳市粮食企业在黑龙江省累计投资达 7.4 亿元。

三　各级政府粮食宏观调控能力进一步强化

　　省粮食局指导各地探索建立各级储备粮轮换信息通报机制，启动省级储备粮动态轮换试点工作，研究确定动态定额包干费用标准，将省级储备粮轮换轮空期调整为不超过 4 个月，增加呕吐毒素为省级储备小麦、玉米入库质量安全检验指标。经省政府批准，省级储备粮（黑龙江）异地储备工作全面实施，下达 32 万吨异地储备计划。顺利完成省外临储 37.4 万吨省级储备粮的跨省移库工作。组织开展夏粮、秋粮收购市场调研和督导检查。重要节假日期间确保重点时段重点地区市场监测无死角。省级市场价格监测点由原来的 96 个调增至 130 个，确认第二批省级粮食应急保障重点企业 24 家，重点规划建设粮食"应急一张图"。军粮供应实现"零投诉"，全天候保障能力进一步提高。建立广东省军粮供应军民融合发展联席工作机制。修订印发《广东省军粮质量管理暂行办法》，制定印发《广东省军粮供应财务管理暂行办法》《广东省军粮供应定点加工企业遴选实施细则》，强化军粮供应规范化管理。

四　粮食流通基础设施建设快速推进

编制《"南粤粮安工程"建设规划（2016~2020年）实施方案》，扎实推进规划实施工作。全力推进"粮安工程"危仓老库维修改造，整体建设进度走在全国前列。广东省75个粮食仓储设施中央投资补助项目已完工60个，完工仓容413.3万吨，完成投资57.1亿元，投资完成率96%。79个"粮安工程"危仓老库维修改造项目中已完工74个，维修改造仓容145万吨，完成投资4.1亿元，投资完成率94.2%。57个军供网点维修改造项目，已完工55个，投资完成率97.8%。推进2017年、2018年粮食仓储和物流项目建设需求申报工作，争取2017年中央补助资金2亿元。2017年共安排广东省"粮安工程"粮库智能化升级改造项目146个，组织编制《广东省智能粮库建设技术导则》《广东省"粮安工程"粮库智能化升级改造项目实施方案》，争取中央补助资金15672万元，并选择省储备粮管理总公司东莞直属库等5家企业开展粮库智能化升级改造试点工作。印发《广东省粮食行业危险化学品安全治理实施方案》，举办安全储粮和安全生产全员培训，共培训相关从业人员7209人次。做好全省粮食从业人员"一规定两守则"全面测评和抽查测评，共有4806人参加测评，合格率超过90%。编制完成《"南粤粮安工程"智慧粮食发展规划》。省级粮食管理信息平台一期项目上线测试。

五　地方储备粮"数量真实、质量良好、储存安全"底线牢牢守住

扎实开展粮食安全隐患"大排查快整治严执法"集中行动，全面排除粮食系统安全隐患。在全国粮食流通工作会议上，广东省就执法督查作了典型经验交流。广东省被列为全国粮食库存检查国家重点检查省份，省级抽查库存粮食数量268.5万吨，占全省纳入库存检查范围总量的22.4%，超过国家15%的抽查要求。对深圳、梅州市的省内异地储备进行核查，赴江西、黑龙江、辽宁、山东、河南等省检查省级储备粮异地储备情况。广东省粮食局被确定为2017年度全省安全生产责任制重点考核单位，全省先后组织开展安全生产、消防安全和安全储粮等各类专项检查行动，全年安全无事故。公布《粮食流通执法督查随机抽查事项清单》和《粮食流通执法督查"双随机一公开"监管工作细则》，建立完善检查对象名录库和执法检查人员名录库。制定重金属超标粮食收购处置办法，印发《广东省粮食局粮食质量安全监管实施细则》《关于进一步加强安全生产（消防）工作的意见》和《广东省粮食行业突发事件应急处置工作规程》。实行企业信用监管信息登记，逐步推进信用监管"黑名单"制度。广东省粮食局被评为"全国粮食质量安全监管优秀单位"。省级抽检库存粮食和"放心粮油"产品样品近600个，高于国家要求约11倍。继续开展粮食质量安全监测和测报工作，采集样品数均为国家下达计划的3倍，检测报告按时上报国家粮食局。

六　全省粮食行业实现新的科学发展

深入推进"两学一做"学习教育常态化制度化，推进全省粮食系统机构建设和人才队伍建设。深

入学习贯彻党的十九大精神，省粮食局局党组及时召开会议学习传达、研究部署学习活动，坚持局领导带头学习、带头调研、带头参训、带头讲党课，带动干部职工原原本本"学报告、学党章"、学习习近平新时代中国特色社会主义思想，增强"四个意识"，坚定"四个自信"，以习近平新时代中国特色社会主义思想统领全省粮食工作。研究制定《省粮食局党组工作规则》，建立局党组定期听取局机关党委汇报工作机制、定期召开机关党委会议机制。坚持抓早抓小，加强廉政风险排查和防控，全面落实党风廉政建设责任制。经省政府同意印发实施《广东省粮食收购许可管理办法》，取消省管权限的粮食收购资格认定中介服务事项1项，积极参与中国（广东）自由贸易试验区"证照分离"改革试点有关工作，着力加强行业监管和服务。开展全省粮食行业"深化改革转型发展"大讨论活动，开展主题征文和"我为粮食行业献一策"合理化建议征集活动，共收集220余篇（条）征文建议。印发实施《关于加强全省粮食文化建设的意见》，全面推进粮食文化建设。开展全省市县粮食部门机构职能调查，提出进一步加强机构和队伍建设的意见和建议，扎实推进粮食行业人才队伍建设。

◆广东省粮食局领导班子成员

余云州	广东省发展和改革委员会党组成员、副主任
	省粮食局党组书记（2017年4月因工作调动免职）
谢　端	局长
吴津伟	党组成员、副局长
林善为	党组成员、副局长
王效峰	党组成员、副局长
邵信辉	副巡视员

2017年5月17日，广东省政府召开全省粮食工作电视电话会议，省委常委、常务副省长林少春同志（左）出席会议并作重要讲话，图为林少春常务副省长代表省政府与广州市政府签署粮食安全责任书。

2017年2月10日，国家粮食局副局长卢景波（右三）率调控司、国家粮油信息中心负责同志来粤调研玉米市场情况及地方储备粮增储工作，广东省粮食局局长谢端（右一）、副局长吴津伟（左三）陪同调研。

2017 年 5 月 25 日，以"发展粮油科技·增加优质产品·保障主食安全"为主题的 2017 年全国粮食
科技活动周销区会场现场宣传活动在深圳市顺利举行。国家粮食局副局长曾丽瑛（中）、广东省粮食
局局长谢端（左二）、深圳市政府副秘书长高裕跃以及深圳市粮食集团有限公司董事长祝俊明出席启
动仪式。

2017 年 9 月 14 日，广东省粮食局局长谢端带队赴清远市，对粮食工作进行督导调研，并督导了粮食
企业安全生产情况。图为谢端局长（左一）考察清远市清城区"放心粮油"示范店。

广西壮族自治区 粮食工作

基本情况

2017 年广西全区生产总值 20396.25 亿元，比上年增长 7.3%。其中，第一产业增加值 2906.87 亿元，增长 4.1%；第二产业增加值 9297.84 亿元，增长 6.6%；第三产业增加值 8191.54 亿元，增长 9.2%。第一、二、三产业增加值占地区生产总值的比重分别为 14.2%、45.6% 和 40.2%，对经济增长的贡献率分别为 8.3%、41.9% 和 49.8%。按常住人口计算，全年人均地区生产总值 41955 元。全区粮食种植面积 285.3 万公顷，比上年减少 4.4 万公顷；稻谷种植面积 180.2 万公顷，油料种植面积 23.9 万公顷。全区粮食总产量 1370.5 万吨，比上年减少 48.5 万吨，减产 3.4%。稻谷产量 1019.8 万吨，玉米产量 271.6 万吨，油料产量 64.9 万吨。2017 年全区粮食消费量 2165 万吨，其中农村口粮 666 万吨，城镇口粮 399 万吨，饲料用粮 865 万吨，工业用粮 215 万吨，种子用粮 20 万吨。2017 年末，广西国有粮食企业共 574 家，从业人员 6113 人。全行业实现利润总额 1.84 亿元。

2017 年粮食工作

2017 年，广西粮食系统在自治区党委、政府正确领导和国家粮食局的大力支持下，以深入学习贯彻党的十九大精神和习近平总书记视察广西时重要讲话精神为动力，以"深化改革转型发展"大讨论活动为契机，认真按照自治区党委、自治区人民政府和国家粮食局的决策部署，结合工作实际，主动作为，扎实推进粮食流通工作，取得了较好的工作成效。

一　粮食流通和粮食调控

认真学习贯彻国务院《关于建立健全粮食安全省长责任制的若干意见》，对照国家部委联合印发的《关于认真开展 2017 年度粮食安全省长责任制考核工作的通知》要求，认真落实粮食安全省长责任制有关工作，加强部门之间、区市之间的协调配合，严格做好粮食安全省长责任制贯彻执行情况的迎考和材料上报工作，自治区在国务院开展的 2016 年度粮食安全省长责任制"首考"中取得优秀成绩，是全国获得通报表扬的 17 个省区市之一。全区粮食系统认真履行粮食安全行政首长责任制考核工作职责，按照自治区设置的考核内容，进一步优化粮食安全行政首长责任制考核机制，认真组织开展责任制考核工作，在考核内容多、协调难度大的情况下，顺利完成了全区各级粮食安全责任制年度考核工作。各地粮食安全责任意识普遍增强、工作重视程度明显提高，有力地推动了粮食工作的开展。

（一）直补订单粮食收购计划完成较好

坚持把保护农民利益放在第一位，合理分配直补订单粮食收购计划，直补订单粮食收购较上年增长。2017年，全区完成订单粮食收购79.1万吨，占计划的98.8%，同比增加1.4万吨，增幅1.8%。梧州、防城港、钦州等5个设区市和宾阳、全州等43个县（市、区）完成了全年直补订单收购计划。

（二）粮食购销工作保持平稳

抓好粮食购销工作，积极维护与粮食主产省区的产销合作，与四个省区签订了粮食产销合作协议书。2017年全区总购进粮食2458万吨，总销售粮食1264万吨，转化用粮1048万吨，同比分别增加17.1%、19.4%和21.8%；区外采购调入粮食1366万吨，同比增加29.5%；全区市场粮食供应充足，价格基本稳定。

（三）认真配合国家有关部门做好粮食"去库存"工作

审核认定了自治区38家饲料加工企业取得国家超期储存和蓆芡囤储存粮食的购买资格，为这些企业参与购买超期储存和蓆芡囤储存粮食创造了条件。顺利销售国家在本区储存的25万吨超期储存玉米。

（四）积极做好粮食产销衔接和采购调运工作

与宁夏、内蒙古、山西等省区签订了粮食产销合作协议，巩固和加强粮食产销合作关系。同时做好区外粮食的采购及调运，组织粮食购销企业到产粮区建立粮食生产和收购基地，做好粮食采购工作，全年从区外采购并运回区内的粮食708万吨，保证了全区粮食库存充足。

（五）确保了军粮、应急救灾粮等政策性粮食供应

全区军粮统一配送率提升到89%。重新指定自治区本级应急加工企业28家，应急供应企业27家，应急运输企业2家，保证了应急救灾粮调得动、供得上。

（六）储备粮管理进一步加强

优化储备品种结构，建立优质稻储备，以市场消费为导向，积极探索"以销定储"新模式，降低轮换差价损失。会同自治区财政厅等有关部门制订出台了《广西壮族自治区本级储备粮轮换管理暂行办法》，进一步规范储备粮轮换行为。主动与自治区财政厅等有关部门沟通协商，将广西桂海植物油库承储的自治区本级储备食用油（毛豆油）10000吨移库到自治区储备粮防城港直属库储存，确保了储备油储存安全。

二　粮食流通改革

按照自治区政府和国家粮食局的部署，自治区粮食局重新修订完善《自治区粮食局直属国有粮食购销企业目标管理考核办法》《自治区粮食局直属经营性企业目标考核及薪酬管理暂行办法》《自治区粮食局直属国有粮食购销企业工资总额核定和企业负责人薪酬管理暂行办法》，加强企业党建工作、规范经营和薪酬管理，进一步加强对自治区直属粮食企业的监管，积极推进直属国有企业政企脱

钩工作，稳步推进各级国有粮食企业改革，进一步加强对市县国有粮食企业兼并重组产权制度改革的指导，推动直属国有粮食企业进行产权制度改革，培育粮食产业化优秀主体，延伸产业链条，提高经济发展质量和效益。2017年，顺利完成区局直属3家企业移交和14家企业的托管工作，并分别与自治区国资委、宏桂资本运营集团签订《移交协议》及《托管协议》，完成了自治区人民政府规定的任务。同时在《南国早报》、广西粮食网上刊登自治区直属10家"三无"企业（无人员、无资产、无负债）注销前公告，为完成"三无"企业出清工作奠定基础。2017年，全区国有粮食企业实现销售收入56亿元，完成绩效目标的120%；实现利税总额2.3亿元，完成绩效目标的434%。

三　粮食流通监管

（一）法治粮食建设取得新进展

大力推进依法行政工作，积极推动依法行政示范单位创建工作，全面规范粮食部门行政权力运行，优化各级粮食部门权力运行流程，及时清理涉及粮食工作的政策性文件，为规范广西壮族自治区粮食流通秩序提供法律保障。建立粮食经营者名录库，以纳入粮食流通统计范围的经营者为基础，按照"一户一档、全部入库"的原则，建立粮食经营者名录库。截至2017年，自治区、设区市两级建立粮食经营者名录库15个，入库粮食经营者877户。建立粮食行政执法人员名录库，从自治区、市、县粮食行政管理部门择优选择了37名具有自治区人民政府颁发的行政执法证件的人员，组成自治区级行政执法人员名录库，各市粮食局也相应建立了本级行政执法人员名录库。

（二）粮食质量监管进一步加强

2017年，全区共抽检中央储备粮、国家临时存储粮、地方储备粮和纳入统计范围的多元市场主体库存粮食样品819份，全国交叉检查样品40份，收获环节粮食抽样检测1278份，超额完成年度粮食质量安全抽检计划。2017年军粮合格率比2016年提高3个百分点。2017年7月抽取6个军粮样品送国家粮食局军粮供应办公室检查，合格率100%。

（三）安全储粮监管到位

认真贯彻落实中央、自治区有关安全生产工作要求，全面加强粮食储备管理，强化粮情监测预警，坚守"两个安全"和"四条底线"，结合粮食安全隐患"大排查快整治严执法"集中行动，与中储粮广西分公司联合派出安全储粮工作组深入重点地区开展粮食库存、安全生产、安全储粮等专项大检查，及时排除库存、生产和储粮安全隐患，安全生产工作得到进一步加强。

四　粮食流通体系建设

（一）认真做好基础设施建设的顶层设计规划

完成粮食流通7项专项规划的编制工作，经自治区人民政府同意，印发并实施《广西粮食行业发展"十三五"规划》，粮食加工、仓储、物流和应急设施等粮安工程建设纳入自治区"十三五"总体规划，重点对涉及粮食生产、粮食流通、粮食储备等约束性和预期性指标进行分解，明确年度任务，采取有力措施组织规划项目有序推进。

（二）重大项目建设迈出新步伐

全力推进粮食仓储设施中央补助项目建设，重点抓好国家"优质粮食工程"项目及纳入自治区"十三五"总体规划项目建设。截至 2017 年 12 月 31 日，全区共有 48 个国有粮食仓储在建项目，累计完成投资 2.1 亿元，维修改造库点 132 个，改造提升仓容 63 万多吨。稳步推进粮库智能化升级改造工程建设，基本完成了项目总体规划设计和招标工作。加快推进广西（中国—东盟）粮食物流园区建设，园区成功纳入自治区"一带一路"项目库，已落实建设用地 43.6 公顷，累计完成投资 4.54 亿元。南宁国家粮食交易中心正式挂牌成立，实现与国家粮食电子交易平台联网，会员总数 395 家，截至 2017 年 12 月 31 日共完成粮食交易量 39.7 万吨，交易额达 9.44 亿元。军粮供应网点设施建设取得新进展，广西军粮配送中心、南宁、柳州、桂林、贵港、兴宾区等军粮供应站落实了建设用地。桂林市全州县规划建设占地面积 66.7 公顷，以大米精深加工和干米粉生产为主的特色粮食产业园，已入园的规模企业有 5 家，总投资 11.5 亿元，年产优质大米 21 万吨、干米粉 33.5 万吨。

（三）粮油仓储管理能力明显提升

积极推广"四合一"储粮技术，全区国有粮食企业装备环流熏蒸技术的比例进一步提高，装备粮情测控系统仓容量占国有粮食企业完好仓容的 80.5%，储粮库 100% 实现机械通风。继续抓好充氮储粮技术应用，推广绿色储粮技术，目前全区应用充氮气调储粮技术仓容达 120 万吨。

五　行业发展

（一）"走出去"平台明显拓展

全区粮食行业积极组团参加区内外、国内外举办的各类粮油产品展销活动，积极利用中国—东盟博览会、广西名特优农产品（西安）交易会等契机，开展优质粮油品质评价和推介活动，应泰国驻南宁总领事馆邀请，区粮食行业协会先后组织本区 11 家大米加工企业参加泰国黎逸府商贸代表团在防城港开展的合作交流活动，并派出代表团远赴泰国参加 2017 年泰国亚洲食品博览会借助展销平台，推动了全区粮油产业经济"走出去"发展。

（二）"广西香米"品牌创建取得新突破

抓住国家在粮食流通领域实施"优质粮食工程"的机遇，积极推进"优质粮食工程"建设。经积极争取，2017 年广西壮族自治区被列为全国首批实施"优质粮食工程"的 16 个重点支持省份之一，目前已制定下发了广西"优质粮食工程"实施方案并组织实施。加快发展"广西香米"特色优势产业，积极打造"广西香米"区域公用品牌，制定印发了《"广西香米"区域公用品牌建设实施方案》，组织成立了"广西香米产业联盟"，组织制定的《广西好粮油·广西香米》团体标准顺利通过了自治区质量技术监督局组织的评审，并于 2017 年 12 月 30 日发布，2018 年 1 月 10 日正式实施。积极组织企业参与"广西香米"品牌宣传推介，2017 年 10 月，在第十五届中国国际粮油产品及设备技术展示交易会上，本区"广西香米产业联盟"7 家粮油企业的产品荣获大会粮油产品展金奖。

（三）产业创新发展有新提升

借助"中国好粮油"行动的示范引领作用，充分发挥广西粮油品种、品质和区位、文化等优势，精心开发富硒稻米、山茶油、火麻油、特色杂粮等富有广西特色的绿色优质粮油新产品，加快发展粮油加工业，努力实现打造粮油加工千亿元产业发展目标。2017 年全区上报"中国好粮油"遴选产品

17 项，其中国泰粮食集团积极申报"中国好粮油"网上销售产品。预计 2017 年全区粮油工业总产值 830 亿元，利税 18 亿元。自治区粮食产业经济发展得到国家粮食局的充分肯定，在 2017 年召开的全国加快推进粮食产业经济发展经验交流会上，安排广西壮族自治区粮食局作典型经验交流发言。

六　党群及人才工作

（一）深入学习贯彻党的十九大精神和习近平总书记视察广西时的重要讲话精神

全区粮食系统坚持把学习贯彻党的十九大精神作为当前和今后一个时期首要政治任务，认真学习习近平新时代中国特色社会主义思想、党的十九大精神和习近平总书记视察广西时的重要讲话精神，特别是关于保障国家粮食安全，落实粮食安全责任，夯实粮食安全基础的重要指示，进一步增强了全区粮食系统干部职工服务国家粮食安全战略的责任感和自觉性，深入推动粮食流通改革发展。

（二）全面落实从严治党主体责任

坚持全面从严治党，持之以恒落实中央八项规定精神，修订完善《党建和党风廉洁建设工作责任清单》和《党建和党风廉洁责任书》，层层传导全面从严治党压力，把党建和党风廉政建设年度任务细化到考核指标中，推动党风廉政建设主体责任落到实处。2017 年，开展处级以上领导干部谈话提醒 35 人次，诫勉谈话 1 人次，任职前廉政谈话 30 人次，全区粮食系统党建和党风廉政建设得到明显加强。

（三）认真做好巡视配合及巡视反馈问题整改

自治区党委第七巡视组 2017 年 6~9 月对区局党组开展巡视，自治区粮食局按照自治区党委要求积极做好巡视配合工作，严格对照巡视反馈意见和整改要求，将巡视反馈意见细化分解为 12 个问题、34 项具体整改任务，制定下发整改方案，明确责任分工和完成时限，取得了阶段性明显成效。目前，已完成整改任务 11 个，基本完成 3 个，建立完善对直属事业单位管理、廉政风险防范、财务管理等 10 项规章制度。

（四）人才基地和人才队伍建设进一步加强

广西工商职业技术学院通过抓好教师素质培养、干部执行能力提升、教育信息化建设，进一步推动学院教学水平、管理能力和环境服务升级；广西经贸高级技工学校狠抓课程改革，实施素质教育，办学水平进一步提升，为全区粮食事业的改革发展提供强有力的人才支撑。自治区粮食局认真贯彻落实全区组织部长和干部监督工作座谈会精神和巡视整改反馈意见，按照干部专业化、年轻化要求，完善规范用人用工制度，选派人员参加全国、全区各类学习培训，赴区外大学招聘粮食专业毕业生，充实粮食职工队伍，提高干部职工素质。2017 年国家粮食局举办的粮食财会知识网络竞赛，全区组织 2000 多人参赛，多人分别获得一、二、三等奖，自治区粮食局获得优秀组织奖。

七　其他工作

全区粮食系统认真贯彻落实中央和自治区关于脱贫攻坚各项重大决策部署，充分发挥粮食行业优势，积极参与各地脱贫攻坚工作，多方筹集资金投入贫困村屯基础设施建设，努力协调项目带动当地扶贫产业发展，取得了显著成效。区局领导多次带队到陆川扶贫点指导推进精准扶贫、精准脱贫，年内已投入 418 万元资金狠抓扶贫产业发展、完善基础设施建设等 26 个项目，进一步激发了群众生产发展的内生动力。2017 年自治区粮食局机关及直属院校对口帮扶的陆川县风淳村、靖西村、四乐村顺利通过自治区"四合一"核验，完成脱贫摘帽任务。

◆广西壮族自治区粮食局领导班子成员

吴宇雄	党组书记、局长
秦全贵	巡视员、副局长（2017 年 12 月任巡视员）
林愈溪	党组成员、副局长
韦尚英	党组成员（2017 年 12 月任职）、副局长（2018 年 1 月任职）
邱　东	副巡视员（2017 年 12 月任职）
杨　斌	原党组成员、副局长（2018 年 1 月调任广西壮族自治区政协农业委员会专职副主任）

2017年9月14日，广西香米产业联盟成立暨揭牌仪式在南宁市举行，自治区副主席张秀隆（前排左二）出席活动。

2017年10月27~29日，广西7家粮油企业产品在第十五届中国国际粮油产品及设备技术展示交易会上荣获粮油产品展金奖，自治区粮食局党组书记、局长吴宇雄（左三）认真阅读企业资料。

2017 年 3 月 21 日，自治区粮食局积极与桂林联勤保障中心开展军地军粮供应对接协调，共同着力做好军粮供应工作。

2017 年 4 月 11 日，自治区粮食局深入定点帮扶玉林市陆川县温泉镇风淳村，与当地干部群众联合开展以"兴水利、种好树、助脱贫、惠民生"为主题的春修水利和植树绿化活动。

海南省粮食工作   基本情况

2017 年，海南省年末常住人口 925.8 万。全省地区生产总值 4462.5 亿元，比上年增长 7.0%；人均地区生产总值 48430 元，比上年增长 6.1%。居民消费价格上涨 2.8%，涨幅控制在预期目标内。接待国内外游客总人数 6745 万人次，比上年增长 12.0%。全年全省实际脱贫 4.79 万户，共 20.80 万人，超额完成年度减贫任务。全省经济健康运行，经济运行呈现稳中有进、稳中向好、稳中提质的良好态势。

2017 年，全省粮食种植面积 28.3 万公顷，其中稻谷种植面积 24.7 万公顷；粮食总产量 138.1 万吨，其中稻谷产量 123.2 万吨。全省粮食总消费 455 万吨，其中，城乡居民口粮消费 193 万吨，食品及工业用粮 8 万吨，饲料用粮 253 万吨，种子用粮 1 万吨。居民消费口粮的中高档籼粳米、小麦粉和饲料用粮玉米基本依靠省外市场供给，全年省外购进和进口粮食 286.3 万吨。由于粮食需求量的增加，粮食自给率由 39.5% 降到 37.1%。

2017 年粮食工作

2017 年，海南省粮食系统坚持以党的十九大精神为引领，在海南省委、省政府的坚强领导下，强化责任担当，积极创新，努力拼搏，认真贯彻国家粮食安全战略，扎实推进粮食安全省长、市县长责任制，全面落实各项粮食流通工作任务，推进机关党建和反腐败工作，完成了省委省政府的工作部署。

一   勇于担当，完成粮食安全省长责任制考核重任

省粮食局作为海南省粮食安全省长、市县长责任制考核工作领导小组组长单位，将粮食安全责任考核设为党组会常项议题，创新自查自评督办、清单制管理、难点工作挂牌督办、层层审核等各项制度，开展拾遗补阙工作，积极牵头 14 个省直成员单位，认真推动粮食责任制考核工作的落实。一是完成 2016 年度粮食安全省长责任制考核工作，完成国家规定的 62 项考核指标任务，考核佐证材料充分、翔实，得到国家粮食局的肯定。二是完成 2016 年度粮食安全市县长责任制考核工作，对 18 个市县政府落实粮食安全责任制情况进行评定，其中 2 个市县评定为优秀、15 个市县评定为良好、1 个市县评定为合格。三是部署 2017 年度粮食安全责任制考核工作。坚持以问题为导向，完善粮食安全考核事项，将保障军粮供应、储备粮管理、深化国有粮食企业改革、发展粮食产业经济、强化粮食质量安全检验监测体系等事项列为考核重要内容，充分发挥考核的"指挥棒"作用，进一步提升了粮食安全保障水平。

二　注重规范，促进储备粮规范化管理

海南省粮食局把 2017 年作为"储备监管年"，完善管理制度建设，加大粮食储备督查，不断促进储备粮规范化管理。一是修订和新建管理制度 54 项，以制度促管理。二是认真做好全省库存粮油夏、冬两季普查。分别于 4 月和 11 月组织对重点市县、重点企业库存数量和质量进行检查。三是抓好库存省级粮油老储备清算工作。按照规定程序和办法，全面对老储备进行评估，采取公开挂牌出让和竞争性谈判方式，对 87028 吨粮油储备进行销售，完成省政府交办的清算任务。四是积极开展安全生产和安全储粮培训检查工作。按照国家统一部署，分别于 7 月和 12 月举办两期全省粮食系统安全储粮和安全生产管理知识培训班；先后四次对全省粮食系统安全储粮和安全生产进行检查，对储备管理安全隐患进行全面排查和整改。五是抓好"危仓老库"维修改造。积极与财政、承建单位协调，指导做好 7 个"危仓老库"项目建设工作。六是推进省国有粮食企业改革。于 4 月 10 日顺利完成 7 家省国有粮食企业移交省国资委管理工作，协助省国资委推进海粮集团筹建。

三　加强调控，确保全省粮食市场供应和价格基本稳定

一是抓好粮食收购。及时部署夏、秋两季粮食收购工作，指导市县粮食部门认真执行国家粮食收购政策，着力强化收购市场监管，规范收购秩序，在确保粮食储备粮源的同时，很好地保障了农民种粮积极性。二是搞活粮食流通。进一步健全产销协作机制，与内蒙古自治区粮食局签订粮食产销战略合作协议，加强两地在粮食仓储、加工、贸易等领域的合作，充分发挥国有粮食购销企业主渠道作用和社会多元主体稳定市场的积极作用。全年省外购进粮食 270 万吨，有效满足了本省城乡居民粮食需求。三是加强粮情监测。进一步优化省级监测点、监测内容及报送方式，抓好 6 个国家级网上直报点、30 个省级粮情监测点的市场监测工作，加强对重点城市、重大节假日和台风汛期的市场监测，及时报告和发布粮情信息，做好粮情预警预报工作。四是组织开展年度全省社会粮油供需平衡调查及乡村居民户存粮专项调查。全省共调查农户 432 户，城镇居民 619 户，抽查乡村居民 404 户，掌握基础粮情，为粮食调控决策服务。五是完善粮食应急体系。修订完善《海南省粮食应急预案》，制订《突发性自然灾害粮食应急供应预案》，组织开展全省粮食系统应急管理培训，及时更新粮食应急有关情况和数据，确保应急时用得上。

四　着力保障，不断提升军粮供应管理工作

始终把军粮供应任务当作一项重要政治任务，深入推进军民融合发展，以质量和服务为中心，确

保军粮供应不断供、不断档。一是加强军粮质量监管。印发《海南省军粮质量管理实施细则》，落实军粮质量安全监管责任，组织开展两次全省军粮质量专项检查，及时发现、纠正问题，促进军粮质量管理水平不断提高。二是积极推进军供设施建设。2017年对5个军粮供应站进行维修改造。积极推进军民融合军粮创新示范工程建设项目，4个军粮综合保障基地和配送中心项目获国家支持。三是促进管理规范化。完善和严格执行军粮财务管理有关规定，规范军粮供应管理手续和军用购粮卡系统的管理，加强军供粮食品种及价格变化情况的统计调查和监测工作。四是积极探索军民融合深度发展。统筹考虑军需民食需求，指导军供站因地制宜开展军供超市和"放心粮油店"建设，推进军民融合发展。五是提升服务水平，保障军粮供应。持续深入开展"粮油科技进军营"活动，组织保管人员和专业技师进军营现场传授技术，有效提升军供科技含量和服务水平；主动与当地驻军后勤部门精准对接，积极开展品种串换工作，筹措粮源充实库存，确保军粮供应不断供、不漏供、不误供，有力保障了部队日常和应急情况下的军粮供应。

五　强化监督，维护正常市场秩序

一是加强粮食收购许可和社会粮食库存标准管理。分类指导市县加强对取得收购资格企业的指导、监管和服务，核定粮油经营者最高、最低库存标准。二是组织开展专项监督检查。开展全省粮食库存检查，切实掌握国有粮食企业库存粮食的数量、质量和储粮安全情况；组织开展粮食收购资格和收购环节的专项检查，规范粮食收购市场，维护粮食收购秩序。三是加强粮食质量监管。组织开展2016年粮食质量安全风险监测，抽取监测样品110份，为粮食收购和粮食污染处置提供科学依据；抓好异地储备粮入库和在库粮食储备的检验检测工作，把好质量关，确保粮食储备储存安全。四是大力推广节粮减损。组织开展"世界粮食日""全省爱粮节粮宣传周"和"全省食品安全宣传周"，广泛宣传《中华人民共和国食品安全法》、粮食政策和科普知识，全社会爱粮节粮意识进一步提高。五是强化粮油市场监管。协同质监、工商、物价等相关部门开展监督检查和行政执法，严禁不符合国家质量标准的粮食流入市场，维护粮食流通正常秩序。

六　推进机关建设，为粮食事业发展提供政治保障

一是推进行业管理制度体系标准化建设。成立11个制度编制办公室，修订和新建163项管理制度，陆续审核发布了50多项制度。二是严格机关作风整顿。健全请休假制度、外出报告制度，设立工作去向牌等，从严规范上下班纪律；建立重大事项督查督办警示制度，有效提升工作执行力。三是强化粮食行业教育培训。广泛推行行业"应知应会"，全年组织参加国家粮食局和省直有关部门举办的业务工作培训班64人次；全年共举办监督检查、粮食统计、财会、"一规定两守则"、军供管理、办公室业务、党务等培训班16期，参训746人次；组织抓好局机关干部在线教育培训，连续四年达到"双百率"；开展全省中级粮油保管员职业技能培训与鉴定，进一步增强粮食部门干部职工履行职责能力。四是加强粮油科研工作，获得省级粮油科研项目立项5项，实施科研项目8项，取得粮油领域科技成果4项，参与编写国家行业标准3项，申报发明专利2项。五是组织做好帮扶工作。贯彻落实省委省政府统一部署，年初制定扶贫年度计划，助力抓好村党组织建设，继续出资20万元帮助建

设种羊繁殖基地，较好完成年度帮扶任务。派出的扶贫联系点驻村第一书记认真履行职责，获得省脱贫致富电视夜校推进小组授予的"先进班（组）长"称号。

七　加强党风廉政建设，把从严治党引向深入

一是深入推进"两学一做"学习教育常态化制度化。加强组织领导、广泛动员部署、制定学习计划、创新学习载体，在抓常、细、长上下功夫，真正把全面从严治党落实到每个支部、每名党员。二是强化政治学习和廉政教育。把政治教育和廉政教育确定为局党组会议、局务会议常项议题，建立领学制度和中心发言制度，增强学习氛围和效果。开展为期3个月的"增强党性、严守纪律、廉洁从政"专题廉政活动，各市县粮食局同步进行，强化行业廉政意识。三是强化党风廉政责任和廉政监督。制订建立全省粮食系统"一岗双责"责任清单管理制度，逐级签订"一岗双责"责任状，层层压实责任；制订定期述廉制度和会议报告制度，严格执行民主集中制、领导干部述职述廉、廉政谈话、提醒谈话和民主生活会等制度，认真落实领导干部个人报告事项工作制度和查核实制度，不断加强廉政监督检查。四是加强党的基层组织建设。组织和指导各支部做好换届改选或委员增补工作，配强配齐支部委员；组织在职党员助力"双创"服务工作200多人次；组织慰问离退休干部党员、困难党员61人次，不断强化机关党建工作；大力开展党员组织关系排查、党费补缴收缴工作，整治机关党建"灯下黑"。五是严查快办违纪违规。积极运用从严执纪四种形态，受理和主动查处违规问题，给予诫勉谈话4人、通报批评2人，形成有腐必反、有贪必肃的高压态势，推动干部职工作风纪律明显改进。

◆海南省粮食局领导班子成员

张　可　　党组书记、局长
杨卫星　　副巡视员、直属机关党委书记
张大海　　党组成员、副局长（2017年9月因病提前退休）
杨全光　　党组成员、副局长

2017年3月27日，海南省粮食局召开"一岗双责"双清单责任书签订大会。图为粮食局领导签订"一岗双责"双清单责任书（左二为海南省粮食局党组书记、局长张可）。

　2017年3月30日，海南省粮食局党组书记、局长张可（右排从左起第五位）带队前往中粮贸易北良公司（大连北良港）检查省级储备粮异地储备情况。

2017 年 5 月 20 日，海南省粮食局副巡视员杨卫星（前排）在海南省粮食科技周活动启动仪式上致辞。

2017 年 11 月 3 日，内蒙古自治区粮食局与海南省粮食局签订粮食产销合作协议（左二为内蒙古自治区粮食局党组书记、局长张天喜，右二为海南省粮食局党组书记、局长张可）。

重庆市粮食工作　　基本情况

　　重庆市位于中国内陆西南部、长江上游，东邻湖北省、湖南省，南靠贵州省，西接四川省，北连陕西省。辖区总面积8.24万平方公里，辖38个区县（自治县），2017年常住人口3075.16万，城镇化率64.08%。

　　2017年，重庆市粮食收购534万吨（其中市内收购121万吨，市外收购413万吨），比上年同期497万吨增加8.6%。粮食销售461万吨，粮食轮换26万吨，新增成品粮储备3.8万吨，粮油市场供给基本稳定；顺利通过国家粮食安全省长责任制首次考核；成功争取中央财政专项资金近3.54亿元，"优质粮食工程"、粮食行业信息化、粮食仓储物流项目建设取得积极进展；基本建成150万吨储备粮仓库并投入使用；实现储粮安全和生产安全，全年零事故发生。

　　2017年，重庆市新建125万吨粮食仓库，总投资20.53亿元，其中：铜梁、潼南、开州、南川直属库项目、永川临江及粮食物流园一、二期项目，江津渝西南现代粮食物流园项目的仓库已全部建成装粮，万州、梁平、大足、垫江、忠县、丰都、黔江、云阳项目仓库主体基本完工，目前正进行库区道路、绿化及环境扫尾工程。2016年9月底批复的第二批还建仓库项目共7个，总仓容37万吨，总投资7.77亿元，2017年已经全部开工，目前正进行土石方、基础、仓库主体施工，已完成投资1.95亿元。随着全市150万吨新建粮库的逐步建设，切实提升了本市粮食仓储管理水平，有效确保了储粮安全。

2017年粮食工作

　　2017年是重庆市商务委员会合并后迈入快速发展的第一年，更是全市粮食行业迎来新发展、开启新征程、取得新成绩的一年。在重庆市委、市政府的正确领导下，以五大发展理念为指导，以供给侧结构性改革为主线，以粮食安全省长责任制考核、"优质粮食工程"实施为抓手，立足储备粮管理"三个转变"为突破口，深入推进储备粮管理制度创新、管理创新、科技创新，圆满完成了粮食流通各项工作任务。

一　落实粮食安全省长责任制

一是牵头组织市级 13 个部门高质量完成粮食安全省长责任制考核任务。在粮食安全省长责任制考核中取得 93 分的优异成绩。区县长粮食安全责任制考核收到实效。从严从实评出 16 个区县为优秀、23 个区县为良好，7 个区县获通报表扬。二是围绕改进粮食安全考核形成 5 篇调研报告，有关建议被纳入 2017 年国家考核方案。三是通过突出重点难点考核、优化实地考核方式、改进等次评定方法等，有效改进了区县考核方式，既减轻区县负担又提高了考核实效性。同时，狠抓问题整改形成长效机制，梳理实地考核问题整改清单 15 项，督促区县限期整改，并将上一年度问题整改结果纳入下一年度考核指标，逐年滚动。四是编发《粮食安全考核简报》，利用互联网技术实现粮食安全考核台账多人在线填报，创新工作方式提高考核效率，以考核促发展，以考核推动重点项目建设。

二　抓好粮食行业管理

（一）召开全市储备粮管理工作会议

系统总结了 2014 年以来重庆市在储备粮管理方面的经验教训，并提出了未来一段时间的工作思路和具体措施。在此基础上联合市财政局、农发行重庆市分行出台《关于加强地方储备粮管理工作的通知》（渝商务发〔2017〕7 号），从储粮结构、仓储管理、监督检查、人才建设、工作纪律、奖惩考核等方面做好顶层设计，用制度管粮、用制度保粮。

（二）建立粮食运输协调机制

结合国家"北粮南运""东粮西运"通道建设，为提高本市粮食物流效率，会同市发展改革委员会、市交通委员会、成铁重庆办事处等有关单位，针对当前粮食运输供需矛盾，深化粮食公铁水物流衔接，确保全市调入储备粮食运输通畅。

（三）大力实施科技储粮

在全市新建粮库中大力实施空调控温储粮、氮气储粮、新型熏蒸防治等技术，初步实现"绿色、生态、环保"储粮，为社会提供"安全、营养、健康"食品。其中，引导市储备粮公司投资 4900 万元为全市 1/3 的仓库配置仓间空调及谷物冷却机等控降温设备。全市实现"四无粮油"100%、库区环境"四无"100%，实现规范化储粮 98.9%、机械通风储粮 93.5%、微机检测储粮 94.5%、环流熏蒸杀虫技术 96.2%。

（四）严格轮换管理

市粮食局修订地方储备粮轮换管理办法，督促市储备粮公司按时完成全年下达的 26 万吨的轮换计划任务。

（五）支持重庆国家粮食交易中心建设

全年共 349 家企业在重庆国家粮食交易中心平台交易粮食 42.1 万吨，其中，中央储备粮 8.6 万吨，地方储备粮 8.5 万吨，商品粮 25 万吨。

（六）开展代储资格重新认定

修订完善市级储备粮油代储资格认定办法，全面开展市级储备粮油代储资格重新认定工作。经过企业主动申报、区县审核推荐、市级资格评审、专家现场核定等程序，确定市级储备粮油代储资格企业名单，其中粮食类企业 10 家，油脂类企业 4 家。

（七）增加成品粮储备计划

按照粮食安全省长责任制的要求和市政府《关于健全储备制度完善储备体系的实施意见》的要求，联合市财政局、市地税局请示市政府同意，修订《成品粮储备管理办法》，新增成品粮储备计划 3.8 万吨，并在 12 月 31 日全部落实到位。

（八）定期开展储粮检查

将开展重点领域安全生产大检查、粮食安全隐患"大快严"集中行动、"安全储粮、安全生产"专项督查、市外储粮检查等相结合，实现全年安全储粮和安全生产零事故目标。

（九）加强粮食质量监管

完成市粮油质检站、万州粮油质检站、永川粮油质检站搬迁和实验设施设备升级；完成市级储备粮扦样任务，完成清仓查库质量抽检工作，在全市范围内首期支持 10 个企业创建规范质检室；完成 10 个区县 2017 年度新收粮质量安全指标检测和国家监测计划，全面摸清所有区县新收粮质量安全状况，严防不合格粮食流入口粮市场。

（十）完成放心粮油企业质量抽检工作

全年共复审及新申报核定 61 家放心粮油企业。

三　强化重点项目推进力度

（一）争取 2 亿元中央财政资金支持"优质粮食工程"建设

2017 年 5 月下旬，重庆市在财政部和国家粮食局组织的 26 个省市参加的"优质粮食工程"竞争性评审中取得第 4 名的成绩，成功获得中央财政扶持资金 2 亿元。按照"产、收、储、加、销"各环节兼顾发展，根据"树亮点、补短板、夯基础、强产业"原则和"看得见、摸得着、见效快、能验收"的要求，筛选出 2017 年能够实施的 45 个具体项目，总投资超 5 亿元。其中涵盖"中国好粮油"示范区（县）5 个、示范企业 1 个；粮食产后服务体系建设区（县）2 个；粮食质量检测体系 3 个。为充分发挥中央资金的撬动作用，调动各区县级政府、项目实施单位的积极性，确保项目区县级财政配套、企业自筹资金落实到位，按照 1:1 配套的要求，全面落实地方配套资金。其中市级财政主动配套 4000 万元，区县级财政及企业自筹 2.6 亿元。

（二）争取国家粮食行业信息化建设资金 5238 万元

全面验收完成开州、合川两个智能粮库以及市储备粮公司的储备粮管理信息化平台的安装和调试，目前运行良好。按照财政部驻重庆专员办的粮食信息化资金专项审计问题反馈要求，积极指导市储备粮公司及时调整优化粮库信息化建设方案。结合国家粮食局 11 月 3 日北京会议的精神，会同市财政局积极推进粮食信息化市级管理平台建设工作。

（三）申请中央粮食仓储物流项目资金 1.55 亿元

2017 年 6 月，会同市发展改革委向国家发展改革委申报 11 个粮食仓储项目和 1 个粮食物流项目，争取到中央预算类财政补助资金 1.55 亿元，及时安排下达给长寿、忠县、垫江等储备粮库项目中央补助资金 5494 万元、重庆人和物流公司的重庆西部农产品物流中心项目 1 亿元。

（四）启动 5 个粮油加工新建和技改项目

按照大力发展粮食产业经济、有利于粮食储备结构调整的要求，经过企业申报、区县推荐等相关程序确定巴南粮食公司、綦江粮食公司、万州储备粮公司、梁平兴盛米业和重庆龙泉食品 5 个企业实施粮食加工改扩新建项目。拨付市级财政补助资金 200 万元，实现大米和挂面生产线采用新技术、新工艺、新设备和新材料，预计 2018 年 6 月底前可全部投产。

四　加强粮食行业人才技能培训

（一）开展仓储管理培训

2017 年 9 月，市粮食局组织全市仓储骨干 80 多人赴河南工业大学系统开展为期 15 天的仓储技术管理培训，并同河南工业大学达成共建涉粮类专业本科生校外实习基地意向。从 10 月中旬开始，各区县商务局相继组织开展粮食仓储管理培训，有效培训 2000 余人次。

（二）开展"两个安全"全员培训

2017 年 4 月举办市级集中师资 200 余人培训；10 月前，全市所有区县完成"两个安全"全员培训任务，培训干部职工 3500 多人；10 月按照国家粮食局要求，组织开展"一规定两守则"培训督查测评工作，通过"粮储云"平台测试，全市共 1386 人参加测评，合格率 100%；参加"抽样测评" 55 人，合格率 100%。

（三）开展粮食产业经济培训

2017 年 11 月，组织各区县商务局从事粮食行业管理工作的科长，全市大中型涉粮油加工、转化企业人员等 120 余人重点培训讲授创新粮食产业发展方式，提升粮食品牌形象，促进粮食全产业链发展。

（四）开展粮食企业质检员培训

2017 年 12 月，组织 34 个区县共 55 名粮食质量检验员参加全市粮食质量检验员检验技术培训班。通过培训促使全市粮食质量检验员熟练掌握相关产品标准和检验方法，规范质检操作程序和方法，提升自身业务技能和检验技术水平，为"把好粮食收购质量第一道关口"提供技术保障。

（五）开展粮油统计人员培训

2017 年 5 月和 12 月分两次组织各区县粮油统计人员、各粮食企业统计人员开展供需平衡调查、粮油统计年报培训。

五　深化粮食产销合作交流

一是举办首届鄂渝两地粮食产销合作交流活动，引入湖北优质粮油产品，丰富本市消费市场，活动共吸引 116 家粮油企业、900 多个粮油产品参加展示，现场成交数量 69.42 万吨，现场签约总成交额达 33.6 亿元。二是参加 2017 郑州（中国）·好粮油产销对接会议，本市粮食企业同河南省粮食企业现场签约小麦购销合同 10 万吨，现场签约总成交额 2.4 亿元。三是于 2017 年 11 月举办首次越南—中国（重庆）大米产品企业贸易洽谈会，就大米贸易事宜与越南工贸部搭建企业间交流合作平台，进一步拓宽两地经贸合作领域，丰富中国"一带一路"建设合作内涵。

六　紧抓粮食行业宣传工作

（一）积极宣传爱粮节粮

10月16日，在重庆市忠县忠州广场举行第37个"世界粮食日"和第27个"全国爱粮节粮宣传周"宣传活动启动仪式。通过实物图文展示、现场演示、资料发放、专家咨询、粮油健康知识竞赛、爱粮节粮主题征文、媒体宣传等形式，宣讲国家粮食政策，推广科学储粮知识，促进农民增收。并推选重庆市铜梁区储备粮有限公司和重庆市合川区储备粮有限公司的周云利同志分别为2017年度市级爱粮节粮之星企业和个人。

（二）积极参加主题征文活动

以重庆粮食产业发展的调查与思考为思路，向"我为粮食行业改革发展献一策"的主题征文的投稿4篇。以探索重庆小面和凉面等发展为题向"深化改革转型发展"大讨论主题征文投稿1篇。

（三）推进"抓重点、出亮点、树典型"工作

积极培树市储备粮公司蒋天科工作室先进典型，发挥典型引领带动作用，培育粮食行业工匠形象。

（四）加强工作宣传报道

全年共向国家粮食局报送政务信息25篇，被采用21篇，有力展示了重庆粮食行业形象。

七　落实党风廉政主体责任

（一）积极学习党的十九大精神

用新时代中国特色社会主义思想武装头脑、指导实践，组织委机关、重庆粮食集团、市储备粮公司、各粮食企业积极收看党的十九大会议开、闭幕式。指导重庆粮食行业及时开展党的十九大精神宣讲。组织委机关专项开展党的十九大精神学习报告培训，切实增强党的理论知识学习，用党的新时代理论指引粮食流通工作。

（二）坚持开展党支部学习

按照市委部署安排，认真组织机关各支部开展自学，深入推进"两学一做"学习教育常态化制度化，落实"三会一课"等制度，定期开展"主题党日"活动，专人专册记录，通过微信等电子方式，及时上报学习成果。

（三）加强党风廉政建设

做到讲政治、顾大局、守纪律，全面落实党风廉政建设责任制，不断提高风险防范意识。严格执行党的政治纪律、政治规矩，深入落实中央"八项规定"，持之以恒整治"四风"，不断提高机关战斗力和凝聚力。

◆ 重庆市商业委员会（重庆市粮食局）领导班子成员

熊　雪　　党组书记、主任（局长）

陈国华　　党组成员、副主任

刘天高　　党组成员、副主任（副局长）

关　力　　党组成员、纪检组长

廖红军　　党组成员、副主任

李　谦　　党组成员、副主任（2017 年 6 月离任）

王　珏　　党组成员、副主任

熊　林　　党组成员、副主任

许新成　　党组成员、副主任（2017 年 7 月任职）

宋　刚　　党组成员、副主任（2017 年 7 月任职）

彭和良　　党组成员、副主任（2017 年 7 月任职）

孙华培　　党组成员、副巡视员

曾　诚　　党组成员、副巡视员

付灿忠　　巡视员（2017 年 12 月退休）

尤祖才　　巡视员（2017 年 6 月退休）

魏德惠　　副巡视员（2017 年 4 月任职、12 月退休）

王顺彬　　副巡视员（2017 年 4 月任职）

2017 年 6 月 12 日，重庆市副市长刘桂平带队考察大足区储备粮公司。

2017 年 8 月 9 日，重庆市粮食局副局长刘天高带队前往巫山县调研基层粮库建设情况，并入库检查新收粮食质量。

2017 年 10 月 16 日，重庆市 2017 年世界粮食日宣传活动开幕。

2017 年重庆市爱粮节粮宣传周活动现场。

四川省粮食工作   基本情况

2017 年，四川省经济运行呈现总体平稳、稳中有进、稳中向好的发展态势。经国家统计局审定，2017 年全省实现地区生产总值 36980.2 亿元，按可比价格计算，比上年增长 8.1%，增速比全国平均水平高 1.2 个百分点。其中，第一产业增加值 4282.8 亿元，增长 3.8%；第二产业增加值 14294.0 亿元，增长 7.5%；第三产业增加值 18403.4 亿元，增长 9.8%。

四川省有粮食行业机构 1933 个，其中行政管理部门及各级粮食行政管理部门所属事业单位 207 个，全社会粮食经营企业 1726 户（其中，国有及国有控股企业 565 户）。粮食行业从业人员 103839 人，其中：行政管理部门 1354 人、事业单位 1034 人、国有及国有控股企业 12149 人。全省国有及国有控股粮食购销企业总资产 236.9 亿元，其中：固定资产 65.2 亿元、固定资产净值 45.9 亿元、流动资产 151.5 亿元。全省国有及国有控股粮食购销企业 2017 年实现营收 90.10 亿元，盈利 7348.5 万元。

2017 年粮食工作

2017 年，全省粮食系统认真贯彻落实省委、省政府关于治蜀兴川的各项决策部署，按照全国和全省粮食流通工作会议安排，全面落实国家粮食安全战略，以粮食安全省长责任制考核为抓手，以供给侧结构性改革为主线，以"抓收购、稳基础、强产业、保粮安"为重点，忠诚履行守住管好"天府粮仓"职责，取得了明显成效。

一   粮食生产

全年粮食作物播种面积 629.2 万公顷，与上年基本持平；油料作物播种面积 147.9 万公顷。全年粮食产量 3488.9 万吨，比上年增长 0.5%，其中油料产量 357.9 万吨，小麦总产 251.6 万吨，稻谷总产量 1473.7 万吨，玉米总产量 1068 万吨。

二　　粮食流通

全省收购粮食 527.3 万吨，同比减少 117.8 万吨，减幅 18.3%。其中：小麦 92.4 万吨、稻谷 337.5 万吨、玉米 88 万吨、其他粮食 9.5 万吨。全年收购油料 76.5 万吨，同比减少 16.9 万吨，减幅 18.1%，其中收购油菜籽 76.4 万吨。

全年销售粮食 1187.6 万吨，同比减少 73.7 万吨，减幅 5.8%。其中：小麦 246.6 万吨、稻谷 573.6 万吨、玉米 257.4 万吨、其他粮食 110 万吨。全年销售食用油 186.1 万吨，比上年增加 5.7 万吨，增幅 3.1%，其中销售菜籽油 119.6 万吨。

三　　粮食调控

（一）严格执行稻谷最低价收购政策

认真落实国家粮食收购政策，制定《四川省稻谷最低收购价执行预案》，及时将国家安排的 10 万吨跨县集并计划分解落实到位。按时启动稻谷最低价收购预案，分三批次安排收购网点 212 个，共计收购稻谷 65.3 万吨，同比增加 19 万吨。

（二）突出抓好抢险救灾应急保供工作

全力保障了"6·24"茂县特大山体垮塌灾害和"8·8"九寨沟地震受灾群众和救援队伍的粮油供应。

（三）大力加强军粮供应工作

认真开展全省军粮质量大检查，出台了《四川省军供面粉统筹实施方案（试行）》，推行军供面粉省级统筹，为从源头控制军供面粉质量提供了制度保障。

（四）积极开展"引粮入川"

通过铁路入川粮食 1517 万吨，同比增加 310 万吨，创历史纪录，铁路出川粮食仍约为 15 万吨。铁路入川食用油 55 万吨，出川 2 万吨。

四　　粮食流通体制改革

（一）粮食安全省长责任制工作扎实推进

出台了粮食安全省长责任制考核《工作方案》《考评细则》《考核评分表》等一系列制度，健全考核工作机制，明确了各级政府主体责任，并在 2016 年度"国考"中位居前列，被国家通报表扬。通过考核，市、县政府粮食安全责任意识进一步增强，相关部门支持力度进一步加大，制约粮食流通工作的短板正在补齐。

（二）粮食收储制度改革

结合四川实际，提出了完善粮食等重要农产品收储制度的指导思想、基本原则、主要目标和政策措施。主要针对三个方面：一是完善中籼稻最低价收购政策；二是积极推进玉米、小麦的市场化收储；三是深化油菜籽市场化收储改革。

（三）国有粮食企业改革发展推进有力

围绕探索多渠道筹措资金、指导经营管理等重点难点工作，有力推动了国有粮食企业改革发展。

探索建立市场化收购资金保障机制，认真做好免税企业认定工作，粮食企业财税政策环境进一步优化。2017 年，全省国有粮食企业以市州为单位全部实现盈利。

五　粮食流通监管

（一）加强粮食流通市场监督

突出抓好库存检查和政策性粮食出库监管，大力开展"粮食安全隐患大排查快整治严执法"集中行动。全省开展各类粮食流通执法督查 6460 次，出动检查人员 22238 人次，检查粮食企业 13055 家，处罚违法违规案件 392 例，有效地维护了粮食流通秩序，确保了国家强农惠农政策落实到位，保护了种粮农民的利益。

（二）继续推进依法行政

省政府审议通过了政府规章《四川省〈粮食流通管理条例〉实施办法》（修正案），对激发粮食收购市场主体活力、厘清粮食部门职权法定边界、提升依法履职水平、维护粮食流通秩序起到积极作用。出台了《四川省国有粮油仓储物流设施保护实施办法》《四川省粮食质量安全监管实施办法》，进一步夯实了监管的制度基础。

六　粮食流通统计工作

（一）积极做好粮食流通统计分析

每月定期对全省粮油购销、库存和价格等粮食流通运行情况进行认真分析，全年向国家粮食局上报统计分析 50 余篇。四川省粮食局被评为 2017 年全国流通统计工作优秀单位。

（二）全面开展粮食流通统计制度执行情况专项检查工作

印发了《四川省粮食流通统计工作制度》，使统计工作有章可循。

（三）积极开展统计业务培训

先后安排三批次省市两级统计人员参加全国粮食流通统计培训，并在培训评比中取得优异成绩。举办了全省粮油供需平衡调查及流通统计培训班，190 余人参训。

（四）完善统计考核评比

印发《粮食流通统计工作考核评分标准》，对统计报表数据、分析报告、基础建设和临时性工作进行细化考评，营造争先创优的氛围。

七　粮食流通体系建设

（一）"粮安工程"建设

中央预算内支持四川省仓储设施项目 9 个，仓容 31.4 万吨，补助资金 4621 万元。扎实推进低温绿色储粮项目建设，省级财政投入 1.3 亿元，新改（扩）建低温库项目 19 个，仓容 58.9 万吨。落实 4700 个应急供应网点，确保了每个乡镇应急供应网点全覆盖。全力推进农户科学储粮民生工程，阿坝、甘孜、凉山三州发放小粮仓 35.3 万套，有效改善了民族地区群众储粮条件，促进了农牧民减损增收。会同财政厅积极争取中央资金 1.3 亿元，全面启动"智慧川粮"建设。总投资 5 亿元，建设省级粮食信息化平台 1 个、市级平台 23 个、县级终端 179 个、智能粮库 475 个。严把粮食质量安全关，全省抽样检测粮食样品 1.4 万个，创新组织全省 19 家挂牌质检机构开展了 2 次质量会检。对 2015 年、2016 年省级储备粮轮换和增储计划以及 2017 年省储轮换进行了抽样检验。对 2016 年最低收购价粮食逐仓进行了重金属专项检测，规范处置了重金属超标稻谷。完善粮食质量安全事故应急处置预案，首次举行了省、市、县三级质量事故应急演练，有力守护了粮食质量安全底线。

（二）加快推进"优质粮食工程"

四川省争取到国家"优质粮食工程"重点支持省份，获得国家补助资金 3 亿元。2017 年，共支持 20 个粮食产后服务体系试点县、10 个"中国好粮油"四川行动示范县、28 个质检机构和 4 个省级及中央在川企业开展试点示范。

（三）仓储管理工作

以落实"一规定两守则"为抓手，以绿色储粮技术应用为重点，以健全完善仓储管理制度为基础，继续推行仓储规范化管理；认真贯彻国家粮食局和省委、省政府关于安全生产工作的改革部署，层层落实党政同责、部门安全监管责任和企业安全主体责任，扎实开展了安全储粮、安全生产、环保等专项检查，确保全系统无任何安全储粮、安全生产、环保事故发生，夯实粮食流通产业发展安全保障体系。

八　行业发展

（一）粮油加工业发展

全年粮食产业经济实现工业总产值 1825.9 亿元、销售收入 1955 亿元、利润 193 亿元，分别同比增长 17.2%、12.5% 和 31.4%，销售收入利润率约为 10%。全省全年大米加工业实现工业总产值 144.7 亿元、产品销售收入 142 亿元、利润总额 4.4 亿元，分别同比增加 5.3%、3% 和 27.9%。四川省油菜种植面积和总产量已连续 16 年创历史新高，产量位居全国第一。全年油脂加工业实现工业总产值 189.9 亿元、销售收入 206.8 亿元，分别增长 5.6%、4.4%。积极打造"中江挂面"产业基地，中江县挂面、鲜切面产销量居全省第一；培育徽记食品等 30 多家企业发展传统特色产业，豆腐干产业已成为宜宾南溪区县域经济的重要支柱。

（二）为农服务体系建设

持续推进"川粮产后服务工程"，省级财政投资 7188 万元，建设 144 个粮食产后服务中心，为种粮农民提供粮食烘干、清理、质量检测、粮油信息等全方位的产后服务。四川省在粮食产后服务工程建设上的探索和取得的成绩，被作为国家粮食局全年工作"七个突破口"之一在全国进行推广。

（三）项目建设

积极推进"三产"融合发展，开展川粮"三产融合"示范工程，坚持农旅融合、文旅互动，丰富巴蜀粮食文化内涵，推进产区变景区、田园变乐园，做大做强优质水稻、油菜籽、酿酒用高粱优势产业带。大力发展"互联网＋粮食"，加强"线上线下"融合的粮食电商平台建设，开发了"川粮网"整合省内外优质粮食资源，积极打造"互联网＋粮油＋金融"。

（四）人才队伍建设

全面推进"人才兴粮"战略，加强人才培养与"粮安工程"、供给侧结构性改革、粮食收储制度改革等行业重点工程的协同联动。积极选派干部参加党校干部主体培训班，加大人才引进培养力度，机关干部队伍结构进一步优化；举办全省粮食系统局长培训班、粮食业务培训班等 20 余期，培训各级干部职工 4000 余人次。继续实施"企业经营管理人才结构优化工程"，着重引进懂经营、懂管理、熟悉国际国内市场规则的职业经理人和企业家。持续抓好职业技能鉴定工作，全年两次共培训鉴定中级粮食保管员 173 人、初级粮食保管员 150 人；培训鉴定中级粮油质量检验员 69 人、初级粮油质量检验员 109 人；开展首批全省粮食行业技能优秀人才评选活动，直属单位 2 人被评为第二批全国粮食行业技能拔尖人才。

九　党群工作

（一）党风廉政建设不断加强

召开 2017 年党建和党风廉政建设工作会议，推动党建促脱贫攻坚和群团建设，深化推进"两学一做"学习教育常态化、制度化。制定全局党风廉政建设和反腐败工作《实施意见》和《任务责任分解意见》，逐级签订党风廉政建设责任书。

（二）党群工作深入推进

开展节日和生日慰问，组织健步走、革命传统教育和"红色观影"活动，活跃了机关的工作气氛。狠抓党建促脱贫攻坚，实施帮扶项目 19 个，投入帮扶资金 535.8 万元，助推产业发展，修建蓄水池 26 口，改造道路 3 条共 7.5 公里，购买太阳能热水器 52 台，藏炉 119 套；及时调整局机关和直属单位党员干部结对帮扶对象 119 户，持续巩固了凉山州盐源县棉桠乡绵垭村和清河村脱贫攻坚工作成效。

◆四川省粮食局领导班子成员

张书冬	党组书记、局长
王海林	党组成员、副局长
伍文安	党组成员、副局长
王青年	党组成员、副局长
周光林	党组成员、机关党委书记
吴晓玲	副巡视员（2017 年 12 月退休）

2017 年 12 月 24 日，四川省委副书记、省长尹力（右二），省委常委、常务副省长王宁（右一）调研粮食安全工作并组织召开专题会议。

2017 年 6 月 27~28 日，四川省粮食局党组书记、局长张书冬（右一）陪同省人大常委会党组书记、副主任陈光志（右二）赴凉山州盐源县开展脱贫攻坚专项督导。

2017 年 8 月 9 日，四川省粮食局党组书记、局长张书冬（左一）率阿坝州粮食部门有关负责人前往"8·8"九寨沟地震灾区，慰问抢险救灾部队，全力保障救援部队和受灾群众的粮食供应。

2017 年 10 月 25~27 日，以"好粮油、好产品、好生活"为主题的"2017 西部金穗粮展会"在遂宁市隆重举行。

贵州省粮食工作　基本情况

2017年，全省粮油加工业产值实现780亿元。粮食消费总量1540.5万吨。产销缺口362万吨，自给率76.5%。从省外调入粮食652.96万吨，实现输入性平衡。

全省粮食系统独立核算单位1035个，在职职工59878人。其中，粮食行政机构98个，在职职工665人；事业机构57个，在职职工529人；流通企业332个，在职职工7794人；加工企业477个，在职职工14499人；其他经营企业71个，在职职工36391人。

2017年粮食工作

一　粮食生产

全年粮食总产量1242.4万吨，比上年减少1.7%。其中，稻谷产量448.8万吨，小麦41.2万吨，玉米441.2万吨，大豆19.3万吨。

二　粮食流通

全年粮食企业购进粮食652.96万吨，同比增加79.82万吨；销售498.39万吨，同比增加50.6万吨。

三　粮食调控

全省粮油购销同步增长，应急保障能力得到增强，统计分析和监测预警工作更加完善，产销衔接深入推进，确保了全省市场粮源充裕，价格运行平稳。应急管理方面。全省成品粮储备4.7万吨，同比持平。明确粮食应急加工企业217个、应急储运企业143个、粮食应急配送中心121个、粮食应急供应网点2500个、省级粮油价格监测点154个，落实国家级粮油价格监测点15个。统计调查方面。根据全省社会粮食供需平衡调查显示，2017年度，全年粮食消费总量1540.5万吨，其中：城镇口粮205万吨、农村口粮445万吨、饲料用粮609万吨、工业用粮255万吨（制酒用粮234万吨）、种子用粮 25.5 万吨。产消缺口为 362 万吨，自给率 76.5%。产销衔接方面。组织企业参加黑龙江第十四届金秋粮食交易会、河南延津优质小麦产业观摩暨产销协作大会、上海优质农产品博览会等，举办中华粮网会员企业与贵州省粮食企业产销衔接座谈会，与山西省粮食局、中粮国际（北京）有限公司签订合作协议，与开磷集团农业有限公司进行座谈并达成合作意向，组织省外粮食企业参加贵州省第四届粮油精品展示交易会。

四 粮食流通体制改革

认真开展 2016 年度粮食安全责任制考核工作。组织召开 "贵州省粮食安全责任制考核工作成员单位联络员会议"，在成员单位对各地责任目标任务完成情况进行评分的基础上，组成 3 个考核组开展现场考核，并形成《贵州省人民政府 2016 年度粮食安全省长责任制目标落实情况自查自评报告》《贵州省 2016 年度粮食安全责任制考核工作报告》，经贵州省粮食安全工作考核小组研究同意，省人民政府办公厅印发《关于 2016 年度粮食安全责任制目标考核结果的通报》（黔府办函〔2017〕80 号），通报各地考核结果，8 个市、州获评优秀等次，1 个市获评良好等次。继续抓好 2017 年度粮食安全省长责任制考核工作。省人民政府办公厅印发《关于认真开展 2017 年度粮食安全责任制考核工作的通知》，对相关工作进行安排部署。全省粮食安全责任制考核工作市州联络员会议在六盘水市召开，对 2017 年度粮食安全责任制考核时间节点、阶段性工作任务、佐证资料收集印制、自查自评注意事项、部门考核指标评判、现场考前准备等工作进行安排。

贵阳国家粮食交易中心正式启动试运行，成功组织了黔南州、六盘水市和毕节市地方储备粮网上竞价交易活动。全年累计完成粮食交易 23 万吨，成交金额 4.35 亿元，其中国家储备粮成交 19.61 万吨，金额 3.5 亿元；地方储备粮成交 3.53 万吨，金额 0.9 亿元。12 月，经省人民政府同意，省粮食局、省财政厅、农发行贵州省分行印发《关于推进全省地方储备粮油轮换实行公开竞价交易的通知》（黔粮联〔2017〕345 号），在全省范围内推进实施地方储备粮油轮换公开竞价交易。

五 粮食流通监管

（一）监督检查

印发《关于做好 2017 年粮食库存检查工作的通知》《关于开展 2017 年粮食库存重点检查工作的通知》。组织粮食企业开展自查，逐级汇总数据填报《2017 年粮食库存分解登统表》。组织各市州开展专项检查，按照 "市州检查数量不低于本地区粮食库存总量 50%" 的要求，检查库存粮食 84.79 万吨。开展省级重点复查，贵州省粮食局会同省发改、财政等部门组成检查组，对铜仁市等 6 个市、州的 22 个储粮企业进行重点复查，检查库存粮食 34.04 万吨。经查，各库存粮食数量真实、账实相符、质量总体良好、储存安全；检查粮食库存量均超过总量的 50% 以上，实际库存与统计库存粮食数量基本一致。

贵州省粮食局联合省发展改革委等 6 家单位组织开展政策性粮食安全隐患 "大排查快整治严执法" 集中行动，从安全储粮和安全生产、执行国家粮食收购政策、政策性粮食销售出库、地方储备粮管理、中央储备粮管理、政策性粮食租仓和委托收储六个方面开展问题隐患排查。截至 9 月底，全省排查出粮食安全隐患 392 个，完成整改 210 个，正在整改 91 个，待整改 91 个。10 月，组成 4 个检查组对贵阳市等 7 个市、州的 25 个县共 28 家政策性粮食经营企业开展抽查，共排查出问题隐患 122 个。经查，全省政策性粮食库存数据真实、质量基本宜存、2016 年轮换基本完成、费用补贴大部分按时拨付到位、库贷挂钩基本一致，没有发生储粮安全和安全生产事故。

开展粮食执法督查示范单位创建活动，加强夏、秋粮收购专项检查，规范和维护粮食市场秩序，保护农民利益。深入推进《国家粮食流通统计制度》执行情况专项检查，确保统计部门、人员、经费三落实，统计工作实现规范化、制度化、信息化。做好"12325"全国粮食流通监管热线通话测试、试运行工作，指导基层粮食部门开展执法督查创建活动，向国家粮食局推荐贵阳市粮食局、安顺市紫云县发展和改革局、黔南州瓮安县商务局、遵义市桐梓县经济贸易局 4 个基层粮食部门拟作为"全国粮食流通执法督查创新示范单位"。开展收获粮食质量安全监测工作，按照实行扦样、分样、封样全过程录像制度的要求，共采样 360 份，其中国家级样品 80 份、省级样品 186 份。推进粮油质检体系建设，完成六盘水、毕节市粮油质检中心建设任务；按照"双随机"的要求，完成政策性粮食质量安全监管扦样 531 份，其中年度库存检查样品 224 批次、省级新增储备粮 112 批次、"放心粮油"120 批次、军供粮油 27 批次、"贵州好粮油"48 批次。

（二）法治建设

深化行政审批制度改革，完成 2017 年度权力清单、责任清单的动态调整工作。加强市场监管，认真开展"双随机、一公开"工作，将检查结果纳入粮食安全省长责任制考核，切实履行监督职责。认真开展规范性文件清理工作，清理"放管服"改革涉及的规范性文件共计 27 份。加强法治教育培训，完善政府工作人员法治能力考查测试制度。

六　粮油统计与信息体系建设

（一）统计信息

按时完成各项粮食统计调查分析工作。先后开展了全省粮油供需平衡调查、乡村居民户存粮专项调查，按月对粮油购销及库存情况进行统计，认真分析有关数据，下拨 102.49 万元用于社会粮油供需平衡调查和价格监测统计工作。组织开展粮食流通统计人员培训 180 余人次。印发《贵州粮食流通统计工作制度》，建立粮食流通统计工作责任体系，全年发布粮油价格监测周报 52 期，月报 12 期。

（二）信息体系建设

切实推进"智慧粮库"建设，率先出台《贵州省粮食行业粮库智能化升级改造指导意见》《贵州省粮库信息化建设技术规范（试行）》《贵州省粮库信息化建设施工规范（试行）》，明确粮食仓储信息化系统的类型及主要功能，引导企业做好规划，实施分级分步建设。截至年末，全省完成 31 个储备库、52 个收纳库智能化升级改造。省储备粮管理总公司建成省级储备粮库管理平台，其下 13 个直属库和遵义市、黔南州、黔东南州三地试点库完成粮库智能化升级改造，并实现与储备粮管理总公司储备粮库管理平台互联互通。"智慧粮库"的运行，实现了粮食行政管理部门对储备粮及各检测指标的实时监控、自动测算和处理，通风、除湿、施药等智能化、自动化，有效提高工作效率、降低成本，确保粮食储得进、管得好、用得上。

七 粮食流通体系建设

全省粮油仓储设施建设项目获得中央预算内投资补助资金 1901 万元。全省粮食仓储物流基础设施在建项目共 40 个，建设总仓容 165.5 万吨，建设油罐罐容 11.4 万吨，项目概算总投资 87.81 亿元；建成仓容 82.75 万吨，油罐罐容 1.83 万吨，累计完成投资 6 亿元。4 月，按照国家粮食局要求，启动全省《粮油储存安全责任暂行规定》《粮油储存安全守则》《粮库安全生产守则》（"一规定两守则"）全员培训工作。其中，省级层面统一培训人员近 200 人，各市（州）、直管县（市）和省储备粮管理总公司集中培训人员近 1000 人。

八 行业发展

（一）实施"贵州好粮油"行动计划

深入推进粮食行业供给侧结构性改革，增加绿色优质粮食供给，在全国率先启动"贵州好粮油"行动计划。出台《"贵州好粮油"行动计划实施方案》，提出建立名录、订单种植、品牌建设、加工升级、市场营销五项行动任务，制定《贵州好粮油产品评审及管理细则》，突出种植好、质量好、品牌好、营销好、管理好、效益好六大要素，细化明确了"贵州好粮油"产品名录的组织申报、入选评审、标志使用、监督管理等程序要求。本着公平公正、客观科学、严肃严谨的原则，对全省 72 个申报产品进行严格评审，经资料审核、专家评分、现场打分和综合评定，评选 43 个"贵州好粮油"产品，并召开新闻发布会正式向社会推出。在"贵州好粮油"的基础上甄选 19 个产品参加第一批"中国好粮油"产品评比，贵州省榕江县粒粒香米业有限公司的锡利贡米、贵州茅贡米业有限公司的茅贡大粒香米、贵州湄潭茅坝龙脉皇米有限公司的茅坝万万岁米 3 个产品荣获"中国好粮油"称号，成绩位居西部省区榜首。

（二）推进"黔粮出山"战略

组织省内特色粮油企业参加"2017 上海全国优质农产品博览会""2017 第十九届湖北荆楚粮油精品展示交易会""深圳名特优粮油产品展"等展会，推广高品质、原生态的"贵州好粮油"。积极组织参与贵州名牌产品评选工作，认真审核把关，共有 24 个粮油类产品入选贵州省名牌产品，为历年来最多。与面制食品国家地方联合工程研究中心在推进贵州主食产业化及杂粮资源的研究利用、共建国家工程中心西南分中心等方面开展合作。开展 2017 年粮食科技活动周活动，组织粮油科研所及 13 家粮食企业参加启动仪式，宣传展示贵州省粮食行业科技创新成果，普及粮油营养健康和科学消费知识，接待咨询群众 8500 余人次。

（三）举办贵州省第四届粮油精品展

11 月 8~10 日在黔南州都匀市举办了贵州省第四届粮油精品展，主题为"山地公园省·贵州好粮油"。展会呈现五大特点：一是更加注重"黔粮出山"平台的搭建，邀请北京、广州等主销城市的粮食部门、协会及电商龙头企业参展，把贵州特色粮油产品精准促销到主销城市；二是新增粮机展展示面积 1000 平方米，邀请 26 家粮机企业参展，促进新技术、新设备的推广应用；三是凸显产品绿色优质、品种丰富多样，既有有机大米、特色米等粮食及杂粮，又有菜籽油、茶籽油等食用油，还有荞酥、刺梨酒等主副食特色产品，满足多元化多层次需求；四是将标准展区细分为粮食及杂粮展区、食用油展区、主副食品区 3 个区域，让群众购买商品更方便快捷；五是丰富和拓展展会内容，展会期间还举办了贵州省特色粮油产业科技人才电商需求洽谈会、产销衔接座谈会、中国好粮油论坛等，促进交流，扩大影响。展会参展企业近 200 家，品类 450 余种，总交易额 2.5 亿元，创下新高。

（四）实施"放心粮油"工程

对已到期的第一批 25 家"省级放心粮油示范店"开展检查复评工作，经现场质量抽检，对合格的 22 家"省级放心粮油示范店"进行续牌。

（五）安全生产

全年全省粮食行业安全生产无事故。

（六）节能减损

深入推广储粮新技术，扎实推进"智慧粮库"建设，大力开展节粮减损活动，降低储粮损失率，实现粮食减损 4 万吨。

（七）新闻宣传

以省政府"在线访谈"、多彩贵州网"黔粮之窗"、《贵州日报》等传媒为载体，加强粮食工作宣传，发出"粮食好声音"。

九　党群工作

全面贯彻党的十九大和习近平总书记在贵州省代表团重要讲话精神，举办各类专题党课和宣讲活动 50 余次，机关党员同志撰写心得体会 100 余篇。深入推进"两学一做"学习教育，坚持抓好"三级联动"学习机制和"三会一课""主题党日"等制度落实。深入推进粮食文化建设。9 月 23 日，全国粮食系统党的建设暨粮食文化建设现场会在贵州省遵义市召开，为粮食文化创建提供了"遵义经验"。深入推进党风廉政建设，贯彻落实"两个责任"，组织 80 余名党员干部到羊艾监狱参观，接受警示教育；抓好监督执纪"四种形态"，全年约谈各级党员领导干部 100 余次。统筹协调群团工作，组织开展"心系职工送温暖"活动，为困难党员和老党员送去慰问金 2 万元；贵州省储备粮管理总公司被省文明办、省直机关工委表彰为"文明单位"，局机关调控处被表彰为"文明处室"；机关团青工作在省直团工委绩效考核中荣获优秀等次。统筹推进"同步小康"帮扶工作，选派轮换 5 名优秀干部组成工作队到贵州省兴仁县巴铃镇开展驻村帮扶，助力发展特色产业、薏仁米基地建设、林下养鸡等项目。

十　其他情况

申创"贵州食品工程职业学院"获批，贵阳国家粮食交易中心启动运行，省储备粮管理"三级管控"体系建设不断强化，省粮油质检站龙头作用充分发挥。

◆ **贵州省粮食局领导班子成员**

沈　健　　党组书记、局长（2017 年 12 月免职，2018 年 1 月任贵州省人大常委会农业与
　　　　　农村委员会副主任委员）

章　萍　　党组成员、机关党委书记

吴青春　　党组成员、副局长

龙　林　　党组成员、副局长

鲁黔灵　　党组成员、副局长

2017 年 7 月 28 日至 8 月 2 日，国家粮食局党组成员、副局长徐鸣在贵阳市、遵义市、铜仁市调研。

2017 年 9 月 22~23 日，全国粮食系统党的建设暨粮食文化建设现场会议在遵义湄潭召开，国家粮食局党组成员、副局长，直属机关党委书记徐鸣出席会议并讲话。

2017 年 11 月 8 日，贵州省第四届粮油精品展在贵州省黔南州都匀市召开，国家粮食局总工程师何毅出席开幕式并讲话。

2017 年 10 月 16 日，贵州省遵义市粮食局、市农委、市教育局、市科技局、市妇联在丁字口河滨公园开展 "爱粮节粮保安全，优粮优价促增收" 为主题的宣传活动。

云南省粮食工作　基本情况

　　云南省是中国通往东南亚、南亚的窗口和门户，地处中国、南亚、东南亚三大市场结合部，与越南、老挝、缅甸接壤，国境线长4060公里。全省土地面积39.4万平方公里，占全国陆地总面积的4.1%。全省设16个州（市），129个县（市、区），是全国少数民族最多的省份，世代居住有26个民族。2017年，全省人口总数4800.5万，完成生产总值16531.34亿元，农业总产值3808.31亿元，财政总收入1886.16亿元，城镇常住居民人均可支配收入30996元，农村常住居民人均可支配收入9862元。2017年，全省粮食总产量1843.4万吨，其中稻谷529.2万吨，小麦73.7万吨，玉米912.9万吨。从生产者购进粮食184.12万吨，粮食总销售584.67万吨。粮食商品量600.36万吨，进口粮食144.15万吨。粮食消费量2223.14万吨，其中城镇口粮338.84万吨，农村口粮650.57万吨，饲料用粮951.93万吨，工业用粮222.2万吨，种子用粮59.6万吨。据铁路部门统计，全年铁路整车调入粮食493.85万吨，调出粮食27.08万吨。

2017 年粮食工作

　　2017年，全省粮食系统深入学习贯彻习近平新时代中国特色社会主义思想和党的十九大精神、总书记考察云南重要讲话以及粮食生产和粮食安全方面的重要指示精神，牢固树立和贯彻落实新发展理念，积极适应把握引领粮食经济新常态，围绕中心、服务大局，积极作为，全省粮食流通工作成效显著。

一　推进粮食供给侧改革

　　贯彻落实《国务院办公厅关于加快推进农业供给侧结构性改革大力发展粮食产业经济的意见》（国办发〔2017〕78号），形成《云南省人民政府办公厅关于加快推进农业供给侧结构性改革大力发展粮食产业经济的实施意见（送审稿）》上报省政府同意后印发实施。制定出台《云南省"优质粮食工程"实施意见》，开展"中国好粮油"云南行动，进一步完善粮食质量安全检验监测体系、建立粮食产后服务体系，争取中央和地方财政资金投入激活市场。坚决贯彻省委、省政府决策部署，配合省国资委做好所属企业划转移交工作。推进落实江川浅水湾度假村退出抚仙湖保护区工作。按照巡视整改要求，转让"云南白药"股票。加快推进粮食"去库存"，推进40万吨省级储备粮轮出销售工作，积极破解地方储备粮轮换亏损难题，探索省级成品粮储备和优质优价承储制度改革，引导粮食企业通过订单收购方式建设优质粮食基地，开展"优质优价"，引导农民调整粮食品种结构，提高高原特色绿色优质粮食的供给水平，不断满足消费者需求。

二　保障粮油市场供给

认真落实国家粮食收购政策，落实中晚籼稻和粳稻最低收购价政策，切实保护种粮农民利益。扎实推进粮食应急供应网点建设，支持国有粮食企业建设集"应急供应、军粮供应、成品粮储备、放心粮油、主食产业化、学生营养餐粮油供应、质量检测、产后服务"等为一体的粮食应急供应网点。推进全省军粮统筹采购，提高军民融合式发展水平。依托"国家粮油统计信息系统"粮食市场监测平台，建立全省粮油价格直报监测点70个。全省各类粮食企业收购粮食184.12万吨，销售粮食584.67万吨，调入粮食493.85万吨，调出粮食27.08万吨。为本省控制物价涨幅、稳定通胀预期发挥了重要作用。

三　打造高原特色粮油产业

贯彻省委、省政府"产业强省"战略，树立"大粮食""大产业""大市场""大流通"理念，坚持市场主导、政府引导、产业融合、协调发展、创新驱动、提质增效、因地制宜、分类指导的原则，大力发展高原特色粮食产业经济。紧密结合产后服务体系建设、"中国好粮油行动计划"等重点工作，大力发展加工转化，推动"产收储加销"一体化发展，促进一、二、三产业融合发展。培育粮食龙头企业，发挥引领示范作用，昆明滇中粮食贸易（集团）有限公司"彩云之南云香米"入选2017年第一批"中国好粮油"产品，"醇自然牌罗平菜油"等10余个粮油品牌分别荣获第十三届中国昆明国际农业博览会金奖、银奖、优质奖。

四　提升粮食流通能力

省政府出台粮食流通行业"十三五"规划，着力构建"一核、六圈、七线、八节点"的粮食流通格局。加大新建库、危仓老库改造和粮库智能化建设。重点推进"粮安工程"粮库智能化升级改造和粮食仓储及物流项目建设，"粮安工程"粮库智能化升级改造获得国家补助资金1.29亿元。获得粮食仓储和物流项目建设国家补助资金1.58亿元。争取省级财政和省食安委专项资金3625万元，进一步配套建设129个县级粮食质量检测点的设备。昆明国家粮油交易中心于2017年4月18日进入全国粮食交易平台联网运行，全年交易政策性粮食达19.65万吨。

五　落实粮食安全责任

把贯彻落实粮食安全责任制、国家新增地方储备粮、"粮安工程"项目建设和粮食质量监管作为全年工作的重中之重，从讲政治的高度抓督促落实。切实强化考核"指挥棒"作用，做好 2017 年粮食安全行政首长责任制考核，根据国家考核方案，充实完善本省考核内容，合理确定考核目标，将粮食安全责任落实情况纳入政府绩效考核，组织对 16 个州、市和 13 家省级部门进行检查考核，层层压实粮食安全责任。经过国家严格检查考核，国务院对全国落实粮食安全省长责任制取得突出成绩的 17 个省区给予表扬，云南位列其中，阮成发省长在国家通报文件上作出重要批示："对省粮食局圆满完成任务，要予以表扬。"

六　　推进法治粮食建设

高度重视法治粮食建设，不断提高依法治粮、依法管粮的能力和水平。组织修订《云南省〈粮食流通管理条例〉实施办法》《云南省省级储备粮管理办法》《云南省〈国有粮食仓储物流设施保护办法〉实施意见》等行政规范性文件。认真开展"世界粮食日"和"爱粮节粮宣传周"活动。推进"放管服"改革，制定粮食系统随机抽查事项清单，出台"双随机一公开"监管实施细则。认真开展粮食库存、全社会粮食流通的监督检查。认真开展粮食安全隐患"大排查快整治严执法"集中行动，责令整改问题 177 个。加强粮食库存管理，消除安全隐患，有效防范粮食流通领域违法违规行为。开展收获和储存环节粮食质量安全风险监测，抽查样品 375 个，开展收获粮食质量调查和品质测报，全年抽查样品 144 个。

七　　落实从严治党责任

严格落实从严治党主体责任，深入开展粮食行业"改革发展转型升级"大讨论活动，弘扬"跨越发展、争创一流、比学赶超、奋勇争先"精神，推进"两学一做"学习教育常态化制度化，实施"基层党建提升年"建设，"书香机关·书香支部"读书活动，切实把严要求贯彻到管党治党的全过程和粮食流通的各环节，推动全省粮食系统全面从严治党工作向纵深发展。坚决贯彻落实中央八项规定精神和省委实施办法，全力抓好省委巡视整改工作落实，着力强化政治纪律和政治规矩，着力加强党风廉政建设，着力强化组织纪律，着力持之以恒整治"四风"，严格落实党风廉政建设"两个责任"。加强干部职工作风建设，抓早抓小，在群众评议省直机关作风活动中，排名从 2016 年的第 33 位，跃升至第 14 位。抓好用人导向，激励干事创业，建设想干事能干事的干部职工队伍，为全面深化粮食流通领域改革、确保云南粮食安全、顺利完成粮食流通各项工作任务提供了坚强的政治保证。

◆云南省粮食局领导班子成员

海文达	党组书记、局长
许建平	党组成员、副局长
龚国富	党组成员、副局长
官悠房	党组成员、副局长
张　春	副巡视员

2017年4月6日，云南省粮食局党组书记、局长海文达（右一）赴省粮食局挂钩扶贫的昭通市昭阳区洒渔镇调研脱贫攻坚工作。

2017年5月25日，省粮食局党组书记、局长海文达代表云南省向国家粮食安全省长责任制考核联合抽查工作组汇报工作。

2017 年 10 月 16 日，云南省粮食局、云南省农业厅、云南省教育厅、云南省科技厅、云南省妇联在云南抗战胜利纪念堂举行 2017 年"世界粮食日"和"全国爱粮节粮宣传周"云南主会场活动。

2017 年 12 月 14 日，云南省粮食局党组书记、局长海文达到曲靖市调研粮食流通重点工作。

西藏自治区粮食工作

基本情况

2017 年西藏自治区粮食播种面积 18.6 万公顷。粮食总产量达 106.5 万吨，其中青稞产量达 78.1 万吨；全年收购粮食 3.3 万吨，其中青稞 2.9 万吨；销售粮食 32 万吨，其中区外调入粮食 23 万吨。

2017 年粮食工作

2017 年，在西藏自治区党委、政府的坚强领导和自治区发展改革委的具体指导下，在国家粮食局的有力指导和全国粮食行业的无私支援下，在自治区有关部门的大力支持下，西藏广大粮食干部职工砥砺奋进、真抓实干，扎实推进粮食流通改革发展，在促进西藏经济社会长足发展、长治久安和改善民生中发挥了积极作用，西藏各级粮食部门围绕中心，服务大局，凝心聚力，攻坚克难，推动粮食流通改革发展取得了新成绩。

一　粮食生产与流通

2017 年粮食产量达 106.5 万吨，其中青稞产量达 78.1 万吨，粮食生产实现"八连增"，为推进粮食供给侧结构性改革提供了坚实的物质基础；产销协作力度不断加大，放心粮油经营网络不断拓展，应急保障体系和质量安全检测体系不断健全，粮食供应充足，价格总体平稳；西藏粮食仓储和检化验设施设备逐步向现代化迈进，为粮食流通工作的进一步发展提供了有力支撑。

二　粮食调控

一是建立了"承储社会化、运作市场化、管理双重化"的西藏自治区动态应急储备新机制，落实动态应急地方储备粮 3.4 万吨，确定国有承储企业 20 家、非国有承储企业 8 家，促进了承储主体多元化和社会化，年度减少财政支出 4000 余万元，实现了政府与企业双赢。出台了《关于加强西藏辖区中央与地方储备粮协同运作的指导意见》，建立了中央和地方储备协同运作机制。全面落实自治区储备粮管理制度办法，建立自治区储备粮轮换承诺制，压实轮换工作责任，顺利完成 2017 年度自治区储备粮油轮换任务。不断加强《粮油储存安全责任暂行规定》《粮油安全储存守则》《粮库安全生产守则》的业务培训，累计培训粮食保管员 80 余人。二是继续实施放心粮油工程，落实放心粮油店建设以奖代补资金 140.56 万元，建成放心粮油配送中心 7 个、放心粮油店 31 个，配送供应学校 1057 家、机关食堂 56 家，国有粮食企业"三包"学生放心粮油供应覆盖率提高到 85%。加强与区外粮食企业的产销合作，北大荒"好粮油"首次入藏。三是积极协调军粮供应，多次与西藏军区后勤部、西宁联勤保障中心沟通衔接军粮供应试点事宜，承接武警西藏部队军粮质量检测工作，推进了军民融合发展。四是统筹应急救灾粮食供应，面对林芝、昌都地震，各级粮食部门通力配合，积极落实应急粮源，确保灾区有粮可供，充分展示了粮食部门反应快速、指挥有力、能打硬仗的应急能力。

三   粮食流通体制改革

一是全面考核，有效落实粮食安全责任制。在西藏自治区粮食安全责任制领导小组的统一领导下，在各成员单位的通力配合下，顺利完成 2016 年度粮食安全省长责任制自评工作，及时上报了自评报告。同时，坚持问题导向，狠抓问题整改，有力促进了省长责任制的落实。切实抓好粮食安全专员（市长）责任制考核，搞好考核设计，深入实地全面核查，挖掘了日喀则市规范设置考核机构、规范整理佐证资料的典型做法，及时通报考核结果，进一步压实了各级政府粮食安全主体责任，传导了保障粮食安全的压力。二是深化粮食收储制度改革，不断完善和创新调控方式，形成了更为灵活、更低成本、更具实效的粮食收储体系。认真落实青稞最低收购价政策，最低收购价稳定在 3.8 元／公斤的水平。继续实施售粮大户奖励办法，兑现售粮大户奖励资金 8 万元。协调农发行落实粮食收购资金 4200 万元，严格执行收购政策，全年收购粮食 3.3 万吨，其中青稞 2.9 万吨，农民实现售粮收入约 11400 万元。三是深化国有粮食企业改革，制定《西藏金谷粮食产业集团绩效目标管理办法》《西藏金谷粮食产业集团国有资本及财务管理（暂行）办法》等文件，狠抓集团化管理，金谷集团公司经营效益稳步提升，2017 年实现利润 1225 万元，职工人均收入提高 1500 元。昌都、林芝等市着力推进国有粮食企业合并重组，进一步激发了企业发展活力。

四   粮食流通监管

扎实推进依法管粮，加大监督检查力度，全面加强粮食库存检查，扎实开展粮食安全隐患"大排查快整治严执法"集中行动和"回头看"工作，全年开展各类检查 501 次，检查企业 1655 次，检查各类粮食 20 余万吨，发现和整改了一批突出问题。强化源头管控和综合治理，努力消除安全隐患，西藏粮食系统安全生产实现零事故。积极参加国家粮食局组织的跨省粮食库存交叉执法检查和统计制度专项巡查工作，全面展示自治区粮食执法人员精湛的业务能力和良好的执法形象，得到了国家粮食局的充分肯定和通报表扬。积极推进立法修规，协调争取青稞单独写入《粮食流通管理条例》。

五   粮食流通体系建设

继续实施"粮安工程"，落实新建粮库项目投资 6068 万元，粮食仓储设施条件不断改善。大力实施"科技兴粮"工程，强化粮食质检体系建设，加快林芝粮食质量检测站建设进度，完成自治区粮油中心化验室计量认证和第四期全区粮食行业职业技能培训鉴定，《青稞》《青稞储存品质判定规则》《鸡爪谷》三项推荐性国家标准制修订项目通过立项评审。

六　　行业发展

一是着力培育青稞产业发展载体，积极落实自治区党委、政府决策部署，协调推进金谷集团、西农集团等16家国有企业的合并重组，组建了西藏农牧产业投资集团公司。加强青稞产业发展合作，向北京鑫旺生物科技有限公司调运青稞原粮，迈出了青稞进军内地市场的实质性步伐。二是扎实开展粮食行业"深化改革转型发展"大讨论活动，结合实际制定大讨论活动实施方案，围绕解放思想、青稞产业发展等专题组织集中讨论活动，认真开展主题征文和"我为粮食行业发展献一策"活动，邀请有关专家做党的十九大、"一带一路"等专题辅导讲座，大讨论活动稳步推进。各地市强化讨论成果落实，昌都市、山南市全力拓宽放心粮油销路，林芝市通过学习《洛桑江村日记》积极探寻青稞产业发展之路。三是切实加强顶层设计，申报了2017年度国家粮食局软科学研究课题，围绕贯彻粮食安全战略，深入开展调查研究，提出青稞产业经济发展的政策措施建议，形成了针对性和可操作性强的研究成果，起草了《关于加快粮食供给侧结构性改革大力发展高原特色粮食产业的意见》。四是稳妥推进行业信息化建设，落实粮库智能化中央财政补助资金6780万元，全面完成信息化项目设计招标等前期工作。五是加强与国家粮食局和援藏省市粮食部门及企业的沟通衔接，落实援藏资金2250万元。

七　　党群工作

一是抓学习强信念，从严治党成为新常态。扎实推进"两学一做"学习教育常态化制度化，坚定不移用习近平新时代中国特色社会主义思想武装头脑，教育引导广大党员干部职工认真学习党章党规，深入学习贯彻党的十九大和区党委九届三次全会精神，注重在学懂弄通做实上下功夫，不断创新党建工作载体，丰富学习形式和内容，强化管党治党，压实"两个责任"，持之以恒推动中央八项规定精神和区党委相关要求全面落实。二是严纪律抓维稳，稳定成效达到预期。按照民族地区干部"三个特别"政治标准，严守党的政治纪律和政治规矩，狠抓维稳安保各项措施的落实，实现了"三不出""三稳定"工作目标。三是转作风利民生，初心得以全面体现。不断强化宗旨意识和担当意识，大力弘扬"老西藏精神""两路精神"，扎实抓好精准扶贫、精准脱贫工作，落实扶贫资金56.4万元，认真开展强基惠民和"在职党员进社区报到服务群众"活动，以实际行动树立了新时代"粮食人"的好形象。

◆西藏自治区粮食局领导班子成员

次旺诺布	发展改革委党组成员，粮食局党委书记、副局长（2017年9月调离）
苏园明	发展改革委党组成员，粮食局党委书记、副局长（2017年9月任职）
徐　海	粮食局党委副书记、副局长（主持行政工作）
达　拥	粮食局党委委员、副局长
李　军	粮食局党委委员、办公室主任
郭晓虹	粮食局党委委员、副局长（援藏干部）

陕西省粮食工作　基本情况

陕西省作为"一带一路"建设的重要枢纽和"向西开放"战略前沿省份，居于连接我国东、中部地区和西北、西南的重要位置。全省总面积为 20.58 万平方公里。全省有 10 个设区市和 1 个杨凌农业高新技术产业示范区。2017 年底，全省常住人口 3835.44 万。

2017 年是陕西发展历程中砥砺奋进的一年。党的十九大胜利召开，极大地鼓舞了全省人民。在以习近平同志为核心的党中央领导下，全省上下围绕追赶超越定位和"五个扎实"要求，坚持稳中求进工作总基调，以供给侧结构性改革为主线，全面落实省第十三次党代会提出的"五新"战略任务，经济增长好于预期目标。全年生产总值实现 21898.81 亿元，同比增长 8%，突破 2 万亿元大关；完成地方财政收入 2006.39 亿元，同比增长 11.9%；城乡居民人均收入分别达到 30810 元和 10285 元，同比增长 8.3% 和 9.2%，全部迈上了新台阶。全省追赶超越的步伐明显加快，经济社会发展进入了新时代。全省粮食经济转型升级、跨越发展，为促进全省经济社会发展作出了积极贡献。

2017 年粮食工作

2017 年，陕西省各级粮食部门以习近平新时代中国特色社会主义思想为指导，贯彻落实中央、省委、省政府决策部署和全国粮食流通工作会议精神，紧扣"五个扎实"和追赶超越要求，解放思想、攻坚克难，以新发展理念为统领，以改革创新为动力，紧紧围绕保障粮食安全，大力发展粮食产业经济，推动全省粮食行业改革发展迈出新步伐、再上新台阶。

一　粮食生产

2017 年，陕西省认真贯彻落实中央强农惠农富农政策，积极调整种植结构，狠抓粮食生产，全年粮食生产再获丰收。2017 年，全省粮食播种面积 301.9 万公顷，比上年下降 4.0%。其中，夏粮 110.6 万公顷，秋粮 191.4 万公顷。主要种植小麦、玉米、稻谷，辅以各类杂粮。全省粮食总产量 1194.2 万吨，比上年下降 5.5%（夏粮产量 442.1 万吨，秋粮产量 752.1 万吨）。其中小麦 406.4 万吨、玉米 551.1 万吨、稻谷 80.6 万吨、大豆 23.9 万吨。

二　粮食产销融合

2017 年，经陕西省政府同意，省粮食局与省农业厅印发的《关于推进粮食产销融合促进现代农业发展和农民增产增收的实施意见》，有力地促进了粮食企业通过"订单粮食"、土地流转等形式与农村新型经营主体结成利益共同体，在产地建立粮食生产收储基地，从根本上解决粮食产销衔接难的问题，促进农民增产增收。2016 年全省粮食企业与农业合作社和农户签订小麦、稻谷及杂粮收购订单 20 万公顷。粮食企业向合作社和农户提供良种、肥料及技术服务，生产的粮食实行优质优价，保底收购。订单收购兑现后，可带动农民增收 3 亿元以上。各级粮食部门认真贯彻执行国家粮食购销政策，全力以赴抓好粮食收购，有效防止了"卖粮难"问题的发生，维护了种粮农民利益。

面对夏粮、秋粮品质均有下降、"卖粮难"风险进一步加大的不利形势，省粮食局组成督查组，由局级领导带队，深入田间地头、经纪人和家庭农场（专业合作社），摸清粮质粮情，积极组织和引导粮食企业入市收购。加强与周边省级部门间的沟通协调，强化销售等外粮协调力度，积极想办法、出实招，为购销双方"穿针引线"取得实效，尽最大努力帮助种粮农民减少损失。设计并印制粮食收购宣传漫画 4000 余份，发放到全省收购网点，让售粮农民对收购政策、收购流程、资金兑付等环节一目了然，卖上"明白粮"。全年各类粮食企业累计收购粮食 675 万吨、销售粮食 989.5 万吨，超额完成了省委、省政府下达的"收购粮食 425 万吨，销售粮食 475 万吨"的年度目标任务。

三　粮食调控

（一）粮食储备

地方储备粮规模全部落实到位。储备粮管理机制进一步完善。制定印发了《省级储备粮管理工作评价细则》，进一步健全了储备粮管理责任体系和考核体系。各级粮食部门和承储企业严格执行储备粮管理制度，夯实监管责任，在严、细、实上狠下功夫，保证了储备粮存储安全。协调省财政增加 20 万吨商业周转储备，撬动社会资本参与粮食储备，增强了政府市场调控和应急保障能力。省粮食局联合省财政厅印发了《关于进一步健全完善县级储备粮品种结构增强县级应急保障能力的通知》，支持大型粮食企业参与县级粮食储备，扩大成品粮储备，提高县级应急保障能力。积极鼓励支持地方储备粮轮换网上公开交易。提升西安国家粮食交易中心功能，扩大粮食交易业务，在西安国家粮食交易中心网络交易平台公开销售和采购政策性粮食 23 万余吨，其中，省级储备粮 13.55 万吨。

（二）粮食应急保障

完善了应急工作体系，按照省政府办公厅的统一部署，精心筹备，在延安市组织开展了第四轮粮食应急预案演练和粮食质量安全事故（事件）应急处置预案演练。持续夯实应急保障物质基础。到 2017 年底，全省共建立应急成品粮油储备 8.96 万吨（其中省级 4.31 万吨、市县级 4.65 万吨）。全省共建立应急供应网点 1464 个、应急加工企业 103 户、应急配送中心 81 个、应急储运企业 87 户。加快推进全省军粮供应站、放心粮油店和应急供应点三位一体的军粮供应网络体系建设。军粮供应管理工作得到加强，统筹配送和军民融合快速发展，规范的"军粮生活超市"已达 55 家。

（三）粮食产销合作

深化粮食产销合作关系，通过"走出去""请进来"，不断拓展合作内容。及时与中国铁路西安局集团有限公司加强沟通对接，及时建立铁路运输协作机制，为做好陕西省"引粮入陕"和"推粮出陕"工作，提供跨省粮食运输计划、运力保障、承运数量等有力支持。继续巩固和发展与黑龙江、宁夏优质大米、河南、湖北优质小麦等省份长期稳定的产销合作关系，组织省内企业参加黑龙江、宁夏、山西、河南等产销合作贸易洽谈会，并签订粮食产销合作战略协议，为本省和外省企业在开展粮食贸易、粮食精深加工以及资产合作等方面搭建平台，有力提升了全省粮食产销合作的范围和内容。推进延安市与兰州、银川、包头、濮阳等8市加强粮食产业区域协作，促进省区粮食企业结成行业合作联盟、品牌营销联盟、对外扩张联盟、应急保障援助联盟，并达成《合作意向书》。西安爱菊粮油工业集团、陕西粮农集团走出国门，分别与哈萨克斯坦开展了产销合作，建立粮油种植基地和加工园区。

（四）统计和监测预警

在做好统计基础工作的同时，开展了粮食供需平衡调查，建立了省粮食局机关内部统计工作协调机制，夯实了统计工作责任。开展统计制度培训，加强统计分析，提高统计数据质量，扩大统计覆盖面。到2017年底，全省纳入直报系统各类入统对象1112户、城乡居民固定调查户6106户。依托省粮食局官网平台，建立并启用省级粮油价格监测系统。根据省内粮油品种分布和价格监测报送情况，及时调整和充实价格监测点。到2017年底，全省共有价格监测点498个，其中国家级直报点31个、省级直报点42个，基本形成了覆盖全省、反应灵敏的四级粮油价格监测网络，实现了省内粮油市场和粮油品种价格指标全覆盖。进一步完善粮食市场信息采集网络，加强对粮食市场的研判，适时精准调控。利用西部粮油信息网、西部农林频道以及新媒体，适时发布粮食市场价格信息，积极引导市场预期。

四　国有粮食企业改革与提质增效

（一）国有粮食企业改革

以继续推进"一县一企"、积极发展混合所有制和加快淘汰"僵尸企业"为重点，突出抓好市县国有粮食企业兼并重组、资源整合和提质增效。对全省国有粮食企业改革发展进行了专题调研。到2017年底，全省291户粮油企业中有15%的企业建立了混合所有制。

（二）重点扶持龙头企业

指导省粮农集团组建了13家股权多元化的混合所有制企业。指导省储备粮管理公司完成公司制改革，由全民所有改为国有独资企业，设立董事会、监事会。2017年全省有9户企业入选国家粮食局、中国农业发展银行重点支持的粮油产业化龙头企业。其中，陕西粮农集团实现年销售收入111亿元，迈上了新台阶。

（三）提质增效

进一步完善考核制度，对企业改革和提质增效情况实行考核并通报。2017年，全省国有和国有控股粮油企业291户，实现营业收入145.34亿元，盈亏相抵后实现盈利6853万元，连续10年实现全省统算盈利。

五　粮食产业经济

（一）扩大粮食产业发展基金规模

2017年7月，省粮食局与陕西粮农集团、秦农银行签署协议，将陕西粮农30亿元产业发展投资基金扩充为100亿元，陕西省拿出1000万元用于补贴，降低企业融资成本，为推进全省粮食产业发展搭建了融资平台。

（二）推进园区建设

按照"一市一园区"的思路，积极推动健康粮食产业园区建设，打造健康粮食产业发展新高地。一是依托粮食主产区、特色粮油产区和关键粮食物流节点，推进粮食产业集聚发展。与杨凌示范区管委会和咸阳市政府共建杨凌农产品加工贸易园、兴平食品工业园，以全产业链为纽带，整合现有粮食生产、加工、物流、仓储、销售以及科技等资源，发展粮油产业集聚区，努力打造国家现代粮食产业发展示范园区（基地）。二是以绿色粮源、绿色仓储、绿色工厂、绿色园区为重点，积极推进韩城、富平、安康、商洛等地健康粮油食品产业园和延安杂粮健康食品产业园规划建设，推广绿色储粮新技术和绿色加工新工艺，发展健康功能食品，构建绿色粮食产业体系。其中以陕西商丹粮油工业有限公司为依托、投资1.54亿元、建设年产14万吨的粮油加工及储备库建设项目为主的粮食物流园区已基本完成。

（三）实施大集团、大品牌战略

对17户生产规模大、带动能力强、成长性好、特色显著的龙头企业实行"一企一策、精准扶持"，着力打造陕西大粮商。对陕西粮农集团在粮食储备、产业发展、收储基地、仓储物流设施、"优质粮食工程"建设等方面给予重点支持，为陕西粮农集团实现百亿元经营收入目标奠定了坚实基础。认真开展"中国好粮油"产品遴选申报工作，建立品牌发布机制，选择24个市场规模大、技术含量高、创新能力强的知名品牌进行重点扶持，使其快速做大做强，让秦粮品牌走出陕西、走向全国。积极打造陕北杂粮、关中面粉、安康富硒粮油、汉中黑米、商洛核桃油等特色粮油品牌，形成一批具有自主知识产权和市场竞争力的粮食名牌产品。

（四）推进主食产业化

坚持把主食产业化和放心粮油工程作为民生工程，陕西省上安排3000万元专项资金，支持企业生产设备升级改造，推进网点建设和研发绿色健康、营养安全的主食产品。全省20多个县（区）已有主食产业化企业，主食产业化开始向县乡延伸。继榆林之后，渭南、延安出台了推进主食产业化的具体措施，在政策和资金等各方面支持主食产业化龙头企业加快发展。汉阴县采取"公司＋农户"和"生产基地＋中央厨房＋餐饮门店"的现代经营模式，将当地富硒食材经中央厨房加工成美食，在县城建设美食示范店进行体验式销售。韩城市依托放心粮油配送中心，建设村村通放心粮油电商平台，在市区设立26个、农村设立100个订货提货点。

（五）发展健康粮食产业

大力实施创新发展战略，依托陕西科教资源优势和丰富的杂粮、富硒特色粮食资源、中医药资源，从技术、管理、营销等方面不断加大创新力度，实施"粮食＋健康"行动，研发健康粮油食品和功能食品、保健食品，推动健康粮食产业快速发展。分别向省粮科院和陕西粮农集团下拨100万元补助资金，安排延安健康粮油研究院、安康市富硒产品研发中心各200万元，支持开展健康粮油食品的研发。安排 1000 万元支持省粮科院建设健康粮油食品研发中心。省粮科院与陕西科技大学、西北农林科技大学、陕西中医研究院合作，共同研究开发健康粮油食品和中医功能食品、保健食品。

（六）大力培育粮食电商

推动陕西北斗金控、杨凌军粮应急应战保障储备库等 4 家企业联合建设"5S 健康食品"互联网大平台，构建消费者与粮油产业紧密相连的 O2O 运营模式，引领粮食健康消费新风尚，实现粮食产业线上线下融合发展，促进粮食产业转型升级。

六　粮食仓储物流设施重大项目建设

（一）重点工程建设

2015 年以来在建的中央预算内投资的 22 个仓储物流设施项目进展顺利。全面完成危仓老库维修改造和新仓建设任务，改造和新建仓容 155 万吨。全省完好仓容达 742 万吨，粮食仓储设施建设迈上新台阶。扎实抓好"优质粮食工程"建设。渭南市、陕西粮农集团积极申报"优质粮食工程"项目，临渭区、富平县和陕西粮农集团被国家确定为"中国好粮油"行动示范县和示范企业。粮食质量检验监测体系建设和 27 个粮食产后服务中心建设项目有序推进。会同财政厅制定印发了项目管理办法，下达了项目计划和资金计划，粮食质检体系建设子项仪器设备采购招标工作已经完成。

（二）建设西安粮食物流枢纽

认真贯彻省委省政府发展经济"三大战略"，发挥西安区位和交通优势，支持西安国家粮食交易中心与中粮集团旗下中粮贸易公司合作，投资 1.5 亿元建设西安国家粮食物流集散中心，打造"一带一路"西安粮食物流枢纽。目前建设工作进入主体施工阶段，预计 2018 年 6 月底建成投入运营。中粮集团、西安爱菊集团和陕西粮农集团利用"长安号"国际专列开展粮食贸易，打通中亚与我国内陆的粮食物流通道。2017 年，3 家企业共进口优质小麦 5905 吨、面粉 10737 吨、油脂 8220 吨、菜籽 10638 吨，更好地满足了粮油产品的市场需求。

（三）推进行业信息化建设

印发了《关于加快推进粮食行业信息化建设工作的通知》，制定了《陕西省粮库智能化升级改造工作方案》、省级储备粮库智能化升级改造设计方案和省级粮食信息管理平台设计方案，加强统筹规划指导。2017 年底，率先启动的两个示范粮库信息化建设任务已基本完成，省级粮食信息管理平台和省级储备粮库等 14 个项目启动实施。

七　粮食仓储与质量管理

（一）粮食仓储管理

开展 2017 年度省级储备粮承储资格认定工作，共受理资格申请企业 22 家、资格延续企业 33 家、资格变更企业 1 家。指导本省企业做好中央储备粮代储资格网上申报工作。开展了春、秋两季粮油安全大检查工作。指导全省粮食系统做好安全储粮和安全生产"两个安全"工作，对全省仓储设施利用情况进行了专题调研。

（二）粮食质量管理

印发了《陕西省粮食质量安全监管实施细则》《陕西省军粮质量管理实施细则》《陕西省粮食收储企业超标粮食处置管理办法》等。在延安市举行了粮食质量安全事故（事件）应急处置演练，组织粮食系统开展了"质量月"活动。组织开展收获、储存环节粮食质量安全监测，以省、市级粮油质检机构为主体的粮食质量安全检验监测体系已形成，粮食质量保持了安全可控的良好态势。

（三）粮食行业科技

组织全省粮食系统 5 个市县粮食局、12 家粮食企业、科研院所 24 位代表，参加了国家粮食局在安徽凤阳小岗村、河南工业大学、广东深圳等地举办的 2017 年粮食科技活动周相关现场活动，提出科技需求及技术难题 8 项，布设展位 3 个，展示科技成果 4 项、粮油产品 30 种，接待 3000 多人次，发放资料 1500 多份，达成合作意向 16 项。活动周期间，组织全省粮食系统开展宣传活动 80 余场，发放宣传资料 7 万多份、宣传品 1 万多件，接待群众达 13 万余人次，取得了良好的宣传效果。完成了 2016 年科技年鉴和科普统计及 2016 年粮油科技统计工作。

（四）粮食行业安全

认真落实安全生产责任制，制定印发了《陕西省粮食局关于加强全省粮食系统安全工作的实施意见》《陕西省粮食行业安全生产和消防安全工作考核办法实施细则》，在年初召开的全省粮食工作会议上，省粮食局与各市（区）粮食局、局属各单位和陕西粮农集团签订了安全生产、消防安全目标责任书，并督促各地抓好工作落实。组织开展"一规定两守则"全员培训工作，全省各级共集中培训 2292 人次。开展安全生产工作督查 3 次，发现整改安全隐患 118 件。扎实开展安全隐患专项整治行动，组织了行业危险化学品安全治理、夏季消防检查、电器火灾综合治理、高层建筑消防安全百日攻坚行动、春秋季安全储粮和安全生产专项检查、党的十九大消防安全保卫工作等 8 次安全生产专项整治行动，确保了行业安全生产形势稳定。

八　粮食安全省长责任制

省委省政府高度重视粮食安全省长责任制考核工作。2017 年 11 月，省委书记、省长胡和平主持召开粮食安全工作专题会议，听取了省粮食局工作汇报，强调要认真落实国务院印发的《关于建立健全粮食安全省长责任制的若干意见》和陕西省实施意见，紧密结合乡村振兴战略，加快构建粮食安全保障体系，确保实现陕西省粮食安全主要目标。为加强对考核工作的领导，省政府成立了常务副省长任组长的粮食安全省长责任制考核小组，并将粮食安全省长责任制考核纳入年度目标考核体系，进一步强化粮食安全省长责任制考核的刚性约束。全省各级粮食部门积极履行牵头协调职责，组织协调有关部门，认真做好 2016 年度粮食安全省长责任制考核工作。各地各部门对标考核细则和评分标准，补短板、强弱项，扎实做好贯彻粮食安全省长责任制各项工作。省粮食局认真履行考核工作领导小组办公室职责，组织协调各成员单位，采取自查评分、部门评审和抽查的方式，认真开展了对各市（区）政府 2016 年度粮食安全省长责任制的考核，对考核中发现的问题现场反馈，提出整改要求。考核结果经省政府审定上报国家考核办及相关部委。考核工作的实施，有力地推动了粮食安全省长责任制的贯彻落实，全省粮食综合生产能力和粮食流通管控能力进一步提高，粮食产业发展进一步加快，粮食质量监管进一步增强，粮食安全责任体系进一步完善。

九　粮食流通监管

（一）监督检查

全省各级粮食部门组织开展了粮食收购、粮油库存、军粮供应、统计制度执行情况、安全生产以及"大快严"等专项检查，认真排查隐患，对发现的问题建立台账、明确责任、动真碰硬、不走过场，限期整改到位，维护了粮食流通秩序，稳定了全省粮食市场。在国家局的指导下，对从河南省流入本省渭南市的真菌毒素超标小麦进行就地查封并依规进行处置，有效防止了问题小麦流入口粮市场。配合国家联合督导组完成了咸阳西郊粮库有关问题处理的相关组织协调工作。2017 年，全省各级粮食行政管理部门共开展检查 638 次，出动检查人员 2876 人次，检查粮食收购主体 1580 个，检查政策性粮油委托收储库点 145 个。

（二）法治建设

各级粮食部门积极推进"放管服"改革，制定和完善权力责任清单和公共服务清单，推进依法行政，优化公共服务，提高了工作效率。建立"双随机一公开"检查机制，印发了《陕西省粮食局"双随机一公开"实施细则》，及时对粮食企业名录库和粮食库存检查人才库进行更新，加大对检查结果和处理情况的公开力度。西安、渭南、榆林 3 市已开展粮食收购企业及个人信用体系建设试点工作，收效良好。

十　粮食政风行风建设

2017 年，全省粮食系统各级党组织始终高度重视党建和党风廉政建设工作，认真落实从严治党要求，切实增强"四个意识"，着力推动全面从严治党，做到"两手抓、两不误、两促进"。扎实推进"两学一做"学习教育常态化制度化，党的政治建设、组织建设、思想建设和作风建设进一步加强。认真落实中央八项规定精神和省委实施意见，切实转变工作作风，深入推进党风廉政建设和反腐败斗争。在全省粮食系统组织开展了"深化改革转型发展"大讨论活动。认真落实省委关于干部鼓励激励、容错纠错、能上能下三项机制有关精神，激发干事创业新活力。扎实做好扶贫和对口援藏工作。大力加强行业人才队伍建设，推进职业技能鉴定工作，通过抓好职工教育培训和技能人才培养，提高了全系统干部职工队伍素质。

◆**陕西省粮食局领导班子成员**

刘维东	发改委党组成员，粮食局党组书记、局长（正厅长级）
赵　策	党组成员、副局长
张　翔	党组成员、副局长
王晓森	党组成员、副局长
郭　明	副巡视员

2017 年 3 月 14 日，陕西、黑龙江两省粮食局领导和有关人员在西安市进行座谈交流粮食工作。

2017 年 7 月 18 日，陕西省粮食局、陕西粮农集团、秦农银行举行陕西粮农产业发展百亿基金和 5S 健康食品互联网大平台建设签字仪式。

2017 年 7 月 26 日，陕西省粮食安全领导小组召开粮食安全省长责任制考核工作会议。

2017 年 9 月 30 日，陕西省粮食应急工作指挥部在延安市举行第四轮粮食应急预案演练暨粮食质量安全事故（事件）演练活动。

甘肃省粮食工作　基本情况

　　甘肃省地处黄土、青藏和内蒙古三大高原交汇地带，东接陕西，南控巴蜀、青海，西倚新疆，北扼内蒙古、宁夏，是古丝绸之路的锁匙之地，也是国家"一带一路"建设的黄金路段。全省总面积 42.59 万平方公里，占全国总面积的 4.72%。地貌复杂多样，地势自西北向东南倾斜。全省辖 12 个市、2 个民族自治州、1 个矿区管委会和 86 个县（市、区），总人口近 2700 万，常住人口 2625.7 万。省内有 55 个民族，东乡族、裕固族和保安族是甘肃特有的少数民族。

　　2017 年，全省实现生产总值 7677.0 亿元，比上年增长 3.6%。全省居民人均可支配收入 16011.0 元，比上年增长 9.1%。按常住地划分，城镇居民人均可支配收入 27763.4 元，增长 8.1%；农村居民人均可支配收入 8076.1 元，增长 8.3%。全省居民人均消费支出 13120.1 元，比上年增长 7.1%。按常住地划分，城镇居民人均消费支出 20659.4 元，增长 5.7%；农村居民人均消费支出 8029.7 元，增长 7.2%。全年完成全部工业增加值 1769.7 亿元，比上年下降 1.5%。固定资产投资 5696.3 亿元，比上年下降 40.3%。社会消费品零售总额 3426.6 亿元，比上年增长 7.6%。粮食总产量达到 1105.9 万吨，比上年减产 1.0%。全省小麦年均缺口一半、大米几乎不能自产的基本粮情没有改变，对省外粮源的依赖程度仍比较高。

　　2017 年，全年全省收购粮食 322.1 万吨，同比下降 7.1%，销售粮食 338.5 万吨，同比下降 9.2%；收购食用油 6.3 万吨，同比下降 23.8%，销售食用油 13.3 万吨，同比下降 2.3%。全年全省国有粮食企业实现盈利 5199 万元，连续 9 年统算盈利，其中省直企业实现盈利 3933 万元，12 个市州实现盈利。

2017 年粮食工作

一　认真学习贯彻党的十九大精神

　　多次召开局党组会议、局党组扩大会议、理论中心组学习会议、干部职工大会、宣讲报告会等，印发学习摘要、文件汇编、学习辅导百问、党章修正案学习问答等，局主要领导专题辅导，邀请省委宣讲团成员深入宣讲，持续推动党的十九大精神的学习、宣传和贯彻。印发有关通知及方案，对学习贯彻工作作了详细安排部署，各直属单位党委、局机关各处室党支部把党的十九大精神作为理论学习的重中之重，制定学习计划，专题学习研讨。党员领导干部带头学习，做学习笔记，写心得体会。干部职工充分利用报纸、杂志、网络等平台，加强学习领会，交流心得经验。通过门户网站、微博、微信公众号等，积极向党员干部广泛宣传解读党的十九大精神。局系统形成了互相学习、互相促进、你追我赶的良好氛围，掀起了学习宣传贯彻党的十九大精神的热潮。

二　全面贯彻落实粮食安全省长责任制

为落实粮食安全省长责任制，省委 2017 年一号文件明确 "落实粮食安全省长责任制，完善目标管理考核办法" 的要求，省政府把 "粮食安全" 作为市州政府的绩效考核指标之一，全面加强粮食生产、储备和流通能力建设。按照国家和省政府的要求，对各市州 2016 年度粮食安全省长责任制落实情况进行了综合评价，以省政府名义发出考核通报，对亟须整改事项提出了时限要求，有效发挥了考核 "指挥棒" 作用。省政府 2016 年度责任制落实，接受 2017 年 "国考" 抽查，甘肃省名列第 9，是国家予以表扬的 17 个省（区、市）之一。通过不断努力，全省基本构建了政府负总责、部门抓落实、生产保底线、储备保应急、流通保平衡的粮食安全层级责任体系。

三　全力保障粮食供需平衡

坚守 "吃粮买得到" "种粮卖得出" 的底线目标，充分发挥国有粮食企业的主渠道作用，鼓励多种所有制企业入市收购，全年收购粮食 322 万吨、食用油 6.5 万吨，促进了粮食生产，保护了种粮农民利益。在立足省内收购的同时，积极拓展 "引粮入甘" 渠道，分别与宁夏、河南、黑龙江、内蒙古等省区签订两省区粮食产销合作协议，千方百计掌握粮源。支持多元化市场主体搞活粮食流通，适时组织投放适销对路的粮油产品，满足不同消费主体需要，销售粮食 338.5 万吨、食用油 13.5 万吨，确保了全省粮食供需平衡。建成 "放心粮店" 1600 个，实现了 14 个市（州）、86 个县（区）的全覆盖，拓宽了居民消费优质粮油的渠道。不断提高服务质量，保障了军队粮油供应。

四　着力提升储备粮管理水平

严格规范储备粮管理，严把入口、储存、出口三个关口，较好发挥了宏观调控蓄水池、调节器作用。完善储备粮轮换机制，出台省级储备粮应急成品粮管理办法，改进省级储备小麦轮出竞价交易制度，按期完成 21.8 万吨省级储备粮和 0.7 万吨省级储备油轮换计划，确保了储备粮常储常新、发挥效能。建立省、市、县三级应急成品粮储备，应急供应网点和配送中心达标建设率均达 100%，有效提高了全省粮油应急供应保障能力。

五　有效提升基础管理水平

在仓储规范化管理提升年活动中，各地各单位扎实开展 "一规定、两守则" 全员培训，着力提升仓容库貌形象、仓储工作水平、储粮安全和生产安全保障能力，仓储规范化管理迈上新台阶，得到国家粮食局的充分肯定。通过财务管理提升年活动，省级储备粮补贴资金推行了预算管理，建立了省级储备粮轮换准备金，对10个省直单位进行了经济责任审计，强化了资产和财政资金管理，拓展了财务管理功能，提升了财务管理水平。

六　大幅改善基础设施条件

仓储设施新建项目基本完成，中央补助维修改造项目全面收尾，全省粮食总仓容达到465万吨，标准化仓容达到230万吨，仓容完好率达到85%，仓储条件持续改善。粮食行业信息化项目整体设计完成，拟定了项目实施方案和省平台项目管理办法，编制了《粮库智能化升级改造建设方案（模板）》，临夏州、陈官营库、景家店库三个试点项目正式实施。同时，扎实推进各地的一些粮食产业园区、物流配送中心等项目。

七　不断加强粮食流通监管

加强粮食收购市场监管，严厉打击"转圈粮"和"打白条"、压级压价等坑农害农行为。开展库存检查，及时处置6起原粮卫生指标不合格事件，坚决防止不合格粮食流入口粮市场。全面开展粮食安全隐患"大排查快整治严执法"集中行动，有效落实了分级管理责任。建立粮食流通监督检查"双随机一公开"制度，12325全国粮食流通监管热线开通试运行。不断完善监管协调机制，与涉粮执法部门密切配合，坚决打击囤积居奇、哄抬粮价、以次充好、掺杂使假、计量作弊等扰乱市场的行为，维护了粮食市场秩序。2017年食品安全工作考核，省粮食局为A级，获得省政府通报表彰。

八　启动开展大讨论活动

按照国家粮食局的部署要求，在全省粮食行业启动了"深化改革转型发展"大讨论活动，成立领导小组，制定实施方案，召开启动会议，印发学习资料，收看专题报告，同时充分调动各地各单位和广大干部职工参与大讨论的积极性和主动性，向国家粮食局报送主题征文84篇、措施建议102篇，掀起了活动热潮。比对全国粮食行业大讨论提出的4大项20小项参考题目，归纳扩充为符合甘肃实际和粮食部门特点的5大项29小项参考题目。对照参考题目，派出工作组深入县区粮食部门、粮库站所、加工企业开展调研，多渠道、多角度倾听呼声、征询意见和建议，更加深入了解掌握基层一线抓改革促发展的生动实践和鲜活经验，为培树典型推广好活动做足了准备。组织编印了《"学习贯彻十九大精神，推动全省粮食行业深化改革转型发展"专题研讨会材料汇编》，帮助各地各单位相互交流借鉴，不断扩大研讨成果运用，持续把大讨论活动引向深入。

九　高质量开展专题学习研讨

坚持"两学一做"常态化建设同研究解决粮食行业改革发展稳定重大问题结合起来，组织召开了"学习贯彻十九大精神，推动全省粮食行业深化改革转型发展"专题研讨会，共提交优秀研讨材料

86 篇。学习研讨坚持问题导向和底线思维，为推动全省粮食流通改革发展把脉问诊、鼓劲明向，集思广益、群策群力谋发展，在学习贯彻党的十九大精神、推进供给侧结构性改革、加快粮食产业经济发展、完善粮食宏观调控体系、深化国有粮食企业改革、落实粮食安全省长责任制、粮食行业党的建设、粮食行业文化建设、人才队伍建设等方面形成了共识，以全新的思想认识和精神状态开启了振兴全省粮食事业发展的新征程。

＋　扎实推进帮扶工作

为全面贯彻落实好省委、省政府调整加强脱贫攻坚帮扶工作力量的新要求新部署，省粮食局成立了脱贫攻坚帮扶协调工作领导小组，对帮扶工作作了详细安排部署。在了解掌握帮扶村资源禀赋和贫困户帮扶需求的基础上，共筹集 100 万元，5 个帮扶村各安排 20 万元，扶持各村组建专业合作社，以集体组织＋专业合作社＋农户的模式培育发展中蜂养殖等特色产业，助力壮大村级集体经济和贫困户脱贫致富。承担徽县省直组长单位任务，协调联系交通银行省分行和甘肃机电职业技术学院，在徽县组织召开了由省市县帮扶单位参加的脱贫攻坚工作推进会。成立了徽县 2017 年脱贫攻坚帮扶工作考核领导小组，印发了考核实施方案，联合 2 家省直帮扶成员单位深入贫困村开展了考核。协调徽县政府召开考核总结会议，对考核中发现的问题逐一梳理总结，提出了改进建议并积极推动整改落实。

十一　持续加强党风廉政建设

切实履行全面从严治党责任，结合实际认真开展"两学一做""三严三实"学习教育，持之以恒落实中央八项规定精神和省委实施办法，召开党风廉政建设工作会议，在局系统安排部署，层层签订责任书，强化分类指导，分领域推进，更好地促进粮食事业发展和干部队伍成长。加强巡视问题整改，围绕巡视反馈的有关党的领导、党的建设、全面从严治党、干部作风建设、干部队伍建设等 5 个方面 16 条意见建议，提出了 62 条整改措施，挂账销号予以落实。对巡察巡检发现的 27 个方面的主要问题一一督办整改，严肃处理有关责任事件并进行通报，进一步释放了严格监督执纪问责的强烈信号。

◆甘肃省粮食局领导班子成员

郭奇若	党组书记、局长（2017 年 11 月任职）
宋尚有	原党组书记、局长（2017 年 5 月调任甘肃省林业厅党组书记、厅长）
王学书	党组成员、副局长
王春林	党组成员、副局长
陈玉皎	巡视员
鱼金明	副巡视员（2017 年 4 月退休）

2017 年 12 月 14 日，甘肃省粮食局党组书记、局长郭奇若（右二）深入徽县调研开展精准扶贫帮扶工作。

2017 年 10 月 16 日，甘肃省 2017 年世界粮食日和全国爱粮节粮宣传周活动启动仪式暨甘肃省首届"爱粮节粮之星"发布活动在兰州金轮广场隆重举行，省粮食局党组成员、副局长王学书（右一）讲话。

甘肃省粮食局"学习贯彻十九大精神，推动全省粮食行业深化改革转型发展"研讨会深入扎实进行（左起依次为党组成员、副局长王春林，党组书记、局长郭奇若，党组成员、副局长王学书，巡视员陈玉皎）。

2017 年 11 月 15 日，甘肃省粮食局召开局系统深入学习贯彻党的十九大精神干部职工大会。

青海省粮食工作   基本情况

青海省是我国青藏高原上的重要省份之一，因境内有全国最大的内陆咸水湖——青海湖而得名。青海省面积 72.23 万平方公里，耕地面积 58.57 万公顷。全省辖有 8 个市州，其中包括 2 个地级市、6 个自治州、6 个市辖区、3 个县级市、27 个县、7 个自治县、3 个县级行委。2017 年全省常住人口 598.38 万，青海是一个多民族聚集的省份，少数民族人口 285.49 万，占常住人口的 47.71%。

2017 年全省地区生产总值 2642.80 亿元，比上年增长 7.3%，人均地区生产总值 44348 元，比上年增长 6.4%。粮食作物播种面积 28.3 万公顷，比上年减少 0.2 万公顷，农作物主要品种有小麦、青稞、玉米、马铃薯、豆类、油料等，全年粮食产量 102.5 万吨。

2017 年粮食工作

2017 年，全省粮食部门在省委、省政府、省发展改革委的正确领导下，在国家粮食局大力支持和指导下，认真学习党的十九大精神，深入贯彻习近平总书记系列讲话和治国理政新理念、新思想、新战略，认真落实中央和省委、省政府粮食工作的决策部署，按照全国粮食流通工作会议精神和工作安排，攻坚克难、抢抓机遇，不断提高全省粮食宏观调控能力、健全粮食应急调控体系、促进主食产业化发展、夯实粮食流通基础、加快粮食信息智能化建设、加强作风建设促进工作落实，较好地完成了各项工作任务。

一   落实粮食安全责任制

一是全面完成 2016 年度粮食安全省长责任制考核工作。完成各市（州）政府责任制考核工作，经省政府同意通报了 2016 年度落实粮食安全责任制考核结果。在完成对各市（州）政府考核工作基础上，对全省落实 2016 年度责任制情况进行自查评分，并上报青海省 2016 年度粮食安全省长责任制落实情况。二是完成全省 2017 年度考核工作部署。根据 2017 年度责任制考核精神和省政府批办要求，组织召开全省考核工作协调会，制订 2017 年度责任制考核工作方案，将任务分解到省直各部门，提出工作任务和时限要求，安排部署各市州政府的考核工作。

二　落实粮食安全决策部署

一是深入学习贯彻党的十九大精神，认真学习习近平总书记重要讲话、李克强总理重要指示精神和省第十三次党代会精神，及时召开党组会、中心组学习会、专题会等，迅速传达贯彻。二是认真贯彻全国粮食流通工作会议、全国粮食流通改革发展座谈会、"深化改革转型发展"大讨论活动和粮食安全隐患"大排查快整治严执法"集中行动动员的要求，全力抓好各项重点工作。三是认真贯彻落实省委、省政府领导批示精神，坚持目标导向，紧盯年初确定的目标任务，认真抓好工作落实。

三　推进粮食产业发展

一是主动对接国家"优质粮食工程"有关政策，按照"省内好粮油立品牌送出去，省外好粮油引进来送下去"的要求，与各市州、重点企业共同协商"优质粮食工程"方案及相关工作，按照把青海省好粮油"立起来、送出去"，把省外好粮油"引进来、传下去"的要求，充分利用国有和非国有企业各自的资源优势，形成促进特色种植、加快产业经济发展的思路，争取更大的国家政策支持。经过组织专家评审等环节，将遴选出的 12 个省内"中国好粮油"产品报送国家粮食局，争取成为第二批国家重点支持的省份。二是加强政策引导，坚定企业发展信心，引导国有粮食购销企业向多元化发展，推动粮食企业持续健康发展。三是按照青海省地方特色中小企业创业投资引导和发展的要求，积极争取项目资金和政策支持。申报省西宁陶家寨粮食储备库 10000 吨青稞米深加工生产线项目为 2017 年度地方特色中小企业产业投资引导项目，青海安泰粮油 100D/T 油菜籽膨化预榨生产技术升级改造项目为特色发展资金项目，申请财政补助资金 200 万元。同时经过多次积极协调，通过省财政厅创业小额贷款担保融资平台，帮助青海安泰粮油提供产业升级改造申请贷款资金 200 万元。四是为进一步促进粮食行业信息化建设和发展，全省统一规划、分步实施，采用粮食业务全面云化的技术路线，完成粮食信息化建设"1+4"的布局。5 月，青海省一期项目上线启动，国家粮食局、省直有关部门的领导及专家参加了上线仪式，与会专家表示，青海粮食云提高了青海省粮食流通监管和科学决策能力，为进一步保障青海粮食安全提供信息化手段，实现了粮食信息化建设"1+4"全面覆盖。

2017 年省粮食局对省内部分国有粮食企业开展调研，进一步了解企业存在的困难和需要帮助解决的问题，积极为企业融资需求创造环境、搭建平台。并组织召开"企、政、银、担"座谈会，与省交通银行、农信担保公司、局属粮食企业和重点粮油加工企业，就拓展企业融资渠道等问题开展深入交流，为企业发展壮大助力。省大通粮食储备库与发达面粉公司合作平稳完成后，与青海大宋农业科技股份有限公司签订协议，形成 20~30 年的合作经营战略，为省内面粉加工业及混合所有制粮食企业的发展夯实基础。

四　认真落实地方储备粮管理

一是按照 2017 年轮换计划，密切关注市场和企业轮换进度，轮出实行"以奖代补"政策，指导储备企业与省内加工企业对接并有序轮换。轮入粮源由各轮换企业关注市场择机采购，价格稳定在2.68~2.76 元 / 公斤。全面完成 2017 年省级储备粮轮换任务。二是严把储备粮轮换质量关，采购前严格执行索证制，到站后逐车皮抽样检验，储备企业按质检机构检验结果，对符合要求的粮源入库作为储备粮，不符合储备粮质量、储存品质和食品安全指标要求的粮源不得入库。三是多措并举确保储粮安全。围绕储粮安全、安全管理和"一规定两守则"要求，结合"大快严"集中行动，通过开展春、秋两季普查和秋季粮油安全大检查工作，进一步明确工作目标任务、主体责任、考核要求，以问责倒逼责任落实，促进安全储粮规范化管理，确保省级储备粮数量真实、质量良好、储存安全，管得住、调得动、用得好。四是督促做好"危仓老库"维修改造项目收尾工作，紧跟未完工项目进度和质量，汇总监理月报，督促整改落实。督促完工维修项目开展竣工验收工作和翻建项目开展预验收以及项目决算工作。

五　粮食流通统计及粮油市场调控

为全面、准确、及时地掌握全省各类粮油企业的购、销、调、存和全省粮油加工业的情况，完成 2016 年度全省粮食流通、加工业转化、粮食企业仓储设施、粮食流通基础设施投资、粮食从业人员、服务业等六大类统计年报及统计分析工作。据统计，2016 年度，全省共有粮食流通基础设施建设新开工项目 34 个，其中国有及国有控股企业 29 个项目，占项目总数的 85.29%；民营企业 5 个项目，占项目总数的 14.71%。本年度竣工项目 24 个，年度末在建项目 18 个。截至 2016 年底，本年度全省完成投资 21756 万元。全省拥有库房（油罐）的企业共 93 家，其中国有及国有控股企业 52 家，民营企业 41 家；全省标准仓房仓容 1248626 吨；全省油罐共 301 个，罐容总量为 403530 吨。2016 年全省入统粮油加工企业数增加了 13 家，总数为 41 家，粮油加工业年生产能力为 250.84 万吨，比上年增加了 105.81 万吨。青海省粮食行业人员入统单位共 205 个，其中各级粮食行政单位 48 个、事业单位 5 个、粮食经营企业 152 家。2016 年全省城镇居民年人均消费口粮 144.5 公斤，食用油 8.86 公斤；乡村居民年人均消费口粮 203.44 公斤，食用油 8.89 公斤。全省年度粮油购销特点为：粮食播种面积、单产和产量呈"三增"态势，粮油市场相对稳定，粮油的购销活跃，成品粮购销量和地方储备粮规模同比增加，各类粮食库存增减互现，食用油库存充裕。5 月，2016 年社会粮食、食用油及油料供需平衡调查工作全面完成。2016 年全省粮食产量增加，消费平稳增长，粮食自给率增加 0.99 个百分点，粮油价格平稳，国有粮食企业库存增加 14.29%；全省社会食用油及油料供需产大于销，食用油消费略减，政府储备库存减幅较大，跨省流通量增加，商品量降低。为进一步提高统计工作质量和水平，夯实理论基础，省粮食局在西宁举办全省粮食流通统计培训会议，各市（州）及部分县粮食行政管理部门、有关粮食企业等 49 名统计人员参加。要求各级粮食行政管理部门在粮食流通管理工作对统计数据要求和需求越来越高的新形势下，利用好粮食安全省长责任制考核这个抓手，切实加强对统计工作的组织领导，持之以恒强化统计数据质量，积极开展本地区粮食统计业务培训，更好地为宏观调控和行业管理提供统计信息服务。

认真做好粮食调控工作。结合全省 2017 年粮食工作要点，从粮食购销、统计、市场监测、应急体系和物流体系建设五个方面着手，认真开展粮食调控各项工作，并及时通过政府门户网站将国家最低收购价政策向广大消费者及经营者进行了宣传。同时，每周定时收集各地粮食收购进度，及时掌握全省粮食收购情况。结合本省粮食行业信息化建设，利用覆盖全省的信息化云平台，改变传统 PC 端网络直报模式，使用先进的手机端采价点现场上报模式采集数据，进一步优化和提升粮油市场价格信息采集和报送的实时性、高效性。建设完成"西宁国家粮食交易中心"，并实现与国家粮食交易平台联网，开展政策性粮油及商品粮油竞价交易业务。

六　"十三五"规划和项目管理

根据《国家发展改革委办公厅国家粮食局办公室关于报送 2017 年粮食仓储和物流项目建设需求的通知》要求，严格筛选各市州和省粮食局属单位的建设项目，在国家重大建设项目库和全国投资项目在线审批监管平台填报了青海省粮食现代物流综合平台项目清单，争取到中央补助资金 3234 万元。

七　粮食流通监督检查与粮食行业安全管理

（一）粮食流通监督检查

一是结合 2017 年粮食流通监督检查工作要点，认真开展全省"大快严"集中行动，积极安排进行自查和复查，强化协作，严密工作程序，层层压实责任，组织完成各类粮食库存和安全隐患检查。二是按照"双随机一公开"要求，运用多种手段加强事中和事后监管，采取不定期抽检等方式，加强对粮油的质量检查，维护公平竞争的市场环境。三是结合全省粮食信息化建设，将全省粮食库存检查、检查工作日志、监管对象档案信息管理、诚信体系、案件查处等工作业务流通的梳理融入信息化系统当中，提升全省粮食流通监督能力。

（二）粮食行业安全管理

制定《2017 年直属事业单位安全管理目标考核办法》，从安全基础工作、安全管理工作、一票否决三个方面制定了安全管理目标内容及考核评分标准。进一步加强行业安全生产工作，按照"谁主管、谁负责"的原则，进一步明晰职责、明确任务、完善措施，狠抓落实，多次对粮食系统做好安全生产工作进行了再布置、再检查，同时按照工作计划对安全生产进行了再落实。为做好党的十九大期间的安全生产工作及全省粮食行业的防汛工作，预防强降雨、特大冰雹和洪涝等自然灾害的发生，要求各地区、各单位坚决落实"谁储粮、谁负责，谁坏粮、谁担责"的原则，扎实做好仓储设施及粮油货位的防雨、防潮、防漏工作。各地区、各单位要严格按照"党政同责，一岗双责，失职追责"和"管行业必须管安全、管业务必须管安全、管生产经营必须管安全"的总要求，全面开展火灾防控工作，进行专题研究，分析查找消防安全的薄弱环节和危险领域，制订有效可行的整治措施，组织开展消防安全检查，细化分解工作任务、责任，强化工作检查督导，及时研究解决影响消防安全的重大问题，切实提高火灾防范水平。

八　做好军粮供应和粮油质检工作

（一）军粮供应工作

为切实做好部队应对作战、军事演习、抢险救灾等军事任务的主副食保障，2017 年省军队粮油采供应站与西宁联勤保障中心多次商谈，就如何加强军民融合、拓展服务范围征求意见和建议。下一步拟打造集仓储、质量检测、物流、中转配送和主食产业为一体的综合保障平台，更好地为部队提供全方位、优质高效的机动化保障服务。做到把军粮供应、应急供应、成品粮储备及放心粮油工作有机结合，为全省军粮工作和质检工作适应粮食流通工作新常态，提高全省粮食应急保障供应能力奠定基础。

（二）粮油质检工作

按照《2017年度青海省库存粮食质量安全检测工作方案》，在粮食库存检查省级复查阶段对全省12个粮食储备企业承储的中央储备粮、地方储备粮、军供粮、商品粮等库存粮食进行了涵盖质量指标、储存品质指标、主要食品安全指标的专项质量抽查，共扦取样品102份，其中国家级监测样品34份、省级监测样品68份，主要品种为小麦、大米、小麦粉、食用植物油等。2017年累计共抽取、接收各类粮油检测样品1706份，其中来自本系统的监督检查任务样品1317份、社会委托样品389份。

九　党建工作及粮食文化建设

（一）党建工作

一是落实各项学习教育活动。深入学习党的十九大精神、习近平总书记系列重要讲话精神，特别是习总书记在青海视察工作时的重要讲话和省第十三次党代会精神。组织开展党风廉政教育，推进"两学一做"专题教育常态化、制度化。二是全面加强党风廉政建设工作。按照2017年党风廉政建设责任落实工作会议要求，全面组织落实各项工作。强化制度建设和风险防控措施，推进作风建设、落实监督检查。三是推进基层组织建设，加强党建基础工作，严肃党内政治生活，并做好干部人才、入党积极分子的培养工作。四是继续深化精神文明、粮食文化建设工作。五是落实定点帮扶工作。

（二）粮食文化建设

印发《省粮食局2017年精神文明建设工作要点》，层层签订精神文明建设责任书。大力推进青海粮食文化建设，编印《青海粮食人》，有力推动青海粮食文化、机关文化、核心价值观建设，树立了文化自信。根据省直机关工委2017年度各项考核的工作要求，在有关处室的支持配合下，组织完成了局机关党建、党支部、精神文明、效能建设、党风廉政建设等情况的检查、汇报、谈话、民主测评等工作，通过了省直工委考核组2017年度的考核工作。

◆ **青海省粮食局领导班子成员**

顾艳华	局分党组书记、局长
乔正善	局直属机关党委委员、省发展和改革委员会副巡视员（2017年2月退休）
闵建平	局分党组委员、副局长
张柴斌	局分党组委员、副局长

2017年12月18~20日，青海省委常委、常务副省长王予波深入基层和粮食企业调研粮食安全工作，并于12月20日主持召开全省粮食安全责任制考核工作推进会议。

2017年，7月17~19日，国家粮食局总工程师何毅一行来青海调研指导青海省信息化工作。

2017年1月20日，青海省全省粮食流通工作会议在西宁召开。

2017年7月18日，青海省粮食局与四川省粮食局签订粮食流通合作协议。

宁夏回族自治区粮食工作

基本情况

宁夏回族自治区位于我国的西北部，总面积 6.64 万平方公里，常住人口 681.79 万。2017 年末，实现地区生产总值 3453.93 亿元，增长 7.8%，增速比全国高 0.9 个百分点。城镇居民人均可支配收入 29472 元，增长 8.5%，农村居民人均可支配收入 10738 元，增长 9.0%。粮食产量实现"十四连丰"，优质粮食占比增加，拉动农民增收。

2017 年粮食工作

2017 年，宁夏粮食流通工作紧紧围绕自治区党委、政府和国家粮食局粮食流通工作的重大决策部署，紧紧围绕促进粮食流通事业健康发展这个中心，突出落实粮食安全省长责任制和推进粮食产业经济融合发展两条主线，全面实施粮食宏观调控能力提升等"七大工程"，不断夯实粮食安全省长责任制基础，切实保障区域粮食安全。

一   粮食生产

2017 年，宁夏粮食播种面积 72.3 万公顷，比上年减少 0.6%，粮食总产量 370.1 万吨，比上年减少 0.2%，其中小麦 37.8 万吨，水稻 68.8 万吨，玉米 214.9 万吨。

二   粮食流通

2017 年全年粮食收购 174.9 万吨，收购小麦、水稻均价高于上年 0.10 元 / 斤，玉米均价高于上年 0.08 元 / 斤，拉动农民增收 3 亿元。区外采购 200.3 万吨，同比增加 88.7 万吨。全年实现粮食销售 298.7 万吨，其中销往区外 166.8 万吨，同比增加 5.9 万吨。立足农民利益抓好收购，夏、秋粮收购期间，以专报形式向自治区政府报告收购情况，自治区主席咸辉、副主席马顺清分别做出批示并给予充分肯定。2017 年贸易粮（含定向收储）经营首次突破 60 万吨（定向收储 38.7 万吨），贸易经营途径得到进一步拓展。

三　粮食宏观调控

（一）储备粮轮换计划全面完成

2017年先后轮换自治区储备粮14.8万吨，轮换食用植物油4650吨。完成10万吨跨省移库小麦的发运、接收工作。

（二）根据粮食市场供需变化，增加供给

组织粮食交易36场次，成交33.21万吨。"两节一会"期间，择机定向投放原粮8.7万吨。实现银川、吴忠市级储备粮首次进场交易。

（三）开辟调控新路径，搭建产销协作平台

举办宁夏粮油产销协作暨战略合作洽谈会，有力促进区域粮食供求平衡。与河南等10个省区现场签订粮食产销合作协议，达成合作意向142份，签约粮食182.2万吨，落实购销总量141万吨。

（四）提升粮食流通统计工作能力

开展统计执法专项检查，完成社会粮油供需平衡调查和乡村居民户存粮调查工作。全区共有99个粮油价格监测点，纳入统计范围的企业285个。宁夏粮食局被国家粮食局评为"全国粮食流通统计工作优秀单位"。

（五）粮食应急能力实现新突破

开展"三级联动"应急成品粮油储备大检查，确保自治区应急成品粮油储备数量充足、质量良好。组织开展粮食质量事故与应急供应演练。2017年区、市、县三级应急成品粮2.2万吨，应急食用植物油1.1万吨，应急承储企业66家，应急加工企业53家，应急运输车辆324台，应急供应网点300家，实现全区所有乡镇、社区全覆盖。

四　粮食流通体制改革

2017年6月30日，全国粮食流通改革发展座谈会在银川召开，国家粮食局局长张务锋出席会议并讲话。

（一）粮食安全省长责任制实施情况

自治区主席咸辉等领导调研粮食安全工作，对落实粮食安全省长责任制工作进行动员部署。自治区粮食局作为宁夏粮食安全省长责任制考核工作组办公室，充分发挥"指挥棒"作用，全力以赴备战国家对自治区政府的考核及代表自治区政府完成对市县的考核工作。自治区粮食局牵头抓总，全面部署2017年度粮食安全省长责任制考核工作，制定并出台相关配套文件，理顺部门间协调机制，加强调研和督促指导，加强纵向沟通与横向交流，承办国家粮食局在银川召开的西部五省区座谈会。按照国家规定的抽查比例，如期完成对全区各市、县（区）考核工作，全区19个市、县均获得优秀等次。全年申请召开部门联席会议2次，举办培训班2次，召开成员单位座谈会6次，上报国家粮考办信息21期。根据2016年度粮食安全省长责任制考核结果，宁夏成为全国11个粮食产销平衡省区评比第一名，获得年度粮食安全省长责任制考核（17个省区）优秀等次，受到国家粮食局表扬。

（二）服务"三农"，助农增收

一是创新粮食收购方式，引导优质优价。引导企业与种粮大户、家庭农场等新型粮食生产经营主

体对接，发展粮食订单，全年实际完成订单任务 130.2 万吨，落实优质粮食订单面积 9.7 万公顷、订单数量 124.5 万吨，优质粮比例达到 80% 以上。塞外香、法福来等企业以 1.50 元 / 斤左右价格收购订单"富硒小麦"，高于普通小麦价格 0.25 元 / 斤，助农增收成效明显。二是落实粮食收购政策，切实维护种粮农民利益。构建渠道稳定、运行规范、方便农民的新型粮食收购网络体系，提前向社会公布收储网点，增设临时收购点，协调金融机构给予大力支持，收购资金充裕，没有"打白条"、压级压价等现象发生。三是积极引导发展粮食银行。2017 年出台《关于稳妥推进"粮食银行"健康发展的指导意见》，截至年底，粮食银行开展代收储、代烘干、代保管、代加工、代销售的"五代"业务，吸引储户 500 多户，累计开展代理业务 14 万吨，真正实现"农企"双赢。四是建设粮食产后服务体系。截至年底建成 8 家粮食产后服务中心。安排建设容量 50~300 吨具有通风降水功能的储粮仓 36 套并推广使用。

（三）国企改革

加快推进宁夏储备粮管理有限公司改革发展，推进公司"劳动、人事、薪酬分配"三项制度改革，进一步激发企业活力。业务领域逐步拓宽，探索产权合作、资产重组。建立投融资平台，与华夏银行银川分行签订战略合作协议。拓展经营范围，寻求新的经济增长点，玉米经营初步形成立足宁夏，辐射西北，进军东北、新疆，销售上大力开拓西南市场的格局。在河南、河北等小麦主产区建立收购基地，弥补宁夏优质小麦缺口；全年实现营业收入 12.6 亿元，同比增长 15.1%；实现利润 878.5 万元。继续抓好国有粮食购销企业增盈工作，石嘴山粮油购销公司与民营企业合资合作，出租粮库，吸引投资 1000 万元。中卫市粮油购销公司与银丰米业合作，引进民营资本 120 万元。

五　粮食流通监管

（一）监督检查

全面落实"放管服"要求，取消 162 家粮食收购经营者的资格许可。引入外省区国家粮食库存检查人才库专家，采取"双随机"、异地交叉方式开展粮食库存和省级抽查，严格按照"四不两直"的要求开展检查。结果表明，自治区粮食库存账实、账账相符，库存质量安全。组织开展全区政策性粮食安全隐患"大快严"集中行动。开展社会粮食流通监督检查，维护市场秩序。2017 年宁夏各级粮食行政管理部门开展监督检查 337 次，出动人员 1237 人次，检查企业 2602 个次，行政处罚 71 例，责令改正 58 例，警告 10 例，暂停粮食收购资格 2 例，罚款 1 例，全区无一重大涉粮案件发生。

（二）改进执法手段和方式

聘请行政执法特邀监督员参与行政执法工作，配置单警执法视音频记录仪，召开宁蒙粮食联合执法联席工作会议，强化省际毗邻地区粮食市场监管工作。

（三）推进粮食行业诚信体系建设

对获得粮食收购许可资格的法人企业实行分类监管，评价结果对接地方社会征信管理机构、"信用宁夏"等政务平台，增强企业诚信守法意识。

（四）强化基层粮食质量监管能力

为 11 个国有储备库及 5 家区级粮食产业化龙头加工企业配置 32 台重金属和真菌毒素快速检测设备。

（五）监测监管粮食质量安全

做好新收获粮食质量安全监测预警及粮食质量调查和品质测报工作，监测结果显示，宁夏新收获粮食质量安全状况良好。全区粮食库存质量抽查结果显示，样品总体质量、品质宜存率、食品安全指标合格率均达标。自治区粮食局被评为全国粮食流通监督检查工作先进单位和全国粮食质量安全监管工作优秀单位。

六　粮食信息体系建设

为加快推动宁夏"智慧粮食"综合管理平台建设，全面提升宁夏粮食行业信息化水平，2017年宁夏"粮安工程"粮库智能化升级改造项目全面启动，项目总投资4224万元。省级综合信息管理平台粮油质量安全溯源监测系统和价格监测手机APP应用系统软件已上线运行。

七　粮食流通体系建设

（一）"粮安工程"建设

争取中央预算内投资补助资金，扶持2家公司仓储设施项目建设。新建中卫储备库5万吨仓储设施项目，实施第三批"危仓老库"维修改造计划，累计维修改造73.7万吨仓容。抢抓国家新增5000万吨粮食仓容的机遇，争取中央和自治区财政投资近2.8亿元，拉动社会投资4.9亿多元，全区粮油仓储设施明显改善。

（二）实施"优质粮食工程"

宁夏粮食局被财政部、国家粮食局确定为2017年"优质粮食工程"重点支持省区（分三年给予支持），首批中央财政引导性资金1亿元到位，自治区粮食局确定永宁县、青铜峡市、平罗县为优质粮食工程试点示范县。自治区政府办公厅出台《关于大力实施"优质粮食工程"的意见》，明确了市县政府的主体责任，并纳入粮食安全省长责任制考核范围。组建"宁夏大米产业联盟""宁夏亚麻籽油产业联盟"和宁夏粮食行业协会玉米分会，引导企业抱团发展。推动粮食企业"走出去"，举办"宁夏大米深圳、上海、西安推介会"，签订9.5亿余元的大米订单。

（三）开展宁夏"中国好粮油"产品遴选

在全区范围内，确定16家企业的22个产品为"宁夏好粮油"并参加全国"中国好粮油"评选。宁夏粮油企业现有品牌130个，其中国驰名商标5个，宁夏著名商标68个。

八　行业发展

（一）粮食产业经济发展

2017年6月，宁夏回族自治区人民政府与国家粮食局在银川签署《共同维护粮食安全推进粮食产业经济发展战略合作协议》。国家粮食局局长张务锋、自治区主席咸辉出席签字仪式。2017年自治区粮食局被纳入自治区党委农业社会化服务体系成员单位。自治区粮食局大力实施主食厨房工程，把发展粮食产业经济与服务民生有机结合起来，依托大企业做好主食项目。截至年底，5家公司的"主食厨房"产品自热米饭、米线、杂粮馒头、马铃薯主食产品等已投放市场，受到群众欢迎；马铃薯系列、杂粮系列等一批主食产业项目也将陆续建成投产；开工在建味福季主食厨房工程 100 个流动网点。

（二）安全生产

严格落实安全生产主体责任，切实加强安全生产监督管理。一是举办全区粮食行业安全生产和绿色储粮培训班。邀请国家粮科院专家讲解实用横竖向通风及控温技术等国内粮食行业最先进、最前沿的实用技术知识。二是制定《2017 年粮食行业安全储粮和安全生产工作要点》。落实"一规定两守则"，开展绿色储粮、安全储粮，储备粮"一符四无粮仓"巩固率达到 100%，储粮损耗控制在 1.5% 以内。三是开展安全储粮和安全生产检查。共检查发现安全储粮和安全生产隐患 21 条，及时下发整改通知书，责令限期整改。完成宁夏储备粮银川储备库物流中心项目高压线迁移改线工作。四是认真开展"两个安全"全员培训工作。全系统粮食行业 1000 多人参加集中脱产培训，提高粮食仓储企业"两个安全"意识。安全储粮、安全生产零事故。

（三）节粮减损

承办国家粮食局和自治区政府在银川共同举办的 2017 年"全国食品安全宣传周·粮食质量安全宣传日"主会场活动。国家粮食局局长张务锋出席并宣布活动启动，副局长卢景波讲话。各项活动累计发放宣传资料 1 万余份，接受咨询答疑 2000 余人次。编印《爱粮说》《天下粮心》优秀征文作品选。在全国率先开展粮食安全和爱粮节粮"五进"活动，构建全社会国家粮食安全观，此举得到国家粮食局张务锋局长批示表扬。

九　党群工作

认真学习宣传贯彻习近平新时代中国特色社会主义思想和党的十九大精神，强化理论武装。组织召开全系统 2017 年党建暨党风廉政建设工作会议，落实"一岗双责"，强化"三会一课"制度，党务规范化水平提高。在全国粮食系统党的建设暨党风廉政建设座谈会上，局长、党组书记马文娟作典型发言，党建工作经验得到国家粮食局和区直机关工委的充分肯定。扎实推进"两学一做"学习教育常态化制度化，创新理论学习载体，虚功实做，开设"理论大讲堂"，突出六项措施，党员干部自觉进入学习"新常态"。持之以恒落实中央八项规定精神和纠治"四风"，营造风清气正政治生态。党建品牌提升工程"三亮六比三服务"活动被国家粮食局列为抓亮点树典型品牌建设内容。深入开展"深化改革转型发展"大讨论。加强粮食行业专业人才教育培训，全年开展各类培训 36 期，培训 875 人次。开展宁夏粮食行业职业技能大赛，全区各类涉粮企业的 144 名选手参加，其中 32 名选手分别获得两个职业的一二三等奖。开展定点驻村扶贫工作，先后争取 368.9 万元，在"美丽乡村"建设、发展草畜产业等方面进行帮扶，自治区粮食局驻泾源县六盘山镇扶贫工作队获评 2017 年度全县脱贫攻坚先进集体。

◆宁夏回族自治区粮食局领导班子成员

马文娟　　党组书记、局长

赵银祥　　　党组成员、副局长
荀　旭　　　党组成员、副局长
解　涛　　　党组成员、副局长
刘宁川　　　副巡视员（2017年10月退休）

2017年6月，宁夏回族自治区主席咸辉（右一）、国家粮食局局长张务锋（左一）出席战略合作签约仪式。

宁夏回族自治区主席咸辉（右二）调研粮食安全工作。

宁夏回族自治区粮食局局长马文娟（左三）陪同国家粮食局局长张务锋（左四）在宁夏法福莱面粉有限公司参观。

宁夏回族自治区副主席马顺清（前排右一）、国家粮食局副局长曾丽瑛（前排左一）签订战略合作协议。

新疆维吾尔自治区粮食工作

基本情况

　　新疆维吾尔自治区位于亚欧大陆中部，地处中国西北边陲，总面积 166 万平方公里，占全国陆地总面积的 1/6；国内与西藏、青海、甘肃等省区相邻，周边与蒙古、俄罗斯、哈萨克斯坦、吉尔吉斯斯坦、塔吉克斯坦、阿富汗、巴基斯坦、印度 8 个国家接壤；陆地边境线 5700 多公里，约占全国陆地边境线的 1/4，是中国面积最大、交界邻国最多、陆地边境线最长的省区。

　　新疆是一个多民族聚居的地区，共有 55 个民族，其中世居民族有维吾尔、汉、哈萨克、回、柯尔克孜、蒙古、塔吉克、锡伯、满、乌孜别克、俄罗斯、达斡尔、塔塔尔 13 个。截至 2017 年末，新疆总人口约 2445 万，城镇人口 1207 万，城镇化率 49.4%。目前，全区辖有 14 个地州市、92 个县（市）、872 个乡镇。

　　2017 年预计完成地区生产总值 10920 亿元，增长 7.6%。固定资产投资 11795.6 亿元，增长 20%；社会消费品零售总额 3044.6 亿元，增长 7.7%；进出口总额 1398.4 亿元，增长 19.9%；城镇、农村居民人均可支配收入分别达到 30775 元和 11045 元，增长 8.1% 和 8.5%。粮食产量 1484.7 万吨，粮食安全有保障。

2017 年粮食工作

　　2017 年，在自治区党委、政府的坚强领导下，在国家粮食局的关心支持下，全区粮食系统紧紧围绕社会稳定和长治久安总目标，深入学习贯彻习近平总书记、李克强总理对粮食工作的重要讲话和指示精神，坚决贯彻落实自治区各项决策部署，全面加强党的建设，坚持以新理念引领新发展，勇于改革创新、攻坚克难，全区粮食流通工作取得新成效。

一　粮食生产

　　2017 年全区粮食种植面积 229.6 万公顷，总产量 1484.7 万吨，与上年相比，面积减少 10.9 万公顷、产量下降 67.6 万吨。其中：小麦面积 112.7 万公顷、产量 612.6 万吨；稻谷面积 7.4 万公顷、产量 65.5 万吨；玉米面积 102.0 万公顷、产量 772.6 万吨。

二　粮食收购

2017 年自治区小麦继续执行政府定价、敞开收购、敞开直补、顺价销售政策，落实国家 150 万吨临储小麦收购计划和 30 万吨区内跨县集并政策，优化售粮组织程序，强化监督检查，收购市场平稳有序，切实维护了粮农利益。截至 12 月 31 日，全区国有粮食购销企业累计收购小麦 328.8 万吨（含兵团临储小麦 80.96 万吨），其中地方收购 259.1 万吨、中储粮新疆分公司收购 69.7 万吨，兑付直补资金近 10 亿元。由于提前谋划、及早准备，较好地解决了仓容不足、排长队、压级压价等问题，有效防止了农民"卖粮难"。

三　粮食调控

强化监测预警，密切关注市场变化，确保市场供应，稳定粮食价格。2017 年，全区国有粮食购销企业共销售小麦 299.5 万吨，通过乌鲁木齐国家粮食交易中心竞价销售临储小麦 12.8 万吨。拨付地方储备粮利息及费用补贴 1.64 亿元，完成 27.1 万吨地方储备小麦和 1.17 万吨地方储备油轮换任务，确保了地方储备粮油质量安全。

四　粮食收储制度改革

深入到南北疆开展粮食收储制度改革专题调研，充分听取地州市和县市人民政府、相关部门、国有粮食购销企业、加工企业对小麦收储制度改革的意见建议，起草的《自治区小麦收储制度改革试行方案》经自治区党委同意，2018 年 3 月 16 日自治区人民政府《关于印发〈自治区小麦收储制度改革方案〉的通知》（新政发〔2018〕23 号）正式印发各地。改革坚持"供需紧平衡、市场化改革、优质优价优补、积极稳妥"四个原则。改革主要内容是：停止执行现行"政府定价、敞开收购、敞开直补、顺价销售"政策，建立"政府引导、市场定价、多元主体收购、生产者补贴、优质优价、优质优补、应急托市收购"的小麦收储新机制。

五　粮食安全责任制

牵头组织自治区粮食安全责任制考核工作组成员对新疆粮食安全责任制落实情况进行了全面"体检"，对发现的问题和不足，坚持边查边改，顺利通过了首次"国考"。高度重视国家考核通报问题整改工作，及时召开协调小组联席会议专题研究整改工作，目前问题已基本整改到位。组织开展地州市粮食安全专员、州市长责任制考核，将粮食安全责任制纳入自治区对地州市人民政府（行署）领导班子、主要领导的绩效考核，进一步压实了各级人民政府粮食安全责任。

六　粮食执法监管

组织开展全区粮食库存检查，指导各地完成库存粮食自查。组织开展库存粮食质量安全监测，扦取88份国家级和277份自治区级库存粮食样品，完成了质量安全指标的检验。组织开展夏粮收购监督检查，组织12批次60余人次，深入夏粮收购一线库点开展严督实导。组织开展粮食安全隐患"大快严"集中行动。针对各类专项监督检查中发现的涉粮问题，及时下发了整改通报8期，并抄送当地人民政府（行署）。

七　粮食法治建设

制定了《关于加强自治区粮食系统安全工作的意见》《自治区粮食局推广随机抽查机制规范事中事后监管实施方案》《自治区粮食局随机抽查事项清单》《自治区粮食执法检查人员名录库管理实施意见》，以及《自治区粮食局法律顾问制度和公职律师制度实施意见》，充分发挥法律顾问作用，为局党委重大决策提供法律意见和法律论证。2017年，法律顾问为自治区粮食局提供法律服务及咨询共79次。

八　粮油统计与信息体系建设

用好国家粮食局统计直报系统，全区521家入统企业全部实现了网上直报，对全区粮食购销、价格、供需平衡情况进行适时分析，为宏观调控提供决策依据。开展信息系统安全等级保护测评整改工作，投入50万元资金完成粮食局门户网站系统、粮食综合信息管理系统2017年度等级保护测评工作。开展网络安全专项检查和风险评估，对局属单位网站、微信公众号、政务微博等信息平台开展网络专项安全检查，落实网站日常管理职责，确保局系统网络安全。

九　安全生产

围绕社会稳定和长治久安总目标，特别是针对夏粮收购期间售粮场所人员密集、安全维稳隐患多等问题，将夏粮收购期间的社会稳定、安全生产纳入当地维稳总格局，加强督导检查，推动解决了多年存在的"排长队""隔夜粮"等问题，为维护全区社会大局稳定作出了积极贡献。制定粮食行业安全生产工作目标任务实施方案，开展安全生产自查和抽查工作，全年粮食系统未发生安全生产和安全储粮事故。制定库区安全标识标牌统一样式，整理管理制度39项、安全生产操作规程31项、岗位安全职责38项，统一了仓储保管账表卡格式和内容。印制粮库规范化管理手册150套分发各地，并组织了专题培训。

十　节粮减损

采用食品级惰性粉新技术进行现场灭虫技术培训及试点推广，取得了较好效果。开展"一规定两守则"培训，培训粮食业务人员 0.3 万人次，发放培训教材 1430 套，并组织翻译编写维吾尔语版教材。对钢板浅圆仓性能进行了为期一年的跟踪测试，根据评估报告提出政策支持建议。组织全区 13 家粮油企业参加了全国第十五届粮油展。组织开展以"发展粮油科技、增加优质产品、保障主食安全"为主题的粮食科技活动周和以"爱粮节粮保安全、优粮优价促增收"为主题的第 27 个爱粮节粮宣传周系列活动。

十一 粮食产业发展

2017 年安排 1000 万元粮食产业化专项资金，重点支持了优质粮食工程、主食加工、优质品种种植、品牌宣传推介、主食产业、放心粮油、精深加工等 7 个方面的 17 个项目，引导粮食产业经济发展。2017 年，全区入统粮油加工企业工业总产值 256 亿元，产品销售收入 252.7 亿元，利润总额 7.6 亿元。

十二 粮食行业规划投资

编制《自治区粮食流通产业"十三五"规划项目实施方案》，牵头制定自治区粮食行业政府投资三年滚动投资计划，建立重点项目储备库，按月进行投资完成情况调查。梳理提出全区粮食行业 2017 年重点建设项目 104 个。截至 2017 年末，实际完成投资 48474 万元，较上年增长 3.29 倍，当年完工仓容 20 万吨。全区粮食流通行业落实中央、自治区专项资金 43366 万元，较上年增长 2.34 倍。积极争取国家给予差别化投资政策支持，从 2018 年起中央预算内投资对自治区粮食行业建设项目补助比例从 30% 提高到 50%。在粮库智能化升级改造项目上，国家按照 70% 的补助比例安排了中央财政专项资金 2.6 亿元。

十三 国有粮食企业财务

截至 2017 年末，全区纳入国有粮食企业财务快报共 216 户国有粮食企业，资产总额为 147.88 亿元，其中流动资产 106.3 亿元，非流动资产 41.58 亿元。负债 117.78 亿元，其中流动负债 103.09 亿元，非流动负债 14.68 亿元。资产负债率 79.65%。所有者权益 30.1 亿元。实现利润总额 0.38 亿元。亏损企业 135 户，亏损面 62.5%，其中国有粮食购销企业 107 户中亏损 55 户，亏损面 51.4%。

十四 宣传文化建设

加强与疆内主流传统媒体的联系和合作，联合制作了《今日聚焦》《在线访谈》专题栏目。充分利用好自媒体宣传平台，加强"新疆粮食"网站、微信公众号、微博等信息平台建设，局门户网站发布信息 1888 条，"新疆粮食"微信公众平台发布信息 2620 条，政务微博发布信息 609 条。加强机关行业文化宣传，制作展板 21 块，宣传标语 78 块，制作《新疆粮食》期刊 2 期。开展"粮食大讲堂"5 期，组织开展了"志愿者＋粮食"志愿服务活动。

十五 军供保障能力

编制《新疆维吾尔自治区军民融合军粮保障创新示范工程规划初步方案》，积极推进"五位一体"军民融合发展。加强全区军粮供应工作规范化管理，对网点维修改造、财务等进行实地检查，对军粮实施抽检，对军供合同履约情况进行督查，实行军粮质量"零容忍"，加大违规处罚力度。抓好巴州及南疆 4 地州区域性应急供应保障中心建设及军供网点维修改造，提升军粮供应应急保障能力，新建仓容 1.9 万吨，维修改造仓容 0.7 万吨。

十六 "访惠聚"驻村工作

制定下发《自治区粮食局关于深化"访民情惠民生聚民心"驻村工作健全长效机制的实施方案》，选派 40 名工作队员组成 5 个工作队驻村开展工作。局党委按照"队员当代表、单位做后盾、一把手负总责"的要求，切实履行主体责任，先后召开 7 次会议研究"访惠聚"驻村工作，局主要领导先后 13 次赴驻村工作队蹲点调研。建立驻村工作总领队、队长述职制度，制定驻村干部召回教育管理办法。严肃驻村工作纪律，加强对驻村干部的教育管理，有力推动了所驻村的稳定发展。自治区粮食局被自治区党委授予 2017 年度"访惠聚"驻村工作优秀组织单位荣誉称号，驻柯坪县盖孜力克镇帕松村工作队被自治区党委授予 2017 年度"访惠聚"驻村工作先进工作队称号，袁峻峰等 11 名队员被授予 2017 年度"访惠聚"驻村工作先进工作者称号。

十七 民族团结

坚定不移地贯彻执行党的民族宗教政策，制定了《自治区粮食局 2017 年民族团结进步工作要点》，组织开展"民族团结一家亲"活动，安排局机关和局属单位 198 名干部职工与驻村点农户结对认亲，先后组织开展了 6 轮结对认亲走访活动，参与走访见面干部职工累计 1739 人次，办实事好事 200 件，捐款 24.8 万元、捐物 3691 件。组织召开局系统民族团结先进表彰大会，组织开展各民族干部职工互学语言活动，举办了以"民族团结一家亲"为主题的文体联谊活动，促进了各族干部群众交往交流交融。

十八 南疆学前双语支教工作

选派 25 名干部赴阿克苏地区乌什县、柯坪县参加支教工作，制定《学前双语教育支教干部领队职责》，定期组织支教干部领队进行述职。完善和加强后方服务保障，经常走访慰问支教干部及其家属，使支教干部感受到组织的关心关爱，安心支教。想方设法办实事好事，筹集资金 12 万元，统一为对口扶贫村以及"访惠聚"驻村点、支教点的 1322 名幼儿园孩子定做了园服。

十九　领导班子建设

贯彻执行民主集中制，坚持"集体领导、民主集中、个别酝酿、会议决策"原则，对"三重一大"事项集体研究决策。按照党政主要领导"四个不直接分管"要求，及时调整局领导班子成员分工，制定完善《自治区粮食局党委工作规则》《自治区粮食局工作规则》等制度。主要领导之间、班子成员之间经常开展沟通和交流，互相信任、互相支持、互相补台，增强了领导班子的凝聚力、向心力和战斗力。

二十　基层组织建设

认真学习贯彻习近平新时代中国特色社会主义思想和党的十九大精神，突出增强"四个意识"，以"贯彻全面从严治党新要求，服务新疆工作总目标"为主线，推进"两学一做"学习教育常态化制度化，严肃党内政治生活，坚决落实"三会一课"、民主生活会、组织生活会、民主评议党员、谈心谈话等制度，提高党内政治生活质量。组织完成机关党委换届选举工作，设立机关纪委。严格党费管理，加强党员规范管理和处置工作，对局系统1091名党员身份信息进行核实。加强党对群团工作的领导，通过开展"工人先锋号""青年文明号""巾帼文明岗"以及粮食技能大赛等活动，营造创先争优氛围。

二十一　党风廉政建设

旗帜鲜明讲政治，牢牢把握党风廉政建设和反腐败斗争正确方向，严明政治纪律和政治规矩，严厉整治"四风""四气"，制定《关于建立全面从严治党"七个一"工作机制的实施办法》《关于全面开展党组织书记抓党建述职评议考核工作的实施办法》《自治区粮食局关于贯彻落实〈中共新疆维吾尔自治区委员会全面从严治党问责实施细则〉的意见》《自治区粮食局贯彻落实〈关于进一步加强和改进机关党的建设的意见〉任务分工方案》等文件，建立明责知责、履责尽责、考责问责的管党治党制度体系。

二十二　干部队伍建设

认真贯彻落实《党政领导干部选拔任用工作条例》，严格执行干部选拔任用"一报告两评议"制度，按照"20字"好干部标准和民族地区"三个特别"的政治标准，选拔任用18名县处级干部，对20名干部进行交流轮岗。选拔配备6名局属企事业单位班子成员。面向社会公开招录10名公务员、遴选8名公务员，为局属事业单位招聘11名工作人员。积极协调国家粮食局选派1名厅级领导、1名处级领导来新疆维吾尔自治区粮食局挂职，从吉林省选派2名业务骨干协助开展工作。选派2名厅级领导、4名县处级领导参加区内外学习培训，选派3名干部挂职锻炼。组织开展行业内仓储、统计、财务、信息等培训3900余人次。

二十三　行业人员基本情况

　　截至 2017 年末，全区粮食行业从业人员总数 25954 人，其中女性 7587 人，少数民族 7331 人，中共党员 3898 人。

◆新疆维吾尔自治区粮食局领导班子成员

孙永建	党委书记、副局长
唐阿塔尔·克里马洪	党委副书记、局长（2017 年 4 月任职）
米尔扎依·杜斯买买提	党委副书记、局长（2017 年 4 月到龄免职）
王卫军	党委委员、副局长
谢　斌	党委委员、副局长
丁　宣	党委委员、纪委书记（2017 年 2 月调走）
郭洪伟	党委委员、副局长（援疆干部，2017 年 8 月任职）
阿木提·塔西铁木尔	党委委员、副局长（2017 年 8 月任职）
刘学明	总经济师
袁峻峰	副巡视员（2017 年 8 月退休）

2017 年 5 月，新疆维吾尔自治区粮食局党委书记孙永建出席为贫困户发放农户科学储粮箱仪式。

2017 年 7 月，新疆维吾尔自治区粮食局局长唐阿塔尔·克里马洪深入南疆调研农民家庭储粮情况。

2017年7月，新疆维吾尔自治区粮食局在阿克苏地区检查夏粮收购情况。

2017年7月，新疆维吾尔自治区粮食局在和田地区对粮食收购企业执行国家粮食收购质量标准情况进行检查。

新疆生产建设兵团粮食工作

基本情况

新疆生产建设兵团（以下简称兵团）成立于 1954 年 10 月 7 日，承担着中央赋予的屯垦戍边职责，是在所辖区域内依照国家和新疆维吾尔自治区的法律、法规自行管理内部行政、司法事务，国家实行计划单列的特殊社会组织，受中央政府和新疆维吾尔自治区双重领导。

截至 2017 年底，兵团辖有 14 个师，9 个兵团管理的师（市）合一的自治区直辖县级市，10 个建制镇，178 个团场，7846 家工交建商企业（其中上市公司 14 家），有健全的科研、教育、文化、卫生、体育、金融等社会事业和公安、人民检察、人民法院、人民武装、人民警察、司法等机构。兵团分布在新疆 14 个地州市境内，与俄罗斯、哈萨克斯坦、吉尔吉斯斯坦、蒙古等国接壤，守卫着 2019 公里的边境线。兵团辖区土地总面积 705.34 万公顷，其中耕地面积 125.44 万公顷。兵团拥有国家级兵团级农业产业化龙头企业 128 家，其中：国家级 15 家、兵团级 113 家。已建成 2 个全国农业产业化示范基地，4 个全国现代农业示范区，23 个国家级无公害农产品示范基地和国家级农业标准化示范团场，35 个全国"一村一品"示范团场。兵团拥有各类园区 32 个，其中：国家级 4 个，国家兵团分区 2 个，自治区级工业园区 3 个，兵团级工业园区 23 个。

截至 2017 年底，兵团总人口 300.53 万，比上年末增加 17.12 万，增长 6.0%。2017 年兵团居民人均可支配收入 29430 元，比上年增长 8.1%，扣除价格因素，实际增长 5.8%。其中：城镇居民人均可支配收入 36730 元，比上年增长 7.7%，扣除价格因素，实际增长 5.2%；连队常住居民人均可支配收入 17786 元，比上年增长 8.4%，扣除价格因素，实际增长 6.5%。

2017 年粮食工作

2017 年，兵团粮食行业深入学习贯彻党的十九大精神，认真落实国家、自治区和兵团粮食工作部署，抓好粮食生产，促进粮食流通，落实粮食质量安全监测任务，加强安全生产管理，粮食流通工作取得新进展。

一　全面完成粮食生产计划任务，单产进一步提高

2017年兵团粮食作物播种面积28.42万公顷，比上年下降14.3%，完成兵团26.68万公顷生产指导任务的106.6%；粮食产量248.55万吨，比上年下降8.4%，完成生产计划220万吨的113.0%；粮食单产8744公斤/公顷，比上年增长6.9%。其中：小麦播种面积14.44万公顷，下降21.5%；产量101.1万吨，下降20.7%；单产7003公斤/公顷，增长1.1%。水稻播种面积2.06万公顷，增长8.1%；产量23.2万吨，增长6.5%；单产11258公斤/公顷，下降1.4%。玉米播种面积6.8万公顷，下降8.3%；产量111.7万吨，增长1.7%；单产11019公斤/公顷，增长10.9%。豆类播种面积0.79万公顷，增长17.1%；产量3.0万吨，增长19.6%；单产3816公斤/公顷，增长2.1%。折粮薯类播种面积0.57万公顷，下降2.4%；产量6.2万吨，增长8.8%；单产10939公斤/公顷，增长11.6%。

二　夏粮收购政策保持稳定

参照国家有关政策规定，自治区人民政府决定从新粮上市起，2017年全疆白小麦（三等，下同）、红麦、混合麦最低收购信息参考价格为每公斤2.36元，与2016年收购价保持一致，相邻等级差按每公斤0.04元执行。国有粮食购销企业（含中储粮新疆分公司各直属库）对农民愿意交售且符合国家质量标准的小麦坚持敞开收购，严禁拒收、限收和停收，严禁压级压价、克扣农民。继续坚持敞开直补，自治区财政对种粮农户（含兵团团场职工）交售给国有粮食购销企业的小麦给予每公斤0.3元的财政直补。

三　夏粮交售进展顺利

根据自治区人民政府办公厅《关于做好2017年夏粮收购工作的通知》和自治区发展改革委等五部门联合下发的《关于下达2017年自治区小麦收购指导性计划的通知》精神，开展政策宣传，做好沟通协调，落实任务责任，加强监督检查，确保收购政策落实到位。2017年自治区下达各地小麦收购指导性计划300万吨，其中收购兵团小麦指导性计划60.35万吨，全兵团交售小麦70.68万吨，完成年度小麦交售指导性计划的117.1%，交售进度较快，质量好于上年。

四　落实粮食质量安全监测任务

2017年国家下达兵团60份收获粮食质量安全监测任务、2份收获粮食品质测报抽样任务。兵团国家粮食质量监测中心按照国家安排，对四师、六师、八师、九师部分团场生产的粮食进行了扞样检测，完成35份小麦、25份玉米扞样监测任务及2份油菜籽品质测报抽样任务，对维护辖区粮食质量安全发挥了积极作用。推进项目建设，兵团国家粮食质量监测中心项目于年内完工并投入使用。加强食品安全相关法律法规宣传，落实粮食质量安全相关制度，粮食质量安全保障机制得到充实。

五　加强安全生产管理

开展粮食安全隐患"大快严"集中行动，辖区各粮食企业落实经营管理主体责任，全面开展自查自纠，对发现的问题，不分大小，一律建立整改台账，逐项整改落实，消除粮食安全隐患。开展粮食行业危险化学品安全治理部署和整治阶段工作，粮油仓储单位安全生产主体责任得到落实，储粮化学药剂管理和使用进一步规范，相关制度标准执行力进一步增强。同时，统筹安排兵团粮油仓储单位相关管理和作业人员参加"一规定两守则"培训，组织兵团辖区粮油保管员等行业特有工种参加初、中、高级技师培训鉴定，着力提升粮食行业从业人员专业水平和安全意识。

六　发展粮食产业经济

积极发挥粮食加工转化引擎作用，延伸产业链提升附加值，促进一二三产业融合发展，带动职工增收和农业增效。引进新疆梅花氨基酸有限责任公司年产 1.8 万吨黄原胶项目，项目总投资 5.1 亿元，2017 年已建成投产。支持粮食企业开展加工贸易，提高竞争力，外向型经济得到发展。

七　推进粮食流通行政职能授权工作

根据中共中央国务院关于兵团深化改革的若干意见精神，认真梳理兵团粮食流通行政职能情况，加强与自治区、兵团有关部门沟通衔接，研究提出争取粮食流通行政职能授权工作的意见建议。

◆新疆生产建设兵团发展改革委（粮食局）领导班子成员

王多生	党组书记、主任（局长）
刘庆发	党组成员、副主任（副局长）、巡视员
张生龙	党组成员、副主任（副局长）
郭晋新	党组成员、兵团纪委驻委（局）纪检组组长
宋秀民	党组成员、副主任（副局长）
邓燕红	党组成员、副主任（副局长）
宋宸刚	党组成员、副主任（副局长）
伍新南	副巡视员

新疆生产建设兵团发展改革委（粮食局）主任（局长）王多生开展"民族团结一家亲"活动。

新疆生产建设兵团发展改革委（粮食局）召开经济运行分析研讨会。

2017 年 8 月 24 日，兵团发展改革委（粮食局）开展"发挥兵团特殊作用大学习大讨论"学习交流会。

新疆生产建设兵团第一师天山雪米有限责任公司阿拉尔米业晒场。

大连市粮食工作　基本情况

　　2017年，在市委、市政府的正确领导下，深入学习贯彻习近平新时代中国特色社会主义思想和党的十九大精神，全面落实新发展理念和"四个着力""三个推进"，坚持稳中求进工作总基调，以提高发展质量和效益为中心，以深化供给侧结构性改革为主线，以振兴实体经济为重点，扎实做好稳增长、促改革、调结构、惠民生、防风险各项工作，圆满完成市十五届人大六次会议确定的目标任务。实现地区生产总值7363.9亿元，增长7.1%；一般公共预算收入657.7亿元，增长7.5%；固定资产投资1652.8亿元，增长15.1%；社会消费品零售总额3722.5亿元，增长9.2%；居民消费价格涨幅2.1%；城乡居民人均可支配收入40587元和16865元，分别增长6.7%和7.7%，万元GDP能耗下降3.5%。投资结构日益优化，招商引资成效明显，消费动能持续增强，外贸实现稳步增长，民营经济健康发展。

　　大连口岸作为我国东北及东北亚地区重要粮食集散地，有著名的大连港和北良港，每年粮食中转量达1000多万吨。大连商品交易所是全国最大的粮食期货交易所，大连北方粮食交易市场是居全国前列的现货交易市场，大连金三角粮食批发市场、双兴商品城、谷金川粮食交易市场等均是繁荣、规范、交易量大的成品粮批发市场，已经成为全市实现粮食供需平衡的重要保证。全市食用植物油年产量达40多万吨，为本市食用植物油供需平衡创造有利条件。

　　2017年，大连市、县粮食行政管理部门在市委、市政府的正确领导下，认真落实国务院、省政府关于保障国家粮食安全和粮食安全省长责任制的战略要求，按照省农委的工作部署，以守住管好"天下粮仓"为己任，履行好"抓收购、保供给、稳市场"的工作职责，坚持改革创新、求真务实，粮食流通各项工作取得新成效。粮食收购工作有序开展，农民利益得到有效保护；粮油市场体系健全，粮食市场供应充足、价格稳定；粮食地方储备体系建设和粮食应急管理工作富有成效，提高了粮食宏观调控能力；粮食仓储管理工作取得新进展，确保了粮食储存安全；粮食监督检查工作卓有成效，粮食市场秩序良好；严格使用粮食仓储维修改造和粮库智能化升级改造项目资金，粮食仓储条件和储备粮管理得到改善；粮食质量管理和监控不断加强，确保了粮食质量安全；粮食收购许可管理工作有序开展，粮食收购市场秩序不断规范；粮食流通统计和市场监测工作不断加强，粮食宏观调控水平不断提高；军粮供应工作和军民共建工作融合发展。

2017 年粮食工作

一 **粮食生产遭受轻度旱灾，粮食产量较上年小幅下降**

2017 年全市粮食受旱灾减产，全市粮食播种面积 27.1 万公顷，粮食总产量 122 万吨，比上年减少 8.3%。其中：水稻产量 12.3 万吨，玉米产量 88.2 万吨，大豆产量 8.2 万吨，薯类产量 12.8 万吨，杂粮产量 0.5 万吨。

二 **严格执行国家政策，认真做好粮食收购工作，保证农民"种粮卖得出"**

全市 2017 年产粮食商品量 44.6 万吨。其中：水稻商品量 8.6 万吨，商品率 70%；玉米商品量 36 万吨，商品率 40%。由于全市饲养业较发达和农民家庭饲养量较大，全市地产粮食商品率较低。

2017 年，全市收购上年产粮食 30 万吨，其中，水稻 5.4 万吨，玉米 24.6 万吨。为做好粮食收购工作，市、县粮食行政管理部门在粮食收购前认真做好粮食产量、商品量及农民心态调查，做好粮食腾仓倒库、清仓消毒、设备维修、人员培训等粮食收购准备工作，组织粮食企业积极入市开展粮食收购工作。在粮食收购期间，加强监督检查，重点检查国家粮食收购政策执行情况、安全生产情况等，各粮食收购企业严格执行"五要五不准"收购守则，国家政策贯彻落实到位，农民利益得到有效保护。

同时落实国家政策，组织 7 家饲料加工企业开展 2016 年新产玉米收购加工工作，确保农民余粮顺利销售。

三 **严格落实储备粮管理制度，确保储备粮储得住、管得好、调得动、用得上**

按照国家、省政府有关文件精神，从 2003 年起本市就建立起完善的地方储备粮和应急成品粮体系。全市建立地方储备粮规模 32.5 万吨，地方储备食用油规模 1.5 万吨。建立应急成品粮储备 1.4 万吨，地方储备小包装成品油 0.1 万吨。

为加强地方储备粮和应急成品粮管理，大连市粮食局不断充实完善储备粮管理制度，努力实现用制度管粮。一是加大轮换力度，及时安排轮换计划，确保储备粮推陈储新，常储常新；二是加强地方储备成品粮库存检查力度，确保应急供应时用得上；三是加大粮食质量安全管理力度，实行储备粮质量一票否决制，确保粮食数量真实、质量达标；四是做好地方储备粮财产保险工作，确保地方储备粮油安全；五是加强绿色储粮技术培训，不断提高本市粮油仓储水平；六是加大安全管理力度，确保粮食企业防火安全和作业安全。

| 四 | 加强粮食仓储设施维修改造和粮库智能化升级改造等项目建设，提高粮食仓储能力和管理水平 |

（一）完成 2014~2015 年粮食仓储维修改造项目建设工作

大连市粮食局加强对项目建设的监督检查，督促加快项目建设进度，及时解决项目建设中出现的问题，确保项目建设顺利进行。到 2017 年底，全市 2014~2015 年粮食仓储维修改造总投资 4026 万元项目基本结束。此批维修改造项目规模较大，将大幅改善全市国有粮食企业仓储条件，提高仓储能力，为确保粮食安全打下坚实基础。

（二）完成省级储备粮承储粮库智能化升级改造工作

按照《大连市省级储备粮承储企业智能化升级改造项目建设实施方案》的工作安排，大连市粮食局积极推进 580 万元省级储备粮承储企业智能化升级改造项目建设工作，先后完成项目招标代理的公开征集，项目监理和项目建设的公开招标工作；在项目建设期间，深入各建设单位，加强监督检查，督促加快建设进度，确保项目建设质量和工期。到 2017 年底，基本完成项目建设任务。将大幅提升省级储备粮承储企业运营效能，加快建成技术先进、应用广泛、安全高效的省级储备体系，实现省级储备粮的"数量真实、质量良好、储存安全、管理智能"。

| 五 | 加大粮食行业安全生产检查力度，确保粮食储存安全和作业安全 |

加大安全管理力度，印发了《关于切实做好粮食企业储粮安全、消防安全和生产安全工作的通知》《关于印发大连市粮食行业危险化学品安全治理实施方案的通知》《关于切实做好储备粮承储企业防台防汛工作的能知》等文件，落实粮食行业安全生产各项管理要求。并开展了地方储备粮承储企业安全储粮和安全生产风险隐患管控排查，加强消防安全、储粮安全和生产作业安全的领导，以及储粮化学药剂的安全管理，严格落实安全生产责任，不断完善各项应急预案并加强演练，开展安全防患排查和整改，杜绝火灾和安全生产事故的发生。

| 六 | 加强粮食监督检查工作，维护好粮食市场秩序 |

一是高标准完成了辽宁省政府办公厅部署的大连市 2016 年度粮食安全省长责任制考核工作，大连市开展该项工作主要有三个特点：①领导重视。市政府领导、局领导从不同层面给予关心、支持和指导，解决工作中存在的许多困难和问题，确保工作顺畅进行。②分工协作，密切配合，形成合力。加强委内涉及 9 个处室单位协调，加强与市直 21 个委办局横向联系，加强与省直相关部门纵向咨询、汇报、沟通。③考核结果优。按时上报省《大连市 2016 年度粮食安全省长责任制考核材料》，最终经省政府认定获得全省优秀等级，为确保全市粮食安全奠定了良好的基础。二是组织开展粮食安全隐患大排查快整治等执法集中行动，重点对中央及地方储备粮、临储粮等政策性粮食的轮换情况、补贴情况以及储粮安全等进行了专项检查工作，确保国家政策性粮食管理规范、储存安全。三是加强粮食收购市场监督检查，参加粮食收购的企业都有粮食收购资质，粮食收购市场秩序良好。

七　加强粮食质量管理和监控，确保粮食质量安全

一是做好储备粮质量监管。做好国家临时储备玉米、地方储备粮油的质量监管，做好上级安排的粮食质量安全抽查工作，严把质量关，确保质量符合国家和当地政府要求。二是做好军供粮食质量监管。按照军供粮实施"一批一检一报告"，市粮油检验监测站对各军供站的军粮质量实施季度监督检查，合格率100%，均符合国家标准规定，保证了军供粮质量安全。三是做好质量调查、品质测报和原粮卫生监测工作。与往年相比，2017年全市的粮食质量调查、品质测报工作有以下几个亮点：①在往年扦样点农户的基础上增加了污染区的被采农户数量；②首次将处于销区、往年没有质量调查任务的旅顺口区纳入调查范围；③首次将小麦品种纳入调查对象；④首次在各区县间实施了人员交叉扦样；⑤首次实施了质量调查、品质测报样品集中检验。四是开展好2017年粮食质量安全抽查工作、辽宁省"放心粮油"工程建设、"两节一会"期间粮食质量安全检查工作。

八　加强粮食收购许可管理工作，不断规范粮食市场秩序

完成了2016年度粮食收购企业经营情况报告工作。通过粮食收购经营情况调查报告工作，进一步净化了粮食收购环境，维护了粮食收购秩序，促进了农民增产增收。

依法做好粮食收购市场监管工作。按照国家《粮食流通管理条例》和省政府办公厅《关于加强和完善粮食收购资格审核规范粮食收购市场秩序的通知》精神，依法做好粮食收购企业的监督管理工作，并及时按要求向省农委上报相关报表和情况，对各区市县粮食收购许可工作加强监督检查，并做好业务指导工作。

九　加强粮食流通统计和市场监测工作，提高粮食宏观调控水平

加强社会粮食企业报表管理，不断扩大粮食流通统计覆盖面，不断提高粮食流通统计数据质量，为制定粮食政策和粮食宏观调控提供可靠依据。认真组织、周密部署，抽调人员、搞好培训，积极协调、加强协作，克服困难、精细工作，认真开展全社会粮食供需平衡调查工作，按要求保质保量完成调查任务。调查结果：全市2016年粮食产量133万吨，总消费量483.2万吨，产需缺口350万吨左右。合理布局，认真筛选确定粮食市场价格监测点，及时掌握粮油资源配置状况，发挥粮油价格监测网点的监测预警作用，认真做好分析预测，完成动态信息反馈，全年共编写《粮油市场信息》12期，提供给市委、市政府各有关职能部门，并通过市服务业委网站向社会发布。

◆ **大连市商务局领导班子成员**

王丽英　　党组书记、局长
宁松岩　　党组成员、副局长
李延锋　　副局长

曲　波　　　党组成员、驻局纪检组长
王　毅　　　副局长
刘国志　　　党组成员、副局长

2017年12月28日，大连市政府部署召开粮食省长责任制考核工作会议，大连市副市长卢林（中）、商务局局长王丽英（右）、商务局副局长李延锋（左）出席会议。

2017年10月31日，大连市商务局召开传达学习贯彻党的十九大精神会议（主席台从左至右：刘国志、夏德礼、王丽英、宁松岩、曲波）。

2017 年 10 月 31 日，大连市商务局召开传达学习贯彻党的十九大精神会议。

2017 年 12 月 4 日，大连市商务局召开大学习、大讨论第三阶段工作推进会。

青岛市粮食工作　基本情况

　　青岛地处山东半岛东南端，位于黄海之滨，面向太平洋，是全国首批 14 个沿海开放城市、5 个计划单列市、15 个副省级城市之一。2017 年，全市常住总人口 929.05 万，增长 0.9%；其中，市区常住人口 625.25 万，增长 25.8%。

　　2017 年，全市生产总值 11037.28 亿元，按可比价格计算，增长 7.5%；其中，第一产业增加值 380.97 亿元，增长 3.2%；第二产业增加值 4546.21 亿元，增长 6.8%；第三产业增加值 6110.10 亿元，增长 8.4%。三次产业比例为 3.4:41.2:55.4。人均 GDP 达到 119357 元。

　　2017 年，粮食播种面积 47.8 万公顷；粮食总产量 296.9 万吨，受春旱影响，下降 2.7%。农机总动力 728 万千瓦，增加 30 万千瓦。农作物生产综合机械化水平达到 87.2%。农田有效灌溉面积 33.0 万公顷，其中节水灌溉面积 17.8 万公顷。

2017 年粮食工作

一　粮食安全责任落实取得新成绩

　　把贯彻落实粮食安全责任制作为重要任务，主动担当作为，统筹协调落实，组织实施了贯彻粮食安全责任制实施意见和考核办法，进一步健全了市、县两级政府共同保障区域粮食安全的制度体系。为推动粮食安全责任制落实，市政府成立了由分管副市长担任组长的考核工作组，建立了市粮食安全责任制联系会议制度，明确了任务分工，完善了考核工作会议、沟通协调、信息报送、考核结果运用等工作机制，并把粮食安全工作纳入全市综合考核。市粮食局认真履行考核工作办公室职责，各相关部门通力协作，圆满完成了各项考核工作任务，粮食安全责任制得到全面落实。青岛市综合成绩位居全省第二，全市 7 个考核区市均达到优秀等次，省政府联合考核组认为青岛市委、市政府高度重视，初步构建起了供给稳定、调控有力、运转高效的粮食安全保障体系。

二 粮食安全"三大体系"建设实现新突破

在全国率先提出了粮食安全保障"三大体系"建设，即：粮食储备体系、粮食质量安全监管体系、粮食应急供应体系建设。工作经验做法在全国粮食系统推广交流。粮食储备体系方面：完善各类制度 53 项，开展了储粮技术论坛和对标先进企业提升管理水平活动。改革轮换制度，提前完成了 16 万吨储备小麦轮换任务，9869 吨储备稻谷轮换任务，成品粮油适时轮换，新增大米储备 1000吨。总投资 2125 万元，完成粮库智能化升级项目 25 个，初步形成了设施完善、规模适当、品种齐全、布局合理、管理规范、储粮科学的地方粮食储备体系。粮食质量安全监管体系方面：为基层配备真菌毒素现场快速检测设备，实现关口前移。出动人员 702 人次，检测收购粮、储备粮、军供用粮的质量 378 批次，检测入市前粮油产品质量 6396 批次。累计投资 3400 万元，打造了以市粮油质量检测中心为重点、以各区市基层质量检测机构为支撑、以各粮油企业化验室为补充的粮食质量检测网络，初步形成了机构成网络、检测全覆盖、监管无盲区的粮食质量监管体系。粮食应急供应体系方面：累计投资 2017 万元，建设了 10 个粮食应急配送中心、5 个主食配送中心、1 个放心粮油配送中心，在全市认定了放心粮油示范店 192 家、粮食应急供应网点 356 家，初步形成了布局合理、设施完备、运转高效、保障有力的粮食应急供应体系。为夯实三大体系物质基础，全面推进粮食购销工作，切实维护种粮农民利益，协调落实夏粮收购资金 17.4 亿元，全市收购小麦 36.3 万吨，收购秋粮 15 万吨。开拓外地粮源市场，省外购销量达 70 万吨，全年实现粮食购销总量 209 万吨。

三 粮食流通监管取得新进展

采取双随机方式开展粮食库存检查工作，对 33 家地方国有粮食承储企业、54 个库点进行了检查，对储备面粉进行了普查，储备粮抽查数量超过总量的 2/3。组织了政策性粮食安全隐患"大排查快整治严执法"集中行动，对全市 35 家政策性粮食承储企业进行检查，发现、整改隐患 36 个。开展收购资格核查，累计确认 162 家粮食企业的收购资格。开展粮食收购市场秩序检查，累计检查163 次，出动执法人员 588 人次，检查收购主体、个体户经纪人 186 个，查处违法违规案件 23 例，下达责令改正通知书 23 份，有力维护了粮食收购市场秩序和种粮农民利益。

四 军粮供应保障跃上新台阶

落实国家军民融合战略，创新"五位一体"融合发展举措，争取国家级军民融合保障创新示范工程落户青岛。抓好军粮质量管理，严格落实一批一检一报告制度，组织质量检查 72 次。坚持为部队义务送粮，开展"粮油科技进军营活动"，走访慰问部队 140 余次，解决热点难点问题 23 个，开展粮油技术培训 20 次，培训官兵 1000 人次，覆盖部队伙食单位 300 多个，部队满意率 100%。创建全天候应急保障模式，配备 23 台运输车辆，组织应急保障演练 14 次，圆满完成了亚丁湾护航、训练演习等 20 余次重大保障任务。加强军供规范化管理，全市 6 个军供站全部进入省级"星级"军供站行列，其中青岛市军供站、黄岛军供站被评为山东省"五星级"军供站，数量位居全省第一。

五　粮食改革发展迈出新步伐

　　创新粮食产后服务工作，在平度、胶州、即墨、莱西4个产粮大市，确定建设粮食产后服务中心项目15个，总投资3338万元，形成服务能力56万吨，覆盖产粮大市一半以上区域。适应国家粮食供给侧结构性改革要求，推进"中国好粮油"行动计划，推荐平度市为"中国好粮油"行动示范县、2家企业为"中国好粮油"行动示范企业。争取国家资金1000万元，支持粮油骨干加工企业发展。开展粮油科技周活动，组织参加西安、深圳"名特优粮油"精品展，提升青岛粮油品牌影响力。全市共争创国家级粮油产业化龙头企业3家、国家级放心粮油示范企业7个、中国驰名商标4个、山东省著名商标12个、山东名牌5个。全市粮油加工企业工业总产值340亿元，产品销售收入396亿元。纳入统计的83家粮油加工企业年加工能力748万吨。粮食国有资产监管改革和保值增值成效明显，国有资产保值增值率102%。

六　粮食行业自身建设取得新成效

　　各级粮食部门认真学习贯彻党的十九大精神，组织开展了"六个一"系列活动，积极参与省委组织部开展的"灯塔在线"学习竞赛活动，用习近平新时代中国特色社会主义思想统一干部群众的思想认识。认真履行全面从严治党责任，扎实推进"两学一做"学习教育常态化制度化，开展党支部"三级联创"、主题党日活动。巩固落实中央八项规定精神，党的建设和党风廉政建设不断加强。在全市粮食行业开展"深化改革、转型发展、走在前列"大讨论，形成调研成果63篇，征集合理化建议70条，培树典型11个。推进安全生产责任体系建设，开展隐患排查治理，整改隐患86起。加强信访稳控工作，维护粮食系统和谐稳定。联合10部门开展了为期5个月的"爱粮节粮"主题宣传活动，组织了爱粮节粮进农村、进社区、进军营、进校园、进机关、进企业等"六进"活动。局机关及下属单位省级文明单位覆盖率100%，涌现出一批全国、省、市级"工人先锋号""安康杯"竞赛优胜单位、模范职工之家、青年文明号。

◆青岛市粮食局领导班子成员

张　斌	党委书记、局长
于莲华	党委委员、副局长
柳永志	党委委员、副局长
陈俊魁	党委委员、副局长
吴显烨	党委委员、副局长

青岛市粮食局召开全市粮食流通工作会议，总结部署工作。

青岛市粮食局参加青岛市行风在线，答复市民关心的粮食问题。

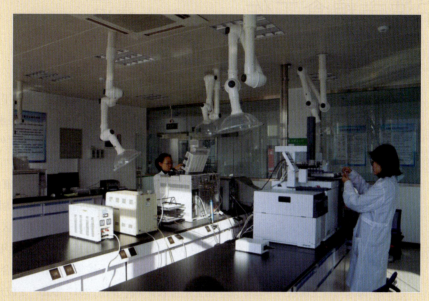

建设高规格高标准的市粮油质量检测中心，保障粮食质量安全。

开展爱粮节粮进校园活动，宣传爱粮节粮知识。

宁波市粮食工作　基本情况

　　宁波简称甬，位于浙江省东北部，居全国大陆海岸线中段、宁绍平原东端，境域北、东、南三面临海，海域辽阔，近陆海域具有优越的水深条件，形成深水航道的天然港口资源，杭甬运河宁波段与京杭大运河衔接。宁波是中国首批进一步对外开放的沿海港口城市、享有省级经济管理权限的计划单列市和副省级城市。

　　宁波辖海曙、江北、镇海、北仑、鄞州、奉化 6 个区，宁海、象山 2 个县，慈溪、余姚 2 个县级市。共有 75 个镇、10 个乡、69 个街道办事处、717 个居民委员会和 2495 个村民委员会。截至 2017 年底，全市拥有户籍人口 596.9 万，其中市区人口 289.6 万。

　　2017 年全市实现地区生产总值 9846.9 亿元，按可比价计算，比上年增长 7.8%。按常住人口计算，全市人均地区生产总值为 124017 元（按年平均汇率折合 18368 美元）。居民人均可支配收入 48233 元，比上年增长 8.0%。截至 2017 年底，宁波舟山港新增集装箱航线 11 条，累计达 243 条，月均航班 1650 余班，年货物吞吐量 10.1 亿吨，比上年增长 9.5%，成为全球首个 "10 亿吨" 大港，连续 9 年位居世界第一，其中宁波港域完成吞吐量 5.5 亿吨，增长 11.1%。

　　2017 年宁波市粮食作物播种面积 13.3 万公顷，粮食总产量 82.4 万吨。全市收购粮食 26.46 万吨。全市国有粮食购销企业与 1.35 万户农户签订 26.4 万吨粮食收购订单，订单粮食收购 24.12 万吨，其中：小麦 2.24 万吨，早籼稻 4.86 万吨，晚稻 17.02 万吨。宁波市庄桥粮油批发市场年成交粮油 42 万吨（粮食 41 万吨、食油 1 万吨），成交金额 18.5 亿元；网上粮食市场成交 39.9 万吨，成交金额 10.8 亿元。全市设立粮食应急供应网点 329 个，应急加工企业 26 个，应急运输企业 14 个，应急配送中心 11 个，形成完善的粮食应急保障体系；设立各类粮情监测点 153 个，监测全市粮食收购、批发、零售、加工全行业的购销存储和价格情况。

2017 年粮食工作

　　2017 年，宁波市粮食系统认真贯彻党的十九大和省、市党代会精神，坚持以习近平新时代中国特色社会主义思想为指导，紧紧围绕 "名城名都" 建设总目标，以 "大粮食安全观" 为统领，以粮食供给侧结构性改革为主线，全面加强粮食安全体系建设，加快推进粮食产业经济发展，不断提升粮食流通现代化水平，着力增强粮食安全保障能力，对标先进、开拓进取、狠抓落实，为确保宁波粮食安全作出了新的贡献。

一　保供稳价能力持续增强

（一）有效落实粮食安全责任制

在 2017 年省对市的考核中，宁波市 2016 年粮食安全责任制再获省考核"优秀单位"，考核成绩比上年前进一位。调整充实市粮食安全工作协调小组，分解落实考核指标，签订《粮食安全责任书》，修订和拟订了《宁波市粮食安全区县（市）长责任制考核办法》《2017 年宁波市粮食安全区县（市）长责任制考核方案》，将区县（市）粮食安全责任制年度考核结果纳入市政府工作目标考核体系。

（二）开展全社会粮食供需平衡调查

2017 年 2~4 月，采取多种调查方式在全市范围内对 2016 年粮食和食用油供需平衡情况开展调查。调查结果显示，宁波市粮食总消费为 271.5 万吨（口粮 186.9 万吨、饲料用粮 43.7 万吨、工业用粮 39.9 万吨），粮食总产量 80.4 万吨，其中稻谷产量 61.1 万吨。全市食油总需求 14.5 万吨（家庭用油 13 万吨、工业用油 1.4 万吨），食油总供给 77.6 万吨。通过调查，切实掌握了全市粮食总量平衡、品种结构、区域供求和市场流通动态状况，为政府制定粮油安全保障措施提供了科学的决策依据。

（三）积极发挥市场保供作用

全市"一体两翼"粮食市场调节功能和作用持续发挥，粮食市场运行平稳，宁波庄桥粮油批发市场年成交粮油 42 万吨，成交金额 18.5 亿元，成交量相比上年增加 1.6 万吨。余姚泗门和宁海粮油市场年成交量分别达到 11.5 万吨和 5.9 万吨。三个骨干粮食交易市场年成交量占宁波年口粮消费量的 40% 以上。宁波网上粮食市场继续利用电子商务平台发挥粮食公开竞价功能，成交数量达 39.9 万吨。

（四）坚持政策和服务并重，保障军粮供应

完善全市军粮统筹办法，加强军粮统筹管理，面粉实行全市统筹。积极做好双拥工作，推进军民融合发展。

二　仓储管理水平得到提升

（一）地方储备粮规模全面落实到位

宁波市 59.45 万吨地方储备粮规模全面落实到位，通过产销合作方式在省外储存近 6.3 万吨（吉林 4.3 万吨、安徽 0.4 万吨、江西 1 万吨、江苏 0.6 万吨），中晚稻库存占 45% 以上，应急成品粮库存达 2.2 万吨，分别比浙江省政府规定的高 20 个百分点和 69 个百分点。与东北主产区开展优质水稻储加销合作 0.3 万吨。

（二）地方储备粮轮换及时规范

全市安排地方储备粮轮换出库 26.3 万吨，轮入地方储备早稻和小麦 8.1 万吨。创新经营模式，市粮食收储公司与市内骨干粮食加工企业合作开展动态储备业务，通过招标竞争方式选择合作企业，与加工企业合作开展晚稻动态储备 0.7 万吨，降低储备粮营运成本。

（三）仓储管理水平得到提升

以"一符四无"粮仓鉴定为基础，以粮油仓储企业规范化管理水平评价为抓手，积极推进"星级粮库"创建，全市实现"三星"以上粮库7个，占储备仓容的53%，储粮规范化管理水平得到提升。积极推广应用粮食储藏"四合一"升级技术，智能通风、智能控温、仓外自动测虫等仓储技术得到初步应用，信息化智能保粮技术推广应用有了较大的改观。

三　粮农利益得到有效保护

（一）及时出台粮食收购和补贴政策

研究拟定粮食收购和补贴政策，在收购之前联合市物价、市财政制定了《关于做好早稻收购工作的通知》和《关于做好晚稻收购工作的通知》。订单粮食收购价格为：订单早籼稻（国标中等质量，下同）每50公斤收购价格133元，价外补贴23元，50亩及以上种粮大户收购环节直接补贴9元，共165元；一般农户156元。订单小麦每50公斤收购价格118元，价外补贴23元，50亩及以上种粮大户收购环节直接补贴7元，共计148元；一般农户141元。订单晚粳稻收购价格每50公斤150元，价外补贴15元，50亩及以上种粮大户收购环节直接补贴5元，共170元；一般农户165元。同时，对优质籼粳杂交稻系列也制定了优质优价政策，高于普通杂交稻7元。

（二）改革粮食订单签订办法

全面实行分季签订办法，全市国有粮食购销企业与1.35万户农户签订26.4万吨粮食收购订单，占全省订单总数的25.1%。其中：早籼稻订单5万吨、小麦3万吨、中晚稻18.4万吨。同时为解决重点种粮大户生产资金困难，发放预购定金429.5万元，有效地满足了农民种粮资金需求。全市收购粮食26.46万吨，同比上年增加0.06万吨。订单粮食收购24.12万吨。

（三）开展优质服务活动

以"五好一满意"为主要内容，积极开展优质服务活动，坚持"四上墙，五公开"。各收购站点急农户所急，想农户所想，在收购期间无节假日，并做到"早开门、晚打烊"，见粮就收、有粮不过夜、有粮日夜烘。全市安排了108个收购点，305台磅秤和60台地磅，223台烘干机（日烘干能力达2429吨），347台输送机，84台除杂机。售粮农民对粮食部门满意率达到100%。

四　产销合作关系更加稳固

（一）国有粮食购销企业继续稳固省际粮食产销合作项目

市本级、余姚、宁海、北仑和慈溪与吉林松原和延边建立了粮食储备合作关系，规模达4.3万吨。市本级、北仑、鄞州等与黑龙江、江西、安徽和江苏等粮食产销合作关系得以继续稳固。

（二）鼓励帮助民营企业与主产区建立稳定的粮食购销基地

宁波小清河粮油有限公司联合其他企业在黑龙江省双鸭山市八五三农场建成38万吨仓库，已具备了订单收购、仓储、加工和营销等功能，为获得第一手黑龙江粮源打下了扎实的基础。

（三）以推进粮食对口协作为契机，深化与吉林省粮食产销合作

按照宁波市委、市政府的决策部署，建立健全粮食对口帮扶协作长效机制，拟订推进与吉林省延

边州粮食对口帮扶协作实施方案，着力融合粮食帮扶协作与粮食产销合作，助推宁波"放心粮油"工程和粮食应急供应网络建设。按照"大米销在宁波、原粮储在延边"的协作思路，在延边建立优质水稻储备储存基地，规模为1万吨，2017年先试行0.4万吨，延边合作企业储备粮源已入仓到位。通过从市本级地方粮食规模中安排0.5万吨计划，增加玉米储备，建立延边玉米宁波储销基地。宁波市与粮食主产区之间产销合作关系的稳固与推进，不仅取得了相对稳定的粮源依托，也丰富了粮食供应品种，繁荣了宁波粮食市场。

五　产业发展开创新局面

（一）加强顶层设计，补好短板

结合"大脚板走一线、小分队破难题"攻坚行动，会同各区县（市）粮食行政管理部门，把"加快粮食产业经济发展"作为全市粮食系统"深化改革转型发展"的一个主攻方向，对全市粮食产业经济现状作了一次全面的调研。委托市发改委规划研究院编制《宁波市粮食产业经济发展规划》。拟定了《宁波市加快粮食产业经济发展意见》。

（二）大力实施"放心粮油"工程

坚持以服务民生为宗旨，以市场为导向，以企业为主体，以质量为核心，拟定了《宁波市创建"放心粮油示范县"三年行动计划》。

（三）实施"中国好粮油"行动计划

以与吉林省延边州粮食局共同举办"吉林大米文化节"为起点，积极谋划实施对口协作"三个基地"建设，吉林大米宁波直营店已在10月15日开张营业。利用食博会契机，积极配合吉林省粮食局推广吉林优质大米全面进入宁波市场，满足宁波市民对中高档大米的需求，参展的吉林优质大米又一次获得了市民的青睐和高度认可。首次组织全市粮食国有、民营粮食企业参与2017年中国（宁波）食品博览会，50家粮食企业参加了展会。精心组织世界粮食日暨全国爱粮节粮周宣传系列活动，承办浙江省主会场仪式，开展爱粮节粮征文活动，邀请宁波市人大代表、市政协委员走进粮食企业实地考察粮食工作。

六　仓储设施建设取得突破

（一）积极推进粮食仓储设施建设

全市列入中央资金补助的在建粮库8个，总仓容17.9万吨，总投资5.88亿元，其中，中央补助资金5960万元。全年累计完成投资56409万元（财务支出数），8个项目均已完工。地方自筹资金项目2个，鄞州区自筹资金对中心粮库进行改扩建，兴建浅筒仓3万吨，完成投资额1895万元，宁海县自筹资金3000万元建设0.8万吨仓容宁西粮食储备库，两个项目预期2018年建成投入使用。全市实施危仓老库维修改造项目7个，涉及仓容约22万吨，落实资金10463.7万元，完成维修改造仓容14.5万吨、功能提升仓容5.9万吨，购置设备103台（套）。

（二）着力推进"智能粮库"建设

全市实施粮库信息化升级改造工程9个，项目总投资约5400万元，其中中央补助1358万元，至年底 5 个项目投入试运行。

（三）实施农户科学储粮专项建设

发放农户储粮装具 8000 套。

七　依法管粮工作稳步推进

（一）加强粮油质量安全监管

出台了《宁波市超标粮食收购处置管理办法（试行）》《宁波市粮食质量安全监管实施细则》及军粮"一批一检一报告"制度。组织开展粮食收购环节粮食质量调查、品质测报和原粮卫生调查，加强对重点粮油批发市场主要粮油品种质量安全风险抽查监测。

（二）加强粮食流通监督检查

扎实做好全国粮食库存检查，全市库存差率为 0.01%，粮食库存数量真实、质量较好、储存安全，账账、账表、账实相符，储备粮轮换计划执行基本规范，库存数量与信贷管理台账核对一致，库贷对应，仓储管理规范，政策性粮食财政补贴资金足额到位。加强粮食流通监管能力建设，制定《宁波市粮食企业经营活动守法诚信评价办法（试行）》，粮食经营者执法档案"一户一档"全覆盖，落实监督检查工作日志制度。

（三）开展"大快严"专项行动

做好"粮食安全隐患大排查快整治严执法"集中行动，共检查国有粮食企业 12 家，库区 146 个，仓廒 783 个，粮食 548236 吨，储备油 3650 吨，出动检查人员 372 人次，发现问题隐患 42 条，当场整改问题隐患 18 条，不能立即整改的督促企业排出整改计划，确保不留死角，不留盲区。

（四）做好安全生产监督工作

组织开展"安全生产月"、夏粮收购安全生产、防爆炸防事故、消防及房屋安全隐患大排查大整治活动，全市粮食系统未发生任何安全生产责任事故。

（五）成立宁波市粮食行业协会

八　队伍建设取得积极成果

（一）落实全面从严治党主体责任

全市粮食系统严明政治纪律，严守政治规矩。落实党风廉政建设责任分工，做到有目标、能分解、可检查，建立"路线图"和"责任田"。开展"两学一做"系列活动，积极推进"四专三书一报告"制度和企业"四专"建设，加强内部监督，开展专项巡察，强化调控与监管职能分离，组织开展整改工作"回头看"。

（二）以党建工作推进"外树形象、内聚合力"

各级党组织通过不同形式组织开展学习贯彻习近平新时代中国特色社会主义思想和党的十九大精神，组织开展粮食行业"深化改革转型发展"大讨论活动。出台从严锻造"四铁"干部队伍实施意见等制度，组织开展"党旗引领、党员走一线"夏粮收购服务月活动，局领导与机关干部深入一线蹲点，与收购粮站职工同吃、同住、同劳动，让农民"最多跑一次"赢得点赞，多家媒体均作了报道。

（三）积极推动粮食部门"最多跑一次"改革工作

制定具体实施方案，梳理"最多跑一次"相关事项，承诺"不跑路是原则、跑一次是例外"，变"企业上跑一次"为"处室下跑一次"，为粮食企业减负松绑。

（四）深化国有粮食企业改革

按照"扶上马、送一程"的原则，进一步理顺政企关系，推进政企分开、政资分开，严格规范政策性业务和经营性业务的关系，健全公司法人治理结构，切实解决直属企业"束手束脚、患得患失"的心理障碍。特别是借助市本级甬江中心粮库投入使用的有利时机，探索开展"优编提效"改革，通过控编缩员，多岗兼职，提高劳动生产力和员工积极性，以此带动新生力量培养、业务技能培训、整体素质提升，打造一支想干事、会做事、能成事的粮食工作新生代队伍。

◆宁波市粮食局领导班子成员

任学军	党委书记、局长（2017年4月任职）
郑桂春	党委副书记、副局长
颜 华	党委委员、副局长
林 洁	党委委员、副局长
程宏友	党委委员、总工程师
徐建国	党委委员、副局长
黄华斌	党委委员、纪检组长
杜钧宝	市委督察专员（2017年4月任职）
冯沛福	巡视员（2017年4月退休）

2017 年夏季，宁波市粮食局组织开展"党旗引领、党员走一线"夏粮收购服务月活动，机关干部深入一线，与收购粮站职工同吃、同住、同劳动。

2017 年 10 月 15 日，浙江省首家吉林大米直营店入驻宁波。

2017 年 10 月 16 日，浙江省 2017 年世界粮食日活动主会场仪式在宁波举行。

2017 年 12 月 28 日，宁波市粮食行业协会成立大会暨第一次理事会召开。

厦门市粮食工作

基本情况

厦门地处中国东南沿海、九龙江入海口、台湾海峡西岸，东南面对金门诸岛，北接泉州，南邻漳州，位于闽南金三角经济区中心，是全国首批经济特区、国家综合配套改革试验区、中国自由贸易试验区和副省级计划单列市，也是两岸新兴产业和现代服务业合作示范区、东南国际航运中心、两岸区域性金融服务中心和两岸贸易中心和现代化国际性港口风景旅游城市。厦门下辖思明、湖里、集美、海沧、翔安、同安6个行政区，由厦门岛、鼓浪屿、内陆九龙江北岸的沿海部分地区及厦门湾等组成，陆地面积1699.39平方公里，海域面积300多平方公里。厦门岛又称鹭岛，素有"海上花园"美誉，"城在海上、海在城中"。厦门地形以滨海平原、台地和丘陵为主；拥有条件优越的海峡性天然良港，全长234公里，港阔水深，终年不冻，是中国历史上对外贸易的重要口岸。厦门属于亚热带气候，夏无酷暑，冬无严寒，风景秀丽，环境整洁。

2017年，厦门市实现生产总值4351.18亿元，按可比价格计算，比上年增长7.6%；常住人口401万，比上年增加9万，增幅2.3%，其中户籍人口231.03万，城镇人口196.89万；全体居民人均可支配收入46630元，比上年增长8.1%。全年粮食播种面积6253.3公顷，下降5.0%；粮食总产量3.65万吨，增幅3.4%；产销缺口144.12万吨，同比扩增1.8%。全年粮油供应充裕，品种丰富，价格平稳。

2017 年粮食工作

2017年，厦门市粮食局积极贯彻落实党的十九大精神，在引粮入厦保供应、加强储备保应急、强化监管保质量等方面下功夫，有序推进各项粮食工作的开展，为厦门金砖会晤、保障军需民食作出积极贡献，取得入选争创省级文明单位、粮食安全省长责任制考评优秀成绩。

一   粮食流通

2017年，厦门市粮油供需基本平衡、数量增长。据对169家粮食企业的调查，全社会粮食总供给623.41万吨（原粮口径），比上年同期增长（以下简称同比）83.65万吨，增幅15.5%。其中进口 192.31 万吨，同比增加 28.86 万吨，增幅 17.7%，进口高粱、大麦和大豆等增量明显；从省外购进 271.09 万吨，同比增幅 22.2%；从省内市外购进 121.36 万吨，同比减少 15.46 万吨，减幅 11.3%；本市各区间的购进量 35 万吨，同比增幅 149.6%。粮食总需求 588.37 万吨，同比增加 64.05 万吨，增幅 12.2%。其中社会粮食消费 147.77 万吨（口粮消费 74.72 万吨，同比增长 3.9%，每年人均口粮消费 135.04 公斤，人均每天消费成品粮 5.2 两；饲料及工业用粮等 73.05 万吨，同比减幅 0.2%），同比增加 2.67 万吨，增幅 1.8%；对省外、省内市外的中转、贸易 405.6 万吨，同比增加 82.08 万吨，增幅 25.4%；本市内区间贸易 35 万吨，同比减幅 36.4%。库存量与消费量比率高达 117.9%。

2017 年食用植物油总供给 107.78 万吨，同比减少 7.48 万吨，减幅 6.5%；其中食用油产量 54.45 万吨，同比增加 4.17 万吨，增幅 8.3%，产量占消费量比率高达 581.2%；从省外购进 5.46 万吨，同比减少 8.27 万吨，减幅 60.2%；从省内市外购进 28.86 万吨，同比增加 24.34 万吨，增幅 538.5%；本市内区间购进量 7.68 万吨，同比减少 7.46 万吨，减幅 49.3%；进口油 11.33 万吨，同比减少 2.29 万吨，减幅 16.8%。总需求 101.98 万吨，同比减少 17.18 万吨，减幅 14.4%，其中食用油消费量 9.36 万吨（食用油消费 8.46 万吨，同比微增 1.8%，每年人均食用油消费 15.04 公斤，人均每天消费食用油 41.2 克，餐饮业平均每千元营业收入消耗食用植物油 1.46 公斤；工业用油 0.9 万吨）；对省外销售量 19.11 万吨，同比减少 20.03 万吨，减幅 51.2%，同比略增 2.4%；对省内市外销售量 65.84 万吨，同比增加 13.09 万吨，增幅 24.8%；本市内区间食用油销售量 7.67 万吨，同比增幅 9.1%。食用油年末库存量 13.73 万吨，同比增加 5.8 万吨，增幅 73.1%。

二　粮食调控

顺利完成 6.5 万吨储备粮年度轮换（早籼稻 2.5 万吨、晚籼稻 1.9 万吨、小麦 2.1 万吨；公开招标采购 4.3 万吨、订单采购 2.2 万吨），招拍成交率均达 100%，通过遴选储备粮招投标代理机构，拍卖代理费降低为 0.1 元/吨。完成应急储备成品粮 2500 吨（大米 2000 吨，小麦粉 500 吨）增储任务。及时调整 2500 吨大豆油存储，2017 年采购 500 吨储备食用油，比采购计划 300 吨增长 66.7%。按进度拨付粮食风险基金 1.55 亿元及粮企挖潜改造资金 240 万元。制定实施《厦门市储备食用油管理守则》，加强督导检查和季度例会分析点评，严格执行仓储规范化管理，举办"一规定两守则"等业务培训。完成翔安中心储备库二期、军粮仓储配送应急保障中心两个工程项目整体验收，并投入使用，分别进行压仓试验。在同安粮库、翔安粮库二期开展充氮储粮技术运用，智慧粮库建设取得初步成效。完成氮气储粮仓容量 17700 吨，比计划仓容 1 万吨增长 77%；完成智能化 5.4 万吨仓容，比原计划 3 万吨增长 80%。精选"三年科保"攻关课题 12 个，有效提升储粮品质。

三　军需民食保障

根据厦门是粮食纯销区的实际，积极开展引粮入厦工作，保障军需民食和粮油市场有效供给。6 月 18 日，协调组织厦门市 18 家粮企 64 人组团参加中国海峡项目科技成果展暨粮洽会"三会合一"会议，发布粮食需求 81.4 万吨，签订粮食购销合同 44.6 万吨（省内 14 万吨、省外 30.6 万吨），并与黑龙江绥化市粮食局、江苏淮安市粮食局等签订合作框架协议；8 家粮企参展，展示本土粮企品牌和粮油精品，助力企业拓展交流平台。以"创全国一流军供站，做军民融合带头人"为目标，多措并举推进军需民食保障思变、求新、增效，推进军民融合、主副业并进发展，整合成立 2 个军粮结算中心、3 个军供门市部，优化军粮供应网络布局；创新运行机制，实施采购、配送、结算"三个统一"；积极调结构、提品质、创品牌、增品种，主推军粮自有品牌，努力实现由单纯的政策性供应向军民兼容的市场化、品牌化、产业化供应转变。2017 年原粮贸易经营 10527 吨，主副营业利润 37 万元。全力做好金砖会晤期间来厦协防部队的军粮供应，采取"单位介绍信＋签字备案"方式，为购粮手续不完备的部队开通绿色通道，先供粮后结算。

四   粮食安全责任制

建立厦门市粮食安全行政首长责任制考核领导机构和工作制度及考核工作联席会议等五项运行机制，牵头协调厦门市 10 多个有关部门，对照 7 大类、58 项考核指标逐项找差距、补短板、抓落实，在首次接受全省粮食安全省长责任制考评中获得优秀成绩，其中涉及粮食工作部分评分获得 99.9 分。起草实施厦门市《贯彻落实粮食安全行政首长责任制的实施意见》及其《考核办法》，牵头协调市考核组对翔安、集美、海沧区政府落实粮食安全行政首长责任制情况进行实地考核，增强粮食安全责任意识。

五   粮食质量监测

贯彻落实厦门市政府《关于加强粮食质量安全监管和责任追究的意见》，与农业、市场监督管理及出入境检验检疫等部门分工负责粮食安全监管职责，与市农业局、海洋渔业局、市市场监管局签订《加强食用农产品质量安全全程监管合作协议》。按"双随机一公开"要求，完成全年粮油质量卫生抽检 400 批次，并在局门户网站"粮油质量考评台"上发布每季度抽样检验结果，正面引导消费者。组织开展春、秋两季粮食库存检查、"粮食安全隐患大排查快整治严执法"集中行动、《国家粮食流通统计制度》执行情况专项检查。积极配合食安城市创建和宣传活动，组织参评"中国好粮油"产品。

强化粮油检验队伍建设，积极开展比对实验、岗位练兵、比武竞赛，完成"十二五"期间 954 万元粮油检验检测仪器设备购置和调试使用，不断提升检验检测能力。目前，已获得 48 个产品 180 项参数资质，其中卫生指标 37 项，基本满足粮油质量、卫生、储存品质等项检验工作需要，并具备开展转基因与微生物检测的条件。全年完成粮油抽检 1259 批次，其中监督抽查检验 198 批次、抽样检测储备粮 579 批次、军供粮 116 批次、省粮油风险监测 30 批次，社会委托检测 336 批次。

六   粮食行业发展

落实粮食企业扶持奖励政策，出台实施厦门市《粮食应急体系建设专项资金管理暂行办法》《引粮入厦奖励实施方案》等奖励补贴措施；核发 2016 年度粮食应急体系专项资金 1405.6 万元，扶持 33 家企业，其中引粮入厦奖励 15 家，核发奖励金 734.3 万元；骨干粮食企业投资补贴 18 家，核发补贴资金 671.3 万元（含 131 家应急定点供应粮店各 0.3 万元）。组织申报获得 2016 年度引粮入闽奖励金

387万元，有力助推厦门粮企技术升级和转型发展。

按照"放管服"改革要求，修订简化粮食收购许可证办理流程，制定实施细则和监管措施，推进办事流程标准化并实行网上预审，实现"现场收件，快递送达，最多跑一趟"目标，2017年办理7件粮食收购资格许可办件；充分发挥信用评价体系作用，推进政府部门间的数据信息共享，加强事中事后监管。

积极开展粮食行业"深化改革转型发展"大讨论活动。根据国家粮食局《关于在全国粮食行业开展"深化改革转型发展"大讨论活动的通知》（国粮发〔2017〕150号）要求，并按照厦门市分管领导批示精神，认真制订厦门粮食行业开展"深化改革转型发展"大讨论活动实施方案，成立大讨论活动领导小组及其办公室，组织召开全市粮食系统开展大讨论活动动员部署会，围绕观念、职能、方式"三个转变""三破三立"等四个阶段内容开展为期近一年的大讨论活动，组织收看国粮局举行的"粮食流通改革发展"论坛专题报告视频会，编印活动简报，完成撰写7篇调研文章，征集建言献策6条。

七　金砖会晤安保维稳

2017年9月3~5日，中国、俄罗斯、印度、巴西、南非金砖国家领导人第九次会晤在厦门举行，开创金砖合作第二个"金色十年"，金砖国家还与出席会议的埃及、墨西哥、泰国、塔吉克斯坦、几内亚领导人共商国际发展合作大计。

根据厦门金砖会晤的部署要求，成立厦门粮食系统安保维稳工作领导小组，建立健全反恐应急预案，全力开展护航金砖大排查大整治行动，组建各粮库反恐小分队，配齐装备，开展24小时库区巡逻；投入300多万元用于物防设施建设；与辖区派出所、反恐大队等部门举办10多场次的安保器械使用和"三人战斗队形"培训及反恐实战演练，不断提升防卫技能。积极开展信访风险隐患排查，强化保密和舆情管控工作，举办"迎接厦门会晤，做好保密工作"专题培训，新增13项工作职责要求和5项网站安全管理制度，开展网络安全应急培训演练，及时清理更新全市公共安全管理平台基础数据专项采集。贯彻落实"党政同责、一岗双责、齐抓共管、失职追责"规定，高标准高质量开展消防安全管理、危险化学品治理、办公场所安全保卫等专项行动，实现粮食系统安全生产连续14年无事故。

八　粮食系统党群工作

推进"两学一做"学习教育制度化、常态化，制订工作方案，明确学习内容，召开动员部署会；采取集中学习与个人自学、领导带头学与党员自觉学、请进来授课与走出去参观见学相结合等方法抓好学习教育的落实。抓好党建工作落实，组织全体党员干部走进思明区溪东社区，开展主题党日活动和志愿服务活动；开展全系统"一先两优"推荐评选和表彰活动，举办了红色诗文诵读比赛活动；推广运用"厦门党建e家"软件平台，通过微信开展党务工作。深化精神文明建设，认真做好迎接厦门市文明办总评工作，得到较好评价，并入选厦门市200个2015~2017年省级文明单位候选名单；组织开展文明共建、"结对帮扶"等公益活动和"迎金砖会晤、志愿者在行动"为主题的志愿服务活动。深化党风廉政建设，严格落实从严治党主体责任、党风廉政建设主体责任，学习贯彻《廉洁自律准则》

《纪律处分条例》和中央八项规定精神等廉政建设法律法规，监督检查储备粮、粮库建设工程招投标等事宜以及所属企事业单位财务管理情况。

◆厦门市粮食局领导班子成员

卢晓东	党组书记、局长
张伟生	党组成员、副局长
段小红	党组成员、副局长
田承洋	党组成员、副局长
黄启忠	副巡视员

2017 年 5 月 10 日，首次粮食安全省长责任制省考核组组长张福寿（前中）深入厦门第一粮库检查储备粮管理情况。

2017年6月18日，厦门市粮食局局长卢晓东（中）、副局长段小红（左一）参加第十三届福建粮洽会，并观摩展厅。

2017年初新建并投入使用的翔安二期智能化粮库新貌。

深圳市粮食工作

基本情况

深圳市于 1979 年设市，1980 年设立经济特区，现为国家副省级计划单列城市。地处珠江三角洲腹地，毗邻港澳，全市面积 1997 平方公里，属亚热带海洋性气候，四季温润、阳光充沛，盛产水果。现辖 8 个行政区和 2 个功能区：福田区、罗湖区、南山区、盐田区、宝安区、龙岗区、龙华区、坪山区及光明新区、大鹏新区。

初步核算并经广东省统计局核定，2017 年深圳市生产总值 22438.4 亿元（含 R&D 支出纳入 GDP 部分，含深汕特别合作区），按可比价格计算，比上年增长 8.8%。经济增速升中趋稳，一季度、上半年、前三季度、全年的增速分别为 8.6%、8.8%、8.8% 和 8.8%。分产业看，第一产业增加值 18.54 亿元，增长 52.8%；第二产业增加值 9266.8 亿元，增长 8.8%；第三产业增加值 13153 亿元，增长 8.8%。因 R&D 支出纳入 GDP 和深汕特别合作区计入深圳，三次产业结构为 0.1:41.3:58.6。人均 GDP 达 18.3 万元，按 2017 年平均汇率折算为 2.7 万美元。

深圳是粮食纯销区，全市每年粮食总需求约 500 万吨（原粮），其中口粮需求约 200 万吨（原粮），完全依赖从外省市及国外进口。2017 年，深圳市纳入流通统计范围的粮食企业共 108 家，全市商品粮购入数量 819 万吨，销售及转化数量 792 万吨；储备粮购入（不含商品粮转入）数量 519 万吨，销售（不含转出至商品粮）数量 498 万吨；商品油购入数量 103 万吨，销售数量 99 万吨；储备油购入数量 4.9 万吨，销售数量 4.9 万吨。根据全市 2017 年城镇居民粮油消费调查数据，全市人均日消费粮食 0.3 公斤，人均日消费食用油 0.07 公斤。

2017 年粮食工作

一 积极落实粮食安全责任考核

本市高度重视粮食安全责任考核工作，市政府主要领导、分管市领导多次作出重要指示和批示，要求全力以赴做好考核工作。针对 2016 年度粮食安全责任考核扣分项，市领导专门作出批示，要求市相关部门制定粮食安全责任考核扣分项整改方案并严格落实。针对 2017 年度粮食安全责任考核各项指标，市相关部门加强与省对口牵头部门沟通，查漏补缺，补齐短板，逐一落实各项考核指标。按照省政府签订粮食安全责任书要求，与各区（新区）签订粮食安全责任书，层层压实责任。

二　强化储备粮管理

截至 2017 年 12 月底，全市在库储备粮 158 万吨，超额完成广东省政府下达的 139 万吨粮食储备任务。一是加强地方粮食储备监管，确保储备粮数量真实、质量良好、储存安全。本市地方储备粮实行动态轮换，承储企业按照先进先出、均衡轮换原则进行轮换，2017 年出台了《深圳市粮食储备承储管理年度考核办法》，建立健全地方储备粮管理机制，层层落实粮食管理责任。2017 年安排经费 86 万元对储备粮、军粮和应急企业库存粮食的 448 个样本进行质量抽检，卫生指标和质量指标合格率分别达 100% 和 96%。按照上级粮食部门部署，开展储备粮库存等各项检查，包括联合消防部门进行消防检查、联合安监部门进行安全生产检查、聘请专家现场指导、抽调企业人员交叉检查等方式，以检查促整改、以整改强管理。二是严格落实地方粮食储备费用。2017 年，全市安排粮食储备资金 107008 万元，通过中国农业发展银行深圳市分行粮食风险基金专户拨付粮油承储企业 96220 万元。

三　保障粮食市场平稳运行

（一）建立长期稳定的产销合作关系

2017 年，组织 30 家食品、商贸、粮油企业参加"哈尔滨绿色食品（深圳）展销会"；25 家超市、商贸、粮食企业参加"深哈合作对接及产业项目推介会"；10 家大型粮食骨干企业参加黑龙江省金秋粮食交易洽谈会。自 2015 年与黑龙江省政府签订合作备忘录以来，本市深入推进两地粮食产销合作，2017 年与哈尔滨市签订了《深圳市与哈尔滨市农业和绿色食品产业战略合作协议》。本市粮食企业计划在黑龙江省、辽宁省和江苏省投资建设粮源基地 9 个，总投资 9.13 亿元。本市在全省率先提出产区异地储备模式，由深粮集团在黑龙江省、辽宁省共 4 个库点试行 15 万吨储粮规模的产区储备探索。

（二）健全粮油供应网络，建设应急供应体系

截至 2017 年底，全市成品粮储备 22 万吨，其中大米 21.8 万吨、面粉 0.2 万吨，合计折原粮 32.3 万吨，按照每人每天 1 斤成品粮的标准，能满足全市常住人口 37 天消费需求。制定了《深圳市粮食应急预案》和《宝安区粮食应急预案》《龙岗区粮食应急预案》，按照每三年组织一次应急演练要求，于 2015 年 10 月组织了应急演练，2018 年 1 月 5 日出台了《深圳市粮食质量安全事故（事件）应急预案》。深圳通过将大型商超纳入粮油应急保障系统、安排资金予以扶持等措施，加大粮油供应网络建设投入。2017 年，补助 22 家粮食应急企业 860 万元，用于粮食企业新建或租赁粮食仓库、改造粮食物流配送中心、建设或改造低温粮库等；认定 48 家粮食应急保障企业，其中大米加工企业 32 家、面粉加工企业 3 家、油脂加工企业 3 家、运输企业 3 家、供应企业 7 家，供应网点 370 个，网点覆盖全市各街道和大型社区。

（三）加强粮情监测预警，保持价格平稳

一是严格执行国家粮食流通统计制度。安排专项经费开展粮食统计培训，2017 年举办了统计培训与安全储粮和安全生产培训，指导督促辖区内入统对象建立统计台账，通过网络直报统计报表。采取现场培训、网络解答等多种方式，指导企业填报统计数据，确保数据真实全面。委托深圳国家粮食质量监测站按时收集调查信息，完成了 2017 年城镇居民粮油消费调查报告。二是加强粮食市场价格监测和分析。建立深圳市内贸流通统计监测信息服务系统，企业在系统直接报送包括粮油在内的生活必需品价格信息，每周对市场价格进行分析，并在"深圳商务预报"网站发布。在全市设置 10 家粮食零售价格监测点，监测范围包括东北米、早籼米、泰国香米、面粉、花生油、调和油等 10 个粮食品种的零售价格，定期上报国家发改委价格监测中心、广东省价格监测中心。督促指导直报点按时在国家和省粮油信息监测平台报送市场价格信息。

四　加强粮食仓储物流设施建设和管理

在粮食仓储物流设施建设方面，深粮集团下属东莞粮库项目纳入国家粮食仓储设施第一批项目，深圳市中泰粮油进出口有限公司的中泰粮库纳入国家竞争性建仓第一批试点项目，总投资分别为 2.5 亿元和 6800 万元，中央资金补贴分别为 3400 万元和 350 万元。截至 2017 年底两个项目均已竣工并通过预验收。此外，宝安区积极推进西部粮库建设，已于 2017 年 2 月 6 日取得《建设用地规划许可证》。在仓储设施维修改造方面，2017 年全市推荐了 4 家粮食储备企业的 7 个粮库作为广东省 2017 年"粮安工程"粮库智能改造项目，各项目投资金额已于 3 月底通过省粮食局专家评审，中央财政 2017 年"粮安工程"粮库智能化升级改造补助资金 756 万元。

五　深化国有粮食企业改革

一是积极推进深粮集团重大资产重组。为推动市属国有粮食企业创新发展、转型升级和提质增效，2017 年 8 月启动深粮集团与深圳市深宝实业股份有限公司重大资产重组工作，以实现深粮集团整体上市。二是大力发展混合所有制粮食经济。深粮集团与民企合作投资建设深粮东莞粮食物流节点项目，依托粮食储备基地建设粮食产业园区；与民营资本合资成立厨房食品供应链公司，负责大型餐饮和终端渠道的粮油供应业务，延伸产业链条；与中信集团合资建设双鸭山深粮中信公司，打造集粮食生产、收购、加工、仓储、研发、物流、配送、销售于一体的粮油产业园；深粮集团全资子公司深粮多喜米商务有限公司与珠海远光软件、深圳远望谷公司合资成立深圳市深远数据技术有限公司，开展粮食信息化服务业务，推动深粮粮食信息化产品服务输出，巩固和增强本市粮食行业信息化影响力。三是提供资金支持培育壮大企业。依据《深圳市农业发展专项资金管理办法》《深圳市龙岗区农业发展专项资金管理办法》，对农业产业化龙头企业提供资金支持；宝安区政府向宝安粮食公司注资 5 亿元，用于深汕特别合作区企业粮食综合产业园投资项目；支持深粮集团成立深圳市多禧股权投资基金管理有限公司，发起设立深粮智能物联投资基金，首期规模 2 亿元，开展粮食产业链股权投资工作，促进深粮集团外延式发展。

六　完成军粮供应任务

　　2017年，全市坚持以兵为本，按照部队需求做好军粮供应，顺利完成全国军地军粮联合检查、军供粮油质量抽检工作，抽检结果卫生和质量等各项指标全优。合理布局军供网点，组织开展军粮供应定点加工企业遴选工作。开展全国军粮大讨论活动，建立军粮供应军民融合发展联系工作机制。开展军粮供应应急保障演练，不断增强本市军供保障服务能力。

七　开展法规宣传和粮食文化建设

　　2017年是《粮食流通管理条例》颁布实施13周年及《广东省粮食安全保障条例》颁布实施8周年，深圳经信委组织举办全市两部《条例》宣传座谈会，采取宣传培训与粮食库存检查、粮食质量安全检查，以及安全生产检查等专项检查相结合的形式，督促粮食经营者自觉履行法定责任与义务，执行国家有关粮食法律法规和政策，增强粮食企业依法维护自身合法权益的意识。此外，通过举行"粮库开放日"活动、"世界粮食日"活动等多种形式，面向粮油企业和群众宣传粮食法律法规、进行安全生产知识培训、普及粮食质量知识等。

◆深圳市经济贸易和信息化委员会领导班子成员

刘　胜	党组书记、主任
王有明	党组成员、市投资推广署署长
高　林	党组成员、副主任（分管粮食工作）
胡晓清	党组成员、副主任
张立仁	党组成员、机关党委书记
乔海燕	党组成员、市国防科工办专职副主任
徐志斌	党组成员、副主任
余惠强	党组成员、市无线电管理局局长
高　瞻	市公平贸易促进署署长
郑　璇	副巡视员

2017 年 7 月，深圳市副市长陈彪（左一）、深圳市经贸信息委副主任高林（右二）赴中泰粮库督查粮库建设进度。

2017 年 1 月，深圳市经贸信息委副主任高林（右三）检查深粮东莞物流粮库安全生产工作。

2017 年 5 月，深圳市经贸信息委副主任高林（左五）到黑龙江检查异地粮食储备和安全生产工作。

2017 年 7 月，深圳市经贸信息委在深圳市民中心组织全市安全储粮和安全生产培训。

第五篇

粮食政策与
法规文件

国务院文件

关于印发 2017 年食品安全重点工作安排的通知

国办发〔2017〕28 号

各省、自治区、直辖市人民政府，国务院各部委、各直属机构：

《2017 年食品安全重点工作安排》已经国务院同意，现印发给你们，请认真贯彻执行。

国务院办公厅

2017 年 4 月 6 日

（此件公开发布）

2017 年食品安全重点工作安排

食品安全关系广大人民群众身体健康和生命安全，加强食品安全工作是各级党委政府的重大政治任务。2016 年，全国食品安全形势总体稳定向好，但问题依然复杂严峻。为贯彻党中央、国务院关于食品安全工作的决策部署，落实"四个最严"要求，强化源头严防、过程严管、风险严控监管措施，加快解决人民群众普遍关心的突出问题，提高食品安全治理能力和保障水平，推进供给侧结构性改革和全面小康社会建设，现就 2017 年食品安全重点工作作出如下安排：

一   加强食品安全法治建设

完善办理危害食品安全刑事案件的司法解释，推动掺假造假行为直接入刑。（中央政法委牵头，高法院、高检院、公安部、农业部、国家卫生计生委、海关总署、质检总局、食品药品监管总局配合）加快完善食品安全相关法律制度，抓紧修订食品安全法实施条例，基本完成食品安全法配套规章制修订，落实处罚到人。推动地方食品生产经营小作坊、小摊贩、小餐饮管理办法在年内全部出台。启动农产品质量安全法修订，贯彻落实新修订的农药管理条例。研究制定餐厨垃圾回收和资源化处理相关法规。（食品药品监管总局、农业部、国家发展改革委、国务院法制办按职责分工负责）修订出台学校食堂与外购学生集中用餐食品安全管理规定。（教育部牵头，国家卫生计生委、食品药品监管总局配合）制定食品相关产品监管办法，抓紧修订进出口食品安全管理办法。（质检总局牵头，国家卫生计生委、食品药品监管总局配合）加强食品安全法治教育，各级食品安全监管人员、各类食品生产经营单位负责人、主要从业人员全年接受不少于 40 小时的食品安全集中培训。完善食品安全行政执法程序，加强行政处罚法律适用的指导。规范执法行为，强化执法监督，开展执法检查，做好行政复议和应诉工作。（国务院有关部门、各省级人民政府负责）

二　完善食品安全标准

推动食品安全标准与国际标准对接。继续完善食品安全标准体系，制修订一批重点急需的重金属污染、有机污染物、婴幼儿配方食品、特殊医学用途配方食品、保健食品等食品安全国家标准及其检测方法。加强标准的宣传、培训与跟踪评价，强化标准制定、执行和监管的衔接。加强地方食品安全标准制修订与管理，指导地方清理标准，建立地方标准目录。（国家卫生计生委牵头，农业部、质检总局、食品药品监管总局、国家粮食局配合）加强食品中非法添加物质的检验方法研究。（科技部、国家卫生计生委、食品药品监管总局按职责分工负责）加快制定蔬菜及特色农产品的农药残留和小品种畜禽水产品的兽药残留限量标准，新制定农药残留标准 1000 项、兽药残留标准 100 项，全面清理整合和修订农药兽药残留检测方法。颁布进口农产品的农药兽药残留限量标准制定规范，启动分类制定"一律"限量标准。（农业部牵头，质检总局配合）完善粮食质量安全标准体系。（国家粮食局牵头，质检总局配合）

三　净化农业生产环境

启动土壤污染状况详查，推动土壤污染防治立法和土壤环境质量标准修订，落实大气、水、土壤污染防治行动计划，开展土壤污染综合防治先行区建设和土壤污染治理与修复技术应用试点。年底前出台农用地土壤环境管理办法，发布农用地土壤环境质量标准。（环境保护部负责）严格控制在优先保护类耕地集中区域新建有色金属冶炼、石油加工、化工、焦化、电镀、制革等行业企业，现有相关行业企业要采用新技术、新工艺，加快提标升级改造步伐。（环境保护部、国家发展改革委牵头，工业和信息化部配合）深入开展耕地质量保护与提升行动，推进农业面源污染防治攻坚行动。总结长株潭试点经验，加快重金属污染耕地修复和种植结构调整，指导中轻度污染耕地安全利用以及重度污染耕地食用农产品禁止生产区划定。（农业部负责）落实国务院关于加强粮食重金属污染治理的各项措施，处理好调整种植结构和保护农民利益的关系。（国家发展改革委、财政部、农业部、国家粮食局等部门会同相关省级人民政府负责）

四　加强种养环节源头治理

推行良好农业规范，在规模化生产经营主体落实生产记录台账制度。加强农药兽药安全间隔期、休药期管理。实施高毒农药定点经营、实名购买制度，禁止高毒农药用于蔬菜、瓜果、茶叶、中草药等农作物的生产，分期分批对高毒农药采取禁限用措施。实施兽用处方药管理和兽药二维码追溯制度。加大科学种养技术培训力度，指导农户依法科学合理使用农药、兽药、化肥、饲料和饲料添加剂，严禁使用"瘦肉精"、孔雀石绿、硝基呋喃等禁用物质。（农业部牵头，质检总局配合）推行病虫害、动物疫病统防统治专业化服务，扶持培育经营性服务组织。（农业部牵头，质检总局、财政部配合）推进食用农产品合格证管理试点。深入推进畜禽、水产品质量安全专项整治，集中治理农药兽药残留超标突出问题。（农业部牵头，食品药品监管总局配合）

五　　严格生产经营过程监管

推进风险分级制度落地，在风险分级基础上加强日常监督检查，贯彻"双随机、一公开"原则，通过彻查隐患、抽检"亮项"、处罚到人、公开信息，曝光所有违法违规企业，倒逼生产经营者落实主体责任。坚持问题导向，加大专项检查和飞行检查力度，推行检查表格化、抽检制度化、责任网格化，落实日常检查和监督抽检两个责任。对婴幼儿配方乳粉生产企业进行食品安全生产规范体系检查。在大型食品和食品相关产品生产企业全面推行危害分析和关键控制点（HACCP）体系，鼓励获得认证。推动企业建立食品安全追溯体系。开展放心菜、放心肉超市创建活动，督促食用农产品批发市场、网络第三方平台开办者落实食品安全管理责任。鼓励有条件的地方对小摊贩、小餐饮实行集中规范管理。加强食品相关产品生产企业监管，规范标识标注。严格实施进口食品境外生产企业注册，加强对已注册企业事中事后监管。（质检总局、食品药品监管总局按职责分工负责）加强"放心粮油"供应网络质量安全监管。（国家粮食局负责）深入开展农村食品安全治理，重点排查治理农村及城乡结合部地区突出食品安全风险隐患，有针对性地强化长效机制建设。（农业部、工商总局、食品药品监管总局按职责分工负责）加大对校园及周边地区食品安全监管力度，落实学校食堂食品安全管理责任，严防发生群体性食物中毒事件。（教育部、食品药品监管总局按职责分工负责）贯彻实施铁路运营食品安全管理办法，推进列车快餐供应商资质管理，做好春暑运铁路食品安全工作。（中国铁路总公司负责）实施餐饮业食品安全提升工程，大力倡导餐饮服务单位"明厨亮灶"，落实进货查验、原料控制、环境卫生等制度，落实餐饮单位质量安全管理主体责任。加强对网络订餐的监管，及时查处网络订餐违法经营行为。（食品药品监管总局负责）

六　　严密防控食品安全风险

组织实施国家食品安全风险监测计划，加大风险监测评估力度。推进部门间、地区间风险监测、评估和监督抽检信息共享，用好互联网、大数据，加强风险监测结果通报与会商研判，为风险防控提供技术支持。（国家卫生计生委牵头，农业部、质检总局、食品药品监管总局、国家粮食局配合）开展农产品质量安全风险隐患摸底排查，加强风险监测、评估和监督抽检，依法公布抽检信息。（农业部负责）对重点产品、重点问题加强监督抽检和风险监测。（食品药品监管总局、国家卫生计生委按职责分工负责）按照下管一级的原则，统筹国家、省、市、县四级抽检计划，扩大抽检覆盖面，提高问题发现率和不合格产品核查处置率。规范食品快速检测方法评价工作。建立风险预警交流工作体系，及时发布食品安全抽检信息、风险警示或消费提示。探索开展大型食品企业风险交流，完善重要信息直报制度和直报网络，加强食品安全舆情监测预警，制订国家食品安全突发事件应急预案。（食品药品监管总局负责）实施进口食品安全放心工程，加强对高风险、高关注度进口食品监管。落实进口食品进出口商备案管理制度。进一步强化国境口岸食品安全监管，加强进出口食用农产品和饲料安全监管，开展风险监控。（质检总局负责）推广食品安全责任保险，鼓励食品生产经营企业投保食品安全责任保险。（国务院食品安全办牵头，保监会配合）

七　促进食品产业转型升级

深入实施农业标准化战略，突出优质、安全和绿色导向，严格无公害农产品、绿色食品、有机农产品和农产品地理标志（"三品一标"）认证，以及良好农业规范认证，围绕市场需求调整农产品种养结构。（农业部、质检总局按职责分工负责）出台促进食品工业健康发展的指导意见，推进食品工业结构调整和转型升级。打造食品加工产业集群，引导食品加工企业向主产区、优势产区、产业园区集中，加大技术改造支持力度，促进食品工业增品种、提品质、创品牌。（国家发展改革委、工业和信息化部按职责分工负责）加快修订乳制品工业产业政策，进一步严格行业准入，推动婴幼儿配方乳粉企业兼并重组，发布实施婴幼儿配方乳粉追溯体系行业标准。（工业和信息化部牵头，国家发展改革委、农业部、食品药品监管总局配合）推广"生产基地＋中央厨房＋餐饮门店""生产基地＋加工企业＋商超销售"等产销模式。（农业部、食品药品监管总局、各省级人民政府按职责分工负责）加强餐厨废弃物、肉类加工废弃物和不合格畜禽产品的资源化利用和无害化处理，严防"地沟油"流向餐桌。（国家发展改革委、住房城乡建设部、农业部、工业和信息化部按职责分工负责）研究制定加快发展冷链物流保障食品安全促进消费升级的意见，完善食品冷链物流标准体系，鼓励社会力量和市场主体加强食品冷链物流基础设施建设。（国家发展改革委牵头，农业部、商务部、国家卫生计生委、质检总局、食品药品监管总局等部门配合）推进出口食品企业内外销"同线同标同质"工程。（质检总局牵头）

八　严厉打击食品安全违法犯罪

保持高压震慑态势，加大监督检查频次，严惩食品安全违法犯罪行为。重拳整治非法添加、超范围超限量使用添加剂、滥用农药兽药等农业投入品、制假售假、私屠滥宰等违法行为。所有食品安全违法行为均应追究到人，并向社会公开被处罚人的信息。建立健全重大违法犯罪案件信息发布制度，控制产品风险和社会风险，保障公众知情权。（食品药品监管总局、农业部、公安部、国务院食品安全办按职责分工负责）加强行政执法与刑事司法的衔接。完善涉嫌犯罪案件移送、信息通报机制，解决食品安全违法犯罪案件取证难、移送难、入罪难以及检验认定经费、检验结论出具、涉案产品处置等问题。（中央政法委、食品药品监管总局牵头，农业部、质检总局、公安部、高检院配合）加大对虚假违法食品广告的查处力度。（工商总局负责）进一步加大对食品相关产品的执法打假力度。（质检总局负责）加大对重点敏感食品走私的打击力度。（海关总署负责）

九　建立统一权威的食品安全监管体制

完善食品药品安全监管体制，加强统一性、专业性和权威性，充实基层监管力量。实行综合执法的地方，要把食品药品安全监管作为首要职责。（国务院食品安全办、食品药品监管总局牵头，中央编办配合）依托现有资源，加快建设职业化食品药品检查员队伍，设置相应的专业技术岗位、技术职务，开展专业技能培训，合理确定薪酬待遇，用专业性保证权威性。（食品药品监管总局牵头，中央编办、人力资源社会保障部、财政部配合）

十　加强食品安全基础和能力建设

增强食品安全监管统一性和专业性，切实提高食品安全监管水平和能力。落实"十三五"国家食品安全规划，将规划实施情况纳入对省级人民政府的考评内容。建立规划实施情况年度监测评估机制，各相关部门要制定具体实施方案。加强基层食品安全和农产品质量安全的监管机构与技术机构能力建设，推动实现业务用房、执法车辆、执法装备配备标准化。强化各级公安机关食品药品犯罪专业侦查力量。加强食品安全和农产品质量安全检验机构管理。加强食品相关产品检验检测能力建设。（食品药品监管总局、公安部、农业部、国家卫生计生委、质检总局、国家发展改革委、财政部等部门，各省级人民政府按职责分工负责）制定鼓励政策，发挥大专院校、科研院所等社会检验检测资源作用。加强食品和农产品检验机构资质认定工作，公布食品检验复检机构名录，引入第三方检验服务。（农业部、国家卫生计生委、质检总局、食品药品监管总局按职责分工负责）继续推动食品检验检测认证机构整合。（质检总局、中央编办牵头，食品药品监管总局配合）加强粮食质量安全检验监测体系建设，强化基层粮食质量安全检验监测能力。（国家粮食局牵头，质检总局配合）应用"互联网+"检验检测技术，推动食品安全检验检测新业态发展。通过国家科技计划（专项、基金等），开展食品安全关键技术研发和科技创新示范。（科技部负责）加快食品安全监管信息化工程项目建设，建立全国统一的食品安全信息平台。（食品药品监管总局牵头，工业和信息化部、商务部、国家卫生计生委、质检总局、国家粮食局配合）完善农产品质量安全追溯体系，试运行国家农产品质量安全追溯管理信息平台。（农业部负责）加强肉类、婴幼儿配方乳粉、蔬菜等重要产品追溯体系建设，加快推进省级重要产品追溯管理平台建设。（工业和信息化部、商务部按职责分工负责）编制食品安全2030规划纲要。编写食品安全年度报告。（国务院食品安全办牵头，国务院食品安全委员会相关成员单位配合）

十一　推动食品安全社会共治

加强食品安全新闻宣传，做好舆论监督，营造良好舆论环境。（中央宣传部负责）举办"全国食品安全宣传周"活动，展示国家食品安全示范城市和农产品质量安全县创建（"双安双创"）行动成果。深入开展食品安全法普法宣传。（国务院食品安全办牵头，国务院食品安全委员会相关成员单位配合）强化食品安全科普网点建设，推进食品安全科普工作队伍建设和示范创建，提高公众食品安全科学素养。（中国科协负责）通过多种形式开展学生食品安全教育。（教育部负责）贯彻实施食品工业企业诚信管理体系国家标准，开展食品工业企业诚信管理体系评价。（工业和信息化部负责）加强投诉举报体系能力建设，畅通投诉举报渠道。建立健全食品安全信用档案并依法及时向社会公布，加强对食品生产经营严重失信者的联合惩戒。（国务院食品安全委员会相关成员单位按职责分工负责）

十二　落实食品安全责任制

各地要把加强食品安全工作作为重大政治任务来抓，作为公共安全问题来抓，主要负责同志亲自抓，保证监管工作有责任、有岗位、有人员、有手段，支持监管部门履行职责。发挥食品安全委员会统一领导、食品安全办综合协调作用，加强各级食品安全办力量，强化食品安全工作的统筹协调，健全沟通协调机制，完善风险交流和形势会商工作机制。（各省级人民政府负责）进一步加大食品安全投入力度，加强基层监管力量和基础设施建设，推动实现基层装备标准化，保障各级食品安全监管所需经费，特别是检验检测经费。（各省级人民政府，食品药品监管总局、财政部等部门按职责分工负责）深入开展"双安双创"行动，对首批食品安全示范城市命名授牌，打造农产品质量安全县示范样板，开展第二批农产品质量安全县创建，组织召开"双安双创"现场会。（国务院食品安全办牵头，农业部、食品药品监管总局配合）推进出口食品农产品质量安全示范区建设。（质检总局负责）组织对各省级人民政府食品安全工作督查和现场考核，强化督查考核结果运用。（国务院食品安全办牵头，国务院食品安全委员会相关成员单位配合）建立食品安全工作绩效与履职评定、奖励惩处挂钩制度。（各省级人民政府负责）建立健全食品安全责任制和责任追究制度，研究制定食品安全工作问责办法。（国务院食品安全办牵头，监察部配合）依法依纪严肃追究重大食品安全事件中失职渎职责任。（监察部负责）

关于加快发展冷链物流保障食品安全促进消费升级的意见

国办发〔2017〕29 号

各省、自治区、直辖市人民政府，国务院各部委、各直属机构：

随着我国经济社会发展和人民群众生活水平不断提高，冷链物流需求日趋旺盛，市场规模不断扩大，冷链物流行业实现了较快发展。但由于起步较晚、基础薄弱，冷链物流行业还存在标准体系不完善、基础设施相对落后、专业化水平不高、有效监管不足等问题。为推动冷链物流行业健康规范发展，保障生鲜农产品和食品消费安全，根据食品安全法、农产品质量安全法和《物流业发展中长期规划（2014—2020 年）》等，经国务院同意，提出以下意见。

一　总体要求

（一）指导思想。全面贯彻党的十八大和十八届三中、四中、五中、六中全会精神，深入贯彻习近平总书记系列重要讲话精神，认真落实党中央、国务院决策部署，紧紧围绕统筹推进"五位一体"总体布局和协调推进"四个全面"战略布局，牢固树立和贯彻落实创新、协调、绿色、开放、共享的发展理念，深入推进供给侧结构性改革，充分发挥市场在资源配置中的决定性作用，以体制机制创新为动力，以先进技术和管理手段应用为支撑，以规范有效监管为保障，着力构建符合我国国情的"全链条、网络化、严标准、可追溯、新模式、高效率"的现代化冷链物流体系，满足居民消费升级需要，促进农民增收，保障食品消费安全。

（二）基本原则。市场为主，政府引导。强化企业市场主体地位，激发市场活力和企业创新动力。发挥政府部门在规划、标准、政策等方面的引导、扶持和监管作用，为冷链物流行业发展创造良好环境。

问题导向，补齐短板。聚焦农产品产地"最先一公里"和城市配送"最后一公里"等突出问题，抓两头、带中间、因地制宜、分类指导，形成贯通一、二、三产业的冷链物流产业体系。

创新驱动，提高效率。大力推广现代冷链物流理念，深入推进大众创业、万众创新，鼓励企业利用现代信息手段，创新经营模式，发展供应链等新型产业组织形态，全面提高冷链物流行业运行效率和服务水平。

完善标准，规范发展。加快完善冷链物流标准和服务规范体系，制修订一批冷链物流强制性标准。加强守信联合激励和失信联合惩戒，推动企业优胜劣汰，促进行业健康有序发展。

（三）发展目标。到 2020 年，初步形成布局合理、覆盖广泛、衔接顺畅的冷链基础设施网络，基本建立"全程温控、标准健全、绿色安全、应用广泛"的冷链物流服务体系，培育一批具有核心竞争力、综合服务能力强的冷链物流企业，冷链物流信息化、标准化水平大幅提升，普遍实现冷链服务全程可视、可追溯，生鲜农产品和易腐食品冷链流通率、冷藏运输率显著提高，腐损率明显降低，食品质量安全得到有效保障。

二   健全冷链物流标准和服务规范体系

按照科学合理、便于操作的原则系统梳理和修订完善现行冷链物流各类标准，加强不同标准间以及与国际标准的衔接，科学确定冷藏温度带标准，形成覆盖全链条的冷链物流技术标准和温度控制要求。依据食品安全法、农产品质量安全法和标准化法，率先研究制定对鲜肉、水产品、乳及乳制品、冷冻食品等易腐食品温度控制的强制性标准并尽快实施。（国家卫生计生委、食品药品监管总局、农业部、国家标准委、国家发展改革委、商务部、国家邮政局负责）积极发挥行业协会和骨干龙头企业作用，大力发展团体标准，并将部分具有推广价值的标准上升为国家或行业标准。鼓励大型商贸流通、农产品加工等企业制定高于国家和行业标准的企业标准。（国家标准委、商务部、国家发展改革委、国家卫生计生委、工业和信息化部、国家邮政局负责）研究发布冷藏运输车辆温度监测装置技术标准和检验方法，在相关国家标准修订中明确冷藏运输车辆温度监测装置要求，为冷藏运输车辆的温度监测性能评测和检验提供依据。（工业和信息化部、交通运输部负责）针对重要管理环节研究建立冷链物流服务管理规范。建立冷链物流全程温度记录制度，相关记录保存时间要超过产品保质期六个月以上。（食品药品监管总局、国家卫生计生委、农业部负责）组织开展冷链物流企业标准化示范工程，加强冷链物流标准宣传和推广实施。（国家标准委、相关行业协会负责）

三   完善冷链物流基础设施网络

加强对冷链物流基础设施建设的统筹规划，逐步构建覆盖全国主要产地和消费地的冷链物流基础设施网络。鼓励农产品产地和部分田头市场建设规模适度的预冷、贮藏保鲜等初加工冷链设施，加强先进冷链设备应用，加快补齐农产品产地"最先一公里"短板。鼓励全国性、区域性农产品批发市场建设冷藏冷冻、流通加工冷链设施。在重要物流节点和大中型城市改造升级或适度新建一批冷链物流园区，推动冷链物流行业集聚发展。加强面向城市消费的低温加工处理中心和冷链配送设施建设，发展城市"最后一公里"低温配送。健全冷链物流标准化设施设备和监控设施体系，鼓励适应市场需求的冷藏库、产地冷库、流通型冷库建设，推广应用多温层冷藏车等设施设备。鼓励大型食品生产经营企业和连锁经营企业建设完善停靠接卸冷链设施，鼓励商场超市等零售终端网点配备冷链设备，推广使用冷藏箱等便利化、标准化冷链运输单元。（国家发展改革委、财政部、商务部、交通运输部、农业部、食品药品监管总局、国家邮政局、国家标准委按职责分工负责）

四   鼓励冷链物流企业经营创新

大力推广先进的冷链物流理念与技术，加快培育一批技术先进、运作规范、核心竞争力强的专业化规模化冷链物流企业。鼓励有条件的冷链物流企业与农产品生产、加工、流通企业加强基础设施、生产能力、设计研发等方面的资源共享，优化冷链流通组织，推动冷链物流服务由基础服务向增值服务延伸。（国家发展改革委、交通运输部、农业部、商务部、国家邮政局负责）鼓励连锁经营企业、大型批发企业和冷链物流企业利用自有设施提供社会化的冷链物流服务，开展冷链共同配送、"生鲜电商＋冷链宅配"、"中央厨房＋食材冷链配送"等经营模式创新，完善相关技术、标准和设施，提高城市冷链配送集约化、现代化水平。（国家发展改革委、商务部、食品药品监管总局、国家邮政局、国家标准委负责）鼓励冷链物流平台企业充分发挥资源整合优势，与小微企业、农业合作社等深度合作，为小型市场主体创业创新创造条件。（国家发展改革委、商务部、供销合作总社负责）充分发挥铁路长距离、大规模运输和航空快捷运输的优势，与公路冷链物流形成互补协同的发展格局。积极支持中欧班列开展国际冷链运输业务。（相关省级人民政府，国家铁路局、中国民航局、中国铁路总公司负责）

五　提升冷链物流信息化水平

鼓励企业加强卫星定位、物联网、移动互联等先进信息技术应用，按照规范化标准化要求配备车辆定位跟踪以及全程温度自动监测、记录和控制系统，积极使用仓储管理、运输管理、订单管理等信息化管理系统，按照冷链物流全程温控和高时效性要求，整合各作业环节。鼓励相关企业建立冷链物流数据信息收集、处理和发布系统，逐步实现冷链物流全过程的信息化、数据化、透明化、可视化，加强对冷链物流大数据的分析和利用。大力发展"互联网+"冷链物流，整合产品、冷库、冷藏运输车辆等资源，构建"产品＋冷链设施＋服务"信息平台，实现市场需求和冷链资源之间的高效匹配对接，提高冷链资源综合利用率。推动构建全国性、区域性冷链物流公共信息服务和质量安全追溯平台，并逐步与国家交通运输物流公共信息平台对接，促进区域间、政企间、企业间的数据交换和信息共享。（国家发展改革委、交通运输部、商务部、农业部、工业和信息化部负责）

六　加快冷链物流技术装备创新和应用

加强生鲜农产品、易腐食品物流品质劣变和腐损的生物学原理及其与物流环境之间耦合效应等基础性研究，夯实冷链物流发展的科技基础。鼓励企业向国际低能耗标准看齐，利用绿色、环境友好的自然工质，使用安全环保节能的制冷剂和制冷工艺，发展新型蓄冷材料，采用先进的节能和蓄能设备。（科技部、工业和信息化部负责）加大科技创新力度，加强对延缓产品品质劣变和减少腐损的核心技术工艺、绿色防腐技术与产品、新型保鲜减震包装材料、移动式等新型分级预冷装置、多温区陈列销售设备、大容量冷却冷冻机械、节能环保多温层冷链运输工具等的自主研发。（科技部负责）冷链物流企业要从正规厂商采购或租赁标准化、专业化的设施设备和运输工具。加速淘汰不规范、高能耗的冷库和冷藏运输车辆，取缔非法改装的冷藏运输车辆。鼓励第三方认证机构从运行状况、能效水平、绿色环保等方面对冷链物流设施设备开展认证。结合冷链物流行业发展趋势，积极推动冷链物流设施和技术装备标准化，提高冷藏运输车辆专业化、轻量化水平，推广标准冷藏集装箱，促进冷链物流各作业环节以及不同交通方式间的有序衔接。（交通运输部、商务部、工业和信息化部、中国民航局、国家铁路局、国家邮政局、中国铁路总公司按职责分工负责）

七　加大行业监管力度

有关部门要依据相关法律法规、强制性标准和操作规范，健全冷链物流监管体系，在生产和贮藏环节重点监督保质期、温度控制等，在销售终端重点监督冷藏、冷冻设施和贮存温度控制等，探索建立对运输环节制冷和温控记录设备合规合法使用的监管机制，将从源头至终端的冷链物流全链条纳入监管范围。加强对冷链各环节温控记录和产品品质的监督和不定期抽查。（食品药品监管总局、质检总局、交通运输部、农业部负责）研究将配备温度监测装置作为冷藏运输车辆出厂的强制性要求，在车辆进入营运市场、年度审验等环节加强监督管理。（工业和信息化部、交通运输部按职责分工负责）充分发挥行业协会、第三方征信机构和各类现有信息平台的作用，完善冷链物流企业服务评价和信用评价体系，并研究将全程温控情况等技术性指标纳入信用评价体系。各有关部门要根据监管职责建立冷链物流企业信用记录，并加强信用信息共享和应用，将企业信用信息归集至全国信用信息共享平台，通过"信用中国"网站和国家企业信用信息公示系统依法向社会及时公开。探索对严重违法失信企业开展联合惩戒。（国家发展改革委、交通运输部、商务部、民政部、食品药品监管总局、质检总局、工商总局、国家邮政局等按职责分工负责）

八　创新管理体制机制

国务院各有关部门要系统梳理冷链物流领域相关管理规定和政策法规，按照简政放权、放管结合、优化服务的要求，在确保行业有序发展、市场规范运行的基础上，进一步简化冷链物流企业设立和开展业务的行政审批事项办理程序，加快推行"五证合一、一照一码""先照后证"和承诺制，加快实现不同区域、不同领域之间管理规定的协调统一，加快建设开放统一的全国性冷链物流市场。地方各级人民政府要加强组织领导，强化部门间信息互通和协同联动，统筹抓好涉及本区域的相关管理规定清理等工作。结合冷链产品特点，积极推进国际贸易"单一窗口"建设，优化查验流程，提高通关效率。利用信息化手段完善现有监管方式，发挥大数据在冷链物流监管体系建设运行中的作用，通过数据收集、分析和管理完善事中事后监管。（各省级人民政府，国家发展改革委、交通运输部、公安部、商务部、食品药品监管总局、国家卫生计生委、工商总局、海关总署、质检总局、国家邮政局、中国民航局、国家铁路局按职责分工负责）

九　完善政策支持体系

要加强调查研究和政策协调衔接，加大对冷链物流理念和重要性的宣传力度，提高公众对全程冷链生鲜农产品质量的认知度。（国家发展改革委、农业部、商务部、食品药品监管总局、国家卫生计生委负责）拓宽冷链物流企业的投融资渠道，引导金融机构对符合条件的冷链物流企业加大投融资支持，创新配套金融服务。（人民银行、银监会、证监会、保监会、国家开发银行负责）大中型城市要根据冷链物流等设施的用地需求，分级做好物流基础设施的布局规划，并与城市总体规划、土地利用总体规划做好衔接。永久性农产品产地预冷设施用地按建设用地管理，在用地安排上给予积极支持。（国土资源部、住房城乡建设部负责）针对制约冷链物流行业发展的突出短板，探索鼓励社会资本通过设立产业发展基金等多种方式参与投资建设。（国家发展改革委、商务部、农业部负责）冷链物流企业用水、用电、用气价格与工业同价。（国家发展改革委负责）加强城市配送冷藏运输车辆的标识管理。（交通运输部、商务部负责）指导完善和优化城市配送冷藏运输车辆的通行和停靠管理措施。（公安部、交通运输部、商务部负责）继续执行鲜活农产品"绿色通道"政策。（交通运输部、国家发展改革委负责）对技术先进、管理规范、运行高效的冷链物流园区优先考虑列入示范物流园区，发挥示范引领作用。（国家发展改革委、国土资源部、住房城乡建设部负责）加强冷链物流人才培养，支持高等学校设置冷链物流相关专业和课程，发展职业教育和继续教育，形成多层次的教育、培训体系。（教育部负责）

＋ 加强组织领导

各地区、各有关部门要充分认识冷链物流对保障食品质量安全、促进农民增收、推动相关产业发展、促进居民消费升级的重要作用，加强对冷链物流行业的指导、管理和服务，把推动冷链物流行业发展作为稳增长、促消费、惠民生的一项重要工作抓紧抓好。国家发展改革委要会同有关部门建立工作协调机制，及时研究解决冷链物流发展中的突出矛盾和重大问题，加强业务指导和督促检查，确保各项政策措施的贯彻落实。

国务院办公厅
2017 年 4 月 13 日

（此件公开发布）

关于加快推进农业供给侧结构性改革
大力发展粮食产业经济的意见

国办发〔2017〕78 号

各省、自治区、直辖市人民政府，国务院各部委、各直属机构：

近年来，我国粮食连年丰收，为保障国家粮食安全、促进经济社会发展奠定了坚实基础。当前，粮食供给由总量不足转为结构性矛盾，库存高企、销售不畅、优质粮食供给不足、深加工转化滞后等问题突出。为加快推进农业供给侧结构性改革，大力发展粮食产业经济，促进农业提质增效、农民就业增收和经济社会发展，经国务院同意，现提出以下意见。

一　总体要求

（一）指导思想。全面贯彻党的十八大和十八届三中、四中、五中、六中全会精神，深入贯彻习近平总书记系列重要讲话精神和治国理政新理念新思想新战略，认真落实党中央、国务院决策部署，统筹推进"五位一体"总体布局和协调推进"四个全面"战略布局，牢固树立创新、协调、绿色、开放、共享的发展理念，全面落实国家粮食安全战略，以加快推进农业供给侧结构性改革为主线，以增加绿色优质粮食产品供给、有效解决市场化形势下农民卖粮问题、促进农民持续增收和保障粮食质量安全为重点，大力实施优质粮食工程，推动粮食产业创新发展、转型升级和提质增效，为构建更高层次、更高质量、更有效率、更可持续的粮食安全保障体系夯实产业基础。

（二）基本原则。

坚持市场主导，政府引导。以市场需求为导向，突出市场主体地位，激发市场活力和企业创新动力，发挥市场在资源配置中的决定性作用。针对粮食产业发展的薄弱环节和制约瓶颈，强化政府规划引导、政策扶持、监管服务等作用，着力营造产业发展良好环境。

坚持产业融合，协调发展。树立"大粮食""大产业""大市场""大流通"理念，充分发挥粮食加工转化的引擎作用，推动仓储、物流、加工等粮食流通各环节有机衔接，以相关利益联结机制为纽带，培育全产业链经营模式，促进一二三产业融合发展。

坚持创新驱动，提质增效。围绕市场需求，发挥科技创新的支撑引领作用，深入推进大众创业、万众创新，加快体制机制、经营方式和商业模式创新，积极培育新产业、新业态等新动能，提升粮食产业发展质量和效益。

坚持因地制宜，分类指导。结合不同区域、不同领域、不同主体的实际情况，选择适合自身特点的粮食产业发展模式。加强统筹协调和政策引导，推进产业发展方式转变，及时总结推广典型经验，注重整体效能和可持续性。

（三）主要目标。到2020年，初步建成适应我国国情和粮情的现代粮食产业体系，产业发展的质量和效益明显提升，更好地保障国家粮食安全和带动农民增收。绿色优质粮食产品有效供给稳定增加，全国粮食优质品率提高 10 个百分点左右；粮食产业增加值年均增长 7% 左右，粮食加工转化率达到 88%，主食品工业化率提高到 25% 以上；主营业务收入过百亿的粮食企业数量达到 50 个以上，大型粮食产业化龙头企业和粮食产业集群辐射带动能力持续增强；粮食科技创新能力和粮食质量安全保障能力进一步提升。

二 培育壮大粮食产业主体

（四）增强粮食企业发展活力。适应粮食收储制度改革需要，深化国有粮食企业改革，发展混合所有制经济，加快转换经营机制，增强市场化经营能力和产业经济发展活力。以资本为纽带，构建跨区域、跨行业"产购储加销"协作机制，提高国有资本运行效率，延长产业链条，主动适应和引领粮食产业转型升级，做强做优做大一批具有竞争力、影响力、控制力的骨干国有粮食企业，有效发挥稳市场、保供应、促发展、保安全的重要载体作用。鼓励国有粮食企业依托现有收储网点，主动与新型农业经营主体等开展合作。培育、发展和壮大从事粮食收购和经营活动的多元粮食市场主体，建立健全统一、开放、竞争、有序的粮食市场体系。（国家粮食局、国务院国资委等负责）

（五）培育壮大粮食产业化龙头企业。在农业产业化国家重点龙头企业认定工作中，认定和扶持一批具有核心竞争力和行业带动力的粮食产业化重点龙头企业，引导支持龙头企业与新型农业经营主体和农户构建稳固的利益联结机制，引导优质粮食品种种植，带动农民增收致富。支持符合条件的龙头企业参与承担政策性粮食收储业务；在确保区域粮食安全的前提下，探索创新龙头企业参与地方粮食储备机制。（国家发展改革委、国家粮食局、农业部、财政部、商务部、工商总局、质检总局、中储粮总公司等负责）

（六）支持多元主体协同发展。发挥骨干企业的示范带动作用，鼓励多元主体开展多种形式的合作与融合，大力培育和发展粮食产业化联合体。支持符合条件的多元主体积极参与粮食仓储物流设施建设、产后服务体系建设等。鼓励龙头企业与产业链上下游各类市场主体成立粮食产业联盟，共同制订标准、创建品牌、开发市场、攻关技术、扩大融资等，实现优势互补。鼓励通过产权置换、股权转让、品牌整合、兼并重组等方式，实现粮食产业资源优化配置。（国家发展改革委、国家粮食局、工业和信息化部、财政部、农业部、工商总局等负责）

三 创新粮食产业发展方式

（七）促进全产业链发展。粮食企业要积极参与粮食生产功能区建设，发展"产购储加销"一体化模式，构建从田间到餐桌的全产业链。推动粮食企业向上游与新型农业经营主体开展产销对接和协作，通过定向投入、专项服务、良种培育、订单收购、代储加工等方式，建设加工原料基地，探索开展绿色优质特色粮油种植、收购、储存、专用化加工试点；向下游延伸建设物流营销和服务网络，实现粮源基地化、加工规模化、产品优质化、服务多样化，着力打造绿色、有机的优质粮食供应链。开展粮食全产业链信息监测和分析预警，加大供需信息发布力度，引导粮食产销平衡。（国家发展改革委、国家粮食局、农业部、质检总局、国家认监委等负责）

（八）推动产业集聚发展。深入贯彻区域发展总体战略和"一带一路"建设、京津冀协同发展、长江经济带发展三大战略，发挥区域和资源优势，推动粮油产业集聚发展。依托粮食主产区、特色粮油产区和关键粮食物流节点，推进产业向优势产区集中布局，完善进口粮食临港深加工产业链。发展粮油食品产业集聚区，打造一批优势粮食产业集群，以全产业链为纽带，整合现有粮食生产、加工、物流、仓储、销售以及科技等资源，支持建设国家现代粮食产业发展示范园区（基地），支持主销区企业到主产区投资建设粮源基地和仓储物流设施，鼓励主产区企业到主销区建立营销网络，加强产销区产业合作。（国家发展改革委、国家粮食局、工业和信息化部、财政部、商务部、中国铁路总公司等负责）

（九）发展粮食循环经济。鼓励支持粮食企业探索多途径实现粮油副产物循环、全值和梯次利用，提高粮食综合利用率和产品附加值。以绿色粮源、绿色仓储、绿色工厂、绿色园区为重点，构建绿色粮食产业体系。鼓励粮食企业建立绿色、低碳、环保的循环经济系统，降低单位产品能耗和物耗水平。推广"仓顶阳光工程"、稻壳发电等新能源项目，大力开展米糠、碎米、麦麸、麦胚、玉米芯、饼粕等副产物综合利用示范，促进产业节能减排、提质增效。（国家发展改革委、国家粮食局、工业和信息化部、农业部、国家能源局等负责）

（十）积极发展新业态。推进"互联网＋粮食"行动，积极发展粮食电子商务，推广"网上粮店"等新型粮食零售业态，促进线上线下融合。完善国家粮食电子交易平台体系，拓展物流运输、金融服务等功能，发挥其服务种粮农民、购粮企业的重要作用。加大粮食文化资源的保护和开发利用力度，支持爱粮节粮宣传教育基地和粮食文化展示基地建设，鼓励发展粮食产业观光、体验式消费等新业态。（国家粮食局、国家发展改革委、工业和信息化部、财政部、农业部、商务部、国家旅游局等负责）

（十一）发挥品牌引领作用。加强粮食品牌建设顶层设计，通过质量提升、自主创新、品牌创建、特色产品认定等，培育一批具有自主知识产权和较强市场竞争力的全国性粮食名牌产品。鼓励企业推行更高质量标准，建立粮食产业企业标准领跑者激励机制，提高品牌产品质量水平，大力发展"三品一标"粮食产品，培育发展自主品牌。加强绿色优质粮食品牌宣传、发布、人员培训、市场营销、评价标准体系建设、展示展销信息平台建设，开展丰富多彩的品牌创建和产销对接推介活动、品牌产品交易会等，挖掘区域性粮食文化元素，联合打造区域品牌，促进品牌整合，提升品牌美誉度和社会影响力。鼓励企业获得有机、良好农业规范等通行认证，推动出口粮食质量安全示范区建设。加大粮食产品的专利权、商标权等知识产权保护力度，严厉打击制售假冒伪劣产品行为。加强行业信用体系建设，规范市场秩序。（国家粮食局、国家发展改革委、工业和信息化部、农业部、工商总局、质检总局、国家标准委、国家知识产权局等负责）

四　加快粮食产业转型升级

（十二）增加绿色优质粮油产品供给。大力推进优质粮食工程建设，以市场需求为导向，建立优质优价的粮食生产、分类收储和交易机制。增品种、提品质、创品牌，推进绿色优质粮食产业体系建设。实施"中国好粮油"行动计划，开展标准引领、质量测评、品牌培育、健康消费宣传、营销渠道和平台建设及试点示范。推进出口食品农产品生产企业内外销产品"同线同标同质"工程，实现内销转型，带动产业转型升级。调优产品结构，开发绿色优质、营养健康的粮油新产品，增加多元化、定制化、个性化产品供给，促进优质粮食产品的营养升级扩版。推广大米、小麦粉和食用植物油适度加工，大力发展全谷物等新型营养健康食品。推动地方特色粮油食品产业化，加快发展杂粮、杂豆、木本油料等特色产品。适应养殖业发展新趋势，发展安全环保饲料产品。（财政部、国家粮食局、国家发展改革委、工业和信息化部、农业部、工商总局、质检总局、国家林业局等负责）

（十三）大力促进主食产业化。支持推进米面、玉米、杂粮及薯类主食制品的工业化生产、社会化供应等产业化经营方式，大力发展方便食品、速冻食品。开展主食产业化示范工程建设，认定一批放心主食示范单位，推广"生产基地＋中央厨房＋餐饮门店""生产基地＋加工企业＋商超销售""作坊置换＋联合发展"等新模式。保护并挖掘传统主食产品，增加花色品种。加强主食产品与其他食品的融合创新，鼓励和支持开发个性化功能性主食产品。（国家粮食局、工业和信息化部、财政部、农业部、商务部、工商总局等负责）

（十四）加快发展粮食精深加工与转化。支持主产区积极发展粮食精深加工，带动主产区经济发展和农民增收。着力开发粮食精深加工产品，增加专用米、专用粉、专用油、功能性淀粉糖、功能性蛋白等食品以及保健、化工、医药等方面的有效供给，加快补齐短板，减少进口依赖。发展纤维素等非粮燃料乙醇；在保障粮食供应和质量安全的前提下，着力处置霉变、重金属超标、超期储存粮食等，适度发展粮食燃料乙醇，推广使用车用乙醇汽油，探索开展淀粉类生物基塑料和生物降解材料试点示范，加快消化政策性粮食库存。支持地方出台有利于粮食精深加工转化的政策，促进玉米深加工业持续健康发展。强化食品质量安全、环保、能耗、安全生产等约束，促进粮食企业加大技术改造力度，倒逼落后加工产能退出。（国家发展改革委、国家粮食局、工业和信息化部、财政部、食品药品监管总局、国家能源局等负责）

（十五）统筹利用粮食仓储设施资源。通过参股、控股、融资等多种形式，放大国有资本功能，扩展粮食仓储业服务范围。多渠道开发现有国有粮食企业仓储设施用途，为新型农业经营主体和农户提供粮食产后服务，为加工企业提供仓储保管服务，为期货市场提供交割服务，为"互联网＋粮食"经营模式提供交割仓服务，为城乡居民提供粮食配送服务。（国家粮食局、国家发展改革委、证监会等负责）

| 五 | 强化粮食科技创新和人才支撑 |

（十六）加快推动粮食科技创新突破。支持创新要素向企业集聚，加快培育一批具有市场竞争力的创新型粮食领军企业，引导企业加大研发投入和开展创新活动。鼓励科研机构、高校与企业通过共同设立研发基金、实验室、成果推广工作站等方式，聚焦企业科技创新需求。加大对营养健康、质量安全、节粮减损、加工转化、现代物流、"智慧粮食"等领域相关基础研究和急需关键技术研发的支持力度，推进信息、生物、新材料等高新技术在粮食产业中的应用，加强国内外粮食质量检验技术标准比对及不合格粮食处理技术等研究，开展进出口粮食检验检疫技术性贸易措施及相关研究。（科技部、质检总局、自然科学基金会、国家粮食局等负责）

（十七）加快科技成果转化推广。深入实施"科技兴粮工程"，建立粮食产业科技成果转化信息服务平台，定期发布粮食科技成果，促进粮食科技成果、科技人才、科研机构等与企业有效对接，推动科技成果产业化。发挥粮食领域国家工程实验室、重点实验室成果推广示范作用，加大粮食科技成果

集成示范基地、科技协同创新共同体和技术创新联盟的建设力度，推进科技资源开放共享。（科技部、国家粮食局等负责）

（十八）促进粮油机械制造自主创新。扎实推进"中国制造2025"，发展高效节粮节能成套粮油加工装备。提高关键粮油机械及仪器设备制造水平和自主创新能力，提升粮食品质及质量安全快速检测设备的技术水平。引入智能机器人和物联网技术，开展粮食智能工厂、智能仓储、智能烘干等应用示范。（工业和信息化部、国家粮食局、国家发展改革委、科技部、农业部等负责）

（十九）健全人才保障机制。实施"人才兴粮工程"，深化人才发展体制改革，激发人才创新创造活力。支持企业加强与科研机构、高校合作，创新人才引进机制，搭建专业技术人才创新创业平台，遴选和培养一批粮食产业技术体系专家，凝聚高水平领军人才和创新团队为粮食产业服务。发展粮食高等教育和职业教育，支持高等院校和职业学校开设粮食产业相关专业和课程，完善政产学研用相结合的协同育人模式，加快培养行业短缺的实用型人才。加强职业技能培训，举办职业技能竞赛活动，培育"粮工巧匠"，提升粮食行业职工的技能水平。（国家粮食局、人力资源社会保障部、教育部等负责）

六　夯实粮食产业发展基础

（二十）建设粮食产后服务体系。适应粮食收储制度改革和农业适度规模经营的需要，整合仓储设施资源，建设一批专业化、市场化的粮食产后服务中心，为农户提供粮食"五代"（代清理、代干燥、代储存、代加工、代销售）服务，推进农户科学储粮行动，促进粮食提质减损和农民增收。（财政部、国家粮食局、国家发展改革委等负责）

（二十一）完善现代粮食物流体系。加强粮食物流基础设施和应急供应体系建设，优化物流节点布局，完善物流通道。支持铁路班列运输，降低全产业链物流成本。鼓励产销区企业通过合资、重组等方式组成联合体，提高粮食物流组织化水平。加快粮食物流与信息化融合发展，促进粮食物流信息共享，提高物流效率。推动粮食物流标准化建设，推广原粮物流"四散化"（散储、散运、散装、散卸）、集装化、标准化，推动成品粮物流托盘等标准化装载单元器具的循环共用，带动粮食物流上下游设施设备及包装标准化水平提升。支持进口粮食指定口岸及港口防疫能力建设。（国家发展改革委、国家粮食局、交通运输部、商务部、质检总局、国家标准委、中国铁路总公司等负责）

（二十二）健全粮食质量安全保障体系。支持建设粮食质量检验机构，形成以省级为骨干、以市级为支撑、以县级为基础的公益性粮食质量检验监测体系。加快优质、特色粮油产品标准和相关检测方法标准的制修订。开展全国收获粮食质量调查、品质测报和安全风险监测，加强进口粮食质量安全监管，建立进口粮食疫情监测和联防联控机制。建立覆盖从产地到餐桌全程的粮食质量安全追溯体系和平台，进一步健全质量安全监管衔接协作机制，加强粮食种植、收购、储存、销售及食品生产经营监管，严防不符合食品安全标准的粮食流入口粮市场或用于食品加工。加强口岸风险防控和实际监管，深入开展农产品反走私综合治理，实施专项打击行动。（国家粮食局、食品药品监管总局、农业部、海关总署、质检总局、国家标准委等负责）

七 完善保障措施

（二十三）加大财税扶持力度。充分利用好现有资金渠道，支持粮食仓储物流设施、国家现代粮食产业发展示范园区（基地）建设和粮食产业转型升级。统筹利用商品粮大省奖励资金、产粮产油大县奖励资金、粮食风险基金等支持粮食产业发展。充分发挥财政资金引导功能，积极引导金融资本、社会资本加大对粮食产业的投入。新型农业经营主体购置仓储、烘干设备，可按规定享受农机具购置补贴。落实粮食加工企业从事农产品初加工所得按规定免征企业所得税政策和国家简并增值税税率有关政策。（财政部、国家发展改革委、税务总局、国家粮食局等负责）

（二十四）健全金融保险支持政策。拓宽企业融资渠道，为粮食收购、加工、仓储、物流等各环节提供多元化金融服务。政策性、商业性金融机构要结合职能定位和业务范围，在风险可控的前提下，加大对粮食产业发展和农业产业化重点龙头企业的信贷支持。建立健全粮食收购贷款信用保证基金融资担保机制，降低银行信贷风险。支持粮食企业通过发行短期融资券等非金融企业债务融资工具筹集资金，支持符合条件的粮食企业上市融资或在新三板挂牌，以及发行公司债券、企业债券和并购重组等。引导粮食企业合理利用农产品期货市场管理价格风险。在做好风险防范的前提下，积极开展企业厂房抵押和存单、订单、应收账款质押等融资业务，创新"信贷＋保险"、产业链金融等多种服务模式。鼓励和支持保险机构为粮食企业开展对外贸易和"走出去"提供保险服务。（人民银行、银监会、证监会、保监会、财政部、商务部、国家粮食局、农业发展银行等负责）

（二十五）落实用地用电等优惠政策。在土地利用年度计划中，对粮食产业发展重点项目用地予以统筹安排和重点支持。支持和加快国有粮食企业依法依规将划拨用地转变为出让用地，增强企业融资功能。改制重组后的粮食企业，可依法处置土地资产，用于企业改革发展和解决历史遗留问题。落实粮食初加工用电执行农业生产用电价格政策。（国土资源部、国家发展改革委、国家粮食局等负责）

（二十六）加强组织领导。地方各级人民政府要高度重视粮食产业经济发展，因地制宜制定推进本地区粮食产业经济发展的实施意见、规划或方案，加强统筹协调，明确职责分工。加大粮食产业经济发展实绩在粮食安全省长责任制考核中的权重。要结合精准扶贫、精准脱贫要求，大力开展粮食产业扶贫。粮食部门负责协调推进粮食产业发展有关工作，推动产业园区建设，加强粮食产业经济运行监测。发展改革、财政部门要强化对重大政策、重大工程和重大项目的支持，发挥财政投入的引导作用，撬动更多社会资本投入粮食产业。各相关部门要根据职责分工抓紧完善配套措施和部门协作机制，并发挥好粮食等相关行业协会商会在标准、信息、人才、机制等方面的作用，合力推进粮食产业经济发展。（各省级人民政府、国家发展改革委、国家粮食局、财政部、农业部、国务院扶贫办等负责）

国务院办公厅

2017 年 9 月 1 日

（此件公开发布）

关于印发"十三五"国家食品安全规划和"十三五"国家药品安全规划的通知

国发〔2017〕12 号

各省、自治区、直辖市人民政府，国务院各部委、各直属机构：

现将《"十三五"国家食品安全规划》和《"十三五"国家药品安全规划》印发给你们，请认真贯彻执行。

国务院

2017 年 2 月 14 日

（此件公开发布）

"十三五"国家食品安全规划

保障食品安全是建设健康中国、增进人民福祉的重要内容，是以人民为中心发展思想的具体体现。为实施好食品安全战略，加强食品安全治理，根据《中华人民共和国国民经济和社会发展第十三个五年规划纲要》，制定本规划。

一　现状和形势

"十二五"期间，各地区、各部门进一步加大工作力度，食品安全形势总体稳定向好，人民群众饮食安全得到切实保障。

（一）食品产业快速发展。到"十二五"末，全国获得许可证的食品生产企业 13.5 万家、流通企业 819 万家、餐饮服务企业 348 万家；规模以上食品工业企业主营业务收入 11.35 万亿元，年均递增 12.5%。进出口食品贸易额增长 23.9%。

（二）监管力度持续加大。无公害农产品种植面积增加 2000 万亩。查处食品安全违法案件 95.8 万起，侦破食品安全犯罪案件 8 万余起。2015 年国家食品安全监督抽检 17.2 万批次，合格率为 96.8%。进出口食品安全水平持续稳定。实行"明厨亮灶"的餐饮服务企业 41.8 万家，实行量化分级管理的餐饮服务企业 275 万家。在 100 个城市开展餐厨废弃物资源化利用和无害化处理试点。

（三）支撑保障能力稳步加强。实施食品安全检（监）测能力建设项目，安排中央基建投资 184.5 亿元。食品安全科技创新体系逐步完善。食品监测覆盖范围不断扩大，食源性疾病监测网络哨点医院达 3883 家，食品污染物和有害因素监测点达 2656 个。成立了国家食品安全风险评估中心，建立了 100 家农产品质量安全风险评估实验室。

（四）监管体制不断完善。国务院成立食品安全委员会，组建食品药品监管总局，各级政府普遍建立了食品安全综合协调机制并明确办事机构，统一权威监管体制建设取得显著进展。

（五）法律法规标准体系进一步健全。修订食品安全法、兽药管理条例等10部法律法规，制修订20余部食品安全部门规章，6个省（区、市）出台了食品生产加工小作坊和食品摊贩管理地方性法规。最高人民法院、最高人民检察院出台关于办理危害食品安全刑事案件适用法律若干问题的解释，最高人民法院出台审理食品药品纠纷案件适用法律若干问题的规定。国家卫生计生委清理食品标准5000项，整合400项，发布新的食品安全国家标准926项、合计指标1.4万余项。农业部新发布农药残留限量指标2800项，清理413项农药残留检验方法。

（六）社会共治格局初步形成。连续5年举办"全国食品安全宣传周"活动，累计覆盖7亿多人次。食品生产经营者诚信守法意识、公众食品安全意识和社会参与度进一步提高。开通"12331"全国食品药品投诉举报电话，推行有奖举报制度。开展食品安全信用体系建设试点，获得诚信管理体系评价证书的食品企业600余家，婴幼儿配方乳粉企业全部建立诚信管理体系。

在肯定成绩的同时，必须清醒认识到，我国仍处于食品安全风险隐患凸显和食品安全事件集中爆发期，食品安全形势依然严峻。一是源头污染问题突出。一些地方工业"三废"违规排放导致农业生产环境污染，农业投入品使用不当、非法添加和制假售假等问题依然存在，农药兽药残留和添加剂滥用仍是食品安全的最大风险。二是食品产业基础薄弱。食品生产经营企业多、小、散，全国1180万家获得许可证的食品生产经营企业中，绝大部分为10人以下小企业。企业诚信观念和质量安全意识普遍不强，主体责任尚未完全落实。互联网食品销售迅猛增长带来了新的风险和挑战。三是食品安全标准与发达国家和国际食品法典标准尚有差距。食品安全标准基础研究滞后，科学性和实用性有待提高，部分农药兽药残留等相关标准缺失、检验方法不配套。四是监管能力尚难适应需要。监管体制机制仍需完善，法规制度仍需进一步健全，监管队伍特别是专业技术人员短缺，打击食品安全犯罪的专业力量严重不足，监管手段、技术支撑等仍需加强，风险监测和评估技术水平亟待提升。

"十三五"时期是全面建成小康社会的决胜阶段，也是全面建立严密高效、社会共治的食品安全治理体系的关键时期。尊重食品安全客观规律，坚持源头治理、标本兼治，确保人民群众"舌尖上的安全"，是全面建成小康社会的客观需要，是公共安全体系建设的重要内容，必须下大力气抓紧抓好。

二　总体要求

（一）指导思想

全面贯彻党的十八大和十八届三中、四中、五中、六中全会精神，以马克思列宁主义、毛泽东思想、邓小平理论、"三个代表"重要思想、科学发展观为指导，深入贯彻习近平总书记系列重要讲话精神，认真落实党中央、国务院决策部署，紧紧围绕统筹推进"五位一体"总体布局和协调推进"四个全面"战略布局，牢固树立和贯彻落实创新、协调、绿色、开放、共享的发展理念，坚持最严谨的标准、最严格的监管、最严厉的处罚、最严肃的问责，全面实施食品安全战略，着力推进监管体制机制改革创新和依法治理，着力解决人民群众反映强烈的突出问题，推动食品安全现代化治理体系建设，促进食品产业发展，推进健康中国建设。

（二）基本原则

1.预防为主。坚持关口前移，全面排查、及时发现处置苗头性、倾向性问题，严把食品安全的源头关、生产关、流通关、入口关，坚决守住不发生系统性区域性食品安全风险的底线。

2. 风险管理。树立风险防范意识，强化风险评估、监测、预警和风险交流，建立健全以风险分析为基础的科学监管制度，严防严管严控风险隐患，确保监管跑在风险前面。

3. 全程控制。严格实施从农田到餐桌全链条监管，建立健全覆盖全程的监管制度、覆盖所有食品类型的安全标准、覆盖各类生产经营行为的良好操作规范，全面推进食品安全监管法治化、标准化、专业化、信息化建设。

4. 社会共治。全面落实企业食品安全主体责任，严格落实地方政府属地管理责任和有关部门监管责任。充分发挥市场机制作用，鼓励和调动社会力量广泛参与，加快形成企业自律、政府监管、社会协同、公众参与的食品安全社会共治格局。

（三）发展目标

到 2020 年，食品安全治理能力、食品安全水平、食品产业发展水平和人民群众满意度明显提升。主要实现以下目标：

1. 食品安全抽检覆盖全部食品类别、品种。国家统一安排计划、各地区各有关部门分别组织实施的食品检验量达到每年 4 份 / 千人。其中，各省（区、市）组织的主要针对农药兽药残留的食品检验量不低于每年 2 份 / 千人。

2. 农业源头污染得到有效治理。主要农作物病虫害绿色防控覆盖率达到 30% 以上，农药利用率达到 40% 以上，主要农产品质量安全监测总体合格率达到 97% 以上。

3. 食品安全现场检查全面加强。职业化检查员队伍基本建成，实现执法程序和执法文书标准化、规范化。对食品生产经营者每年至少检查 1 次。实施网格化管理，县、乡级全部完成食品安全网格划定。

4. 食品安全标准更加完善。制修订不少于 300 项食品安全国家标准，制修订、评估转化农药残留限量指标 6600 余项、兽药残留限量指标 270 余项。产品标准覆盖包括农产品和特殊人群膳食食品在内的所有日常消费食品，限量标准覆盖所有批准使用的农药兽药和相关农产品，检测方法逐步覆盖所有限量标准。

5. 食品安全监管和技术支撑能力得到明显提升。实现各级监管队伍装备配备标准化。各级食品安全检验检测能力达到国家建设标准，进出口食品检验检测能力保持国际水平。

三   主要任务

（一）全面落实企业主体责任

食品生产经营者应当严格落实法定责任和义务。遵守相关法律法规和标准，采取多种措施，确保生产过程整洁卫生并符合有关标准规范，确保生产经营各环节数据信息采集留存真实、可靠、可溯源。建立健全食品安全管理制度，配备食品安全管理人员。主动监测已上市产品质量安全状况，及时报告风险隐患，依法召回、处置不符合标准或存在安全隐患的食品。

开展食品安全师制度试点。鼓励食品生产经营企业建设规模化原辅材料和食品加工、配送基地，加强供应链管理，发展连锁经营、集中采购、标准化生产、统一配送等现代经营方式。加强冷链物流基础设施建设，提升冷链物流管理标准和管理水平。鼓励企业按照良好生产经营规范组织生产，实施危害分析和关键控制点体系、良好生产规范、食品安全管理体系、食品防护计划等自愿性质量管理规范，通过相关认证的可以在其产品包装上予以标识。鼓励和支持食品生产经营小作坊、小摊贩、小餐饮改善生产经营条件。加强食品品牌建设。

（二）加快食品安全标准与国际接轨

建立最严谨的食品安全标准体系。加快制修订产业发展和监管急需的食品基础标准、产品标准、配套检验方法标准、生产经营卫生规范等。加快制修订重金属、农药残留、兽药残留等食品安全标准。密切跟踪国际标准发展更新情况，整合现有资源建立覆盖国际食品法典及有关发达国家食品安全标准、技术法规的数据库，开展国际食品安全标准比较研究。加强标准跟踪评价和宣传贯彻培训。鼓励食品生产企业制定严于食品安全国家标准、地方标准的企业标准，鼓励行业协会制定严于食品安全国家标准的团体标准。依托现有资源，建立食品安全标准网上公开和查询平台，公布所有食品安全国家标准及其他相关标准。整合建设监测抽检数据库和食品毒理学数据库，提升标准基础研究水平。将形成技术标准作为组织实施相关科研项目的重要目标之一，并列入食品科研重要考核指标，相关成果可以作为专业技术资格评审依据。

专栏1　食品安全国家标准提高行动计划

（一）制修订食品安全国家标准。

制修订不少于300项食品安全国家标准，加快生产经营卫生规范、检验方法等标准制定。制修订农药残留限量指标3987项，评估转化农药残留限量指标2702项，清理、修订农药残留检验方法413项，研究制定农药残留国家标准技术规范7项，建立农业残留基础数据库1个。制定食品中兽药最大残留限量标准，完成31种兽药272项限量指标以及63项兽药残留检测方法标准制定。

（二）加强食品安全国家标准专业技术机构能力建设。

依托国家和重点省份食品安全技术机构，设立若干标准研制核心实验室。

（三）完善法律法规制度

加快构建以食品安全法为核心的食品安全法律法规体系。修订《农产品质量安全法》《食品安全法实施条例》《农药管理条例》《乳品质量安全监督管理条例》。推进《土壤污染防治法》《粮食法》《肥料管理条例》等立法进程。推动各地加快食品生产加工小作坊和食品摊贩管理等地方性法规规章制修订。制修订食品标识管理、食品安全事件调查处理、食品安全信息公布、食品安全全程追溯、学校食堂食品安全监督管理等配套规章制度。完善国境口岸食品安全规章制度。

（四）严格源头治理

深入开展农药兽药残留、重金属污染综合治理。开展化肥农药使用量零增长行动，全面推广测土配方施肥、农药精准高效施用。加快高效、低毒、低残留农药新品种研发和推广，实施高毒、高残留农药替代行动。实施兽用抗菌药治理行动，逐步淘汰无残留限量标准和残留检测方法标准的兽药及其制剂。严格落实农药兽药登记和安全使用制度，推行高毒农药定点经营和实名购买制度。推进重金属污染源头治理，摸清土壤污染分布情况，开展污染耕地分级分类治理。

提高农业标准化水平。实施农业标准化推广工程，推广良好农业规范。继续推进农业标准化示范区、园艺作物标准园、标准化规模养殖场（小区）、水产健康养殖场建设。支持良好农业规范认证品牌农产品发展，提高安全优质品牌农产品比重。建立健全畜禽屠宰管理制度，加快推进病死畜禽无害化处理与养殖业保险联动机制建设，加强病死畜禽、屠宰废弃物无害化处理和资源化利用。加强粮食质量安全监测与监管，推动建立重金属等超标粮食处置长效机制。推动农产品生产者积极参与国家农产品质量安全追溯管理信息平台运行。开展肉类、蔬菜等产品追溯体系建设的地区要加快建立高效运行长效机制。

专栏 2 食用农产品源头治理工程

（一）农药残留治理工程。

主要农作物病虫害绿色防控覆盖率达到 30% 以上，专业化统防统治覆盖率达到 40% 以上，农药利用率达到 40% 以上。

（二）兽药残留治理工程。

新研发和推广低毒、低残留新兽药产品 100 种，淘汰高风险兽药产品 100 种。动物产品兽药残留合格率保持在 97% 以上。

（三）测土配方施肥推广工程。

测土配方施肥技术覆盖率达到 90% 以上，畜禽粪便养分还田率达到 60% 以上，水肥一体化技术推广面积达到 1.5 亿亩，机械施肥面积占主要农作物种植面积的 40% 以上，主要农作物化肥利用率达到 40% 以上。

（四）农业标准化推广工程。

标准化生产示范园（场）全部通过"三品一标"（无公害农产品、绿色食品、有机农产品和农产品地理标志）认证登记，有机农产品种植基地面积达到 300 万公顷，绿色食品种植基地面积达到 1200 万公顷。

（五）农产品质量安全保障工程。

完善国家农产品质量安全追溯管理信息平台，健全农产品质量安全监管体系，提高基层监管能力。

（五）严格过程监管

严把食品生产经营许可关。对食品（含食品添加剂）生产、直接接触食品的包装材料等具有较高风险的相关产品、食品经营（不含销售食用农产品）依法严格实施许可管理。深化"放管服"改革，优化许可流程，提高审批效率。整合现有资源，建立全国统一的食品生产经营许可信息公示系统。落实地方政府尤其是县级政府责任，实施餐饮业质量安全提升工程。获得许可证的餐饮服务单位全面推行"明厨亮灶"。推进餐厨废弃物资源化利用和无害化处理试点城市建设。

严格生产经营环节现场检查。食品生产经营企业应当认真履行法定义务，严格遵守许可条件和相关行为规范。科学划分食品生产经营风险等级，加强对高风险食品生产经营企业的监督检查。科学制定国家、省、市、县级食品检查计划，确定检查项目和频次。国务院食品安全监管有关部门负责建立和完善食品生产经营监督检查制度和技术规范，依据职责监督抽查大型食品生产经营企业；省级食品安全监管部门负责制定本省（区、市）年度监督管理计划，抽查本行政区域内大型食品生产经营企业，督导核查市、县级监督管理工作；市、县级食品安全监管部门负责日常监督检查，在全覆盖基础上按照"双随机、一公开"原则开展日常检查。现场检查应按照年度监督检查计划进行，覆盖所有生产经营者，重点检查农村、学校、幼儿园等重点区域，小作坊、小摊贩、小餐饮等重点对象，冷链贮运等重点环节，以及中高风险食品生产经营者。大力推进学校食堂、幼儿园食堂实时监控工作。

严格特殊食品监管。推进保健食品注册与备案制改革，完善保健食品保健功能目录，科学调整功能表述。制定保健食品原料目录、可用和禁用于保健食品物品名单。严厉打击保健食品虚假宣传、商业欺诈、诱骗消费者购买等违法行为。严格特殊医学用途配方食品、婴幼儿配方乳粉产品配方注册管理。

严格网格化监管。科学划定县、乡级行政区域内食品安全网格，合理配备监管协管力量，做到"定格、定岗、定员、定责"。建立健全责任包干、信息管理、上下联动、社会协作、协调处理、宣传引导、考核评价等制度，有效消除各类风险隐患。到"十三五"末，县、乡级百分百完成食品安全网格划定。

严格互联网食品经营、网络订餐等新业态监管。加强互联网食品经营网上监测能力建设。落实网络平台食品经营资质审核责任，完善网上交易在线投诉和售后维权机制。

严格食品相关产品监管。通过安全评估确定风险等级，对高风险的食品相关产品实施生产许可，逐步形成以监督检查为手段，以风险监测和抽样检验为验证的事中事后监管体系。

严格进出口食品安全监管。实施进口食品安全放心工程，强化口岸检验检疫。实施进出口食品安全风险预警和进出口企业信誉记录制度，建立风险预警平台，大力加强境外体系检查。完善进出口食品质量安全检验检测，制定进口食品安全监督抽检计划和风险监测计划。严格实施进口食品境外生产企业注册。加强跨境电子商务进口食品检验检疫监管。

推动特色食品加工示范基地建设。在原料资源丰富地区，选择一批地方特色突出的食品产业园区，以知名品牌和龙头企业为引领，开展集食品研发创新、检测认证、包装印刷、冷链物流、人才培训、工业旅游、集中供热、污水集中处理等于一体的现代食品工业基地建设示范，提高基础设施和公共服务水平，开展集中监管，发挥示范引领作用，带动食品产业转型升级和食品质量安全管理水平整体提升。

（六）强化抽样检验

食品安全抽样检验覆盖所有食品类别、品种，突出对食品中农药兽药残留的抽检。科学制定国家、省、市、县级抽检计划。国务院食品安全监管有关部门主要承担规模以上或产品占市场份额较大食品生产企业的产品抽检任务，省级食品安全监管部门主要承担本行政区域内所有获得许可证的食品生产企业的产品抽检任务，市、县级食品安全监管部门主要承担本行政区域内具有一定规模的市场销售的蔬菜、水果、畜禽肉、鲜蛋、水产品农药兽药残留抽检任务以及小企业、小作坊和餐饮单位抽检任务。市、县级食品安全监管部门要全面掌握本地农药兽药使用品种、数量，特别是各类食用农产品种植、养殖过程中农药兽药使用情况，制定的年度抽检计划和按月实施的抽检样本数量要能够覆盖全部当地生产销售的蔬菜、水果、畜禽肉、鲜蛋和水产品，每个品种抽样不少于20个，抽样检验结果及时向社会公开。将食品安全抽检情况列为食品安全工作考核的重点内容。

专栏3　食品安全监管行动计划

（一）食品安全监督抽检工程。

到2020年，国家统一安排计划、各地区各有关部门分别组织实施的食品检验量达到每年4份/千人。其中，各省（区、市）组织的主要针对农药兽药残留的食品检验量不低于每年2份/千人。探索开展国家食品安全评价性抽检工作。

（二）特殊食品审评能力建设。

加强特殊食品审评工作，加强专职审评员队伍建设，依法按时完成保健食品、特殊医学用途配方食品和婴幼儿配方乳粉产品配方技术审评任务。

（三）进出口食品安全监管提升计划。

对 50 个主要对我国出口食品的国家（地区）开展食品安全体系评估和回顾性检查。严格实施进口食品监督抽检，监督抽检产品种类实现全覆盖。建设 20 个进口食品进境检验检疫指定口岸。新建 100 个国家级出口食品安全示范区。

（四）餐饮业质量安全提升工程。

推进餐饮业实施餐饮服务食品安全操作规范，加强餐饮食品安全员考核，完善餐饮服务食品安全标准。落实地方政府尤其是县级政府责任，实现餐饮食品安全监管全覆盖。

（七）严厉处罚违法违规行为

整治食品安全突出隐患及行业共性问题。重点治理超范围超限量使用食品添加剂、使用工业明胶生产食品、使用工业酒精生产酒类食品、使用工业硫磺熏蒸食物、违法使用瘦肉精、食品制作过程违法添加罂粟壳等物质、水产品违法添加孔雀石绿等禁用物质、生产经营企业虚假标注生产日期和保质期、用回收食品作为原料生产食品、保健食品标签宣传欺诈等危害食品安全的"潜规则"和相关违法行为。完善食品中可能违法添加的非食用物质名单、国家禁用和限用农药名录、食用动物禁用的兽药及其他化合物清单，研究破解"潜规则"的检验方法。

整合食品安全监管、稽查、检查队伍，建立以检查为统领，集风险防范、案件调查、行政处罚、案件移送于一体的工作体系。各级公安机关进一步加强打击食品安全犯罪的专业力量建设，强化办案保障。加强行政执法与刑事司法的衔接，建立证据互认、证据转换、法律适用、涉案食品检验认定与处置等协作配合机制。推动出台食品安全违法行为处罚到人的法律措施。完善中共中央政法委员会牵头、政法部门和监管部门共同参与的协调机制。

（八）提升技术支撑能力

提升风险监测和风险评估等能力。全面加强食源性疾病、食品污染物、食品中有毒物质监测，强化监测数据质量控制，建立监测数据共享机制。完善食品安全风险评估体系，通过综合分析监测数据及时评估并发现风险。建立食品安全和农产品质量安全风险评估协调机制，将"米袋子""菜篮子"主要产品纳入监测评估范围。食品污染物和有害因素监测网络覆盖所有县级行政区域并延伸到乡镇和农村，食源性疾病监测报告系统覆盖各级各类医疗机构。

健全风险交流制度。按照科学、客观、及时、公开的原则，定期组织食品生产经营者、食品检验机构、认证机构、食品行业协会、消费者协会以及新闻媒体等，就食品安全风险评估信息和食品安全监督管理信息进行交流沟通。规范食品安全信息发布机制和制度。建立国家、省、市、县四级食品安全社会公众风险认知调查体系和国家、省、市三级风险交流专家支持体系。鼓励大型食品生产经营企业参与风险交流。

专栏 4　风险监测预警、评估能力提升项目

（一）食品安全风险监测能力。

依托现有资源建设风险监测区域重点实验室和省级参比实验室。进一步完善国家食源性疾病监测系统，建立覆盖全部医疗机构并延伸到农村的食源性疾病监测报告网络。依托现有资源构建地方各级食源性疾病监测溯源平台。建立覆盖全国的食品安全风险预警系统和重点食品品种风险预警模型。建立健全覆盖主要贸易国家（地区）的进出口食品安全信息监测网络和进出口食品安全数据库。

（二）食品安全风险评估能力。

建立国家农产品质量安全风险评估实验室。加快国家食品安全风险评估中心分中心建设，建设风险评估区域重点实验室。实施食物消费量调查、总膳食和毒理学研究计划。建立完善国家食品安全风险评估基础数据库。构建进出口食品安全风险评估分级模型。

加快建设食品安全检验检测体系。构建国家、省、市、县四级食品安全检验检测体系。国家级检验机构具备较强的技术性研究、技术创新、仲裁检验、复检能力和国际合作能力；省级检验机构能够完成相应的法定检验、监督检验、执法检验、应急检验等任务，具备一定的科研能力，能够开展有机污染物和生物毒素等危害物识别及安全性评价、食源性致病微生物鉴定、食品真实性甄别等基础性、关键性检验检测技术，能够开展快速和补充检验检测方法研究；市级检验机构具备对食品安全各项目参数较全面的常规性检验检测能力；食品产业大县和人口大县要具备对常见微生物、重金属、农药兽药残留等指标的实验室检验能力及定性快速检测能力。加强检验检测信息化建设。鼓励大专院校、企业检验机构承担政府检验任务。组织开展食品快速检测方法评价，规范快速检测方法应用。

提高食品安全智慧监管能力。重点围绕行政审批、监管检查、稽查执法、应急管理、检验监测、风险评估、信用管理、公共服务等业务领域，实施"互联网＋"食品安全监管项目，推进食品安全监管大数据资源共享和应用，提高监管效能。

加强基层监管能力建设。各级食品安全监管机构业务用房、执法车辆、执法装备配备实现标准化，满足监督执法需要。

加强应急处置能力建设。完善国家、省、市、县四级应急预案体系，健全突发事件跟踪、督查、处理、报告、回访和重大事故责任追究机制。强化食品安全舆情监测研判。开展应急演练。

专栏5 监管能力建设项目

（一）检验检测能力建设项目。

实施食品安全检验检测能力达标工程。根据国家建设标准建设食品安全检验检测机构。依托现有资源建设一批食品安全监管重点实验室，在相应特色领域具备国内一流检验水平和技术攻关能力。全面推进县级食品安全检验检测资源整合。鼓励通过建设省、市级检验机构区域分中心的方式开展跨层级整合。做好与药品、医疗器械检验检测项目的统筹衔接。

实施食用农产品和进出口食品检验机构改造项目。升级改造农产品质量安全风险评估实验室、粮食质量安全检验监测机构。建设进出口食品质量检（监）测基准实验室。升级改造部分省级进出口食品质量安全检（监）测重点实验室。

（二）"互联网＋"食品安全监管项目。

继续推进实施国家食品安全监管信息化工程建设项目。依托现有机构，整合现有资源，重点建设全国食品生产经营许可信息公示系统，以及食品生产经营监管、检验监测、信用管理、应急管理、风险评估和移动执法系统；完善婴幼儿配方乳粉、生鲜农产品和酒类食品追溯信息管理平台；建设进出口食品安全监管信息化工程和粮食质量安全监管信息化平台；构建食品安全监管数据中心和监管信息资源数据库。

（三）基层监管能力标准化建设项目。

合理保障食品安全监管机构执法基本装备、执法取证装备、快检装备配备和基础设施建设需要，到"十三五"末，实现各级监管队伍装备配备标准化。

（四）提升突发事件应对能力。

加强应急能力培训，提升调查分析能力、风险防控能力、信息公开能力和舆论引导能力。建立以中国食品药品检定研究院为龙头，以 7~10 个区域性应急检验检测重点实验室为支撑的应急检验检测体系。加强食品安全突发事件流行病学调查和卫生学处置能力建设，整合建立重大食品安全突发事件病因学实验室应急检测技术平台。

强化科技创新支撑。利用国家科技计划（专项、基金等）、企业投入、社会资本等统筹支持食品安全创新工作。重点支持研发冷链装备关键技术、过程控制技术、检验检测技术等。

专栏 6　食品安全重点科技工作

（一）建立科学、高效的过程控制技术体系。

开展农药兽药、持久性有机污染物、重金属、微生物、生物毒素等食品原料中危害物迁移转化机制与安全控制机理等技术研究。提出相应控制规范，研发控制新工艺和新设备。研发质量安全控制新技术 30~50 项。

（二）建立全覆盖、组合式、非靶向检验检测技术体系。

研发食品中化学性、生物性、放射性危害物高效识别与确证关键技术及产品，研发生化传感器、多模式阵列光谱、小型质谱、离子迁移谱等具有自主知识产权的智能化快速检测试剂、小型化智能离线及在线快速检测装备 30~50 台（套），制定检验规程 120~150 项，研制食品安全基体标准物质 60~80 种。开展食品安全第三方检验检测体系建设科技示范。

（三）建立科学合理的食品安全监测和评价评估技术体系。

开展体外替代毒性测试、混合污染物毒性评价及风险评估等食品安全危害识别与毒性机制等研究。研发新一代毒性测试方法技术 20~30 项。

（四）研发急需优先发展的冷链装备关键技术。

研究和开发高效、环保、精准冷链装备，研究氨制冷系统安全技术，研究基于信息技术的绿色冷链物流系统优化技术。

（五）整合现有资源加强食品安全监督执法智慧工作平台研发。

研究食品安全风险分级评价与智能化现场监管、网络食品安全监控等技术。研发致病微生物全基因溯源、食品安全突发事件应急演练模拟仿真模型等应急处置新技术 30~40 项，研发风险预警模型和可视化决策支持的云服务平台，形成监督管理新技术 20~30 项。

（六）强化食品安全国家标准制修订。

研究农药和兽药的关键限量标准不少于 20 种，新发毒素、污染物标准不少于 5 种。

（七）综合示范应用。

通过研究成果转化、应用和集成研究，提出食品安全解决方案。开展区域和产业链综合示范，发挥科技成果在服务产业发展和支撑食品安全监管方面的重要作用。

（九）加快建立职业化检查员队伍

依托现有资源建立职业化检查员制度，明确检查员的资格标准、检查职责、培训管理、绩效考核等要求。加强检查员专业培训和教材建设，依托现有资源设立检查员实训基地。采取多种合理有效措施，鼓励人才向监管一线流动。

专栏 7　专业素质提升项目

（一）建立职业化检查员队伍。

加强培训考核，使职业化检查员符合相应的工作要求。

（二）加强人才培养。

推进网络教育培训平台建设。依托现有省级教育培训机构建立专业教学基地。加强跨学科高端人才培养。

监管人员专业化培训时间人均不低于 40 学时 / 年，新入职人员规范化培训时间人均不低于 90 学时。对地方各级政府分管负责人进行分级培训。对各级监管机构相关负责人进行国家级调训。本科以上学历专业技术人员达到食品安全监管队伍总人数的 70% 以上，高层次专业人才占技术队伍的 15% 以上。食品安全一线监管人员中，食品相关专业背景的人员占比每年提高 2%。

（十）加快形成社会共治格局

完善食品安全信息公开制度。各级监管部门及时发布行政许可、抽样检验、监管执法、行政处罚等信息，做到标准公开、程序公开、结果公开。将相关信息及时纳入食品生产经营企业信用档案、全国信用信息共享平台及国家企业信用信息公示系统，开展联合激励和惩戒。

畅通投诉举报渠道，严格投诉举报受理处置反馈时限。鼓励食品生产经营企业员工举报违法行为，建立举报人保护制度，落实举报奖励政策。加强舆论引导，回应社会关切，鼓励新闻媒体开展食品安全舆论监督。食品安全新闻报道要客观公正，重大食品安全新闻报道和信息发布要严格遵守有关规定。

支持行业协会制订行规行约、自律规范和职业道德准则，建立健全行业规范和奖惩机制。提高食品行业从业人员素质，对食品生产经营企业的负责人和主要从业人员，开展食品安全法律法规、职业道德、安全管控等方面的培训。

加强消费者权益保护，增强消费者食品安全意识和自我保护能力，鼓励通过公益诉讼、依法适用民事诉讼简易程序等方式支持消费者维权。继续办好"全国食品安全宣传周"，将食品安全教育纳入国民教育体系，作为公民法制和科学常识普及、职业技能培训等的重要内容。加强科普宣传，推动食品安全进农村、进企业、进社区、进商场等，鼓励研究机构、高校、协会等参与公益宣传科普工作，提升全民食品安全科学素养。

专栏 8　社会共治推进计划

（一）建设投诉举报业务系统。

建成覆盖国家、省、市、县四级的投诉举报业务系统，实现网络 24 小时接通，电话在受理时间内接通率不低于 90%。

（二）扩大食品安全责任保险试点。

完善食品安全责任保险政策，充分发挥保险的风险控制和社会管理功能，探索建立行业组织、保险机构、企业以及消费者多方参与、互动共赢的激励约束机制和风险防控机制。

（三）开展食品行业从业人员培训提高项目。

食品生产经营企业每年安排食品安全管理人员、主要从业人员接受不少于 40 小时的食品安全法律法规、科学知识和行业道德伦理的集中培训。有关部门要加强指导，培养师资力量，制定培训大纲和教材，利用大专院校、第三方机构等社会资源开展培训。鼓励行业协会对从业人员开展培训。

（四）开展食品安全状况综合评价。

研究建立食品安全状况综合评价体系，开展食品安全指数评价和发布试点工作。

（五）实施立体化科普宣传计划。

整合现有资源，加强科普示范基地建设，建立完善统一的食品安全科普知识库。充实宣传力量。推广"两微一端"新媒体平台。深入开展"全国食品安全宣传周"等科普宣传活动。将食品安全教育内容融入有关教育教学活动。

（十一）深入开展"双安双创"行动

继续开展国家食品安全示范城市创建和农产品质量安全县创建（即"双安双创"）行动，实施食品安全和农产品质量安全示范引领工程，鼓励各地分层次、分步骤开展本区域食品安全和农产品质量安全示范创建行动，提升食品安全监管能力和水平。

专栏 9　食品安全和农产品质量安全示范引领工程

（一）食品安全示范城市创建。

在 4 个直辖市、27 个省（区）的省会（首府）城市、计划单列市和其他部分条件成熟的地级市（共约 100 个），开展国家食品安全示范城市创建行动。

（二）农产品质量安全县创建。

在具备条件的"菜篮子"产品主产县（共约 1000 个）开展国家农产品质量安全县创建行动。

四　保障措施

（一）加强组织领导

地方各级政府要根据本规划确定的发展目标和主要任务，将食品安全工作纳入重要议事日程和本地区经济社会发展规划，切实落实监管有责、有岗、有人、有手段，履行日常监管、监督抽检责任。实行综合执法的地方要充实基层监管力量，将食品药品安全监管作为首要职责。

（二）合理保障经费

按照《国务院关于推进中央与地方财政事权和支出责任划分改革的指导意见》（国发〔2016〕49 号）要求，落实财政投入政策。继续安排中央基建投资对食品安全监管基础设施和装备给予支持。完善执法能力建设投入机制，讲求效益，注重资源共享。制定完善各类项目支付标准，探索通过政府购买服务等方式提高食品安全监管投入效益。资金投入向基层、集中连片特困地区、国家扶贫开发工作重点县以及对口支援地区等适当倾斜。

（三）强化综合协调

加强各级食品安全委员会及食品安全办建设，健全食品安全委员会各成员单位工作协同配合机制以及信息通报、形势会商、风险交流、协调联动等制度，统筹协调、监督指导各成员单位落实食品安全职责，加大督查考评力度，形成监管合力。乡镇（街道）要完善食品安全监管体制，加强力量建设，确保事有人做、责有人负。

（四）深化国际合作

加强与发达国家食品安全监管机构及重要国际组织合作，积极参与国际规则和标准制定，应对国际食品安全突发事件，提高全球食品安全治理能力和水平。加强食品安全国际化人才培养，鼓励支持我国专家在食品相关国际机构任职。做好我国作为国际食品法典添加剂委员会和农药残留委员会主席国的相关工作。

（五）严格考核评估

各有关部门要按照职责分工，细化目标，分解任务，制订实施方案，落实各项规划任务。要健全完善考核评估和监督机制，并将本规划任务落实情况纳入对各相关部门和下一级政府的考核评价内容。国务院食品安全委员会办公室牵头对本规划执行情况及时进行中期评估和终期考核，确保各项任务落实到位。

"十三五"国家药品安全规划

保障药品安全是建设健康中国、增进人民福祉的重要内容，是以人民为中心发展思想的具体体现。为提高药品质量安全水平，根据《中华人民共和国国民经济和社会发展第十三个五年规划纲要》，制定本规划。

一　现状和形势

"十二五"时期，在各方面共同努力下，我国药品安全形势稳定向好，人民群众用药得到保障，药品安全工作取得积极进展。

（一）公众需求得到进一步满足。及时出台政策，优先审评审批部分临床急需的仿制药，加快审评审批对重大疾病、罕见病、老年人和儿童疾病有更好疗效的创新药及医疗器械。一批在治疗肿瘤、艾滋病、罕见病、儿童手足口病、脊髓灰质炎等领域具有自主知识产权的创新药，以及国产生物材料、高端影像类产品、心脏血管支架等医疗器械加快上市，满足群众需求。

（二）审评审批制度改革扎实推进。按照《国务院关于改革药品医疗器械审评审批制度的意见》（国发〔2015〕44号）要求，推进仿制药质量和疗效一致性评价，在10个省（市）开展上市许可持有人制度试点，改进临床试验审批，提高审评审批质量，公开审评审批信息，推动建立科学高效的审评审批体系。

（三）法规标准体系不断完善。修订公布《医疗器械监督管理条例》及药品生产质量管理规范、药品经营质量管理规范等。提升药品医疗器械标准，制修订药品标准 4368 项、药包材标准 130 项、医疗器械标准 566 项。制定公布《中华人民共和国药典（2015 年版）》。

（四）全过程监管制度基本形成。《药物非临床研究质量管理规范》《药物医疗器械临床试验质量管理规范》《药品医疗器械生产质量管理规范》《药品医疗器械经营质量管理规范》稳步实施，从实验室到医院的全过程监管制度基本形成，覆盖全品种、全链条的药品追溯体系正在建立。

（五）违法违规行为受到严厉打击。出台食品药品行政执法与刑事司法衔接工作办法。对群众反映强烈的虚假注册申报、违规生产、非法经营、夸大宣传、使用无证产品及制售假劣药品等违法违规行为，持续开展专项打击。查处药品医疗器械行政案件 75 万起，公安机关侦破危害药品安全案件 4.6 万余起。对申报生产或进口的药品注册申请，全面开展临床试验数据自查核查。

（六）支撑保障能力稳步加强。各级财政支持力度持续加大，监管能力得到提升。完善药品医疗器械审评、检查和检验检测体系，建成国家药品不良反应监测系统。执业药师数量不断增长。

在肯定成绩的同时，必须清醒认识到，影响我国药品质量安全的一些深层次问题依然存在，药品质量安全形势依然严峻。药品质量总体水平有待提高，部分产品质量疗效与国际先进水平存在差距，一些临床急需产品难以满足公众治病的实际需求，近 3/4 的药品批准文号闲置。执业药师用药服务作用发挥不到位，不合理用药问题突出。药品监管基础仍较薄弱，统一权威监管体制尚未建立，监管专业人员不足，基层装备配备缺乏，监管能力与医药产业健康发展要求不完全适应。

"十三五"时期是全面建成小康社会的决胜阶段，也是全面建立严密高效、社会共治的药品安全治理体系的关键时期。要尊重药品安全规律，继续加大工作力度，坚持把药品安全作为关系民生的政治任务来落实，确保广大人民群众用药安全。

二 总体要求

（一）指导思想

全面贯彻党的十八大和十八届三中、四中、五中、六中全会精神，以马克思列宁主义、毛泽东思想、邓小平理论、"三个代表"重要思想、科学发展观为指导，深入贯彻习近平总书记系列重要讲话精神，认真落实党中央、国务院决策部署，紧紧围绕统筹推进"五位一体"总体布局和协调推进"四个全面"战略布局，牢固树立和贯彻落实创新、协调、绿色、开放、共享的发展理念，坚持最严谨的标准、最严格的监管、最严厉的处罚、最严肃的问责，加快建成药品安全现代化治理体系，提高科学监管水平，鼓励研制创新，全面提升质量，增加有效供给，保障人民群众用药安全，推动我国由制药大国向制药强国迈进，推进健康中国建设。

（二）基本原则

1. 维护公众健康，保障公众需求。坚持以人民健康为中心，把人民健康放在优先发展战略地位，保障公众用药安全、有效、可及，防止药品安全事件发生，切实维护人民群众身体健康和生命安全。

2. 深化审评审批改革，提升监管水平。持续深化"放管服"改革，寓监管于服务之中，优化程序、精简流程、公开透明，完善科学监管机制，提升监管效率和水平。

3. 鼓励研发创新，提高产品质量。以解决临床问题为导向，落实创新驱动发展战略，瞄准国际先进水平，破除制约创新发展的思想观念和制度藩篱，促进提升研发创新水平，推动企业强化质量安全控制，切实提升药品质量和疗效。

4.加强全程监管，确保用药安全有效。完善统一权威的监管体制，推进药品监管法治化、标准化、专业化、信息化建设，提高技术支撑能力，强化全过程、全生命周期监管，保证药品安全性、有效性和质量可控性达到或接近国际先进水平。

（三）发展目标

到2020年，药品质量安全水平、药品安全治理能力、医药产业发展水平和人民群众满意度明显提升。

1.药品质量进一步提高。批准上市的新药以解决临床问题为导向，具有明显的疗效；批准上市的仿制药与原研药质量和疗效一致。分期分批对已上市的药品进行质量和疗效一致性评价。2018年底前，完成国家基本药物目录（2012年版）中2007年10月1日前批准上市的289个化学药品仿制药口服固体制剂的一致性评价；鼓励企业对其他已上市品种开展一致性评价。

2.药品医疗器械标准不断提升。制修订完成国家药品标准3050个和医疗器械标准500项。

3.审评审批体系逐步完善。药品医疗器械审评审批制度更加健全，权责更加明晰，流程更加顺畅，能力明显增强，实现按规定时限审评审批。

4.检查能力进一步提升。依托现有资源，使职业化检查员的数量、素质满足检查需要，加大检查频次。

5.监测评价水平进一步提高。药品不良反应和医疗器械不良事件报告体系以及以企业为主体的评价制度不断完善，监测评价能力达到国际先进水平，药品定期安全性更新报告评价率达到100%。

6.检验检测和监管执法能力得到增强。药品医疗器械检验检测机构达到国家相应建设标准。实现各级监管队伍装备配备标准化。

7.执业药师服务水平显著提高。每万人口执业药师数超过4人，所有零售药店主要管理者具备执业药师资格、营业时有执业药师指导合理用药。

三　主要任务

（一）加快推进仿制药质量和疗效一致性评价

药品生产企业是一致性评价工作的主体，应按相关指导原则主动选购参比制剂，合理选用评价方法，开展研究和评价。食品药品监管部门加强对药品生产企业一致性评价工作的指导，制定完善相关指导原则，及时公布参比制剂信息，逐步建立我国仿制药参比制剂目录集。

细化落实医保支付、临床应用、药品集中采购、企业技术改造等方面的支持政策，有效解决临床试验资源短缺问题，鼓励企业开展一致性评价工作。自首家品种通过一致性评价后，其他药品生产企业的相同品种原则上应在3年内完成一致性评价。完善一致性评价工作机制，充实专业技术力量，严格标准、规范程序，按时审评企业提交的一致性评价资料和药品注册补充申请。

（二）深化药品医疗器械审评审批制度改革

1.鼓励研发创新。完成药品上市许可持有人制度试点，及时总结经验、完善制度，力争尽快全面推开。鼓励具有临床价值的新药和临床急需仿制药研发上市，对具有明显临床价值的创新药及防治艾滋病、恶性肿瘤、重大传染病、罕见病等疾病的临床急需药品，实行优先审评审批。对创新药临床试验申请，重点审查临床价值和受试者保护等内容，加快临床试验审批。鼓励临床机构和医生参与创新药和医疗器械研发。对拥有产品核心技术发明专利、具有重大临床价值的创新医疗器械，以及列入国家重点研发计划、科技重大专项的临床急需药品医疗器械，实行优先审评审批。制定并定期公布限制类和鼓励类药品审批目录，及时公开注册申请信息，引导企业减少不合理申报。

2.完善审评审批机制。健全审评质量控制体系。建立以临床为核心的药品医疗器械审评机制，完善适应症团队审评、项目管理人、技术争议解决、沟通交流、优先审评、审评信息公开等制度，逐步形成以技术审评为核心、现场检查和产品检验为支撑的药品医疗器械疗效和安全保障制度。建立健全药品数据保护制度，鼓励研发创新。

3.严格审评审批要求。全面提高药品审批标准，创新药突出临床价值，改良型新药体现改良优势，仿制药要与原研药质量和疗效一致。

4.推进医疗器械分类管理改革。健全医疗器械分类技术委员会及专业组，建立医疗器械产品风险评估机制和分类目录动态更新机制。制定医疗器械命名术语指南，逐步实施按医疗器械通用名称命名。制定医疗器械编码规则，构建医疗器械编码体系。

专栏 1　审评审批制度改革

（一）仿制药质量和疗效一致性评价。

制定或转化一致性评价所需的相关技术指南和指导原则，推进一致性评价能力建设，按照工作需要，依托现有资源，配备一定数量的专业人员。

（二）解决药品注册申请积压。

按国务院要求，尽快实现注册申请和审评数量年度进出平衡，按规定时限审批。

（三）加快医疗器械分类管理改革。

组建 16 个分类技术专业组，优化调整分类目录框架及结构，发布新版《医疗器械分类目录》，按专业领域设置研究制定 22 个命名术语指南，建立医疗器械分类、命名及编码数据库。

（三）健全法规标准体系

1.完善法规制度。推动修订药品管理法。修订化妆品卫生监督条例。基本完成药品、医疗器械、化妆品配套规章制修订。根据药品安全形势发展和法律法规制修订情况，清理规章和规范性文件，基本建成科学完备的药品安全法规制度体系。

2.完善技术标准。对照国际先进水平编制《中华人民共和国药典（2020 年版）》，化学药品标准达到国际先进水平，生物制品标准接近国际先进水平，中药（材）标准处于国际主导地位。提高药用辅料、药包材标准整体水平，扩大品种覆盖面，稳步提高民族药（材）标准。建立药品标准淘汰机制，全面清理历版药典未收载品种标准和各类局（部）颁标准，提升一批，淘汰一批。加快医疗器械国际标准研究转化，优先提高医疗器械基础通用标准和高风险类产品标准。制修订化妆品相关标准。

3.完善技术指导原则。修订药物非临床研究、药物临床试验、处方药与非处方药分类、药用辅料安全性评价、药品注册管理、医疗器械注册技术审查等指导原则，修订药品生产、经营质量管理规范附录和技术指南。制定医疗器械生产经营使用以及不良事件监测技术指南。

专栏2　标准提高行动计划

（一）药品标准提高行动计划。

制修订国家药品标准3050个，包括中药民族药标准1100个、化学药品标准1500个、生物制品标准150个、药用辅料标准200个、药包材标准100个。

制修订药品注册技术指导原则350项。制修订药典收载的检测方法、通则（总论）以及技术指导原则100项。根据需要及时制定发布一批药品补充检验方法。

研制中药民族药和天然药物标准物质，包括化学对照品200种、对照药材150种、对照提取物100种。研制药用辅料和药包材标准物质，包括药用辅料对照品150种、药包材对照物质10种。

（二）医疗器械标准提高行动计划。

制修订医疗器械标准500项，包括诊断试剂类标准80项、有源医疗器械标准200项、无源医疗器械和其他标准220项。

制修订医疗器械技术审查和临床试验指导原则200项。研制体外诊断试剂标准物质150种。

建立健全医疗器械标准化管理体系，依托现有资源，加强国家医疗器械标准管理中心建设，配备满足需要的标准管理人员。

（三）化妆品标准提高行动计划。

制修订化妆品禁用、限用物质检验检测方法30~50项。

（四）加强全过程监管

1. 严格规范研制生产经营使用行为。加强研制环节监管。全面实施药物非临床研究质量管理规范、药物临床试验质量管理规范、医疗器械临床试验质量管理规范。依托现有资源，建立临床试验数据管理平台，加强临床试验监督检查，严厉打击临床数据造假行为，确保临床试验数据真实可靠。

加强生产环节监管。全面实施药品生产质量管理规范、中药材生产质量管理规范和中药饮片炮制规范、医疗器械生产质量管理规范。对药用原辅料和药包材生产企业开展延伸监管。对疫苗、血液制品等生物制品以及血源筛查诊断试剂全面实施批签发管理。加强无菌和植入性医疗器械生产监管。完善企业生产工艺变更报告制度，对生产工艺重大变更依法实行审评审批。严肃查处药品生产偷工减料、掺杂使假、擅自改变工艺生产劣药等违法违规行为。

加强流通环节监管。全面实施药品经营质量管理规范、医疗器械经营质量管理规范，加强冷链运输贮存质量监管。实行生产经营企业购销业务人员网上备案与核查制度。按照"十三五"深化医改要求，推行药品采购"两票制"，鼓励药品生产企业与医疗机构直接结算货款。

加强使用环节监管。严格落实医疗机构药品监督管理办法、医疗器械使用质量监督管理办法，严把购进、验收、贮存、养护、调配及使用各环节质量关，及时报告药品不良反应和医疗器械不良事件。严格落实凭处方销售处方药的规定，加强麻醉药品、精神药品处方管理。加强植入性等高风险医疗器械使用管理。

建立实施全生命周期管理制度。建立药品档案。全面落实药物医疗器械警戒和上市后研究的企业主体责任，生产企业对上市产品开展风险因素分析和风险效益评价，及时形成产品质量分析报告并于每年1月底前报送食品药品监管总局。加强上市后再评价，根据评价结果，对需要提示患者和医生安全性信息的药品，及时组织修改标签说明书。淘汰长期不生产、临床价值小、有更好替代品种的产品，以及疗效不确切、安全风险大、获益不再大于风险的品种。

2. 全面强化现场检查和监督抽验。按照"双随机、一公开"原则，加强事中事后监管。重点围绕行为规范、工艺合规、数据可靠等方面，对企业开展质量管理全项目检查，严厉打击弄虚作假等各类违法行为，督促企业严格执行相关质量管理规范。加大注册检查、飞行检查和境外检查频次，提高检查能力。加大对无菌、植入性医疗器械和体外诊断试剂的检查力度。加强化妆品原料使用合规性检查。合理划分国家和地方抽验品种和项目，加大对高风险品种的抽验力度，扩大抽验覆盖面。

3. 加大执法办案和信息公开力度。加强国家级稽查执法队伍能力建设，组织协调大案要案查处，强化办案指导和监督，探索检查稽查合一的工作机制，初步建成全国统一、权威高效的稽查执法体系。加强各级公安机关打击药品犯罪的专业力量建设，强化办案保障。深化行政执法与刑事司法衔接，推动出台药品违法行为处罚到人的法律措施，加大对违法犯罪行为的打击力度。加快投诉举报体系建设，畅通投诉举报渠道，鼓励社会监督。按规定全面公开行政许可、日常监管、抽样检验、检查稽查、执法处罚信息。

专栏 3　安全监管行动计划

（一）加强药品检查。

国家级每年检查 300~400 个境内药品生产企业，每年全覆盖检查血液制品和疫苗生产企业。每年对 40~60 个进口药品品种开展境外生产现场检查。

（二）加强医疗器械检查。

国家级每年对所有第三类医疗器械生产企业和第二类无菌医疗器械生产企业进行一次全项目检查。2018 年起，每两年对其余第二类医疗器械生产企业和所有第一类医疗器械生产企业进行一次全项目检查。每年对 30~40 家境外医疗器械生产企业质量管理体系情况开展检查，"十三五"期间实现对进口高风险医疗器械产品全覆盖检查。每年全覆盖检查对储运有特殊要求的经营企业，"十三五"期间实现对经营无菌、植入性医疗器械及体外诊断试剂的企业全覆盖检查。每年全覆盖检查三级甲等医疗机构医疗器械使用情况，"十三五"期间实现对其他使用单位全覆盖检查。

（三）加强化妆品检查。

国家级每年检查 20 个化妆品生产企业，省级每年检查 30 个化妆品生产经营企业。

（四）加强监督抽验。

国家级每年对 120~140 个高风险药品开展监督抽验，省级对本行政区域内生产企业生产的基本药物实行全覆盖抽验。

国家级每年对 40~60 种医疗器械产品开展监督抽验。

每年开展 15000 批次化妆品监督抽验和 1000 批次化妆品风险监测。

4. 加强应急处置和科普宣传。建立健全应急管理体系，加强应急预案管理，开展应急演练和技能培训，推动企业完善突发事件应对处置预案方案。强化舆情监测研判，妥善处置突发事件。加强舆论引导，按规定发布药品安全信息，及时回应社会关切。支持新闻媒体开展舆论监督，客观公正报道药品安全问题。建立国家、省、市、县四级科普宣传工作体系，构建立体化新闻宣传平台，加大科普宣传力度，提升全民安全用药科学素养。

专栏4　应急处置和科普宣传能力提升项目

（一）应急处置能力建设。

合理保障应急队伍履职需要，加强应急信息平台、突发事件信息直报网络、应急检验检测能力建设。

（二）立体化科普宣传计划。

实施药品安全科普宣传项目，依托现有资源加强科普示范基地、宣传站和科普知识库建设，充实宣传力量，推广"两微一端"新媒体平台，深入开展"全国安全用药月"活动。

（五）全面加强能力建设

1. 强化技术审评能力建设。加强审评科学基础建设，完善审评质量管理制度，建立药品电子化申报和审评过程管理制度。探索政府购买服务机制，改革绩效工资分配管理。

2. 强化检查体系建设。提升检查能力，规范开展药品、医疗器械、化妆品检查。

3. 强化检验检测体系建设。

加强国家、省、市三级药品检验检测体系能力建设，加强国家、省两级医疗器械检验检测机构和市级分中心能力建设。国家级检验机构具备较强的科学研究、技术创新、仲裁检验、复检等能力；省级检验机构能够完成相应的法定检验、监督检验、执法检验、应急检验等任务，具备一定的科研能力，能够开展基础性、关键性检验检测技术以及快速和补充检验检测方法研究；市级检验机构能够完成常规性监督执法检验任务；县级检验机构具备快速检验能力。加强检验检测信息化建设。鼓励大专院校、企业检验机构承担政府检验任务。

加强重点实验室和口岸检验机构建设。重点实验室在相关领域具备国内一流检验水平和技术攻关能力，口岸药品检验机构具备依据法定标准进行全项检验的能力和监测进口药品质量风险的能力。

加强疫苗等生物制品批签发体系和检验检测能力建设。国家级具备生物制品标准制定和标准物质制备能力，能够依据法定标准进行生物制品全项检测；省级能够依据法定标准对本行政区域内企业生产的生物制品进行全项检测。加强国家微生物标准物质库建设和疫苗检验检测技术研发。

4. 强化监测评价体系建设。完善药品不良反应和医疗器械不良事件监测机制、药物滥用监测机制，建立监测哨点并开展重点产品监测预警。创新监测评价手段，扩大监测覆盖面。督促企业落实监测主体责任。

专栏5　技术支撑能力建设项目

（一）国家级审评中心建设。

探索创新药品医疗器械审评机构体制机制和法人治理模式。改革事业单位用人机制，建立合理的激励约束机制，与科研院所、医院联合培养审评人员。健全完善药品医疗器械审评审批数据库。

（二）检查能力建设。

合理保障检查工作需要，确保具备完成药品医疗器械日常检查、注册检查、飞行检查、境外检查任务的能力。

保障各级审评、检查、监测评价等技术支撑业务用房。

（三）检验检测能力建设。

1. 检验检测能力达标工程。

编制药品医疗器械检验检测能力建设标准，根据标准建设各级药品医疗器械检验检测机构。依托中国食品药品检定研究院建设国家级药品医疗器械检验检测机构。改造升级省级和口岸药品检验机构、省级医疗器械检验机构。依托现有资源，建设一批药品、医疗器械和化妆品监管重点实验室。

2. 疫苗批签发体系建设工程。

完善以中国食品药品检定研究院为核心、省级疫苗批签发机构参与的国家疫苗批签发体系。依托现有资源，建立符合国际标准的细胞资源库、干细胞资源库、菌（毒）种库，建立完善生物制品标准物质研究和供应平台、质量评价标准和技术平台。

（四）不良反应和不良事件监测能力建设。

依托现有资源，建设国家药品不良反应监测系统（二期）和国家化妆品不良反应监测系统。利用医疗机构电子数据，建立药品医疗器械安全性主动监测与评价系统。在综合医院设立 300 个药品不良反应和医疗器械不良事件监测哨点。在精神疾病专科医院及综合医院设立 100 个药物滥用监测哨点。药品不良反应县（市、区）报告比例达到 90% 以上。对 100 个医疗器械产品开展重点监测。医疗器械不良事件县（市、区）报告比例达到 80% 以上。化妆品不良反应报告数达到 50 份 / 百万人。

5. 形成智慧监管能力。加强顶层设计和统筹规划，围绕药品医疗器械化妆品行政审批、监管检查、稽查执法、应急管理、检验监测、风险分析、信用管理、公共服务等重点业务，实施安全监管信息化工程，推进安全监管大数据资源共享和应用，提高监管效能。

专栏 6　安全监管信息化工程

继续推进监管信息化建设，依托国家统一电子政务网络和现有资源，建设国家、省两级药品安全监管大数据中心，以及药品安全监管信息平台，完善药品监管信息化标准体系、药品监管信息资源管理体系、政务服务信息化体系、网络安全体系、信息化绩效评价体系，建设互联协同、满足监管需求的行政审批、监管检查、稽查执法、应急管理、检验监测、风险分析、信用管理、公共服务等应用系统。

6. 提升基层监管保障能力。推进各级监管业务用房、执法车辆、执法装备配备标准化建设，满足现场检查、监督执法、现场取样、快速检测、应急处置需要。

专栏 7　基层监管能力标准化建设项目

加强市、县级监管机构及乡镇（街道）派出机构执法基本装备、取证装备、快速检验装备配备和基础设施建设。

7. 加强科技支撑。研究攻关适宜技术，为监管和产业发展服务。开展药品安全基础、质量控制、安全评价与预警、检验检测新技术、标准和质量提高研究，强化提升药品纯度等方面的技术支撑。依托现有资源设立一批药品安全研究基地，培养药品安全科技人才。

专栏8　药品医疗器械安全科技支撑任务

（一）药品检验检测关键技术研究。

开展药品快速检验新技术及装备、应急检验方法、补充检验方法等研究。加强药品研发生产及质量控制关键技术研究。

（二）药品安全性、有效性评价技术研究。

开展化学药品、新型生物制品、毒性中药材、疫苗、新型药物和特殊药物剂型等的安全性、有效性评价技术研究，加强药包材和药用辅料安全性评价研究。

（三）检验检测研究平台、数据库等建设。

建立中药注射剂、中药材检验检测数据库以及多糖类药物和多组分生化药质量控制技术平台，开展药品安全大数据分析研究。

（四）医疗器械检验检测关键技术研究。

开展各类数字诊疗装备、个体化诊疗产品、生物医用材料的质量评价、检测技术及检测规范研究，加强常用医疗器械快速检验系统、高风险医疗器械检验检测平台研究。开展在用的医疗器械现场检验方法、检测平台及装备研究。

（五）医疗器械安全性评价体系研究。

加强医疗器械安全性评价技术及标准体系研究，系统开展植入性等高风险医疗器械安全性研究，开展医用机器人、医用增材制造等创新医疗器械标准体系研究。

8.加快建立职业化检查员队伍。依托现有资源建立职业化检查员制度，明确检查员的岗位职责、条件要求、培训管理、绩效考核等要求。加强检查员专业培训和教材建设。在人事管理、绩效工资分配等方面采取多种激励措施，鼓励人才向监管一线流动。

专栏9　专业素质提升项目

（一）职业化检查员队伍建设。

加强培训考核，使职业化检查员符合相应的工作要求。

（二）人才培养。

推进网络教育培训平台建设。在省级教育培训机构建立专业教学基地。

监管人员专业化培训时间人均不低于40学时/年。新入职人员规范化培训时间不低于90学时。对地方各级政府分管负责人进行分级培训。对各级监管机构相关负责人进行国家级调训。

本科以上学历人员达到药品安全监管队伍总人数的70%，高层次专业人才占技术队伍的比例超过15%。药品安全一线监管人员中，药品相关专业背景的人员占比每年提高2%。

（三）执业药师队伍建设。

健全执业药师制度体系。建立执业药师管理信息系统。实施执业药师能力与学历提升工程，强化继续教育和实训培养。

四 保障措施

（一）加强政策保障

坚持部门协同，全链条发动，将保障药品安全与进一步改革完善药品生产流通使用政策更好地统筹起来，通过深化改革，破除影响药品质量安全的体制机制问题。结合深入推进药品医疗器械审评审批制度改革，制定细化药品价格、招标采购、医保支付、科技支撑等方面的配套政策，建立健全激励机制，督促企业主动提高产品质量。完善短缺药品供应保障和预警机制，保证临床必需、用量不确定的低价药、抢救用药和罕见病用药的市场供应。建立药品价格信息可追溯机制，建立统一的跨部门价格信息平台，做好与药品集中采购平台（公共资源交易平台）、医保支付审核平台的互联互通。鼓励药品生产流通企业兼并重组、做大做强。将企业和从业人员信用记录纳入全国信用信息共享平台，对失信行为开展联合惩戒。探索建立药品医疗器械产品责任保险及损害赔偿补偿机制。

（二）合理保障经费

按照《国务院关于推进中央与地方财政事权和支出责任划分改革的指导意见》（国发〔2016〕49号）要求，合理确定中央和地方各级政府在药品监管经费上的保障责任。继续安排中央基建投资对药品安全监管基础设施和装备给予积极支持，资金投入向基层、集中连片特困地区、国家扶贫开发工作重点县以及对口支援地区等适当倾斜。推进药品医疗器械注册审评项目政府购买服务改革试点。有关计划（项目、工作）中涉及技术研发相关内容，确需中央财政支持的，通过国家科技计划（专项、基金等）统筹考虑予以支持。

（三）深化国际合作

推进政府间监管交流，加强多边合作，积极加入相关国际组织。开展国际项目合作，搭建民间国际交流平台。加大培训和国外智力引进力度。积极参与国际标准和规则制定，推动我国监管理念、方法、标准与国际先进水平相协调。

（四）加强组织领导

地方各级政府要根据本规划确定的发展目标和主要任务，将药品安全工作纳入重要议事日程和本地区经济社会发展规划。实行综合执法的地方要充实基层监管力量，将食品药品安全监管作为首要职责。各有关部门要按照职责分工，细化目标，分解任务，制订具体实施方案。食品药品监管总局牵头对本规划执行情况进行中期评估和终期考核，确保各项任务落实到位。

关于建立粮食生产功能区和重要农产品生产保护区的指导意见

国发〔2017〕24号

各省、自治区、直辖市人民政府，国务院各部委、各直属机构：

近年来，国家出台了一系列强农惠农富农政策，实现了粮食连年丰收，重要农产品生产能力不断增强。但是，我国农业生产基础还不牢固，工业化、城镇化发展和农业生产用地矛盾不断凸显，保障粮食和重要农产品供给任务仍然艰巨。为优化农业生产布局，聚焦主要品种和优势产区，实行精准化管理，现就建立粮食生产功能区和重要农产品生产保护区（以下统称"两区"）提出如下意见。

一 总体要求

（一）指导思想。全面贯彻党的十八大和十八届三中、四中、五中、六中全会精神，深入贯彻习近平总书记系列重要讲话精神和治国理政新理念新思想新战略，认真落实党中央、国务院决策部署，统筹推进"五位一体"总体布局和协调推进"四个全面"战略布局，牢固树立和贯彻落实创新、协调、绿色、开放、共享的发展理念，实施"藏粮于地、藏粮于技"战略，以确保国家粮食安全和保障重要农产品有效供给为目标，以深入推进农业供给侧结构性改革为主线，以主体功能区规划和优势农产品布局规划为依托，以永久基本农田为基础，将"两区"细化落实到具体地块，优化区域布局和要素组合，促进农业结构调整，提升农产品质量效益和市场竞争力，为推进农业现代化建设、全面建成小康社会奠定坚实基础。

（二）基本原则。

坚持底线思维、科学划定。按照"确保谷物基本自给、口粮绝对安全"的要求和重要农产品自给保障水平，综合考虑消费需求、生产现状、水土资源条件等因素，科学合理划定水稻、小麦、玉米生产功能区和大豆、棉花、油菜籽、糖料蔗、天然橡胶生产保护区，落实到田头地块。

坚持统筹兼顾、持续发展。围绕保核心产能、保产业安全，正确处理中央与地方、当前与长远、生产与生态之间的关系，充分调动各方面积极性，形成建设合力，确保农业可持续发展和生态改善。

坚持政策引导、农民参与。完善支持政策和制度保障体系，充分尊重农民自主经营的意愿和保护农民土地的承包经营权，积极引导农民参与"两区"划定、建设和管护，鼓励农民发展粮食和重要农产品生产。

坚持完善机制、建管并重。建立健全激励和约束机制，加强"两区"建设和管护工作，稳定粮食和重要农产品种植面积，保持种粮收益在合理水平，确保"两区"建得好、管得住，能够长久发挥作用。

（三）主要目标。力争用 3 年时间完成 10.58 亿亩"两区"地块的划定任务，做到全部建档立卡、上图入库，实现信息化和精准化管理；力争用 5 年时间基本完成"两区"建设任务，形成布局合理、数量充足、设施完善、产能提升、管护到位、生产现代化的"两区"，国家粮食安全的基础更加稳固，重要农产品自给水平保持稳定，农业产业安全显著增强。

1. 粮食生产功能区。划定粮食生产功能区 9 亿亩，其中 6 亿亩用于稻麦生产。以东北平原、长江流域、东南沿海优势区为重点，划定水稻生产功能区 3.4 亿亩；以黄淮海地区、长江中下游、西北及西南优势区为重点，划定小麦生产功能区 3.2 亿亩（含水稻和小麦复种区 6000 万亩）；以松嫩平原、三江平原、辽河平原、黄淮海地区以及汾河和渭河流域等优势区为重点，划定玉米生产功能区 4.5 亿亩（含小麦和玉米复种区 1.5 亿亩）。

2. 重要农产品生产保护区。划定重要农产品生产保护区 2.38 亿亩（与粮食生产功能区重叠 8000 万亩）。以东北地区为重点，黄淮海地区为补充，划定大豆生产保护区 1 亿亩（含小麦和大豆复种区 2000 万亩）；以新疆为重点，黄河流域、长江流域主产区为补充，划定棉花生产保护区 3500 万亩；以长江流域为重点，划定油菜籽生产保护区 7000 万亩（含水稻和油菜籽复种区 6000 万亩）；以广西、云南为重点，划定糖料蔗生产保护区 1500 万亩；以海南、云南、广东为重点，划定天然橡胶生产保护区 1800 万亩。

二　科学合理划定"两区"

（四）科学确定划定标准。粮食生产功能区和大豆、棉花、油菜籽、糖料蔗生产保护区划定应同时具备以下条件：水土资源条件较好，坡度在 15 度以下的永久基本农田；相对集中连片，原则上平原地区连片面积不低于 500 亩，丘陵地区连片面积不低于 50 亩；农田灌排工程等农业基础设施比较完备，生态环境良好，未列入退耕还林还草、还湖还湿、耕地休耕试点等范围；具有粮食和重要农产品的种植传统，近三年播种面积基本稳定。优先选择已建成或规划建设的高标准农田进行"两区"划定。天然橡胶生产保护区划定的条件：风寒侵袭少、海拔高度低于 900 米的宜胶地块。

（五）自上而下分解任务。根据全国"两区"划定总规模和各省（区、市）现有永久基本农田保护面积、粮食和重要农产品种植面积等因素，将划定任务分解落实到各省（区、市）。各省（区、市）人民政府要按照划定标准和任务，综合考虑当地资源禀赋、发展潜力、产销平衡等情况，将本省（区、市）"两区"面积细化分解到县（市、区）。要将产粮大县作为粮食生产功能区划定的重点县。

（六）以县为基础精准落地。县级人民政府要根据土地利用、农业发展、城乡建设等相关规划，按照全国统一标准和分解下达的"两区"划定任务，结合农村土地承包经营权确权登记颁证和永久基本农田划定工作，明确"两区"具体地块并统一编号，标明"四至"及拐点坐标、面积以及灌排工程条件、作物类型、承包经营主体、土地流转情况等相关信息。依托国土资源遥感监测"一张图"和综合监管平台，建立电子地图和数据库，建档立卡、登记造册。

（七）审核和汇总划定成果。各省（区、市）人民政府要及时组织开展"两区"划定成果的核查验收工作，在公告公示无异议后，将有关情况报送农业部、国家发展改革委、国土资源部，同时抄送财政部、住房城乡建设部、水利部。农业部、国土资源部要指导各省（区、市）建立"两区"电子地图和数据库，形成全国"两区"布局"一张图"。农业部、国家发展改革委要会同有关部门汇总全国"两区"划定成果并向国务院报告。

三　大力推进"两区"建设

（八）强化综合生产能力建设。依据高标准农田建设规划和土地整治规划等，按照集中连片、旱涝保收、稳产高产、生态友好的要求，积极推进"两区"范围内的高标准农田建设。加强"两区"范围内的骨干水利工程和中小型农田水利设施建设，因地制宜兴建"五小水利"工程，大力发展节水灌溉，打通农田水利"最后一公里"。加强天然橡胶生产基地建设，加快老龄残次、低产低质胶园更新改造，强化胶树抚育和管护，提高橡胶产出水平和质量。

（九）发展适度规模经营。加大"两区"范围内的新型经营主体培育力度，优化支持方向和领域，使其成为"两区"建设的骨干力量。以"两区"为平台，重点发展多种形式的适度规模经营，健全农村经营管理体系，加强对土地经营权流转和适度规模经营的管理服务。引导和支持"两区"范围内的经营主体根据市场需要，优化生产结构，加强粮食产后服务体系建设，增加绿色优质农产品供给。

（十）提高农业社会化服务水平。适应现代农业发展的要求，着力深化"两区"范围内的基层农技推广机构改革，抓紧构建覆盖全程、综合配套、便捷高效的农业社会化服务体系，提升农技推广和服务能力。以"两区"为重点，深入开展绿色高产高效创建，加快优良品种、高产栽培技术普及应用，提升农作物生产全程机械化水平，积极推广"互联网＋"、物联网、云计算、大数据等现代信息技术。

四　切实强化"两区"监管

（十一）依法保护"两区"。根据《中华人民共和国农业法》《中华人民共和国土地管理法》《基本农田保护条例》《农田水利条例》等法律法规要求，完善"两区"保护相关制度，将宝贵的水土资源保护起来。各省（区、市）要根据当地实际需要，积极推动制定"两区"监管方面的地方性法规或政府规章。严格"两区"范围内永久基本农田管理，确保其数量不减少、质量不降低。

（十二）落实管护责任。各省（区、市）要按照"谁使用、谁受益、谁管护"的原则，将"两区"地块的农业基础设施管护责任落实到经营主体，督促和指导经营主体加强设施管护。创新农田水利工程建管模式，鼓励农民、农村集体经济组织、农民用水合作组织、新型经营主体等参与建设、管理和运营。

（十三）加强动态监测和信息共享。综合运用现代信息技术，建立"两区"监测监管体系，定期对"两区"范围内农作物品种和种植面积等进行动态监测，深入分析相关情况，实行精细化管理。建立"两区"信息报送制度，及时更新"两区"电子地图和数据库。建立健全数据安全保障机制，落实责任主体，在保证信息安全的前提下，开放"两区"电子地图和数据库接口，实现信息互通、资源共享。

（十四）强化监督考核。农业部、国家发展改革委要会同国土资源部等部门结合粮食安全省长责任制，对各省（区、市）"两区"划定、建设和管护工作进行评价考核，评价考核结果与"两区"扶持政策相挂钩。各省（区、市）要切实抓好"两区"的监督检查，将相关工作作为地方政府绩效考评的重要内容，并建立绩效考核和责任追究制度。

五　加大对"两区"的政策支持

（十五）增加基础设施建设投入。把"两区"作为农业固定资产投资安排的重点领域，现有的高标准农田、大中型灌区续建配套及节水改造等农业基础设施建设投资要积极向"两区"倾斜。创新"两区"建设投融资机制，吸引社会资本投入，加快建设步伐。

（十六）完善财政支持政策。完善均衡性转移支付机制，健全粮食主产区利益补偿机制，逐步提高产粮大县人均财力保障水平。进一步优化财政支农结构，创新资金投入方式和运行机制，推进"两区"范围内各类涉农资金整合和统筹使用。率先在"两区"范围内建立以绿色生态为导向的农业补贴制度。

（十七）创新金融支持政策。鼓励金融机构完善信贷管理机制，创新金融支农产品和服务，拓宽抵质押物范围，在符合条件的"两区"范围内探索开展粮食生产规模经营主体营销贷款试点，加大信贷支持。完善政府、银行、保险公司、担保机构联动机制，深化小额贷款保证保险试点，优先在"两区"范围内探索农产品价格和收入保险试点。推动"两区"农业保险全覆盖，健全大灾风险分散机制。

六　加强组织领导

（十八）明确部门分工。国务院有关部门要加强指导、协调和监督检查，确保各项任务落实到位。国家发展改革委要会同有关部门做好统筹协调，适时组织第三方评估。财政部要会同有关部门加强财政补贴资金的统筹和整合，优化使用方向。农业部、国土资源部要会同有关部门确定各省（区、市）"两区"划定任务，制定相关划定、验收、评价考核操作规程和管理办法，做好上图入库工作。人民银行、银监会、保监会要创新和完善"两区"建设金融支持政策。

（十九）落实地方责任。各省（区、市）人民政府对"两区"划定、建设和管护工作负总责，要成立由政府负责同志牵头、各有关部门参加的协调机制，逐级签订责任书，层层落实责任；要根据当地实际情况，细化制定具体实施办法、管理细则，出台相关配套政策，抓好工作落实。

国务院

2017 年 3 月 31 日

（此件公开发布）

联合发文

关于做好 2017 年小麦稻谷和油菜籽收购工作的通知

国粮调〔2017〕66 号

各省、自治区、直辖市发展改革委、粮食局、财政厅（局），中国农业发展银行各省、自治区、直辖市分行，中国储备粮管理总公司、中粮集团有限公司、中国航空工业集团公司：

为认真落实中央一号文件和中央经济工作会议、中央农村工作会议精神，2017 年坚持并完善稻谷、小麦最低收购价政策，继续由地方政府负责组织油菜籽市场化收购。现就做好 2017 年小麦、稻谷和油菜籽收购工作有关事项通知如下：

一　高度重视加强组织领导

小麦、稻谷和油菜籽是主要的口粮和油料品种，做好收购工作，对于促进农业稳定发展和农民持续增收、推进农业供给侧结构性改革，贯彻实施国家粮食安全战略、维护粮食市场稳定具有十分重要的意义。各地和有关中央企业要进一步提高思想认识，从讲政治、顾大局的高度，以强烈的责任感和使命感，周密部署、扎实工作，圆满完成小麦、稻谷和油菜籽收购工作任务。要切实加强组织领导，主要领导同志亲自部署亲自抓，分管负责同志具体负责具体抓，层层压实责任。各地要建立健全联席会议工作机制，强化部门协同协作，明确分工，形成合力，统筹推进。要组织力量深入一线指导收购工作，随时了解掌握新情况、活情况；对发现的新问题，要及时研究解决，确保不出现农民"卖粮难"。

二　提前做好各项收购准备

各地和有关中央企业要抓紧研究制定针对性、操作性强的收购工作方案，细化实化相关措施。收储矛盾突出的地区，要有收购应急预案，做到有备无患。要抓紧做好仓容准备，摸清仓容和分布情况，抓好腾仓并库、调销减库、仓容建设和维修改造。积极落实库存粮食消化相关措施，分品种、分品质、分年份精准施策，缓解库存压力。充分利用社会仓容，千方百计扩大收储能力。提前备好收购场地、计量器具、检化验仪器等，及早组织开展质检、计量、统计、会计、保管等一线人员的业务培训。农业发展银行要充分发挥收购资金供应的主渠道作用。各地粮食部门要主动加强与农业发展银行等各类金融机构的沟通协调，多渠道筹集收购资金，确保及时足额兑付农民售粮款。

三　积极开展市场化粮油收购

各地要充分利用支持订单收购、加工收购、打造品牌等措施，鼓励多元市场主体积极参与粮食收购，引导农民根据市场需求发展生产，增加优质绿色粮食供给，进一步活跃市场、促进流通。利用产销协作平台，强化粮食产销衔接，组织销区企业到产区采购粮源，加强政府对粮源调度、运力保障的协调，缓解产区收购压力，保障销区市场供应。要充分发挥地方储备轮换对粮食收购的促进作用。积极探索通过国家粮食电子交易平台开展市场化粮油购销。国有及国有控股企业要按照"购得进、销得出、能盈利"的原则，积极开展自营收购，早收粮、多收粮、多储粮，在经营中创造效益。鼓励粮食企业与种粮大户、家庭农场、农民合作社等新型经营主体建立长期稳定的合作关系。探索建立包括订单生产、烘干清理、收储加工、质量检测、营销促销和信息服务等在内的一体化粮食产后服务网络，切实解决粮食收获后储存难、保质难等实际问题。各地要积极组织开展油菜籽市场化收购，统筹采取地方储备油轮换吞吐、鼓励加工企业收购、支持品牌化生产经营等措施，引导各类企业按照依质论价、优质优价的原则做好油菜籽收购工作，确保市场基本稳定。

四　切实抓好政策性粮食收购

2017 年，小麦、早籼稻、中晚籼稻、粳稻最低收购价分别为每 50 公斤 118 元、130 元、136 元和 150 元（三等）。有关省份和中储粮公司要继续按照《关于印发小麦和稻谷最低收购价执行预案的通知》（国粮调〔2016〕55 号）规定，严格执行小麦、稻谷国家标准、食品安全标准和《关于执行粮油质量国家标准有关问题的规定》（国粮发〔2010〕178 号）；按照《租赁社会粮食仓储设施收储国家政策性粮食的指导意见（试行）》（国粮检〔2016〕106 号）要求，落实"四个共同"，抓好组织实施。要提前做好预案启动准备工作，统筹粮源分布合理确定收购网点，方便农民售粮。密切关注市场行情变化，符合预案启动条件时要及时按程序报批后启动预案。各收购网点要做到价格上榜、标准上墙、样品上柜，切实增强为农服务意识，积极开展便民服务。要严格把好最低收购价粮食验收关，严格执行《粮食质量安全监管办法》（国家发展改革委令第 42 号）有关规定，强化库存监管，确保入库粮食数量真实、质量合格、储存安全。农业发展银行按照预案要求保证收购资金供应。在执行国家最低收购价政策的省份，不符合最低收购价政策质量和安全标准的小麦和稻谷，由各地按照粮食安全省长责任制的要求组织收购处置，处置费用可在省级粮食风险基金中列支，风险基金不足部分由省级财政负担并列入省级预算解决；其他地区根据当地实际开展地方政策性粮食收储。

五　切实维护收购市场秩序

各地要督促指导粮食收购企业采取切实有效措施加大为农服务力度，建立中央、地方粮企协调机制，加强收购市场管理，积极开展便民服务。依法依规加大对执行粮食收购政策的监督检查力度，严防发生压级压价、拖欠农民售粮款等损害农民利益行为，确保政策落实不出偏差、不打折扣，确保中央惠农政策落到实处。对违反国家粮食收购政策涉粮案件，必须严厉查处，切实保护粮食生产者、经营者和消费者的合法权益，维护粮食流通秩序。要压实企业安全生产和储粮安全的主体责任，严格执行操作规程和工作制度，避免发生人身伤亡和财产损失；加大储粮安全隐患排查力度，早预防、早发现、早排除，确保粮食收购质量和储粮安全。

六　加强政策宣传和市场监测

要通过电视、报纸、网络、广播、公示栏等多种形式，广泛宣传解读粮食收购政策，做到家喻户晓，引导农民适时适价售粮。主动回应社会和媒体关切，妥善处理存在的问题，为收购工作营造良好的社会舆论氛围。加强与农业、统计、气象等部门的沟通对接，做好收获粮食质量安全监测与测报工作，随时了解和掌握粮食产量和质量安全等情况。深入开展调查研究，加强粮食收购进度和价格监测预警，密切跟踪市场变化，加强形势分析研判，及时发布粮食生产、质量和收购进展、市场价格等信息，为农民售粮和企业经营提供必要的信息服务。有关收购进展情况及时报国家有关部门。

2017 年小麦、稻谷和油菜籽收购工作，任务艰巨、责任重大，各地各相关单位要牢固树立大局意识、责任意识，积极作为、综合施策、勇于担当，充分发挥各方面积极性，确保收购工作平稳有序推进。

国家发展和改革委员会　国家粮食局

财政部　中国农业发展银行

2017 年 4 月 17 日

（此件公开发布）

关于举办 2017 年粮食科技活动周的通知

国粮储〔2017〕73 号

各省、自治区、直辖市及新疆生产建设兵团粮食局、科协、妇联，中国储备粮管理总公司、中粮集团有限公司、中国航空工业集团公司，各有关粮食科研单位：

根据《科技部、中宣部、中国科协关于举办 2017 年科技活动周的通知》（国科发政〔2017〕64号）精神，国家粮食局、中国科协、国家食品药品监督管理总局、全国妇联决定于 2017 年 5 月 20日~27 日共同举办 2017 年粮食科技活动周。现就有关事项通知如下：

一　活动主题

本次活动以"发展粮油科技、增加优质产品、保障主食安全"为主题。活动目的是认真贯彻中央关于增加绿色优质农产品供给的战略要求，围绕"中国好粮油"行动开展粮食科技推广和科普宣传活动。活动将围绕从产地到餐桌的流通链条进行科普宣传，按照"好种子、好原料、好储藏、好加工、好产品、好主食"的粮食产业链条，在加工企业、科研机构以及城市乡村宣传粮油营养健康和科学消费的科普知识，充分发挥粮油科技在提高粮油产品供给质量、增强国民营养健康体质、保障国家粮食安全方面的重要作用。

二　活动时间和地点

2017 年粮食科技活动周共设置以下 5 个会场：

1. 产地会场：5 月 21 日，国家粮食局、中国科协、国家食品药品监督管理总局、全国妇联会同科技部在安徽省凤阳县小岗村的产地会场开展农业科技宣传活动。

2. 科研机构会场：5 月 23 日，在河南工业大学的科研机构会场举办粮食科技"三对接"活动、"中国好粮油"论坛。

3. 销区会场：5 月 25 日，在深圳市的销区会场举办粮油产品展及专家科普讲座。

4. 2 个加工企业会场：5 月 24 日在江苏苏垦米业，5 月 26 日在湖南长沙克明面业等 2 个企业会场分别开展企业开放日活动。

三　活动内容和形式

（一）编写制作科普宣传品

国家粮食局及所属科研机构围绕"中国好粮油"行动组织编写面向城乡居民家庭日常生活的营养

健康科普宣传材料，按比例发送给各地。省级粮食行政管理部门可根据需要进行翻制，也可根据本地实际创新制作有特色的科普宣传品。

（二）围绕产业链条的科普宣传活动

一是围绕好种子、好原料，4部门的相关单位与科技部农村科技司在安徽省凤阳县小岗村开展优质粮油种子、种植新技术及成果、农户科学储粮技术科普宣传活动。二是围绕好储藏、好加工、好产品，开展科研机构粮食科普活动。公布"中国好粮油"行动，举办"中国好粮油"论坛，开展与"中国好粮油"行动密切联系的粮食科技成果展示和创新机构展示，宣传和推介粮食科技新技术、新工艺、新装备。三是围绕好加工、好产品，开展粮食加工企业科普活动。选择大米、面制品生产厂，开展加工厂开放日活动，组织市民参观、体验粮油产品加工技术，宣传由好原料生产好产品的理念，展示从田间到餐桌的全链条粮油品质控制技术。四是围绕好产品、好主食，开展销区会场粮油食品科普宣传。集中展示粮油产品，宣传加工技术、品质控制和管理技术。邀请高端专家进行粮油营养健康讲座。

（三）其他科普活动

在国家粮食局政府网站开设科技周专栏，组织专家参加科技部赴西藏的科技列车行活动。活动周期间，各地粮食行政管理部门也应结合本地实际举办丰富多彩的科普活动，举办"粮油营养健康"科普讲座、"爱粮节粮"大讲堂，会同当地妇联开展粮油营养健康知识进社区、进家庭，还可组织进校园、进企业、进军营活动，以及参观现代化粮库、粮油加工企业等爱粮节粮教育基地。各地方粮食科研机构可举办开放日活动，邀请中小学生和市民参观。

四　　有关要求

（一）各省（区、市）粮食行政管理部门要高度重视，把粮食科技活动周作为宣传贯彻习近平总书记关于食品安全重要讲话精神和《中共中央国务院关于深入推进农业供给侧结构性改革加快培育农业农村发展新动能的若干意见》的重要措施，按照通知要求认真组织实施。

（二）请各单位积极组织本单位、本系统相关人员参加产地、科研机构、消费城市会场的粮食科技活动周宣传活动，并组织辖区内"名特优"粮油产品展览等相关工作。

（三）粮食科技活动周的各项组织安排必须严格执行中央八项规定精神。必须坚持勤俭节约、少花钱、办好事的原则，杜绝任何浪费、奢华行为。

（四）各地要认真落实安全保障措施和安全责任，高度重视活动参与、参观人员的安全防护，确保活动的顺利开展。

（五）请各地将粮食科技活动周实施方案、联系人和参加活动人员名单于2017年5月8日前报送国家粮食局仓储与科技司。活动结束后，请认真总结，并于6月10日前将总结报告及相关音像资料报送国家粮食局。

联系单位：国家粮食局仓储与科技司
联系人：管伟举　罗小虎　姚磊
联系电话：010-63906925/6936/6906
联系传真：010-63906936

E-mail：sci@chinagrain.gov.cn

通讯地址：北京市西城区木樨地北里甲 11 号国宏大厦 C 座 905A

邮政编码：100038

附件：2017 年粮食科技活动周报名回执表（略）

国家粮食局　中国科协

国家食品药品监督管理总局　全国妇联

2017 年 5 月 3 日

（此件公开发布）

关于开展重点支持粮油产业化龙头企业认定和扶持发展工作的通知

国粮财〔2017〕121号

各省、自治区、直辖市粮食局，中国农业发展银行各省、自治区、直辖市分行、总行营业部：

为认真落实习近平总书记、李克强总理近期关于保障国家粮食安全的重要指示精神，切实做好粮食产业经济这篇大文章，根据《国务院办公厅关于进一步促进农产品加工业发展的意见》（国办发〔2016〕93号），为充分发挥农业政策性金融信贷支持作用，大力扶持粮油产业化龙头企业，促进一、二、三产业融合发展，服务粮食行业供给侧结构性改革，提高粮食产业经济发展质量和效益，推动粮食行业转型升级，进一步促进农民就业增收和企业增盈增效，国家粮食局、中国农业发展银行决定联合开展重点支持粮油产业化龙头企业审核认定和扶持发展工作。现就有关事项通知如下：

一　指导原则

促农增收。支持粮油产业化龙头企业积极发挥桥梁纽带作用和龙头带动作用，以多种形式与专业合作社、家庭农场、种粮大户等新型农业经营主体结成长期稳定的利益共同体，使种粮农民分享粮食加工、销售等环节收益，带动和促进种粮农民就业增收。

助企增效。持续加大政策和信贷支持力度，引导和扶持粮食主营业务突出、有产品、有技术、有品牌、有市场、管理水平较高的粮油产业化龙头企业构建全产业链和全价值链，以粮食种植、收储、加工和销售为主业开展产业化经营，提高企业市场竞争力和盈利能力。

创新发展。对积极稳妥发展混合所有制粮食经济、以资产为纽带促进粮食产销衔接，以及经营管理优化、内部控制健全有效，生产工艺、产品质量、品牌建设、资金筹集、科技成果转化等方面基础实力强、市场前景好、增长潜力大的粮油产业化龙头企业，重点加大扶持力度，鼓励龙头企业特别是粮食精深加工企业创新、绿色发展，增加绿色优质粮油产品供给，适应群众粮食消费需求升级，开拓新市场，发挥创新示范作用，增强粮食行业创新驱动能力，培育新的产业经济增长点，推动粮食产业转型升级。

产融共赢。在有效防控风险的前提下，充分发挥农业发展银行政策性金融作用，培育和扶持粮油产业化优质客户，提升粮食产品和服务供给质量效率，深化粮食行业供给侧结构性改革，促进一、二、三产业融合发展，实现产融共赢。

二　认定条件

重点支持的粮油产业化龙头企业须同时具备以下条件：

（一）以粮油生产、收储、加工、销售为主业，2013年12月31日前在工商部门登记注册，具有独立企业法人资格，产权清晰，具备地市级以上产业化龙头企业资格，省级以上龙头企业优先。基本账户开立在农业发展银行，信用等级 A+ 级以上，贷后资产负债率原则上不超过 70%。

（二）企业注册资本、销售收入和粮食加工能力符合中国农业发展银行有关信贷准入政策。对纳入"粮安工程""优质粮食工程"建设范围的企业、粮食市场调控骨干企业和一贯讲诚信的老客户，贷后资产负债率、注册资本和销售收入的认定条件可以适当放宽。

（三）在所属省（市）综合实力较强，排名靠前，能发挥龙头带动作用，经营期内业绩良好，2015 年、2016 年连续盈利，具有良好的发展前景。

（四）内控体系健全，财务管理规范，没有违规和不良信用记录，以及除政策性粮食财务挂账外无不良贷款，除政策性因素外无欠息、欠农民售粮款等不良记录。

（五）具有创新示范作用。企业管理科学、经营方式灵活、生产工艺先进、技术创新、产品市场竞争力强，品牌建设、科技成果转化、粮食市场化收购资金筹集、社会公益等有亮点。

（六）未与农业发展银行建立信贷关系的新客户除具备上述条件外，须符合农业发展银行粮油产业化龙头企业新客户准入条件。

三　认定办法

（一）符合条件的粮油产业化龙头企业可自发文之日起，向当地粮食行政管理部门和农业发展银行分支机构提出申请，经双方共同审核后，逐级上报。符合条件的省属国有粮食企业可直接向同级机构申报。各省级粮食行政管理部门和农业发展银行省级分行共同审核、优中选优后，将汇总的评定结果于 2017 年 7 月 31 日前联合上报国家粮食局（规划财务司）和中国农业发展银行总行（粮棉油部），国家粮食局和中国农业发展银行将对评定结果进行最终审核，并发文公布重点支持的粮油产业化龙头企业名单。

（二）考虑到各省实际情况，为突出重点、兼顾公平，粮食主产省联合上报企业数量一般不超过 40 户，其他省份一般不超过 30 户。

（三）申报材料：1. 重点支持的粮油产业化龙头企业申报表；2. 粮油产业化龙头企业资格证书或相关批复文件；3. 企业粮油产业化经营及促农就业增收情况；4. 企业法人营业执照、税务登记证；5. 银行资信证明、企业纳税信用等级证明；6. 2015 年、2016 年企业资产负债表、利润表；7. 其他有助于证明企业经营状况良好的材料。

四　支持政策

（一）在符合基本贷款政策的前提下，中国农业发展银行将加大对重点支持企业的信贷支持力度，积极稳妥地支持企业全产业链经营，优先保证信贷规模，实行办贷绿色通道，依照有关贷款审批规定办理，有效促进重点支持企业可持续发展。

（二）国家粮食局和中国农业发展银行将建立定期会商机制，及时跟踪分析企业经营发展情况，不断研究完善对重点支持的粮油产业化龙头企业的各项政策和资金支持措施，支持粮食企业产业化发展。

五　其他要求

　　（一）各级粮食行政管理部门、农业发展银行分支机构要高度重视此次认定工作，切实加强沟通协调，周密安排部署，公开、公平、公正地开展审核认定工作。

　　（二）申报企业和地方各级粮食行政管理部门、农业发展银行分支机构要确保申报材料真实、准确和完整。已是农业发展银行的原有客户，可按既定要求由当地行予以支持。

　　（三）在申请审核过程中，如有疑难问题，请及时与我们联系。

国家粮食局规划财务司　　　　　　电话：010-63906829

中国农业发展银行粮棉油部　　　　电话：010-68083228

国家粮食局　中国农业发展银行

2017 年 6 月 26 日

（此件公开发布）

关于印发"优质粮食工程"实施方案的通知

国粮财〔2017〕180号

各省、自治区、直辖市粮食局、财政厅（局）：

　　根据财政部、国家粮食局《关于在流通领域实施"优质粮食工程"的通知》（财建〔2017〕290号）精神，为指导地方做好"优质粮食工程"相关工作，更好发挥中央财政资金的带动作用和使用效益，进一步推动"优质粮食工程"顺利实施，确保取得实效，我们制定了"优质粮食工程"3个子项实施方案，现印发给你们，请结合本地实际提出具体实施方案并抓好落实。有关事项通知如下：

一　明确目标

　　"优质粮食工程"是推进粮食行业供给侧结构性改革的重要突破口，是加快粮食产业经济发展的重要抓手。"优质粮食工程"的实施要以"为耕者谋利，为食者造福"、推进精准扶贫、保障国家粮食安全为目标。一方面，要有利于提高绿色优质粮油产品供给，将提升收获粮食的优质品率、优质优价收购量和粮油加工产品的优质品率等作为重要考核指标；另一方面，要有利于提高种粮农民利益，将带动农民增收作为重要考核指标。

二　突出重点

　　请各省份按照本地区实际情况和参加竞争性评审时的申报方案，在加快制定或修改完善本省份具体实施方案的同时，分年度统筹安排好"优质粮食工程"3个子项的实施规模和实施范围，避免安排畸轻畸重。粮食主产省份要协调推进产后服务体系建设、质检体系建设、"中国好粮油"行动各个方案的实施。粮食主销省份和产销平衡省份要以质检体系建设和"中国好粮油"行动为重点，同时适当安排产后服务体系建设。各地在具体实施过程中，要讲政治、顾大局，认真落实党中央、国务院关于扶贫攻坚决策部署，在安排具体项目时，要向本省份的国家级扶贫开发工作重点县和集中连片特殊困难县倾斜。粮食产后服务体系建设要保证为种粮农民提供市场化、专业化的粮食产后服务，确保在"十三五"期末实现产粮大县全覆盖的目标。质检体系建设要坚持"机构成网络、监测全覆盖、监管无盲区"的原则，向辖区内粮食主产区域、新建粮食检验机构适当倾斜。"中国好粮油"行动要以"增品种、提品质、创品牌"为目标，充分发挥中央、省级以及地区性大型国有骨干粮食企业的引领、带动和示范作用，重点支持有基础、有实力、有品牌、有市场占有率，且能带动农民扩大优质粮食种植、增加绿色优质粮食市场供给的企业，尽快实现规模化、标准化、品牌化，加快推进产业升级，提升绿色优质粮油产品供给水平。

三　　放大效应

各省份要积极支持各类市场主体共同推进"优质粮食工程"实施，在制定方案、安排项目、分配资金、出台政策时，对包括中央粮食企业在内的各类粮食经营主体要一视同仁，充分调动各类粮食经营主体的积极性。对中央粮食企业申报的项目，要统筹考虑，合理安排。要本着"少花钱、办大事"的原则，充分发挥中央财政投入的引领作用，放大中央财政资金的带动效应；地方各级财政要加大扶持，同时要引导企业加大投入，确保自筹资金及时足额到位，使有限的资金发挥出最大的效益。各省份要积极建立健全"优质粮食工程"实施的长效工作机制和投入机制，鼓励各省份财政、粮食等部门探索创新投融资机制，拓宽筹资渠道，积极推广政府和社会资本合作（PPP）模式，推动"优质粮食工程"持续实施，深入推进，取得实效。

四　　加强统筹

各级粮食和财政部门要高度重视、密切配合，在省级政府的统一领导下，省级粮食、财政部门成立领导小组，主要负责同志亲自抓、主动推，高标准、严要求，建立工作机制，争取地方各相关部门的大力支持，调动各方面积极性，确保相关工作顺利推进。要将"优质粮食工程"实施与加强粮食宏观调控、推动粮食行业深化改革转型发展、促进粮食产业经济发展等中心工作紧密结合起来，统筹推进、协调联动，抓重点、出亮点，及时总结经验，树立先进典型，充分发挥好典型的带动和示范作用。

五　　强化监管

各级粮食、财政部门和相关单位要强化廉政风险防控，加强对项目资金使用的监督、指导和监管，做到专款专用，切实保障资金安全。要切实承担起"优质粮食工程"实施的主体责任，实时跟踪了解和报送项目进展情况，协调解决项目出现的困难和问题，争主动、真落实，提高项目的落地速度、实施进度和建设质量，确保好事办出好效果。

为保障中央财政资金的使用效果、激发各级政府和相关管理部门积极性，财政部、国家粮食局将适时开展督导检查。对开展较好的省份，继续予以补助和支持；对开展不好的省份，将暂停、核减、收回中央财政资金；发生违规违纪行为的，按规定严肃追究相关单位和责任人员责任。

请各省份根据此通知精神和3个子项实施方案，尽快制定或修改完善本省份的具体实施方案。纳入今年重点支持的省份，请将相关方案于9月15日前分别报国家粮食局（仓储与科技司、标准质量中心、科学研究院、规划财务司）和财政部（经建司）备案。未纳入今年重点支持的省份，请根据本省份实际情况，积极稳妥开展"优质粮食工程"，并做好参加明年竞争性评审的准备，争取明年纳入重点支持省份。对今年暂未列入重点支持省份但省级财政已安排资金，且与粮食部门共同推进相关工作的，将在以后年度优先予以支持。

附件：1. 粮食产后服务体系建设实施方案（略）

2.国家粮食质量安全检验监测体系建设实施方案（略）

3.“中国好粮油”行动计划实施方案（略）

国家粮食局　财政部

2017 年 8 月 28 日

（此件公开发布）

关于做好 2017 年世界粮食日和全国爱粮节粮宣传周活动的通知

国粮政〔2017〕181 号

各省、自治区、直辖市及新疆生产建设兵团粮食局、农业（农林、农牧）厅（委、局）、教育厅（教委、局）、科技厅（委、局）、妇联，黑龙江省农垦总局，中国储备粮管理总公司、中粮集团有限公司：

2017 年 10 月 16 日是第 37 个世界粮食日，所在周是我国第 27 个全国爱粮节粮宣传周。国家粮食局、农业部、教育部、科技部、全国妇联决定共同组织开展 2017 年世界粮食日和全国爱粮节粮宣传周活动。现就有关事项通知如下：

一　活动主题

2017 年世界粮食日的主题是："改变移民未来——投资粮食安全，促进农村发展"。2017 年全国爱粮节粮宣传周的主题是："爱粮节粮保安全，优粮优价促增收"。

受消费观念、储存习惯、科技水平等因素制约，我国粮食产后损失浪费数量惊人，需要我们持续加大宣传引导力度，帮助广大消费者掌握必要的粮食营养及储存知识，树立科学健康的消费理念和爱惜节约粮食意识，同时提升农户粮食种植和收储技术水平，有效减少粮食损失浪费，实现"隐性增收"，助力国家粮食安全。另一方面，随着我国农业生产经营方式、粮食供求形势和收储制度等发生深刻变化，粮食供给侧结构性改革任务艰巨繁重，需要我们采取有效措施，加快推进粮食收储制度改革，健全完善相关制度保障体系，着力提升粮食流通社会化服务水平，引导农户逐步调整优化粮食种植结构，增加优质产品供给，促进农民增收，保护农民种粮积极性。

二　主办单位

国家粮食局、农业部、教育部、科技部、全国妇联
联合国粮食及农业组织

三　活动组织

国家粮食局会同有关部门负责制定活动总体方案，策划并组织主会场活动，协调中央媒体宣传报道，制作下发主题宣传册、宣传品，指导各省区市活动的开展。

省级粮食部门会同有关部门负责制定本地区活动方案，组织开展本地区主会场活动、"爱粮节粮之星"评选发布和"优粮优价促增收"系列活动，协调地方媒体宣传报道，准备本地区宣传资料和宣传品，指导本地区活动的开展。

　　地市级粮食部门会同有关部门按照省级活动方案，组织开展本地"优粮优价促增收"系列活动，协调本地媒体宣传报道。

四　活动内容

　　2017 年世界粮食日和全国爱粮节粮宣传周活动包括首届"爱粮节粮之星"评选发布活动、"优粮优价促增收"系列活动和世界粮食日竞赛活动。

（一）首届"爱粮节粮之星"评选发布活动

　　"爱粮节粮之星"评选发布活动分国家级和省级两级开展。省级由各省级粮食、农业、教育、科技、妇联等有关部门组织负责在本地区评选、发布和推送；国家级由国家粮食局、农业部、教育部、科技部、全国妇联从省级"爱粮节粮之星"中择优评选，全国共评选 10 名。

　　"爱粮节粮之星"评选标准：在工作岗位上长期坚持爱粮节粮，能够带动身边人共同营造爱粮节粮良好社会风尚的；在业务工作中潜心钻研，利用科技手段支撑节粮，改革创新节粮，取得明显社会效益和经济效益的；在日常生活中具有爱粮节粮方面的突出表现和行为，或有重大贡献的。

　　10 月 16 日，国家粮食局、农业部、教育部、科技部、全国妇联在北京举办主会场活动，发布首届全国"爱粮节粮之星"，并向社会各界发出爱粮节粮主题倡议。

　　各省级有关部门组织可结合本地实际，在 10 月 16 日当天举办主会场活动，发布本地区"爱粮节粮之星"。

（二）"优粮优价促增收"系列活动

　　1. 粮食增收进农户。活动周期间，省级粮食、农业部门会同教育、科技等部门，组织农业专家、科技专家、农业院校师生等，走村入户、深入田间地头，为农户宣传国家粮食质价政策，讲解粮食种植、收获、干燥、储藏等专业知识，提高农户粮食种植和收储技术水平。地方各级粮食部门要依托粮食产后服务体系，向农户宣传推广"代清理、代干燥、代储存、代加工、代销售"等"五代"服务，提高粮食产后专业化服务水平，减少产后损失；依托国家粮食质量安全检验监测体系，向农户宣传推广粮食品质测报和监测、科学储粮技术服务，促进农民增收增效。

　　2. 优质粮油进家庭。活动周期间，省级粮食、妇联等部门开展社区主题科普讲座、互动交流、主题倡议等活动，组织公众走进优质粮油加工企业和示范基地，宣传讲解膳食营养健康知识，普及"中国好粮油"系列标准和质量控制导则，引导老百姓科学消费，保障身体健康，促进粮食消费升级。地方各级粮食部门要结合正在开展的"中国好粮油行动计划"，组织开展各类中国好粮油产品及品牌推介活动，增加优质产品供给，引导社区家庭健康消费。各地还可结合实际，组织开展优质粮油与健康饮食科普知识竞赛、爱粮节粮主题征文、微视频宣传片征集等活动。

　　3. 爱粮节粮进学校。省级粮食、教育、科技部门面向学生举办爱粮节粮科普知识讲座，宣传讲解我国粮食安全形势、粮食供给状况，健康消费、合理膳食等科普知识；组织"光盘行动"、节约标兵评选、爱粮节粮随手拍等活动，倡导珍惜节粮、反对浪费的良好风尚。各地还可结合实际，组织开展各类主题宣传作品征集活动，进一步加大优秀作品宣传运用和推介力度，逐步引导青少年群体树立"爱粮节粮，助力国家粮食安全"的观念和意识。

（三）世界粮食日竞赛活动

过去几年，全球移民数量剧增，每7人中就有1人是移民。饥饿与贫困、气候变化和冲突是导致人口被迫迁移的根本原因。需要我们采取措施，更好地管理人口迁移，并停止和预防冲突，以带来经济增长，实现可持续发展目标。因此，联合国粮农组织将今年世界粮食日的主题确定为"改变移民未来——投资粮食安全，促进农村发展"。粮农组织正在组织开展竞赛活动，征集对本年度世界粮食日主题的创意意见。

5~19岁之间的青少年、儿童，可以设计有关本年度世界粮食日主题的海报；13~19岁之间的青少年，可以制作一个片长不超过1分钟的视频。所有参赛者可以登录粮农组织有关网站(www.fao.org/world-food-day/2017/contest/zh/)提交海报或视频作品。作品提交截止日期为2017年11月10日。

粮农组织评委将从两个年龄段分别选出3名获奖者，评选结果将在世界粮食日网站和粮农组织社交媒体上公布。

（四）进度安排

1. 准备阶段。

各省级粮食部门会同省级农业、教育、科技、妇联等有关部门和组织按照本通知要求，结合当地实际，制定本省（区、市）世界粮食日和爱粮节粮宣传周实施方案，并于9月25日前报国家粮食局备案。

国家粮食局等主办单位组织有关专家完成主题宣传册、宣传品的制作，并于9月25日前发放到各地。在国家有关部门发放物品的基础上，各省（区、市）结合本地区特色做好宣传手册、主题宣传品等活动物品准备。

2. 实施阶段。

活动周期间，各省（区、市）有关部门按照本通知要求和本地区实施方案有关规定，组织开展本地区"爱粮节粮之星"评选发布活动、"优粮优价促增收"系列活动和世界粮食日竞赛活动。

世界粮食日当天（10月16日），国家粮食局等主办单位在北京举办2017年世界粮食日和全国爱粮节粮宣传周主会场活动。各省（区、市）也要举行本地区主会场活动。

3. 总结阶段。

10月31日前，省级相关部门要对活动开展情况进行认真总结，并将活动情况（含总结报告、活动图片、视频材料等）报送国家粮食局、农业部、教育部、科技部和全国妇联。

五　有关要求

一是各地要高度重视，加强领导。积极筹划，强化协作，精心组织实施，落实必要经费；结合实际制定具体实施方案，确保粮食日和宣传周活动落到实处。

二是通过群众喜闻乐见的各种宣传形式，广泛动员全社会参与爱粮节粮。充分发挥电视、广播、报纸等传统媒体优势，积极运用网络、微信、微博、短信等新兴媒体加大宣传力度。

三是要坚决贯彻执行中央八项规定有关要求，既要保证宣传活动有声势、有影响，又要坚持节俭办活动。加强过程监管，杜绝铺张浪费、大操大办，在活动的组织过程中，提倡勤俭节约、简朴大方、务求实效。

六　联系方式

联系人：国家粮食局　孔晶晶　王辉

电话：010-63906259 63906069

传真：010-63906030

邮箱：xwb@chinagrain.gov.cn

国家粮食局　农业部　教育部

科技部　全国妇联

2017 年 8 月 30 日

（此件公开发布）

关于切实做好 2017 年东北地区玉米和大豆收购工作的通知

国粮调〔2017〕188 号

内蒙古、辽宁、吉林、黑龙江省（区）人民政府，中国铁路总公司、中国农业发展银行、中国储备粮管理总公司、中粮集团有限公司、中国航空工业集团公司：

为认真落实《中共中央、国务院关于深入推进农业供给侧结构性改革加快培育农业农村发展新动能的若干意见》（中发〔2017〕1 号）精神，积极推进粮食等重要农产品价格形成机制和收储制度改革，今年东北三省和内蒙古自治区玉米、大豆实施市场化收购加补贴机制。为切实做好 2017 年东北地区玉米和大豆收购工作，经国务院同意，现就有关事项通知如下：

一　切实加强组织领导

各相关地区和有关中央企业要提高思想认识，从讲政治、顾大局的高度，深入总结和推广2016年玉米收储制度改革中的好经验、好做法，统筹做好 2017 年玉米和大豆收购工作。要建立健全地方政府牵头的工作机制，加强组织领导，强化部门协作，明确职责分工，层层压实责任。要抓紧研究制定针对性、操作性强的收购工作方案，提前做好仓容等准备工作，收购任务重的地区应制定应急收购预案，切实做到有备无患。新粮收购期间，地方政府和相关部门负责同志要深入基层靠前指挥，搞好组织、指导、协调和服务，对发现的苗头性、潜在性、倾向性问题，妥善应对、有效化解，确保有人收粮、有钱收粮、有仓收粮、有车运粮。要及时制定并落实好生产者补贴实施方案，合理确定玉米、大豆亩均补贴标准，把补贴真正兑付给实际生产者，有力促进种植结构调整。

二　积极引导多元主体入市

各相关地区要采取有效措施，统筹组织辖区内中央企业分支机构和地方骨干粮食企业带头入市收购。充分利用储备轮换吞吐、支持品牌建设等措施，鼓励引导多元市场主体积极入市，进一步活跃市场流通。要大力发展粮食产业经济，采取措施鼓励粮食就地加工转化，支持有条件的企业以粮食加工转化为引擎，发展"产购储加销"一体化模式，有效发挥粮食加工"调节器"作用。中央企业要发挥好引领带动作用，综合考虑市场走势和其他市场主体收购情况，合理把握收购时机和节奏，做到均衡在市收购。中国储备粮管理总公司要在新粮上市后有序轮入储备粮食。中粮集团有限公司、中国航空工业集团公司等中央企业要充分利用自身渠道和优势积极开展市场化收购。

三　保障市场化收购资金

人民银行、银监会将对农业发展银行和商业性金融机构开展玉米和大豆收购信贷业务加强指导，支持农业发展银行通过银行间市场募集资金。农业发展银行要发挥好主渠道作用，对符合贷款条件的粮食购销贸易和加工企业，提供方便、快捷、安全的金融服务。商业性金融机构要加大对各类购销贸易和加工企业贷款支持力度，对符合条件的，可按规定享受现有涉农贷款优惠政策。各相关地区要加强粮食收购信贷支持政策协调，加快搭建银企对接平台，进一步完善粮食收购贷款信用保证基金政策，优化基金运作流程，充分调动政府、银行和企业三方积极性，结合市场机制运行情况，研究扩大基金适用银行和企业覆盖范围，同时支持社会资本和各类担保机构参与，拓宽市场化收购筹融资渠道。

四　强化粮食产销衔接

各相关地区要通过粮食推介会、产销协作洽谈会等方式搭建产销协作平台，拓宽合作领域，提升合作水平，引导和鼓励各类粮食企业开展购销合作对接。要积极为销区省份开展贸易、加工、代储等业务提供便利条件，进一步巩固和拓宽产销区之间、企业之间互利互惠、合作共赢的贸易渠道。创新粮食购销方式，扎实推进"互联网＋粮食交易"，探索通过国家粮食电子交易平台开展市场化粮油购销。强化粮食外运保障，完善粮食运输需求与运力供给对接机制，开通公路粮食运输专用通道，加强路网、港口运行监测和出行信息服务，加大公路、水路运输保障力度，强化各种运输方式衔接，充分利用公铁、铁水联运等形式，扩大外运能力。中国铁路总公司要根据各地和企业运粮需求，统筹安排运力，积极推进粮食散装运输和多式联运，为东北地区玉米和大豆外运提供保障。

五　创新为农服务方式

各相关地区要指导企业适应粮食生产组织方式变化，主动加强与种粮大户、家庭农场、农民合作社等新型农业经营主体对接，建立长期稳定的农企合作关系。要积极提供多元化、个性化收购服务，简化收购手续，通过预约收购、订单收购等方式，提前锁定收购粮源和销售渠道。加快推进"优质粮食工程"中粮食产后服务体系建设，支持产粮大县建设粮食产后服务中心，拓展代清理、代干燥、代储存、代加工、代销售等业务，切实解决粮食收获后储存难、保质难、销售难等实际问题。加强对农户庭院储粮的技术指导，支持农户配备科学储粮装具和设施，最大限度减少"地趴粮"，避免出现霉粮坏粮。

六　维护收购市场秩序

各相关地区要加强收购市场管理，加大监督检查力度，严厉查处缺斤少两、坑农害农、拖欠农民售粮款、随意增加检验程序、设置障碍造成农民售粮不畅等破坏市场秩序的违法违规行为，保护种粮农民利益，严防发生农民"卖粮难"。对工作落实不力、失职渎职、造成不良社会影响的单位和个人要严肃问责追责，切实保护粮食生产者、经营者和消费者的合法权益，维护粮食流通秩序。要压实企业安全储粮和安全生产的主体责任，严格执行《粮油安全储存守则》《粮库安全生产守则》和《粮油储存安全责任暂行规定》，加强收购作业现场安全管理和组织调度，避免发生人身伤亡和财产损失。要加大储粮安全隐患排查力度，早预防、早发现、早排除，确保粮食储存安全。要加强粮食质量安全监管，防止质量不合格粮食进入口粮市场。

七　加强政策宣传和市场引导

各相关地区要加大政策宣传解读力度，确保政策进企业、进农村、进农户，为粮食收购工作创造良好的舆论氛围。通过电视、报纸、网络、广播、公示栏、宣传手册等渠道和新闻通气会、专家解读等形式，广泛宣传粮食收购政策。要充分调动基层的积极性，组织人员进村入户帮助农民正确理解政策，引导适时适市售粮。要密切跟踪市场变化，强化市场监测预警和形势分析研判，及时主动发布粮食收购进展、市场价格、企业用粮需求等信息，为农民有序售粮、企业自主经营提供优质的信息服务。加大舆情监测力度，主动回应社会和媒体关切。新粮集中上市期间，国家有关部门将暂停相应地区库存粮食销售，维护市场平稳运行。

各相关地区要牢固树立大局意识、责任意识和担当意识，提早谋划、综合施策，充分调动和发挥各方面积极性，确保玉米和大豆收购工作圆满完成。

国家发展改革委　国家粮食局　财政部
农业部　中国人民银行　中国银行业监督管理委员会
2017 年 9 月 15 日

（此件公开发布）

关于印发《大米竞价销售试点方案》的通知

国粮调〔2017〕190号

黑龙江、江苏、安徽、江西省发展改革委、粮食局、财政厅、食品药品监管局，中国储备粮管理总公司：

根据国家有关部门《关于做好稻谷库存消化工作的通知》（国粮调〔2017〕106号），国家发展改革委、国家粮食局、财政部、国家食品药品监管总局研究制定了《大米竞价销售试点方案》。现印发你们，请认真遵照执行。

国家发展和改革委员会　国家粮食局
财政部　国家食品药品监督管理总局
2017年9月15日

（此件公开发布）

大米竞价销售试点方案

为切实做好稻谷库存消化工作，2017年国家有关部门将在黑龙江、安徽、江苏、江西4省进行大米加工销售试点，具体方案如下：

一　总体要求

国家有关部门对部分主产区2013年产最低收购价稻谷委托加工销售，国家粮食交易中心提前公布委托加工标的清单，一标的一竞价，按照价高者得的原则，招标确定委托加工企业；中储粮直属库作为出卖方代表，委托中标企业将稻谷按要求代加工成符合相应食品安全及质量标准和数量规格的大米后，通过国家粮食电子交易平台挂牌竞价销售，所取得相关收入（含大米竞价销售收入及中标加工企业交纳的"可上交收入"等）按规定开具增值税发票，弥补稻谷库存成本，收支相抵所产生的价差亏损和加工环节产生的中储粮总公司应纳印花税、可上交收入增值税额统算一并列入亏损挂账。如在一定时间内拍卖大米未成交，由中标企业按大米销售底价统购包销。

二　委托加工稻谷

（一）稻谷委托加工竞标加工企业应具备如下条件
1.资质条件。加工企业须具备相应生产经营资质，并取得一般纳税人资格。
2.加工能力。加工企业加工能力应在当地中等规模以上、生产运营正常、有加工实绩，且近三年无违法违规不良记录。具体规模标准由省级粮食局根据粮源分布情况和监管能力自行确定，每个试点省选择若干家当地大中型加工企业。省级交易中心将参与竞标企业的加工能力录入交易系统。

3. 仓储能力。加工企业须有一定的储存原粮和成品粮的仓储设施，具备较好的保管能力。

4. 认真履行统计报表报送义务。加工企业统计工作规范，认真执行《国家粮食流通统计制度》。

5. 加工企业符合省级粮食等部门做出的其他相关规定。

（二）竞标准备。国家粮食交易中心网站提前10天公布委托加工稻谷标的清单和大米销售底价。实行粮食销售出库质量安全检验制度，中储粮直属库和实际承储库点必须按照粮食质量标准和食品安全标准及有关规定进行检验并出具检验报告，销售的粮食应当与检验报告相一致，确保用于委托加工的稻谷符合国家食品安全标准。

（三）竞标方式。企业根据稻谷标的质量、出米率、副产品、加工成本、大米底价等因素，综合测算企业合理留存收益，确定是否参与竞标。竞标前需交纳一定数额的委托加工业务保证金（110元/吨）。

副产品的处置原则是，加工企业按要求提供相应数量的大米后，其余作为副产品由其处置，用于抵顶应支付的委托加工费用和可上交收入。委托加工费用是指从稻谷出库到运回企业加工成大米并销售的各环节发生的一切费用及其合理收益，包括稻谷质量及食品安全检验费、出库费、运输费、加工费；大米质量及食品安全检验费、出库费、包装费（含包装物）、保管费、损耗及其他。

企业通过国家粮食电子交易平台对"可上交收入"进行竞价，多交者中标。

（四）签订合同。加工企业中标后应当索取、查验和保存中储粮直属库和实际承储库点提供的检验报告，对委托加工稻谷进行验收检验，并将两份检验报告电子版上传至国家粮食电子交易平台。中储粮直属库作为出卖方代表，与委托加工企业签订委托加工合同。

（五）加工要求

1. 质量标准。满足《大米》国家标准（GB1354–2009）一级大米质量要求，其中黄粒米≤0.5%，粳米水分≤14.5%。食品安全指标应符合相关食品安全国家标准。

2. 数量标准。稻谷出库数量以实际存储库点标准计量衡器数为准，稻谷水分、杂质增减量参照《关于执行粮油质量国家标准有关问题的规定》（国粮发〔2010〕178号）执行，中标加工企业与中储粮直属库双方协商无异议的，应及时签订《委托加工稻谷验收确认单》。委托加工稻谷应交回的大米数量，按照双方签订的《委托加工稻谷验收确认单》标明的稻谷实际出库数量和规定的籼米出米率52%、粳米出米率62%的标准计算（精确到公斤，保留整数，实际出米率低于规定出米率的，由中标加工企业弥补；实际出米率高于规定出米率的，归中标加工企业所得）。

3. 包装标准。编织袋包装。中标加工企业提供包装物，包装物应使用食品级包装材料，符合GB/T17109的规定和卫生要求，标签标识应符合GB7718等相关规定。

4. 储存保管。中标加工企业代储存保管大米，在固定存储场地单独形成货位堆码整齐，并做好通风防潮等措施防止大米品质变化，确保大米符合食品安全国家标准。如果出现数量亏损或保管不当，加工企业负责承担相应责任和损失。

（六）其他要求

1. 委托加工期限。稻谷委托加工业务包括稻谷出库、运输、加工和形成大米标的的全业务过程，自稻谷标的中标之日起至稻谷出库加工成大米并形成标准标的期限不得超过75天（含）。

2. 委托加工数量和抵押标准。中标加工企业每次竞标委托加工稻谷标的数量不得超过本企业45

天的加工能力，1 个月内累计竞标数量不得超过本企业 120 天的加工能力。根据大米挂牌竞价销售进度释放相应可竞买的稻谷数量，即大米竞价成交并开具出库通知单后，释放相应可竞买稻谷数量。在中标 45 天内，中标加工企业需交齐提货现金抵押，抵押标准为籼稻 2600 元 / 吨，粳稻 3000 元 / 吨。

3. 处罚措施。中标加工企业自中标之日起 45 天内未交齐提货现金抵押的，参照《粮食竞价销售交易规则》扣除其相应保证金；未在规定的期限内完成稻谷出库加工业务的，按未完成的稻谷出库加工数量扣除相应保证金；转手倒卖稻谷、未加工成符合要求的大米或以次充好、阻挠大米销售出库等违规行为的，扣除其相应保证金和现金抵押。

三　竞价销售大米

（一）销售方式。对中标加工企业按要求加工的大米通过国家粮食电子交易平台挂牌竞价销售。

（二）购买资质。具备粮油经营资质的企业（经营者）和大米消费者。

（三）保证金管理。大米购买方参加竞买前需交纳一定数额的保证金（交易保证金 20 元 / 吨、履约保证金 200 元 / 吨）。

（四）签订合同。中储粮直属库作为出卖方代表与购买方签订大米竞价交易购销合同。中标加工企业受托加工的大米应符合委托加工要求，并提供有资质的第三方粮食检验机构出具的检验报告，送中储粮直属库及实际存储库点，同时电子上传至国家粮食电子交易平台。中标加工企业（交货仓库）作为中储粮直属库实际大米储粮点，具体配合中储粮直属库负责大米保管、出库和验收确认等工作并承担相应责任。买卖双方有违规违约行为的，参照《粮食竞价销售交易规则》的相关规定执行。

（五）加工包销。中标加工企业加工的大米如持续 15 天挂牌仍未成交的，由中标加工企业按照销售底价统购包销。

（六）交割期限。买方须于交易合同生效之日起 10 天内按《交易公告》的要求将全额货款一次或分批汇入指定的银行账户。大米出库期暂定 30 天，履约时间自交易合同生效之日开始计算。

四　监管措施

（一）公开竞标结果。国家粮食交易中心要通过网站及时向社会公布每批次中标加工企业名单和委托加工稻谷数量。省级粮食交易中心要每周向省级粮食、财政、食品药品监督、农业发展银行、中储粮分公司等部门和单位报送中标加工企业的稻谷委托加工量、大米销售、违约毁约以及出库纠纷等情况。省级粮食行政管理部门要及时将上述信息分解下发至稻谷承储库点和中标加工企业所在地市级粮食行政管理部门，由市级粮食行政管理部门将出库监管任务分配到位。

（二）规范企业管理。一是规范稻谷出入库手续记录，明细到车，详细记载库存保管账和加工进度，记录稻谷期初、加工、期末库存情况。二是健全大米及副产品加工、销售业务手续，建立大米及副产品保管统计账，明确大米堆放货位，记录大米和副产品的入库、销售出库、期末库存情况。三是妥善保管相关合同、质检报告、发票、运输票据、水电费等原始凭证。所有账目凭证严格按财务、统计有关规定处理并留存备查。有条件的加工企业，原则上应安装稻谷入库和成品销售出库监控系统，影像资料与出入库凭证一并留存。

（三）压实监管责任。试点地区各有关部门在当地政府的统一领导下，按照职责分工，制定工作实施方案，密切协调配合，严格管理要求，压实监管责任，建立联动机制和责任追究制度，严把出入库稻谷和大米质量关，严禁不符合食品安全标准的稻谷和大米流入口粮市场，严格资金监管确保销售货款足额及时归还农发行贷款。其中，粮食行政管理部门负责稻谷销售出库监管和严防陈稻谷转圈流入新收政策性粮食库存，同时治理稻谷"出库难"；食品药品监管部门加强大米生产经营监管，严防不符合食品安全标准和要求的大米流入口粮市场或用于食品加工，保障食品安全。

（四）加大惩处力度。地方各有关部门和单位要形成监管合力，严肃查处企业亏库、阻扰出库、违法加工、以次充好、转手倒卖、"转圈粮"以及因市场行情变化恶意违约等行为。对检查中发现的违规违纪问题，省级交易中心根据《粮食竞价销售交易规则》及本方案进行违约处罚；有关行政部门根据有关法律法规进行行政处罚；并将违法违规信息上传至全国信用信息共享平台，实施联合惩戒。涉嫌犯罪的，依法移交司法机关处理。

关于公布 2017 年稻谷最低收购价格的通知

发改价格〔2017〕307 号

各省、自治区、直辖市发展改革委、物价局、财政厅（局）、农业厅（局、委、办）、粮食局、农业发展银行分行：

为保护农民利益，防止"谷贱伤农"，2017 年国家继续在稻谷主产区实行最低收购价政策。综合考虑粮食生产成本、市场供求、国内外市场价格和产业发展等各方面因素，经国务院批准，2017 年生产的早籼稻（三等，下同）、中晚籼稻和粳稻最低收购价格分别为每 50 公斤 130 元、136 元和 150 元，比 2016 年分别下调 3 元、2 元和 5 元。

当前正值春耕备耕期，各地要认真做好粮食最低收购价政策宣传工作，引导农民合理种植，促进粮食生产稳定发展。

国家发展改革委　财政部　农业部
国家粮食局　中国农业发展银行
2017 年 2 月 17 日

关于印发《粮食物流业"十三五"发展规划》的通知

发改经贸〔2017〕432号

各省、自治区、直辖市及计划单列市、新疆生产建设兵团发展改革委、粮食局，中国储备粮管理总公司、中粮集团有限公司、中航工业集团公司：

为全面贯彻党的十八大和十八届三中、四中、五中、六中全会精神，根据《物流业发展中长期规划（2014—2020年）》《粮食收储供应安全保障工程建设规划（2015—2020年）》《粮食行业"十三五"发展规划纲要》等有关部署要求，国家发展改革委、国家粮食局组织编制了《粮食物流业"十三五"发展规划》（以下简称《规划》），现印发给你们，请结合本地和本公司实际，认真组织实施。

各级发展改革、粮食部门和中央企业要切实承担起《规划》实施的主体责任，加强与有关部门的沟通、协调和配合，明确责任分工，强化《规划》执行的指导和监督，推进《规划》目标任务顺利完成。《规划》实施中遇到的新情况、新问题要及时报送国家发展改革委、国家粮食局。

附件：粮食物流业"十三五"发展规划（略）

国家发展改革委　国家粮食局

2017年3月3日

关于开展 2017 年全国食品安全宣传周活动的通知

食安办〔2017〕10 号

根据《国务院关于加强食品安全工作的决定》（国发〔2012〕20 号）的有关要求，暂定于 6 月 29 日至 7 月 13 日举行 2017 年全国食品安全宣传周活动。为切实做好宣传周筹备工作，现就有关事项通知如下：

一　活动主题

2017 年全国食品安全宣传周的主题为："尚德守法、共治共享、食品安全"。

德法并举是切实保障食品安全的治本之策。一方面，要严字当头，坚持"四个最严"，坚持源头严防、过程严管、风险严控，发挥政府监管纠正市场失灵、提升市场效率的作用，推动食品产业供给侧结构性改革，促进安全保障能力和生产经营管理全面升级，满足人民群众从数量需求向安全、优质、健康需求的结构性转变。另一方面，要运用创新社会管理和统筹综合治理的基本思路，强化企业主体责任和市场自律机制，广泛动员社会多元主体，积极促进政府职能转变，构建各方参与、严密有序的食品安全社会治理体系，推动食品安全事业步入共治与共享互为支撑的发展轨道。

二　宣传重点

（一）深入宣传贯彻党的十八大和十八届二中、三中、四中、五中、六中全会以及习近平总书记系列重要讲话精神。围绕宣传周主题，突出尚德守法、共治共享的理念。

（二）进一步落实"四个最严"要求，推动各级党委和政府要把食品安全作为一项重大政治任务来抓，完善食品安全监管体制，加强统一性、权威性。推动各级食品安全监管部门不断强化监管执法，加强政府信息公开。从满足人民群众普遍需求出发，促进餐饮业提高安全质量。

（三）引导食品企业及从业人员学法、知法、守法、用法，强化主体责任意识。大力宣传尊法重信典型，推进食品行业诚信体系建设，弘扬尚德守法的行业风气。

（四）引导社会各界参与食品安全普法宣传和科学知识普及，积极参与社会监督，提高维权能力和科学素养，营造浓厚的食品安全社会共治氛围。

三　活动安排

（一）中央层面。国务院食品安全办会同 18 部门组织开展，共同制定《中央层面全国食品安全宣传周重点活动及分工方案》（见附件）。各有关部门和单位按照方案要求组织开展活动。

（二）地方层面。各级食品安全办要联合同级有关部门，参照中央层面活动方案，结合本地实际和特色，组织开展宣传周活动。入围参加中央层面"双安双创"成果展的地区，要按照《国务院食品安全办、农业部、食品药品监管总局关于筹备2017年全国"双安双创"成果展的通知》（食安办〔2017〕2号）要求，做好参展筹备工作。

（三）社会层面。各地、各有关部门要动员和指导各类社会团体、市场主体、行业协（学）会，广泛开展面向广大消费者、食品从业者和媒体记者的诚信从业、知识普及等主题宣传活动。

四　活动要求

（一）加强组织领导。建立各级食品安全办组织协调、有关部门各负其责、全社会积极参与的工作机制。加强人员和经费保障，确保各项活动顺利进行并形成规模声势。同步部署消防、交通、防踩踏等安全防护措施，严格排查，消除隐患，落实应急预案，严防事故发生。

（二）增强活动实效。使用统一的"全国食品安全宣传周"标志。做好宣传报道和新闻服务，切实形成全媒体全覆盖格局。注意紧扣传播规律和公众关切，积极融合传统媒体与新兴媒体优势，不断丰富和完善宣传思路手法。加强宣传周期间的相关舆情监测，及时研判，稳妥发布，确保舆论环境平稳有序。

（三）严肃会风会纪。严格遵守中央关于改进工作作风、密切联系群众的八项规定，厉行勤俭节约、轻车简从，严禁铺张浪费、大讲排场和形式主义。

（四）及时总结成效。请各地、各有关部门要注意总结宣传周活动的成效和经验，总结报告电子版于7月18日前报国务院食品安全办。

附件：中央层面全国食品安全宣传周重点活动及分工方案（略）

联系人：果靓　杜婧举
电话：010-88330416 / 88330433 / 88330421（传真）
邮箱：CFDA0403@sina.com

国务院食品安全办　中央文明办　教育部
工业和信息化部　公安部　农业部　商务部
国家卫生计生委　工商总局　质检总局
新闻出版广电总局　食品药品监管总局
国家网信办　国家旅游局　中国保监会
国家粮食局　全国妇联　中国科协
中国铁路总公司
2017年3月16日

关于公布 2018 年小麦最低收购价格的通知

发改价格〔2017〕1855 号

各省、自治区、直辖市发展改革委、物价局、财政厅（局）、农业厅（局、委、办）、粮食局、农业发展银行分行：

2018 年国家继续在小麦主产区实行最低收购价政策。综合考虑粮食生产成本、市场供求、国内外市场价格和产业发展等各方面因素，经国务院批准，2018 年生产的小麦（三等）最低收购价为每 50 公斤 115 元，比 2017 年下调 3 元。

鉴于小麦即将开始大面积播种，各地要认真做好粮食最低收购价政策宣传工作，引导农民合理种植，促进粮食生产稳定发展。

国家发展改革委　财政部　农业部
国家粮食局　中国农业发展银行
2017 年 10 月 25 日

关于印发《粮食安全保障调控和应急设施中央预算内投资专项管理办法》的通知

发改经贸规〔2017〕1987号

各省、自治区、直辖市及计划单列市、新疆生产建设兵团发展改革委、粮食局，黑龙江省农垦总局，中国储备粮管理总公司、中粮集团有限公司、中航工业集团公司：

为规范粮食安全保障调控和应急设施专项管理，提高中央预算内投资使用效率，根据《中央预算内投资补助和贴息项目管理办法》（国家发展改革委令第45号）等有关规定，国家发展改革委、国家粮食局在原印发的《粮食仓储设施项目管理办法》《粮食现代物流项目管理办法》的基础上，研究制定了《粮食安全保障调控和应急设施中央预算内投资专项管理办法》，现印发你们，请按照执行。原《粮食仓储设施项目管理办法》《粮食现代物流项目管理办法》同时废止。

（附件略）

国家发展改革委　国家粮食局

2017年11月17日

国家粮食局文件
局发文部分

关于公布 2016 年度全国粮食流通统计工作考核结果的通知

国粮调〔2017〕8 号

各省、自治区、直辖市粮食局：

2016 年是国家粮食局深化粮食流通统计制度改革、对统计职能实行归口管理、统计报表实现网络直报的第一年。各地粮食行政管理部门认真执行《国家粮食流通统计制度》，通过采取完善统计台账，强化统计人员培训，开展统计制度专项检查等有效措施，不断夯实粮食统计工作基础，进一步补齐短板。广大统计人员履职尽责，勇于担当，积极作为，较好地完成了各项统计工作任务，统计数据质量和服务能力明显提升，对于推进玉米收储制度改革和粮食"去库存"等工作、加强粮食市场调控、落实粮食安全省长责任制发挥了重要作用。为激励先进、鞭策后进，进一步增强各地粮食行政管理部门做好粮食统计工作的责任感、使命感和粮食统计人员的荣誉感，经严格考核并公示，现将 19 家"2016 年度全国粮食流通统计工作优秀单位"和 19 名"2016 年度全国粮食流通统计工作优秀个人"（见附件）予以公布。

2017 年是粮食供给侧结构性改革的深化之年，各地粮食行政管理部门要根据粮食流通新形势新任务新要求，进一步优化统计职能配置，健全工作机制，提供必要保障，切实履行粮食流通统计法定职责。广大统计人员要切实加强统计数据质量控制，加强市场监测预警，强化统计分析研判，着力提高统计工作服务粮食宏观调控和行业管理的能力，积极主动为各级党委政府、有关部门决策提供可靠依据，为粮食生产者、经营者和消费者提供更加优质的粮食统计信息服务。

附件：1. 2016 年度全国粮食流通统计工作优秀单位名单
      2. 2016 年度全国粮食流通统计工作优秀个人名单

国家粮食局
2017 年 1 月 16 日

（此件公开发布）

附件 1

2016 年度全国粮食流通统计工作优秀单位名单

浙江省粮食局

湖北省粮食局

安徽省粮食局

河南省粮食局

黑龙江省粮食局

云南省粮食局

江苏省粮食局

天津市粮食局

广东省粮食局

北京市粮食局

宁夏回族自治区粮食局

上海市粮食局

陕西省粮食局

福建省粮食局

山东省粮食局

贵州省粮食局

河北省粮食局

吉林省粮食局

青海省粮食局

附件 2

2016 年度全国粮食流通统计工作优秀个人名单

浙江省粮食局	吴彤政
湖北省粮食局	李　兵
安徽省粮食局	戴　玲
河南省粮食局	张　宇
黑龙江省粮食局	宋亚贤
云南省粮食局	段琼芳
江苏省粮食局	毕成钢
天津市粮食局	刘　艺
广东省粮食局	朱　健

北京市粮食局	焦洪文
宁夏回族自治区粮食局	马　伟
上海市粮食局	沈泱泱
陕西省粮食局	朱友明
福建省粮食局	张素萍
山东省粮食局	赵祚林
贵州省粮食局	郑　杰
河北省粮食局	姚辰彦
吉林省粮食局	徐　政
青海省粮食局	阿　鹰

关于公布 2016 年度全国粮食流通监督检查工作考核结果的通知

国粮检〔2017〕17 号

各省、自治区、直辖市及新疆生产建设兵团粮食局：

2016 年，各级粮食行政管理部门认真贯彻落实党的十八大和十八届三中、四中、五中、六中全会精神，深入学习贯彻习近平总书记系列重要讲话精神，按照全国粮食流通工作会议的部署，主动适应粮食流通新常态，紧紧围绕行业中心工作，以粮食安全省长责任制考核为"牛鼻子"，大力实施"监管创新年"行动，各方面工作取得了显著成效，切实履行了"促改革、抓收购、管库存、保供给、调结构、稳市场"的行业职责，为保障国家粮食安全作出了积极贡献。根据《全国粮食流通监督检查工作考核暂行办法》（国粮办检〔2008〕162 号），经综合考核评定，河北省粮食局等 13 个单位为"2016 年度全国粮食流通监督检查工作先进单位"（名单见附件），现予公布。

2017 年是粮食供给侧结构性改革的深化之年，是粮食流通改革发展、转型升级的关键之年，粮食流通监督检查工作任务艰巨繁重。各级粮食行政管理部门要紧紧围绕全国粮食流通工作会议确定的重点任务，以粮食供给侧结构性改革为主线，以全面落实粮食安全省长责任制考核为抓手，全力实施粮食市场监管改革，强化粮食市场监管，推进依法管粮，助力粮食行业可持续健康发展，以优异成绩迎接党的十九大胜利召开。

附件：2016 年度全国粮食流通监督检查工作先进单位

国家粮食局
2017 年 1 月 26 日

（此件公开发布）

附件

2016 年度全国粮食流通监督检查工作先进单位

河北省粮食局

安徽省粮食局

四川省粮食局

吉林省粮食局

江西省粮食局

山东省粮食局

广东省粮食局

湖北省粮食局

江苏省粮食局

黑龙江省粮食局

浙江省粮食局

河南省粮食局

宁夏回族自治区粮食局

关于进一步加强粮食流通统计工作切实提高统计数据真实性的通知

国粮调〔2017〕58号

各省、自治区、直辖市及新疆生产建设兵团粮食局：

近年来，各级粮食行政管理部门积极推进粮食流通统计改革，不断提高统计能力和数据质量，统计工作取得长足进步，为服务宏观调控、推进粮食收储制度改革、保障国家粮食安全提供了有力信息支撑。但也存在一些不容忽视的问题，有的地方粮食行政管理部门统计职责落实不到位，有的涉粮企业不如实报送统计数据，粮食统计数据质量和工作水平亟待提高。为深入贯彻落实《关于深化统计管理体制改革提高统计数据真实性的意见》和《国务院办公厅转发国家统计局关于加强和完善部门统计工作意见的通知》精神，进一步加强粮食统计工作，切实提高统计数据真实性，现就有关事项通知如下：

一　充分认识粮食统计工作的重要意义

统计是经济社会发展的重要综合性基础性工作，统计数据是国家宏观调控和科学决策管理的重要依据。推进国家治理体系和治理能力现代化，必须有真实准确、完整及时的统计数据作支撑，建立健全用数据说话、用数据决策、用数据管理、用数据创新的管理体制。粮食流通统计是政府统计的重要组成部分，是粮食行政管理部门必须履行的法定职责。粮食统计数据是国家实施粮食宏观决策和管理的重要依据，也是粮食经营者参与粮食经济活动的重要参考。做好粮食流通统计工作，全面提升统计数据质量和工作水平，对于深入推进粮食供给侧结构性改革、完善粮食价格形成机制和收储制度、推动粮食流通转型升级跨越发展具有十分重要的意义。

二　建立粮食流通统计工作责任体系

各级粮食行政管理部门要牢固树立"法定职责必须为"的观念，依法履行粮食流通统计职责，全面落实执行统计法和国家粮食流通统计制度的领导责任。地方各级粮食行政管理部门主要负责人对粮食统计数据质量负主要领导责任，分管负责人负直接领导责任，统计牵头单位主要负责人负第一责任，统计人员对所承担的统计业务工作负直接责任。各类涉粮企业对报送粮食统计数据的真实性准确性负主体责任。

地方各级粮食行政管理部门要建立健全统计工作和数据质量问责机制，对调查对象未报送统计数据或明知统计数据不实而不进行调查核实和处理、授意统计调查对象在统计上弄虚作假、参与篡改编造虚假数据资料等行为，应当依纪依法严格问责。通过确立统计工作责任清单，明确目标任务、责任人员、具体责任，形成粮食流通统计工作齐抓共管的良好局面。

三　健全粮食流通统计数据质量控制体系

　　地方各级粮食行政管理部门要强化粮食流通统计工作业务指导、统计数据审核把关和统计制度执行情况监督检查。要督促指导辖区内涉粮企业按照国家粮食流通统计制度要求，建立粮食经营台账，及时准确报送统计数据。要严格审核企业上报数据，对异常数据要查明原因，及时修正，避免"带病"数据层层提交，误导决策。要健全统计检查机制，按"双随机一公开"检查方式，定期对下级粮食行政管理部门、统计调查对象开展监督检查。对未按要求报送统计数据的粮食企业，要责令其改正，情节严重的，依据《粮食流通管理条例》严肃处理，并记入企业诚信管理档案。同时，要配备必要的计算机等设备，落实统计工作经费，确保人员培训、调查经费、资料印刷等需要，保证统计工作正常顺利开展。

四　加强粮食统计机构和队伍建设

　　地方各级粮食行政管理部门主要负责人和分管负责人要加强本单位内部统计工作综合协调，建立与国家粮食局统计归口管理相适应的统计工作机制，有条件的地区和单位可实行统计归口管理，杜绝"多头布置、重复报送、数出多门"等问题。要根据统计工作需要，在单位编制总数内优选业务素质高、责任心强的人员承担统计工作，并建立统计工作 AB 角制度，保证统计岗位"常有人，不断档"。统计人员如调离本岗位，应做到先补充后调整，做好新人培训、业务交接和统计资料移交等工作，并及时报告上级粮食统计部门。建立统计人员培训制度，将统计培训纳入年度培训计划，统计培训要逐级覆盖到每个市地、每个县、每家涉粮企业。支持本单位统计人员参加上级粮食部门和统计部门组织的业务培训，参与相关业务调研、政策制定等工作。

五　加强粮食流通统计工作考核

　　地方各级粮食部门要加强党对统计工作的领导，把统计工作列入部门重要工作议程，经常深入基层调研了解统计工作实情，围绕提高统计数据真实性采取有力有效措施，保证统计数据真实可靠、完整及时。对因统计工作不作为导致辖区内涉粮企业发生大范围虚报瞒报漏报等问题的，因审核把关不严导致统计数据严重失真影响决策的，或因统计职责未理顺对统计工作相互推诿扯皮的，上级粮食行政管理部门应予以通报批评，并建议取消统计负责人和有关统计人员年度考核等各类评优资格。加强对领导干部统计工作的考核管理，任职考察和干部考核时，对统计造假、弄虚作假的，实行"一票否决制"。

国家粮食局

2017 年 4 月 10 日

（此件公开发布）

关于加强全国粮食系统安全工作的意见

国粮发〔2017〕107号

各省、自治区、直辖市及新疆生产建设兵团粮食局:

粮食安全是事关国计民生的头等大事,是实现经济发展、社会稳定、国家安全的重要基础。做好全国粮食系统安全工作,持续保持安全稳定,是维护国家粮食安全的重要基础和必然要求。近年来,随着粮食流通改革的深化,粮食系统安全工作面临新的形势和要求。为认真落实总体国家安全观和国家粮食安全战略,进一步加强全国粮食系统安全工作,现提出如下意见。

一 总体要求

(一)指导思想。全面贯彻党的十八大和十八届三中、四中、五中、六中全会精神,全面实施总体国家安全观和国家粮食安全战略,认真贯彻习近平总书记关于粮食安全的一系列重要讲话精神和李克强总理关于粮食流通工作的重要指示批示精神,以深入推进粮食供给侧结构性改革为主线,统筹粮食流通各环节、各方面工作,全面夯实粮食系统安全基础,不断提升国家粮食安全保障水平。

(二)基本原则。

坚持统筹兼顾、突出重点。坚持以总体国家安全观和国家粮食安全战略为统领,把粮食系统安全作为一个整体,统筹抓好粮食收购、储存、运输、加工、销售各环节工作和队伍建设,突出抓好安全储粮和安全生产两个重点。

坚持底线思维、问题导向。按照"确保谷物基本自给、口粮绝对安全"的粮食安全战略底线和"种粮卖得出、吃粮买得到"的行业安全工作底线,梳理排查粮食系统安全风险和隐患,着力解决薄弱环节和突出问题,找准突破口和切入点,构建粮食系统安全长效机制。

坚持压实责任、依法问责。全面厘清粮食系统安全工作的主体责任、属地监管责任和行业监管责任,层层压实各级抓好本地本系统安全工作的责任,严格责任追究机制,以问责倒逼责任落实,确保粮食系统安全各项工作职责清晰、责任明确、落实到位。

(三)主要目标。在全国粮食系统牢固树立安全意识,全面建立安全保障工作机制和突发事件应急处置机制,形成基础稳固、保障有力、协同联动、廉洁高效的粮食系统安全体系,确保不发生严重霉粮坏粮事故和重特大安全生产事故,不发生大面积农民"卖粮难",不发生粮食供应脱销断档和价格大幅波动,不发生粮食质量安全事故,不发生塌方式腐败等系统性安全问题。

二 严格责任落实和制度执行,确保粮食储存安全

(四)层层压实储粮安全责任。按照属地管理原则和权限,逐级传导、层层压实安全储粮的在

地监管责任、政策执行主体责任和企业主体责任；特别是承储企业主体责任和企业（库点）负责人第一责任人的责任，将具体保管责任落小落细、到岗到人，切实做到"谁储粮、谁负责，谁坏粮、谁担责"。

（五）严格落实《粮油储存安全责任暂行规定》和《粮油安全储存守则》。认真开展《粮油储存安全责任暂行规定》和《粮油安全储存守则》培训，实现对粮食部门和粮食企业所有仓储从业人员培训全覆盖，不断强化责任意识和规则意识，确保粮食储存保管规则严格执行到位，安全储粮管理规定全面落实到位。

（六）建立健全储粮安全检查长效机制。定期组织开展粮油储存安全检查，及时排查整治储粮安全隐患；以储粮安全检查敦促引导粮油仓储企业不断夯实仓储管理及安全储粮基础。认真做好区域性、季节性储粮安全风险防范，重点做好东北地区简易仓囤和南方地区老旧仓房、简易设施的储粮安全和超期储粮安全，采取切实措施，确保粮油安全度夏度汛。

（七）充分发挥技术指导专家组作用。进一步充实和加强安全储粮技术指导专家力量，必要时采取向社会购买服务方式，充分发挥专家智力支持作用，推动技术与管理的结合，预先研判、科学分析当地安全储粮的共性和重点个性问题，倡导绿色仓储、精细管理，对问题粮情及早发现、科学处置。

三　强化作业规范和专项检查，确保行业生产安全

（八）切实落实企业安全生产主体责任。强化安全生产属地管理，压实企业主体责任和企业主要负责人第一责任，按照"管行业必须管安全、管业务必须管安全"的要求履行部门监管责任，切实加强行业监督检查，确保粮食安全生产各环节依规操作、依职履责。

（九）严格执行《粮库安全生产守则》。加强《粮库安全生产守则》培训，重点培训基层生产一线岗位人员和外包作业人员，强化全员安全生产意识，消除人为造成的不安全因素。加强对安全生产各项制度执行的监督检查，检验培训效果，强化作业规范。

（十）建立健全行业安全生产隐患排查治理长效机制。从2017年开始，结合每年春、秋两次粮食储存安全大检查，集中排查整治安全生产隐患。利用库存检查、汛期检查、春节元旦两节检查等专项检查，强化监督管理，坚持整改与惩防结合，持续保持安全生产高压态势。

（十一）有效防治系统性重大风险隐患。认真开展千吨囤等出粮作业安全隐患专项治理，重点防范熏蒸伤人、粮堆埋人、火灾、粉尘爆炸等事故，坚决防止重大危害发生。提高粮库作业自动化、标准化水平，加强规范化管理，切实保障作业过程中的人员安全。

四　抓好粮食收购工作，切实保护种粮农民利益

（十二）完善粮食收储政策。积极稳妥推进粮食收储制度改革，继续执行并完善稻谷、小麦最低收购价政策，巩固和放大玉米收储制度改革的成效。落实地方政府收储责任，规范发展多元主体参与粮食收购，全力防止出现农民"卖粮难"。组织实施"中国好粮油行动计划"，积极引导农民调整种植结构，增加优质品种供给，实现优质优价，增加农民收益。

（十三）提升粮食收储功能。加强粮食仓储设施建设，加快建成与本地区粮食收储规模相匹配，布局合理、功能齐全的粮食收储体系。引导和支持开展订单收购、预约收购等新型服务，扩大粮食专业化收购，优化粮食收购服务。积极协调农业发展银行等金融机构落实收购资金，不断拓宽企业市场化收购资金融资渠道。加强粮食产后服务体系建设，着力开展以"代储存、代烘干、代质检、代加工、代销售"为重点的粮食产后专业化服务。

（十四）加强粮食收购组织指导。大力宣传粮食收购政策，适时发布粮食收购价格和进度等信息，引导农民把握好售粮时机。抓好政策性粮食收购，督促政策执行主体和各类收储企业严格遵守"五要五不准"收购守则，确保中央惠农政策落实到位。

（十五）加大粮食收购监督检查力度。加强对粮食收购政策执行情况的监督检查，严厉打击压级压价、抬级抬价、"打白条"、"转圈粮"等损害农民和国家利益行为，确保国家粮食收购政策不折不扣落实，维护粮食收购市场良好秩序。

五　**健全粮食供应体系，着力维护粮油市场稳定**

（十六）完善粮食市场化供应机制。完善以国家粮食交易协调中心为龙头，区域性粮食交易中心为骨干，大中城市成品粮批发市场为基础的统一开放、竞争有序的粮食批发市场体系；大力发展以超市、便民连锁店为主的城乡粮油供应网点，积极发展粮食电商、推进线上线下融合，形成网络健全、质量安全的粮食零售市场体系，确保粮食日常供应安全。以"中国好粮油行动计划"为载体和抓手，引导企业加工生产供应优质、绿色粮油产品，更好地满足消费者需求。

（十七）管好用好粮食储备。严格落实储备规模，优化储备布局和品种结构，按要求建立成品粮油储备。创新储备管理机制，积极探索中央和地方储备协同联动机制，形成合力，发挥好储备粮在建立保障安全中的"蓄水池"和"调节器"作用。

（十八）加强粮食市场监测预警。密切监测国内外粮食市场价格和供求信息，科学分析研判，实时监测预警，为宏观调控提供决策依据。发现趋势性、苗头性问题及时采取应对措施，超前调度，统筹谋划，合理引导，积极做好应急保供准备。

（十九）健全粮食应急供应保障机制。全面建成布局合理、设施完备、运转高效、保障有力的粮食应急供应保障机制，完善粮食应急预案，定期开展应急培训和演练，确保严重自然灾害或紧急状态时的粮食应急供应。

（二十）做好全国粮食平衡调度工作。加强粮食产销合作，鼓励和引导产销区政府和企业发挥各自比较优势，以市场需求为导向，建立多形式、深层次、长期稳定、互利互惠的粮食产销合作关系，促进粮食合理有序流通。加强对贫困地区、缺粮区、退耕还林还草地区和重大活动、重要时段的粮源组织调度，确保正常口粮和特殊需要的粮食供应。

（二十一）保障军粮供应和推进军民融合发展。适应国防军队改革新形势，主动做好政策对接，按计划落实粮源，优化网点布局，规范军粮供应，强化质量管控，提高服务水平；按照推进军民融合深度发展要求，融入国防动员体系，探索建立平战结合、军民融合军粮供应新模式，确保完成各项军粮供应保障任务。

六 加强检验监测和监督管理，确保粮食质量安全

（二十二）完善粮食质量标准体系。重点抓好仓储、物流、信息化建设、污染物快检方法、产后服务中心建设等标准的制定和修订。加强标准宣贯和执行监管，督促粮食企业严格执行粮食质量安全标准和食品安全标准。

（二十三）压实粮食质量安全监管责任。充分发挥粮食安全省长责任制考核和食品安全工作评议考核作用，逐级落实地方政府属地管理和生产经营主体责任。严格执行《粮食质量安全监管办法》和质量管控"八项制度"，强化粮食质量安全保障；抓紧建立污染粮食处置长效机制，严防不符合食品安全标准的粮食流入口粮市场。

（二十四）增强粮食质量检验检测能力。建立和完善粮食质量检验监测体系，适时在人口大县（市）、产粮大县建立检验监测机构，强化基层粮食质量安全检验监测能力。加强对现有国家粮食质量监测机构管理，试点开展市场化粮食购销检测服务、污染粮食处置等第三方检验检测业务。依托国家粮食管理平台，建设粮食质量安全监管信息化平台，完善检验检测仪器配置，强化技术能力培训，不断提高粮食质量信息化监管和检验检测水平。

（二十五）强化粮食质量日常检验监测管理。督促做好新收获粮食和库存粮食质量安全检验监测，扎实开展政策性粮食质量安全专项抽查，指导各地认真开展军供粮、"放心粮油"等政策性成品粮油监测监管，确保流通环节粮食质量安全。不断扩大社会粮食质量管理服务，大力开展科普宣传和农户科学储粮培训工作，保障粮食产后质量。

七 加强党风廉政建设，守住清正廉洁底线

（二十六）全面落实党风廉政建设两个责任。细化责任清单，强化责任考核，层层夯实各级党组织主体责任和纪检组织监督责任。坚持把纪律挺在前面，严格执行廉洁自律准则、纪律处分条例、党内政治生活若干准则和党内监督条例，加强正面典型引领激励和反面案例警示教育，不断提高党纪党规意识。完善党风廉政建设制度，积极践行监督执纪"四种形态"，立足抓早抓小抓经常，切实把问题解决在基层和初始萌芽状态。

（二十七）切实加强廉政风险防控。结合粮食部门实际，加强廉政风险防控体系建设，增强可行性和实效性。针对粮食去库存、"粮安工程"建设、粮库智能化升级改造、产后服务体系、检验监测体系、"中国好粮油行动计划"等重点工作和重大专项，完善廉政风险管控办法，明确风险点、风险等级和防控措施，加强督导检查、约谈提醒，有效降低廉政风险。

（二十八）严肃查处涉粮违纪案件。加强重点领域和重要环节监管，以"零容忍"态度严肃查处涉粮违纪违法行为。认真落实《粮食流通涉嫌违纪违法案件移送纪检和司法机关暂行办法》，建立与粮食全产业链对应的协作机制，以及跨部门、跨层级、跨区域的执法联动机制，对违法违纪实施属地处置。同时，充分发挥案件查办的教育、警示和威慑作用。

（二十九）全面加强行政风政风建设。严格落实中央八项规定，切实转变作风，坚决防止"四风"反弹回潮。严肃查处"打白条"、克斤扣两、压级压价、收"关系粮""人情粮"等行业不正之风，切实维护种粮农民合法权益。坚持"为耕者谋利、为食者造福"，积极传播行业正能量，大力弘扬

"四无粮仓"精神和"宁流千滴汗、不坏一粒粮"行业优良传统，营造风清气正良好政治生态。

八	保障措施

（三十）强化组织领导。各级粮食行政管理部门要高度重视，把加强本地区粮食系统安全工作摆到突出位置，制定具体落实方案；主要领导同志要负总责，分管负责同志要真抓真管，层层抓好落实，责任到岗到人。建立安全工作逐级报告制度，年度安全工作定期报告，重要安全事故和重大安全隐患及时报告，对瞒报、迟报要严厉追责。

（三十一）强化市场监管。深化"放管服"改革，加强粮食流通监管，建立以信用监管、智慧监管为核心的新型监管方式和多元共治的监管机制。全面推行"双随机、一公开"（随机抽取检查对象、随机选派执法检查人员，抽查情况及查处结果及时向社会公开）监管方式，加强"四不两直"（不发通知、不打招呼、不听汇报、不用陪同接待，直奔基层、直插现场）抽查，坚持跨省交叉执法检查制度，全力抓好粮食收购、储存、运输、销售等各环节监管，切实维护粮食流通秩序。建立有奖举报制度，构建涉及库存粮食数量、质量和储存安全等系统安全重点工作立体监督体系，充分发挥社会和舆论监督作用，切实提升粮食系统安全监管效能。

（三十二）强化基础支撑。持续推进"粮安工程"建设，进一步完善保障粮食安全的基础设施。充分运用现代信息技术、生物技术、新材料技术等装备粮食流通行业，为粮食安全储存、市场监管、质量检验监测以及行业安全生产提供技术支撑，提高粮食系统安全保障能力。

（三十三）强化督导检查。开展粮食系统安全工作督导检查，建立粮食系统安全事故通报制度，将安全工作情况纳入年度工作考核。对成绩突出的单位和个人，给予表彰奖励；对工作不力导致本地区粮食系统安全出现重大责任事故的，进行彻查问责。

（三十四）强化宣传引导。建立健全粮食流通新闻发布制度和新闻发言人制度，适时发布权威信息，回应社会关切，正确引导舆论。建立粮食舆情监测和应急处置机制，及时组织开展突发事件舆情应对，最大程度地避免、缩小和消除因突发事件造成的各种负面影响。推进信息发布平台建设，逐步完善政府网站、政务微博、微信公众号等多元化信息平台载体。

（三十五）强化队伍建设。加强粮食收购、检验、仓储保管、安全管理等专业人员培训，提高粮食行业专业技能人才队伍水平。强化粮食行业从业人员安全意识，营造全国粮食系统重安全、抓安全、守安全的良好氛围。

国家粮食局

2017 年 6 月 5 日

（此件公开发布）

关于认真做好 2017 年粮食收购监督检查工作的通知

国粮检〔2017〕112 号

各省、自治区、直辖市及新疆生产建设兵团粮食局，中国储备粮管理总公司、中粮集团有限公司、中国航空工业集团公司、中国农垦总公司：

为认真落实中央一号文件和中央经济工作会议、中央农村工作会议精神，根据《关于印发小麦和稻谷最低收购价执行预案的通知》（国粮调〔2016〕55 号）和《关于做好 2017 年小麦稻谷和油菜籽收购工作的通知》（国粮调〔2017〕66 号）要求，现就做好 2017 年粮食（含油菜籽，下同）收购监督检查工作通知如下：

一　高度重视粮食收购监督检查工作

做好粮食收购监督检查工作，强化粮食收购市场监管，确保收购工作顺利进行，对于促进农业稳定发展和农民持续增收，推进农业供给侧结构性改革，积极实施国家粮食安全战略，维护粮食市场稳定，具有十分重要的意义。当前夏粮收购工作将全面展开，各地粮食行政管理部门要讲政治、顾大局，以高度负责的态度，科学研判和准确把握收购形势，周密制定检查方案，畅通举报渠道，细化对策措施，增强监督检查工作的针对性和实效性。对收储矛盾突出的地区，要特别制定检查工作预案，切实履行好收购监督检查职责，严防发生"打白条"、卖粮难和"转圈粮"问题，确保收购工作顺利进行。

二　扎实开展粮食收购监督检查工作

（一）抓住重点，保障兴粮惠农政策落实。各地粮食行政管理部门要结合本地区实际，按照粮食安全省长责任制的要求，做好收购监督检查工作。对于政策性收购，检查工作要做到早准备、早部署、早开展，突出抓好粮食收储企业执行国家粮食收购政策和遵守"五要五不准"收购守则的监督检查，重点检查：政策性粮食收储库点有无在收购场所显著位置公布相关收购政策信息让农民交"放心粮"；有无拒收农民交售的合格粮食；是否向农民"打白条"；是否计量不准确克扣农民；是否压级压价或抬级抬价，"以次充好"，不执行国家粮食质量标准；是否存在"转圈粮"、买卖"人情粮"等违法违规行为。

要突出问题导向，聚焦风险隐患，抓住关键环节进行精准监管。对中储粮直属企业在近年的托市收购中，是否存在"以租赁之名"行"委托之实"等执行政策不规范的问题，与委托或租赁库点是否存在经济纠纷隐患，影响政策性粮食储存安全和顺畅出库等问题进行全面摸排检查，及时化解风险，防止久拖不决造成不良社会影响。

对于市场化收购，要组织开展粮食收购资格核查。重点对执行粮食流通统计制度和国家粮油质量标准、兑付售粮款等情况开展监督检查。要严厉查处缺斤少两、坑农害农、拖欠农民售粮款、设置障碍造成农民售粮不畅等破坏市场秩序的违法违规行为，保护种粮农民利益，严防发生农民"卖粮难"。

（二）压实责任，确保粮食收购安全。按照粮食安全省长责任制要求，充分发挥地方政府在开展粮食收购和维护粮食市场收购秩序方面的监管主体作用。省级粮食行政管理部门要会同中储粮有关分公司、农业发展银行省级分行，按照《关于进一步强化"四个共同"机制　切实做好国家政策性粮食收储和监管工作的通知》（国粮检〔2015〕202号）要求，共同合理确定收储库点，共同组织好政策性粮食收购入库，共同对收购的国家政策性粮食的数量、质量、库存管理及销售出库等负责，共同落实好国家政策性粮食收储政策。作为国家政策性粮食收购执行主体的中储粮总公司及其有关分公司，以及受中储粮总公司委托的中央及地方企业，要切实担负起执行国家粮食收购政策的主体责任，带头执行好国家粮食收购政策。

在收购过程中，要高度重视安全生产和储粮安全。务必压实企业主体责任，严格执行操作规程和工作制度，加大储粮安全隐患排查力度，早预防、早发现、早排除，确保不发生重大霉粮坏粮和安全生产事故，切实做到粮安、库安、人安。

（三）创新方式，强化问题整改。在收购期间，各地要创新监管方式，对辖区内企业实行分类监管，对问题易发多发地区和企业进行重点监管。按照"双随机一公开"原则和"不发通知、不打招呼、不听汇报、不用陪同、直奔基层、直插现场"方式，扎实开展检查。检查发现的问题，不分大小一律建立整改台账，明确整改时限和责任人，督促企业限期整改；对查实的问题要严惩不贷，严肃问责；对重大问题立案调查，并按照有关规定及时移送纪检和司法机关处理。根据工作需要，组织开展跨部门、跨地区联合执法，消除监管盲区，实现监管全覆盖。

三　严格履行粮食收购监督检查工作职责

（一）加强组织领导，形成监管合力。省级粮食行政管理部门要按照粮食安全省长责任制的要求，切实加强对收购监督检查工作的组织领导，主要领导亲自抓，分管领导具体抓，一级抓一级，层层抓落实。要建立部门联动和区域协调监管机制，开展联合执法，形成监管合力，确保收购顺利进行。

（二）加强政策宣传，营造良好氛围。要通过主流新闻媒体，积极宣传收购政策，将有关政策解读到位，引导企业主动遵规守纪，引导种粮农民提高运用法律手段维护自身权益的意识和能力。要高度关注社会舆情，妥善解决媒体曝光和群众举报的涉粮案件，及时回应社会关切，为收购工作创造良好环境。

（三）加强层级监督，严肃检查纪律。各地粮食行政管理部门，要建立健全收购监督检查工作责任制和问责机制。在收购高峰期，上级粮食行政管理部门要组织力量深入一线进行督导检查，及时协调解决重点难点问题，确保不出现"卖粮难"。对因工作不力影响粮食收购安全、造成较大影响的，要追究有关部门和责任人的责任。各地在开展检查时，要认真执行中央八项规定精神和相关纪律要求，严格做到秉公执法、清正廉洁。

各省级粮食行政管理部门要分别在夏粮和秋粮收购结束后，将落实本通知要求的情况书面报送国家粮食局监督检查司。

国家粮食局

2017年6月8日

（此件公开发布）

关于在河北山东两省启动 *2017* 年小麦最低收购价执行预案的通知

国粮调〔2017〕125 号

中国储备粮管理总公司：

你公司《关于在河北山东两省启动 2017 年小麦最低收购价执行预案的请示》（中储粮〔2017〕204 号）收悉。根据国家发展改革委、国家粮食局等部门《关于印发小麦和稻谷最低收购价执行预案的通知》（国粮调〔2016〕55 号）有关规定，经研究，同意自 7 月 6 日起在河北省和山东省启动 2017 年小麦最低收购价执行预案。

国家粮食局

2017 年 7 月 4 日

（此件公开发布）

关于开展纪念建军 90 周年双拥活动的通知

国粮军〔2017〕135 号

各省、自治区、直辖市粮食局：

为庆祝中国人民解放军建军 90 周年，发扬粮食系统拥军优属的光荣传统，巩固双拥共建成果，营造军民团结的良好氛围，根据中央宣传部、民政部、中央军委政治工作部文件精神，现就搞好 2017 年"八一"建军节期间双拥活动通知如下：

一　精心组织务求实效

今年是中国人民解放军建军 90 周年，各省、自治区、直辖市粮食局要高度重视、加强领导、统筹协调，严格按照中央统一部署要求组织实施双拥活动，把传承红色基因、推进强国强军作为主基调，弘扬主旋律，汇聚正能量。组织纪念活动要严格遵守中央八项规定精神和《党政机关厉行节约反对浪费条例》，精心组织，勤俭节约，务求实效。

二　扎实做好军粮保障

各级粮食部门要加强质量监管，确保军粮质量安全；认真落实军地有关部门加强新形势下军粮供应管理工作的各项要求，提升规范化管理；紧贴部队需求，创新服务方式，丰富供应品种，拓宽服务范围，做好军粮保障工作。主要负责人和关键岗位人员要保持通讯畅通，随时做好各项军事任务和大型纪念活动的供应保障准备。

三　深入开展双拥共建

各级粮食部门在双拥活动中要充分体现暖军心、惠官兵，主要领导要带领慰问组，走访慰问驻地部队官兵，主动征求意见，协助解决部队执行战备执勤、施工训练、生产生活中存在的问题，为部队后勤保障提供强有力的支撑。与部队官兵共同开展主题鲜明、内容丰富、形式多样的纪念活动，宣传军队拥政爱民的光荣传统，宣扬粮食战线拥军优属的先进事迹，营造军政军民亲密融合的良好氛围。积极开展"粮油科技进军营、餐桌节约促强军"活动，加强对部队伙食餐饮保障人员的指导，为部队官兵提供科学储粮、合理膳食等优质服务。

四　加快提升综合保障能力

各级粮食部门要进一步完善军粮供应体系规划，优化网络布局，加快提升军粮供应综合保障能力，抓紧做好军粮综合应急保障基地和区域性成品粮油应急配送中心建设项目储备。已列入 2017 年度重点支持的省份，要全面做好建设准备工作。

请各省、自治区、直辖市军粮管理机构在双拥活动后，及时进行总结，并于 8 月 4 日前将活动开展情况纸质材料及电子版报送国家粮食局军粮办。

联系人：王健

邮箱：jlzxghc@163.com

电话：010-52725037

国家粮食局

2017 年 7 月 13 日

（此件公开发布）

关于在江西省启动 2017 年早籼稻最低收购价执行预案的通知

国粮调〔2017〕144 号

中国储备粮管理总公司：

　　你公司《关于在江西省启动 2017 年早籼稻最低收购价执行预案的请示》（中储粮〔2017〕240 号）收悉。根据国家发展改革委、国家粮食局等部门《关于印发小麦和稻谷最低收购价执行预案的通知》（国粮调〔2016〕55 号）有关规定，经研究，同意自 7 月 28 日起在江西省启动 2017 年早籼稻最低收购价执行预案。

国家粮食局

2017 年 7 月 27 日

（此件公开发布）

关于在全国粮食行业开展"深化改革转型发展"大讨论活动的通知

国粮发〔2017〕150 号

各省、自治区、直辖市、计划单列市及新疆生产建设兵团粮食局，中国储备粮管理总公司、中粮集团有限公司、中国航空工业集团公司：

为深入贯彻习近平总书记系列重要讲话精神和治国理政新理念新思想新战略，扎实做好迎接党的十九大召开和学习贯彻十九大精神各项工作，认真实施国家粮食安全战略，加快粮食流通改革发展，国家粮食局决定，自 2017 年 7 月起，利用一年时间在全国粮食行业开展"深化改革、转型发展"大讨论活动（以下简称大讨论活动）。为确保活动顺利开展，国家粮食局制定了实施方案，现印发给你们，请认真贯彻实施，并就有关事项通知如下：

一 加强领导，制定方案，精心组织

国家粮食局成立了以局党组书记、局长张务锋同志为组长，其他局领导为副组长的大讨论活动领导小组，加强对活动的组织领导。各省级粮食部门也要相应成立活动领导小组，立足各自实际，制定细化活动方案，精心组织实施，迅速掀起大讨论活动的热潮。

二 广泛发动，深入讨论，凝聚共识

各级粮食部门要认真组织好辖区内粮食部门和企事业单位的讨论活动，充分调动广大干部职工参与讨论的积极性。要因地制宜、因势利导，找准载体抓手，创新方式方法，认真做好各环节工作，集思广益、多方联动，形成深化改革、转型发展的强大合力。

三 统筹协调，典型引导，务求实效

要把开展大讨论活动同深入推进"两学一做"学习教育常态化制度化紧密结合起来，与全面落实全国粮食流通工作会议精神和全国粮食流通改革发展座谈会部署紧密结合起来，做到两结合、两促进。要结合推进"抓重点、出亮点、树典型"工作，积极培树深化改革、转型发展的先进典型，发挥典型引领带动作用，放大活动成果。要以严的态度、实的作风，认真组织开展大讨论活动，不搞形式、不走过场，确保活动实效。

　　各地各单位请于 8 月 15 日前将大讨论活动细化方案报国家粮食局大讨论活动领导小组办公室；活动过程中有关情况及优秀成果，请及时报告。

　　联系电话：010–63906028　传真：010–63906027

　　电子邮箱：dtlbgs@chinagrain.gov.cn

　　（实施方案略）

国家粮食局

2017 年 7 月 31 日

关于授予山东省滨州市"全国粮食产业经济发展示范市"的通知

国粮储〔2017〕184 号

各省、自治区、直辖市及新疆生产建设兵团粮食局：

为认真落实《国务院办公厅关于加快推进农业供给侧结构性改革大力发展粮食产业经济的意见》（国办发〔2017〕78 号）等文件精神，经山东省粮食局推荐，国家粮食局认真研究遴选和现场考察，决定授予滨州市"全国粮食产业经济发展示范市"称号。

近年来，山东省滨州市在推进农业供给侧结构性改革、发展粮食产业经济方面成效显著。2016 年滨州市粮食产业经济总产值超过 1000 亿元；形成农业产业化国家重点龙头企业 5 家、全国农产品加工示范企业 3 家、全国"放心粮油"示范加工企业 10 家，其中 4 家企业名列全国粮油行业 10 强；粮油行业已有中国驰名商标 6 个、中国名牌 3 个。滨州市构建了以邹平玉米、博兴大豆和滨城、惠民、阳信小麦精深加工为主体的，具有鲜明地域特色的粮食精深加工产业集群，并摸索出了一条"政府引导、市场导向、龙头带动、科技支撑、循环融合、惠民安全"的粮食产业经济发展模式。希望滨州市再接再厉，进一步健全体制机制，在粮食产业创新发展、转型升级和提质增效方面不断进取，进一步发挥先行先试和示范引领作用。

希望各级粮食部门认真学习和借鉴"滨州模式"，指导本地区加强统筹谋划，培育发展粮食产业新动能、打造发展粮食产业新引擎，形成一批可复制可推广的模式和经验，共同推动粮食产业经济更好更快发展，为提升国家粮食安全保障能力做出更大的贡献。

国家粮食局

2017 年 9 月 10 日

（此件公开发布）

局办公室发文部分

关于印发 2017 年粮食行业特有工种职业技能鉴定计划的通知

国粮办人〔2017〕16 号

各省、自治区、直辖市及新疆生产建设兵团粮食局，中国储备粮管理总公司、中粮集团有限公司、中国航空工业集团公司：

根据粮食行业技能人才队伍建设需要，结合各单位鉴定需求，我们编制了《2017 年粮食行业特有工种职业技能鉴定计划》，现印发给你们，并就有关事宜通知如下：

一、各单位要高度重视，精心组织，认真抓好计划落实。如无特殊原因，原则上不得随意变更鉴定计划。

二、严格执行《粮食行业特有工种职业技能鉴定规程》等规章制度，进一步加强鉴定考务管理，规范考试流程，认真做好资格审核、信息报送等工作，加强质量督导，确保鉴定质量。

三、进一步加大技能人才培训力度，广泛开展岗位练兵等活动，在全行业形成"比、学、赶、超"的氛围，加快提高从业人员的职业能力，促进广大一线技能人才向创造型技术技能人才发展。

附件：1. 2017 年粮食行业特有工种职业技能鉴定计划表（略）
　　　2. 2017 年粮食行业特有工种职业技能鉴定理论知识全国统一考试时间安排（略）

国家粮食局办公室
2017 年 1 月 18 日

（此件公开发布）

关于印发《关于安全储粮和安全生产检查与培训情况的报告》的通知

国粮办储〔2017〕39 号

各省、自治区、直辖市及新疆生产建设兵团粮食局，中国储备粮管理总公司、中粮集团有限公司、中航工业集团公司：

2016 年以来，面对粮食库存之高、简易设施储粮之多前所未有的严峻形势，我局采取一系列措施，加大对安全储粮和安全生产（以下简称"两个安全"）的指导力度，相继颁布实施《粮油储存安全责任暂行规定》《粮油安全储存守则》《粮库安全生产守则》，部署全国秋冬粮油安全大检查和"一规定两守则"全员培训，召开全国粮食行业安全储粮和安全生产视频会议，印制发放 30 万套"两守则"口袋书，下发做好"两节"期间"两个安全"工作的通知，多措并举力保粮安人安。地方各级粮食行政管理部门、各中央粮食企业、各粮油仓储单位认真贯彻落实徐鸣同志在全国粮食行业安全储粮和安全生产视频会议上的重要讲话精神，重点突出"守底线"，从严从实从细开展了各项工作。

根据各地区各单位检查和培训总结，结合我局赴部分省区开展实地督查的有关情况，我们形成了《关于安全储粮和安全生产检查与培训情况的报告》，经局领导同意，现印发给你们，请结合本地区、本单位实际，进一步加大力度，做好"两个安全"工作。

2017 年，安全储粮和安全生产工作仍面临"高库存"与"去库存"的双重压力，任务十分艰巨。各地区各单位要认真贯彻落实中央领导同志的重要指示批示精神，切实按照全国粮食流通工作会议要求，充分认识做好"两个安全"工作的重要性和紧迫性，认真落实责任，全面开展排查，及时消除隐患，切实加强重点环节管理，确保制度落实到位、责任落实到位、隐患整治到位，确保全年特别是"两会"等重要时期的储粮安全和生产安全。一要建立粮油安全大检查长效机制。从今年开始，各地区各单位要结合日常工作，每年在春夏交替、秋冬交替时期组织开展粮油安全大检查，并于每年 6 月底和 12 月底前将大检查情况及汇总表正式行文报送我局，形成长效机制，今后我局每年将不再就大检查工作另行发文。二要切实落实企业"两个安全"主体责任。各地区各单位要按照属地原则和管理权限，针对本次大检查中发现的问题及时做出风险预警，将在地监管责任、政策执行主体责任和企业主体责任进一步压实。督促相关企业进一步加强日常管理，用两个守则规范操作行为，驰而不息做好隐患排查整治。三要有效防范区域性风险隐患。针对"去库存"过程中可能出现的北方地区千吨囤、大型储粮罩棚和南方地区简易储粮设施集中出粮等导致作业隐患增加的风险，中储粮总公司和相关分公司及相关省（区、市）粮食部门要提前研究，梳理出作业要点，有条件的地区争取实现一企一策，确保不发生区域性安全事故。四要实现"一规定两守则"培训全员覆盖。各地区各单位要严格按照《国家粮食局办公室关于在粮食行业开展安全储粮和安全生产全员培训的通知》（国粮办储〔2016〕273 号）要求，实现对所有从业人员尤其是一线作业和管理人员培训的全覆盖，确保培训实效。我局将继续密切跟踪培训情况并组织开展抽查。五要充分发挥技术指导专家组作用。在落实企业主体责任的基础上，充分发挥当地技术指导专家组的作用。国家粮食局将协调提供技术支持，上下联动，坚决守住

"两个安全"的底线，以优异成绩迎接党的十九大胜利召开。

国家粮食局办公室
2017 年 2 月 22 日

（此件公开发布）

关于安全储粮和安全生产检查与培训情况的报告

2016 年以来，面对粮食"高库存"与"去库存"下安全储粮和安全生产的双重压力，国家粮食局采取一系列创新措施加强对"两个安全"工作的行业指导，各地认真贯彻落实徐鸣同志在视频会议上的重要讲话精神，突出"守底线"，从严从实从细开展了各项工作。我们在赴黑龙江、安徽、吉林、江西等地实地督查的基础上，对各省（区、市）及三大中央粮食企业报送的有关情况进行了汇总，分析了存在问题，提出了下一步工作建议。具体报告如下：

一　全国"两个安全"视频会议精神贯彻情况

全国粮食行业安全储粮和安全生产视频会议召开后，各省级粮食行政管理部门及中央粮食企业迅速响应，通过召开局长办公会、专题会议、视频会议等形式传达徐鸣同志讲话精神，研究贯彻落实意见，对本地区本单位秋冬粮油安全大检查、"一规定两守则"全员培训进行了具体部署。各省级粮食行政管理部门和中央粮食企业制定大检查和培训工作方案，成立领导小组，精心编排、落实行动，并组织对所辖地区和企业进行督导和检查，确保工作不停留在开会、转发文件，而是取得实效、守住底线。市县粮食部门和基层粮食企业也都动员了起来，积极参加培训、开展检查，营造了"遵规定、学守则、保安全"的良好行业氛围。

（一）秋冬粮油安全大检查情况

视频会议后，各省级粮食行政管理部门、各中央粮食企业按照会议部署以及《关于开展 2016 年全国秋季粮油安全大检查的通知》（国粮办储〔2016〕269 号）要求，制定实施方案，部署开展工作。省级粮食行政管理部门按照属地管理原则对辖区内安全储粮和安全生产情况进行了督导、抽查，市县两级粮食行政管理部门全面检查。中央粮食企业各地的分支机构及具体企业也结合总部要求，认真布置开展了巡查和自查。国家粮食局适时组织了对南北重点省份的督查，基本形成四级联动检查的局面。

1.各地周密部署检查工作。各省级粮食行政管理部门、中央粮食企业高度重视粮油安全大检查工作，对照大检查通知要求和"一规定两守则"，落实各环节检查任务，确保真正达到发现问题、整改隐患、促进安全的目的。北京、吉林、福建、四川等省（市）粮食局成立了安全生产大检查领导小组；天津市粮食局会同市发展改革委、市财政局等单位进行秋冬粮油安全大检查；陕西省粮食局将此次检查工作和"一规定两守则"的宣传贯彻相结合，促进检查工作顺利开展。

2.逐级认真履行检查程序。各地粮食企业对照检查清单，积极开展自查工作，迅速动员落实对自身安全储粮和安全生产隐患进行全面、细致排查，填写检查底稿，并向所在地粮食行政管理部门报告自查情况。对发现的问题隐患建立台账，记录隐患情况、整改措施、治理结果，对检查中发现的较为严重的隐患，市、县粮食行政管理部门跟踪督导、限期整改，严防事故发生。中储粮总公司直属企业在开展大检查的基础上，认真组织"回头看"，进一步做实日常管理工作；中航国际粮油贸易有限公司以"一规定两守则"为核心，坚持以查促改，提高安全生产工作水平。

3. 联合落实重点省份督查。"两节"期间，国家粮食局仓储与科技司和中储粮总公司仓储管理部开展联合督查，邀请有关专家参加，先后赴黑龙江、吉林、安徽、江西 4 省，对 11 个市（县）20 余家企业就视频会议精神落实、"两个安全"大检查和全员培训等情况进行了重点督导和抽查，现场查阅了秋季大检查的档案材料，进仓入囤查看粮情，与地方粮食行政管理部门和企业座谈，并对东北地区简易仓囤尤其是千吨囤和南方简易仓、老仓等进行了重点检查。

（二）行业全员培训情况

视频会议后，各省级粮食行政管理部门、中央粮食企业按照会议部署和《关于在粮食行业开展安全储粮和安全生产全员培训的通知》（国粮办储〔2016〕273 号）要求，高度重视，认真组织，对照国家粮食局制定的《培训大纲》，结合本地实际制定培训方案并及时上报，迅速掀起"一规定两守则"的学习热潮，做到培训不留死角、不留空当，现已基本按期完成 2016 年第四季度的培训任务。

1. 加强对培训的组织领导。各地区各单位充分认识到"一规定两守则"的重要意义，各中央粮食企业及其分支机构、地方各级粮食行政管理部门、各类粮油仓储单位明确培训工作由各级主要领导负总责、带头学，分管领导亲自抓、直接管，相关部门认真履责，精心组织，一级抓一级、层层压实培训任务。为加强对培训工作的领导，天津、甘肃粮食局成立了以主要负责同志为组长的全员培训工作领导小组，主要领导亲自挂帅推动培训扎实开展。重庆市明确了市县两级培训预算，市级培训由市级财政负担，区县培训由重庆粮食集团承担，预算合计 780 万元。

2. 因地制宜制定培训方案。各地区各单位科学安排，落实责任，采取"实招""硬招"，精心挑选师资、编排课程，细化培训内容，明确培训课时，制订考核要求。在执行国家粮食局统一培训计划任务外，各地还根据自身需要和特点充实了培训内容。山东省将《省安全生产行政责任制规定》及各地具体要求纳入培训内容；湖北省将《省国有粮食企业仓储管理规范》的贯彻落实与培训工作有机结合；内蒙古、辽宁在制定省级培训方案的同时，要求各地市根据实际情况制定相应培训方案；四川省按照"全员培训、突出实践"的原则，将"低温储粮技术""粮油质量检验检测技术"等纳入培训内容；天津市结合"春、夏、冬"三季粮油安全检查，对培训情况进行督查，并将培训情况纳入年终"一符四无"考核鉴定内容。

3. 创新培训形式确保培训效果。各地不局限于集中授课的单一培训形式，充分挖掘和利用现有手段，在保证培训效果的同时，对培训形式进行了创新，以"一规定两守则"为基础，串联安全储粮和安全生产技术要点，寓管理于培训之中，使参训人员易于理解、牢记，以更好指导实际工作。吉林省举办安全生产知识竞赛，以赛代训开展培训；天津市开通培训 QQ 号和微信公众号（津粮信），定期发布培训内容；江苏省于 2016 年底前完成了对市、县粮食部门和央企、省属企业管理人员和师资人员的培训；浙江省针对不同培训对象分别组织举办了不同类型的培训班；中粮集团把"一规定两守则"培训内容与集团推行的 THM 和 5S 管理结合起来，扎实抓好"两个安全"工作。

二　存在问题分析

各地区各单位认真贯彻落实视频会议精神，认真组织粮油安全检查和全员培训，企业自查、政策执行主体检查、地方粮食行政管理部门在地检查、国家粮食局重点督查的良性工作格局初步形成，全国"两个安全"形势总体平稳。通过检查，也发现了一些隐患。根据各地上报的情况，共有167家企业存在安全储粮隐患。从问题类型看，虫粮、高水分粮、发热粮问题分别占总数（出现相应问题的货位个数与总货位个数的比值，下同）的24.8%、11.79%、8.54%，但问题程度较轻，基本可控，尚未发生粮油储存事故，后续可根据守则和具体情况合理处置；从储粮性质看，临时存储粮隐患最为突出，隐患数占总数的60%，其次是地方储备粮（26%）、商品粮（14%）。安全生产方面，共有1379家企业查出隐患，重点表现在消防、用电和库内交通3个方面，分别占隐患总数的16.22%、13.24%、14.32%。当前"两个安全"方面存在的主要问题是：

（一）库存粮情总体稳定，但保管基础工作不够扎实。部分企业制度不完善，管理和作业粗放。自查情况无记录或记录不详细，部分仓房未按要求挂放"三簿两卡"；个别企业测温层点设置不合规范；少数库点粮温较高；个别地方出现虫粮、高水分粮；处置问题没有具体应急预案，也没有发现、报告、处置问题的过程记录；个别企业仓房使用储粮化学药剂操作不当。在中央、地方和民营粮油仓储企业中，均不同程度出现智能粮情检测系统不能实时有效检测粮情，存在测温电缆损坏、系统不稳定、历史记录不完整等问题，一定程度上暴露了企业粮情检测不及时、不规范等问题，给开春后的储粮安全带来隐患。

（二）安全生产受到重视，但日常管理仍有"死角"。部分仓房没有安装系留装置，有些仓房虽然有系留装置，但保管人员不会使用或者干脆不用；部分仓房没有安装防爆灯，使用普通日光灯照明，存在粉尘爆炸隐患；部分企业灭火器压力不足，年检过期失效，放置位置不符合规范要求；部分粮库内部警示标识缺失，熏蒸作业未设置警戒线；个别企业配电室防护不严、未落锁，存在安全隐患；个别企业采用编织袋围包散存，存在较大安全隐患；相当一部分企业机械设备安全防护设施不全、警示标识缺失，存在机械伤害等安全隐患。入库、烘干作业现场缺少明显警示标识和调度指挥人员等习惯性违章问题仍未得到有效遏制。

（三）区域性隐患凸显，需引起高度重视。各地在仓储设施、库存数量、气候特点和经济发展等方面存在较大差异，"两个安全"隐患的区域性特点逐渐显现："去库存"背景下，东北地区简易仓囤出粮作业的安全隐患陡增，千吨囤和斜拉筋大跨度钢罩棚可能进入出粮高峰期，以往累积的风险因素再难以回避，吉林省对千吨囤出粮进行了积极探索，但实际出粮情况表明安全风险仍然很大。湖南省个别粮库不经规范设计论证加隔离墙分廒间储粮，不按规程进行出粮作业，导致出现安全事故；江西等经济发展相对落后省份的仓储设施硬件不足，老旧仓房长期服役，潜存隐患较大；广西等高温高湿省份储粮虫害易发，难以有效灭杀；部分地区稻谷超期储存，品质保持难上加难。

三　下一步工作建议

（一）及时预警，进一步压实"两个安全"责任。正式发文向各地区各单位反馈本次大检查中发现的问题，做好风险预警，将在地监管责任、政策执行主体责任和企业主体责任进一步压实。督促企业进一步加强日常管理，用两个守则规范操作行为，驰而不息做好隐患排查整治，确保全年特别是"两会"等重要时期的生产安全。指导企业利用冬季自然冷源和季节优势，对尚有积热或前期通风保冷效果不佳的仓房，科学通风引入自然冷源，在冬春气温回升前做好隔热保冷工作，加强天气回暖时的粮情监测，及时处理问题粮情，为全年安全储粮打好基础。

（二）加强培训，实现"一规定两守则"培训全员覆盖。督查和培训进度表明，省级培训和对粮库负责人的培训进展顺利，多数地区完成了市县粮食行政管理部门及粮库负责人的培训，但仍需再接再厉，下一步实现年内对所有从业人员尤其是一线作业和管理人员培训的全覆盖。我们将继续密切跟踪各地后续培训情况，督促扎实完成培训全部任务，并通过制作题库上网、组织抽检测验等确保培训实效。

（三）突出重点，有效防范系统性安全风险。重点针对去库存过程中可能出现的千吨囤、大型储粮罩棚集中出粮导致作业隐患增加的风险，建议中储粮总公司及其相关分公司和东北三省一区粮食部门提前研究，梳理出关键要点和基本规范，有条件的地区争取实现一企一策。在压实企业主体责任的基础上，发挥好各地技术指导专家组的作用。我们将协调提供技术支持，切实防范系统性风险发生。

（四）拓展深化，以"两个安全"优异成绩迎接党的十九大胜利召开。一是丰富已有成果，抓紧实施"两守则"教学片视频摄制工作，进一步提升"两守则"宣传教育效果。二是继续开展春夏、秋冬两次粮油安全大检查，结合各地实际和企业日常工作，逐步形成长效机制。三是充分发挥国家粮食局和各地指导专家组的智力支持作用，今年针对东北地区简易仓囤进出粮作业、南方地区虫害防治、有效通风等重点问题加强技术研究，争取在守则基础上形成若干技术要点。

关于印发 2017 年政务公开工作要点的通知

国粮办发〔2017〕88 号

各司室、直属单位、联系单位：

为深入贯彻《中华人民共和国政府信息公开条例》和中办、国办《关于全面推进政务公开工作的意见》，以及国务院办公厅《2017 年政务公开工作要点》精神，进一步做好我局政务公开工作，结合粮食工作实际，我们制定了《国家粮食局 2017 年政务公开工作要点》，经局领导同意，现印发给你们，请结合实际认真贯彻落实。

国家粮食局办公室

2017 年 4 月 26 日

（此件公开发布）

国家粮食局 2017 年政务公开工作要点

2017 年政务公开的总体要求是：全面贯彻党的十八大和十八届三中、四中、五中、六中全会精神，深入贯彻习近平总书记系列重要讲话精神和治国理政新理念新思想新战略，尤其是习近平总书记在广西壮族自治区考察时发表的重要讲话和李克强总理在山东考察期间听取我局工作汇报时对粮食工作的重要指示精神，认真落实《政府工作报告》中有关粮食工作的重要部署，坚持稳中求进总基调，以推动供给侧结构性改革为主线，立足粮食行业实际，全面推进决策、执行、管理、服务、结果公开，加强解读回应，扩大公众参与，增强公开时效。

一　以政务公开助力供给侧结构性改革

（一）及时公开粮食收储政策和有关粮食价格等信息。包括各类粮食品种收储政策、国家政策性粮食收购预案启动信息，如相关省份启动小麦稻谷最低收购价执行预案的通知等，以及全国粮食收购工作会议情况和粮食收储调研相关信息。每周发布全国小麦、稻谷、玉米、大豆收购价格信息，收购旺季每五日发布主产区收购进度信息，引导市场形成理性预期，促进收购平稳有序开展。及时发布国家政策性粮食跨省移库和跨县集并计划。（调控司负责落实）

（二）及时发布粮油交易信息。交易前，根据销售计划在国家粮食交易中心网站及时准确发布当期交易公告、清单、时间预估等信息；交易时，对成交情况进行实时报道；交易后，通过国家粮食交易中心网站、微信公众平台等媒体准确及时发布交易成果。及时向发展改革、财政等相关部门报送粮食交易动态，主要包括粮油销售计划、交易品种、实际成交量、成交率、成交金额以及简要分析和市场预测等，为宏观调控决策提供参考。（粮食交易协调中心负责落实）

二　以政务公开助力粮食行业发展

（三）推进"放管服"改革信息公开。围绕简政放权、放管结合、优化服务的改革要求，坚持以开放为常态、不开放为例外，全面推进"五公开"，做到权力公开透明、方便群众办事。及时公开政策性文件的废止、失效等情况，并在政府网站已发布的原文件上作出明确标注。（政策法规司、人事司牵头，各相关单位负责落实）

（四）推进行政审批事项信息公开。进一步推进中央储备粮代储资格认定行政许可事项公开，及时公开《中央储备粮代储资格管理办法》及其实施细则，向社会公众提前告知资格认定工作时间、程序及方式等调整变化情况，继续做好资格认定审批条件、程序、结果等公开事宜，进一步修改完善《中央储备粮代储资格认定服务指南》、申请常见问题及说明解答、申请材料示范文本等，为申请企业提供更加优质便利的行政许可政务服务。（仓储与科技司负责落实）

（五）推进全社会粮食流通的监管和服务。及时主动公开粮食流通监督检查相关政策、制度，国家政策性粮食收购和销售出库监督检查、粮油库存检查、中央储备粮专项检查、全社会粮食流通监督检查、体系建设等信息。做好粮食流通监管改革等政策措施的宣传，公开地方粮食部门监督检查重点工作信息和典型经验做法。按照《国家粮食局"双随机—公开"监管工作细则》要求，及时公开随机抽查事项清单，明确抽查依据、主体、内容、方式等，在不涉密的情况下将抽查对象、处罚结果等向社会公开，并适时公开涉粮违法违规典型案件。（监督检查司负责落实）

（六）做好粮食安全省长责任制考核信息公开。制定并公布2017年度粮食安全省长责任制考核工作通知，及时公布考核工作进展情况，以及各地落实粮食安全省长责任制考核工作信息和典型经验做法。（监督检查司负责落实）

（七）推进粮食行业规划建设信息公开。做好《粮食行业"十三五"发展规划纲要》《粮食物流业发展"十三五"规划》《粮食行业信息化发展"十三五"规划》等规划宣传、解读、实施等信息公开；协助有关部门对粮食仓储、物流及信息化建设等有关情况进行公开。（规划财务司负责落实）

（八）强化政务服务。2017年内完成政务服务事项目录编制工作，通过本级政府门户网站集中全面公开。（办公室牵头，调控司、仓储与科技司、政策法规司等有关单位负责落实）

三　以政务公开助力惠及民生

（九）推进定点扶贫工作信息公开。及时公开我局帮扶安徽省阜南县脱贫攻坚的相关情况。继续加大扶贫政策、扶贫成效、扶贫资金、项目安排等信息公开力度，全面及时公开扶贫捐赠信息，提高社会扶贫公信力和美誉度。（调控司牵头，各相关单位负责落实）

（十）推进援疆援藏支援苏区等工作信息公开。及时公开相关援助工作、援助项目、援助成效等有关情况信息，广泛动员社会力量参与援疆援藏工作。（规划财务司负责落实）

（十一）推进就业创业信息公开。及时发布全局人才招录（聘）信息。根据2017年我局考录、遴选、选调和接收高校毕业生等工作安排，及时准确发布信息，确保进人工作公开、透明、规范。（人事司负责落实）

（十二）推进粮食质量安全及标准等相关信息公开。及时公开年度粮食质量安全重点工作、国家粮食质量检验技术培训、国家粮食质量检验监测机构名单、国家粮食质量安全监管工作评估考核结果、行业标准公告，以及粮油标准制修订征求意见稿。（标准质量中心负责落实）

四　以政务公开助力防范风险

（十三）推进相关建设项目信息和公共服务信息公开。加强国家科技奖励信息、粮食科技计划项目组织实施、验收情况的公开，加强粮食公益性行业科研专项成果，以及科技成果推广方面的信息公开。加强节粮减损等信息公开，主要包括粮食流通、加工、消费等方面促进节粮减损工作的政策措施、好的做法及经验等。及时公开粮食产后服务体系建设的支持情况、各地建设进度，以及放心粮油和主食产业化工程建设进展情况。（仓储与科技司负责落实）

（十四）推进粮食行业安全生产工作政务公开。定期开展全国春秋两季粮油安全大检查和相关督查，坚持安全生产隐患治理，及时发布行业重大隐患预警信息，做好重大风险隐患排查信息公开工作。（仓储与科技司负责落实）

五　以政务公开助力机关建设

（十五）深入推进部门预决算公开。按财政部相关规定要求，及时公开我局部门预决算等有关内容，积极扩大预决算公开范围，细化预决算公开内容。将我局预算支出全部公开到功能分类项级科目（涉密信息除外），按规定公开到经济分类科目（涉密信息除外）。稳步推进预算绩效信息公开。加快预决算公开进度，规范预决算公开方式，按规定及时在局政府网专栏中公开除涉密内容以外的我局部门预决算有关内容。（规划财务司负责落实）

（十六）按规定公开审计整改结果。按照审计署对我局 2016 年度预算执行等情况审计报告所提要求，在审计整改期限截止后依法向社会公告整改结果。（规划财务司负责落实）

六　增强政务公开实效

（十七）全面落实"五公开工作机制"。认真落实《意见》及实施细则的相关要求，2017 年内完成"五公开"纳入办文办会程序。各司室、单位在拟制公文时，要明确主动公开、依申请公开、不予公开等属性，随公文一并报批，拟不公开的，要在《办文要报》中依法依规说明理由。各司室、单位起草政府政策性文件代拟稿时，应对公开属性提出明确建议并说明理由；上报的发文请示件应明确公开属性建议，或依法依规提出不公开理由。（办公室牵头，各单位负责落实）

（十八）加快制定主动公开基本目录，稳步有序拓展公开范围。对涉及公众利益、需要社会广泛知晓的电视电话会议，除涉及国家秘密的外，要积极通过网络、新媒体直播等向社会公开。进一步做好全国人大代表建议和全国政协委员提案办理结果公开工作，对涉及公共利益、社会广泛关注的建议提案，原则上都要公开答复全文，及时回应关切，接受群众监督。（办公室牵头，各单位负责落实）

（十九）优化局政府网站栏目板块内容建设。着力优化局政府网站栏目板块建设，进一步提高栏目的便民性、服务性和可辨识度；做好各司室、单位拟公开信息的发布工作。及时发布各司室、单位

报送的信息公开内容。（政策法规司负责落实）

（二十）进一步丰富政府信息公开渠道。开通局政务微博、微信，并通过多种新媒体渠道加强政务信息推送报送力度。（政策法规司负责落实）

（二十一）充分利用纸质期刊在政策解读、深度报道等方面的优势加强政务公开。采用出版增刊、专题报道、开设专栏等形式对粮食流通重大政策、会议、重要工作部署等进行宣传。2017 年重点围绕粮食流通工作会议精神、粮食供给侧结构性改革、玉米收储制度改革、粮食行业"十三五"发展规划等重点工作进行宣传解读。创新发布平台，加快建设好移动客户端，积极利用新媒体平台发布政务信息，并强化其互动和服务功能。（中国粮食经济杂志社负责落实）

（二十二）进一步健全解读回应机制。充分利用新闻发布会、政策吹风会等方式，主动回应重大舆情关切，释放信号，引导预期。各司室、单位要按照"谁起草、谁解读"的原则，做到政策性文件与解读方案、解读材料同步组织、同步审签、同步部署。严格执行特别重大、重大突发事件最迟 5 小时内发布权威信息、24 小时内举行新闻发布会的时限要求，落实通报批评和约谈制度，确保回应不超时、内容不敷衍。（各项政策和规划的起草单位负责解读和回应）

（二十三）进一步规范依申请公开答复工作。严格按照法定时限答复，增强答复内容针对性并明示救济渠道，答复形式要严谨规范。对依申请公开工作中发现的依法行政方面的问题，要及时向相关单位提出工作建议。对公众申请较为集中的政府信息，可以转为主动公开的，应当主动公开。（办公室牵头，各相关单位负责落实）

2017 年是实施"十三五"规划的重要一年，是供给侧结构性改革的深化之年，做好粮食行业政务公开工作，对促进粮食流通改革发展、转型升级具有重要意义，各单位要结合工作实际，采取切实有效措施做好政务公开工作，以优异成绩迎接党的十九大胜利召开。

关于开展 2017 年中央储备粮代储资格认定工作的通知

国粮办储〔2017〕227 号

各省、自治区、直辖市及新疆生产建设兵团粮食局，中粮集团有限公司、中国航空工业集团公司：

根据《中央储备粮代储资格管理办法》（国家发展和改革委员会财政部令第 5 号）、《中央储备粮代储资格管理办法实施细则》（国家粮食局公告 2017 年第 3 号）规定，2017 年中央储备粮代储资格认定工作将于近期开展。现就有关事项通知如下：

一　申请方式

申请企业通过"中央储备粮代储资格网上直报和评审系统"（以下称网上办理平台）填报相关资料并在线提交申请，不接受纸质版申请材料。国家粮食局通过网上办理平台直接受理企业申请。

进入网上办理平台请登录国家粮食局网站 http://www.chinagrain.gov.cn，首页点击"在线办事——行政许可"或"在线办事——直报系统"栏目，首次登录需先行注册。

二　受理范围

根据《中央储备粮代储资格管理办法》《中央储备粮代储资格管理办法实施细则》，今后资格认定将遵循有利于优化布局、有利于加强监管、有利于节约成本的原则，与代储需求相匹配。2017 年中央储备粮代储资格认定工作，原则上在中国储备粮管理总公司统报有代储需求的地区启动（附件 1）。

新申请、补充申请和延续申请企业应为国有独资或国有控股；延续申请企业为代储资格证书于 2017 年到期的企业；变更申请企业为所有取得代储资格且证书在有效期内但发生规定变更事项的企业。

三　受理时间

（一）预受理。2017 年 9 月 26 日至 10 月 13 日（工作日，下同）为预受理时间，申请企业可登录"直报系统"按照要求据实填报申请信息并预提交。期间，国家粮食局将对企业预提交的申请资料进行预审查，材料不齐全的，将及时反馈企业补正或修改；材料齐全的，待正式受理期间向企业反馈受理文书。预受理期间，企业可对预提交的申请资料进行修改。

（二）正式受理。2017 年 10 月 16 日至 20 日为正式受理时间。预受理期间已提交过申请且情况无误的企业无需再次提交，国家粮食局将在此期间向申请企业反馈受理情况。申请材料齐全、符合法定形式的，出具《行政许可受理通知书》；申请材料不齐全或者不符合法定形式的，出具《行政许可补正申请材料通知书》；申请企业不在本次受理范围的，出具《行政许可不予受理决定书》。一旦正式受理，企业申请资料不可再更改。

| 四 | 审查时限及行政许可文书反馈 |

国家粮食局自受理之日起 20 日内完成审查并作出行政许可决定。审查需组织专家鉴定，进行技术评审，必要时到现场核查，所需时间约 20 日，不计算在法定许可时限内。

所有行政许可文书均以电子版形式反馈至企业所留邮箱，申请企业也可通过网上办理平台查询并自行下载打印。

| 五 | 注意事项 |

（一）重大调整变化。一是今年首次采用在线直报进行网上办理，原填报软件停用，申请企业无需再向国家粮食局寄送纸质版和电子版材料；二是为更好地服务中央储备粮实际储存需要，避免没有代储需求的地区企业申请造成不必要浪费，自今年起仅对有中央储备粮代储需求的地区开放认定，由中国储备粮管理总公司提供相关情况。

（二）咨询指导服务。请各省（区、市）粮食局协助做好本行政区域内企业的中央储备粮代储资格申请咨询、指导等工作，要充分利用政府网站、微信、QQ 等平台工具及时向企业宣传、解释政策变化情况，协助指导企业按照规定申请。

国家粮食局也将在认定期间提供多种形式的咨询指导服务（工作日 8:00-11:30、13:00-17:00）。

现场咨询：国家粮食局行政审批服务窗口（北京市西城区木樨地北里甲 11 号国宏大厦 C 座 1318 室）；

电话咨询：010-63906368/6928/6976/6977（业务咨询）；

在线咨询：QQ 群 627777975（技术咨询）。

企业也可通过网上办理平台及时查询、获取相关信息。

附件：1. 2017 年拟开展中央储备粮代储资格认定工作地区（略）

　　　2. "中央储备粮代储资格网上直报和评审系统"使用说明（略）

国家粮食局办公室

2017 年 9 月 14 日

（此件公开发布）

关于成立信息化推进办公室的通知

国粮办人〔2017〕239号

各司室、直属单位、联系单位：

为加强粮食行业信息化的统一协调和管理，经局党组研究决定，成立国家粮食局信息化推进办公室（以下简称推进办）。现就有关事项通知如下。

一　推进办工作职责

推进办是国家粮食局信息化工作领导小组的专职办事机构，具体负责粮食行业信息化建设工作指导、国家粮食管理平台建设以及与有关部门和地方、企业互联互通等信息化工作。

二　推进办组成人员

主任：何毅

副主任：谭本刚、卜轶彪

成员：葛亮、朱之光、彭守根、杨正、张维、邝琼、马兆才、高博策、李智（挂职）、王燕

三　其他事项

（一）文件运转。以推进办名义印发的文件，均采用"国粮信"或"国粮办信"文号。涉及职能范围内的收文和相关事项，由局办公室直接批转推进办办理。

（二）工作经费。2017年推进办日常办公产生的会议、培训、差旅等费用从现有项目中调剂安排。2018年及以后年度，由推进办按规定申报预算，经规划财务司审核后，按相关程序报批。

（三）人员管理。推进办工作人员由推进办管理和考核，在推进办临时党支部参加组织生活，原则上不再承担原单位工作任务。有关单位如需替换推进办工作人员应征得推进办同意。根据工作需要，可临时抽调其他单位同志到推进办工作。

特此通知。

国家粮食局办公室

2017年9月19日

（此件公开发布）

关于印发《国家粮食局关于加快推进粮食行业信息化建设的意见》的通知

国粮办发〔2017〕244 号

各省、自治区、直辖市及新疆生产建设兵团粮食局，黑龙江省农垦总局，中国储备粮管理总公司、中粮集团有限公司、中国航空工业集团公司：

为加快推进粮食行业信息化建设，实现全行业信息资源共享、数据互联互通，经局领导批准，现将《国家粮食局关于加快推进粮食行业信息化建设的意见》印发你们，请结合工作实际，认真贯彻执行。

国家粮食局办公室

2017 年 9 月 17 日

（此件公开发布）

国家粮食局关于加快推进粮食行业信息化建设的意见

为更好地落实党中央、国务院关于信息化工作的部署，加快推进粮食行业信息化建设，尽快取得突破性进展和明显成效，实现全行业信息资源共享、数据互联互通，全面提高粮食精准调控和决策水平，保障国家粮食安全，经研究，提出以下意见。

一　加强组织领导

信息化建设是"一把手"工程。国家粮食局成立信息化工作领导小组，由张务锋局长任组长，卢景波副局长、何毅总工程师任副组长，各司室、直属事业单位主要负责同志为成员，统筹推进国家粮食管理平台和粮食行业信息化建设。各省级粮食行政管理部门也要成立领导协调机构，主要负责同志挂帅，统筹推进信息化建设。要将粮食行业信息化建设纳入领导班子重要议事日程，列入内部责任制考核事项。

二　强化推进落实

国家粮食局信息化工作领导小组下设信息化推进办公室，何毅总工程师兼任主任，仓储与科技司、粮油信息中心有关负责同志任副主任。推进办在粮油信息中心计算机技术处和行业信息化处的基础上，从办公室、规划财务司、标准质量中心等单位抽调精干人员集中独立办公，专职负责粮食行业信息化建设工作指导，国家粮食管理平台建设，与有关部门和地方、企业互联互通等信息化工作，其他司室、事业单位根据需要协同配合。各省级粮食行政管理部门要结合本省实际，明确信息化建设专职推进机构，具体负责建设任务的推进落实。

三	统一建设标准规范

国家粮食局近期已印发省级粮食管理平台建设技术指引、验收规范，粮库信息化建设技术指引、验收规范等 4 个文件。各省级粮食行政管理部门要督导项目建设单位严格执行技术指引、验收规范以及其他技术标准规范，为国家、省级、粮库三级架构信息资源共建共享、数据互联互通打好基础。中国储备粮管理总公司、中粮集团有限公司和中国航空工业集团公司等涉粮中央企业应积极参照粮食行业信息化规范开展信息化建设，统一全行业信息化建设技术标准。

四	开展业务流程再造

信息化不应是业务工作简单的数字化再现，而是对现有业务工作的全面梳理及流程再造。各地区、各单位要基于信息技术特点，全面开展粮食业务流程再造和模式重构，推动信息技术与粮食业务的深度融合。创新工作思路和方式方法，运用云计算、大数据、人工智能等技术手段，规范业务工作程序，增强业务协同能力，提升业务工作效率，提高粮食调控和决策的科学性、精准性和时效性。

五	促进信息资源共建共享、数据互联互通

信息资源共建共享、数据互联互通是信息化建设的重中之重。加快建立粮食行业信息资源目录体系，编制行业政务信息资源目录，同时及时更新，动态调整。推动核心业务系统沉淀数据汇聚，加快构建信息资源库。整合现有信息化资源，实现行业内部各类信息资源共享，加快制定国家粮食管理平台和省级平台对接方案。结合政务信息系统整合共享工作，推动与发展改革、财政、农业、工商、农业发展银行等部门的信息资源共享。中国储备粮管理总公司、中粮集团有限公司和中国航空工业集团公司等涉粮中央企业要积极与各级粮食行政管理部门衔接会商，加强配合，消除"信息孤岛""数据烟囱"，促进涉粮数据的互联互通。

六	加大督导考核力度

各省级粮食行政管理部门要采取有效措施，在保证建设质量的前提下，加快粮库智能化升级改造和省级粮食管理平台建设进度。按期完成财政部门绩效评价和政务信息系统整合共享工作，进一步明确时间表和路线图，细化责任清单，加强进度台账管理。要建立强有力的监督考核制度，加强引导激励和约束惩戒。对项目建设情况较好的单位，予以奖励表扬；对未能按要求完成任务的单位，予以通报并责令整改。国家粮食局已将粮库智能化升级改造纳入粮食安全省长责任制考核内容，同时将建立常态督查督办机制，对项目进展缓慢、推进措施不力、无法互联互通的省份和项目单位予以通报批评。

七　增强技术保障力量

　　各省级粮食行政管理部门要优化人员配置，将学习能力强、业务熟练、素质过硬的人员充实到信息化建设和管理队伍，加强对粮食业务、信息技术、项目管理等方面能力的培养和锻炼，在行业内建立既懂粮食业务、又懂信息技术、还懂项目管理的复合型人才队伍。采取多种措施大力引进行业信息化急需人才，加强行业信息化人才培养，依托行业高校、科研机构、企业的智力资源和研究平台，建立一批联合实习实训基地，面向行业开展信息化人才专门培训。要采用产学研用对接合作等多种方式，依托有关院校和专家，为粮食行业信息化建设咨询、技术指导、技术攻关、课题研究、模型构建、成果应用、人员培训、运行维护、安全防护等提供支持。要吸引实力雄厚的大型信息技术企业参与粮食行业信息化建设，提高粮食行业信息化建设水平，增强粮食行业信息化创新引领、持续发展的动能。

八　确保建成廉政工程

　　各省级粮食行政管理部门要讲政治、顾大局，坚持原则，阳光操作，牢牢守住廉政底线，务求把好事办好；严禁出现"工程干起来、干部倒下去"的现象。特别是要按规定统筹使用好各项资金，加强招投标和政府采购环节的监督管理，尽量统一组织招标，合理划分标段，加强过程监督，杜绝违规问题出现。

九　加强业务联系

　　各省级粮食行政管理部门，要按期报送本省粮食行业信息化建设和财政资金使用进展情况。广泛调研、及时梳理信息化工作的重点难点问题，研究提出粮食行业信息化发展创新务实的思路和举措，及时向国家粮食局请示汇报。同时，为便于开展技术指导和对接，请各省级粮食行政管理部门和涉粮中央企业，于9月底前将信息化负责人、技术负责人的名单和联系方式报送国家粮食局信息化推进办公室。

关于印发《粮食产后服务中心建设技术指南（试行）》和《粮食产后服务中心服务要点（试行）》的通知

国粮办储〔2017〕266 号

各省、自治区、直辖市及新疆生产建设兵团粮食局，中粮集团有限公司：

为认真落实《国务院办公厅关于完善支持政策促进农民持续增收的若干意见》（国办发〔2016〕87 号）和《国务院办公厅关于加快推进农业供给侧结构性改革大力发展粮食产业经济的意见》（国办发〔2017〕78 号）关于建设粮食产后服务中心的有关精神，按照财政部、国家粮食局《关于在流通领域实施"优质粮食工程"的通知》（财建〔2017〕290 号），国家粮食局、财政部《关于印发"优质粮食工程"实施方案的通知》（国粮财〔2017〕180 号）和《粮食产后服务体系建设申报指南》等要求，为更好地指导和规范粮食产后服务中心的建设和服务等工作，现将《粮食产后服务中心建设技术指南（试行）》和《粮食产后服务中心服务要点（试行）》印发你们，请结合各地实际贯彻落实。执行中遇到的新情况新问题，请及时报送我局仓储与科技司。

附件：1.《粮食产后服务中心建设技术指南（试行）》（略）
2.《粮食产后服务中心服务要点（试行）》（略）

国家粮食局办公室
2017 年 10 月 11 日

（此件公开发布）

关于印发全国粮食流通执法督查创新示范单位创建活动实施方案的通知

国粮办检〔2017〕305号

各省、自治区、直辖市粮食局：

现将《全国粮食流通执法督查创新示范单位创建活动实施方案》印发给你们，请认真贯彻执行。

国家粮食局办公室

2017年11月30日

全国粮食流通执法督查创新示范单位创建活动实施方案

自2010年开展粮食流通监督检查示范单位创建活动以来，各地粮食行政管理部门积极转变观念，不断加强粮食流通监管体系建设，规范执法程序，提升执法能力，强化执法保障，紧紧围绕粮食流通重点工作，认真开展执法监管，为深入推进依法管粮，维护粮食流通秩序，守住管好"天下粮仓"发挥了重要作用。为认真贯彻落实党中央、国务院领导同志重要指示批示精神，进一步完善监管制度，创新监管方式，加强粮食流通监管，国家粮食局决定，开展"全国粮食流通执法督查创新示范单位"（以下简称创新示范单位）创建活动。具体方案如下：

一　总体要求

（一）指导思想

认真落实党中央、国务院领导同志关于加强粮食流通监管的重要指示批示精神，深化"放管服"改革，加强粮食流通事中事后监管，以政策性粮食行政监管为主线，以执法检查和大要案查处督办为重点，以创建创新示范单位为抓手，着力完善监管制度、创新监管方式、强化监管责任、提升监管效能，充分发挥示范引领作用，切实维护粮食流通秩序，确保国家粮食安全。

（二）基本原则

服务大局，创新示范。服务于保障国家粮食安全和推进粮食流通改革发展的大局，树立法治思维，完善法治措施，创新执法方式，积极探索形式多样、可复制、可推广的粮食流通监管新方式新方法。

严格标准，分级负责。坚持问题导向和市场化改革方向，因地制宜细化创建内容。实行"谁推荐、谁审核、谁负责"的工作机制，严格评选，优中选优，宁缺毋滥，确保创建质量和示范效果。

总量控制，动态管理。实行当年创建、次年认定、周期管理。每一个评选周期为5年，总量原则上不超过辖区内粮食行政管理部门总数的15%。因故被撤销称号的，3年内不得再次申报；从命名授牌之日起满 5 年的自动退出，符合创建条件的可再次申报。

以创促建，分类指导。对照创建标准要求，查找自身不足，改进工作方法，完善制度措施，加强分级分类指导，推动粮食流通执法监管工作水平整体提升。

（三）创建目标

通过开展创新示范单位创建活动，促进执法监管重心向基层倾斜，执法机构、执法人员、执法保障进一步加强；监管责任、监管措施落实到位，人防能力全面提升，技防措施不断加强，法防机制逐步完善，群防手段更加丰富；部门监管、行业自律、企业内控、社会监督"四位一体"的监管体制更加健全。

二　基本条件

（一）认真实施国家粮食安全战略，对辖区内中央和地方企业收购、储存、销售国家政策性粮食（中央储备粮除外）的数量、质量、储存安全，以及其他各类涉粮企业执行粮食政策法律法规情况，依法依规进行执法督查，切实履行行政监管主体责任。

（二）全面落实《粮食流通管理条例》等法律法规，模范履行粮食流通监管职责，监管经费、执法装备保障有力，及时完成上级主管部门交办的监管任务。

（三）本地区执法督查工作在人防、技防、法防、群防等方面，至少有一项有创新、有成效，可示范、可推广。

（四）近 3 年没有行政诉讼败诉和行政复议被撤销、变更、责令履行的案件，领导班子和行政执法人员无违法违纪违规行为，辖区内未发生被上级部门督办的重大涉粮案件。

三　创建内容

（一）增强人防力量，带头提升监管能力。加强粮食流通监管机构、监管队伍和执法督查能力建设，严明监管纪律，落实监管责任。加强监管人员培训，保障监管经费，充实监管装备，为依法管粮提供坚强保障。

（二）提升技防水平，带头创新监管方式。建立粮食行业检查对象名录库和执法检查人员名录库，公布执法检查事项清单，推行"双随机一公开""四不两直"等执法监管方式，积极探索移动执法、自动监控等智慧监管，增强监管实效。加强粮食库存动态监管，实行在线监控。实施信用分级分类监管，建立完善粮食行业守信激励、失信联合惩戒对象名单制度，依法将相关信息纳入当地或上级部门信用信息系统（平台）。

（三）加强法防力度，带头完善监管制度。结合新形势新要求和本地区本部门实际，带头完善粮食流通事中事后监管机制；推进"粮食安全隐患大排查快整治严执法"集中行动制度化常态化，规范检查程序和自由裁量权，加强与综合执法等部门协调配合，推行行政执法公示、执法全过程记录、重大执法决定法制审核制度，建立健全定期巡查、随机抽查、举报投诉受理、案件查处移送报备、执法案卷评审、执法责任追究等制度。加强层级督导，建立问题清单、整改清单和责任清单，压实粮食质量安全、储存安全、生产安全监管责任。

（四）发挥群防作用，带头消除风险隐患。加强信访信息研判和舆情监测，带头建立完善涉粮矛盾纠纷预警机制、利益诉求表达机制、协商沟通机制等；对容易激化和反映强烈的问题，及时依法依规处置，化解不稳定因素。把群众诉求作为群防群治的重要抓手，深挖问题线索，及时堵塞漏洞，剖析矛盾成因，增强监管针对性。

为加强对创新示范单位创建活动的指导，突出各地创新特色，各省级粮食行政管理部门要对《全国粮食流通执法督查创新示范单位创建指引》（附件1）进行细化，更好指导基层开展创建活动。

四　创建程序

创新示范单位按照基层创建、申报推荐、审核公示、命名授牌的程序产生。

（一）基层创建。市县级粮食行政管理部门为创建主体，创建单位要编制创建实施方案，对照创建内容自评，并填写《全国粮食流通执法督查创新示范单位创建申报表》（附件2）。

（二）申报推荐。地市级粮食行政管理部门对申报单位进行认真审核，本着优中选优的原则，向省级粮食行政管理部门推荐。地市级粮食行政管理部门本级开展创建的，创建材料直接报省级粮食行政管理部门。

（三）审核公示。省级粮食行政管理部门对创建申报情况要从严从紧把关，并现场审核；拟推荐名单要通过网站等渠道公示不少于5个工作日，公示无异议或公示结果不影响的，上报国家粮食局。国家粮食局对申报材料进行审核，适时组织实地抽查；对审核合格的候选名单，通过政府网站等渠道，公示5个工作日，接受社会评议和监督。

（四）命名授牌。通过审核公示的申报单位，国家粮食局授予"全国粮食流通执法督查创新示范单位"称号，发文通报并命名授牌。

五　撤销条件

有下列情形之一的，撤销创新示范单位称号。

（一）粮食监管机构不完善、监管职能落实不到位的；

（二）发生重大违法违规行政案件的；

（三）单位主要负责人或分管负责人违法犯罪的；

（四）辖区内发生重大涉粮违法违规案件，查处不力或被上级部门挂牌督办的；

（五）监管工作水平严重滑坡，辖区内涉粮违法违规案件频发多发的；

（六）其他应当撤销创新示范单位称号的情形。

撤销称号一般由省级粮食行政管理部门审核并报国家粮食局撤销；因辖区内发生重大涉粮违法违规案件被国家有关部门督办或国家有关部门抽查发现达不到创建要求的，由国家粮食局直接撤销。

六　保障措施

（一）加强组织领导。各省（区、市）粮食行政管理部门要把创建活动作为贯彻落实党中央、国务院关于加强粮食流通监管决策部署的重要抓手，摆上重要工作日程。要加强统筹协调，广泛发动，上下联动，强力推进，确保取得实效。

（二）精心组织实施。各省（区、市）粮食行政管理部门要结合本地实际，进一步细化创建内容，严格评审程序，强化保障措施，推动工作落实。要加强创建活动的调研指导，注重总结宣传经验，培树先进典型，确保创建活动的质量和活力。

（三）强化督导抽查。要严明工作纪律，对弄虚作假、违规评审推荐等行为，一经查实，严肃处理。各省（区、市）粮食行政管理部门要加强督导，国家粮食局将不定期组织抽查，抽查发现达不到条件被撤销的，相应核减次年该省（区、市）申报创新示范单位比例。

（四）做好创建衔接。首批命名创新示范单位100家左右，原则上从全国粮食流通监督检查示范单位中择优推荐产生。各省级粮食行政管理部门要认真组织对辖区内全国粮食流通监督检查示范单位进行复审，从严把关，择优遴选3~4家向国家粮食局推荐；对未纳入首批创新示范单位的全国粮食流通监督检查示范单位，要加强指导，按照创新示范单位条件积极创建，优先作为第二批创新示范单位备选对象，坚持优中选优、优胜劣汰。自第二批创新示范单位命名之日起，全国粮食流通监督检查示范单位称号终止。

国家粮食局根据各地推荐情况，择优遴选；对命名授牌的创新示范单位，在推荐评选全国粮食系统先进集体、优惠政策扶持等方面优先考虑，并选择部分代表性强、示范作用明显的先进典型进行重点宣传。各省级粮食行政管理部门要高度重视，于2017年12月25日前将本省（区、市）创建方案、创建活动开展情况及评选推荐名单报送国家粮食局（执法督查局）。

附件：1. 全国粮食流通执法督查创新示范单位创建指引（略）
　　　2. 全国粮食流通执法督查创新示范单位创建申报表（略）

关于启用"执法督查局""信息化推进办公室"印章和明确发文字号的通知

国粮办发〔2017〕309 号

各省、自治区、直辖市、计划单列市及新疆生产建设兵团粮食局，国家粮食局各司局、直属单位、联系单位：

为认真贯彻落实国务院关于推进机构改革和政府职能转变的决策部署，适应粮食流通新形势、新常态，更好地全面履行粮食流通工作各项职责，我局调整了执法督查局和信息化推进办公室的相关职责，现就印章启用和发文字号等事宜通知如下：

一　国家粮食局执法督查局

根据中央编办《关于国家粮食局有关机构编制调整的批复》（中央编办复字〔2017〕279 号），调整后的监督检查司更名为执法督查局。启用"国家粮食局执法督查局"印章，印章名称和式样见附件。原国家粮食局监督检查司的印章同时作废。发文字号简称为"执法"，其中，局发文字号（包括局函）为"国粮执法"，局办发文字号（包括局办函）为"国粮办执法"，司便函发文字号为"司局便函执法"。

二　国家粮食局信息化推进办公室

根据《国家粮食局办公室关于成立信息化推进办公室的通知》（国粮办人〔2017〕239 号），成立"国家粮食局信息化推进办公室"。启用"国家粮食局信息化推进办公室"印章，印章名称和式样见附件。发文字号简称为"信"，其中，局发文字号（包括局函）为"国粮信"，局办发文字号（包括局办函）为"国粮办信"，司便函发文字号为"司局便函推进办"。

附件：启用和停用印章式样（略）

国家粮食局办公室

2017 年 11 月 28 日

（此件公开发布）

关于印发第二批全国粮食行业技能拔尖人才和工作室项目名单的通知

国粮办人〔2017〕323号

各省、自治区、直辖市及新疆生产建设兵团粮食局，中国储备粮管理总公司、中粮集团有限公司：

根据《全国粮食行业技能拔尖人才选拔使用管理实施办法》（以下简称《实施办法》），在各省（区、市）粮食局和有关中央企业自下而上、逐级推荐的基础上，经过专家组评审，并公示无异议后，经研究决定，郭健等20名同志为第二批全国粮食行业技能拔尖人才，并支持其建设技能拔尖人才工作室；杨晓磊等28名第四届全国粮食行业职业技能竞赛各职业组一、二等奖获奖选手为第二批全国粮食行业技能拔尖人才，现予以公布。

请各有关单位按照《实施办法》要求，加强对技能拔尖人才的管理和服务，切实落实各项保障措施，加大宣传力度，充分营造全行业尊重和重视技能人才的良好氛围。

附件：1. 第二批全国粮食行业技能拔尖人才和工作室项目名单
　　　2. 第四届全国粮食行业职业技能竞赛获奖选手确定为全国粮食行业技能拔尖人才名单

国家粮食局办公室
2017年12月19日

（此件公开发布）

附件 1

序号	姓名	工作单位	工作室项目名称
		第二批全国粮食行业技能拔尖人才和工作室项目名单	
1	郭 健	北京市粮油食品检验所	粮油质量安全指标快速检测和风险预警技术
2	吕荣文	沈阳市第三粮食收储库	稻谷产后服务技术应用研究
3	季澜洋	黑龙江省粮油卫生检验监测中心	粮油检验技术方法的创新优化
4	乔 军	徐州国家粮食储备库	机械通风在新收获稻谷临时储藏中的应用
5	胡 斌	安徽省粮油产品质量监督检测站	粮油品质检测新技术研发与推广
6	潘笑俊	安徽博微长安电子有限公司	粮油智能装备创新
7	赵成礼	滨州中裕食品有限公司	国家粮食产业科技创新（滨州）联盟小麦功能粉开发
8	商永辉	东营市粮食储备库	粮库智能化技术与设备应用研究及开发
9	黎海红	山东商务职业学院	借鉴滨州模式，助力产教融合，培养"工匠型"人才
10	周晓军	河南郑州兴隆国家粮食储备库	智慧粮食数据分享与分析
11	田国军	湖北省粮油食品质量监督检测中心	烘干工艺对稻谷加工特性影响的研究
12	刘曙光	湖南粮食集团	秸秆综合利用研究
13	蒋天科	重庆市铜梁区储备粮有限公司	绿色储粮技术的应用与推广
14	王建闯	四川粮油批发中心直属储备库	高水分稻谷低温储粮技术的实践应用与研究
15	杨 军	四川省粮油中心监测站	基于 GIS 系统的粮食质量安全风险监测系统研究
16	邵志凌	云南省粮油科学研究院（云南省粮油产品质量监督检验测试中心）	粮油质量检验员专业能力培养模式研究
17	兰延坤	中国储备粮管理总公司吉林分公司	北方地区科技储粮技术应用实践
18	张 成	中储粮镇江粮油质量检测中心有限公司	豆粕固体发酵制备多肽生物饲料
19	张美玲	吉林中储粮粮油质监中心有限公司	稻谷新陈度快速检测方法研究
20	李胜喜	安徽恒裕粮食购销有限责任公司	简易仓房抗药性害虫综合防治技术研究

附件 2

第四届全国粮食行业职业技能竞赛获奖选手确定为 全国粮食行业技能拔尖人才名单	
姓 名	工作单位
杨晓磊	中储粮（天津）仓储物流有限公司
杨 俊	中粮贸易安徽有限公司
曲叶祥	北京通县徐辛庄国家粮食储备库
吕 明	安徽粮食批发交易市场有限公司
李金华	荆门市东宝区革集粮食储备库
王会杰	浙江省储备粮管理有限公司
罗施福	中央储备粮上海直属库
朱庆贺	湖北省储备粮油管理有限公司
鲁进兵	湖南粮食集团有限责任公司
沈邦灶	浙江中穗省级粮食储备库
汪丁送	安徽粮食批发交易市场有限公司现代粮食物流中心库
司光磊	克拉玛依市独山子区穗丰粮油贸易有限责任公司
宋立新	望城金霞粮油购销有限公司
胡 飞	安徽粮食批发交易市场有限公司
李皖光	安徽省粮油产品质量监督检测站
丁耀魁	大连华正检验有限公司
周 洲	中储粮镇江粮油质量检测中心有限公司
吴宜芬	句容市粮食局中心化验室
李 琦	湖北省粮油食品质量监督检测中心
张强涛	中粮（新乡）小麦有限公司
刘 双	山东中储粮粮油质监中心
张正方	福州榕粮粮油质量检测有限公司
贾祥祥	中粮（新乡）小麦有限公司
朱凤霞	湖南粮食集团有限责任公司
谈 军	安徽粮食批发交易市场有限公司现代粮食物流中心库
杨 枫	山东聊城鲁西国家粮食储备库
闫冬阁	湖南粮食集团有限责任公司
姚 晶	苏州市吴中区粮油质量监测中心

公告部分

2017 年第 1 号公告

　　根据《国务院办公厅关于推广随机抽查规范事中事后监管的通知》（国办发〔2015〕58 号）有关规定和国务院推行"双随机一公开"监管工作电视电话会议精神，为推进粮食流通监管体制改革，创新监管方式，增强监管效能，国家粮食局制定了《国家粮食局"双随机一公开"监管工作细则》，现予公告。

　　（附件略）

国家粮食局

2017 年 2 月 20 日

2017 年第 2 号公告

为配合《中央储备粮代储资格认定办法》修订及年内发布，并实现中央储备粮代储资格认定网上办理，优化认定工作机制，更好服务行政相对人，根据《中央储备粮管理条例》《中央储备粮代储资格认定办法》及其实施细则的相关规定，国家粮食局决定暂缓2017年中央储备粮代储资格认定工作，延期至下半年开展，具体受理时间另行公布。2017年上半年资格到期企业延续申请、取得资格企业变更事项申请待下次认定时一并办理。

国家粮食局

2017 年 3 月 24 日

2017 年第 3 号公告

为认真实施新修订的《中央储备粮代储资格管理办法》（国家发展和改革委员会 财政部令 第 5 号），特配套修订了《中央储备粮代储资格管理办法实施细则》。经国家粮食局局长办公会议审议通过，现予发布，自 2017 年 9 月 29 日起施行。原国家粮食局 2010 年第 8 号公告、2014 年第 1 号公告、2016 年第 1 号公告同时废止。

特此公告。

国家粮食局

2017 年 9 月 11 日

2017 年第 4 号公告

　　根据新修订实施的《中央储备粮代储资格管理办法》(国家发展和改革委员会 财政部令 第 5 号)、《中央储备粮代储资格管理办法实施细则》(国家粮食局公告 2017 年第 3 号),经审查,决定授予北京天维康油脂调销中心有限公司等 103 户企业中央储备粮代储资格,同意对北京市通州粮食收储库等 36 户企业的部分中央储备粮代储资格事项进行变更。

　　我局将对上述企业在线发放电子版"中央储备粮代储资格证书";向本次认定未取得资格企业和不同意变更资格事项的企业在线发放电子版"不予行政许可决定书"。各相关企业可登录"中央储备粮代储资格网上直报和评审系统"查询、下载及打印相关文书。

　　本决定自公告发布之日起生效。

　　附件:1. 2017 年取得中央储备粮代储资格企业名单(新申请、补充申请、延续申请)(略)
　　　　　2. 2017 年变更部分中央储备粮代储资格事项企业名单(略)

国家粮食局

2017 年 11 月 22 日

2017 年第 5 号公告

　　为认真落实《国务院办公厅关于进一步做好"放管服"改革涉及的规章、规范性文件清理工作的通知》（国办发〔2017〕40 号）要求，深入推进"放管服"改革，确保各项改革措施有效落实，国家粮食局对 2000 年至 2017 年 6 月底发布的规范性文件进行了清理，决定废止 9 件规范性文件（见附件），现予公告。

　　（附件略）

国家粮食局

2017 年 12 月 6 日

　　（此件公开发布）

通告部分

国粮通〔2017〕1号

现发布16项推荐性行业标准，其编号和名称如下：

LS/T 1806–2017《粮食信息系统网络设计规范》

LS/T 1807–2017《粮食信息安全技术规范》

LS/T 1808–2017《粮食信息术语 通用》

LS/T 1809–2017《粮油储藏 粮情测控通用技术要求》

LS/T 1810–2017《粮油储藏 粮情测控分机技术要求》

LS/T 1811–2017《粮油储藏 粮情测控软件技术要求》

LS/T 1812–2017《粮油储藏 粮情测控信息交换接口协议技术要求》

LS/T 1813–2017《粮油储藏 粮情测控数字测温电缆技术要求》

LS/T 1702–2017《粮食信息分类与编码 粮食属性分类与代码》

LS/T 1703–2017《粮食信息分类与编码 粮食及加工产品分类与代码》

LS/T 1705–2017《粮食信息分类与编码 粮食设施分类与代码》

LS/T 1706–2017《粮食信息分类与编码 粮食设备分类与代码》

LS/T 1707.1–2017《粮食信息分类与编码 粮食仓储第1部分：仓储作业分类与代码》

LS/T 1707.2–2017《粮食信息分类与编码 粮食仓储第2部分：粮情检测分类与代码》

LS/T 1707.3–2017《粮食信息分类与编码 粮食仓储第3部分：器材分类与代码》

LS/T 8011–2017《散粮接收发放设施设计技术规程》

以上行业标准自2017年6月1日之日起实施。

特此通告。

国家粮食局

2017年3月10日

国粮通〔2017〕2 号

现发布推荐性行业标准样品如下：

2017 年度粮食实物标准样品目录

标准样品名称		标准号	标准描述	参考值[注]	制作单位	适用标准
早籼米加工精度标准样品	一级	LS/T 15121.1—2017		—	宜兴市粮油集团大米有限公司	GB 1354—2009
	二级	LS/T 15121.2—2017		—		
	三级	LS/T 15121.3—2017		—		
	四级	LS/T 15121.4—2017		—		
晚籼米加工精度标准样品	一级	LS/T 15122.1—2017	一级：背沟无皮，或有皮不成线，米胚和粒面皮层去净的占 90% 以上。二级：背沟有皮，米胚和粒面皮层去净的占 90% 以上。三级：背沟有皮，粒面皮层残留不超过 1/5 的占 90% 以上。四级：背沟有皮，粒面皮层残留不超过 1/3 的占 75% 以上。	—		
	二级	LS/T 15122.2—2017		—		
	三级	LS/T 15122.3—2017		—		
	四级	LS/T 15122.4—2017		—		
粳米加工精度标准样品	一级	LS/T 15123.1—2017		—	苏州市绿世纪粮油有限公司	
	二级	LS/T 15123.2—2017		—		
	三级	LS/T 15123.3—2017		—		
	四级	LS/T 15123.4—2017		—		
南方小麦粉加工精度标准样品	特制一等	LS/T 15111.1—2017	对照实物标准样品进行判定。	麸星含量≤ 1.17，不确定度：± 0.05	丹阳市同乐面粉有限公司	GB 1355—1986
	特制二等	LS/T 15111.2—2017	对照实物标准样品进行判定。	麸星含量≤ 1.53，不确定度：± 0.07		
	标准粉	LS/T 15111.3—2017	对照实物标准样品进行判定。	麸星含量≤ 3.04，不确定度：± 0.24		

续表

标准样品名称	标准号		标准描述	参考值[注]	制作单位	适用标准
北方小麦粉加工精度标准样品	特制一等	LS/T 15112.1—2017	对照实物标准样品进行判定。	麸星含量≤1.28,不确定度:±0.05	新乡市新良粮油加工有限责任公司	GB 1355–1986
	特制二等	LS/T 15112.2—2017	对照实物标准样品进行判定。	麸星含量≤2.24,不确定度:±0.17		
	标准粉	LS/T 15112.3—2017	对照实物标准样品进行判定。	麸星含量≤3.84,不确定度:±0.23		
小麦硬度指数标准样品	LS/T 1531—2017		小麦硬度数:64.6,不确定度:±1.5	—	河南工业大学粮油标准化研究所	GB/T 21404–2007
籼稻整精米率标准样品	LS/T 15321—2017		籼稻整精米率:45.5%,不确定度:±1.5	—	湖北国家粮食质量监测中心	GB/T 21719–2008
粳稻整精米率标准样品	LS/T 15322—2017		粳稻整精米率:65.4%,不确定度:±1.5	—	辽宁国家粮食质量监测中心	GB/T 21719–2008
大米颜色黄度指数标准样品	LS/T 1533—2017		籼米:Ym=51.7611±0.4680 粳米:Ym=58.7539±0.7233	—	湖北国家粮食质量监测中心、湖北公安国家粮食质量监测站	GB/T 24302–2009
粳米品尝评分参考样品	LS/T 1534—2017		综合评分78分,不确定度:±0.20;气味17分,不确定度:±0.14;颜色6分,不确定度:±0.15;光泽度6分,不确定度:±0.18;完整性3分,不确定度:±0.14;粘性7分,不确定度:±0.14;弹性7分,不确定度:±0.13;硬度8分,不确定度:±0.12;冷饭质地3分,不确定度:±0.11;滋味21分,不确定度:±0.12。	—	国家粮食局科学研究院	GB/T 15682–2008
小麦储存品质品尝评分参考样品	LS/T15211—2017		综合评分67分,不确定度:±2.0分;比容15分,不确定度:±0.0分;表面色泽11分,不确定度:±0.3分;弹性6分,不确定度:±0.5分;气味11分,不确定度:±0.5分;食味12分,不确定度:±0.4分;韧性6分,不确定度:±0.0分;粘性6分,不确定度:±0.3分。	—	河北国家粮食质量监测中心、国家粮食局科学研究院	GB/T 20571–2006

注：小麦粉加工精度实物标准样品麸星含量按照 GB/T 27628—2011 的要求，采用小麦粉加工精度测定仪测定。

　　以上行业标准样品有效期：《小麦储存品质品尝评分参考样品》是 2017 年 4 月 1 日 ~2019 年 3 月 31 日，其他标准样品的是 2017 年 4 月 1 日 ~2018 年 3 月 31 日。

　　特此通告。

　　附件：1. 2017 年度粮食实物标准样品行业标准制定单位（略）

　　　　　2. 2017 年度粮食行业实物标准样品制作单位联系方式（略）

国家粮食局

2017 年 4 月 7 日

国粮通〔2017〕3 号

现发布 2 项推荐性行业标准，其编号和名称如下：

LS/T 3246–2017《碎米》

LS/T 6116–2017《大米粒型分类判定》

以上行业标准自发布之日起实施。

特此通告。

国家粮食局

2017 年 6 月 14 日

国粮通〔2017〕4 号

现发布 2017 年度籼米品尝评分参考样品如下：

籼米品尝评分参考样品有效期：2017 年 8 月 20 日 ~2018 年 2 月 20 日

特此通告。

样品名称	标准号	标准描述	制作单位	适用标准
籼米品尝评分参考样品	LS/T1535—2017	综合评分 78 分, 不确定度：±0.29 其中： 气味 16 分, 不确定度：±0.11； 颜色 6 分, 不确定度：±0.09； 光泽度 6 分, 不确定度：±0.13； 完整性 4 分, 不确定度：±0.09； 粘性 7 分, 不确定度：±0.13； 弹性 8 分, 不确定度：±0.17； 硬度 8 分, 不确定度：±0.09； 滋味 20 分, 不确定度：±0.19； 冷饭质地 3 分, 不确定度：±0.12。	国家粮食局科学研究院 广西壮族自治区粮油质量检验站	GB/T15682–2008

附件：1. 2017 年度籼米品尝评分参考样品制定单位（略）

　　　2. 2017 年度籼米品尝评分参考样品制作单位联系方式（略）

国家粮食局

2017 年 8 月 15 日

国粮通〔2017〕5号

现发布17项推荐性行业标准，其编号和名称如下：

1. LS/T 1218—2017 中国好粮油　生产质量控制规范
2. LS/T 3108—2017 中国好粮油　稻谷
3. LS/T 3109—2017 中国好粮油　小麦
4. LS/T 3110—2017 中国好粮油　食用玉米
5. LS/T 3111—2017 中国好粮油　大豆
6. LS/T 3112—2017 中国好粮油　杂粮
7. LS/T 3113—2017 中国好粮油　杂豆
8. LS/T 3247—2017 中国好粮油　大米
9. LS/T 3248—2017 中国好粮油　小麦粉
10. LS/T 3249—2017 中国好粮油　食用植物油
11. LS/T 3304—2017 中国好粮油　挂面
12. LS/T 3411—2017 中国好粮油　饲用玉米
13. LS/T 6118—2017 粮油检验　稻谷新鲜度测定与判别
14. LS/T 6119—2017 粮油检验　植物油中多酚的测定　分光光度法
15. LS/T 6120—2017 粮油检验　植物油中角鲨烯的测定　气相色谱法
16. LS/T 6121.1—2017 粮油检验　植物油中谷维素含量的测定　分光光度法
17. LS/T 6121.2—2017 粮油检验　植物油中谷维素含量的测定　高效液相色谱法

以上行业标准自2017年9月15日起实施。

特此通告。

国家粮食局

2017年9月8日

国粮通〔2017〕6 号

现发布 33 项推荐性行业标准，其编号和名称如下：

LS/T 3114—2017《长柄扁桃籽、仁》

LS/T 3115—2017《红花籽》

LS/T 3219—2017《大豆磷脂》

LS/T 3220—2017《芝麻酱》

LS/T 3250—2017《南瓜籽油》

LS/T 3251—2017《小麦胚油》

LS/T 3252—2017《番茄籽油》

LS/T 3253—2017《汉麻籽油》

LS/T 3254—2017《紫苏籽油》

LS/T 3255—2017《长柄扁桃油》

LS/T 3256—2017《大蒜油》

LS/T 3257—2017《生姜油》

LS/T 3306—2017《杜仲籽饼（粕）》

LS/T 3307—2017《盐地碱蓬籽饼（粕）》

LS/T 3308—2017《盐肤木果饼（粕）》

LS/T 3309—2017《玉米胚芽粕》

LS/T 3310—2017《牡丹籽饼（粕）》

LS/T 3311—2017《花生酱》

LS/T 3312—2017《长柄扁桃饼（粕）》

LS/T 3313—2017《花椒籽饼（粕）》

LS/T 3544—2017《粮油机械　检验用粉筛》

LS/T 3545—2017《粮油机械　检验用分样器》

LS/T 3546—2017《粮油机械　物理检验用工作台》

LS/T 6122—2017《粮油检验　粮油及制品中黄曲霉毒素含量测定　柱后光化学衍生高效液相色谱法》

LS/T 6123—2017《粮油检验　小麦粉饺子皮加工品质评价》

LS/T 6124—2017《粮油检验　小麦粉多酚氧化酶活力的测定　分光光度法》

LS/T 6125—2017《粮油检验　稻米中镉的快速检测　固体进样原子荧光法》

LS/T 6126—2017《粮油检验　粮食中赭曲霉毒素 A 的测定　超高效液相色谱法》

LS/T 6127—2017《粮油检验　粮食中脱氧雪腐镰刀菌烯醇的测定　超高效液相色谱法》

LS/T 6128—2017《粮油检验　粮食中黄曲霉毒素 B_1、B_2、G_1、G_2 的测定　超高效液相色谱法》

LS/T 6129—2017《粮油检验　粮食中玉米赤霉烯酮的测定　超高效液相色谱法》

LS/T 6130—2017《粮油检验　粮食中伏马毒素 B_1、B_2 的测定　超高效液相色谱法》

LS/T 6402—2017《粮油检验　设备和方法标准适用性验证及结果评价一般原则》

以上行业标准自 2017 年 12 月 20 日起实施。

特此通告。

国家粮食局

2017 年 10 月 27 日

二月

2月21日，国家粮食安全政策专家咨询委员会召开2017年全体委员会议。会议深入贯彻习近平总书记系列重要讲话精神，认真贯彻中央经济工作会议、中央农村工作会议和全国粮食流通工作会议的部署要求，总结过去一年专家咨询委员会的工作，研究部署2017年重点工作任务，徐鸣同志出席会议并讲话。专家咨询委员会顾问王春正、陈锡文同志出席会议并讲话，专家咨询委员会主任委员张晓强作工作报告，专家咨询委员会副主任委员赵中权主持会议，卢景波同志和专家咨询委员会20余名专家委员出席会议。

2月21日，为落实国务院推行"双随机一公开"监管工作电视电话会议精神，推进粮食流通监管体制改革，创新监管方式，增强监管效能，国家粮食局发布《国家粮食局"双随机一公开"监管工作细则》（2017年第1号公告）。

2月23~24日，全国粮食流通监督检查工作会议暨粮食安全省长责任制考核工作座谈会在贵州省贵阳市召开。会议学习贯彻全国粮食流通工作会议精神，全面总结2016年监督检查工作，分析粮食市场监管面临的新形势，部署2017年工作任务。赵中权同志出席会议并讲话。

2月27日，国家粮食局召开处级以上干部大会。中央组织部副部长邓声明宣布张务锋同志任国家发展改革委党组成员，国家粮食局党组书记、局长，国家发展改革委党组书记、主任何立峰同志出席会议并讲话，张务锋同志作表态发言，徐鸣同志主持会议，曾丽瑛、赵中权、卢景波同志出席。

三月

3月6日，曾丽瑛同志会见ADM公司北亚区总裁陈冬先生一行。双方就加强粮食加工、仓储物流、科技研发、节粮减损等方面的长期合作，进行了深入探讨。

3月9日，国家粮食局召开新一届局党组第1次会议，传达学习习近平总书记在听取第十一轮巡视情况汇报时重要讲话精神和王岐山同志在第十二轮巡视动员部署会上的讲话精神，研究提出贯彻落实的意见；听取局党组第一、第二巡视组关于第二轮专项巡视进展情况的汇报；审议《国家粮食局2017年机关党建工作要点》和《国家粮食局2017年党风廉政建设和反腐败工作要点》；审议《中共国家粮食局党组关于进一步加强和改进离退休干部工作的实施意见》等。张务锋同志主持，徐鸣、曾丽瑛、赵中权、卢景波同志出席。

3月14日，国家粮食局召开第1次局长办公会议，传达学习贯彻何立峰同志在国家发展改革委第140次主任办公会议上的重要讲话精神；听取玉米收储制度改革和收购工作进展情况汇报；听取粮食"去库存"有关情况和下步销售安排意见汇报；审议第七批拟授权挂牌国家粮食质量监测机构名单；听取粮食流通有关重点工作进展情况汇报。张务锋同志主持，徐鸣、曾丽瑛、赵中权、卢景波、何毅同志出席。

3月16~17日，国家粮食局在安徽省合肥市召开全国粮食系统军粮供应工作会议，总结交流2016年军粮供应工作，研究分析面临的新形势新任务，安排部署2017年军粮供应重点任务。卢景波同志出席会议并作工作报告。

3月19~27日，徐鸣同志率团赴以色列和肯尼亚访问。出访期间，代表团分别同以色列农业与农村发展部、肯尼亚农牧渔业部及国家谷物与产品管理局的有关负责人进行了会谈，实地调研了以色列佩雷斯创新中心和肯尼亚国家粮库等，就进一步加强双边粮食经贸合作进行了沟通。

3月22日，张务锋同志专程赴革命圣地西柏坡考察学习。张务锋同志在考察时强调，牢记"两个务必"，弘扬"赶考"精神，全力推进粮食供给侧结构性改革。

3月24日，国家粮食局召开第3次局党组会议，传达学习贯彻习近平总书记在中央财经领导小组第十五次会议上的重要讲话；传达学习国务院第五次廉政工作会议精神和国家发展改革委党风廉政建设工作会议精神，研究贯彻落实的措施意见；审议《国家粮食局2017年专项巡视工作全覆盖方案》。张务锋同志主持，曾丽瑛、赵中权、卢景波同志出席。

3月29日，国家粮食局召开全局党风廉政建设工作会议，深入贯彻党的十八届六中全会、十八届中央纪委七次全会和国务院第五次廉政工作会议精神，认真落实国家发展改革委党风廉政建设工作会议要求，回顾总结国家粮食局2016年党风廉政建设和反腐败工作，研究部署2017年反腐倡廉工作。中央纪委驻国家发展改革委纪检组组长穆红玉应邀莅临会议指导，张务锋同志出席会议并讲话，徐鸣同志主持会议，赵中权同志作2016年全局党风廉政建设和反腐败工作情况报告。曾丽瑛、卢景波、何毅同志出席会议。

3月29~31日，全国粮食财会暨规划建设工作会议在云南省昆明市召开。会议传达学习张务锋同志对规划财务工作的指示，贯彻落实全国粮食流通工作会议精神，总结2016年粮食财会和规划建设工作，紧紧围绕供给侧结构性改革，布置2017年工作任务，并会审汇编2016年度国有粮食企业会计决算报表。卢景波同志出席会议并讲话。

四月

4月6日，卢景波同志会见国际粮食贸易联盟(IGTC)主席加里·马丁先生一行。双方就粮油信息交换与共享、国际粮食贸易形势、粮食信息技术等方面进行了沟通与交流，并就双方开展合作达成共识。

4月12~14日，张务锋同志带队赴吉林、黑龙江两省调研粮食流通重点工作。调研组深入粮食储备库点、粮食加工企业、贸易企业开展实地调研，详细了解玉米收储制度改革、仓储设施建设、安全储粮、粮食加工转化、优质粮油品牌建设等情况。

4月13~14日，全国粮食政策法规工作会议在陕西省西安市召开。会议认真贯彻落实全国粮食流通工作会议精神，总结交流2016年粮食政策法规工作，研究分析当前形势，安排部署2017年工作任务。卢景波同志出席会议并讲话。

4月15日，东北三省一区粮食流通工作座谈会在黑龙江省哈尔滨市召开。会议听取内蒙古、辽宁、吉林、黑龙江等四省区粮食局工作情况汇报，以及黑龙江省直有关部门、部分央企及地方粮食企业的意见建议。张务锋同志出席会议并对做好粮食流通重点工作提出要求，卢景波同志对相关重点工作进行了安排部署。

4月15日，西北五省（区）粮食安全省长责任制考核工作座谈会在宁夏回族自治区银川市召开。会议听取陕西、甘肃、青海、宁夏、新疆等五省（区）考核办2016年度考核工作情况汇报和制订2017年度考核工作方案的意见建议，对做好下一步工作提出明确要求。赵中权同志出席会议并讲话。

4月18日，国家粮食局召开第6次局党组会议，认真传达学习习近平总书记在中央全面深化改革领导小组第33次会议上的重要讲话，研究贯彻落实的意见；讨论《中共国家粮食局党组关于党的十八大以来工作情况的总结报告》；讨论《粮食流通重点工作情况汇报》；审议国家粮食局出席党的十九大代表候选人推荐人选表现情况和预备人选登记表。张务锋同志主持，曾丽瑛、赵中权、卢景波同志出席。

4月18~19日，国家粮食局在上海市召开2016年度全国粮食行业统计年报会审汇编工作会议。会议传达学习了《关于深化统计管理体制改革提高统计数据真实性的意见》精神和张务锋同志关于统计工作的指示要求，对2016年度粮食产业经济、仓储设施、行业机构和从业人员等统计年报进行了会审汇编，总结交流了粮食行业统计工作的开展情况。

4月21日，国家粮食局印发《关于做好2017年粮食质量安全重点工作的通知》，认真落实习近平总书记关于"严防、严管、严控食品安全风险，保证广大人民群众吃得放心、安心"的重要指示，贯彻国务院食品安全委员会第四次全体会议精神，加强粮食质量安全监测与监管，强化基层粮食质量安全检验监测能力。

4月24日，张务锋、曾丽瑛、赵中权同志与江西省政府副省长吴晓军同志商谈粮食工作。

4月25日，国家粮食局召开第7次局党组会议，传达学习习近平总书记考察广西时关于国家粮食安全的重要讲话和李克强总理在听取国家粮食局工作汇报时的重要指示精神，研究贯彻落实的措施意见；传达贯彻习近平总书记关于推进"两学一做"学习教育常态化制度化的重要指示、刘云山同志的重要讲话；审议《中共国家粮食局党组关于推进"两学一做"学习教育常态化制度化的实施方案（送审稿）》；传达贯彻张高丽副总理在《基层"硕鼠"屡盗中央储备粮危及国家粮食安全》上的重要批示精神。张务锋同志主持，曾丽瑛、赵中权、卢景波同志出席。

4月27日，张务锋、卢景波同志会见了定点扶贫县安徽省阜南县县委书记崔黎一行，就深入贯彻中央扶贫开发精神、扎实做好定点扶贫工作进行了工作座谈。

五月

5月3日，张务锋同志和曾丽瑛、赵中权、卢景波同志会见新疆维吾尔自治区副主席张春林同志一行。

5月3日，国家粮食安全省长责任制考核工作组第二次联席会议在京召开，会议宣布了考核工作组领导成员和办公室成员名单，听取考核工作组办公室关于2016年度考核进展情况汇报，审议《关于认真开展2017年度粮食安全省长责任制考核工作的通知》和《2016年度粮食安全省长责任制考核部门评审和抽查工作方案》。考核工作组组长、国家发展改革委党组书记、主任何立峰出席会议并作重要讲话，考核工作组副组长，国家发展改革委党组成员，国家粮食局党组书记、局长张务锋主持会议并作总结讲话。

5月4日，财政部、国家粮食局、中国农业发展银行、中国储备粮管理总公司等部门和单位在江苏省南京市举办粮食库存跨省交叉执法检查动员培训会，部署2017年跨省交叉执法检查工作。赵中权同志出席会议并作动员讲话，之后，赴江苏省有关市开展库存检查督导调研。

5月9日，国家粮食局召开党员干部大会暨局党组理论学习中心组集体学习（扩大）会议，传达学习习近平总书记近期关于保障国家粮食安全、加强领导班子建设、推进"两学一做"学习教育常态化制度化等方面的重要指示和重要讲话精神，传达学习李克强总理在听取国家粮食局工作汇报时的重要指示精神，传达学习刘云山、赵乐际同志在中央推进"两学一做"学习教育常态化制度化座谈会上的讲话精神，通报国家粮食局选人用人工作"一报告两评议"结果和问题整改措施。张务锋同志主持会议并讲话，曾丽瑛、赵中权同志出席。

5月11日，曾丽瑛同志会见乌拉圭牧农渔业部部长塔瓦雷·阿格雷先生一行。双方就进一步推动《中华人民共和国国家粮食局与乌拉圭东岸共和国牧农渔业部粮食领域合作谅解备忘录》项目的实施，深化中乌两国在粮食流通、质量检验、信息互通、科学研究、人员互访等方面的合作达成共识。

5月15日，国家粮食局、中国农业发展银行、中国储备粮管理总公司联合召开全国夏季粮油收购工作电视电话会议，学习贯彻国家粮食收购政策，分析研判购销形势和价格走势，对夏季粮油收购工作作出全面部署。卢景波同志主持并讲话。

5月17日，张务锋、曾丽瑛、赵中权同志会见广西壮族自治区政府副主席张秀隆一行，就粮食流通改革发展进行了座谈会商。

5月17日，张务锋、曾丽瑛、赵中权同志会见西藏自治区政府副主席坚参一行，就粮食流通改革发展及援藏工作进行了座谈会商。

5月18日，徐鸣同志会见南澳洲政府初级产业及地区部部长斯科特·阿什比先生。双方就进一步深化粮食流通、信息交流及粮油科技等领域的合作达成共识。

5月21日，由国家粮食局、中国科协、食品药品监管总局、全国妇联共同举办的2017年粮食科技活动周在安徽省凤阳县小岗村启动，主题为"发展粮油科技、增加优质产品、保障主食安全"。

5月21~22日，张务锋同志在安徽省滁州市凤阳县主持召开省（区、市）粮食局长座谈会，听取各地对粮食流通改革发展重大问题的意见建议，对认真落实"七个突破口"等重点任务、全力抓好粮食系统安全工作、加快发展粮食产业经济、着力构建粮食流通改革发展的"四梁八柱"提出明确要求。

5月22日，张务锋、赵中权同志率队赴江苏省，开展2016年度粮食安全省长责任制考核部门联合抽查工作。张务锋同志就做好部门联合抽查工作，强化责任考核，进一步落实粮食安全省长责任制提出明确要求。

5月23日，张务锋同志赴安徽省调研粮食流通重点工作，深入粮食储备库点、信息化平台、加工企业和粮油质检站，详细了解安全储粮、智慧粮库建设、粮食产业经济发展、粮油质量管理等情况。期间，张务锋与安徽省委副书记、省长李国英会谈，就深化双方战略合作、促进粮食流通领域改革发展达成高度共识，安徽省副省长方春明参加会见。

5月23日，2017年粮食科技活动周"中国好粮油行动计划"进军营宣传活动在中国人民解放军驻河南省开封市某部启动，卢景波同志出席启动仪式并向部队官兵赠送粮油科技进军营宣传手册。

5月25日，2017年粮食科技活动周暨地方名特优粮油产品展在深圳开幕。活动围绕优质粮油工程"中国好粮油行动计划"，突出好产品、好主食，开展面向广大消费者的粮油食品科普宣传，集中展示地方名特优粮油产品，宣传加工、品控和管理技术，并邀请中国工程院院士王陇德、粮油专家张守文举办粮油营养健康专题讲座。曾丽瑛同志出席活动并讲话。

5月25日，张务锋、赵中权、卢景波同志会见山东省政府副省长王书坚一行，就粮食流通改革发展等相关工作进行了座谈会商。

5月26日，国家粮食安全政策专家咨询委员会以"深化供给侧结构性改革与粮食行业转型发展"为主题召开专题咨询会议。会议认真学习贯彻习近平总书记、李克强总理近期关于保障国家粮食安全的重要指示精神，深入领会中央关于深化农业供给侧结构性改革的部署要求，围绕创新粮食调控方式、全面依法治粮、完善粮食储备制度、深化国有粮食企业改革、推进粮食一二三产业融合发展等议题，进行了广泛深入研讨交流，为积极推进粮食行业转型发展献计献策。张务锋同志出席会议并讲话，专家咨询委员会主任委员张晓强主持会议并作总结讲话，副主任委员韩俊及近20名专家委员发表意见建议。曾丽瑛、赵中权、卢景波同志出席。

5月31日，卢景波同志会见法国粮食出口协会主席让－皮埃尔·朗格瓦－拜特洛先生一行。双方介绍了本国粮食生产、流通等情况，并就进一步加强粮食信息共享和交流合作达成了共识。

六月

6月5日，国家粮食局党组召开第三轮专项巡视工作动员会，深入学习党的十八届六中全会、十八届中央纪委七次全会精神，全面贯彻习近平总书记关于巡视工作的重要讲话精神，认真落实5月26日中央政治局会议关于修改巡视工作条例的决定精神，明确任务、严明纪律、落实责任，对开展第三轮专项巡视进行动员部署。张务锋同志出席会议并讲话，赵中权同志主持会议，中央纪委驻国家发展改革委纪检组副组长邵明朝出席会议。

6月6日，全国粮食系统安全工作会议在京召开。会议主要任务是深入实施总体国家安全观和国家粮食安全战略，认真贯彻习近平总书记关于粮食安全的一系列重要讲话和李克强总理关于粮食流通工作的重要指示批示精神，总结粮食系统安全工作，交流典型经验，分析粮食安全工作面临的新形势新任务新要求，部署进一步推进粮食系统安全工作。张务锋同志出席会议并讲话，徐鸣、曾丽瑛、赵中权、卢景波、何毅同志出席。

6月9~10日，张务锋同志带队就落实习近平总书记关于粮食安全的重要指示精神、推进粮食流通改革发展赴广西壮族自治区进行调研。期间，自治区党委副书记、政府主席陈武会见张务锋同志一行，并就粮食安全问题及合作支持事项进行会商并达成高度共识。副主席张秀隆参加调研和会见。

6月11~12日，张务锋同志带队就做好粮食流通重点工作、推动粮食行业转型发展赴江西省进行调研。期间，江西省委书记鹿心社、省委副书记、省长刘奇，分别会见张务锋同志一行，并就粮食安全问题及合作支持事项进行会商。省委常委、省委秘书长刘捷，副省长吴晓军参加有关活动。

6月13~14日，国家粮食局举办"粮票——我们共同的记忆"粮票档案专题展，并开展"不忘凭票吃粮岁月，爱粮节粮从我做起"签名承诺活动。张务锋同志出席专题展，认真查看了40多年的粮票工作档案和全国各地粮票，对粮票档案专题展给予充分肯定，并郑重签名承诺。

6月15日，国家粮食局召开"以案释纪明纪、严守纪律规矩"主题警示教育会，传达学习李智勇同志在中央国家机关警示教育会上的讲话，观看中央国家机关警示教育录——《警钟》，通报近期发生在中央国家机关的典型违纪案例。徐鸣同志出席会议并讲话。

6月17日，张务锋同志赴福建省福州市调研粮食产销合作，深入粮食码头、加工企业、储备库点，全面了解粮食物流、仓储管理、园区建设、优粮优价等情况。期间，张务锋同志与福建省委常委、常务副省长张志南，副省长黄琪玉，就深化粮食产销合作、加快粮食流通改革发展进行了认真会商和深入交流。

6月26日，国家粮食局召开第6次局长办公会议，传达学习贯彻李克强总理在全国深化"放管服"改革电视电话会议上的重要讲话精神；听取关于"优质粮食工程"实施方案修改完善情况及下一步工作建议的汇报；讨论国家粮食局代拟起草的《国务院办公厅关于加快推进粮食供给侧结构性改革大力发展粮食产业经济的意见（送审稿）》等。张务锋同志主持，徐鸣、曾丽瑛、赵中权、卢景波同志出席。

6月30日，国家粮食局与宁夏回族自治区人民政府战略合作协议签约仪式在银川市举行。张务锋同志与宁夏回族自治区政府主席咸辉出席签约仪式并见证签约，曾丽瑛同志与宁夏回族自治区政府副主席马顺清分别代表双方签约。赵中权、卢景波同志参加签约仪式。

6月30日~7月1日，全国粮食流通改革发展座谈会在银川召开。会议主要任务是深入贯彻习近平总书记在广西、山西考察时关于保障国家粮食安全、实施"优质粮食工程"的重要指示精神，认真落实李克强总理在山东调研期间听取国家粮食局汇报时关于守住管好"天下粮仓"、大力发展粮食产业经济的部署要求，总结上半年粮食流通改革发展情况，科学研判形势，创新政策举措，凝聚思想行动，加快推进粮食行业转型发展。张务锋同志出席会议并讲话，曾丽瑛、赵中权、卢景波、何毅同志出席。

6月，张务锋同志就当前我国粮食流通领域的安全工作"怎么看、抓什么、如何抓"，接受了《瞭望》新闻周刊记者的专访。

上半年，按照粮食安全省长责任制的要求，国家发展改革委、国家粮食局、财政部和中国农业发展银行联合部署开展全国粮食库存检查。同时，国家有关部门组织专门力量，坚持问题导向，采取"四不两直"方式，对辽宁、吉林、江苏、江西、湖北、广东等6省，开展跨省交叉执法检查。

七月

7月1日，国家粮食局和宁夏回族自治区人民政府在银川市共同举办2017年"全国食品安全宣传周·粮食质量安全宣传日"主会场活动。张务锋同志出席并宣布活动启动，卢景波同志讲话。宁夏回族自治区党委常委、政府副主席马顺清，曾丽瑛、赵中权、何毅同志出席。

7月12日，国家粮食局、中国农业发展银行联合印发《关于开展重点支持粮油产业化龙头企业认定和扶持发展工作的通知》，决定开展重点支持粮油产业化龙头企业审核认定和扶持发展工作。

7月14日，国家粮食局召开第四轮专项巡视工作动员会，深入学习党的十八届六中全会、十八届中央纪委七次全会精神，全面贯彻习近平总书记系列重要讲话精神特别是关于巡视工作的重要讲话精神，认真落实新修订的《中国共产党巡视工作条例》，对开展局党组第四轮专项巡视进行动员部署。中央纪委驻国家发展改革委纪检组副组长邵明朝出席指导会议。赵中权同志主持会议并作动员讲话。

7月17日，张务锋同志会见山西省政府副省长郭迎光一行，就认真学习贯彻习近平总书记视察山西时的重要讲话精神，推进山西粮食流通改革发展工作进行了座谈会商。徐鸣、曾丽瑛、赵中权、卢景波同志参加了座谈会。

7月18日，国家粮食局召开第9次局长办公会议，传达贯彻中央金融工作会议、国务院第179

次常务会议、中央农村工作领导小组第 13 次会议精神；审议《国家粮食局政府网站管理暂行办法》；审议《关于 2016 年度粮食安全省长责任制落实情况的报告》；研究会商改革完善稻谷最低收购价政策有关问题；审议《关于改革新疆小麦收储制度的建议》；审议《关于进一步完善粮食风险基金政策的建议》。张务锋同志主持，赵中权、卢景波同志出席。

7 月 26 日，国家粮食局召开第 14 次局党组会议，传达学习贯彻习近平总书记关于信访工作的重要批示和第 8 次全国信访工作会议精神；听取关于审计署反馈问题整改落实有关情况的汇报；听取关于落实领导班子成员分工调整报备工作的汇报。张务锋同志主持，曾丽瑛、赵中权同志出席。

7 月 26~27 日，国家粮食局在四川省眉山市召开"两个安全"暨粮食仓储工作会议，总结交流各地在仓储工作实践中积累的好做法、新经验，全力确保"两个安全"，提升粮食仓储工作水平，为粮食供给侧结构性改革守住"安全"底线。徐鸣同志出席会议并讲话。

7 月 26~28 日，国家粮食局、财政部、中央军委后勤保障部在海南省联合主办"粮油服务进军营，营养健康促强军"主题活动，卢景波同志出席。

7 月 28 日，国家发展改革委、国家粮食局、财政部、中国农业发展银行联合印发《关于开展"粮食安全隐患大排查快整治严执法"集中行动的通知》，决定于 2017 年 8~12 月，在全国范围内开展政策性粮食（含中央和地方储备粮、最低收购价粮、国家临时存储粮、一次性储备粮）安全隐患大排查、快整治、严执法集中行动。

7 月 31 日，国家粮食局召开第 15 次局党组会议，传达学习习近平总书记在省部级主要领导干部"学习习近平总书记重要讲话精神，迎接党的十九大"专题研讨班开班式上的重要讲话精神；传达学习何立峰主任在第 40 期发展改革工作研究班上的讲话；调度当前工作；听取监督检查司、人事司有关重点工作情况汇报；研究有关人事事项。张务锋同志主持，曾丽瑛、赵中权、卢景波同志出席。

7 月 31 日，全国粮食行业"深化改革转型发展"大讨论活动动员部署会议在京召开。会议主要任务是对为期一年的全国粮食行业"深化改革转型发展"大讨论活动作出动员部署，号召广大干部职工紧扣转观念、转职能、转方式，"学中央精神、明方向大势，转思想观念、谋改革发展，强责任担当、提工作水平"，进一步凝聚起粮食行业解放思想、改革创新、攻坚克难、转型发展的强大合力。张务锋同志出席会议并讲话，曾丽瑛、赵中权、卢景波、何毅同志出席。

八月

8 月 1 日，国家粮食局直属机关党委组织 70 余名党员干部到中国人民革命军事博物馆参观"铭记辉煌历史，开创强军伟业——庆祝中国人民解放军建军 90 周年主题展览"。

8 月 2 日，国家发展改革委、农业部、国家粮食局会同中央编办、财政部、国土资源部、环境保护部、水利部、工商总局、质检总局、食品药品监管总局、统计局、中国农业发展银行印发《关于认真开展 2017 年度粮食安全省长责任制考核工作的通知》（发改粮食〔2017〕1416 号），对 2017 年度粮食安全省长责任制考核工作作出全面部署。

8 月 2 日，曾丽瑛同志赴湖南省长沙市出席中国粮食行业协会五届五次理事会议并讲话。期间，湖南省委副书记、省长许达哲，副省长隋忠诚与曾丽瑛副局长和新当选的中国粮食行业协会会长、中粮集团总裁于旭波等与会代表进行了座谈。

8月4日，国家粮食局在京召开粮食安全隐患大排查快整治严执法集中行动部署动员会。赵中权同志出席会议并作动员讲话。黑龙江、安徽、河南、湖北、广东5省粮食局，中国储备粮管理总公司作了表态发言。

8月18日，全国粮食系统办公室主任座谈会在陕西省西安市召开。会议主要任务是认真贯彻落实全国政府秘书长和办公厅主任会议、第八次全国信访工作会议特别是习近平总书记重要指示精神，研究部署新形势下做好粮食系统办公室工作，尤其是信访工作的具体措施，总结交流粮食系统办公室工作经验，强化粮食系统合力，提升办公室工作质量和水平。张务锋同志对会议作出批示，曾丽瑛同志出席会议并讲话。

8月24日，卢景波同志会见阿根廷农业产业部国务秘书玛丽莎·比尔切尔女士一行。双方交流了中阿两国粮食生产、贸易、政策等方面的情况，并就采取具体措施落实双方合作谅解备忘录达成共识，以推动深化两国在粮食流通领域的交流与合作。

8月24日，张务锋同志赴北京市调研粮食流通改革发展重点工作，并专门听取北京市粮食局和京粮集团关于"深化改革转型发展"大讨论活动开展情况的汇报，强调全力做好保供应、稳市场、守底线各项工作，以实际行动和优异成绩迎接党的十九大胜利召开。

8月28日，国家粮食局党组带领300多名干部职工参观国家发展改革委首届公文展览，认真学习领会习近平总书记关于"文风不正、危害极大，它严重影响真抓实干、影响执政成效"和李克强总理"要办务实的事、开有效的会、发管用的文"的重要指示精神，深刻理解委党组书记、主任何立峰关于强化"四个意识"，明确主体责任，上报文件务必精雕细琢、精益求精的批示要求，用心研酌委领导对公文的修改意见及近年来委机关各司局起草的优秀公文。

九月

9月7日，国家发展改革委、国家粮食局、财政部、中国农业发展银行共同召开粮食安全隐患大排查快整治严执法集中行动联席会议。传达学习国务院领导同志重要指示精神，通报国家有关部门和地方集中行动进展情况，部署国家有关部门联合督查和跨省交叉执法检查工作。张务锋同志出席会议并讲话，赵中权同志主持会议。

9月11日，国家粮食局与山东省人民政府战略合作协议签约仪式在济南市举行。张务锋同志与山东省委常委、常务副省长李群出席签约仪式并讲话，徐鸣同志代表国家粮食局签约，卢景波同志出席。

9月12~13日，国家粮食局在山东省滨州市召开全国加快推进粮食产业经济发展现场经验交流会。会议深入学习贯彻党中央、国务院关于促进粮食产业经济发展的决策部署，认真分析粮食产业经济发展面临的新形势，研究部署贯彻落实《国务院办公厅关于加快推进农业供给侧结构性改革大力发展粮食产业经济的意见》要求，大力发展粮食产业经济，推动粮食产业创新发展、转型升级、提质增效的思路、任务和举措。张务锋同志出席会议并讲话，徐鸣、卢景波、何毅同志出席。

9月13日，国家粮食局在山东省滨州市召开全国粮食行业"深化改革转型发展"大讨论活动督导会，调度活动进展情况，交流经验做法，安排部署大讨论活动和粮食流通改革发展下步重点工作。张务锋同志主持会议并讲话，徐鸣、卢景波、何毅同志出席。

9月15日，国家粮食局在江苏省苏州市召开加强粮食安全法制建设调研座谈会。与会省（市）粮食局交流了地方粮食法制建设的有关情况。张务锋同志主持会议并讲话，卢景波同志出席会议。

9月18日，国家粮食局在内蒙古自治区呼和浩特市召开全国秋粮收购工作会议，传达学习秋粮收购政策，分析研判中晚稻、玉米、大豆生产与收购形势，安排部署秋粮收购工作。卢景波同志主持会议并讲话。

9月19日，国家粮食局举行全国粮食行业"深化改革转型发展"大讨论首场报告会，邀请中央财经领导小组办公室副主任、中央农村工作领导小组办公室主任韩俊作专题辅导报告，同时作为国家粮食局党组理论学习中心组第三季度集体学习开班报告。张务锋同志主持报告会，徐鸣、曾丽瑛、赵中权、何毅同志出席。

9月20~27日，张务锋同志率代表团访问瑞士、意大利。代表团先后访问了世界贸易组织（WTO）、联合国粮农组织（FAO）、联合国粮食计划署(WFP)、瑞士联邦经济事务教育与研究部农业局、意大利农业食品与林业政策部；拜访了中国驻瑞士大使馆、中国驻意大利大使馆大使和中国常驻世界贸易组织代表团、中国常驻联合国粮农机构代表处代表，考察了中粮国际等涉外粮食企业。访问期间，张务锋同志介绍了中国的国情、粮情和国家粮食局职能及中国粮食流通基本情况；宣传了我国农业供给侧结构性改革和粮食收储制度改革、国家粮食安全战略实施等政策举措和进展成效；了解了瑞士、意大利两国粮食生产、消费、贸易等情况，并与有关方面就加强粮食流通领域相关合作事项进行了交流会商。

9月21~22日、26~27日，国家粮食局分别在吉林省吉林市、安徽省合肥市举办北方南方片区安全储粮和安全生产培训班，主要任务是深入学习贯彻《中共中央国务院关于推进安全生产领域改革发展的意见》和全国安全生产电视电话会议精神，进一步落实全国粮食系统安全工作视频会议和"两个安全"暨粮食仓储工作会议精神，巩固和提高"一规定两守则"培训成果，帮助和指导地方提升安全储粮和安全生产水平。徐鸣同志致信培训班，提出殷切希望。

9月22~23日，国家粮食局在贵州省湄潭县召开全国粮食系统党的建设暨粮食文化建设现场会，深入学习习近平总书记系列重要讲话精神和党中央治国理政新理念新思想新战略，交流落实全面从严治党要求、推进"两学一做"学习教育常态化制度化和加强粮食文化建设的经验做法。徐鸣同志出席会议并讲话。

9月29~30日，国家粮食局召开第15次局长办公会议，传达学习李克强总理重要批示，研究国办发〔2017〕78号文件相关任务局内分工落实方案；听取2017年世界粮食日和全国爱粮节粮宣传周主会场活动暨"优质粮食工程"启动仪式筹备情况的汇报；审议《国家粮食管理平台优化方案》；听取全国秋粮收购工作会议情况汇报；听取"大快严"集中行动部门联合督查情况和第二轮跨省交叉执法检查有关工作汇报；审议《国家粮食电子交易平台建设方案》；审议《粮食流通管理条例（修订送审稿)》《中央储备粮管理条例(修订送审稿)》和《粮食安全保障法》立法项目建议。张务锋同志主持，徐鸣、曾丽瑛、赵中权、卢景波同志出席。

十月

10月15日，张务锋同志带领局机关和直属联系单位100名党员干部赴北京展览馆，参观"砥砺奋进的五年"大型成就展。大家集中观看《不忘初心砥砺奋进》大型纪录片，仔细阅览各种展板、图表，认真聆听讲解，感受党的十八大以来，以习近平同志为核心的党中央团结带领全党全军全国各族人民，坚持和发展中国特色社会主义，统筹推进"五位一体"总体布局、协调推进"四个全面"战略布局，改革开放和社会主义现代化建设取得的辉煌成就。

10月16日，国家粮食局、农业部、教育部、科技部、全国妇联和联合国粮农组织在京联合举办2017年世界粮食日和全国爱粮节粮宣传周主会场活动，活动现场发布首届全国"爱粮节粮之星"并颁奖，举行了"优质粮食工程"启动仪式。张务锋同志出席活动并讲话，农业部国际合作司副司长唐盛尧、联合国粮农组织驻华代表马文森分别致辞，曾丽瑛、赵中权、何毅同志出席。

10月20日，由国家粮食局与联合国世界粮食计划署（WFP）中国办公室合作举办的"小农户粮食产后处理及仓储管理"培训班开班。此次培训旨在分享我国在粮食储存、产后减损等方面的技术和经验，深化国家粮食局与WFP在南南合作方面的伙伴关系，共同为保障世界粮食安全作出积极贡献。曾丽瑛同志出席开班式并讲话。

10月26日，国家粮食局先后召开第19次局党组会议和全局党员干部大会，传达学习党的十九大和十八届七中全会精神，对深入学习宣传贯彻十九大精神、扎实做好当前粮食流通改革发展各项工作作出动员部署。张务锋同志对国家粮食局深入学习宣传贯彻党的十九大精神提出三方面的要求：一是要充分认识党的十九大的重要意义，进一步增强思想和行动自觉；二是迅速掀起学习贯彻党的十九大精神的热潮；三是坚持用党的十九大精神武装头脑指导实践推动工作。徐鸣、曾丽瑛、赵中权、卢景波同志出席。何毅同志出席全局党员干部大会。

10月27日，国家粮食局举行专题报告会，邀请国家粮食安全政策专家咨询委员会顾问陈锡文、主任委员张晓强、委员岳国君，国务院发展研究中心农村部部长、研究员叶兴庆等4位专家作报告。张务锋、曾丽瑛、赵中权、何毅同志出席。

10月27日~11月4日，卢景波同志率团访问阿根廷和乌拉圭。代表团分别与阿根廷农业产业部、乌拉圭牧农渔业部举行部长级会谈，并召开"中阿粮食合作联合委员会"首次工作会议；参观阿根廷罗萨里奥港口和乌拉圭国家农业研究院，粮油加工企业和农民合作社；实地调研中粮集团在阿根廷提布斯产业园情况，协调解决中粮遇到的实际困难。代表团还先后与我国驻阿根廷、乌拉圭使馆经商处进行了工作会商。通过访问，进一步深化了我国与阿根廷、乌拉圭两国在粮食流通领域的交流与合作。

10月31日，国家粮食局召开第20次局党组会议，传达学习中央国家机关学习宣传贯彻党的十九大精神动员部署会暨"党组书记谈十九大"座谈会精神；审议《中共国家粮食局党组巡视工作实施办法（修订稿）》《被巡视司室、单位党组织配合局党组专项巡视工作规定》和《中共国家粮食局党组关于支持配合中央纪委驻国家发展改革委纪检组开展党内专责监督工作的实施方案》。张务锋同志主持，徐鸣、曾丽瑛同志出席。

十一月

11月2日，国家粮食局召开专项巡视全覆盖工作总结和加快整改会议，认真贯彻落实党的十九大精神，对一年来局党组专项巡视全覆盖作全面总结，对持续强化问题整改进行再动员再部署，推动机关党的建设和全面从严治党向纵深发展。张务锋同志出席会议并讲话，徐鸣同志主持，曾丽瑛同志宣读局党组对巡视工作先进个人进行表扬的通报，赵中权同志作专项巡视全覆盖工作总结报告。

11月5日，国家粮食局召开第21次局党组会议，传达学习《中共中央关于认真学习宣传贯彻党的十九大精神的决定》；听取关于党的十八大以来粮食流通改革发展情况和贯彻落实党的十九大精神保障国家粮食安全措施意见的汇报等。张务锋同志主持，徐鸣、曾丽瑛、卢景波同志出席。

11月6~7日，国家粮食局、财政部在湖北省武汉市召开加快推进实施"优质粮食工程"现场经验交流会。会议学习交流了"优质粮食工程"典型经验，座谈讨论了工程实施进展、各地具体做法及存在的问题，研究部署了加快推进实施"优质粮食工程"的具体措施。徐鸣同志出席会议并讲话。

11月7日，国家粮食局在报国寺老干部活动中心举行粮食工作情况通报会，张务锋同志出席会议并向离退休干部传达党的十九大精神，通报近期粮食流通改革发展情况。曾丽瑛同志出席。

11月9日，国家粮食局在天津市召开座谈会，听取北京、天津、河北、黑龙江、山东5省市粮食局以及山东省滨州市、河北省承德市粮食局有关情况汇报和意见建议，对认真学习贯彻党的十九大精神特别是关于保障国家粮食安全的决策部署提出明确要求，对统筹谋划下一步工作思路、加快粮食安全保障立法、深化国有粮食企业改革等进行了深入研究。张务锋同志主持会议，卢景波同志出席。

11月9~10日，张务锋同志带队赴天津调研粮食流通改革发展重点工作，深入粮食企业、粮油码头和项目建设现场，全面了解粮食物流、仓储管理、粮油加工、市场供应、产销合作等有关情况。期间，张务锋同志与天津市委常委、常务副市长段春华就做好粮食工作、保障粮食安全进行了认真会商和深入交流。

11月17日，卢景波同志会见加拿大谷物委员会主任派蒂·米勒女士一行。双方回顾了长期以来的友好合作，并就下一步落实已签署的合作谅解备忘录进行了积极讨论，表示将制订具体执行计划，明确深化在粮食标准制订、质量安全检测、科技研发、人员互访等方面的交往与合作。

11月21日，国家粮食局召开第22次局党组会议，传达学习和研究落实张高丽副总理在黑龙江考察调研时重要讲话精神；传达学习《中共中央政治局关于加强和维护党中央集中统一领导的若干规定》和《中共中央政治局贯彻落实中央八项规定实施细则》，研究贯彻落实的措施意见；扩大审议《中共国家粮食局党组关于激励干部担当作为干事创业的意见（试行）》等。张务锋同志主持，徐鸣、曾丽瑛、卢景波同志出席。

11月24日，国家粮食局举办第三期"粮食流通改革发展"论坛，邀请河北省柏乡粮库党总支书记、主任尚金锁和浙江省储备粮管理有限公司党委书记、董事长黄志军分别作专题报告，介绍两家基层国有粮食企业学思践悟党的十九大精神，积极传承弘扬"四无粮仓"精神和"宁流千滴汗、不坏一粒粮"行业优良传统，推动基层国有粮食企业转型升级、提质增效，全面加强基层党组织建设和干部队伍建设的经验做法。徐鸣同志主持，曾丽瑛、卢景波、何毅同志出席。

11月29日，张务锋同志会见湖南省政府副省长隋忠诚一行，就抓好粮食收储、实施"优质粮食工程"和加强粮食仓储设施建设等相关工作进行了座谈会商。曾丽瑛同志出席。

11月28~30日，国家粮食局在江西省南昌市举办2017年粮食流通执法督查培训班，对当前粮食流通监管重点任务、粮食安全保障立法修规方向和下步修订内容、粮油仓储管理有关规定、粮食质量安全管理规范等内容进行培训。各省（区、市）粮食部门监督检查行政执法人员、涉粮案件核查应急队伍人员、有关央企涉粮监管人员300余人参加培训。徐鸣同志出席开班仪式并讲话。

11月29日，全国粮食期刊宣传工作座谈会在京召开。会议认真学习党的十九大精神，特别是乡村振兴战略和"确保国家粮食安全，把中国人的饭碗牢牢端在自己手中"的重要论述；传达张务锋同志对全国粮食期刊宣传工作的重要批示；总结交流各地办刊经验，对今后的粮食期刊宣传工作进行部署。曾丽瑛同志出席并讲话。

11月，中央编办批复国家粮食局以监督检查司为基础成立执法督查局，强化中央事权粮食特别是中央储备粮的行政监管职能。

十二月

12月1日，国家粮食局举办第四期"粮食流通改革发展论坛"，邀请党的十九大文件起草组成员、中央宣讲团成员、国务院发展研究中心副主任王一鸣作党的十九大精神专题辅导。张务锋同志主持，徐鸣、曾丽瑛、何毅同志出席。

12月7日，国家粮食局召开第24次局党组会议，传达学习中央宣传部、中央组织部关于认真组织学习《习近平谈治国理政》（第二卷）的通知精神，研究贯彻落实的意见；听取关于参加"学习贯彻党的十九大精神进一步推进干部监督工作座谈会"的情况报告等。张务锋同志主持，曾丽瑛、卢景波同志出席。

12月13~14日，张务锋同志带队赴安徽省阜南县调研督导定点扶贫工作。张务锋同志一行实地调研考察了阜南县部分乡镇的经济发展和扶贫情况，到洪河桥镇盛郢村走访慰问了部分困难群众，实地查看国家粮食局支持的盛郢小学和光伏发电站情况，看望局选派的挂职干部和驻村第一书记。期间，张务锋同志与阜阳市、阜南县党委、政府和有关部门负责同志进行座谈，听取了阜南县经济社会发展、脱贫攻坚和粮食工作等情况汇报，研究共同做好脱贫攻坚工作的思路和举措。

12月20日，张务锋同志和徐鸣、曾丽瑛、卢景波同志会见广西壮族自治区政府副主席张秀隆一行。

12月20日，国家粮食局直属机关团委举办"认真学习十九大、青春添彩粮食梦"主题知识竞赛活动。徐鸣同志出席活动，为青年干部作学习党的十九大精神辅导报告。

12月21日，国家粮食局召开第27次局党组会议，传达学习贯彻中央经济工作会议精神。张务锋同志主持，徐鸣、曾丽瑛、卢景波同志出席。

12月25日，国家粮食局召开第28次局党组会议，传达学习习近平总书记重要批示，研究贯彻落实意见；传达学习全国组织部长会议精神；传达中组部任职通知等。张务锋同志主持，曾丽瑛、卢景波同志出席。

12月26日，国家粮食局召开全国粮食财会网络知识竞赛和专题征文活动表彰会暨"深化改革转型发展"座谈会。卢景波同志出席并讲话。

12月27日，国家粮食局组织举办粮食流通改革发展青年论坛。张务锋、徐鸣、曾丽瑛、卢景波、韩卫江、何毅同志出席活动。受张务锋同志委托，曾丽瑛同志代表局党组讲话。

粮食行业统计资料

表 1		全国主要粮食及油料播种面积 (1978~2017 年)				

单位：千公顷

年 份	粮食	稻谷	小麦	玉米	大豆	油料
1978	120587	34421	29183	19961	7144	6222
1979	119263	33873	29357	20133	7247	7051
1980	117234	33878	28844	20087	7226	7928
1981	114958	33295	28307	19425	8024	9134
1982	113462	33071	27955	18543	8419	9343
1983	114047	33136	29050	18824	7567	8390
1984	112884	33178	29576	18537	7286	8678
1985	108845	32070	29218	17694	7718	11800
1986	110933	32266	29616	19124	8295	11415
1987	111268	32193	28798	20212	8445	11181
1988	110123	31987	28785	19692	8120	10619
1989	112205	32700	29841	20353	8057	10504
1990	113466	33064	30753	21401	7560	10900
1991	112314	32590	30948	21574	7041	11530
1992	110560	32090	30496	21044	7221	11489
1993	110509	30355	30235	20694	9454	11142
1994	109544	30171	28981	21152	9222	12081
1995	110060	30744	28860	22776	8127	13102
1996	112548	31406	29611	24498	7471	12555
1997	112912	31765	30057	23775	8346	12381
1998	113787	31214	29774	25239	8500	12919
1999	113161	31283	28855	25904	7962	13906
2000	108463	29962	26653	23056	9307	15400
2001	106080	28812	24664	24282	9482	14631
2002	103891	28202	23908	24634	8720	14766
2003	99410	26508	21997	24068	9313	14990
2004	101606	28379	21626	25446	9589	14431
2005	104278	28847	22793	26358	9591	14318
2006	104958	28938	23613	28463	9304	11738
2007	105999	28973	23770	30024	8110	12344
2008	107545	29350	23715	30981	8412	13232
2009	110255	29793	24442	32948	8497	13445
2010	111695	30097	24459	34977	7839	13695
2011	112980	30338	24523	36767	7213	13471
2012	114368	30476	24576	39109	6490	13435
2013	115908	30710	24470	41299	6129	13438
2014	117455	30765	24472	42997	6183	13395
2015	118963	30784	24596	44968	5886	13314
2016	119230	30746	24694	44178	6596	13191
2017	117989	30747	24508	42399	7236	13223

注：2007~2017 年粮食及油料数据根据第三次农业普查情况做了相应衔接修订。

数据来源：国家统计局统计资料。

表 2	全国主要粮食及油料产量 (1978~2017 年)					

单位：万吨

年 份	粮食	稻谷	小麦	玉米	大豆	油料
1978	30476.5	13693.0	5384.0	5594.5	756.5	521.8
1979	33211.5	14375.0	6273.0	6003.5	746.0	643.5
1980	32055.5	13990.5	5520.5	6260.0	794.0	769.1
1981	32502.0	14395.5	5964.0	5920.5	932.5	1020.5
1982	35450.0	16159.5	6847.0	6056.0	903.0	1181.7
1983	38727.5	16886.5	8139.0	6820.5	976.0	1055.0
1984	40730.5	17825.5	8781.5	7341.0	969.5	1191.0
1985	37910.8	16856.9	8580.5	6382.6	1050.0	1578.4
1986	39151.2	17222.4	9004.0	7085.6	1161.4	1473.8
1987	40297.7	17426.2	8590.2	7924.1	1246.5	1527.8
1988	39408.1	16910.7	8543.2	7735.1	1164.5	1320.3
1989	40754.9	18013.0	9080.7	7892.8	1022.7	1295.2
1990	44624.3	18933.1	9822.9	9681.9	1100.0	1613.2
1991	43529.3	18381.3	9595.3	9877.3	971.3	1638.3
1992	44265.8	18622.2	10158.7	9538.3	1030.4	1641.2
1993	45648.8	17751.4	10639.0	10270.4	1530.7	1803.9
1994	44510.1	17593.3	9929.7	9927.5	1599.9	1989.6
1995	46661.8	18522.6	10220.7	11198.6	1350.2	2250.3
1996	50453.5	19510.3	11056.9	12747.1	1322.4	2210.6
1997	49417.1	20073.5	12328.9	10430.9	1473.2	2157.4
1998	51229.5	19871.3	10972.6	13295.4	1515.2	2313.9
1999	50838.6	19848.7	11388.0	12808.6	1424.5	2601.2
2000	46217.5	18790.8	9963.6	10600.0	1540.9	2954.8
2001	45263.7	17758.0	9387.3	11408.8	1540.6	2864.9
2002	45705.8	17453.9	9029.0	12130.8	1650.5	2897.2
2003	43069.5	16065.6	8648.8	11583.0	1539.3	2811.0
2004	46946.9	17908.8	9195.2	13028.7	1740.1	3065.9
2005	48402.2	18058.8	9744.5	13936.5	1634.8	3077.1
2006	49804.2	18171.8	10846.6	15160.3	1508.2	2640.3
2007	50413.9	18638.1	10952.5	15512.3	1133.0	2787.0
2008	53434.3	19261.2	11293.2	17212.0	1392.9	3036.8
2009	53940.9	19619.7	11583.4	17325.9	1336.2	3139.4
2010	55911.3	19722.6	11614.1	19075.2	1352.0	3156.8
2011	58849.3	20288.3	11862.5	21131.6	1305.3	3212.5
2012	61222.6	20653.2	12254.0	22955.9	1158.5	3285.6
2013	63048.2	20628.6	12371.0	24845.3	1059.9	3287.4
2014	63964.8	20960.9	12832.1	24976.4	1090.6	3371.9
2015	66060.3	21214.2	13263.9	26499.2	1065.2	3390.5
2016	66043.5	21109.4	13327.1	26361.3	1162.0	3400.0
2017	66160.7	21267.6	13433.4	25907.1	1331.6	3475.2

注：2007~2017 年粮食及油料数据根据第三次农业普查情况做了相应衔接修订。

数据来源：国家统计局统计资料。

表 3			全国主要粮食及油料单位面积产量 (1978~2017 年)			
					单位：公斤 / 公顷	
年 份	粮食	稻谷	小麦	玉米	大豆	油料
1978	2527.3	3978.1	1844.9	2802.7	1059.0	838.6
1979	2784.7	4243.8	2136.8	2981.9	1029.4	912.7
1980	2734.3	4129.6	1913.9	3116.4	1098.8	970.0
1981	2827.3	4323.7	2106.9	3047.9	1162.2	1117.2
1982	3124.4	4886.3	2449.3	3265.9	1072.6	1264.8
1983	3395.7	5096.1	2801.7	3623.3	1289.8	1257.4
1984	3608.2	5372.6	2969.1	3960.3	1330.6	1372.5
1985	3483.0	5256.3	2936.7	3607.2	1360.5	1337.7
1986	3529.3	5337.6	3040.2	3705.1	1400.2	1291.1
1987	3621.7	5413.1	2982.9	3920.6	1476.0	1366.5
1988	3578.6	5286.7	2968.0	3928.1	1434.1	1243.3
1989	3632.2	5508.5	3043.0	3877.9	1269.3	1233.1
1990	3932.8	5726.1	3194.1	4523.9	1455.1	1479.9
1991	3875.7	5640.2	3100.5	4578.3	1379.5	1421.0
1992	4003.8	5803.1	3331.2	4532.7	1427.0	1428.4
1993	4130.8	5847.9	3518.8	4963.0	1619.1	1619.0
1994	4063.2	5831.1	3426.3	4693.4	1734.9	1646.9
1995	4239.7	6024.8	3541.5	4916.9	1661.4	1717.6
1996	4482.8	6212.4	3734.1	5203.3	1770.2	1760.7
1997	4376.6	6319.4	4101.9	4387.3	1765.1	1742.5
1998	4502.2	6366.2	3685.3	5267.8	1782.5	1791.0
1999	4492.6	6344.8	3946.6	4944.7	1789.2	1870.5
2000	4261.2	6271.6	3738.2	4597.5	1655.7	1918.7
2001	4266.9	6163.3	3806.1	4698.4	1624.8	1958.1
2002	4399.4	6189.0	3776.5	4924.5	1892.9	1962.0
2003	4332.5	6060.7	3931.8	4812.6	1652.9	1875.2
2004	4620.5	6310.6	4251.9	5120.2	1814.8	2124.6
2005	4641.6	6260.2	4275.3	5287.3	1704.5	2149.2
2006	4745.2	6279.6	4593.4	5326.3	1620.5	2249.3
2007	4756.1	6433.0	4607.7	5166.7	1397.0	2257.8
2008	4968.6	6562.5	4762.0	5555.7	1655.9	2294.9
2009	4892.4	6585.3	4739.0	5258.5	1572.6	2335.1
2010	5005.7	6553.0	4748.4	5453.7	1725.0	2305.0
2011	5208.8	6687.3	4837.2	5747.5	1809.6	2384.7
2012	5353.1	6776.9	4986.2	5869.7	1785.1	2445.6
2013	5439.5	6717.3	5055.6	6015.9	1729.4	2446.3
2014	5445.9	6813.2	5243.5	5808.9	1763.8	2517.4
2015	5553.0	6891.3	5392.6	5892.9	1809.8	2546.5
2016	5539.2	6865.8	5396.9	5967.1	1761.6	2577.5
2017	5607.4	6916.9	5481.2	6110.3	1840.4	2628.1

注：2007~2017 年粮食及油料数据根据第三次农业普查情况做了相应衔接修订。

数据来源：国家统计局统计资料。

表 4	全国粮食和油料作物播种面积（2016~2017 年）			

单位：千公顷

	2016 年	2017 年	2017 年比 2016 年增加	
			绝对数	%
一、粮食	119230.1	117989.1	−1241.0	−1.0
其中：夏收粮食	27076.5	26860.7	−215.8	−0.8
（一）谷物	102701.7	100764.6	−1937.2	−1.9
1．稻谷	30745.9	30747.2	1.3	0.0
(1) 早稻	5309.3	5141.6	−167.7	−3.2
(2) 中稻和一季晚稻	19779.9	20028.1	248.2	1.3
(3) 双季晚稻	5656.7	5577.5	−79.2	−1.4
2．小麦	24694.0	24508.0	−186.0	−0.8
(1) 冬小麦	23089.5	22906.6	−182.9	−0.8
(2) 春小麦	1604.5	1601.4	−3.1	−0.2
3．玉米	44177.6	42399.0	−1778.6	−4.0
4．谷子	857.2	861.0	3.8	0.4
5．高粱	472.8	506.5	33.7	7.1
6．其他谷物	1754.3	1690.7	−63.5	−3.6
其中：大麦	360.9	330.0	−30.9	−8.6
（二）豆类	9287.2	10051.3	764.1	8.2
其中：大豆	7598.5	8244.8	646.3	8.5
绿豆	436.8	501.8	65.0	14.9
红小豆	181.0	221.1	40.1	22.2
（三）薯类	7241.1	7173.2	−67.9	−0.9
其中：马铃薯	4802.4	4859.9	57.5	1.2
二、油料作物	13191.1	13223.2	32.0	0.2
其中：花生	4448.4	4607.7	159.3	3.6
油菜籽	6622.8	6653.0	30.2	0.5
芝麻	230.2	227.7	−2.5	−1.1
胡麻籽	243.1	234.5	−8.6	−3.5
向日葵	1278.9	1170.7	−108.2	−8.5

注：2016 年和 2017 年粮食及油料数据根据第三次农业普查情况做了相应衔接修订。

数据来源：国家统计局统计资料。

表5	全国粮食和油料作物产量（2016~2017 年）			

单位：万吨

	2016 年	2017 年	2017 年比 2016 年增加	
			绝对数	%
一、粮食	66043.5	66160.7	117.2	0.2
其中：夏收粮食	14056.4	14174.5	118.1	0.8
（一）谷物	61666.5	61520.5	−146.0	−0.2
1．稻谷	21109.4	21267.6	158.2	0.7
(1) 早稻	3103.2	2987.7	−115.5	−3.7
(2) 中稻和一季晚稻	14638.3	14956.8	318.5	2.2
(3) 双季晚稻	3368.0	3323.2	−44.8	−1.3
2．小麦	13327.1	13433.4	106.3	0.8
(1) 冬小麦	12663.7	12796.9	133.2	1.1
(2) 春小麦	663.3	636.5	−26.8	−4.0
3．玉米	26361.3	25907.1	−454.2	−1.7
4．谷子	233.0	254.8	21.8	9.3
5．高粱	223.4	246.5	23.0	10.3
6．其他谷物	412.3	404.9	−7.3	−1.8
其中：大麦	119.2	108.5	−10.7	−9.0
（二）豆类	1650.7	1841.6	190.9	11.6
其中：大豆	1359.5	1528.2	168.7	12.4
绿豆	56.5	65.1	8.6	15.2
红小豆	27.5	36.0	8.5	30.8
（三）薯类	2726.3	2798.6	72.3	2.7
其中：马铃薯	1698.6	1769.6	71.1	4.2
二、油料作物	3400.0	3475.2	75.2	2.2
其中：花生	1636.1	1709.2	73.1	4.5
油菜籽	1312.8	1327.4	14.6	1.1
芝麻	35.2	36.6	1.4	4.1
胡麻籽	32.5	30.1	−2.4	−7.4
向日葵	320.1	314.9	−5.2	−1.6

注：2016 年和 2017 年粮食及油料数据根据第三次农业普查情况做了相应衔接修订。

数据来源：国家统计局统计资料。

表6	全国粮食和油料作物单位面积产量（2016~2017年）			
				单位：公斤/公顷

	2016年	2017年	2017年比2016年增加	
			绝对数	%
一、粮食	5539.2	5607.4	68.2	1.2
其中：夏收粮食	5191.4	5277.0	85.7	1.6
（一）谷物	6004.4	6105.4	100.9	1.7
1.稻谷	6865.8	6916.9	51.2	0.7
(1) 早稻	5844.8	5810.8	−34.0	−0.6
(2) 中稻和一季晚稻	7400.6	7467.9	67.3	0.9
(3) 双季晚稻	5954.0	5958.1	4.1	0.1
2.小麦	5396.9	5481.2	84.3	1.6
(1) 冬小麦	5484.6	5586.6	101.9	1.9
(2) 春小麦	4134.1	3974.6	−159.5	−3.9
3.玉米	5967.1	6110.3	143.2	2.4
4.谷子	2718.4	2959.2	240.8	8.9
5.高粱	4726.0	4866.8	140.8	3.0
6.其他谷物	2350.1	2395.0	44.9	1.9
其中：大麦	3303.9	3288.7	−15.2	−0.5
（二）豆类	1777.4	1832.2	54.8	3.1
其中：大豆	1789.2	1853.6	64.4	3.6
绿豆	1293.3	1296.7	3.3	0.3
红小豆	1521.5	1628.4	106.9	7.0
（三）薯类	3765.0	3901.5	136.4	3.6
其中：马铃薯	3536.9	3641.3	104.4	3.0
二、油料作物	2577.5	2628.1	50.6	2.0
其中：花生	3678.0	3709.6	31.5	0.9
油菜籽	1982.2	1995.2	13.0	0.7
芝麻	1529.3	1609.7	80.4	5.3
胡麻籽	1337.0	1283.3	−53.7	−4.0
向日葵	2502.9	2690.1	187.2	7.5

注：2016年和2017年粮食及油料数据根据第三次农业普查情况做了相应衔接修订。

数据来源：国家统计局统计资料。

表7		各地区粮食播种面积（2016~2017 年）		

单位：千公顷

地 区	2016 年	2017 年	2017 年比 2016 年增加	
			绝对数	%
全国总计	119230.1	117989.1	−1241.0	−1.0
东部地区	25752.0	25455.4	−296.6	−1.2
中部地区	35439.9	35036.1	−403.8	−1.1
西部地区	34779.0	34331.8	−447.2	−1.3
东北地区	23259.2	23165.7	−93.5	−0.4
北 京	85.5	66.8	−18.7	−21.9
天 津	362.0	351.4	−10.6	−2.9
河 北	6791.4	6658.5	−132.9	−2.0
山 西	3227.3	3180.9	−46.4	−1.4
内蒙古	6803.4	6780.9	−22.5	−0.3
辽 宁	3515.0	3467.5	−47.5	−1.4
吉 林	5542.4	5544.0	1.6	0.0
黑龙江	14201.8	14154.3	−47.5	−0.3
上 海	158.5	133.1	−25.3	−16.0
江 苏	5583.3	5527.3	−56.0	−1.0
浙 江	951.4	977.2	25.8	2.7
安 徽	7359.0	7321.8	−37.2	−0.5
福 建	832.8	833.2	0.4	0.0
江 西	3807.2	3786.3	−20.9	−0.5
山 东	8517.3	8455.6	−61.7	−0.7
河 南	11219.6	10915.1	−304.4	−2.7
湖 北	4816.1	4853.0	36.9	0.8
湖 南	5010.7	4978.9	−31.7	−0.6
广 东	2177.8	2169.7	−8.1	−0.4
广 西	2897.1	2853.1	−44.1	−1.5
海 南	292.0	282.5	−9.5	−3.3
重 庆	2039.1	2030.7	−8.4	−0.4
四 川	6291.3	6292.0	0.7	0.0
贵 州	3122.2	3052.8	−69.4	−2.2
云 南	4201.3	4169.2	−32.1	−0.8
西 藏	188.5	185.6	−2.8	−1.5
陕 西	3144.0	3019.4	−124.6	−4.0
甘 肃	2684.2	2647.2	−37.1	−1.4
青 海	284.7	282.6	−2.1	−0.8
宁 夏	717.9	722.5	4.6	0.6
新 疆	2405.3	2295.9	−109.4	−4.5

注：1. 东部地区包括：北京、天津、河北、上海、江苏、浙江、福建、山东、广东、海南等10省市；中部地区包括：山西、安徽、江西、河南、湖北、湖南等6省；西部地区包括：重庆、四川、贵州、云南、西藏、陕西、甘肃、青海、宁夏、新疆、内蒙古、广西等12省区市；东北地区包括：辽宁、吉林、黑龙江等3省。
2. 2016 年和2017 年粮食及油料数据根据第三次农业普查情况做了相应衔接修订。

数据来源：国家统计局统计资料。

表 8	各地区粮食总产量（2016~2017 年）			

单位：万吨

地　区	2016 年	2017 年	2017 年比 2016 年增加	
			绝对数	%
全国总计	66043.5	66160.7	117.2	0.2
东部地区	15415.1	15581.5	166.4	1.1
中部地区	19923.2	20040.5	117.4	0.6
西部地区	16822.8	16643.6	−179.2	−1.1
东北地区	13882.4	13895.1	12.6	0.1
北　京	52.8	41.1	−11.6	−22.0
天　津	200.4	212.3	11.9	5.9
河　北	3783.0	3829.2	46.3	1.2
山　西	1380.3	1355.1	−25.2	−1.8
内蒙古	3263.3	3254.5	−8.7	−0.3
辽　宁	2315.6	2330.7	15.1	0.7
吉　林	4150.7	4154.0	3.3	0.1
黑龙江	7416.1	7410.3	−5.8	−0.1
上　海	111.8	99.8	−12.0	−10.7
江　苏	3542.4	3610.8	68.4	1.9
浙　江	564.8	580.1	15.3	2.7
安　徽	3961.8	4019.7	57.9	1.5
福　建	477.3	487.2	9.9	2.1
江　西	2234.4	2221.7	−12.7	−0.6
山　东	5332.3	5374.3	42.0	0.8
河　南	6498.0	6524.2	26.2	0.4
湖　北	2796.4	2846.1	49.8	1.8
湖　南	3052.3	3073.6	21.3	0.7
广　东	1204.2	1208.6	4.3	0.4
广　西	1419.0	1370.5	−48.5	−3.4
海　南	146.1	138.1	−8.0	−5.5
重　庆	1078.2	1079.9	1.7	0.2
四　川	3469.9	3488.9	19.0	0.5
贵　州	1264.3	1242.4	−21.8	−1.7
云　南	1815.1	1843.4	28.4	1.6
西　藏	103.9	106.5	2.7	2.6
陕　西	1264.0	1194.2	−69.8	−5.5
甘　肃	1117.5	1105.9	−11.6	−1.0
青　海	104.8	102.5	−2.2	−2.1
宁　夏	370.7	370.1	−0.6	−0.2
新　疆	1552.3	1484.7	−67.6	−4.4

注：1. 东部地区包括：北京、天津、河北、上海、江苏、浙江、福建、山东、广东、海南等10省市；中部地区包括：山西、安徽、江西、河南、湖北、湖南等6省；西部地区包括：重庆、四川、贵州、云南、西藏、陕西、甘肃、青海、宁夏、新疆、内蒙古、广西等12省区市；东北地区包括：辽宁、吉林、黑龙江等3省。
2. 2016 年和 2017 年粮食及油料数据根据第三次农业普查情况做了相应衔接修订。

数据来源：国家统计局统计资料。

| 表 9 | 各地区粮食单位面积产量（2016~2017 年） | | | |

单位：公斤 / 公顷

地　区	2016 年	2017 年	2017 年比 2016 年增加	
			绝对数	%
全国总计	5539.2	5607.4	68.2	1.2
东部地区	5986.0	6121.1	135.1	2.3
中部地区	5621.7	5720.0	98.3	1.7
西部地区	4837.1	4847.9	10.8	0.2
东北地区	5968.6	5998.1	29.5	0.5
北　京	6167.6	6152.2	−15.4	−0.2
天　津	5536.0	6040.7	504.8	9.1
河　北	5570.3	5750.9	180.6	3.2
山　西	4277.0	4260.1	−17.0	−0.4
内蒙古	4796.5	4799.6	3.0	0.1
辽　宁	6587.8	6721.7	133.9	2.0
吉　林	7489.0	7492.8	3.8	0.1
黑龙江	5222.0	5235.4	13.4	0.3
上　海	7053.3	7494.5	441.2	6.3
江　苏	6344.7	6532.7	187.9	3.0
浙　江	5937.3	5936.8	−0.5	0.0
安　徽	5383.5	5490.1	106.5	2.0
福　建	5730.8	5846.6	115.9	2.0
江　西	5868.8	5867.8	−1.1	0.0
山　东	6260.5	6355.9	95.4	1.5
河　南	5791.7	5977.2	185.6	3.2
湖　北	5806.2	5864.7	58.5	1.0
湖　南	6091.6	6173.2	81.6	1.3
广　东	5529.6	5570.1	40.5	0.7
广　西	4898.0	4803.6	−94.5	−1.9
海　南	5002.9	4889.3	−113.6	−2.3
重　庆	5287.7	5317.7	30.0	0.6
四　川	5515.4	5545.0	29.6	0.5
贵　州	4049.3	4069.9	20.6	0.5
云　南	4320.2	4421.5	101.3	2.3
西　藏	5511.9	5738.3	226.4	4.1
陕　西	4020.3	3955.1	−65.2	−1.6
甘　肃	4163.1	4177.7	14.6	0.3
青　海	3680.3	3629.2	−51.1	−1.4
宁　夏	5162.8	5121.7	−41.1	−0.8
新　疆	6453.8	6467.0	13.2	0.2

注：1.东部地区包括：北京、天津、河北、上海、江苏、浙江、福建、山东、广东、海南等 10 省市；中部地区包括：
山西、安徽、江西、河南、湖北、湖南等 6 省；西部地区包括：重庆、四川、贵州、云南、西藏、陕西、甘
肃、青海、宁夏、新疆、内蒙古、广西等 12 省区市；东北地区包括：辽宁、吉林、黑龙江等 3 省。
2.2016 年和 2017 年粮食及油料数据根据第三次农业普查情况做了相应衔接修订。

数据来源：国家统计局统计资料。

表 10			2017 年各地区粮食及油料播种面积和产量（一）			

单位：千公顷；万吨；公斤/公顷

地　区	粮食			稻谷		
	播种面积	总产量	每公顷产量	播种面积	总产量	每公顷产量
全国总计	117989.1	66160.7	5607.4	30747.2	21267.6	6916.9
东部地区	25455.4	15581.5	6121.1	5857.7	4152.8	7089.6
中部地区	35036.1	20040.5	5720.0	13332.4	8926.9	6695.6
西部地区	34331.8	16643.6	4847.9	6294.7	4262.1	6770.8
东北地区	23165.7	13895.1	5998.1	5262.4	3925.8	7460.1
北　京	66.8	41.1	6152.2	0.1	0.1	5992.0
天　津	351.4	212.3	6040.7	30.5	26.3	8636.9
河　北	6658.5	3829.2	5750.9	75.0	50.4	6722.3
山　西	3180.9	1355.1	4260.1	0.8	0.5	6810.0
内蒙古	6780.9	3254.5	4799.6	122.2	85.2	6975.0
辽　宁	3467.5	2330.7	6721.7	492.7	422.0	8566.5
吉　林	5544.0	4154.0	7492.8	820.8	684.4	8338.3
黑龙江	14154.3	7410.3	5235.4	3948.9	2819.3	7139.6
上　海	133.1	99.8	7494.5	104.1	85.6	8221.7
江　苏	5527.3	3610.8	6532.7	2237.7	1892.6	8457.6
浙　江	977.2	580.1	5936.8	620.7	444.9	7168.2
安　徽	7321.8	4019.7	5490.1	2605.1	1647.5	6323.9
福　建	833.2	487.2	5846.6	628.6	393.2	6255.1
江　西	3786.3	2221.7	5867.8	3504.7	2126.1	6066.6
山　东	8455.6	5374.3	6355.9	108.9	90.1	8280.6
河　南	10915.1	6524.2	5977.2	615.0	485.2	7889.9
湖　北	4853.0	2846.1	5864.7	2368.1	1927.2	8138.1
湖　南	4978.9	3073.6	6173.2	4238.7	2740.4	6465.1
广　东	2169.7	1208.6	5570.1	1805.4	1046.3	5795.6
广　西	2853.1	1370.5	4803.6	1801.7	1019.8	5660.1
海　南	282.5	138.1	4889.3	246.7	123.2	4996.2
重　庆	2030.7	1079.9	5317.7	658.9	486.99	7390.5
四　川	6292.0	3488.9	5545.0	1874.9	1473.7	7860.0
贵　州	3052.8	1242.4	4069.9	700.5	448.8	6407.3
云　南	4169.2	1843.4	4421.5	870.6	529.0	6079.2
西　藏	185.6	106.5	5738.3	0.9	0.5	5606.5
陕　西	3019.4	1194.2	3955.1	105.6	80.6	7626.8
甘　肃	2647.2	1105.9	4177.7	4.0	2.9	7216.0
青　海	282.6	102.5	3629.2	0.0	0.0	0.0
宁　夏	722.5	370.1	5121.7	81.1	68.8	8490.6
新　疆	2295.9	1484.7	6467.0	74.2	65.5	8819.0

注：东部地区包括：北京、天津、河北、上海、江苏、浙江、福建、山东、广东、海南等 10 省市；中部地区包括：山西、安徽、江西、河南、湖北、湖南等 6 省；西部地区包括：重庆、四川、贵州、云南、西藏、陕西、甘肃、青海、宁夏、新疆、内蒙古、广西等 12 省区市；东北地区包括：辽宁、吉林、黑龙江等 3 省。

数据来源：国家统计局统计资料。

| 表10 | | 2017 年各地区粮食及油料播种面积和产量（二） | | | | |

单位：千公顷；万吨；公斤／公顷

地 区	小麦			玉米		
	播种面积	总产量	每公顷产量	播种面积	总产量	每公顷产量
全国总计	24508.0	13433.4	5481.2	42399.0	25907.1	6110.3
东部地区	9115.4	5415.6	5941.2	8541.2	5259.4	6157.6
中部地区	10294.0	6021.7	5849.7	8162.1	4330.0	5305.0
西部地区	4990.8	1956.6	3920.4	12976.8	7574.4	5836.8
东北地区	107.8	39.5	3663.9	12718.8	8743.3	6874.3
北 京	11.3	6.2	5492.3	49.7	33.2	6676.8
天 津	108.8	62.4	5737.7	201.4	119.3	5922.5
河 北	2373.4	1504.1	6337.5	3544.1	2035.5	5743.4
山 西	560.5	232.4	4146.0	1806.9	977.9	5412.0
内蒙古	673.9	189.1	2805.2	3716.3	2497.4	6720.2
辽 宁	3.6	1.3	3516.4	2692.0	1789.4	6647.3
吉 林	2.4	0.1	613.8	4164.0	3250.8	7806.9
黑龙江	101.8	38.1	3741.6	5862.8	3703.1	6316.3
上 海	21.0	10.2	4846.4	3.0	2.1	6924.6
江 苏	2412.8	1295.5	5369.2	543.2	318.1	5855.3
浙 江	103.7	41.9	4043.4	51.9	23.0	4440.4
安 徽	2822.8	1644.5	5825.7	1160.1	610.7	5264.0
福 建	0.2	0.1	2844.6	26.8	11.4	4251.3
江 西	14.5	3.1	2137.1	35.7	15.4	4319.2
山 东	4083.9	2495.1	6109.7	4000.1	2662.2	6655.2
河 南	5714.6	3705.2	6483.7	3998.9	2170.1	5426.8
湖 北	1153.2	426.9	3701.8	794.8	356.7	4488.6
湖 南	28.3	9.6	3391.0	365.8	199.2	5444.7
广 东	0.5	0.1	3192.5	121.0	54.6	4517.7
广 西	3.1	0.5	1654.7	591.2	271.6	4594.5
海 南	0.0	0.0	0.0	0.0	0.0	0.0
重 庆	30.1	9.8	3245.8	447.3	252.6	5647.2
四 川	652.7	251.6	3855.0	1863.9	1068.0	5730.0
贵 州	156.0	41.2	2641.1	1006.4	441.2	4383.8
云 南	343.7	73.7	2143.9	1763.8	912.9	5175.9
西 藏	39.3	21.9	5576.3	4.9	3.0	6153.8
陕 西	963.1	406.4	4219.6	1196.9	551.1	4604.9
甘 肃	766.5	269.7	3519.0	1041.0	576.7	5539.8
青 海	112.4	42.3	3765.2	18.9	12.2	6479.6
宁 夏	123.1	37.8	3071.5	306.3	214.9	7014.4
新 疆	1126.8	612.6	5436.3	1019.9	772.6	7575.3

注：东部地区包括：北京、天津、河北、上海、江苏、浙江、福建、山东、广东、海南等10省市；中部地区包括：山西、安徽、江西、河南、湖北、湖南等6省；西部地区包括：重庆、四川、贵州、云南、西藏、陕西、甘肃、青海、宁夏、新疆、内蒙古、广西等12省区市；东北地区包括：辽宁、吉林、黑龙江等3省。

数据来源：国家统计局统计资料。

表 10	2017 年各地区粮食及油料播种面积和产量（三）

单位：千公顷；万吨；公斤/公顷

地 区	大豆			油料		
	播种面积	总产量	每公顷产量	播种面积	总产量	每公顷产量
全国总计	8244.8	1528.2	1853.6	13223.2	3475.2	2628.1
东部地区	533.3	133.0	2493.0	1957.9	692.4	3536.4
中部地区	1510.7	244.2	1616.4	5331.8	1411.1	2646.5
西部地区	2170.8	392.2	1806.8	5170.1	1147.6	2219.7
东北地区	4030.0	758.9	1883.1	763.4	224.2	2936.9
北 京	2.2	0.5	2141.3	2.2	0.5	2471.7
天 津	3.4	0.8	2301.0	5.6	1.3	2259.7
河 北	70.1	17.1	2434.0	394.6	129.4	3279.3
山 西	130.8	17.1	1306.5	114.1	15.0	1318.6
内蒙古	989.0	162.6	1644.4	1113.1	240.7	2162.4
辽 宁	74.3	19.3	2598.5	278.4	81.5	2926.0
吉 林	220.2	50.2	2277.6	408.7	128.5	3144.0
黑龙江	3735.5	689.4	1845.6	76.3	14.3	1868.3
上 海	1.1	0.2	1954.6	3.2	0.8	2356.8
江 苏	194.4	45.0	2312.4	267.6	85.4	3190.1
浙 江	80.4	20.4	2535.1	122.3	26.9	2199.6
安 徽	620.5	94.0	1515.3	518.3	154.7	2983.9
福 建	29.0	7.8	2700.1	72.5	19.6	2698.2
江 西	102.1	25.2	2468.0	699.0	120.6	1725.9
山 东	119.5	32.1	2687.4	725.2	318.3	4389.2
河 南	345.2	50.4	1458.9	1397.5	586.9	4200.0
湖 北	212.3	34.3	1615.6	1291.3	307.7	2382.7
湖 南	99.7	23.2	2327.8	1311.6	226.1	1723.7
广 东	31.2	8.5	2720.3	331.8	101.3	3052.4
广 西	94.3	15.3	1624.9	239.3	64.9	2713.5
海 南	2.1	0.7	3215.0	33.0	9.0	2739.3
重 庆	96.7	19.5	2017.0	318.5	62.4	1959.0
四 川	369.3	85.9	2325.0	1478.9	357.9	2420.0
贵 州	194.7	19.3	990.0	661.2	115.5	1747.2
云 南	173.1	43.5	2511.8	288.8	56.3	1947.8
西 藏	0.0	0.0	0.0	19.6	5.9	3033.8
陕 西	151.9	23.9	1573.8	278.6	59.8	2145.0
甘 肃	64.4	9.3	1450.8	346.5	77.4	2232.5
青 海	0.0	0.0	0.0	155.3	30.3	1949.6
宁 夏	8.0	0.7	908.5	33.3	6.9	2087.4
新 疆	29.5	10.2	3454.4	237.2	69.7	2937.2

注：东部地区包括：北京、天津、河北、上海、江苏、浙江、福建、山东、广东、海南等10省市；中部地区包括：山西、安徽、江西、河南、湖北、湖南等6省；西部地区包括：重庆、四川、贵州、云南、西藏、陕西、甘肃、青海、宁夏、新疆、内蒙古、广西等12省区市；东北地区包括：辽宁、吉林、黑龙江等3省。

数据来源：国家统计局统计资料。

| 表 11 | | | 2017 年各地区分季粮食播种面积和产量（一） | | | |

单位：千公顷；万吨；公斤 / 公顷

地　区	全年粮食总计			1. 夏收粮食		
	播种面积	总产量	每公顷产量	播种面积	总产量	每公顷产量
全国总计	117989.1	66160.7	5607.4	26860.7	14174.5	5277.0
东部地区	25455.4	15581.5	6121.1	9515.9	5591.2	5875.7
中部地区	35036.1	20040.5	5720.0	10703.6	6156.2	5751.6
西部地区	34331.8	16643.6	4847.9	6641.3	2427.0	3654.4
东北地区	23165.7	13895.1	5998.1			
北　京	66.8	41.1	6152.2	11.4	6.2	5451.8
天　津	351.4	212.3	6040.7	108.8	62.4	5737.7
河　北	6658.5	3829.2	5750.9	2400.5	1520.8	6335.1
山　西	3180.9	1355.1	4260.1	570.1	233.7	4099.9
内蒙古	6780.9	3254.5	4799.6			
辽　宁	3467.5	2330.7	6721.7			
吉　林	5544.0	4154.0	7492.8			
黑龙江	14154.3	7410.3	5235.4			
上　海	133.1	99.8	7494.5	24.6	11.6	4742.6
江　苏	5527.3	3610.8	6532.7	2514.2	1335.8	5313.1
浙　江	977.2	580.1	5936.8	162.3	64.5	3974.8
安　徽	7321.8	4019.7	5490.1	2823.5	1644.7	5825.0
福　建	833.2	487.2	5846.6	49.2	20.6	4192.1
江　西	3786.3	2221.7	5867.8	69.5	25.0	3600.6
山　东	8455.6	5374.3	6355.9	4086.1	2496.0	6108.4
河　南	10915.1	6524.2	5977.2	5741.3	3716.0	6472.3
湖　北	4853.0	2846.1	5864.7	1363.2	488.2	3581.6
湖　南	4978.9	3073.6	6173.2	135.9	48.6	3572.2
广　东	2169.7	1208.6	5570.1	137.8	64.3	4663.9
广　西	2853.1	1370.5	4803.6	105.8	21.2	2001.6
海　南	282.5	138.1	4889.3	21.0	9.0	4272.4
重　庆	2030.7	1079.9	5317.7	390.4	122.9	3147.8
四　川	6292.0	3488.9	5545.0	1135.3	422.6	3722.5
贵　州	3052.8	1242.4	4069.9	782.8	222.2	2838.5
云　南	4169.2	1843.4	4421.5	987.5	241.7	2447.1
西　藏	185.6	106.5	5738.3			
陕　西	3019.4	1194.2	3955.1	1105.5	442.1	3999.4
甘　肃	2647.2	1105.9	4177.7	871.2	301.9	3465.7
青　海	282.6	102.5	3629.2			
宁　夏	722.5	370.1	5121.7	133.8	38.8	2901.3
新　疆	2295.9	1484.7	6467.0	1129.0	613.6	5435.1

注：东部地区包括：北京、天津、河北、上海、江苏、浙江、福建、山东、广东、海南等 10 省市；中部地区包括：
　　山西、安徽、江西、河南、湖北、湖南等 6 省；西部地区包括：重庆、四川、贵州、云南、西藏、陕西、甘肃、
　　青海、宁夏、新疆、内蒙古、广西等 12 省区市；东北地区包括：辽宁、吉林、黑龙江等 3 省。

数据来源：国家统计局统计资料。

| 表 11 | 2017 年各地区分季粮食播种面积和产量（二） | | | | | |

单位：千公顷；万吨；公斤／公顷

地　区	2.早稻			3.秋粮		
	播种面积	总产量	每公顷产量	播种面积	总产量	每公顷产量
全国总计	5141.6	2987.2	5809.8	85986.8	48998.6	5698.4
东部地区	1182.9	704.5	5955.7	14756.6	9285.8	6292.6
中部地区	3108.8	1790.8	5760.4	21223.7	12093.5	5698.1
西部地区	849.8	491.8	5787.5	26831.4	13719.7	5113.3
东北地区				23175.0	13899.6	5997.7
北　京				55.4	34.9	6296.9
天　津				242.6	149.9	6176.6
河　北				4258.0	2308.5	5421.5
山　西				2610.8	1121.3	4295.1
内蒙古				6780.9	3254.5	4799.6
辽　宁				3467.5	2330.7	6721.7
吉　林				5544.0	4154.0	7492.8
黑龙江				14163.5	7414.9	5235.2
上　海				108.6	88.1	8116.7
江　苏				3013.1	2275.0	7550.3
浙　江	86.4	52.8	6104.7	728.5	462.9	6353.9
安　徽	207.4	126.4	6094.1	4291.0	2248.7	5240.5
福　建	118.6	72.8	6136.7	665.5	393.8	5917.2
江　西	1279.2	717.1	5605.5	2437.6	1479.6	6070.1
山　东	0.0	0.0		4369.5	2878.3	6587.4
河　南	0.0	0.0		5173.8	2808.3	5427.8
湖　北	174.0	100.9	5795.6	3315.8	2257.0	6806.9
湖　南	1448.2	846.5	5845.2	3394.8	2178.5	6417.3
广　东	853.5	509.0	5964.0	1178.5	635.3	5390.8
广　西	810.7	470.2	5799.0	1936.5	879.2	4539.9
海　南	124.5	70.0	5623.2	137.0	59.1	4317.3
重　庆				1640.3	957.00	5834.1
四　川				5156.7	3066.3	5946.2
贵　州				2269.9	1020.2	4494.5
云　南	39.1	21.7	5548.9	3142.6	1580.1	5027.9
西　藏				185.6	106.0	5711.5
陕　西				1913.9	752.1	3929.5
甘　肃				1776.0	804.0	4527.0
青　海				282.6	102.5	3629.2
宁　夏				579.5	326.7	5637.2
新　疆				1166.9	871.1	7465.4

注：东部地区包括：北京、天津、河北、上海、江苏、浙江、福建、山东、广东、海南等10省市；中部地区包括：山西、安徽、江西、河南、湖北、湖南等6省；西部地区包括：重庆、四川、贵州、云南、西藏、陕西、甘肃、青海、宁夏、新疆、内蒙古、广西等12省区市；东北地区包括：辽宁、吉林、黑龙江等3省。

数据来源：国家统计局统计资料。

表 12		2017 年各地区粮油产量及人均占有量排序						
							单位：万吨、公斤	
地　区	粮食产量		粮食人均占有量		油料产量		油料人均占有量	
	绝对数	位次	绝对数	位次	绝对数	位次	绝对数	位次
全国总计	66160.7		477.21		3475.2		25.07	
北　京	41.1	31	18.94	31	0.5	31	0.25	31
天　津	212.3	26	136.11	26	1.3	29	0.81	29
河　北	3829.2	6	510.92	10	129.4	8	17.27	17
山　西	1355.1	17	367.04	18	15.0	24	4.07	27
内蒙古	3254.5	9	1289.15	3	240.7	5	95.34	1
辽　宁	2330.7	12	532.93	9	81.5	14	18.63	15
吉　林	4154.0	4	1524.39	2	128.5	9	47.15	5
黑龙江	7410.3	1	1953.19	1	14.3	25	3.76	28
上　海	99.8	30	41.25	30	0.8	30	0.31	30
江　苏	3610.8	7	450.56	13	85.4	13	10.65	21
浙　江	580.1	23	103.16	29	26.9	22	4.78	26
安　徽	4019.7	5	645.71	5	154.7	7	24.84	13
福　建	487.2	24	125.15	27	19.6	23	5.02	25
江　西	2221.7	13	482.24	12	120.6	10	26.19	12
山　东	5374.3	3	538.71	8	318.3	3	31.91	9
河　南	6524.2	2	683.49	4	586.9	1	61.49	2
湖　北	2846.1	11	482.93	11	307.7	4	52.21	3
湖　南	3073.6	10	449.29	14	226.1	6	33.05	7
广　东	1208.6	19	109.04	28	101.3	12	9.14	24
广　西	1370.5	16	281.91	23	64.9	17	13.35	19
海　南	138.1	27	149.87	25	9.0	26	9.80	23
重　庆	1079.9	22	352.70	19	62.4	18	20.38	14
四　川	3488.9	8	421.26	16	357.9	2	43.21	6
贵　州	1242.4	18	348.57	20	115.5	11	32.38	8
云　南	1843.4	14	385.19	17	56.3	20	11.75	20
西　藏	106.5	28	319.18	21	5.9	28	17.80	16
陕　西	1194.2	20	312.31	22	59.8	19	15.63	18
甘　肃	1105.9	21	422.43	15	77.4	15	29.55	10
青　海	102.5	29	172.14	24	30.3	21	50.82	4
宁　夏	370.1	25	545.44	7	6.9	27	10.24	22
新　疆	1484.7	15	613.13	6	69.7	16	28.77	11

数据来源：国家统计局统计资料。

表 13		2017 年各地区人均粮食占有量				

单位：公斤／人

地 区	粮食	其中：谷物				大豆
			稻谷	小麦	玉米	
全国总计	477.21	443.74	153.40	96.89	186.87	11.02
北 京	18.94	18.39	0.03	2.85	15.29	0.22
天 津	136.11	134.61	16.89	40.02	76.49	0.50
河 北	510.92	490.27	6.73	200.69	271.59	2.28
山 西	367.04	346.71	0.14	62.95	264.86	4.63
内蒙古	1289.15	1160.93	33.76	74.88	989.25	64.42
辽 宁	532.93	517.05	96.50	0.29	409.16	4.41
吉 林	1524.39	1484.02	251.17	0.05	1192.94	18.41
黑龙江	1953.19	1742.16	743.11	10.04	976.05	181.72
上 海	41.25	41.03	35.39	4.21	0.87	0.09
江 苏	450.56	441.26	236.16	161.65	39.69	5.61
浙 江	103.16	91.30	79.12	7.45	4.10	3.62
安 徽	645.71	627.72	264.64	264.16	98.09	15.10
福 建	125.15	104.38	101.01	0.01	2.93	2.01
江 西	482.24	465.79	461.49	0.67	3.34	5.47
山 东	538.71	527.18	9.04	250.11	266.85	3.22
河 南	683.49	668.68	50.84	388.16	227.35	5.28
湖 北	482.93	460.85	327.00	72.44	60.53	5.82
湖 南	449.29	431.97	400.57	1.40	29.11	3.39
广 东	109.04	99.42	94.40	0.01	4.93	0.76
广 西	281.91	266.99	209.77	0.10	55.88	3.15
海 南	149.87	133.73	133.72	0.00	0.00	0.73
重 庆	352.70	247.05	159.06	3.19	82.51	6.37
四 川	421.26	341.92	177.94	30.38	128.95	10.37
贵 州	348.27	266.46	125.81	11.55	123.67	5.40
云 南	385.19	327.66	110.58	15.40	190.76	9.08
西 藏	319.18	305.62	1.49	65.74	8.99	5.99
陕 西	312.31	280.95	21.07	106.28	144.14	6.25
甘 肃	422.43	339.69	1.11	103.03	220.27	3.57
青 海	172.14	109.00	0.00	71.05	20.55	0.00
宁 夏	545.44	491.00	101.48	55.74	316.71	1.08
新 疆	613.13	600.59	27.04	252.97	319.06	4.20

数据来源：国家统计局统计资料。

表 14	2017 年各地区人均农产品占有量					

单位：公斤／人

地　区	粮食	棉花	油料	糖料	水果	水产品
全国总计	477.2	4.1	25.1	82.1	182.1	46.5
北　京	18.9	0.0	0.2	0.0	34.3	2.1
天　津	136.1	1.6	0.8	0.0	37.3	20.7
河　北	510.9	3.2	17.3	8.3	182.2	15.5
山　西	367.0	0.1	4.1	0.2	228.6	1.4
内蒙古	1289.1	0.0	95.3	136.4	127.9	6.2
辽　宁	532.9	0.0	18.6	2.4	176.1	109.6
吉　林	1524.4	0.0	47.1	1.0	32.8	8.1
黑龙江	1953.2	0.0	3.8	9.9	62.4	15.5
上　海	41.3	0.0	0.3	0.1	19.2	11.1
江　苏	450.6	0.3	10.7	0.6	117.6	63.3
浙　江	103.2	0.1	4.8	6.7	133.6	105.7
安　徽	645.7	1.4	24.8	1.8	97.4	35.0
福　建	125.2	0.0	5.0	6.8	165.6	191.3
江　西	482.2	2.3	26.2	14.6	145.5	54.4
山　东	538.7	2.1	31.9	0.0	281.1	87.0
河　南	683.5	0.5	61.5	1.7	272.6	9.9
湖　北	482.9	3.1	52.2	4.6	160.9	79.0
湖　南	449.3	1.6	33.0	4.9	139.8	35.3
广　东	109.0	0.0	9.1	121.2	138.8	75.2
广　西	281.9	0.0	13.4	1467.1	390.9	66.0
海　南	149.9	0.0	9.8	144.4	440.0	196.2
重　庆	352.7	0.0	20.4	2.9	131.7	16.8
四　川	421.3	0.0	43.2	4.2	121.7	18.2
贵　州	348.3	0.0	32.4	14.1	78.5	7.1
云　南	385.2	0.0	11.8	316.8	163.8	13.2
西　藏	319.2	0.0	17.8	0.0	0.5	0.1
陕　西	312.3	0.3	15.6	0.7	502.7	4.3
甘　肃	422.4	1.2	29.5	10.2	241.0	0.6
青　海	172.1	0.0	50.8	0.0	6.1	2.7
宁　夏	545.4	0.0	10.2	0.0	310.4	26.7
新　疆	613.1	188.6	28.8	185.1	586.5	6.8

数据来源：国家统计局统计资料。

| 表15 | 农村居民主要食品消费量（2014~2017 年） | | | |

单位：公斤／人

指 标	2014 年	2015 年	2016 年	2017 年
一、粮食（原粮）	167.6	159.5	157.2	154.6
（一）谷物	159.1	150.2	147.1	144.8
（二）薯类	2.4	2.7	2.9	2.8
（三）豆类	6.2	6.6	7.3	7.1
二、食用油	9.8	10.1	10.2	10.1
#.食用植物油	9.0	9.2	9.3	9.2
三、蔬菜及食用菌	88.9	90.3	91.5	90.2
#.鲜菜	87.5	88.7	89.7	88.5
四、肉类	22.5	23.1	22.7	23.6
#.猪肉	19.2	19.5	18.7	19.5
牛肉	0.8	0.8	0.9	0.9
羊肉	0.7	0.9	1.1	1.0
五、禽类	6.7	7.1	7.9	7.9
六、水产品	6.8	7.2	7.5	7.4
七、蛋类	7.2	8.3	8.5	8.9
八、奶类	6.4	6.3	6.6	6.9
九、干鲜瓜果类	30.3	32.3	36.8	38.4
#.鲜瓜果	28.0	29.7	33.8	35.1
坚果类	1.9	2.1	2.4	2.6
十、食糖	1.3	1.3	1.4	1.4

注：从 2013 年起，国家统计局开展了住户收支与生活状况抽样调查，本表数据来源于此调查，与 2012 年及以前的农村住户抽样调查的调查范围、调查方法、指标口径有所不同。

数据来源：国家统计局统计资料。

表 16	农产品生产者价格指数（2009~2017 年）								

（上年＝100）

指　标	2009 年	2010 年	2011 年	2012 年	2013 年	2014 年	2015 年	2016 年	2017 年
农产品生产者价格指数	97.6	110.9	116.5	102.7	103.2	99.8	101.7	103.4	96.5
农业产品	102.9	116.6	107.8	104.8	104.3	101.8	99.2	97.0	99.5
谷物	104.9	112.8	109.7	104.8	103.1	102.7	98.7	92.2	100.5
小麦	107.9	107.9	105.2	102.9	106.7	105.1	99.2	94.1	104.4
稻谷	105.2	112.8	113.3	104.1	102.2	102.2	101.6	98.8	100.7
玉米	98.5	116.1	109.9	106.6	100.2	101.7	96.5	86.8	97.1
大豆	92.3	107.9	106.3	105.7	105.7	101.8	99.0	97.6	97.7
油料	94.2	112.1	112.1	105.2	102.4	99.9	100.8	101.1	100.5
棉花	111.8	157.7	79.5	98.1	103.9	87.1	87.5	118.4	100.8
糖料	101.5	106.0	125.5	105.0	98.9	99.7	98.8	106.5	106.3
蔬菜	111.8	116.8	103.4	109.9	106.9	98.5	104.6	107.0	95.6
水果	107.0	118.9	106.2	103.9	106.2	106.4	99.7	92.5	104.8
林业产品	94.9	122.8	114.9	101.2	99.1	99.4	97.9	96.1	104.9
畜牧产品	90.1	103.0	126.2	99.7	102.4	97.1	104.2	110.4	90.8
猪（毛重）	81.6	98.3	137.0	95.9	99.3	92.2	108.9	119.4	86.0
牛（毛重）	101.0	104.7	108.1	116.8	113.1	104.4	99.1	98.7	98.8
羊（毛重）	101.1	108.7	115.7	107.8	109.1	100.8	89.4	93.6	107.1
家禽（毛重）	102.2	107.0	112.0	103.8	103.2	104.4	101.3	99.6	96.7
蛋类	102.8	107.5	112.6	100.5	105.8	105.7	96.9	94.3	92.8
奶类	91.6	115.3	108.1	103.9	111.0	107.9	92.2	96.2	100.0
渔业产品	99.0	107.6	110.0	106.2	104.3	103.1	102.5	103.4	104.9
海水养殖产品			111.5	101.0	100.7	101.9	101.0	104.1	107.9
海水捕捞产品			111.2	110.9	107.7	103.1	106.0	106.2	103.1
淡水养殖产品			109.5	106.8	104.7	103.8	102.1	102.0	102.4
淡水捕捞产品			103.7	107.2	103.5	101.5			

数据来源：国家统计局统计资料。

表 17		分地区农产品生产者价格指数（2009~2017 年）							
									（上年 =100）
地 区	2009 年	2010 年	2011 年	2012 年	2013 年	2014 年	2015 年	2016 年	2017 年
全 国	97.6	110.9	116.5	102.7	103.2	99.8	101.7	103.4	96.5
北 京	98.3	106.5	110.7	104.7	104.7	99.7	99.8	99.7	96.2
天 津	103	110.2	105.0	105.3	105.4	102.9	100.7	103.0	95.5
河 北	99.7	115.1	110.9	100.7	105.1	100.2	97.5	96.8	96.2
山 西	100.4	110.2	111.0	101.3	106.1	101.5	95.8	95.2	95.9
内蒙古	99.8	111.4	112.8	104.7	103.3	102.7	98.0	95.1	95.6
辽 宁	102.9	110.6	114.2	106.6	101.1	101.7	99.5	100.7	93.6
吉 林	103.8	111.8	116.8	105.1	100.4	102.9	100.6	93.1	89.5
黑龙江	98.1	109.2	116.5	105.9	101.0	101.0	98.7	93.6	95.1
上 海	102.2	107.1	110.9	101.4	104.1	99.5	102.4	106.6	98.4
江 苏	99.9	108.8	112.1	103.7	103.4	101.3	102.3	104.0	97.9
浙 江	100.3	114.8	113.6	104.3	103.0	99.5	102.0	104.5	99.1
安 徽	99.1	110.8	112.8	102.9	103.7	100.2	99.8	101.0	98.4
福 建	98	111.5	113.3	102.7	103.0	100.3	101.2	108.3	98.9
江 西	96.8	107.5	114.3	103.5	102.3	100.3	103.7	104.1	97.3
山 东	101.2	118.8	109.7	102.5	105.9	100.5	100.1	102.8	98.6
河 南	99.1	112.5	111.5	102.9	102.6	97.5	100.7	103.2	94.9
湖 北	96.3	112.3	111.7	103.3	101.8	100.0	99.5	106.2	99.3
湖 南	90.6	109.9	121.9	100.2	102.1	98.6	104.1	104.7	98.0
广 东	95	107.6	112.4	103.4	103.5	102.2	102.3	106.5	99.4
广 西	89.3	107.6	124.5	99.4	102.5	98.1	102.0	106.1	98.2
海 南	101.9	107.9	115.3	103.3	100.0	105.6	99.1	106.7	101.9
重 庆	89	103.2	120.2	104.6	103.0	100.2	102.4	109.8	96.8
四 川	96.9	105.9	117.8	104.0	102.6	99.9	103.3	105.6	97.8
贵 州	96.1	106.7	120.3	104.3	102.4	99.5	104.6	108.7	96.7
云 南	96.5	112.5	117.9	110.7	104.9	100.6	101.3	103.9	98.7
西 藏									
陕 西	95.8	121.7	113.8	102.6	107.4	102.1	96.3	98.0	98.4
甘 肃	100.2	113.8	111.3	105.9	105.9	102.1	99.8	99.2	99.1
青 海	94.6	124.3	117.3	108.2	110.4	100.0	96.1	104.5	101.0
宁 夏	99.4	117.0	111.3	103.6	106.7	98.3	98.4	98.7	99.3
新 疆	92.9	131.5	103.7	103.2	108.5	97.8	90.4	107.6	100.7

数据来源：国家统计局统计资料。

| 表 18 | 粮食成本收益变化情况表（1991~2017 年） |

单位：元

年 份	每 50 公斤平均出售价格				每亩总成本				每亩净利润			
	粮食平均	稻谷	小麦	玉米	粮食平均	稻谷	小麦	玉米	粮食平均	稻谷	小麦	玉米
1991	26.1	28.5	30.0	21.1	153.9	188.4	138.4	135.3	34.3	62.4	6.3	34.0
1992	28.4	29.3	33.1	24.3	163.8	192.3	149.3	150.6	44.0	67.7	21.2	42.3
1993	35.8	40.4	36.5	30.2	178.6	211.2	169.8	155.2	92.3	145.1	35.6	95.8
1994	59.4	71.2	56.5	48.2	239.4	298.1	213.2	206.7	190.7	316.7	82.3	173.3
1995	75.1	82.1	75.4	67.0	321.8	391.4	281.7	292.2	223.9	311.1	130.5	230.1
1996	72.3	80.6	81.0	57.2	388.7	458.3	359.5	351.2	155.7	247.5	92.9	123.8
1997	65.1	69.4	70.1	55.8	386.1	450.2	349.5	358.4	105.4	171.8	74.8	69.8
1998	62.1	66.9	66.6	53.8	383.9	437.4	357.5	356.6	79.3	155.9	−6.2	88.2
1999	53.0	56.6	60.4	43.7	370.7	425.2	351.5	337.2	25.6	75.8	−12.1	11.2
2000	48.4	51.7	52.9	42.8	356.2	401.7	352.5	330.6	−3.2	50.1	−28.8	−6.9
2001	51.5	53.7	52.5	48.3	350.6	400.5	323.6	327.9	39.4	81.4	−27.5	64.3
2002	49.2	51.4	51.3	45.6	370.4	415.8	342.7	351.6	4.9	37.6	−52.7	30.8
2003	56.5	60.1	56.4	52.7	368.3	419.1	339.6	347.6	42.9	94.9	−30.3	62.8
2004	70.7	79.8	74.5	58.1	395.5	454.6	355.9	375.7	196.5	285.1	169.6	134.9
2005	67.4	77.7	69.0	55.5	425.0	493.3	389.6	392.3	122.6	192.7	79.4	95.5
2006	72.0	80.6	71.6	63.4	444.9	518.2	404.8	411.8	155.0	202.4	117.7	144.8
2007	78.8	85.2	75.6	74.8	481.1	555.2	438.6	449.7	185.2	229.1	125.3	200.8
2008	83.5	95.1	82.8	72.5	562.4	665.1	498.6	523.5	186.4	235.6	164.5	159.2
2009	91.3	99.1	92.4	82.0	630.3	716.7	592.0	582.3	162.4	217.6	125.5	144.2
2010	103.8	118.0	99.0	93.6	672.7	766.6	618.6	632.6	227.2	309.8	132.2	239.7
2011	115.4	134.5	104.0	106.1	791.2	897.0	712.3	764.2	250.8	371.3	117.9	263.1
2012	119.9	138.1	108.3	111.1	936.4	1055.1	830.4	924.2	168.4	285.7	21.3	197.7
2013	121.1	136.5	117.8	108.8	1026.2	1151.1	914.7	1012.0	72.9	154.8	−12.8	77.5
2014	124.4	140.6	120.6	111.9	1068.6	1176.6	965.1	1063.9	124.8	204.8	87.8	81.8
2015	116.3	138.0	116.4	94.2	1090.0	1202.1	984.3	1083.7	19.6	175.4	17.4	−134.2
2016	108.4	136.8	111.6	77.0	1093.6	1201.8	1012.5	1065.6	−80.3	142.0	−82.2	−299.7
2017	111.6	137.9	116.6	82.2	1081.6	1210.2	1007.6	1026.5	−12.5	132.6	6.1	−175.8

数据来源：国家发展改革委统计资料。

表 19			2017 年粮食收购价格分月情况表					

单位：元 /50 公斤

月　份	三种粮食平均	稻谷平均	早籼稻	晚籼稻	粳稻	小麦	玉米	大豆
1 月	111.73	140.20	130.24	137.50	152.88	124.38	70.60	183.86
2 月	111.45	140.48	130.55	137.62	153.27	124.58	69.29	185.16
3 月	112.21	140.85	130.82	138.17	153.58	125.30	70.48	190.40
4 月	113.33	140.64	130.89	138.35	152.67	125.65	73.70	188.41
5 月	113.98	141.34	130.98	139.54	153.50	124.73	75.88	193.92
6 月	112.05	141.44	131.00	139.04	154.28	118.35	76.35	196.87
7 月	112.66	141.16	130.65	138.39	154.43	117.89	78.94	197.14
8 月	112.91	141.04	131.29	137.44	154.40	118.78	78.92	194.67
9 月	113.11	140.73	131.91	136.03	154.24	120.12	78.48	191.83
10 月	113.07	140.09	132.06	136.51	151.71	121.41	77.72	180.27
11 月	112.79	139.21	131.97	136.66	149.01	122.84	76.32	175.53
12 月	113.62	139.62	131.84	137.39	149.63	123.84	77.40	174.23
全年平均	112.74	140.57	131.18	137.72	152.80	122.32	75.34	187.69

数据来源：国家发展改革委统计资料。

| 表 20 | 2017 年成品粮零售价格分月情况表 | | | |

单位：元 /500 克

月　份	标一晚籼米	标一粳米	标准粉	富强粉
1 月	2.54	2.80	2.35	2.67
2 月	2.54	2.80	2.35	2.67
3 月	2.53	2.80	2.36	2.69
4 月	2.54	2.80	2.37	2.70
5 月	2.54	2.81	2.37	2.71
6 月	2.55	2.82	2.37	2.72
7 月	2.55	2.81	2.36	2.72
8 月	2.56	2.81	2.37	2.73
9 月	2.56	2.81	2.37	2.74
10 月	2.56	2.81	2.38	2.74
11 月	2.57	2.81	2.40	2.74
12 月	2.56	2.82	2.41	2.75
全年平均	2.55	2.81	2.37	2.72

数据来源：国家发展改革委统计资料。

表 21			2017 年粮食主要品种批发市场价格表			
						单位：元／吨
月 份	三等白小麦	二等黄玉米	标一早籼米	标一晚籼米	标一粳米	三等大豆
1 月	2441	1640	3914	4242	4511	3910
2 月	2443	1602	3908	4247	4546	3984
3 月	2470	1610	3908	4249	4544	3941
4 月	2473	1646	3895	4195	4530	3940
5 月	2498	1668	3914	4224	4613	3996
6 月	2358	1693	3898	4187	4672	3978
7 月	2372	1729	3904	4248	4634	3995
8 月	2392	1723	3901	4220	4695	3976
9 月	2434	1726	3913	4220	4709	3991
10 月	2436	1696	3898	4244	4618	4078
11 月	2470	1687	3883	4232	4630	3876
12 月	2495	1722	3889	4232	4709	3828
全年平均	2440	1678	3902	4228	4618	3958

数据来源：国家发展改革委统计资料。

| 表 22 | 2017 年国内期货市场小麦、玉米、早籼稻、大豆分月价格表 |

单位：元／吨

月　份	强筋小麦	普通小麦	玉米	早籼稻	大豆 1	大豆 2
1 月	3006	2454	1560	2709	4238	4100
2 月	3164	2479	1603	2747	4119	4250
3 月	3170	2431	1672	2754	3788	3890
4 月	2872	2604	1622	2737	3754	3889
5 月	2585	2369	1608	2694	3736	3765
6 月	2573	2282	1687	2718	3858	3250
7 月	2651	2540	1645	2730	3811	3305
8 月	2725	2550	1687	2660	3873	3271
9 月	2622	2555	1693	2750	3821	3275
10 月	2632	/	1657	2741	3631	3259
11 月	2544	/	1715	2767	3560	3309
12 月	2515	/	1816	2684	3626	3266

注：1. 玉米为大连商品交易所玉米。
　　2. 早籼稻为郑州商品交易所早籼稻。
　　3. 大豆 1 为大连商品交易所国产大豆，大豆 2 为大连商品交易所进口大豆。
　　4. 均为最近主力合约月末收盘价格，按四舍五入计算。

数据来源：国家粮油信息中心统计资料。

表 23		2017 年美国芝加哥商品交易所谷物和大豆分月价格表		

单位：美元／吨

月 份	小麦	玉米	稻米	大豆
1 月	159	144	195	392
2 月	167	149	185	390
3 月	160	143	190	366
4 月	155	145	201	351
5 月	155	145	209	355
6 月	167	149	226	344
7 月	186	145	232	362
8 月	157	140	242	339
9 月	157	140	252	356
10 月	160	138	239	364
11 月	155	133	238	359
12 月	154	137	231	356

注：1. 各品种均为美国芝加哥商品交易所标准品。
　　2. 按美元整数四舍五入计算。
　　3. 均为最近主力合约每月中旬收盘价格。

数据来源：国家粮油信息中心统计资料。

表 24	国有粮食企业主要粮食品种收购量（2005~2017 年）					
					单位：原粮，万吨	
年　份	合计	小麦	稻谷	玉米	大豆	其他
2005 年	12617.45	3745.20	3695.95	4529.90	506.00	140.40
2006 年	13199.30	6039.95	3096.25	3424.70	492.20	146.20
2007 年	11039.30	4733.15	2856.95	3008.30	321.45	119.45
2008 年	17008.00	6712.70	5142.10	4754.20	313.40	85.60
2009 年	16386.50	6833.95	3800.95	4988.45	653.00	110.15
2010 年	13352.15	6177.70	3082.10	3333.65	648.80	109.90
2011 年	12672.05	4650.40	4028.70	3428.10	465.65	99.20
2012 年	13498.40	4871.40	3709.30	4260.90	563.90	92.90
2013 年	18630.90	4023.80	5722.90	8472.70	317.20	94.30
2014 年	20656.75	5779.05	5497.55	8995.50	317.05	67.60
2015 年	26122.90	5095.30	5787.10	15046.60	140.10	53.80
2016 年	22514.25	5939.75	6114.80	10331.50	66.55	61.65
2017 年	16397.40	5250.15	5144.25	5801.65	145.65	55.70

数据来源：国家粮食和物资储备局统计资料。

表 25	国有粮食企业主要粮食品种销售量（2005~2017 年）					

单位：原粮，万吨

年 份	合计	小麦	稻谷	玉米	大豆	其他
2005 年	13275.10	4276.90	3693.55	4348.75	841.70	114.20
2006 年	13209.30	4246.10	3846.50	4133.20	847.60	135.90
2007 年	14230.60	5104.00	4168.35	3890.35	892.75	175.15
2008 年	16635.80	7352.90	4430.90	3985.40	755.90	110.70
2009 年	17974.45	7094.20	4335.35	5261.40	1145.75	137.75
2010 年	20280.35	7569.00	4416.85	6454.75	1662.95	176.80
2011 年	20513.80	7342.20	5200.80	5839.05	1992.20	139.55
2012 年	18154.70	6929.95	4296.05	4548.00	2188.10	192.60
2013 年	20814.20	7623.60	4435.80	6179.65	2418.00	157.15
2014 年	22860.05	6124.95	5586.30	8226.25	2618.10	304.45
2015 年	20400.50	5616.00	5717.30	5639.40	2704.60	723.20
2016 年	26906.30	5957.70	6867.90	10523.15	2950.60	606.95
2017 年	33269.60	6769.25	7374.95	14270.95	4210.55	643.90

数据来源：国家粮食和物资储备局统计资料。

表 26		2017 年国有粮食企业分品种收购情况表			

单位：万吨

项　目	国有粮食企业收购				
	原粮合计	小麦	稻谷	玉米	大豆
全　国	16397.40	5250.20	5144.30	5801.70	145.70
北　京	573.30	74.80	1.40	496.30	0.10
天　津	38.40	23.10	12.00	3.30	0.00
河　北	588.30	356.90	4.20	226.40	0.80
山　西	190.70	71.60	0.30	111.20	1.10
内蒙古	625.10	22.90	8.80	572.00	17.60
辽　宁	872.70	6.70	137.30	726.90	0.10
吉　林	1503.90	0.20	101.10	1383.10	19.10
黑龙江	3426.90	18.60	1935.10	1382.50	89.00
上　海	81.10	12.80	68.00	0.10	0.00
江　苏	1713.20	1039.00	606.10	50.80	6.40
浙　江	144.10	13.10	131.00	0.00	0.00
安　徽	1150.50	608.80	462.80	78.50	0.30
福　建	44.50	0.30	43.60	0.50	0.10
江　西	413.70	0.00	413.40	0.30	0.00
山　东	823.40	537.30	11.10	275.00	0.00
河　南	1870.50	1629.10	78.60	159.20	3.70
湖　北	342.40	73.60	267.70	0.70	0.00
湖　南	343.50	0.20	342.90	0.40	0.00
广　东	76.70	1.60	74.90	0.20	0.00
广　西	103.10	0.00	103.10	0.00	0.00
海　南	5.40	0.00	5.40	0.00	0.00
重　庆	76.00	5.20	54.70	7.50	6.10
四　川	268.10	57.40	185.00	24.90	0.30
贵　州	41.10	5.00	15.00	7.80	1.10
云　南	72.90	6.00	34.40	30.80	0.10
西　藏	2.40	0.30	0.00	0.00	0.00
陕　西	392.80	267.30	3.60	121.50	0.00
甘　肃	111.70	66.60	2.30	37.10	0.00
青　海	6.80	3.80	0.00	0.10	0.00
宁　夏	99.00	16.10	25.30	57.70	0.00
新　疆	395.90	332.60	15.90	47.30	0.20

数据来源：国家粮食和物资储备局统计资料。

| 表 27 | 2017 年国有粮食企业分品种销售情况表 | | | | |

单位：万吨

| 项　目 | 国有粮食企业销售 | | | | |
	原粮 合计	小麦	稻谷	玉米	大豆
全　国	33269.6	6769.3	7375.0	14271.0	4210.6
北　京	2294.3	577.0	101.5	1230.5	326.5
天　津	727.7	210.7	71.5	78.8	337.5
河　北	853.8	360.0	20.3	330.9	141.9
山　西	260.7	125.0	11.8	120.5	1.1
内蒙古	1542.3	55.2	14.8	1450.3	18.1
辽　宁	2588.0	39.4	168.2	2045.5	294.7
吉　林	2954.9	0.1	116.1	2715.4	123.4
黑龙江	3712.1	73.2	929.8	2546.8	152.5
上　海	910.7	124.7	275.5	232.4	208.3
江　苏	3894.9	1178.3	829.1	351.8	1500.6
浙　江	1445.7	263.6	708.0	403.7	57.0
安　徽	956.3	346.1	448.8	154.8	1.8
福　建	1059.8	123.5	227.4	399.3	98.5
江　西	755.0	28.8	700.5	10.3	0.0
山　东	1347.9	671.1	16.6	511.6	148.5
河　南	1238.1	969.8	35.0	157.9	75.5
湖　北	610.5	69.0	467.6	49.1	23.4
湖　南	463.9	11.8	418.9	33.3	0.0
广　东	1945.9	381.0	713.4	490.1	263.2
广　西	657.9	27.5	184.8	157.2	288.1
海　南	113.5	0.6	19.3	88.8	4.8
重　庆	310.5	51.6	111.7	84.8	47.8
四　川	777.2	136.6	265.2	294.6	78.9
贵　州	308.1	58.6	172.0	46.1	14.4
云　南	271.7	18.5	184.7	65.9	0.6
西　藏	15.1	5.6	6.4	0.0	0.0
陕　西	562.6	334.1	103.3	120.7	3.8
甘　肃	159.5	112.6	5.2	35.4	0.0
青　海	30.4	24.7	2.8	1.3	0.0
宁　夏	86.1	17.7	32.0	36.3	0.2
新　疆	415.2	373.8	13.5	27.6	0.1

数据来源：国家粮食和物资储备局统计资料。

| 表 28 | 2017 年分地区粮食产业企业数量表 |

单位：个

项目类别	成品粮油加工企业			饲料企业	养殖企业	食品及副食酿造企业	粮食深加工企业			粮油机械制造企业
	小麦粉加工企业	大米加工企业	食用植物油加工企业				制酒企业	酒精企业	淀粉企业	
全国总计	2865	10317	1648	3811	508	1854	636	94	248	140
北　京	9	23	5	33	8	35	6	/	/	/
天　津	11	13	11	35	/	9	1	1	/	/
河　北	238	54	33	232	43	39	14	6	42	3
山　西	143	2	14	73	28	50	18	4	4	1
内蒙古	63	28	40	97	30	40	28	3	15	
辽　宁	8	578	22	333	43	59	34	2	3	/
吉　林	3	606	16	131	15	10	6	9	12	
黑龙江	49	1675	93	171	30	67	31	20	15	
上　海	5	37	13	32	6	65	3	/	1	1
江　苏	207	742	113	185	9	125	25	6	13	26
浙　江	16	217	42	132	25	101	50	/	5	15
安　徽	234	800	127	148	8	175	29	6	14	31
福　建	31	227	55	94	10	56	10	1	2	/
江　西	4	1179	69	145	13	33	11	/	5	4
山　东	552	49	118	598	21	127	40	7	40	4
河　南	606	138	70	191	48	92	12	13	19	4
湖　北	124	1215	182	166	39	167	48	2	7	41
湖　南	10	1030	115	211	10	97	16	/	6	4
广　东	29	394	44	251	14	80	18	2	5	1
广　西	5	339	13	105	13	31	10	2	/	/
海　南	1	32	1	17	2	/	/	/	/	/
重　庆	7	137	17	44	7	25	8	/	/	/
四　川	63	381	131	181	19	146	96	4	7	3
贵　州	15	140	48	17	1	34	19	/	/	/
云　南	36	138	29	71	26	89	54	3	2	/
西　藏	4	/	4	3	1	8	6	/	/	/
陕　西	96	60	46	46	21	35	16	1	7	1
甘　肃	94	2	28	30	14	33	23	1	10	/
青　海	12	/	30	4	3	3	3	/	/	/
宁　夏	34	63	27	10	2	7	/	/	11	1
新　疆	156	18	92	25	1	16	1	1	3	/

数据来源：国家粮食和物资储备局统计资料。

表 29	2017 年分地区粮食产业主要经济指标情况表			

单位：亿元

地　区	工业总产值	产品销售收入	利税总额	利润总额
全国总计	29017.4	29417.1	3898.1	1772.3
北　京	307.0	410.6	2152.3	26.5
天　津	390.2	405.8	2137.3	11.5
河　北	1019.0	990.2	2157.9	32.1
山　西	204.2	202.9	2142.5	16.6
内蒙古	405.7	649.5	2157.6	31.8
辽　宁	798.1	780.6	2150.4	24.5
吉　林	571.4	563.3	2155.0	29.2
黑龙江	832.4	840.3	2155.5	29.6
上　海	266.3	389.5	2139.7	13.9
江　苏	2615.8	2636.9	2274.3	148.5
浙　江	546.5	558.1	2151.3	25.5
安　徽	2702.8	2501.3	2227.0	101.2
福　建	738.7	743.4	2164.4	38.6
江　西	903.0	886.4	2157.9	32.1
山　东	3946.0	4078.4	2267.7	141.8
河　南	1883.0	1783.4	2188.9	63.1
湖　北	2352.3	2251.8	2233.1	107.3
湖　南	1310.6	1259.8	2173.3	47.5
广　东	2148.8	2263.6	2238.4	112.5
广　西	905.9	866.6	2150.3	24.5
海　南	66.3	75.9	2127.7	1.9
重　庆	246.9	294.1	2136.9	11.0
四　川	1799.7	1921.3	2318.6	192.7
贵　州	856.1	889.8	2578.9	453.0
云　南	197.0	223.0	2133.0	7.1
西　藏	10.8	8.9	2128.5	2.7
陕　西	446.6	404.4	2145.4	19.6
甘　肃	107.9	98.0	2133.9	8.1
青　海	30.4	25.0	2128.2	2.4
宁　夏	167.9	164.7	2133.6	7.8
新　疆	239.9	249.8	2133.4	7.5

数据来源：国家粮食和物资储备局统计资料。

表30		2017 年分地区粮食产业生产能力汇总表				
						单位：万吨
地　区	年处理小麦	年处理稻谷	年处理玉米	年处理油料	年精炼油脂	年生产饲料
全国总计	19941.8	36397.1	1660.3	16928.2	5478.1	31474.7
北　京	153.3	112.9	0.6	8.3	6.0	221.5
天　津	86.3	41.7	1.2	532.8	312.1	212.0
河　北	1786.1	163.1	63.6	624.6	116.9	1156.1
山　西	313.2	1.4	30.8	68.5	17.6	475.6
内蒙古	207.6	131.9	89.7	247.0	38.9	588.5
辽　宁	102.0	1714.0	142.2	749.5	155.2	1962.2
吉　林	15.0	1697.6	96.0	211.6	35.4	887.5
黑龙江	246.6	7159.9	222.8	952.9	113.3	1248.9
上　海	51.3	130.4	/	62.7	107.0	189.1
江　苏	1723.2	3026.5	16.7	2364.3	906.7	1764.0
浙　江	137.9	666.2	20.7	342.4	100.4	743.8
安　徽	2106.1	4244.7	231.8	515.0	256.4	1367.4
福　建	255.0	727.8	3.9	608.6	215.5	1052.9
江　西	/	3472.8	12.0	119.2	97.6	1690.2
山　东	4253.5	213.9	159.2	2665.2	527.1	4340.1
河　南	5175.7	882.8	142.0	728.2	214.5	1665.4
湖　北	763.4	5192.4	67.5	1235.5	471.0	1573.6
湖　南	35.9	2910.3	16.8	479.1	176.9	2024.0
广　东	474.0	739.3	28.4	1304.1	437.7	3377.1
广　西	20.6	642.3	/	1232.9	437.6	1429.0
海　南	/	30.1		/	/	252.4
重　庆	10.5	325.3	/	77.0	90.2	402.3
四　川	251.3	1187.9	87.3	658.7	262.3	1449.2
贵　州	11.2	299.1	4.8	136.1	40.5	204.3
云　南	56.7	261.0	2.0	59.1	33.2	400.8
西　藏	11.8	/	/	5.6	0.2	1.2
陕　西	576.5	122.6	31.8	201.6	85.9	306.9
甘　肃	403.6	5.5	1.2	54.9	20.9	149.4
青　海	29.2	/	0.0	147.5	54.6	11.5
宁　夏	159.1	239.4	/	30.7	21.2	128.5
新　疆	525.4	54.6	187.4	504.9	125.4	199.3

数据来源：国家粮食和物资储备局统计资料。

表31		2017 年分地区粮食产业主要产品产量情况表					
						单位：万吨，万台（套）	
项　目	小麦粉	大米	食用植物油	淀粉	酒精	饲料	粮机设备
全国总计	7504.7	8262.9	3041.2	2731.1	638.0	19303.1	82.2
北　京	72.9	43.3	0.5	/	/	171.3	/
天　津	30.6	8.3	184.9	/	/	155.9	/
河　北	953.4	37.7	93.0	297.4	23.0	636.5	0.1
山　西	43.6	0.0	4.1	12.1	9.4	165.7	/
内蒙古	45.6	11.3	7.0	137.0	24.0	306.2	/
辽　宁	38.5	419.7	74.1	125.9	1.7	1353.5	/
吉　林	0.8	266.3	25.8	216.1	221.5	313.2	/
黑龙江	57.0	980.8	21.0	306.3	105.3	341.6	/
上　海	18.3	34.9	74.2	/	/	119.3	0.1
江　苏	678.3	853.6	598.6	25.1	24.6	888.5	8.4
浙　江	79.9	149.6	54.3	8.8	/	444.2	40.6
安　徽	904.7	1461.4	67.5	105.5	87.3	822.0	4.2
福　建	124.5	207.5	88.1	12.0	0.0	593.3	/
江　西	/	822.2	38.4	8.3	/	1240.8	0.3
山　东	1640.8	73.7	548.1	1132.2	21.0	2791.6	1.3
河　南	1719.6	146.0	75.2	67.5	49.5	781.1	1.3
湖　北	192.0	983.8	101.7	5.4	3.9	852.7	21.9
湖　南	11.7	768.8	131.5	0.1	/	1268.7	3.8
广　东	268.4	358.2	447.0	38.6	1.1	2639.6	/
广　西	11.6	132.3	148.2	/	26.9	1316.8	/
海　南	/	2.8	/	/	/	241.5	/
重　庆	3.0	57.7	53.2	/	/	255.7	/
四　川	81.6	260.8	57.8	8.7	32.8	900.2	0.1
贵　州	0.8	56.1	10.7	/	/	94.7	/
云　南	16.9	40.9	16.7	0.0	/	254.3	/
西　藏	0.7	/	/	/	/	0.0	/
陕　西	221.1	17.7	60.6	116.0	1.1	122.2	0.1
甘　肃	83.2	0.0	0.7	6.1	1.4	83.1	/
青　海	7.1	/	5.7	/	/	2.0	/
宁　夏	37.4	57.9	3.6	88.6	/	28.3	0.0
新　疆	160.7	9.7	49.1	13.3	3.6	118.5	/

注：大米产量为含二次加工产量，食用植物油产量为精炼产量。

数据来源：国家粮食和物资储备局统计资料。

| 表 32 | | | | | | | | 全国粮油进口情况表（2001~2017 年） | | | | | |

单位：万吨

年 份	粮食	谷物					大豆	食用植物油	豆油	菜籽油	棕榈油	花生油
			小麦	大米	玉米	大麦						
2001 年	1950.4	344.3	73.9	26.9	3.9	236.8	1393.9	149.2	7.0	4.9	136.0	0.9
2002 年	1605.1	284.9	63.2	23.6	0.8	190.7	1131.4	266.3	87.0	7.8	169.5	0.4
2003 年	2525.8	208.0	44.7	25.7	0.1	136.3	2074.1	441.2	188.4	15.2	232.8	0.7
2004 年	3351.5	974.5	725.8	75.6	0.2	170.7	2023.0	529.1	251.6	35.3	239.0	0.0
2005 年	3647.0	627.1	353.9	51.4	0.4	217.9	2659.0	471.9	169.4	17.8	283.8	0.0
2006 年	3713.8	358.2	61.3	71.9	6.5	213.1	2823.7	581.3	154.3	4.4	418.7	0.0
2007 年	3731.0	155.5	10.1	48.8	3.5	91.3	3081.7	767.5	282.3	37.5	438.7	1.1
2008 年	4130.6	154.0	4.3	33.0	5.0	107.6	3743.6	752.8	258.6	27.0	464.7	0.6
2009 年	5223.1	315.0	90.4	35.7	8.4	173.8	4255.1	816.2	239.1	46.8	511.4	2.1
2010 年	6695.4	570.7	123.1	38.8	157.3	236.7	5479.8	687.2	134.1	98.5	431.4	6.8
2011 年	6390.0	544.6	125.8	59.8	175.4	177.6	5263.7	656.8	114.3	55.1	470.1	6.1
2012 年	8024.6	1398.2	370.1	236.9	520.8	252.8	5838.4	845.1	182.6	117.6	523.0	6.3
2013 年	8645.2	1458.1	553.5	227.1	326.6	233.5	6337.5	809.8	115.8	152.7	487.4	6.1
2014 年	10042.4	1951.0	300.4	257.9	259.9	541.3	7139.9	650.2	113.5	81.0	396.9	9.4
2015 年	12477.5	3270.4	300.6	337.7	473.0	1073.2	8169.2	676.5	81.8	81.5	431.2	12.8
2016 年	11467.6	2198.9	341.2	356.2	316.8	500.5	8391.3	552.8	56.0	70.0	315.7	10.7
2017 年	13061.5	2559.2	442.2	402.6	282.7	886.3	9552.6	577.3	65.3	75.7	346.5	10.8

数据来源：国家发展改革委统计资料。

| 表 33 | | | | | | | | 全国粮油出口情况表（2001~2017 年） | | |

单位：万吨

年　份	粮食	谷物				大豆	食用植物油	豆油	菜籽油
			小麦	大米	玉米				
2001 年	991.2	875.6	71.3	185.9	600.0	24.8	13.5	6.0	5.4
2002 年	1619.6	1482.2	97.7	198.2	1167.5	27.6	9.7	4.7	1.8
2003 年	2354.6	2194.7	251.4	260.5	1640.1	26.7	6.0	1.1	0.5
2004 年	620.4	473.4	108.9	89.8	232.4	33.5	6.5	1.9	0.5
2005 年	1182.3	1013.7	60.5	67.4	864.2	39.6	22.5	6.3	3.1
2006 年	774.4	605.2	151.0	124.0	309.9	37.9	39.9	11.8	14.5
2007 年	1169.5	986.7	307.3	134.3	492.1	45.6	16.6	6.6	2.2
2008 年	378.9	181.2	31.0	97.2	27.3	46.5	24.8	13.4	0.7
2009 年	328.3	131.7	24.5	78.0	13.0	34.6	11.4	6.9	0.9
2010 年	275.1	119.9	27.7	62.2	12.7	16.4	9.2	5.9	0.4
2011 年	287.5	116.4	32.8	51.6	13.6	20.8	12.2	5.1	0.3
2012 年	276.6	96.0	28.5	27.9	25.7	32.0	10.0	6.5	0.7
2013 年	243.1	94.7	27.8	47.8	7.8	20.9	11.5	9.0	0.6
2014 年	211.4	70.9	19.0	41.9	2.0	20.7	13.4	10.0	0.7
2015 年	163.5	47.8	12.2	28.7	1.1	13.4	13.5	10.4	0.5
2016 年	190.1	58.1	11.3	39.5	0.4	12.7	11.3	8.0	0.5
2017 年	280.2	155.7	18.3	119.7	8.6	11.2	20.0	13.3	2.1

数据来源：国家发展改革委统计资料。

表34		2017 年取得中央储备粮代储资格企业名单（新申请、补充申请、延续申请）					
						单位：万吨	
序号	地区	企业名称	类别	授予资格仓（罐）容	授予资格仓（罐）号	证书编号	备注
1	北京	北京天维康油脂调销中心有限公司	油	5.8000	1-14	110001DY	
2	河北	承德三岔口国家粮食储备有限公司	粮	3.0000	P28-1、P28-2、P29、P30	130001DL- Ⅰ	
3	河北	河北省粮食局直属机械化粮油储备库	粮	2.0000	33-36	130005DL	
4	河北	滦县国家粮食储备有限公司	粮	3.5086	29、30，31-36	130006DL	
5	河北	承德滦河粮食储备有限公司	粮	2.0412	P09、P10	130004DL	
6	河北	唐山市丰润区昆仑国家粮食储备有限公司	粮	0.4068	7-9	130007DL	
7	河北	唐山市丰润区金谷省级粮食储备有限公司	粮	3.7500	P1-P10	130010DL	
8	河北	河北唐山国家粮食储备库	粮	2.5000	17-22	130008DL	
9	河北	吴桥县宋门粮库	粮	2.7330	10、14、16-20	130012DL	
10	河北	唐山北环国家粮食储备库	粮	9.7445	1-21	130009DL	
11	河北	张家口国家粮食储备有限公司	粮	8.9030	1-18	130013DL	
12	河北	吴桥县安陵粮库	粮	2.9450	6-10、4、5	130011DL	
13	河北	大名县省级粮食储备库	粮	5.0347	1-11	130003DL	
14	山西	襄汾南辛店国家粮食储备库	粮	3.9172	1-6	140001DL	
15	内蒙古	鄂伦春自治旗惠众粮油储备有限责任公司	粮	13.2348	中兴库区：7-9；古耕库区：1-3；正元库区：1-3；天亿库区：1-3	150004DL	
16	内蒙古	内蒙古金宝屯国家粮食储备库	粮	3.7500	2-10	150008DL	
17	内蒙古	内蒙古哲里木协尔苏国家粮食储备库	粮	3.2160	1-6	150010DL	
18	内蒙古	鄂托克旗宏胜粮油购销站	粮	5.1000	1-5、11-14	150005DL	
19	内蒙古	内蒙古大板国家粮食储备库	粮	4.7950	1-10	150007DL	
20	内蒙古	扎兰屯市兴盛粮贸有限责任公司	粮	4.9800	P19-21、P23、P28、P38	150013DL	
21	内蒙古	内蒙古翁牛特国家粮食储备库	粮	4.3392	1-8	150003DL	
22	内蒙古	扎兰屯岭东国家粮食储备库	粮	5.2609	1-24，54-62、63-64	150011DL	
23	内蒙古	中粮粮油通辽国家粮食储备库	粮	7.7560	P1-P14	150014ZL	
24	内蒙古	扎兰屯市腾达粮贸有限责任公司	粮	4.8220	P5、P7、P9-P11	150012DL	
25	内蒙古	内蒙古开鲁东来国家粮食储备库	粮	5.3600	1-10	150009DL	
26	内蒙古	内蒙古赤峰经棚国家粮食储备库	粮	5.5000	1-3、5-12	150006DL	
27	内蒙古	鄂尔多斯桥头内蒙古自治区粮食储备库	粮	3.4328	1-7	150002DL	
28	辽宁	大连北良国家粮食储备库有限公司	粮	25.0000	北良港：F101-F104、F201-F204、F301-F304、F401-F404、F501-F504	210003ZL	

续表

序号	地区	企业名称	类别	授予资格仓（罐）容	授予资格仓（罐）号	证书编号	备注
29	辽宁	大石桥市高坎储备粮有限公司	粮	0.8521	P3	210004DL	
30	辽宁	辽宁锦州国家粮食储备库	粮	4.1500	P13-P17	210005DL	
31	辽宁	凤城市通远堡粮库	粮	2.1892	P8、P9、T21-T30	210006DL	部分通过
32	辽宁	沈阳市第一粮食收储库	粮	3.5002	P14、P15	210009DL	部分通过
33	辽宁	辽宁锦州锦阳国家粮食储备（中转）库	粮	10.7700	1-7，(1-1)-(1-5)、(2-1)-(2-4)、(3-1)-(3-5)、(4-1)-(4-4)、(5-1)-(5-5)	210008DL	
34	辽宁	绥中县荒地粮库	粮	4.9000	P01、P02、P05-P10、Q01、Q02	210010DL	
35	辽宁	辽宁大连金州国家粮食储备库	粮	7.7088	P1-P9	210007DL	
36	辽宁	盘锦鼎翔米业有限公司	粮	3.2000	P1-P4、T1-T6	210002DL	
37	吉林	吉林白城三和粮库	粮	2.5000	三和粮库分库：8-9	220003DL	部分通过
38	吉林	洮南市向阳粮食储备库	粮	2.5000	6	220004DL	
39	吉林	吉林白城经开粮食收储库	粮	8.3400	主库区：1-6，7、8；青山分库：9-14	220005DL	
40	吉林	磐石市华丰粮食收储有限公司	粮	2.5152	1、2	220006DL	
41	吉林	中国华粮物流集团吉林镇赉粮食中转库	粮	3.7000	1-5	220002ZL	
42	黑龙江	中国华粮物流集团海伦粮库	粮	3.0600	1-3，25-32	230009ZL	部分通过
43	黑龙江	富锦市二龙山粮库有限责任公司	粮	20.4146	6、7、9、10	230006DL	
44	黑龙江	拜泉县兴农粮库有限公司	粮	1.5000	101	230005DL	
45	黑龙江	九三粮油工业集团有限公司	粮	10.2184	黑龙江省九三油脂化工厂：17-20	230008DL	
46	黑龙江	富锦市兴隆粮库有限责任公司	粮	8.6780	储粮一区：3；储粮二区：10	230007DL	
47	黑龙江	肇东市昌五粮库有限公司	粮	4.4200	1-28	230017DL	部分通过
48	黑龙江	克东县团结粮库	粮	4.2910	10-11，1-6	230016DL	
49	黑龙江	富锦市锦山粮库有限责任公司	粮	5.5050	3、5	230012DL	
50	黑龙江	黑龙江华瑞粮食贸易有限公司	粮	3.1639	2	230014DL	
51	黑龙江	富锦市宏胜粮库有限责任公司	粮	3.0000	1	230011DL	
52	黑龙江	桦南县八虎力粮食经销有限责任公司	粮	2.7000	1-8，13-14	230018DL	
53	黑龙江	富锦市西安粮库有限责任公司	粮	7.6000	主库区：13#、14#；储粮一区：1、3	230013DL	
54	黑龙江	富锦市长安粮库有限责任公司	粮	4.7000	7	230010DL	
55	黑龙江	桦川县丰谷粮库粮食收储有限公司	粮	2.8000	1-11	230004DL	
56	黑龙江	黑龙江省建三江农垦前进第二粮库有限公司	粮	2.5500	24，25-32	230003DL	
57	黑龙江	集贤县天兴粮食收储有限公司	粮	23.0536	13-20	230015ZL	

续表

序号	地区	企业名称	类别	授予资格仓（罐）容	授予资格仓（罐）号	证书编号	备注
58	江苏	响水县粮食购销总公司	粮	3.1200	大有粮库：1-4	320009DL	部分通过
59	江苏	江苏宜兴国家粮食储备库分库	粮	9.3200	1-5、7、8、10-13、18、19；杨巷粮库：1-17	320008DL	
60	江苏	江苏新海岸国际物流有限公司	粮	9.7032	1-32	320007DL	
61	江苏	宜兴市屺亭国家粮食储备库有限公司	粮	3.2780	1-14	320010DL	
62	江苏	宜兴市芳庄国家粮食储备库	粮	4.6103	1-22	320006DL	
63	浙江	海盐县粮食收储有限责任公司	粮	5.7200	P1-P22	330001DL	
64	浙江	兰溪市粮食购销有限公司	粮	3.3560	P1-P10	330002DL	
65	浙江	宁波市鄞州中心粮库	粮	6.0500	P01-P18	330003DL	
66	安徽	安徽省机械化粮库	粮	4.0220	25-30	340001DL	
67	安徽	庐江县金谷粮食有限公司	粮	5.3843	1-3、5-8	340003DL	
68	安徽	安徽省含山县国家粮食储备库	粮	3.3426	1-19	340002DL	
69	安徽	中粮粮油安徽国家粮食储备库	油	6.0209	1-17	340001ZY	
70	福建	邵武市粮食购销有限公司	粮	3.6570	0P1-0P9	350004DL	
71	福建	三明市粮油贸易公司	粮	2.5448	101-104、201-202，301、302	350003DL	
72	山东	山东平原国家粮食储备库	粮	0.4887	5	370001DL-Ⅰ	
73	山东	山东新泰瑞华粮食储备库有限公司	粮	4.5000	9-20	370008DL	
74	山东	山东滨州国家粮食储备库有限公司	粮	17.8566	32、33、37、38、56-79	370007DL	
75	山东	菏泽信源粮油收储有限责任公司	粮	1.4930	11-14	370005DL	
76	山东	济宁市润泽粮油收储站	粮	2.5388	1、2、7-11	370006DL	
77	山东	菏泽旺达粮油购销储运有限公司	粮	4.0908	1-4、6-15	370011DL	
78	山东	山东省巨野粮食储备库	粮	4.6703	1-3、5-11、30-35	370015DL	
79	山东	菏泽市粮油综合服务公司	粮	3.7859	1-8	370010DL	
80	山东	山东滨州黄河三角洲粮食批发市场有限公司	粮	12.4800	1-12	370013DL	
81	山东	山东省寿光粮食储备库	粮	2.7273	1-10	370016DL	
82	山东	山东鲁北国家粮食储备库	粮	4.8240	1、4、9、11、15-18、20、21、24-28、31	370014DL	
83	山东	东明盛粮粮食购销有限公司	粮	4.2120	1-6	370009DL	
84	山东	济宁市军粮供应中心站	粮	2.8368	1-8	370012DL	
85	山东	山东潍坊擂鼓山国家粮食储备库	粮	3.4460	13-22	370017DL	
86	山东	梁山县粮食物流中心	粮	10.8000	1-24	370003DL	
87	山东	山东高密国家粮食储备库	粮	5.0220	1分库：1-8、P8-P21	370004DL	
88	湖北	枝江市国家粮食储备有限公司	粮	4.2000	1-12	420003DL	
89	湖北	宜昌市宝塔河粮油储备有限公司	油	3.6000	1-18	420002DY	
90	广西	广西宾阳黎塘国家粮食储备库	粮	7.1438	45、54-66	450001DL-Ⅰ	
91	重庆	重庆市涪州粮食购销有限公司	粮	9.1800	P1-P27	500005DL	

续表

序号	地区	企业名称	类别	授予资格仓（罐）容	授予资格仓（罐）号	证书编号	备注
92	重庆	重庆市上桥粮食中转库有限责任公司	粮	12.3405	1-24	500003DL-Ⅰ	
93	四川	四川广汉火车站省粮食储备库	粮	3.0050	1-11	510010DL	
94	四川	眉山市东坡区眉城粮食购销公司	粮	3.0000	1-16	510007DL	
95	四川	开江县鑫谷粮油购销有限公司	粮	3.6820	1-20	510006DL	
96	四川	盐亭县凤灵粮油收储站	粮	3.6907	1-11	510013DL	
97	四川	四川什邡方亭省粮食储备库	粮	2.5108	1-10	510011DL	
98	四川	三台县琴泉粮站	粮	2.5406	13-22	510008DL	
99	四川	四川通江国家粮食储备库	粮	2.5000	1-4	510012DL	
100	四川	四川苍溪国家粮食储备库有限公司	粮	3.0492	0P1-0P18	510009DL	
101	四川	成都市新都区饮马河粮油购销有限责任公司	粮	3.0000	月波桥中心储备库：P1-P12	510005DL	
102	四川	四川彭州蒙阳省粮食储备库	粮	3.5160	1-9、23-25	510003DL-Ⅰ	
103	四川	南充市粮油购销储运公司	粮	5.5620	1-20	510002DL-Ⅰ	

数据来源：国家粮食和物资储备局统计资料。

表 35					2017 年变更部分中央储备粮代储资格事项企业名单				
								单位：万吨	
序号	企业原名称	类别	变更内容	变更后资格情况					备注
				证书编号	企业名称	仓（罐）容	仓（罐）号		
	北京								
1	北京市通州粮食收储库	粮	仓容、仓号	110003DL		23.2855	永乐店粮库：平房仓1-7，砖圆仓41-73；1分库：平房仓78-111、113-121，立筒仓1-4、6-13、15-40、45-77；2分库：平房仓1-9，立筒仓13-51		
		粮	仓容、仓号	110003DL-Ⅰ		12.3927	漷县粮库：平房仓1-2；4分库：平房仓1-18		
2	山东东明京粮粮油收储有限公司	粮	企业名称、社会统一信用代码	110004DL	北京市西南郊粮食收储库山东东明分库				
3	北京市顺义粮食收储库	粮	企业名称、企业性质	110002DL	北京市顺义粮食收储有限公司				
4	北京市东北郊粮食收储库	粮	企业名称、企业性质	110001DL	北京市东北郊粮食收储有限公司				
	天津								
5	天津西青国家粮食储备库	粮	仓容、仓号、社会统一用代码	120002DL		3.5605	39-42、57、58、62-65		
6	蓟县上仓粮食购销有限公司	粮	企业名称	120001DL	天津市蓟州区上仓粮食购销有限公司				
	河北								
7	承德三岔口国家粮食储备有限公司	粮	仓容、仓号	130001DL		4.5522	1、3、4、6、8-18，P26-1、P26-2、P27-1、P27-2		
8	河北沧州泊头国家粮食储备库	粮	仓容、仓号	130002DL		6.6520	1-11、18-34		
	内蒙古								
9	内蒙古呼和浩特西郊国家粮食储备库	粮	社会统一信用代码	150001DL					
	辽宁								
10	鞍山千山国家粮食储备库	粮	企业名称	210001DL	鞍山千山国家粮食储备库有限责任公司				
		油	企业名称	210001DY	鞍山千山国家粮食储备库有限责任公司				
	吉林								
11	吉林市搜登站粮库	粮	企业名称	220001DL	吉林市搜登站粮食有限责任公司				
	黑龙江								
12	中国华粮物流集团讷河国家粮食储备库	粮	仓容、仓号	230002ZL		8.0514	钢板平房仓7、8、18，砖圆仓1-20，浅圆仓1-3，普通平房仓6、17，钢板平房仓1、9		
13	黑河市振兴粮库东库	粮	企业名称	230001DL	黑河市爱辉区军粮供应站				

续表

序号	企业原名称	类别	变更内容	变更后资格情况				备注
				证书编号	企业名称	仓（罐）容	仓（罐）号	
	上海							
14	上海双凤骨明胶有限公司	粮	社会统一信用代码、企业性质、人员	310001DL				
	江苏							
15	江苏盱眙天鹅湖国家粮食储备库	粮	企业名称	320004DL	苏粮集团盱眙粮食收储有限公司			
16	江苏省白马湖粮食储备库	粮	企业名称	320001DL	江苏省粮食集团白马湖收储有限公司			
17	徐州苏鲁粮食现代物流中心	粮	社会统一信用代码	320005DL				
18	江苏昆山国家粮食储备库	粮	企业名称、企业性质	320002DL	江苏省粮食集团昆山粮食收储有限公司			
19	江苏张家港国家粮食储备库	粮	企业名称	320003DL	江苏张家港江海粮油收储有限公司			
	福建							
20	宁化县粮食购销有限公司	粮	企业名称、社会统一信用代码	350001DL	宁化县粮食购销有限责任公司			
21	厦门市集美粮食购销有限公司	粮	企业名称	350002DL	厦门市集美储备粮管理有限公司			
	山东							
22	山东平原国家粮食储备库	粮	统一社会信用代码、仓容、仓号	370001DL		5.1041	主库区：1-2、7-20、23-29	
23	枣庄市市中区粮食收储管理中心	粮	企业名称、社会统一信用代码	370002DL	枣庄金禾粮食购销有限公司			
	湖北							
24	湖北襄阳东国家粮食储备库	粮	仓号	420001DL		7.9456	01-30、33-38	
25	湖北应城国家粮食储备库	粮	企业名称、社会统一信用代码	420002DL	应城市蒲阳粮食有限公司			
26	黄石市油脂公司	油	企业名称、企业性质	420001DY	黄石市油脂有限公司			
	广西							
27	广西宾阳黎塘国家粮食储备库	粮	仓容、仓号	450001DL		8.4959	1-35、46-53	
	重庆							
28	重庆市上桥粮食中转库有限责任公司	粮	仓容、仓号	500003DL		11.2065	24-27、31-36、39-45、48-49	
29	重庆粮食集团合川区粮食有限责任公司	粮	企业名称、社会统一信用代码	500002DL	重庆市合川区储备粮有限公司			
30	重庆垫江国家粮食储备库	粮	企业名称、社会统一信用代码、企业性质	500001DL	重庆市垫江县储备粮有限公司			

续表

序号	企业原名称	类别	变更内容	变更后资格情况				备注
				证书编号	企业名称	仓（罐）容	仓（罐）号	
31	重庆万县国家粮食储备库	粮	企业名称、社会统一信用代码、企业性质	500004DL	重庆市万州区储备粮有限公司			
	四川							
32	眉山市粮食储备库	粮	社会统一信用代码	510001DL				
33	南充市粮油购销储运公司	粮	社会统一信用代码	510002DL				
34	四川彭州蒙阳省粮食储备库	粮	社会统一信用代码	510003DL				
35	四川省粮油（集团）有限责任公司	粮	企业名称	510004DL	四川省粮油集团有限责任公司			
	青海							
36	西藏驻格尔木国家粮食储备中转库	粮	企业名称	630001DL	西藏自治区粮食局格尔木粮食储备中转库			

数据来源：国家粮食和物资储备局统计资料。

表 36

2017 年 6 省区早籼稻收获质量情况调查表

地区	年份	样品数	覆盖市、县数	出糙率	等级比例							整精米率								不完善粒率
					三等以上	一等	二等	三等	四等	五等	等外	平均值	≥44	≥50	其中					
															50~47	47~44	44~41	41~38	<38	
合计	2017	602	61市192县	78.5	97	52	33	12	2	1	0	55	90	70	9	11	2	3	5	3.1
安徽	2017	25	4市7县	77.9	100	24	64	12	0	0	0	55.4	95	73	10	12	3	0	2	2.5
江西	2017	160	9市29县	79.3	99	64	24	11	1	0	0	51.1	84	58	10	16	4	6	6	3.1
湖北	2017	40	11市17县	78.3	98	30	53	15	2	0	0	56.2	95	73	10	12	3	0	2	2.5
湖南	2017	160	11市46县	79.1	98	57	32	9	2	0	0	54.5	86	69	9	8	2	3	9	3.1
广东	2017	105	11市40县	77.8	88	34	36	18	8	4	0	56	95	81	7	7	2	2	1	3.9
广西	2017	112	14市53县	78.8	96	54	33	9	0	2	2	53.5	94	73	10	11	1	3	3	3.2

数据来源：国家粮食和物资储备局标准质量中心统计资料。

表 37			2017 年 9 省夏收小麦质量情况调查表										
地区	年份	样品数	覆盖市、县数	千粒重	容重	等级比例							不完善粒率
						中等以上	一等	二等	三等	四等	五等	等外	
9 省合计	2017	2014	94 市 411 县	41.2	777	91.8	43.7	31.5	16.5	6	2	1	3.7
河北	2017	269	6 市 66 县	41.0	788	96.7	49.1	34.9	12.6	3.3	0.0	0	3.9
山西	2017	42	7 市 19 县	38.6	775	90.5	28.6	35.7	26.2	4.8	2.4	2.4	7.7
江苏	2017	221	13 市 49 县	41.2	795	99.5	68.3	24.9	6.3	0	0.5	0	1.8
安徽	2017	235	9 市 27 县	42.2	786	91.5	48.3	30.8	12.4	5.1	2.6	0.9	2.3
山东	2017	409	16 市 78 县	39.9	772	85.8	21.0	35.2	29.6	11.0	2.0	1.0	3.4
河南	2017	610	18 市 105 县	42.2	792	97.0	58.5	29.2	9.3	2.3	0.5	0.2	4.0
湖北	2017	66	10 市 21 县	41.2	771	84.8	15.2	48.5	21.2	9.1	6.1	0	2.6
四川	2017	85	10 市 27 县	44.3	755	71.8	5.9	25.9	40	15.3	7.1	5.9	4.9
陕西	2017	77	5 市 28 县	40.0	763	72.7	18.2	29.9	24.7	14.3	10.4	2.6	13.8

数据来源：国家粮食和物资储备局标准质量中心统计资料。

表38　2017年全国中晚籼稻、粳稻收获质量情况调查表

单位：个、%

种类	省份	样品数	覆盖市、县数	出糙率	等级比例 中等以上	一等	二等	三等	四等	五等	等外	整精米率 平均值	中等以上	一等	二等	三等	四等	五等	等外	黄粒米	谷外糙米 平均值	达标比例
中晚籼稻	8省区合计	1872	95市378县	77.2	88.5	16.7	43.9	27.4	7.5	3.0	1.5	57.3	89.3	82.0	3.1	4.2	4.1	1.9	4.2	0.0	1.0	99.2
	安徽	474	8市29县	76.2	83.1	4.6	41.5	36.9	9.2	0.0	7.7	65.7	92.3	84.6	3.1	4.6	4.6	0.0	3.1	0.0	1.2	87.7
	江西	220	11市33县	77.7	98.6	11.4	63.6	23.6	0.9	0.0	0.5	65.6	98.6	97.3	0.9	0.5	0.0	0.0	1.4	0.0	0.4	99.5
	河南	90	1市8县	76.1	72.0	4.0	36.0	32.0	19.0	8.0	1.0	50.4	73.0	54.0	10.0	9.0	11.0	7.0	9.0	0.1	0.5	100.0
	湖北	274	16市51县	76.1	72.0	11.0	34.0	28.0	15.0	8.0	5.0	52.6	85.0	69.0	7.0	9.0	7.0	4.0	4.0	1.0	0.6	99.0
	湖南	350	14市74县	77.5	93.4	18.0	49.1	29.4	2.0	0.6	0.9	64.6	98.3	95.1	2.0	1.1	0.3	0.3	1.1	0.0	0.3	99.7
	广西	119	14市47县	78.0	95.7	22.0	50.3	23.3	3.3	0.3	0.7	58.3	81.7	67.3	7.7	6.7	6.3	4.3	7.7	0.0	0.4	99.3
	广东	105	15市49县	77.9	96.2	25.7	42.9	27.6	1.9	1.0	1.0	62.1	95.0	95.0	0.0	0.0	1.0	0.0	4.0	0.0	0.2	100.0
	四川	300	18市87县	77.7	95.7	22.0	50.3	23.3	3.3	0.3	0.7	52.2	81.7	67.3	7.7	6.7	6.3	4.3	7.7	0.0	0.2	100.0
粳稻	5省合计	969	48市134县6分局	81.0	98.7	61.2	28.2	8.6	1.1	0.2	0.0	69.2	97.6	93.5	2.1	2.0	1.6	0.1	0.7	0.0	0.7	88.4
	辽宁	100	11市17县	81.7	99.0	81.0	13.0	5.0	1.0	0.0	0.0	69.4	97.0	96.0	0.0	1.0	3.0	0.0	0.0	0.0	0.3	96.0
	吉林	130	8市25县	80.5	97.0	63.1	24.6	9.2	3.1	0.0	0.0	70.3	97.7	94.6	3.1	0.8	0.8	0.0	0.8	0.0	1.1	85.4
	黑龙江	315	12市42县6分局	80.9	99.0	55.2	34.6	9.5	0.3	0.3	0.0	69.7	99.7	94.6	2.9	2.2	0.0	0.3	0.0	0.0	1.0	88.6
	江苏	400	13市43县	81.9	98.5	60.8	28.3	9.5	1.5	0.0	1.5	70.5	99.3	97.5	1.3	0.5	0.3	0.5	0.0	0.2	1.2	87.5
	安徽	65	5市7县	78.2	83.1	4.6	41.5	36.9	9.2	0.0	7.7	65.7	92.3	84.6	3.1	4.6	4.6	0.0	3.1	0.0	1.2	87.7

数据来源：国家粮食和物资储备局标准质量中心统计资料。

表39

2017年9省区新收获玉米质量情况调查表

省份	百粒重	不完善粒率(%) 总量	病斑粒	生芽粒	热损伤粒	霉变粒(%)	水分(%)	淀粉(%)(干基)	粗蛋白(%)(干基)	粗脂肪(%)(干基)	样品总数	容重(g/L) 三等以上	一等	二等	三等	四等	五等	等外	不完善粒率(%) ≤4.0	其中生霉粒 ≤2.0	淀粉(%) ≥72	粗脂肪(%) 高油三级≥6	粗蛋白(%) 饲料用≥6
山东省	43.2	83.1	10.5	1.3	0.3	2.4	22.1	74.2	11.2	4.6	/	/	/	/	/	/	/	/	/	/	/	/	/
	27.6	0.0	0.0	0.0	0.0	0.0	11.0	69.7	8.2	2.6	/	/	/	/	/	/	/	/	/	/	/	/	/
	35.5	11.2	0.9	0.1	0.0	0.3	14.9	71.8	9.5	3.5	/	/	/	/	/	/	/	/	/	/	/	/	/
	376	374	374	374	374	374	374	374	374	374	374	373	258	113	2	1	/	/	60	98	153	0	374
	/	/	/	/	/	/	/	/	/	/	/	99.7%	69.0%	30.2%	0.5%	0.3%	/	/	16.0%	26.2%	40.9%	0.0%	100.0%
河南省	44.7	100.0	7.4	7.1	2.8	67.8	30.3	74.5	11.5	5.7	/	/	/	/	/	/	/	/	/	/	/	/	/
	25.3	0.0	0.0	0.0	0.0	0.0	10.0	70.2	8.4	2.4	/	/	/	/	/	/	/	/	/	/	/	/	/
	35.7	17.8	0.7	0.1	0.0	0.8	15.9	72.0	9.7	3.5	/	/	/	/	/	/	/	/	/	/	/	/	/
	309	321	321	321	321	321	321	321	321	321	321	307	164	112	31	9	5	/	36	45	164	0	321
	/	/	/	/	/	/	/	/	/	/	/	95.6%	51.1%	34.9%	9.7%	2.8%	1.6%	/	11.2%	14.0%	51.1%	0.0%	100.0%
吉林省	46.8	7.3	1.1	0.9	0.0	0.0	21.8	73.7	11.0	5.3	/	/	/	/	/	/	/	/	/	/	/	/	/
	29.2	0.0	0.0	0.0	0.0	0.0	10.0	70.0	7.1	3.0	/	/	/	/	/	/	/	/	/	/	/	/	/
	37.1	1.3	0.0	0.0	0.0	0.0	13.6	72.0	9.1	3.8	/	/	/	/	/	/	/	/	/	/	/	/	/
	360	360	360	360	360	360	360	360	360	360	360	360	288	71	1	0	0	0	344	344	162	0	360
	/	/	/	/	/	/	/	/	/	/	/	100.0%	80.0%	19.7%	0.3%	0.0%	0.0%	0.0%	95.6%	95.6%	45.0%	0.0%	100.0%
辽宁省	45.1	7.9	1.5	0.3	9.8	2.0	21.2	73.7	11.6	4.9	/	/	/	/	/	/	/	/	/	/	/	/	/
	23.9	0.0	0.0	0.0	0.0	0.0	10	69.8	7.6	3.0	/	/	/	/	/	/	/	/	/	/	/	/	/
	37.6	1.6	0.1	0.0	0.0	0.0	13.0	71.6	9.4	4.0	/	/	/	/	/	/	/	/	/	/	/	/	/
	190	190	190	190	190	190	190	190	190	190	190	190	182	8	0	0	0	0	173	163	56	0	190
	/	/	/	/	/	/	/	/	/	/	/	100.0%	95.8%	4.2%	0.0%	0.0%	0.0%	0.0%	91.0%	85.8%	29.5%	0.0%	100.0%
黑龙江省	45.2	11.0	2.6	0.3	0.0	0.0	21.2	73.7	11.6	4.9	/	/	/	/	/	/	/	/	/	/	/	/	/
	20.3	0	0	0	0.0	0	9.1	69.8	7.5	3.0	/	/	/	/	/	/	/	/	/	/	/	/	/
	34.2	2.4	0.1	0.0	0.0	0.0	12.6	71.7	9.3	3.9	/	/	/	/	/	/	/	/	/	/	/	/	/
	385	385	385	385	385	385	385	385	385	385	385	366	156	137	73	16	3	0	302	344	126	0	385
	/	/	/	/	/	/	/	/	/	/	/	95.0%	40.5%	35.6%	19.0%	4.2%	0.7%	0.0%	78.4%	89.4%	32.7%	0.0%	100.0%

续表

省份	项目	百粒重	不完善粒率(%)总量	病斑粒	生芽粒	热损伤粒	霉变粒(%)	水分(%)	淀粉(%)(干基)	粗蛋白(%)(干基)	粗脂肪(%)(干基)	样品总数	容重(g/L)三等以上	一等	二等	三等	四等	五等	等外	不完善粒率(%)≤4.0	其中生霉粒≤2.0	淀粉(%)≥72	粗脂肪(%)高油三级≥6	粗蛋白(%)饲料用≥6
陕西省		38.1	8.1	0.1	0.1	0.1	/	16.8	72.7	10.5	4.2													
		30.9	1.2	0.0	0.0	0.0	/	13.5	71.6	9.1	3.7													
		35.5	2.5	0.0	0.0	0.0	/	14.8	72.0	9.8	4.0													
		315	315	315	315	315	/	315	315	315	315	315	315	234	65	16	0	0	0	264	275	137	0	315
												100.0%	100.0%	74.3%	20.6%	5.1%	0.0%	0.0%	0.0%	83.8%	87.3%	43.5%	0.0%	100.0%
山西省		43.1	3.5	0.1	0.1	0.1	/	16.6	72.5	9.7	4.1													
		34.7	0.0	0.0	0.0	0.0	/	12.0	71.4	9.0	3.8													
		38.5	1.1	0.0	0.0	0.0	/	14.3	71.8	9.4	3.9													
		139	129	129	129	129	/	129	129	129	129	129	129	125	4	0	0	0	0	119	126	57	0	129
												100.0%	100.0%	96.9%	3.1%	0.0%	0.0%	0.0%	0.0%	92.2%	97.7%	44.2%	0.0%	100.0%
河北省		39.2	4.6	0.2	0.1	0.1	0.0	15.3	72.6	9.8	4.5													
		32.1	0.2	0.0	0.0	0.0	0.0	12.1	71.3	8.7	3.8													
		36.1	2.1	0.0	0.0	0.0	0.0	13.6	71.8	9.2	4.2													
		290	290	290	290	290	290	290	290	290	290	290	290	255	34	1	0	0	0	215	239	132	0	290
												100.0%	100.0%	87.9%	11.7%	0.3%	0.0%	0.0%	0.0%	74.1%	82.4%	45.5%	0.0%	100.0%
内蒙古自治区		45.3	7.0	0.7	0.5	0.5	0.0	21.2	73.3	11.4	4.9													
		22.2	0.0	0.0	0.0	0.0	0.0	10.0	69.9	7.6	3.0													
		36.2	1.5	0.0	0.0	0.0	0.0	13.1	71.7	9.3	3.9													
		265.0	265.0	265.0	265.0	265.0	265.0	265.0	265.0	265.0	265.0	265.0	264.0	206.0	32.0	26.0	1.0	0.0	0.0	243.0	243.0	88.0	0.0	265.0
												99.6%	77.7%	12.1%	9.8%	0.4%	0.0%	0.0%	91.7%	91.7%	33.2%	0.0%	100.0%	
9省区汇总		46.8	100.0	10.5	7.1	9.8	0.0	30.3	74.5	11.6	5.7													
		20.3	0.0	0.0	0.0	0.0	0.0	9.1	69.7	7.1	2.4													
		36.3	4.6	0.2	0.0	0.0	0.0	14.0	71.8	9.4	3.9													
		2629	2629	2629	2629	2629	2629	2629	2629	2629	2629	2629	2594	1868	576	150	27	8	0	1756	1877	1075	0	2629
												98.7%	71.1%	21.9%	5.7%	1.0%	0.3%	0.0%	66.8%	71.4%	40.9%	0.0%	100.0%	

数据来源：国家粮食和物资储备局标准质量中心统计资料。

表 40

2017 年 3 省区大豆质量情况调查表

单位：个，%

地区	年份	样品数	涉及市、县数	完整粒率·平均值	完整·一等(≥95)	完整·二等(≥90)	完整·三等(≥85)	完整·四等(≥80)	完整·五等(≥75)	完整·等外(<75)	完整·三等以上	损伤粒率·平均值	损伤·一等(≤1)	损伤·二等(≤2)	损伤·三等(≤3)	损伤·四等(≤5)	损伤·五等(≤8)	损伤·等外(>8)	损伤·等内合计	粗蛋白(干基)·平均值	达标高蛋白大豆比例	粗脂肪(干基)·平均值	达标高油大豆比例
3省区合计	2011	258	18市65县	87.5	8.0	29.0	35.0	18.0	5.0	5.0	72.0	7.7	2.0	3.0	9.0	13.0	33.0	40.0	60.0	38.6	18.2	18.5	4.7
	2012	220	17市52县8分局	89.1	14.0	37.0	28.0	12.0	7.0	2.0	79.0	7.6	3.0	4.0	7.0	19.0	27.0	40.0	60.0	38.5	7.0	18.7	5.0
	2013	253	18市54县8分局	89.2	16.0	36.0	27.0	11.0	8.0	2.0	79.0	6.0	7.0	13.0	10.0	22.0	24.0	24.0	76.0	38.5	12.0	19.1	13.0
	2014	236	17市52县8分局	90.2	18.6	36.9	29.2	11.4	3.4	0.4	84.7	6.2	3.4	4.2	12.3	22.0	29.7	28.4	71.6	40.0	58.4	20.4	69.9
	2015	230	16市51县8分局	89.5	20.4	30.9	30.0	13.0	2.6	3.1	81.3	7.8	3.9	3.9	8.3	22.6	18.3	43.0	57.0	39.3	38.3	20.1	56.1
	2016	266	17市59县8分局	90.5	21.8	34.2	38.3	3.8	1.9	0.0	94.3	7.2	1.2	6.4	7.5	19.5	25.9	39.5	60.5	38.5	18.4	20.5	73.7
	2017	257	17市59县7分局	91.0	16.0	55.3	21.4	4.3	1.9	1.2	92.7	6.0	1.6	5.4	10.5	27.6	36.2	19.1	80.9	40.1	61.5	20.0	46.7
内蒙古	2011	28	1市3县	87.4	7.0	25.0	46.0	11.0	7.0	4.0	78.0	8.1	0.0	0.0	11.0	0.0	50.0	39.0	61.0	40.2	82.1	18.0	3.6
	2012	4	1市1县	90.0	0.0	50.0	50.0	0.0	0.0	0.0	100.0	8.6	0.0	0.0	0.0	0.0	50.0	50.0	50.0	38.7	0.0	18.8	0.0
	2013	23	2市3县	89.3	22.0	26.0	30.0	9.0	13.0	0.0	78.0	4.8	4.0	35.0	9.0	9.0	21.0	22.0	78.0	38.9	26.0	19.3	26.0
	2014	10	1市1县	85.8	0.0	0.0	60.0	40.0	0.0	0.0	60.0	9.2	0.0	0.0	0.0	10.0	20.0	70.0	30.0	38.9	20.0	20.5	80.0
	2015	/	/	/	/	/	/	/	/	/	/	/	/	/	/	/	/	/	/	/	/	/	/
	2016	36	2市6县	86.7	30.6	13.9	33.3	16.7	5.5	0.0	77.8	8.5	0.0	2.8	5.6	5.6	30.6	55.6	44.4	39.3	19.4	20.5	94.4
	2017	33	2市6县	91.3								6.4	0.0	3.0	3.0	30.3	36.4	27.3	72.7	39.3	87.9	20.8	9.1
吉林	2011	30	4市10县	89.6	10.0	43.0	30.0	14.0	3.0	0.0	83.0	9.3	0.0	0.0	7.0	7.0	33.0	53.0	47.0	38.6	20.0	18.7	0.0
	2012	30	4市10县	95.4	60.0	40.0	0.0	0.0	0.0	0.0	100.0	3.6	10.0	17.0	10.0	40.0	23.0	0.0	100.0	38.4	3.0	18.7	0.0
	2013	30	4市10县	93.3	37.0	53.0	10.0	0.0	0.0	0.0	100.0	4.9	0.0	7.0	10.0	46.0	30.0	7.0	93.0	39.2	20.0	19.6	7.0
	2014	30	4市10县	93.4	43.3	43.3	6.7	6.7	0.0	0.0	93.3	3.6	0.0	3.3	20.0	26.7	36.7	13.3	86.7	39.1	40.0	20.8	73.3
	2015	30	4市10县	91.2	26.6	30.0	33.4	6.6	0.0	3.4	90.0	7.6	6.7	0.0	6.7	23.3	20.0	43.3	56.7	39.7	46.7	19.9	46.7
	2016	30	4市10县	92.4	36.7	30.0	30.0	3.3	0.0	0.0	96.7	6.7	6.7	13.3	6.7	20.0	20.0	33.3	66.7	38.7	20.0	20.7	76.7
	2017	30	4市10县	89.7	10.0	53.3	23.3	3.3	3.3	6.7	86.7	7.5	0.0	0.0	13.3	30.0	33.3	23.3	76.7	39.3	40.0	20.8	86.7

续表

地区	年份	样品数	涉及市、县数	完整粒率								损伤粒率								粗蛋白（干基）		粗脂肪（干基）	
				平均值	一等（≥95）	二等（≥90）	三等（≥85）	四等（≥80）	五等（≥75）	等外（＜75）	三等以上	平均值	一等（≤1）	二等（≤2）	三等（≤3）	四等（≤5）	五等（≤8）	等外（＞8）	等内合计	平均值	达标高蛋白大豆比例	平均值	达标高油大豆比例
黑龙江	2011	200	13市52县	87.2	8.0	28.0	34.0	19.0	5.0	6.0	70.0	7.4	3.0	4.0	9.0	16.0	31.0	38.0	62.0	38.4	9.0	18.6	5.5
	2012	186	12市41县8分局	88.1	7.0	36.0	32.0	15.0	7.0	3.0	75.0	8.2	2.0	2.0	7.0	16.0	27.0	46.0	54.0	38.5	8.0	18.7	6.0
	2013	200	12市41县8分局	88.5	12.0	35.0	29.0	13.0	9.0	2.0	76.0	6.2	8.0	11.0	10.0	20.0	24.0	27.0	73.0	38.3	10.0	19.0	13.0
	2014	196	12市41县8分局	89.9	15.8	37.8	31.1	10.7	4.1	0.5	84.7	6.4	4.1	4.6	11.7	21.9	29.1	28.6	71.4	40.2	63.2	20.3	68.9
	2015	200	12市41县8分局	89.3	19.5	31.0	29.5	14.0	3.0	3.0	80.0	7.8	3.5	4.5	8.5	22.5	18.0	43.0	57.0	39.2	37.0	20.1	57.5
	2016	200	11市43县7分局	90.7	18.0	38.5	40.5	1.5	1.5	0.0	97.0	7.1	1.5	5.0	8.0	22.0	26.0	37.5	62.5	38.4	18.0	20.5	69.5
	2017	200	11市43县7分局	91.3	19.1	51.5	21.6	5.2	2.1	0.5	92.3	5.6	2.1	6.7	11.3	26.3	36.6	17.0	83.0	40.2	60.3	20.0	46.9

数据来源：国家粮食和物资储备局标准质量中心统计资料。

表 41	2017 年发布粮油国家标准和行业标准统计表	
序号	项目名称	执行标准代号
1	优质稻谷	GB/T 17891-2017
2	花生油	GB/T 1534-2017
3	大豆油	GB/T 1535-2017
4	葵花籽油	GB/T 10464-2017
5	油茶籽饼、粕	GB/T 35131-2017
6	粮油检验　粮食籽粒水分活度的测定　仪器法	GB/T 34790-2017
7	动植物油脂　常规单位体积质量（每升在空气中的重量）的测定	GB/T 33916-2017
8	动植物油脂 2- 硫代巴比妥酸值的测定　直接法	GB/T 35252-2017
9	粮食批发市场统一竞价交易管理规范	GB/T 35581-2017
10	粮油机械　磨辊	GB/T 34669-2017
11	粮油机械　环形浸出器	GB/T 34785-2017
12	粮油机械　齿辊式破碎机	GB/T 34786-2017
13	粮油机械　滚筒式精选机	GB/T 34787-2017
14	粮油机械　大米抛光机	GB/T 34788-2017
15	粮油机械　砂辊碾米机	GB/T 35322-2017
16	粮油机械　蒸炒锅	GB/T 35323-2017
17	粮油机械　凸齿脱胚磨	GB/T 35324-2017
18	粮油机械　网带初清筛	GB/T 35325-2017
19	中国好粮油　稻谷	LS/T3108-2017
20	中国好粮油　小麦	LS/T3109-2017
21	中国好粮油　食用玉米	LS/T3110-2017
22	中国好粮油　大豆	LS/T3111-2017
23	中国好粮油　杂粮	LS/T3112-2017
24	中国好粮油　杂豆	LS/T3113-2017
25	碎米	LS/T3246-2017
26	中国好粮油　大米	LS/T3247-2017
27	中国好粮油　小麦粉	LS/T3248-2017
28	中国好粮油　挂面	LS/T3304-2017
29	中国好粮油　饲用玉米	LS/T3411-2017
30	长柄扁桃籽、仁	LS/T3114-2017
31	红花籽	LS/T3115-2017
32	大豆磷脂	LS/T3219-2017
33	芝麻酱	LS/T3220-2017

续表

序号	项目名称	执行标准代号
34	中国好粮油 食用植物油	LS/T3249-2017
35	南瓜籽油	LS/T3250-2017
36	小麦胚油	LS/T3251-2017
37	番茄籽油	LS/T3252-2017
38	汉麻籽油	LS/T3253-2017
39	紫苏籽油	LS/T3254-2017
40	长柄扁桃油	LS/T3255-2017
41	大蒜油	LS/T3256-2017
42	生姜油	LS/T3257-2017
43	杜仲籽饼（粕）	LS/T3306-2017
44	盐地碱蓬籽饼（粕）	LS/T3307-2017
45	盐肤木果饼（粕）	LS/T3308-2017
46	玉米胚芽粕	LS/T3309-2017
47	牡丹籽饼（粕）	LS/T3310-2017
48	花生酱	LS/T3311-2017
49	长柄扁桃饼（粕）	LS/T3312-2017
50	花椒籽饼（粕）	LS/T3313-2017
51	大米粒型分类判定	LS/T6116-2017
52	粮油检验 稻谷新鲜度测定与判别	LS/T6118-2017
53	粮油检验 植物油中多酚的测定分光光度法	LS/T6119-2017
54	粮油检验 植物油中角鲨烯的测定气相色谱法	LS/T6120-2017
55	粮油检验 植物油中谷维素含量的测定分光光度法	LS/T6121.1-2017
56	粮油检验 植物油中谷维素含量的测定高效液相色谱法	LS/T6121.2-2017
57	粮油检验 粮油及制品中黄曲霉毒素含量测定柱后光化学衍生高效液相色谱法	LS/T6122-2017
58	粮油检验 小麦粉饺子皮加工品质评价	LS/T6123-2017
59	粮油检验 小麦粉多酚氧化酶活力的测定分光光度法	LS/T6124-2017
60	粮油检验 稻米中镉的快速检测固体进样原子荧光法	LS/T6125-2017
61	粮油检验 粮食中赭曲霉毒素 A 的测定超高效液相色谱法	LS/T6126-2017
62	粮油检验 粮食中脱氧雪腐镰刀菌烯醇的测定超高效液相色谱法	LS/T6127-2017
63	粮油检验 粮食中黄曲霉毒素 B1、B2、G1、G2 的测定超高效液相色谱法	LS/T6128-2017
64	粮油检验 粮食中玉米赤霉烯酮的测定超高效液相色谱法	LS/T6129-2017
65	粮油检验 粮食中伏马毒素 B1、B2 的测定超高效液相色谱法	LS/T6130-2017
66	中国好粮油生产质量控制规范	LS/T1218-2017

序号	项目名称	执行标准代号
67	粮油检验设备和方法标准适用性验证及结果评价一般原则	LS/T6402-2017
68	散粮接收发放设施设计技术规程	LS/T8011-2017
69	粮食信息分类与编码 粮食属性分类与代码	LS/T1702-2017
70	粮食信息分类与编码 粮食及加工分类与代码	LS/T1703-2017
71	粮食信息分类与编码 粮食设施分类与代码	LS/T1705-2017
72	粮食信息分类与编码 粮食设备分类与代码	LS/T1706-2017
73	粮食信息分类与编码 粮食仓储第1部分：仓储作业分类与代码	LS/T1707.1-2017
74	粮食信息分类与编码 粮食仓储第2部分：粮情检测分类与代码	LS/T1707.2-2017
75	粮食信息分类与编码 粮食仓储第3部分：器材分类与代码	LS/T1707.3-2017
76	粮食信息系统网络设计规范	LS/T1806-2017
77	粮食信息安全技术规范	LS/T1807-2017
78	粮食信息术语通用	LS/T1808-2017
79	粮油储藏粮情测控通用技术要求	LS/T1809-2017
80	粮油储藏粮情测控分机技术要求	LS/T1810-2017
81	粮油储藏粮情测控软件技术要求	LS/T1811-2017
82	粮油储藏粮情测控信息交换接口协议技术要求	LS/T1812-2017
83	粮油储藏粮情测控数字测温电缆技术要求	LS/T1813-2017
84	粮油机械 检验用粉筛	LS/T3544-2017
85	粮油机械 检验用分样器	LS/T3545-2017
86	粮油机械 物理检验用工作台	LS/T3546-2017
87	小麦储存品质品尝评分参考样品	LS/T15211：1-2017
88	南方小麦粉加工精度标准样品特制一等	LS/T15111：1-2017
89	南方小麦粉加工精度标准样品特制二等	LS/T15111：2-2017
90	南方小麦粉加工精度标准样品标准粉	LS/T15111：3-2017
91	北方小麦粉加工精度标准样品特制一等	LS/T15112：1-2017
92	北方小麦粉加工精度标准样品特制二等	LS/T15112：2-2017
93	北方小麦粉加工精度标准样品标准粉	LS/T15112：3-2017
94	早籼米加工精度标准样品标准一等	LS/T15121：1-2017
95	早籼米加工精度标准样品标准二等	LS/T15121：2-2017
96	早籼米加工精度标准样品标准三等	LS/T15121：3-2017
97	早籼米加工精度标准样品标准四等	LS/T15121：4-2017
98	晚籼米加工精度标准样品标准一等	LS/T15122：1-2017
99	晚籼米加工精度标准样品标准二等	LS/T15122：2-2017

序号	项目名称	执行标准代号
100	晚籼米加工精度标准样品标准三等	LS/T15122：3-2017
101	晚籼米加工精度标准样品标准四等	LS/T15122：4-2017
102	粳米加工精度标准样品标准一等	LS/T15123：1-2017
103	粳米加工精度标准样品标准二等	LS/T15123：2-2017
104	粳米加工精度标准样品标准三等	LS/T15123：3-2017
105	粳米加工精度标准样品标准四等	LS/T15123：4-2017
106	稻谷整精米率标准样品（籼稻）	LS/T15321-2017
107	稻谷整精米率标准样品（粳稻）	LS/T15322-2017
108	小麦硬度指数标准样品	LS/T1531.1-2017
109	大米颜色黄度指数标准样品	LS/T1533-2017
110	粳米品尝评分参数样品	LS/T1534-2017
111	籼米品尝评分参考样品	LS/T1535-2017

数据来源：国家粮食和物资储备局标准质量中心统计资料。

表42　2017 年粮食行业单位与从业人员情况汇总表

单位: 单位数、个; 人数、人

项目	单位总数	从业人员																	
		从业人员总数				在岗职工			其他从业人员	长期职工按学历划分					长期职工按年龄划分			
		小计	女	少数民族	中共党员	小计	长期职工	临时职工		研究生	大学本科	大学专科	中专	高中及以下	35岁及以下	36~45岁	46~54岁	55岁及以上
总计	54679	1940979	610139	65228	248378	1907795	1713585	194210	33184	18427	193902	326439	288596	886221	590377	601233	418233	103742
一、行政机关	2279	31513	8236	2678	23585	31202	30505	697	311	1595	12593	11028	2426	2863	4460	7157	13446	5442
二、事业单位	2120	32040	11418	2181	18052	31694	30693	1001	346	2900	10823	9646	2869	4455	6754	8343	11672	3924
其中: 参公管理事业单位	643	11224	3224	662	7172	11181	11001	180	43	603	3794	4360	962	1282	1822	2951	4545	1683
三、企业	50280	1877426	590485	60369	206741	1844899	1652387	192512	32527	13932	170486	305765	283301	878903	579163	585733	393115	94376
其中: 国有及国有控股企业	13868	504739	146485	19100	127781	488163	459186	28977	16576	4790	58461	101654	78878	215403	115765	156359	146780	40282

数据来源: 国家粮食和物资储备局统计资料。

表43　2017 年粮食行业取得国家职业资格证书人员统计表

单位：人

省份	合计	粮油保管员 初级	中级	高级	技师	高级技师	粮油质量检验员 初级	中级	高级	技师	高级技师	制米工 初级	中级	高级	技师	高级技师	制粉工 初级	中级	高级	技师	高级技师	制油工 初级	中级	高级	技师	高级技师
共 计	8915	2584	1554	591	97	65	2643	826	396	34	42			1	1				30	23				29		
北 京	123	40	19	13			30	15	6																	
天 津	39	31						8																		
河 北	101		52					49																		
山 西	260	168	22				42	28																		
辽 宁	0																									
内蒙古	79	51					28																			
吉 林	770		84	28			658	28																		
黑龙江	1083	354	47	7			561	107	14																	
上 海	24	19	5																							
江 苏	390	141	103	28			102	117		17																
浙 江	314		42				54	13	36																	
安 徽	1082	479	119	55			266	93	41															29		
福 建	185	56	110	13			6																			
江 西	191	25	6				47	15	98											23						
山 东	777	240	148	75			159	155																		
河 南	783	359	39	7			293	17	38										30							
湖 北	301	141	23				111		26																	
湖 南	185	38	74	37			12	9	14						1											
广 东	359	243		50			66																			
海 南	24		7				17																			

各工种小计（统计表内标注）：粮油保管员 4891；粮油质量检验员 3941；制米工 1；制粉工 53；制油工 29。

续表

单位：人

省份	合计	粮油保管员					粮油质量检验员					制米工					制粉工					制油工				
		初级	中级	高级	技师	高级技师	初级	中级	高级	技师	高级技师	初级	中级	高级	技师	高级技师	初级	中级	高级	技师	高级技师	初级	中级	高级	技师	高级技师
广西	106		33		11		45	12	5																	
四川	265	107	69				51	38																		
重庆	0																									
贵州	70	34	14	6				16																		
云南	90	54	33					3																		
陕西	9		2					7																		
甘肃	22		12				10																			
青海	6						3	3																		
宁夏	44			25					19																	
新疆	5	4	1																							
中储粮总公司	922	436		233	49	49	88	57	63		35															
中粮集团	233		54	13	26	16		28	24	17																
国家粮食局	73			8	11	16		2	12	17	7															

数据来源：国家粮食和物资储备局中国粮食研究培训中心统计资料。

| 表 44 | | | | 2017 年国民经济与社会发展速度指标表（一） | | | |

指标	2017 年为下列各年 %				平均每年增长 %		
	1978 年	1990 年	2000 年	2016 年	1979~2017 年	1991~2017 年	2001~2017 年
人口							
年末总人口	144.4	121.6	109.7	100.5	0.9	0.7	0.5
城镇人口	471.7	269.4	177.2	102.6	4.1	3.7	3.4
乡村人口	73.0	68.5	71.3	97.8	−0.8	−1.4	−2.0
就业和失业							
就业人员	193.4	119.9	107.7	100.0	1.7	0.7	0.4
# 城镇就业人员	446.3	249.2	183.4	102.5	3.9	3.4	3.6
城镇登记失业人员	183.4	253.7	163.4	99.0	1.6	3.5	2.9
国民经济核算							
国内生产总值	3452.1	1224.6	454.1	106.9	9.5	9.7	9.3
第一产业	537.2	281.7	195.1	103.9	4.4	3.9	4.0
第二产业	5328.9	1760.2	496.8	106.1	10.7	11.2	9.9
第三产业	4835.4	1337.2	504.4	108.0	10.5	10.1	10.0
财政收支							
一般公共预算收入	15240.9	5875.4	1288.3	108.1	13.8	16.3	16.2
一般公共预算支出	18120.7	6593.9	1279.9	108.3	14.3	16.8	16.2
能源							
能源生产总量	571.9	345.5	259.1	103.7	4.6	4.7	5.8
能源消费总量	785.7	454.9	305.5	103.0	5.4	5.8	6.8
固定资产投资							
全社会固定资产投资总额		14196.1	1948.0	105.7		21.5	21.0
# 房地产开发		43347.2	2203.0	107.0		27.7	22.6
对外贸易和实际利用外资							
货物进出口总额	78288.2	4998.5	707.7	114.2	18.6	15.6	12.2
出口额	91480.1	5135.0	743.0	110.8	19.1	15.7	12.5
进口额	66490.1	4840.2	668.5	118.7	18.1	15.5	11.8
外商直接投资		3757.8	321.8	104.0		14.4	7.1
主要农业、工业产品产量							
粮食	202.8	138.5	133.7	100.3	1.8	1.2	1.7
棉花	253.2	121.7	124.2	103.5	2.4	0.7	1.3
肉类		300.6	142.8	100.6		4.2	2.1
原煤	570.2	326.3	254.6	103.3	4.6	4.5	5.7
原油	184.1	138.5	117.5	95.9	1.6	1.2	1.0
水泥	3581.8	1114.3	391.4	96.9	9.6	9.3	8.4
粗钢	2617.1	1253.5	647.3	103.0	8.7	9.8	11.6
发电量	2531.7	1045.6	479.1	105.9	8.6	9.1	9.7

数据来源：国家统计局统计资料。

表 44	2017 年国民经济与社会发展速度指标表（二）						
指　标	2017 年为下列各年 %				平均每年增长 %		
	1978 年	1990 年	2000 年	2016 年	1979~2017 年	1991~2017 年	2001~2017 年
建筑业							
建筑业总产值		15907	1712.0	110.5	.	20.7	18.2
消费品零售和旅游							
社会消费品零售总额	23499.4	4412.7	936.6	110.2	15.0	15.1	14.1
入境游客	7709.4	507.9	167.2	100.8	11.8	6.2	3.1
国际旅游收入	46920.2	5563.6	760.6	102.8	17.1	16.0	12.7
运输和邮电							
沿海主要港口货物吞吐量	4363.5	1791.1	689.0	106.7	10.2	11.3	12.0
移动电话用户		7874933	1676.8	107.2		51.8	18.0
固定电话用户	10063.3	2828.5	133.8	93.8	12.6	13.2	1.7
科技、教育、卫生、文化							
研究与试验发展经费支出			1953.9	111.6			19.1
技术市场成交额			2062.9	117.7			19.5
在校学生数							
# 普通本、专科	3216.8	1334.7	495.2	102.1	9.3	10.1	9.9
普通高中	152.9	331.0	197.7	100.3	1.1	4.5	4.1
初中	88.9	113.4	71.0	102.6	−0.3	0.5	−2.0
普通小学	69.0	82.5	77.6	101.8	−0.9	−0.7	−1.5
医院数	334.2	216.0	190.3	106.6	3.1	2.9	3.9
医院床位数	556.4	327.5	282.5	107.6	4.5	4.5	6.3
执业（助理）医师	346.6	192.3	163.3	106.2	3.2	2.5	2.9

注：国内生产总值按可比价格计算，固定资产投资总额平均每年增长速度按累计法计算，一般公共预算收入和支出按可比口径计算，
　　其他价值量指标按当年价格计算。

数据来源：国家统计局统计资料。